比较私法译丛·瑞士私法系列

瑞士
债法分论

原书第二版

SCHWEIZERISCHES
OBLIGATIONENRECHT
BESONDERER TEIL
2.AUFLAGE

[瑞士]约格·施密特
JÖRG SCHMID

胡伯特·斯托克里 ◎著
HUBERT STÖCKLI

弗雷德里克·克劳斯科普夫
FRÉDÉRIC KRAUSKOPF

梁神宝　胡　剑 ◎译

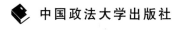 中国政法大学出版社

2024·北京

声　　明　　1. 版权所有，侵权必究。

　　　　　　2. 如有缺页、倒装问题，由出版社负责退换。

图书在版编目（ＣＩＰ）数据

瑞士债法分论/(瑞士)约格·施密特，(瑞士)胡伯特·斯托克里，(瑞士)弗雷德里克·克劳斯科普夫著；梁神宝，胡剑译.—北京：中国政法大学出版社，2024.2

书名原文：Schweizerisches Obligationenrecht Besonderer Teil, 2.Aufl.

ISBN 978-7-5764-1052-5

Ⅰ.①瑞…　Ⅱ.①约…　②胡…　③弗…　④梁…　⑤胡…　Ⅲ.①债权法—研究—瑞士　Ⅳ.①D952.23

中国国家版本馆CIP数据核字(2023)第150524号

出　版　者　　中国政法大学出版社

地　　　址　　北京市海淀区西土城路 25 号

邮寄地址　　　北京 100088 信箱 8034 分箱　邮编 100088

网　　　址　　http://www.cuplpress.com (网络实名：中国政法大学出版社)

电　　　话　　010-58908441(编辑室)　58908334(邮购部)

承　　　印　　固安华明印业有限公司

开　　　本　　720mm×960mm　1/16

印　　　张　　47.75

字　　　数　　750 千字

版　　　次　　2024 年 2 月第 1 版

印　　　次　　2024 年 2 月第 1 次印刷

定　　　价　　230.00 元

比较私法译丛·总序

　　今日之民法学者，首要当知旧与新、中与西之关系。古罗马以来，民法学历经两千余年之生发，多少高人志士，皓首穷经、呕心沥血，毕生浸淫徘徊于其中，精思妙想层出不穷，方有今日博大精深之体系。故今日治民法学者，须注重把握传统之学说脉络，力戒全盘推翻、立异求新，当知毁其成易，传承却难，当知彼之旧者，多有于我为新者！且我国现代法制之肇始，系为社会之革新，变祖宗之成法，而借镜于法制发达国家，即至今日，仍须空虚怀抱，取其精密、先进之法技术，切不可以国情、本土资源为由而闭目塞听。因法律之技术与思维方法，实非中西之别，但有粗精之分也；明其理后而弃之，为超越之智者；不得其法即拒之，乃自囿之愚人。是为序！

比较私法译丛编委会　谨识
二零一五年五月二十日

比较私法译丛·瑞士私法系列·序

　　瑞士民法对中国法之影响，最早或可溯至《大清民律草案》之编纂。清末立法者以"注重世界最普遍之法则"及"原本后出最精确之法理"为秉持之理念，着力于取法欧亚诸国之先进。《瑞士民法典》（下称"瑞民"，《瑞士债务法》下称"瑞债"）系欧陆当时"后出"之重要民法典，遂成立法者主要借镜之一。故《大清民律草案》不乏取诸"瑞民"之条文，如其开篇设"法例"，首条规定"民事，本律所未规定者，依习惯法；无习惯法者，依法理"；第二、三条分别规定诚实信用原则及善意推定原则，即从"瑞民"第一、二、三条移植而来；又其《总则》第二章"人"之第五节"人格保护"，亦直接仿自"瑞民"第二十七条以下。唯《大清民律草案》未及颁布，便因清王朝灭亡而束之高阁。

　　北洋政府之《民国民律草案》，体系上参照《德国民法典》（下称"德民"）之框架者更多，虽未于开篇设"法例"，但仍不乏采自"瑞民"之内容。如该草案第十六条以下，仍保留"瑞民"上述人格保护之一般规定。

　　及至《中华民国民法典》，虽仍以"德民"为基本框架，但采瑞士立法例者反有增加。诸如于开篇设"法例"，于第十六条以下对人格权保护作一般规定，第一六五条"悬赏广告之撤销"（仿"瑞债"第八条第二款），第二九五条第二款"未支付之利息，推定其随同原本移转于受让人"（仿"瑞债"第一七条第三款）等等，不一而足。故梅仲协说该法"采德立法例者，十之六七，瑞士立法例者，十之三四，而法日苏联之成规，亦尝撷取一二"。

　　改革开放后，我国法学界，对瑞士民法均未予充分关注。三十余年来，有关瑞士民法之著作与文章，似不多见，瑞士民法之经典体系教科书被译为中文者，至今仍未见于学界；瑞民之最新译本，仍系依瑞士联邦委员会1996年公布版本而译，此后之重大修正、发展，诸如瑞民对于"监护制度"之彻底变革，鲜有译介者。然此种状况，与瑞士民法在大陆法系民法中之地位，难谓相称。

立法上，"瑞民"与"瑞债"语言简洁、通俗易懂，技术上为了避免繁复及过于细致僵硬，常以一般条款赋予法官较多自由裁量权，屡为欧洲学界所称道；如茨威格特、克茨于《比较法总论》一书中甚至断言，若"欧洲民法典"未来真能制定，当非瑞式立法风格莫属。又如其损害赔偿法上，一反德国法上过错责任"全有或全无"原则，允许法官斟酌案件之具体情形与过错大小（"瑞债"第四十三条第一款）及行为人是否纯出于利他目的（"瑞债"第九十九条第二款）等因素，灵活确定损害赔偿额，颇为独到。其于立法风格与技术上，可为我国民法典借镜之处，着实颇多。

瑞士之民事判决及其说理，技术水平颇高。瑞士联邦法院对于立法中某些抽象概念，以系列判决将之具体化、类型化，尤多匠心独具之处。

即学界而言，就同一问题，瑞士法上常有不同之解决方案，可资研究视角之扩展。瑞士民法学发展至今，亦已形成一套完善的理论体系，颇有自成一家之特色，自其百年学说传统中汲取营养，亦为我国民法学术发展之不可或缺。

鉴此，"比较私法译丛编委会"定于"译丛"中下设"瑞士私法系列"，以期推动瑞士民事立法、学说与司法实践之译介。"瑞士私法系列"之现行出版计划，暂包括：(1) 瑞士民法经典教科书选译。经瑞士弗里堡大学胡伯特·斯托克里（Hubert Stöckli）教授推荐，编委会最终择定舒尔特斯法律传媒股份有限公司（Schulthess Juristische Medien AG）之民法教科书系列，包括《瑞士民法：基本原则与人法》、《瑞士物权法》、《瑞士债法总论》、《瑞士债法分论》与《瑞士侵权责任法》。舒尔特斯是瑞士专营法学类文献之著名出版社，本套教材集瑞士多所大学教授合力而成，在瑞士使用广泛，多有反复再版者，堪以一窥瑞士民法之精粹。(2) "瑞民"与"瑞债"之重译。瑞士民法二十年来修订频频，现行译本虽堪称精到，唯其内容已不能反映瑞士民法之新貌，编委会亦不揣力薄，寻访学界先进，拟予重译。

大道至简，进步与发展，必在点滴之间。若此系列，于民法学术之发展有些许裨益，当足慰初心。

金可可 谨识

二零一五年五月二十五日

前　言

　　这本教科书是基于我们在卢塞恩大学、弗里堡大学和伯尔尼大学所开设的瑞士债法分论课程内容而形成的，它深入介绍了具体的合同类型（制定法规定的或者交易上习惯的合同类型）以及其他制度（例如无因管理和指示证券）。我们将重点放在买卖、租赁、劳动合同、承揽合同和一般委托等核心合同上。我们的教科书新增了私法性保险合同，此种合同重要性不逊于债法分则里的有名合同。此外，我们还讨论了债法分则和债法总则之间有时复杂的相互关系以及消费者保护法的基础知识。在所有这些方面，我们都参考了联邦法院的判决，并处理了学术上的争议。书稿于 2016 年 3 月 1 日完成。

　　通常情况下我们会建议学生查询法条原文，这一点尤其适用于债法分则的学习。首先，债法分则这部分的法条内容庞杂，同时又非常的具体、非常的细节化。其次，查询法条本身有意义的地方在于，法条是首要的法律渊源，它饱含了立法者所作的价值判断，它为我们寻找法条所蕴含的价值判断提供了一个首要的起点。最后，制定法本身已经为庞杂的法律问题建立了一个基本的体系，同时又为不同合同类型之间的主要差别和它们之间的内在关联提供了一个明晰的概要。

　　在立法资料搜集、裁判援引的更新以及语言校对方面，现在的和之前的学生助理给予了帮助，他们是：在卢塞恩的赛琳·布斯曼（法学硕士）、多米尼克·布特利–格尔（法学硕士、律师）、茱莉亚·费尔伯（法学学士）、沙拉·霍弗–加斯曼、乌尔苏拉·施密德–里奇蒙德（哲学学士）和奥利弗·兹宾–登（法学硕士）；在弗里堡（编辑部所在地）的罗杰·安德烈斯（法学硕士、律师）、拉斐尔·卡萨诺瓦（法学学士）、希林·格吕尼希（法学硕士、律师）、安娜·赫什莱纳（法学学士）、安吉拉·梅瑟利（法学学士）、帕特里克·舒尔滕贝格（弗里堡/巴黎二大法学硕士）和克莉雅·西蒙（法学学士）；在伯尔尼的科丽娜·兰德特（法学学士）、杰西卡·利尼格（法学学士）和基亚拉·维尔兹（法学硕士）。来自穆尔滕（Murten）的伯纳德·奥德马特（律师）对新增的保险合同一章作了批判性阅读。还应提及的是对本书前一版本给予批评反馈的所有人士。舒尔特斯法律传媒股份有限公司的员工妮娜·瓦特斯、玛蒂娜·谢林和乌尔里希·盖布勒对书稿进行了严格细致的编辑。我们对他们所有人表示衷心的感谢。

　　书稿若有不足之处，敬请雅正，我们会在将来版本中改进完善。您与我们联系的最佳方式是发送电子邮件至 joerg. schmid@ unilu. ch，hubert. stoeckli@ unifr. ch 或 frederic. krauskopf@ ziv. unibe. ch。

约格·施密特、胡伯特·斯托克里和弗雷德里克·克劳斯科普夫
2016 年 7 月于卢塞恩、弗里堡和伯尔尼

缩略语表

缩略语	全称	中文翻译
a. a. O.	am angeführten Ort	同前引，同前注
ABGB	Allgemeines Bürgerliches Gesetzbuch (Österreich)	《奥地利普通民法典》
ABlEG	Amtsblatt der Europäisch en Gemeinschaften	欧洲共同体官方公报
AB NR	Amtliches Bulletin des Nationalrats	（瑞士议会）国民院官方公报
Abs.	Absatz	（法律条文的）款
AB StR	Amtliches Bulletin des Ständerats	（瑞士议会）联邦院官方公报
AcP	Archiv für die civilistische Praxis (Tübingen)	《民事实务档案》（图宾根）
a. F.	alte Fassung	旧版
AG	Aktiengesellschaft	股份有限公司
AGB	Allgemeine Geschäftsbedingungen	一般交易条款
AISUF	Arbeiten aus dem Iuristischen Seminar der Universität Freiburg	弗里堡大学法学论文丛书（出版优秀博士论文和教授资格论文）
AJP	Aktuelle Juristische Praxis (Lachen)	《当今司法实务》（拉亨）
allg.	allgemein	一般性，普遍性
alt	frühere Fassung des betreffenden Gesetzes	所涉法律的旧版
a. M.	andere (r) Meinung	其他观点

缩略语	全称	中文翻译
aOR	BG über das Obligationenrecht vom 14. Juni 1881 (abgedruckt in AS, 5. Band/Neue Folge, 1882, S. 635 ff. ; nicht mehr in Kraft)	旧债法：1881 年 6 月 14 日《关于债法的联邦法律》（刊登在联邦法律官方汇编第 5 卷，新的编号为 1882 年，第 635 页以下；已失效）
ArbR	Mitteilungen des Instituts für Schweizerisches Arbeitsrecht (Zürich)	《瑞士劳动法研究所通讯》（苏黎世）
ArG	BG über die Arbeit in Industrie, Gewerbe und Handel vom 13. März 1964 (Arbeitsgesetz; SR 822. 11)	《关于工业、手工业和商业劳动的联邦法律》《劳动法》
ARGE	Arbeitsgemeinschaft	劳动共同体
Art.	Artikel	条
AS	Amtliche Sammlung des Bundesrechts	联邦法律官方汇编
ASR	Abhandlungen zum schweizerischen Recht	《瑞士法研究》
ASR NF	Abhandlungen zum schweizerischen Recht (neue Folge)	《瑞士法研究》（新编号）
AT	Allgemeiner Teil	总则，总论
ATSG	BG über den Allgemeinen Teil des Sozialversicherungsrechts vom 6. Oktober 2000 (SR 830. 1)	《关于社会保险法总则的联邦法律》《社会保险法总则》
Aufl.	Auflage	版本
AVB	Allgemeine Versicherungsbedingungen	一般保险条款
AVEG	BG über die Allgemeinverbindlicherklärung von Gesamtarbeitsverträgen vom 28. September 1956 (SR 221. 215. 311)	《关于集体劳动合同普遍约束力声明的联邦法律》
AVG	BG über die Arbeitsvermittlung und den Personalverleih vom 6. Oktober 1989 (Arbeitsvermittlungsgesetz; SR 823. 11)	《关于劳动中介与劳务派遣的联邦法律》《劳动中介法》
AVO	V über die Beaufsichtigung von privaten Versicherungsunternehmen vom9. November 2005 (Aufsichtsverordnung; SR 961. 011)	《关于对私人保险企业监管的行政法规》《保险监管条例》

缩略语	全称	中文翻译
aVVG	alt VVG；Fassung vom 2. April 1908 des BG über den Versicherungsvertrag（AS 24 719）	旧版《保险合同法》；1908年4月2日《关于保险合同的联邦法律》（官方法律汇编编号24 719）
BankG	BG über die Banken und Sparkassen vom 8. November 1934（Bankengesetz；SR 952. 0）	《关于银行和储蓄机构的联邦法律》《银行法》
BBG	BG über die Berufsbildung vom 13. Dezember 2002（Berufsbildungsgesetz；SR 412. 10）	《关于职业培训的联邦法律》
BBl	Bundesblatt der Schweizerischen Eidgenossenschaft	瑞士联邦公报
BBT	Berner Bankrechtstag（Bern），heute：Schweizerische Bankrechtstagung（Bern）	伯尔尼银行法研讨会（伯尔尼），现在称为瑞士银行法研讨会（伯尔尼）
Bd.	Band	卷（号）
BEG	BG über Bucheffekten vom 3. Oktober 2008（Bucheffektengesetz；SR 957. 1）	《记账证券法》（或译《非凭证式证券法》、《无纸化证券法》）
BEHG	BG über die Börsen und den Effektenhandel vom 24. März 1995（Börsengesetz；SR 954. 1）	《关于证券及股票交易的联邦法律》
BewG	BG über den Erwerb von Grundstücken durch Personen im Ausland vom 16. Dezember 1983（SR 211. 412. 41）	《关于外国人取得土地的联邦法律》
BG	Bundesgesetz	联邦法律
BGB	Bürgerliches Gesetzbuch（Deutschland）	《德国民法典》
BGBB	BG über das bäuerliche Bodenrecht vom 4. Oktober 1991（SR 211. 412. 11）	《关于农村土地权的联邦法律》
BGBl.	Bundesgesetzblatt（Deutschland）	（德国）《联邦法律公报》
BGE	Bundesgerichtsentscheid（ohne weitere Angabe：Entscheidungen des Schweizerischen Bundesgerichts，amtliche Sammlung）	联邦法院判例集（若无其他说明，指代官方汇编的联邦法院判例集）
BGer.	Schweizerisches Bundesgericht	瑞士联邦法院

缩略语	全称	中文翻译
BGFA	BG über die Freizügigkeit der Anwältinnen und Anwälte vom 23. Juni 2000 (Anwaltsgesetz; SR 935. 61)	《关于律师自由执业的联邦法律》《律师法》
BGG	BG über das Bundesgericht vom 17. Juni 2005 (Bundesgerichtsgesetz; SR 173. 110)	《关于联邦法院的联邦法律》《联邦法院组织法》
BGH	Deutscher Bundesgerichtshof	德国联邦法院
BGHZ	Entscheidungen des deutschen Bundesgerichtshofs in Zivilsachen (Köln)	德国《联邦法院民事判例集》(科隆)
BGSA	BG über Massnahmen zur Bekämpfung der Schwarzarbeit vom 17. Juni 2005 (Bundesgesetz gegen die Schwarzarbeit; SR 822. 41)	《禁止非法劳动的联邦法律》
BJM	Basler Juristische Mitteilungen (Basel)	《巴塞尔法律通讯》(巴塞尔)
BlSchK	Blätter für Schuldbetreibung und Konkurs (Wädenswil)	《债务执行和破产快讯》(瓦登斯维尔)
BN	Der Bernische Notar (Bern)	《伯尔尼公证员杂志》(伯尔尼)
BöB	BG über das öffentliche Beschaffungswesen vom 16. Dezember 1994 (SR 172. 056. 1)	《公共采购法》
BPG	Bundespersonalgesetz vom 24. März 2000 (SR 172. 220. 1)	《联邦公务员法》
BR/DC	Baurecht/Droit de la Construction, herausgegeben vom Institut für Schweizerisches und Internationales Baurecht (Freiburg)	《建筑法》,瑞士和国际建筑法研究所(位于弗里堡)主编
BRT	Schweizerische Baurechtstagung (Freiburg)	瑞士建筑法研讨会(弗里堡)
BSG	BG über die Binnenschifffahrt vom 3. Oktober 1975 (SR 747. 201)	《关于国内船舶航行的联邦法律》
BStRA	Basler Studien zur Rechtswissenschaft	《巴塞尔法学研究》
BT	Besonderer Teil	分论,分则

缩略语	全称	中文翻译
BV	Bundesverfassung der Schweizerischen Eidgenossenschaft vom 18. April 1999（SR 101）	《瑞士联邦宪法》（1999 年 4 月 18 日，官方法律汇编号 101），简称《联邦宪法》
BVG	BG über die berufliche Alters-, Hinterlassenen- und Invalidenvorsorge vom 25. Juni 1982（SR 831. 40）	《关于养老、遗属和伤残的职业社会保障的联邦法律》《职业社会保障法》
BVGE	Bundesverwaltungsgerichtsentscheid（ohne weitere Angabe：Entscheidungen des Schweizerischen Bundesverwaltungsgerichts，amtliche Sammlung）	《联邦行政法院判例集》
bzw.	beziehungsweise	或者
CCfr.	Code civil（Frankreich）	《法国民法典》
CISG	United Nations Convention on Contracts for the International Sale of Goods（＝WKR；SR 0. 221. 211. 1）	《联合国国际货物销售合同公约》
CO	Loi fédérale complétant le code civil suisse（Livre cinquième：Droit des obligations）du 30 mars 1911/18 décembre 1936（＝OR；SR 220）	瑞士债法
ComRom	Commentaire Romand	罗曼评注（以法语写作的瑞士法评注）
DCFR	Draft Common Frame of Reference	共同参考框架草案
DesG	BG über den Schutz von Design vom 5. Oktober 2001（Designgesetz；SR 232. 12）	《关于保护外观设计的联邦法律》
d. h.	das heisst	即
Diss.	Dissertation	博士论文
DJZ	JuristenZeitung（Tübingen）	法学家报（图宾根）
DSG	BG über den Datenschutz vom 19. Juni 1992（SR 235. 1）	《关于数据保护的联邦法律》《数据保护法》
dt.	deutsch	德国的
E.	Erwägung（en）	判决理由
EBG	Eisenbahngesetz vom 20. Dezember 1957（SR 742. 101）	《轨道交通法》

缩略语	全称	中文翻译
EDC	Studien zum Verbraucherrecht (études du droit de la consommation)	《消费者法研究》
EDV	elektronische Datenverarbeitung	电子数据处理
EG	Europäische Gemeinschaft (en)	欧洲共同体
EigVV	V betreffend die Eintragung der Eigentumsvorbehalte vom 19. Dezember 1910 (SR 211. 413. 1)	《所有权保留登记行政法规》
Einl.	Einleitung	导论，引入
EJPD	Eidgenössisches Justiz- und Polizeidepartement	联邦司法和警察部
EntsG	BG über die flankierenden Massnahmen bei entsandten Arbeitnehmerinnen und Arbeitnehmern und über die Kontrolle der in Normalarbeitsverträgen vorgesehenen Mindestlöhne vom 8. Oktober 1999 (Entsendegesetz; SR 823. 20)	《关于从国外派入劳工和监督标准劳动合同规定的最低工资的强化措施的联邦法律》《劳工派遣法》
et al.	et alii = und weitere	等
etc.	et cetera	等
EU	Europäische Union	欧盟
EuZP	Europäische Zeitschrift für Privatrecht (Dordrecht)	《欧洲私法杂志》（多德雷赫特）
EuZW	Europäische Zeitschrift für Wirtschaftsrecht (München/Frankfurt a. M.)	《欧洲经济法杂志》（慕尼黑/美茵河畔法兰克福）
EWIV	Europäische wirtschaftliche Interessenvereinigung	欧洲经济利益联盟
f. /ff.	und folgende	以下一页/以下数页
FINMA	Eidgenössische Finanzmarktaufsicht	金融市场监管局
FINMAG	BG über die Eidgenössische Finanzmarktaufsicht vom 22. Juni 2007 (Finanzmarktaufsichtsgesetz; SR 956. 1)	《关于联邦金融市场监管的联邦法律》《金融市场监管法》
Fn.	Fussnote	脚注
FusG	BG über Fusion, Spaltung, Umwandlung und Vermögensübertragung vom 3. Oktober 2003 (Fusionsgesetz; SR 221. 301)	《关于企业合并、分立、改制和财产转让的联邦法律》《合并法》

缩略语	全称	中文翻译
FZR	Freiburger Zeitschrift für Rechtsprechung（Freiburg）	弗里堡判决杂志
GAV	Gesamtarbeitsvertrag	集体劳动合同
GBV	Grundbuchverordnung vom 23. September 2011（SR 211. 432. 1）	《土地登记簿条例》
GestG	BG über den Gerichtsstand in Zivilsachen vom 24. März 2000（Gerichtsstandsgesetz；AS 2000, S. 2355 ff.；nicht mehr in Kraft）	《关于民事案件法院管辖的联邦法律》（已失效）
GlG	BG über die Gleichstellung von Frau und Mann vom 24. März 1995（Gleichstellungsgesetz；SR 151. 1）	《关于男女平等的联邦法律》《男女平等法》
gl. M.	gleiche（r）Meinung	相同观点
GmbH	Gesellschaft mit beschränkter Haftung	有限责任公司
GoA	Geschäftsführung ohne Auftrag	无因管理
GU	Generalunternehmer	总承包人，总承揽人
GUMG	BG über genetische Untersuchungen beim Menschen vom 8. Oktober 2004（SR 810. 12）	《关于人体基因检测的联邦法律》
Habil.	Habilitationsschrift	教授资格论文
HAVE	Haftung und Versicherung（Zürich）	《责任与保险》（苏黎世）
HArG	BG über die Heimarbeit vom 20. März 1981（Heimarbeitsgesetz；SR 822. 31）	《关于在家劳动的联邦法律》《在家劳动法》
HFG	BG über die Forschung am Menschen vom 30. September 2011（Humanforschungsgesetz；SR 810. 30）	《关于人体医学研究的联邦法律》《人体医学研究法》
HGB	Handelsgesetzbuch（Deutschland）	《德国商法典》
HRegV	Handelsregisterverordnung vom 17. Oktober 2007（SR 221. 411）	《商事登记条例》
Hrsg.	Herausgeber	编者
IKO	Informationsstelle für Konsumkredit	消费信贷信息中心
IPRax	Praxis des Internationalen Privat- und Verfahrensrechts（Bielefeld）	《国际私法和程序法实务》（比勒费尔德）

缩略语	全称	中文翻译
IPRG	BG über das Internationale Privatrecht vom 18. Dezember 1987（SR 291）	《关于国际私法的联邦法律》《国际私法》
i. V. m.	in Verbindung mit	结合……
JBl	Juristische Blätter（Wien）	《法学报》（维也纳）
JKR	Jahrbuch des Schweizerischen Konsumentenrechts（Bern）	《瑞士消费者法年鉴》（伯尔尼）
JSG	BG über die Jagd und den Schutz wildlebender Säugetiere und Vögel vom 20. Juni 1986（Jagdgesetz；SR 922. 0）	《关于狩猎和野生哺乳动物及野生鸟类保护的联邦法律》《狩猎法》
Jura	Jura, Juristische Ausbildung（Berlin）	《法律学习》（柏林）
JuS	Juristische Schulung（München）	《法律教育》（慕尼黑）
KAG	BG über die kollektiven Kapitalanlagen vom 23. Juni 2006（Kollektivanlagengesetz；SR 951. 31）	《关于集体投资机构的联邦法律》《集体投资机构法》
KG	BG über Kartelle und andere Wettbewerbsbeschränkungen vom 6. Oktober 1995（Kartellgesetz；SR 251）	《关于卡特尔与其他限制竞争（手段）的联邦法律》《卡特尔法》
KGTG	BG über den internationalen Kulturgütertransfer vom 20. Juni 2003（Kulturgütertransfergesetz；SR 444. 1）	《关于国际文物转让的法律》《文物转让法》
KHG	Kernenergiehaftpflichtgesetz vom 18. März 1983（SR 732. 44）	《核能责任法》
KIG	BG über die Information der Konsumentinnen und Konsumenten vom 5. Oktober 1990（Konsumenteninformationsgesetz；SR 944. 0）	《关于消费者信息的联邦法律》《消费者信息法》
KKG	BG über den Konsumkredit vom 23. März 2001（SR 221. 214. 1）	《关于消费信贷的联邦法律》《消费信贷法》
KlinV	V über klinische Versuche in der Humanforschung vom 20. September 2013（SR 810. 305）	《关于人体医学研究中临床试验的行政法规》
KMU	kleine und mittlere Unternehmen	中小企业
Komm.	Kommentar	评注
Kt.	Kanton	州

缩略语	全称	中文翻译
LBG	BG über das Luftfahrzeugbuch vom 7. Oktober 1959 (SR 748. 217. 1)	《关于飞行器登记的联邦法律》
LBR	Luzerner Beiträge zur Rechtswissenschaft	卢塞恩法学文丛（出版教授资格论文和优秀博士论文）
LCC	Loi fédérale sur le crédit à la consommation du 23 mars 2001 (= KKG; SR 221. 214. 1)	《消费信贷法》
LGVE	Luzerner Gerichts- und Verwaltungsentscheide, I. Teil, Obergericht (Luzern; bis 1974: Max)	《卢塞恩司法判决和行政决定》（卢塞恩）
lit.	litera = Buchstabe	字母
LPG	BG über die landwirtschaftliche Pacht vom 4. Oktober 1985 (SR 221. 213. 2)	《关于农业用益租赁的联邦法律》《农业用益租赁法》
LugÜ	Übereinkommen über die gerichtliche Zuständigkeit und die Anerkennung und Vollstreckung von Entscheidungen in Zivil- und Handelssachen vom 30. Oktober 2007 (Lugano–Übereinkommen; SR 0. 275. 11)	《关于法院管辖和民商事判决承认及执行的公约》（又称《卢加诺公约》）
Max	Entscheidungen des Obergerichtes des Kantons Luzern und der Anwaltskammer (Maximen; Luzern; ab 1974: LGVE)	《卢塞恩州高等法院判决和律师协会的决定》（卢塞恩）
MDR	Monatsschrift für Deutsches Recht (Köln/Hamburg)	《德国法月刊》（科隆/汉堡）
MedBG	BG über die universitären Medizinalberufe vom 23. Juni 2006 (Medizinalberufegesetz; SR 811. 11)	《关于经历大学教育的医疗职业的联邦法律》《医疗职业法》
mp	mietrechtspraxis, Zeitschrift für Schweizerisches Mietrecht (Zürich)	租赁法实务，《瑞士租赁法杂志》（苏黎世）
MSchG	BG über den Schutz von Marken und Herkunftsangaben vom 28. August 1992 (Markenschutzgesetz; SR 232. 11)	《商标法》
N	Note (n), Randnote (n)	边码
NF	Neue Folge	新的序列

缩略语	全称	中文翻译
NJW	Neue Juristische Wochenschrift（München/Frankfurt a. M.）	《新法学周刊》（慕尼黑）
Nr.	Nummer（n）	（边）码
NZZ	Neue Zürcher Zeitung（Zürich）	《新苏黎世报》（苏黎世）
ÖJZ	Österreichische Juristen-Zeitung（Wien）	《奥地利法学家报》（维也纳）
OR	BG betreffend die Ergänzung des Schweizerischen Zivilgesetzbuches（Fünfter Teil：Obligationenrecht）vom 30. März 1911/18. Dezember 1936（SR 220）	债法、瑞士债法
PartG	BG über die eingetragene Partnerschaft gleichgeschlechtlicher Paare vom 18. Juni 2004（Partnerschaftsgesetz；SR 211. 231）	《关于登记的同性伴侣的联邦法律》《同性伴侣法》
PatG	BG über die Erfindungspatente vom 25. Juni 1954（Patentgesetz；SR 232. 14）	《专利法》
PauRG	BG über Pauschalreisen vom 18. Juni 1993（SR 944. 3）	《关于包价旅游的联邦法律》《包价旅游法》
PBG	BG über die Personenbeförderung vom 20. März 2009（Personenbeförderungsgesetz；SR 745. 1）	《关于旅客运输的联邦法律》《旅客运输法》
PEICL	Principles of European Insurance Contract Law	《欧洲保险合同法原则》
plädoyer	plädoyer, Magazin für Recht und Politik（Zürich）	法律和政治内容的杂志名（苏黎世）
Pra	Die Praxis des Schweizerischen Bundesgerichts（Basel）	《瑞士联邦法院判例》（巴塞尔），选择联邦法院法语和意大利语重要判决翻译成德语出版
PrHG	BG über die Produktehaftpflicht vom 18. Juni 1993（Produktehaftpflichtgesetz；SR 221. 122. 944）	《产品责任法》
PüG	Preisüberwachungsgesetz vom 20. Dezember 1985（SR 942. 20）	《价格监督法》
RabelsZ	Rabels Zeitschrift für ausländisches und internationales Privatrecht（Tübingen）	《拉贝尔外国私法与国际私法杂志》（图宾根）

缩略语	全称	中文翻译
recht	recht, Zeitschrift für juristische Ausbildung und Praxis (Bern)	一本关于法学教育和实务的杂志（伯尔尼）
RIW	Recht der Internationalen Wirtschaft, Betriebs-Berater International (Heidelberg)	《国际经济法——国际经营咨询师》（海德堡）
RJJ	Revue jurassienne de jurisprudence (Porrentruy)	《汝拉法学评论》（波朗特吕）
RJN	Recueil de jurisprudence neuchâteloise (Neuenburg)	《纳沙泰尔法学杂志》（纳沙泰尔）
RL	Richtlinie	指令
s.	siehe	见，参见
S.	Seite (n)	页码
SAV	Schweizerischer Anwaltsverband	瑞士律师协会
SBG	BG über Glücksspiele und Spielbanken vom 18. Dezember 1998 (Spielbankengesetz; SR 935. 52)	《关于赌博和赌场的联邦法律》《赌场法》
SBT	Schweizerische Bankrechtstagung (Bern)	
SchKG	BG über Schuldbetreibung und Konkurs vom 11. April 1889 (SR 281. 1)	《关于债务执行和破产的联邦法律》《债务执行和破产法》
SchlT	Schlusstitel	
SebG	BG über Seilbahnen zur Personenbeförderung vom 23. Juni 2006 (Seilbahngesetz; SR 743. 01)	《关于索道客运的联邦法律》《索道客运法》
Semjud	La Semaine Judiciaire (Genf)	《司法周刊》（日内瓦）
SGIR	St. Galler Studien zum internationalen Recht	圣加伦国际法研究文丛
SGRW	St. Galler Schriften zur Rechtswissenschaft	圣加伦法学丛书
SIA	Schweizerischer Ingenieur- und Architektenverein	瑞士工程师建筑师协会
SIA-Norm 118	Allgemeine Bedingungen für Bauarbeiten, herausgegeben vom SIA (Ausgabe 2013)	《瑞士工程师建筑师协会第118号规定》（2003年版）
sic!	Zeitschrift für Immaterialgüter-, Informations- und Wettbewerbsrecht (Zürich)	《知识产权法、信息法和反不正当竞争法》（苏黎世）

缩略语	全称	中文翻译
SIR	Schriftenreihe des Instituts für internationales Recht und internationale Beziehungen（Basel）	《国际法和国际关系研究所文丛》（巴塞尔）
SJZ	Schweizerische Juristen-Zeitung（Zürich）	《瑞士法学家报》（苏黎世）
SKSR	Schriftenreihe zum Obligationenrecht （Zürich；früher：Schriftenreihe zum Konsumentenschutzrecht）	《债法文丛》（苏黎世；之前称为《消费者保护法文丛》）
sog.	sogenannt（e）	所谓的
SPR	Schweizerisches Privatrecht（Basel/Frankfurt a. M.）	《瑞士私法》（巴塞尔/美茵河畔的法兰克福）
SR	Systematische Sammlung des Bundesrechts	《联邦法律体系性汇编》
SRL	Systematische Rechtssammlung des Kantons Luzern	《卢塞恩州法律体系性汇编》
SSA	Schriften zum schweizerischen Arbeitsrecht（Bern）	《瑞士劳动法丛书》（伯尔尼）
SSBR	Schweizer Schriften zum Bankenrecht（Zürich）	《瑞士银行法丛书》（苏黎世）
SSG	BG über die Seeschifffahrt unter der Schweizer Flagge vom 23. September 1953（Seeschifffahrtsgesetz；SR 747. 30）	《关于挂瑞士国旗的船舶航行的联邦法律》《船舶航行法》
SSHW	Schweizer Schriften zum Handels- und Wirtschaftsrecht（Zürich）	《瑞士商法和经济法丛书》（苏黎世）
SSPHW	St. Galler Studien zum Privat-，Handels- und Wirtschaftsrecht	《圣加伦私法、商法和经济法研究文丛》
SStR	Schriften zum Steuerrecht（Zürich）	《税法文丛》（苏黎世）
StGB	Schweizerisches Strafgesetzbuch vom 21. Dezember 1937（SR 311. 0）	《瑞士刑法典》、刑法
StudIPR	Studien zum ausländischen und internationalen Privatrecht（Tübingen）	《外国私法和国际私法研究文丛》（图宾根）
SVG	Strassenverkehrsgesetz vom 19. Dezember 1958（SR 741. 01）	《道路交通法》

缩略语	全称	中文翻译
SVIT	Schweizerischer Verband der Immobilien-Treuhänder	瑞士不动产信托管理人协会
SVV	Schweizerischer Versicherungsverband	瑞士保险协会
SZIER	Schweizerische Zeitschrift für internationales und europäisches Recht（Zürich）	瑞士《国际法与欧盟法杂志》（苏黎世）
SZW	Schweizerische Zeitschrift für Wirtschaftsrecht（Zürich）	《瑞士经济法杂志》（苏黎世）
TU	Totalunternehmer	完全承揽人，总承包人，总承揽人
u. a.	und andere（s）；unter anderem（anderen）	此外
UeStG LU	Übertretungsstrafgesetz vom 14. September 1976（Kt. Luzern；SRL Nr. 300）	《轻罪刑法典》（卢塞恩州）
UGB	Unternehmensgesetzbuch（Österreich）	《奥地利公司法典》
UN	United Nations＝Vereinte Nationen	联合国
UNESCO	United Nations Educational, Scientific and Cultural Organization＝Organisation der Vereinten Nationen für Erziehung, Wissenschaft und Kultur	联合国教科文组织
UNESCO-Konvention	Übereinkommen über die Massnahmen zum Verbot und zur Verhütung der rechtswidrigen Einfuhr, Ausfuhr und Übereignung von Kulturgut vom 14. November 1970（SR 0. 444. 1）	《关于禁止和防止非法进出口文化财产和非法转让其所有权的方法的公约》
Unidroit	Institut international pour l'unification du droit privé（Rom）	私法统一国际协会（罗马）
Unidroit Principles	Unidroit-Grundregeln für Internationale Handelsverträge（siehe <www. unilex. info>［besucht am 18. April 2016］）	《国际商事合同基本原则》
UNKR	UN-Kaufrecht（＝WKR；SR 0. 221. 211. 1）	《联合国买卖法》（《维也纳买卖法》），也即《联合国国际货物销售合同公约》

缩略语	全称	中文翻译
URG	BG über das Urheberrecht und verwandte Schutzrechte vom 9. Oktober 1992（Urheberrechtsgesetz；SR 231. 1）	《著作权法》
URV	V über das Urheberrecht und verwandte Schutzrechte vom 26. April 1993（Urheberrechtsverordnung；SR 231. 11）	《著作权行政法规》
usw.	und so weiter	以及其他
UVG	BG über die Unfallversicherung vom 20. März 1981（SR 832. 20）	《关于意外事故保险的联邦法律》《意外事故保险法》
UWG	BG gegen den unlauteren Wettbewerb vom 19. Dezember 1986（SR 241）	《反不正当竞争法》
V	Verordnung	行政法规
VA	Versicherungs-Alphabet	保险基础知识
VAG	BG betreffend die Aufsicht über Versicherungsunternehmen vom 17. Dezember 2004（Versicherungsaufsichtsgesetz；SR 961. 01）	《关于对保险企业监管的联邦法律》《保险监管法》
VAV	V über die amtliche Vermessung vom 18. November 1992（SR 211. 432. 2）	《丈量条例》
vgl.	vergleiche	参见
VKKG	V zum Konsumkreditgesetz vom 6. November 2002（SR 221. 214. 11）	《关于消费信贷法的行政法规》
VMWG	V über die Miete und Pacht von Wohn- und Geschäftsräumen vom 9. Mai 1990（SR 221. 213. 11）	《关于住宅和商业用房的使用租赁和用益租赁的条例》
Vorbem.	Vorbemerkung（en）	前言
VSGU	Verband Schweizerischer Generalunternehmer	瑞士总承包人协会
VVG	BG über den Versicherungsvertrag vom 2. April 1908（Versicherungsvertragsgesetz；SR 221. 229. 1）	《保险合同法》
VVG/D	Deutsches Gesetz über den Versicherungsvertrag vom 23. November 2007（Versicherungsvertragsgesetz）	《德国保险合同法》

缩略语	全称	中文翻译
VVG-InfoV	Deutsche Verordnung über Informationspflichten bei Versicherungsverträgen vom 18. Dezember 2007 (VVG-Informationspflichtenverordnung)	《关于保险合同法中信息提供义务的行政法规》(德国)
VVV	Verkehrsversicherungsverordnung vom 20. November 1959 (SR 741. 31)	《道路交通保险条例》
WCT	WIPO-Urheberrechtsvertrag vom 20. Dezember 1996 (SR 0. 231. 151)	《世界知识产权组织版权条约》
WIPO	World Intellectual Property Organization	国际知识产权组织
WKR	«Wiener Kaufrecht»: Übereinkommen der Vereinten Nationen über Verträge über den internationalen Warenkauf vom 11. April 1980 (= CISG; SR 0. 221. 211. 1)	《维也纳买卖法》, 也即《联合国国际货物销售合同公约》
z. B.	zum Beispiel	例如
ZBGR	Schweizerische Zeitschrift für Beurkundungs- und Grundbuchrecht (Wädenswil)	《瑞士公证法和土地簿法杂志》(瓦登斯维尔)
ZBJV	Zeitschrift des Bernischen Juristenvereins (Bern)	《伯尔尼法学家协会杂志》(伯尔尼)
ZEuP	Zeitschrift für Europäisches Privatrecht (München)	《欧洲私法杂志》(慕尼黑)
ZGB	Schweizerisches Zivilgesetzbuch vom 10. Dezember 1907 (SR 210)	《瑞士民法典》, 简称《民法典》
Ziff.	Ziffer	(法条的)项; 数字编号
ZPO	Schweizerische Zivilprozessordnung vom 19. Dezember 2008 (Zivilprozessordnung; SR 272)	《民事诉讼法》
ZR	Blätter für Zürcherische Rechtsprechung (Zürich)	《苏黎世判决杂志》(苏黎世)
ZSR	Zeitschrift für Schweizerisches Recht (Basel)	《瑞士法杂志》(巴塞尔)
ZStöR	Zürcher Studien zum öffentlichen Recht	苏黎世公法研究丛书
ZStP	Zürcher Studien zum Privatrecht	苏黎世私法研究丛书
z. T.	zum Teil	有时, 部分的

续表

缩略语	全称	中文翻译
ZVglRWiss	Zeitschrift für Vergleichende Rechtswissenschaft（Heidelberg）	《比较法杂志》（海德堡）
ZWR	Zeitschrift für Walliser Rechtsprechung（Sitten）	《瓦莱州判决杂志》（锡永）

目　录

第一部分　所有权让与型合同

第二部分 使用让渡型合同

第三部分　劳务给付型合同

第四部分　一般委托周围的特别法律制度

第五部分　保管合同与担保型合同

第六部分　其他有名合同（概览）

第七部分　合伙合同

第八部分　无名合同

第一章 导 言

本章专门文献（节选）：

Bühler Theodor, Eine Lanze für die gesetzlichen Vertragstypen, in: Tercier Pierre/Amstutz Marc/Koller Alfred/Schmid Jörg/Stöckli Hubert (Hrsg.), Gauchs Welt – Recht, Vertragsrecht und Baurecht, Festschrift für Peter Gauch zum 65. Geburtstag, Zürich 2004, S. 371 ff.

Dasser Felix, Vertragstypenrecht im Wandel, Konsequenzen mangelnder Abgrenzbarkeit der Typen, Habil. Zürich, Zürich/Baden-Baden 2000.

Gauch Peter, Das gesetzliche Vertragstypenrecht der Schuldverträge, in: Harrer Friedrich/Portmann Wolfgang/Zäch Roger (Hrsg.), Besonderes Vertragsrecht – aktuelle Probleme, Festschrift für Heinrich Honsell zum 60. Geburtstag, Zürich 2002, S. 3 ff.

Gauch Peter/Aepli Viktor/Stöckli Hubert (Hrsg.), Präjudizienbuch zum OR, Die Rechtsprechung des Bundesgerichts, 9. Aufl. , Zürich 2016 (mit Urteilssätzen zu den im OR geregelten Nominatverträgen und zahlreichen Innominatverträgen).

Klett Kathrin, Vertragsrecht und dispositives Gesetzesrecht, in: Tercier Pierre/Amstutz Marc/Koller Alfred/Schmid Jörg/Stöckli Hubert (Hrsg.), Gauchs Welt – Recht, Vertragsrecht und Baurecht, Festschrift für Peter Gauch zum 65. Geburtstag, Zürich 2004, S. 459 ff.

Probst Thomas, Dogmatische und praktische Probleme an der Schnittstelle zwischen Allgemeinem und Besonderem Teil des Obligationenrechts – Integration oder Desintegration des schweizerischen Privatrechts?, in: Riemer-Kafka Gabriela/Rumo-Jungo Alexandra (Hrsg.), Soziale Sicherheit – Soziale Unsicherheit, Festschrift für Erwin Murer zum 65. Geburtstag, Bern 2010, S. 625 ff.

第一节　债法之"分则"

一、债法第二部分

2　　1. 债法第二部分*（第 184 条至第 551 条）通常被称作债法分则。立法者将之命名为"各种合同关系"。然此命名并不准确，尽管债法于第 184 条以下的确规定了诸多合同类型（边码 30 以下）。以下几点须当注意：

3　　（1）债法第二部分虽以合同类型为主，但也包含合同以外的法律构造：无因管理、经理权（die Prokura）和其他商事代理权、指示证券（die Anweisung）（边码 1985 以下）。

4　　与《德国民法典》（BGB）[1] 和《奥地利普通民法典》（ABGB）[2] 不同的是，侵权行为（债法 41 条以下）和不当得利（债法 62 条以下）规定在瑞士债法总则部分。

5　　（2）债法第二部分规定部分合同关系，而非所有合同关系。首先须关注的是私法上的单行法——例如《包价旅游法》（das Pauschalreisegesetz, PauRG）、《消费信贷法》（das Konsumkreditgesetz, KKG）（边码 1333 以下）、《旅客运输法》（das Personenbeförderungsgesetz, PBG）、就海员雇佣合同作规定的《船舶航行法》（Seeschifffahrtgesetz, SSG，该法第 68 条以下）以及非常重要的《保险合同法》（Versicherungsvertragsgesetz, VVG）（边码 2450）——以及国际条约（Staatsvertragsrecht）[例如《维也纳买卖法》（Wiener Kaufrecht），边码 704 以下]，也须关注立法上未规定之合同（无名合同；边码 2444 以下）。[3] 此外须关注债法总则已专门（而非一般性）规定的合同（尤其是与债权转让和债务承担相关的合同）。

5a　　（3）此外还应考虑到不位于债法而是位于《民法典》中的合同，例如夫

---

　　* 译者注：《瑞士债法》第一部分为总则，第二部分为各种合同，第三部分为商事组织与合作社，第四部分为商事登记簿、商号名称和商业会计，第五部分为票据。

　　[1]　Bürgerliches Gesetzbuch（德国）。

　　[2]　Allgemeines Bürgerliches Gesetzbuch（奥地利）。

　　[3]　国内法与国际法的适用问题，详见 Tercier/Favre, Contrats spéciaux, Nr. 84 ff.。

妻财产合同（《民法典》第 182 条以下）［译者注：德文原文为 Ehevertrag，直译为婚姻协议，根据该合同所处法典体系位置在夫妻财产制部分，依其定义，该类合同功能是约定夫妻财产制，故译者将其译为夫妻财产合同］、抚养合同（《民法典》第 287、288 条）、照管合同（《民法典》第 382 条）、继承合同（《民法典》第 481、494 条及第 512 条以下）［译者注：德文原文为 Erbvertrag。继承合同与遗嘱不同，它是被继承人与受益人签订的关于被继承人死后遗产如何继承的合同。相对于遗嘱来说，借助继承合同，被继承人对其财产享有更大的处分自由］、遗产分割合同（《民法典》第 634 条）、地役权设定合同（《民法典》第 732 条）以及抵押和质押合同（《民法典》第 799 条第 2 款、第 900 条）。如果《民法典》就这些内容非为封闭性规定，则依据《民法典》第 7 条，债法总则规范得依其性质于此适用。[1]

2. 债法分则之法规绝大部分属于联邦私法。但须注意以下限制：　　6

（1）首先存在一些有利于州的例外之保留［译者注：指联邦法律于某处　　7
允许州法做出不同之规定；若州法做出不同规定，则依州法；若州法无规定，则适用联邦法］，例如债法第 186 条、第 236 条、第 257e 条第 4 款以及第 270 条第 2 款。

（2）此外于多处，并且越来越多，联邦和州之公法作用于私法［参见　　8
《民法典》第 6 条；联邦立法参见《关于外国人取得土地的联邦法律》（BewG[2]）、《关于农村土地权的联邦法律》（BGBB[3]）以及《关于男女平等的联邦法律》（GlG[4]）］。

（3）最后须注意诉讼法和强制执行法之规定，因为它直接涉及联邦私法之　　9
运行［参见《民事诉讼法》（ZPO）[5]、《债务执行和破产法》（SchKG）[6]］。

---

[1]　参见 BGE 129 III 646 ff.（648），E. 2. 2；Tuor/Schnyder/Schmid, ZGB，§ 4 N 7。

[2]　BG über den Erwerb von Grundstücken durch Personen im Ausland（BewG）vom 16. Dezember 1983（SR 211. 412. 41）.

[3]　BGüber das bäuerliche Bodenrecht（BGBB）vom 4. Oktober 1991（SR 211. 412. 11）.

[4]　BG über die Gleichstellung von Frau und Mann vom 24. März 1995（Gleichstellungsgesetz；SR 151. 1）

[5]　Schweizerische Zivilprozessordnung（Zivilprozessordnung, ZPO）vom 19. Dezember 2008（SR 272）.

[6]　BG über Schuldbetreibung und Konkurs（SchKG）vom 11. April 1889（SR 281. 1）.

二、为何制订分则?

10   既然债法总则含有可适用于一切合同关系的法规范,且债法立基于契约自由,尤其是契约内容自由和依照自身判断订立合同之自由(nach eigennem Gutdünken auszugestalten)(参见债法第 19 条),[1]那么为何还须制定债法分则并且需要它。对此至少有三点理由:

(一)传统

11   1. 任何发乎真意之允诺,原则上应拘束发出允诺之人("契约严守原则",[2]债法总则亦有类似表述),这是中世纪晚期*法学家的观点,因此相对"年轻"。而债法分论中的思想,则要古老得多。债法分则之思想——至少部分——可追溯至罗马契约体系:仅特定契约类型所生之债可诉。[3]就此而言,债法分则乃将两千年生活经验(尤其是涉及买卖合同和一般委托的)予以确认。[4]债法的历史发展因此是从分论(罗马法)到总论(中世纪后期,启蒙时期)。

12   契约严守原则(合同忠实原则)并非起源于罗马法。[5]那时双方合意的合同是否可诉,取决于此合同是否属于合同法体系(Kontraktsystem)所规定的合同类型(emptio/venditio 是买卖合同,locatio/conductio 是租赁、雇佣、承揽合同,mandatum 是委托,societas 是合伙)[译者注:此处"合伙"的德文原文为 Gesellschaft,该词作为上位概念时没有对应的汉语表达,包含一般合伙、商事合伙、两合公司、股份有限公司和有限责任公司等各种形态。译者

---

[1] Gauch/Schluep/Schmid, OR AT, Nr. 624 ff.

[2] 这个古希腊词表现了合意原则被广泛认可,而合意原则在罗马法上尚不多见;例如 Zimmermann, The Law of Obligations, S. 508 und 537 ff. 。

* 约公元 1250 年至公元 1500 年。

[3] 参见 Kaser/Knütel, Römisches Privatrecht, S. 189 f. ; Pichonnaz, Fondements romains, Nr. 1592。

[4] Bucher, OR BT, S. 16;亦参见 Kramer, Berner Komm. , N 21 f. zu Art. 19–20 OR。

[5] Gordley, The Philosophical Origins, S. 11 f. , 41 ff. und 71 ff. , 认为契约严守原则乃晚期经院学者所创,他们一方面(主要方面)对罗马文献加以解释和抽象化,另一方面却也受亚里士多德和汤马斯·冯·阿奎因的道德哲学影响。此外还可参见 Wieacker, Privatrechtsgeschichte der Neuzeit, 2. Aufl. , Göttingen 1967, S. 287 ff. (zu Hugo Grotius);Zimmermann, The Law of Obligations, S. 537 ff. ;教会法上起源可参见 Landau, Pacta sunt servanda – Zu den kanonischen Grundlagen der Privatautonomie, in: Ascheri u. a. (Hrsg) Festschrift Knut W. Nörr, Köln/Weimar/Wien 2003, S. 457ff. 。

将其翻译为合伙]。若非上述合同类型，则所争议之协议不可诉：拉丁谚语谓"缺乏要式的协议不可诉"（ex nudo pacto non oritur actio 或者 nuda pactio obligationem non parit）。[1]

2. 换言之，债法分则存在之首要原因乃传统：诸如买卖、委托及合伙等 13 合同类型有千百年之历史。1881 年旧债法于第 184 条至第 551 条吸收诸多罗马法思想——精华与糟粕都有。这些条文涵盖立法先驱们认为至关重要的所有合同类型。评价某类型合同是否重要到值得立法，主要以 19 世纪的社会经济状况为基础，今天及将来需要对此等立法评价予以批判性检验。此等检验主要是立法者的任务，但也是法院的任务，尽管法院受制定法之拘束（der Grundsatz der Gesetzesbindung）（《民法典》第 1 条第 1 款）。

分则中诸多合同类型，自 1911 年债法颁布以来经历条文修改或新增条 14 文。例如劳动合同法于 1971 年、租赁合同法于 1985 年经历重大修订。1998 年新增关于婚姻和同性伴侣介绍（Partnerschaftsvermittlung）的委托法律规范（债法第 406a 条以下）。其他方面，立法者保持 1881/1911 年版的条文至今完全或者大部分未变，尽管出于合同公正的原因急需某些修订，例如买卖合同中物之瑕疵担保权（Sachgewährleistungsrecht）（边码 444 以下）。

一个更近之发展乃制定单行法。立法者于单行法中规定合同法性质之法 15 规（例如于消费者保护领域，以及于新客运法），而不必在债法分则中增加这些规定。单行私法之发展导致合同法碎片化，致使难以一览合同法全貌，但主要是（逐渐）有损合同法体系上的一致性（Kohärenz）。[2]比现行债法还早两年生效的是《保险合同法》[3]：虽然私法上的保险法实质上属于债法（参见《保险合同法》第 100 条第 1 款），但立法者将这一实践中特别重要的内容制定成内容丰富的单行法（参见边码 2586 以下）。

---

〔1〕 Zimmermann, The Law of Obligations, S. 508 ff. , 537 ff. und 576 f. ; Kramer, BernerKomm. , N 21 zu Art. 19-20 OR. 也参见 Kaser/Knütel, Römisches Privatrecht, S. 189 f. 。

〔2〕 批评意见参见 Bydlinski, System und Prinzipien des Privatrechts, S. 708 ff. 。体系不协调的规范，其示例尤其见于《消费信贷法》。

〔3〕 BG über den Versicherungsvertrag（Versicherungsvertragsgesetz, VVG）vom 2. April 1908（SR 221. 229. 1）。

16　　3. 上述简短的分则发展史说明,各个合同类型之规则,已在历史中发展出来。立法者并未受制于纯教义学的体系一致性观念,而是将习惯与传统(虽然也有部分修改)法典化。这也解释了为何债法分则有时出现评价矛盾(Wertungswidersprüche)。这在法律运用中有时导致以下结果:该结果以教义学的眼光看不能让人满意,但作为分则条文适用的结果原则上可以被接受。

　　(二)合同填补

17　　1. 并非所有法律问题都能在债法总则中找到答案。对此,也可称为该处有规范欠缺。某些合同类型,其漏洞在分则部分得以填补。在法律适用上,分则功能十分重要,因为合同当事人无法就合同可能出现的所有法律问题做出约定,并承担因此而生之交易费用。故合同出现漏洞的情况,实践中经常存在(合同有漏洞是常态)——可依债法分则进行合同填补(Vertragsergäzung)。

18　　2. 以下聊举几例解释分则之合同填补功能。

19　　(1)债法总则没有继续性合同(Dauerverträgen)之一般规范,尤其没有其终止之一般规范。分则于各个继续性债务关系中对此问题作出规定[例如第266条以下关于使用租赁(die Miete),第295条以下关于用益租赁(die Pacht),第334条以下关于个人劳动合同(Einzelarbeitsvertrag),第545条以下关于一般合伙(einfache Gesellschaft)]。

20　　(2)债法总则虽设有不履行和不适当履行之规范(债法第97条以下),但未设瑕疵担保规则(Gewährleistungsnormen);债法分则于诸多合同类型中设有瑕疵担保规则(例如,第192条以下及第197条以下关于买卖合同,第259a条以下关于使用租赁合同,第367条以下关于承揽合同)。

21　　(3)对无偿法律行为(边码140以下),债法总则仅将其作为一种例外提及(第99条第2款)。分则专门规定了典型的无偿法律行为——赠与(第239条以下),这些规定亦可推及其他无偿行为。

22　　此外,分则还规定了其他无偿行为,例如借用合同(第305条以下)、无偿消费借贷(第313条第1款)、无偿委托(第394条第3款)或者无偿保管(Hinterlegung)(第472条第2款)。就此参见本书边码140以下。

23　　(4)最后,债法总则仅于个别规定中对处于弱势地位之合同当事人予以保护(有的仅是形式上的)(例如第21条、第22条第2款、第100条、第

40a 条以下)。对弱势一方的保护主要在分则予以扩展,租赁合同法和个人劳动合同法就是其例。此外,具有消费者法性质之法规,其宗旨(通常)[1]也是保护弱势一方 [例如债法第 406a 条以下、《消费信贷法》[2]、《包价旅游法》(PauRG)[3]、本书边码 159 以下]。这些 [译者注:对弱势一方的特别保护] 引出分则存在的另一个原因。

(三) 价值观念

1. 债法总则一般化、抽象化,实乃迫不得已;它实际上未顾及各个合同 24 类型(社会和其他方面)的特性。分则通过吸纳立法者特别的价值观念顾及了这些特性。这些价值观念基于各个合同类型[4](及其子类型)以及当事人特定的利益状况。[债法分则的] 这些规范有的是强制性的,有的是任意性的。[5]

强制性规范使这些价值观念获得尤其强的遵守。它们属于债法第 19 条第 25 2 款意义上的 "不可变更 [规范]"。因此,偏离此类规范的约定无效。[6]任意性规范也包含立法者仔细考量并适合该合同的价值基础,其也应服务于实质正确的解决方案的贯彻。[7]就此首先得出如下结论:当事人若欲偏离任意性规范,则必须明确表达出来。[8]

刚刚提及的任意性规范的公平正义功能(Gerechtigkeitfunktion),被 [某 26 些] 一般交易条款(Allgemeine Geschäftsbedingungen)破坏,这些条款之目的

---

[1] 就此之讨论参见 Micklitz/Purnhagen, Münchener Komm. , N 39 ff. zu den Vorbem. zu §§ 13/14。

[2] BG über den Konsumkredit (KKG) vom 23. März 2001 (SR 221. 214. 1)。

[3] BG über Pauschalreisen (PauRG) vom 18. Juni 1993 (SR 944. 3)。

[4] Bucher, Schweizerisches Obligationenrecht, Allgemeiner Teil ohne Deliktsrecht, 2. Aufl. , Zürich 1988, S. 88。

[5] 详见 Tercier/Favre, Contrats spéciaux, Nr. 72 ff. 。

[6] Gauch/Schluep/Schmid, OR AT, Nr. 646. 仅违反绝对强制性规范的才会绝对无效,违反半强制性规范的不然(例如债法第 362 条、《保险合同法》第 98 条)。

[7] 参见 BGE 113 II 49 ff. (51), E. 1b;Guhl/Koller, OR, S. 338 (§ 40 N 31);更多展开见 Klett, Vertragsrecht und dispositives Gesetzesrecht, S. 466 f. 。

[8] BGE 113 II 49 ff. (51), E. 1b;Jäggi/Gauch, Zürcher Komm. , N 492 zu Art. 18 OR;Kramer, Berner Komm. , N 48 zu Art. 18 OR. 对合同作合乎立法的解释,参见 Gauch/schluep/schmid, OR AT, Nr. 1230 f. ;就《反不正当竞争法》(UWG) 第 8 条之一般交易条款内容控制,更多展开参见 Gauch/Schluep/Schmid, OR AT, Nr. 1150 ff. 。

在于牺牲一方，以使另一方获利（例如排除主要责任）（边码176）。简单援引合同内容自由原则（Grundsatz der Vertragsinhaltsfreiheit）并不能使一般交易条款有效，因为这些条款实际上恰恰建立在一方（即弱势缔约方）没有合同内容自由的基础上。这是立法者（《反不正当竞争法》第8条[1]）和[2]法院对一般交易条款进行内容有效性控制（wirksame Inhaltskontrolle）的一个理由。针对一般交易条款，目前实务中还有一个焦点，即"异常条款规则"（Ungewöhnlichkeitsregel）。此规则将过分偏离某合同类型任意性规范的条款认定为"异常的"（ungewöhnlich），以利用该类型合同［的任意性规范］。[3]

27　　特别常见的是，制定法规定了有利于承租人、劳动者或其他人员（例如代理人、保证人）的特别保护规范（大多数是强制性的），或者就商人之间规定特别的法律效果（大多数是非强制性的）。

28　　强制性规范通常有特别的社会和政治保护功能：它们应保护在合同关系中处于弱势的一方（例如债法第256条第2款、第362条、第492条第4款）。但也有源于其他原因的强制性规范，例如债法第404条第1款（依联邦法院之实践，该条为强制性规范；本书边码1966）[4]保护委托当事人的信赖关系以及由此产生的行为自由（委托中的任意解除权）。

29　　立法者制定了多个单行法（近期更甚），这些单行法至少都有合同法的属性，并致力于使特定的价值取向突显出来。相应的规范涉及的首先（但不仅仅）是前面已提及的消费者合同，此等规范常受欧盟指令的影响（［瑞士］自主决定是否执行欧盟指令）（译者注：瑞士并非欧盟成员国，欧盟指令对瑞士并无拘束力，但为了向欧盟法律靠拢，瑞士有时会选择按照欧盟指令的标准来修改本国法律，在这个意义上欧盟指令影响瑞士法）。[5]于此应考虑诸如《消费信贷法》《包价旅游法》，但也应考虑《关于男女平等的联邦法律》。

---

〔1〕 BG gegen den unlauteren Wettbewerb（UWG）vom 19. Dezember 1986（SR 241）.

〔2〕 Gauch/Schluep/Schmid, OR AT, Nr. 1150 ff.

〔3〕 BGE 135 III 1 ff.（7），E. 2.1；Gauch/Schluep/Schmid, OR AT, Nr. 1136 ff.。

〔4〕 一项国会动议（11.3909）计划改变它的强制性；根据动议的文本，修订将使当事人得缔结真正的继续性委托关系。

〔5〕 参见 Gauch/Schluep/Schmid, OR AT, Nr. 22a f.。

三、分则之类型编排

1. 分则的内容按照各合同类型编排［"抽屉系统"（Schubladensystem）］，各合同类型起始条文按照当事人典型的给付义务，对该合同类型加以定义（例如债法第 184 条、第 253 条、第 319 条以及第 363 条等）。将某一具体合同归类于某合同类型下，被称为（实体法上的）涵摄（边码 73）。[1]在案件中，涵摄确定具体合同适用何种法律规范；此外应通过对约定进行解释来查明合同内容。还应就以下几点作出说明：

——如果一个具体合同符合制定法上某种合同类型的定义［定义或者构成要件（Qualifikationsmerkmale）］，则仅仅由此推导出，该合同类型的制定法规范原则上得适用于该具体合同。相反，如果某具体合同不符合或仅仅部分符合制定法上的某合同类型定义，包括单行法上的定义，原则上不影响合同的效力，因为合同内容自由（债法第 19 条）。债法分则的类型化体系，按照当下的法律，并非采类型法定原则：债法分则（不同于夫妻财产法、物权法以及公司法）没有类型强制，毋宁给了无名合同存在空间。对无名合同，制定法上的特别规定不能直接适用（一定情形下可类推适用）（参见边码2477）。

——债法分则的合同类型定义也未就合同成立所必需的意思表示一致做出说明：具体案件中意思表示是否一致（以及据此合同是否成立），其判断标准不是是否满足定义；重要的其实是——同样独立于法定契约类型的体系——当事人对彼此的意思表示是否已足以实质性地改变其生活中的某个具体事实。[2]也就是说，即使所欲达成的合意完全或者部分不符合制定法上的类型特征，合意依然存在。相反，如果当事人就合同主观重要之点或客观重要之点未达成一致，则合意不存在。因此，涵摄涉及的是某具体合同能否适用某类型有名合同的规范，而合意涉及的是合同是否成立。

在合同类型（Vertragstypen）（买卖、交换、赠与等）下，制定法往往做

30

31

32

33

---

〔1〕 Jäggi/Gauch/Hartmann, Zürcher Komm. , N 229 ff. zu Art. 18 OR；Tercier/Favre, Contrats spéciaux, Nr. 262 f. ；就整体也参见 Gauch, Vertragstypenrecht, S. 5 ff. 。

〔2〕 Schmid, Die öffentliche Beurkundung, Nr. 561. 就合同重要之点的合意，参见 Gauch/Schluep/Schmid, OR AT, Nr. 329 ff. 。

进一步区分，称为子类型（Untertypen）。[1]

34　　例如买卖合同法一方面有一般规定（债法第 184 条以下），另一方面就动产买卖（Fahrniskauf）（债法第 187 条以下）、不动产买卖（Grundstückkauf）（债法第 216 条以下）以及特种买卖（债法第 222 条以下）作出特别规定。租赁法就住宅用房和商业用房的租赁设有特别规定（例如债法第 253a 条，第 256 条第 2 款 b，第 266l 条以下，第 268 条以下及第 269 条以下）。还可以作出进一步区分：动产买卖的规则（债法第 187 条以下），下含种类物买卖（债法第 206 条，另参见债法第 185 条第 2 款）、牲畜买卖（债法第 198 条及第 202 条）及商事关系中的买卖（债法第 190 条以下及第 215 条）。

35　　2. 如前所述，债法分则中归类的是在法律制定时期，即 19 世纪下半叶，有重要经济和社会意义的合同类型。依据各合同的经济目的，有以下分类：

36　　（1）所有权让与型合同（买卖、互换、赠与）。

37　　此类合同，以移转物之所有权为经济目的（通常为有偿，赠与情形为无偿）。此组类型中最重要者，是买卖合同，它首先涉及的是取得消费物或者投资物的所有权。[2]需注意的是，无体物有偿让与作为买卖，超越了债法第 184 条第 1 款的文义，虽然对无体物 [买卖] 无《民法典》第 641 条意义上的所有权取得。它也符合第 187 条第 1 款动产买卖的宽泛定义，即"非以土地、土地上的建筑物或作为不动产而被登记于土地登记簿的权利为客体的买卖"。

38　　（2）使用让渡型合同（使用租赁、用益租赁、使用借贷、消费借贷）。

39　　此类合同，以（有偿或者无偿）让渡物之使用为经济目的。社会上此组类型中最重要者为租赁（尤其是住宅用房与商业用房租赁）与消费借贷（尤其是资金借贷；价值使用让渡）。

---

〔1〕　Gauch, Vertragstypenrecht, S. 10 ff.

〔2〕　其区别参见 Urteil des BGer. vom 18. Dezember 2008, Nr. 4A_ 404/2008, E. 4.1.1。

（3）劳务给付型合同（个人劳动合同及其特殊类型；承揽合同、出版合　40
同、一般委托、居间合同及其他特别委托）。

当今服务行业以这些典型的传统合同类型为基础。需注意，这些合同的　41
利益状况因其类型不同而有重大不同，制定法须正确评价这些合同类型的利
益状况。这已体现在，劳务可以以非独立地位（个人劳动合同）或独立地位
（例如承揽合同或简单委托）提供。在有偿性方面要注意的是，多数劳务给付
型合同以有偿为前提；依制定法，仅出版合同和一般委托，亦可无偿。需指
出，在实践中，虽然使用这些合同类型，但相应的制定法条款也被合同多方
面修改。

（4）保管与担保型合同（保管合同，保证）。　42

此组类型，一方面涉及对物的安全保管和储存（保管合同，仓储）；另一　43
方面，在"保证"中涉及人的担保的重要情形（债权担保）。属于担保型合
同的还有实务中有重要意义的"特别担保合同"（Garantievertrag）〔译者注：
特别担保合同中债务人担保第三人会履行，这与保证合同中第三人保证债务
人履行不同〕，它须与保证合同相区分，[1]"特别担保合同"可以涵摄到债法
第111条下，也即涵摄到债法总则的规则下，但该条根本就没有规定"特别担
保合同"〔译者注：债法第111条是使第三人负担之合同的一般性规定，并未专
门规定"特别担保合同"，但"特别担保合同"可以归到该一般性规定下〕。

（5）扶养、赌博与打赌合同（终身养老金合同、终生扶养合同；赌博与　44
打赌）。

这些合同并不构成同一类合同，但它们有共同特点，都包含一个偶然时　45
刻，即容许法律状态的构造基于某些不确定事件（机会和风险）。

（6）一般合伙。　46

所有合伙合同（Gesellschaftsverträge）〔此处所译合伙为上位概念，包括　47

---

〔1〕　参见 BGE 125 III 305 ff.（308），E. 2a。

一般合伙、商事合伙、公司等，参见边码12译者注部分] 的经济目标都是，通过共同的媒介达成特定目的（参见债法第530条第1款）。债法分则的一般合伙，一方面是商事合伙的基础（债法第557条第2款和第598条第2款），另一方面发挥兜底作用 [译者注：不符合其他合伙要件的合伙都是一般合伙]（债法第530条第2款）。

48　　3. 在各个合同类型（以及子类型）下，立法者根据"规范之需要"和既存之传统，就各种实质问题做了不同程度的规定，例如：

49　　——就合同订立的规定（例如债法第184条第3款）；

50　　——就代理的规定（例如债法第348b条第1款，第396条第2、3款）；

51　　——就适当履行与不适当履行的规定（债法第190条、第191条、第476条第1款），就瑕疵担保的规定（例如债法第197条以下及第367条以下）；

52　　——就时效的规定（例如债法第210条、第315条、第371条以及第454条）；

53　　——就一次性债务合同的终止（例如债法第377条、第404条）和继续性合同的终止（债法第266条以下、第334条以下以及第545条以下）的规定。

54　　4. 当（例如在债法分则中）法律规则基于不同的历史条件而形成以及不同的社会政治观念相互作用时，当制定法部分章节几乎保持原状（例如动产买卖、承揽）而部分章节被修订（例如使用租赁、用益租赁、劳动合同、保证）时，则价值冲突不可避免。债法总则与分则的互相协调需要单独探讨（边码56以下）。债法分则本身也有价值冲突之处，通过对买卖合同法、租赁合同法及承揽合同法中物之瑕疵担保进行比较便可得出这一结论；债法分则缺少价值取向上的统一（wertemässige Harmonisierung）。[1]对此，判决和学术的任务是，在存在价值冲突之处寻求现行法上恰当的解决方法，并根据应然法提示立法者需要修改的地方。

55　　尽管存在这些矛盾，并且在某些方面受到批评，但可以肯定的是，制定

---

[1]　Gauch, Vertragstypenrecht, S. 4.

法上的合同类型化是一种有用的工具，可以有区别地规范实务中重要的债务合同。[1]

第二节 分则与总则之关系

如果待决的具体合同属于债法分则规定的类型，则产生债法总则与债法分则如何协调的问题。[2]这个棘手问题是众多争议的源头，就这一争议没有一般性的答案。毋宁是必须就具体问题，对可能适用的［总则和分则］规则做评价解释。原则上［总则和分则适用上的关系］有下述可能：[3]　56

1. 累积（Kumulation）适用：债法总则和分则的规范可累积适用。　57

例如：债法第97条第1款过错推定也适用于承揽合同中定作人因承揽物缺陷所生之损害赔偿请求权（债法第368条）。[4]债法第184条第2款就同时履行之给付重复规定了第82条的内容。　58

2. 只适用债法分则：债法分则的规范可作为特别规定排他适用，借此排除债法总则规范的适用。常常也会出现系争问题仅仅在分则规定，总则根本没有相应规定的情形。　59

例如：买卖合同风险承担只适用债法第185条，排除债法第119条第2款的适用（亦参见第119条第3款）。承揽合同中承揽人的减价权仅规定在债法第368条第2款。　60

3. 只适用债法总则：债法分则就系争问题根本没有规定，因此仅适用债法总则的规定。　61

---

〔1〕 Gauch, Vertragstypenrecht, S. 24 提示了值得改革的点；亦参见 Dasser, Vertragstypenrecht im Wandel, Nr. 545 ff.，以及评论文章 Kramer, in: SJZ 98/2002, S. 26 f.。

〔2〕 具体合同符合单行法中的某合同类型时，亦产生同样问题。此种情形也要阐明单行法规范与债法总则相应规定的关系。

〔3〕 参见 Tercier/Favre, Contrats spéciaux, Nr. 271 ff.。

〔4〕 Gauch, Werkvertrag, Nr. 1891.

62　　例如：租赁合同之请求权时效在分则中未规定。因此适用债法总则的时效规定（债法第 127 条以下），总则中时效规定因合同类型不同而有所不同〔定期性给付（periodische Leistung）的债权时效见债法第 128 条第 1 项〕。

63　　4. 选择适用：合同一方当事人或援引总则的规定，或援引分则的规定。

64　　例如：购买之物有瑕疵，依据联邦法院的判决（有争议），买受人或援引物的瑕疵担保规定（债法第 197 条以下），或援引交易基础认识错误（Grundlageirrtum）（债法第 24 条第 1 款第 4 项）规则（边码 435 以下）。[1]

第三节　有名合同与无名合同

65　　1. 有名合同，指制定法予以特别规定的合同。要被称为特别的制定法规定，其规范需要详尽到一定程度。特别规定存在于

66　　——债法分则（买卖、互换、赠与等）；

67　　——或者其他地方，例如

68　　●《民法典》（例如夫妻财产约定、继承合同、照管合同）；

69　　●单行私法（例如包价旅游合同、客运合同[2]）；

70　　●含有统一法的国际条约（例如《维也纳买卖法》[3]）。

71　　2. 与有名合同相对应的概念是无名合同[4]，它指制定法未特别规定的合同。[5]属于无名合同的有保理（Factoring）、特许经营（Franchising）、包销合同（der Alleinvertriebsvertrag）、信用卡合同（der Kreditkartenvertrag）、庭外和解（der aussergerichtliche Vergleich），依多数观点还包括融资租赁合同（der

---

〔1〕　BGE 114 II 131 ff. （134），E. 1a （Picasso-Fall）.

〔2〕　BG über die Personenbeförderung （Personenbeförderungsgesetz，PBG）vom 20. März 2009（SR 745. 1）.

〔3〕　Übereinkommen der Vereinten Nationen über Verträge über den internationalen Warenkauf （WRK = CISG）vom 11. April 1980（SR 0. 221. 211. 1）.

〔4〕　对"无名合同"这一术语的说明：瑞士法上称为无名合同（Innominatvertrag）的，德国学说称作非典型合同（atypischen Vertrag）。例如 Fikentscher/Heinemann，Schuldrecht，Nr. 57 f. und 792 f. 。

〔5〕　Gauch/Schluep/Schmid，OR AT，Nr. 252；Amstutz/Morin，Basler Komm.，N 5 zur Einl. vor Art. 184 ff. OR.

Leasingvertrag)（边码 2517 以下）。无名合同的数量是无限制的。合同实践中不断产生新的合同类型，同时某些无名合同经过一段时间的频繁使用沉淀为交易类型。这在后面再提（边码 2479 以下）。

3. 有名和无名合同概念上可以清晰地区分，就其区别的实践来说至少有　72 三个层面应考虑：第一，有名合同本身规范的多寡随其类型而变化较大，并非每一个有名合同都规定得同样详尽。第二，有的合同依其内容无疑应归入某个有名合同，但有名合同并未提供某些情形下特别的规范需要，因此在这个范围内构成漏洞。借医疗合同来举例说明：医疗合同虽然归属于一般委托，但在一般委托中（债法第 394 条以下）找不到医疗合同特别问题（例如告知义务或者记录病历义务）适用的规范。第三，有名合同的法律对无名合同来说也常常起兜底作用，其规范依其意义适用于无名合同，以填补无名合同漏洞。

第四节　有名合同规则之适用[*]

1. 制定法的有名合同规则适用于具体合同时，首先产生的问题是该类型　73 合同的构成要件是什么。[1]换言之，要对讨论的具体合同进行检讨，以确定其是否满足债法分则某有名合同（例如买卖、租赁、个人劳动合同、承揽合同、委托）的构成要件（Begriffsmerkmale, Qualifikationsmerkmale），或是否满足单行法中有名合同（例如包价旅游合同、客运合同）的构成要件，抑或是否满足总则中加以特别规定的合同（债权让与及债务承担）的构成要件。为此必须对具体合同进行解释，即须对约定的内容尤其是约定的给付义务进行解释。[2]

当事人使用的合同名称是进行涵摄的一个线索；但合同名称本身并不起　74 决定作用，还须检视约定的合同内容。[3]

---

* 译者注：标题原文直译为合同法分则之适用，其意思根据下文可知是有名合同规则之适用。由于瑞士并无独立的合同法，此处不采直译，以免引起误会。

〔1〕 参见 Gauch, Vertragstypenrecht, S. 5 ff. ；Jäggi/Gauch/Hartmann, Zürcher Komm. , N 229 ff. zu Art. 18 OR.

〔2〕 就合同解释概述参见 Gauch/Schluep/Schmid, OR AT, Nr. 1195a ff. 。

〔3〕 BGE 99 II 313 ff. （313）, bestätigt unter anderem in BGE 131 III 217 ff. （219）, E. 3＝Pra 2006, Nr. 6, S. 43 ff. ；Jäggi/Gauch/Hartmann, Zürcher Komm. , N 241 zu Art. 18 OR；Gauch, Vertragstypenrecht, S. 5 有更多提示。

75　　2. 若经由涵摄能确定具体的合同符合某有名合同的构成要件，则进一步的问题是，针对该有名合同的制定法规范是否能适用于该具体合同。须注意以下几点：

76　　——始终能适用的是强制性规范。这是因为法院受制定法拘束（《民法典》第 1 条第 1 款），且强制性规范具有以下法律属性：立法者在任何情况下都要贯彻其效果，即合同当事人不能依约定变更（亦参见债法第 19 f 条）。

77　　就强制性规范规定之事项，当事人无自主决定之权，因此就此等事项也不会出现合同漏洞；强制性规范始终应被适用。[1]

78　　——不涉及强制性规范时（属经常情形），具体合同的内容依照当事人的约定确定。内容有争议的通过解释阐明。[2]就此等事项，在制定法限度内，当事人自治优先于制定法规定：当事人有确定合同内容的自由（债法第 19 条第 1 款）。

79　　——就争议问题无（基于事实合意或规范合意的）约定的，构成合同漏洞。若无相应的习惯法（《民法典》第 1 条第 2 款）填补漏洞，则原则上适用任意性规范。[3]

80　　这些规则令人注意的地方在于：相关法律问题在具体合同中没有被约定而构成合同漏洞，而这些规则对此问题恰好有规定。

81　　——若制定法就争议问题没有任意性规范，则法院须通过自创的规则对合同漏洞加以填补（法院填补漏洞）；法院原则上通过解释当事人假设的意思（hypothetische Willen）来填补漏洞。[4]

82　　3. 须进一步阐释的问题是，在欠缺强制性规范或者存在合同漏洞时，任意性规范是否总能被适用或法院是否能直接填补合同漏洞。对此须注意以下几点：

---

〔1〕 Jäggi/Gauch/Hartmann, Zürcher Komm. , N 547 zu Art. 18 OR；Gauch, Vertragstypenrecht, S. 15.

〔2〕 就此详见 Gauch/Schluep/Schmid, OR AT, Nr. 1195a ff. 。

〔3〕 Jäggi/Gauch/Hartmann, Zürcher Komm. , N 566 ff. zu Art. 18 OR；Gauch/Schluep/Schmid, OR AT, Nr. 1247a ff. ; Gauch, Vertragstypenrecht, S. 11; Tercier/Favre, Contrats spéciaux, Nr. 289.

〔4〕 详见 Jäggi/Gauch/Hartmann, Zürcher Komm. , N 597 ff. zu Art. 18 OR；Gauch/Schluep/Schmid, OR AT, Nr. 1256 ff. 。判决见 BGE 132 V 278 ff. （282），E. 4. 3。

——依本书所持观点，填补合同漏洞的首选工具原则上是任意性规范。　83
这是因为法院原则上受制定法拘束（《民法典》第 1 条第 1 款）。借助这一原
则，任意性规范以一般性抽象的方式为法院确定了，存在合同漏洞时"假设
的当事人意思"应是什么，并且如此理解符合交易本旨。[1]在某种程度上，
任意性规范也出于公正的考虑，所以可以说，任意性规范通常充分保护当事人
利益。[2]

——应当说明的是，在个案中法院始终应审查，文义上与案件相关的任　84
意性规范，与约定的合同内容是否和谐，即是否构成一个无矛盾的整体。[3]
如果任意性规范与合同其他内容冲突，那么表明，该任意性规范不适用于该
具体待判个案，因此不适合被用作填补该合同漏洞的工具，[4]适用该任意性
规范则违反了假设的当事人意思。因此法院应通过自己的漏洞填补（法律续
造）来补充解释合同，于此又以"假设的当事人意思"为准。[5]

不过，因为某些任意性规范要求与其相反的约定须当事人以书面（债法　85
第 198 条，第 324a 条第 4 款）、明示（债法第 214 条第 3 款）或个别约定
（债法第 256 条第 2 款 a 项）来实现[6]，如果没有遵守这些要求，则仍适用
任意性规范，此时任意性规范的适用范围就增大了。

4. 若具体合同经涵摄表明不是有名合同，而是一个制定法未加特别规定　86
的合同，那么依照无名合同法律适用规则去处理（边码 2471 以下）。[7]

5. 涉外关系中法律适用的提示：它也以涵摄为前提，不过此种涵摄与前　87
述法律涵摄不同。国际私法（冲突法）的涵摄须查明，依据哪国法律来审理

---

〔1〕　Jäggi/Gauch/Hartmann, Zürcher Komm. , N 565 und 577 zu Art. 18 OR.

〔2〕　BGE 113 II 49 ff.（51）, E. 1b; Gauch/Schluep/Schmid, OR AT, Nr. 1254.

〔3〕　Jäggi/Gauch/Hartmann, Zürcher Komm. , N 570, 579 und 582 zu Art. 18 OR; Gauch/Schluep/
Schmid, OR AT, Nr. 1255; Gauch, Vertragstypenrecht, S. 12; Tercier/Favre, Contrats spéciaux, Nr. 289.

〔4〕　Jäggi/Gauch/Hartmann, Zürcher Komm. , N 582 zu Art. 18 OR; Gauch/Schluep/Schmid, OR AT,
Nr. 1255.

〔5〕　详见 Jäggi/Gauch/Hartmann, Zürcher Komm. , N 588 und 601 ff. zu Art. 18 OR; Klett, Vertrag-
srecht und dispositives Gesetzesrecht, S. 462 f. 。

〔6〕　参见 Jäggi/Gauch/Hartmann, Zürcher Komm. , N 590 zu Art. 18 OR。

〔7〕　参见 Jäggi/Gauch/Hartmann, Zürcher Komm. , N 627 ff. zu Art. 18 OR; Gauch/Schluep/Schmid,
OR AT, Nr. 1248 und 1262。

具体的争议问题。若确定适用瑞士法，则应检查具体合同与债法分则规范（或适用的单行法规范）的关系。

第五节　特殊的合同类型

一、继续性合同

88　　特别文献（节选）

Cherpillod Ivan, La fin des contrats de durée, Lausanne 1988.

Gauch Peter, System der Beendigung von Dauerverträgen, Diss. Freiburg 1968（AISUF Band 34）.

Middendorf Patrick, Nachwirkende Vertragspflichten, Diss. Freiburg 2002（AISUF Band 209）.

Rumpf Stefanie, Das Synallagma im Dauerschuldverhältnis – Über die Relevanz von Einzelleistung und Gesamtleistung im Dauerschuldverhältnis, Diss. Konstanz 2003（Konstanzer Schriften zur Rechtswissenschaft Band 206）.

Venturi-Zen-Ruffinen Marie-Noëlle, La résiliation pour justes motifs des contrats de durée, Diss. Freiburg, Zürich 2007（AISUF Band 264）.

Vetter Meinrad/Gutzwiller Roman S., Voraussetzungen und Rechtsfolgen der ausserordentlichen Beendigung von Dauerschuldverhältnissen, AJP 2010, S. 699 ff.

（一）概念与法基础

89　　1. 一时性债务因一次给付或者可计数的多次给付而消灭，与之相反，继续性债务要求持续的或者不断重复的给付行为，直至债务因时间经过或者履行以外的其他原因（例如因终止）而消灭。[1]

90　　2. 继续性合同（继续性债务合同）指，至少典型的给付义务为继续性债务的合同（债务合同）。[2]作为合同订立的结果，该法律关系被称为继续性债务关系或继续性关系。

---

[1]　Gauch/Schluep/Schmid, OR AT, Nr. 94.

[2]　Gauch/Schluep/Schmid, OR AT, Nr. 263.

例如：租赁、用益租赁、使用借贷、消费借贷、个人劳动合同、经纪合　　91
同（Agenturvertrag）［译者注：有学者译为商事代理合同，但这一译法并不能
表现该合同的特征。该合同中，双方不存在雇佣关系，一方以对方名义和费
用行事，在一定时间段内为对方媒介交易或订立合同，故译者将其译为"经
纪合同"］、保管合同（Hinterlegungsvertrag，又译为寄托合同）、终身养老金
合同、终身扶养合同、一般合伙。此外有准继续性合同，它们原则上有一个
一时性债务作为典型的给付标的，然而在此之外有继续性因素，例如分期付
款买卖、分多次给付之赠与（债法第252条）、承揽合同、出版合同、一般委
托以及保证。需注意的是，继续性合同若依其内容不能归入有名合同之列，
也可是无名合同，例如特许经营合同（Franchisingvertrag）。

债法总则虽也可适用于继续性合同，但它不含针对继续性合同的特别规　　92
则。对继续性合同而言，更有意义的是债法分则相关规定。这些规定有一
部分也包含可适用于无名继续性合同［例如保理合同（Factoringvertrag）、
特许经营合同（Franchisingvertrag）、独家销售合同（Alleinvertriebvertrag）、
信贷合同（Kreditvertrag）、信用卡合同（Kreditkartenvertrag）］的一般性
原理。

学说和判决中发展出来的继续性法律关系的一般法律原则是，一旦典型　　93
的继续性给付已着手，即将继续性合同置于履行状态，则继续性合同的消灭
不具有溯及力。[1]有溯及力的解除在这种情形被没有溯及力的终止代替。[2]
结果是，已经发生之给付不必清算返还。不清楚的是，当一时性合同的"清
算返还，依据物权请求权和不当得利请求权遭遇极大的实际困难或根本不可
能时"，[3]这一法律状况［译者注：指不必返还清算］对一时性合同来说是
否也是合理的。[4]

这项规则被立法者在租赁法中采纳，即租赁物有瑕疵的，法律区分以下　　94

---

［1］　Gauch/Schluep/Emmenegger, OR AT, Nr. 2798 und 2815; Gauch, Beendigung von Dauerverträgen,
S. 210 f.

［2］　BGE 123 III 124 ff.（127），E. 3b; Gauch, Beendigung von Dauerverträgen, S. 212.

［3］　这一片段来自联邦法院判决 BGE 129 III 320 ff.（328），E. 7. 1. 2，但该判决涉及的不是此处
抛出的问题。

［4］　参见 Stöckli, Synallagma, Nr. 549。

情况［而异其效果］：给付障碍于移转租赁物时已存在（那么根据债法 258 条第 1 款可解除），以及给付障碍在租赁期间才出现的，即典型的主给付开始以后发生的（那么根据债法第 259b 条 a 项没有解除权，仅可终止）。就个人劳动合同，当合同缔结后发现有合同瑕疵的（债法第 320 条第 3 款；边码1427），适用同样的原理。[1]

（二）继续性合同的消灭

1. 概述

95　　（1）一时性债务因履行而消灭，继续性债务非因履行而消灭，它须被履行直至因期限或者其他原因而消灭。[2]因此，继续性合同的消灭不是合同履行的结果，而是以合同的其他消灭原因为前提的。

96　　继续性合同消灭的效果是，典型的主给付义务以及可能的将来的对待给付义务消灭。

97　　若典型的主给付已经着手，则排除合同溯及消灭（通过解除）。解除被终止（向将来的效力）代替（边码93）。即便一方成功援引"错误"规则而使继续性合同失去效力，也通过类推适用债法第 320 条第 3 款的劳动法律而使前述法律原则发挥作用（边码1427）。[3]若制定法本身有不同规定，则不得适用此原则；应考虑的是消费者合同中的撤销权，它形同解除权，即便继续性合同已在履行中，该合同仍可溯及消灭（参见债法第 40f 条第 1 款，[4]《消费信贷法》第 16 条第 3 款）。

98　　（2）继续性合同有通常消灭原因和特殊消灭原因：

99　　——通常消灭于有期限合同是因合同到期，于无期限合同是因常规终止（ordentliche Kündigung）。常规终止——符合约定的或法定的终止预告期间和终止日期的终止——可不需任何前提而作出，但无论如何，须应［当事人之］要求而发生（住宅用房和商业用房租赁：债法第 271 条第 2 款；个人劳动合

---

〔1〕　BGE 132 III 242 ff.（245），E. 4. 2.

〔2〕　Gauch/Schluep/Schmid, OR AT, Nr. 94.

〔3〕　BGE 129 III 320 ff.（328），E. 7. 1. 2; auch BGE 137 III 243 ff.（250），E. 4. 4. 4.

〔4〕　参见 BGE 137 III 243 ff.（245 ff.），E. 4，本案中联邦法院将清算返还置于不当得利法下，联邦法院不采纳某些学说主张的统一处理清算返还关系。Stöckli, Synallagma, Nr. 551 ff. 就此有进一步提示。

同：债法第 335 条第 2 款）。

——特殊消灭在合同到期前发生（在通常消灭的规则之外），并需要特别 100
的要件（存在特殊消灭之原因）。

2. 通常之消灭

（1）通常之消灭要么因期间经过，要么因常规终止而发生。 101

——继续性合同约定期间的，合同因期间经过而消灭（所谓的有期限合 102
同关系）。期间经过，继续性关系自动消灭。

例如：债法第 266 条第 1 款、第 334 条和第 545 条第 1 款第 5 项。 103

——无期限合同，合同关系因常规终止（无需前提）而消灭。 104

例如：债法第 266a 条和第 335 条。 105

（2）对于常规终止，须补充以下几点： 106

——对于终止，适用法定和约定的终止预告期间和终止日期（例如债法 107
第 266a 条以下，第 335a 条以下）。

终止日期是一个时间点，自此时间点以后，终止生效。终止预告期间是 108
一个时间段，是终止之意思表示到达相对方时与终止日期间的时间段，以便
在终止日期到来后发生终止之效力。

某些终止日期和终止预告期间的最短期间由法律强制规定（参见债法第 109
266a 条第 1 款）。

——某些情形，虽然约定了合同存续期间，但制定法可规定（常规）终止。 110

例如：债法第 334 条第 3 款、第 475 条第 1 款。 111

——某些合同关系的常规终止设有特别的终止保护性规定，尤其在住宅 112
用房和商业用房的使用租赁和用益租赁（债法第 271 条以下）以及劳动法
（债法第 336 条以下和《男女平等法》第 10 条）中。

3. 特殊之消灭

（1）继续性合同特殊之消灭，无须遵守终止日期和（或）终止预告期 113

间。继续性关系也可依约定或依制定法而（提前）消灭。

114　　——当事人总可通过合意实现合同特殊之消灭（为消灭原合同而订立的合同，Aufhebungsvertrag；contrarius actus）。这种方式源于合同自由（债法第19条），合同自由包括合同消灭自由。[1]还可在合同条款里约定继续性合同特殊消灭事由，例如约定某些事件发生则允许合同之特殊消灭。

115　　——若无约定的特殊消灭事由，则仅在制定法规定的特别消灭事由出现时，才发生特殊之消灭。此时一方特殊消灭合同的权利就来自制定法。

116　　（2）制定法就个别合同规定了具体的特殊消灭事由，例如：

117　　——合同一方当事人死亡（例如债法第266i条）；

118　　——一方陷入无民事行为能力状态（债法第418s条第1款）；

119　　——一方无支付能力、破产或一方［的财产］被扣押（例如债法第266h条、第316条和第418s条第1款）；

120　　——某些违约形态，例如瑕疵给付（债法第258条第1款）、迟延给付（债法第257d条和第258条第1款）或注意义务之违反（债法第257f条以及第309条第2款）。

121　　（3）此外，制定法在多处规定继续性债务关系因重大事由而消灭（例如债法第266g条、第337条、第337a条和第418r条第1款）。作为一般原则，学界和判决认为，所有（有期限或无期限）继续性债务关系，都可因出现重大事由而被提前消灭（但法律另有规定的除外）。[2]须补充以下几点：

122　　——依判决观点，重大事由涉及的问题是，因情势改变仍受合同拘束对当事人而言是否太过苛刻，即不仅是经济方面，也包括人格方面。[3]就此概念，法院须斟酌法律与公平正义（《民法典》第4条）以判决。概括性的说法是很难的，但通过大量的法院判决（例如针对债法第337条）[4]可以有所帮

---

〔1〕　Gauch/Schluep/Schmid, OR AT, Nr. 616; Büscher, Die einvernehmliche Aufhebung von Schuldverträgen, Diss. Freiburg, Zürich 2015（AISUF Band 345）, Nr. 64.

〔2〕　参见 Gauch, Beendigung von Dauerverträgen, S. 173 ff. ; Jäggi/Gauch/Hartmann, Zürcher Komm. , N 691 zu Art. 18 OR; Kramer, Berner Komm. , N 163 zu Allg. Einleitung（vor Art. 1 OR）; Venturi-Zen-Ruffinen, La résiliation pour justes motifs, Nr. 339 ff. 。判决参见 BGE 122 III 262 ff. （265）, E. 2a/aa; 128 III 428 ff. （429）, E. 3; 138 III 304 ff. （319）, E. 7; Urteil des BGer. vom 19. März 2013, Nr. 4A_598/2012, E. 4. 2。

〔3〕　BGE 128 III 428（432）, E. 3c; wiederholt in BGE 138 III 304 ff. （319）, E. 7.

〔4〕　丰富的判例参见 Abegg, Präjudizienbuch OR, N 12 ff. zu Art. 337 OR。

助，可以实现案件类型化。

——存在重大事由，相关当事人有终止权。当事人有效行使终止权的，继续性合同原则上立即消灭（尤其是未设宽限期的[1]），其消灭效力向将来发生（ex nunc）。[2]出于《民法典》第27条意义上的人格保护目的，此种情形的终止权是无条件的。[3] 123

例外情形下，重大事由所生终止权的行使仍须遵守终止预告期间（例如债法第266g条）。 124

——因重大事由终止，一方对他方有时负损害赔偿责任。可能由终止权人，也可能由对方承担损害赔偿责任。当对方的违约行为导致重大事由发生时，由对方承担损害赔偿责任。 125

例如：债法第266g条第2款以及第337b—337d条。 126

——最后，特殊消灭事由也可影响特别保护性规范，例如租赁法中租期延长之排除（债法第272a条）。 127

——基于重大事由的合同消灭涉及的是继续维持合同对一方当事人太过苛刻，明白这一点便能明白，这一消灭事由［指因重大事由而消灭］不仅于继续性合同，在非继续性合同也可依情形被援引。例如，在长期承揽合同中（例如建造铁路隧道），若存在重大事由，则承揽人可以消灭合同，便是正当的。[4] 127a

4. 消灭后之继续性合同

（1）继续性合同消灭虽然伴随着典型的主给付义务以及可能存在的对待给付义务向将来消灭，但当事人通常受直接或间接来自合同的义务的拘束（继续存在的合同义务，fortdauernde Vertragspflichten）。 128

此种继续存在的合同义务可通过留置权来担保实现（债法第268条以下）。 129

---

〔1〕　BGE 138 III 304 ff.（320），E. 7.

〔2〕　BGE 138 III 304 ff.（319），E. 7.

〔3〕　BGE 128 III 428（431），E. 3c.

〔4〕　Gauch, Werkvertrag, Nr. 598；就定作人因重大事由而解除合同，参见 Urteil des BGer. vom 10. September 2002, Nr. 4C. 387/2001, E. 6. 2。

130 (2) 继续存在的合同义务尤其有以下几种[1]：

131 ——清算义务，此义务恰因合同消灭而存在，旨在使双方当事人处于因合同消灭而应当处于的状态。

132 例如：返还义务、损害赔偿义务以及可能存在的其他赔偿义务（Ausgleichspflichten）。

133 ——尚未结清的合同义务。此义务即便合同未消灭也存在。

134 例如：承租人支付未结清的租金的义务。

135 ——后合同义务，此义务虽然从合同关系中产生，但于合同消灭后还可独立存在。

136 例如：遵守竞业禁止义务（债法第 340 条以下）、[2]保守商业秘密的义务（债法第 321a 条第 4 款）。

（三）个别问题

137 1. 某些类型的合同，其终止须考虑要式规定。

138 住宅或商业用房的租赁双方须以书面形式终止合同（债法第 266l 条第 1 款）。此外，出租人还须使用特定的表格（债法第 266l 条第 2 款）。家庭住宅租赁之终止有特别规定（债法第 266m—266n 条），若终止之表示非以规定的形式为之，则该表示无效（债法第 266o 条）。

139 2. 不仅债法分则有特别终止事由，债法总则也有。在考虑之列的有：嗣后履行不能（债法第 97/119 条）、债务人迟延（债法第 102 条以下）、债权人迟延（债法第 91 条以下）以及情事变更。[3]

---

[1] Gauch, Beendigung von Dauerverträgen, S. 202 ff.；Middendorf, Nachwirkende Vertragspflichten, S. 57 ff.

[2] 参见 BGE 130 III 353 ff.（354 f.），E. 2。

[3] "情事变更" 参见 Gauch/Schluep/Schmid, OR AT, Nr. 1279a ff.；Jäggi/Gauch/-Hartmann, Zürcher Komm.，N 710 ff. zu Art. 18 OR；BGE 127 III 300 ff.（302 ff.），E. 5。因重大事由而终止的界限，参见 BGE 128 III 428 ff.（432），E. 3c。

二、无偿合同

特别文献（节选）　　　　　　　　　　　　　　　　　　　　　　　　140

Grundmann Stefan, Zur Dogmatik der unentgeltlichen Rechtsgeschäfte, AcP 198/1998, S. 457 ff.

Maissen Sandra, Der Schenkungsvertrag im schweizerischen Recht, Diss. Freiburg 1996 (AISUF Band 152).

Schwery Nadja, Die Korrelation von Nutzen und Haftung im Vertragsrecht, Diss. Freiburg, Zürich 2013 (AISUF Band 331).

无偿合同，指合同一方负给付义务（例如物之给付、使用让渡、劳务给　141
付），另一方顶多付返还义务或者负担所生费用但不负对待给付义务（作为主
给付义务的交换）的合同。也即无偿合同恰恰不具有双方利益交换的特征，因
此绝不是对价均衡的。[1]无偿合同要么是单务合同，要么是不完全的双务合同
（unvollkommen zweiseitige Schuldverträge）。无偿合同有以下几种基本类型：[2]

第一种类型：无偿加利行为之债权人应偿还债务人垫付的费用，其目的　142
是使债务人不必承担因给付而生之费用（Begleitkosten）。

例如：无偿委托中委托人应偿还受托人支出的必要费用（债法第 402 条　143
第 1 款）。

第二种类型：加利行为之债权人所负的给付义务仅限于恢复原来的利益　144
状况。

例如：无息消费借贷中借用人的义务为，于合同结束时返还出借人等额　145
的借用物。

第三种类型：债权人无任何给付义务。　　　　　　　　　　　　　　　146

例如：赠与合同往往产生此种法律状态。在无偿制作物供给合同（Werk-　147

---

[1]　参见 Stöckli, Synallagma, Nr. 45。

[2]　Stöckli, Synallagma, Nr. 96 ff.

leistungsvertrag)（一种无名合同）中，如果不考虑债法第 402 条第 1 款的类推适用的话，定作物供给的债权人可能无任何给付义务。

148　　第四种类型：附负担之加利。所附负担虽可诉请履行，但履行负担与加利行为并非对价关系（Austauschverhältnis）。

149　　例如：附负担之赠与（债法第 245、246 条）。

150　　债法分则有名合同中属于无偿合同的有赠与（债法第 239 条以下）、使用借贷（债法第 305 条以下）、无偿的消费借贷（债法第 313 条第 1 款）、无偿委托（债法第 394 条第 3 款）、无偿保管（债法第 472 条第 2 款）以及无偿终身定期金合同（Leibrentenvertrag）（债法第 516 条以下）。

151　　对待给付（Gegenleistung）（上述无偿合同恰恰欠缺）在制定法的多个地方被冠以报酬（Vergütung）的名字（债法第 394 条第 3 款和第 472 条第 2 款）。这些地方的"报酬"（严格意义的对待给付）应与其他偿还之给付相区分，尤其是与必要费用的偿还相区分（债法第 402 条第 1 款和第 473 条第 1 款）。

152　　于无偿合同情形，典型主给付义务并无与其均衡的对待给付，故一方当事人（受赠人、使用借贷借用人、消费借贷借用人、委托人以及寄存人）经济上受益。制定法在规范此等合同的法律效果时，出于对公正的考虑，不得忽视"单务"的性质。相应地，在制定法中可见到一些体现平衡思想的方面，典型如弱化法律拘束和限制法律责任。[1]就限制法律责任这点，债法第 99 条第 2 款已有规定：法律行为丝毫不为债务人利益的，应当减轻债务人责任。

153　　在债法分则中，就无偿合同也有特别规定，例如就以下几点：

154　　——责任减轻：债法第 248 条第 1、2 款（类似债法第 99 条第 2 款）。

155　　——特殊的提前要求返回和撤销权：债法第 249 条、第 250 条、第 309 条第 2 款以及第 476 条第 1 款。

156　　——随时终止合同的可能：债法第 310 条。

157　　一般委托与保管合同，可依债法第 404 条第 1 款及第 476 条第 2 款随时消

---

〔1〕　Stöckli, Synallagma, Nr. 105 ff. ; Schwery, Korrelation von Nutzen und Haftung, Nr. 335 ff.

灭。此种消灭之可能不取决于个案中合同是有偿还是无偿。对于一般委托，应始终考虑，作为债法第404条第2款损害赔偿前提的不合时宜的消灭委托，在无偿委托时认定不合时宜是否比有偿委托情形更克制（边码1968以下）。支持此种观点的一个理由是，在无偿委托关系中，委托人的信赖受到更低的保护。

——判例进一步发展出了一些规则。尤其是无偿委托情形委托人的责任，在司法实践中并非遵循债法第402条第2款（委托人承担过错责任），而是类推适用债法第422条第1款，即委托人对无偿受托人的损害所负责任，由法院依照公平原则加以分配。[1]若要在债法中贯彻这样的价值观，则但凡无偿给付者遭受损害的，都应衡量接受给付一方是否承担公平责任。

158

三、消费者合同

特别文献（节选）

159

Eidg. Büro für Konsumentenfragen (Hrsg.), 30 Jahre Verfassungsartikel zum Schutz der Konsumentinnen und Konsumenten (Art. 97 BV), Bern 2011.

Fornage Anne-Christine, La mise en œuvre des droits du consommateur contractant – Etude de droit suisse avec des incursions en droit de l'Union européenne, en droit anglais, français et allemand, Diss. Freiburg, Bern 2011.

Hartmann Stephan, Die vorvertraglichen Informationspflichten und ihre Verletzung – Klassisches Vertragsrecht und modernes Konsumentenschutzrecht, Diss. Freiburg 2001 (AISUF Band 201).

Koller-Tumler Marlis, Der Konsumentenvertrag im schweizerischen Recht, Diss. Bern 1995 (ASR NF Heft 567).

Dieselbe, Einführung in die Grundlagen des privatrechtlichen Konsumentenschutzes, in: Schweizerisches Privatrecht, Band X: Konsumentenschutz im Privatrecht, Basel 2008, S. 1 ff.

Kramer Ernst A. (Hrsg.), Konsumentenschutz im Privatrecht, Schweizerisches Privatrecht, Band X, Basel 2008.

---

[1] BGE 48 II 487 ff. (490 ff.), E. 3; 61 II 95 ff. (98), E. 3; 129 III 181 ff. (183 f.), E. 3. 3; Schmid, ZürcherKomm. , N 53 zu Art. 422 OR.

Pichonnaz Pascal, La protection du consommateur en droit des contrats: le difficile équilibre entre cohérence du système contractuel et régime particulier, in: Thévenoz Luc/Reich Norbert (Hrsg.), Droit de la consommation, Zürich 2006, S. 323 ff.

Derselbe, Quelques nouveautés liées aux contrats de consommation, in: Pichonnaz Pascal/Werro Franz (Hrsg.), La pratique contractuelle 4, Symposium en droit des contrats, Zürich 2015, S. 37 ff.

Schmid Jörg, Die Inhaltskontrolle Allgemeiner Geschäftsbedingungen: Überlegungen zum neuen Art. 8 UWG, ZBJV 148/2012, S. 1 ff.

Stöckli Hubert, Der neue Art. 8 UWG – offene Inhaltskontrolle, aber nicht für alle, BR/DC 2011, S. 184 ff.

Weber-Stecher Urs, Internationales Konsumvertragsrecht, Diss. Zürich 1997.

160　　1. 随着时代发展，针对营业销售者与消费者（终端消费者）间订立的合同，有一部单行私法被制定[1]。这一发展的法基础是宪法授权。根据《联邦宪法》，瑞士联邦应"采取措施保护消费者"（《联邦宪法》第 97 条[2]）。[3]这一单行合同法也被称为《消费者保护法》，因为它旨在加强消费者的法律地位。[4]依据《消费者保护法》之宗旨，该法属于"社会属性私法"（sozialen

---

〔1〕 就这一发展参见 Micklitz/Purnhagen, MünchenerKomm., N 1 ff. zu den Vorbem. zu § § 13/14，该文献边码 1 中引用了总是值得一读的美国总统肯尼迪 1962 年 3 月 15 日对国会的演讲"关于保护消费者权益的特别信息"（«Special Message on Protecting the Consumer Interest»）。对这一发展进行批评的观点有 Bydlinski, System und Prinzipien des Privatrechts, S. 708 ff.。

〔2〕 Bundesverfassung der Schweizerischen Eidgenossenschaft (BV) vom 18. April 1999 (SR 101).

〔3〕 Zur Entwicklung des Konsumentenrechts in der Schweiz Koller-Tumler, Grundlagen des privatrechtlichen Konsumentenschutzes, S. 32 ff.

〔4〕 保护消费者不仅通过制定单行私法推动，还通过其他手段来推动。甚至可以说，这些其他手段处于中心地位，而单行私法在瑞士发展相对薄弱。属于所提及的其他手段的有（仅举几例）《反不正当竞争法》、《价格公布条例》［Verordnung über die Bekanntgabe von Preisen (Preisbekanntgabeverordnung, PBV) vom 11. Dezember 1978 (SR 942. 211)］、《食品和消费品法》［BG über Lebensmittel und Gebrauchsgegenstände (Lebensmittelgesetz, LMG) vom 9. Oktober 1992 (SR 817. 0)］、《药品和医疗器械法》［BG über Arzneimittel und Medizinprodukte (Heilmittelgesetz, HMG) vom 15. Dezember 2000 (SR 812. 21)］以及《产品安全法》［BG über die Produktesicherheit (Produktesicherheitsgesetz, PrSG) vom 12. Juni 2009 (SR 930. 11)］，但在一定程度上还包括所谓的《金融市场法》（见该法第 1 条第 1 款）［BG über die Eidgenössische Finanzmarktaufsicht (FINMAG) vom 22. Juni 2007 (SR 956. 1)］。

Privatrecht），同属于此的还有劳动法和租赁法部分条款。需注意的是，在上述法律之外还有一些保护性规范，它们不以消费者合同为前提，但也可适用于消费者合同，例如《保险合同法》中的强制性或半强制性规范。

尤其令人印象深刻的是，《消费者保护法》的立法宗旨早已在 1904 年联 **161** 邦委员会关于《保险合同法》的公报上得到说明（亦见边码 2601）。在《保险合同法》立法草案中，联邦委员会确立的立法宗旨首先是："将保险人与被保险人目前的法律状况调整到以下地步，即它可以帮助被保险人获得由保险的性质和目的所产生的权利。在当下无限制的合同自由下，权利人常常不得不不加考虑地放弃这些权利。在保险业务中，合同自由实际上仅对保险公司而言是'自由'。"[1]

2. 一个统一的令人信服的方案还未产生。[2]瑞士消费者保护法无论在形 **162** 式上[3]还是法教义学角度上，都不是浑然一体的。迄今，对"消费者"一词尚无统一定义。[4]

在德国，人们使用 Verbraucher 与 Verbraucherverträge 这样的称呼，而非 **163** Konsumenten 与 Konsumentenverträge［译者注：Verbraucher 和 Konsumenten 都指消费者，意思并无不同，此处意在说明瑞士和德国对"消费者"一词有不同的语言表达习惯］。[5]德国使用的术语，与欧盟《消费者权利指令》（Verbraucherrechts-Richtlinie，RL 2011/83/EU）、《消费物买卖指令》（Verbrauchsgüterkauf-Richtlinie，RL 1999/44/EG）中使用的术语相吻合。

［对消费者合同］采取如同《民事诉讼法》中的定义，变得普遍。根据 **164** 《民事诉讼法》第 32 条——该条专门规定消费者合同争议的特殊法院管辖（半强制性），消费者合同涉及的给付，是为了消费者个人或者家庭日常消费

---

[1] Botschaft zum VVG von 1904, BBl 1904 I, S. 250.

[2] Bydlinski, System und Prinzipien des Privatrechts, S. 727 ff.

[3] 与之相反的是 1979 年 3 月 8 日的《奥地利消费者保护法》。

[4] 相反的例子是 § 13 BGB und Art. I. –1：105 DCFR（Draft Common Frame of Reference）。

[5] 在瑞士，有时也使用 Verbraucher 与 Verbraucherverträge 这样的术语，例如 BGE 132 III 268 ff. (272)，E. 2. 2. 2。

需要，由另一方在职业或者经营范围内提供。[1]根据《民事诉讼法》使用的定义，消费者合同需要同时满足以下三个要件：

165 　　——需是为了日常消费所为之给付；

166 　　——为消费者个人或家庭所需；

167 　　——对方需在职业或者经营活动中提供该给付。

168 　　《民事诉讼法》中的这一肯定式法律定义（positive Legaldefinition）比较狭义，因为它首先以"为了日常消费所为之给付"（Leistung des üblichen Verbrauchs）为前提，并且它只包含为了私人家庭生活所为之给付。应当指出的是，《民事诉讼法》第 32 条适用于一切满足上述特征的债务性合同，无论其是某类有名合同还是无名合同。某些情形下，私人间订立的保险合同和金融服务合同[2]也适用该条。在另外一些相关的条文中（参见债法第 40a 条、第 210 条第 4 款，《消费信贷法》第 3 条），[3]则又通过相应的法律定义，突破或者限制其适用范围。

169 　　根据否定式定义（negative Legaldefinition），消费者合同的前提是，合同不是为了消费者职业活动或者经营活动（《消费信贷法》第 3 条）。此外，根据对"个人""个人消费"的准确解释[4]，消费者合同是为了个人和家庭（非职业的或经营活动的）目的（《德国民法典》第 13 条），后一消费者概念尤其作为《反不正当竞争法》第 8 条的基础。[5]鉴于对职业的或经营活动的排除，始终不能将消费者扩大到小本生意人（Kleinkaufleute）。

170 　　3. 在体系化的尝试上，有几个法律制度对消费者合同有重要意义，这些制度规定在保护消费者的不同法规中。这些制度全是强制性的，没有通过法律行为偏离的余地。列举重要者如下：

171 　　——关于消费者合同订立的规定。例如，要考虑先合同的信息提供义务，

---

〔1〕《法院管辖法》（Gerichtsstandsgesetz）第 22 条第 2 款，该款与《民事诉讼法》规定相同，BGE 132 III 268 ff.（271 f.），E. 2.2.2。

〔2〕 BGE 132 III 268 ff.（273），E. 2.2.4。

〔3〕 此外还有债法第 266k 条，《国际私法》（IPRG）第 120 条，《维也纳买卖法》第 2 条 a 项。此外参见《产品责任法》（PrHG）第 1 条第 1 款 b 项。

〔4〕 BGE 121 III 336 ff.（339），E. 5d。

〔5〕 Gauch/Schluep/Schmid, OR AT, Nr. 1152b。

以减少销售者与消费者间的信息不对称。该规定立足于这样的观念：消费者被告知相关信息后，能就即将订立的合同及其后果有较清晰的认识（例如《保险合同法》第 3 条）。与合同订立相关的规定还有合同要式的规定（例如《消费信贷法》第 9 条），以及消费者（一定期限内）撤销权的规定（债法第 40b 条），合同于此情形产生拘束力的前提是消费者不行使撤销权。

——关于消费者合同内容控制的规范，其典型为《消费信贷法》中关于最高利息的规定。需明确的是，此等规范虽是（半）强制性规范，但违反此等规范的合同条款并非像债法第 20 条所规定的一律无效。法律后果有些规定在特别法中，其意义在于，与销售者相比，消费者受到优待（参见《消费信贷法》第 15 条）。一项新的规定是，消费者买卖中的瑕疵担保请求权诉讼时效不得约定短于两年，二手物买卖的瑕疵担保请求权诉讼时效不得短于一年。 172

——关于消费者合同消灭的规范。消费者合同可因重大事由提前消灭。然而有时也规定，即便没有重大事由，也可消灭消费者合同。这对消费者来说无论如何都是有利的，因为他不再受合同拘束。 173

（无原因之）消灭合同有时会产生损害赔偿；《消费信贷法》允许供应者向消费者请求损害赔偿（《消费信贷法》第 17 条第 3 款）。 174

——涉及消费者合同所生请求权的诉讼的相关规定。关于法院管辖的规定（《民事诉讼法》第 32 条）：由消费者住所地法院管辖。下面这种情况是不允许的：在争议发生前对管辖法院作出其他约定或者消费者一方同意其他法院管辖（《民事诉讼法》第 35 条）。许多涉及消费者合同的争议，根据涉案金额，采用简易程序（vereinfachtes Verfahren）（《民事诉讼法》第 243 条第 1 款），法官就此担负更多的询问义务（《民事诉讼法》第 247 条第 1 款）。还要考虑的是有利于消费者一方的真正的证明责任减轻（例如债法第 40e 条第 3 款），[1] 相应的还应考虑调查原则（Untersuchungsmaxime），在诸如租赁合同纠纷、附加社会医疗保险纠纷中应遵循这些原则（《民事诉讼法》第 247 条第 2 款 a 项及第 243 条第 2 款）。 175

4. 深入研究消费者合同法的人，还需考虑其与一般交易条款（Allgemeinen 176

---

[1] Koller-Tumler, Grundlagen des privatrechtlichen Konsumentenschutzes, S. 87.

Geschäftsbedingungen）的关系。一般交易条款排除了大部分针对合同一般情形的任意性规范。[1]虽然依任意性规范之性质，允许有偏离规范内容的约定，但考虑到立法的基本思想，不能允许仅由一方拟定且内容不平等的合同条款全面取代民主方式制定的法律规范。目前一个显著的反应是：加倍制定强制性法律，这些组成了消费者合同法的内容。此外还需有法院干涉一般交易条款不平等内容的可能性以及集体诉讼的途径。这些途径规定在《反不正当竞争法》第 8 条，当然还有很大不足之处。[2]

177
　　5. 保护消费者的不仅是相应的合同法律单行规范，还有监管法律。例如，在私人保险领域规定，监管机构（金融市场监管局，FINMA）应保护被保险人免受保险公司和保险经纪人的滥用权利行为（Missbräuche）侵害，并且应干涉危及被保险人利益的不良情形（Missstände）（《保险监管法》第 46 条第 1 款[3]）。应当注意，保险公司之间或者保险公司与被保险人之间的私法上的争议，由民事法院管辖，正如《保险监管法》第 85 条第 1 款明确规定的那样。

---

〔1〕 不仅针对消费者合同，也针对不适用现行《反不正当竞争法》第 8 条（与修改前的第 8 条不同）的企业间合同（B2B 合同）。

〔2〕 Gauch/Schluep/Schmid, OR AT, Nr. 1150 ff.；Schmid, Die Inhaltskontrolle Allgemeiner Geschäftsbedingungen, S. 4 ff.；Stöckli, «Mehr oder weniger Staat» im AGB-Recht?, in：Belser/Waldmann（Hrsg.），Mehr oder weniger Staat?, Festschrift für Peter Hänni zum 65. Geburtstag, Bern 2015, S. 409 ff. 消费者保护组织的集体诉讼权利参见《反不正当竞争法》第 10 条第 2 款 b 项。

〔3〕 BG betreffend die Aufsicht über Versicherungsunternehmen（Versicherungsaufsichtsgesetz, VAG）vom 17. Dezember 2004（SR 961.01）.

第一部分

所有权让与型合同

第二章 概 览

1. 所有权让与型合同，是指将某物所有权终局地转让给他人的合同，不 178
管有偿还是无偿。此类可以区分为：

——买卖（及买卖的子类型）：以金钱交换货物。 179

——互易：以货物交换货物。 180

——作为无偿让与合同的赠与。 181

让与之对象应是物体［债法第 184 条第 1 款的法语版明确表达为物之买 182
卖（chose vendue）］，交易的经济上最终目的通常是所有权移转。但也可能
是权利让与，例如债权让与，此种情形受让人最终成为权利人（在债权让与
中，受让人成为债权人）。

2. 所有权让与型合同是债务性合同（负担行为）。它仅仅并且总是使人 183
负有移转所有权的义务，但仅其本身并不使物权状况发生变更。[1]这意味着：

——出卖物所有权在让与合同订立时仍属于出让人（例外是即时交易， 184
Handgeschäfte[2]）。让与合同仅使出让人负有使受让人取得所有权的义务
（债法第 184 条第 1 款），即负有为处分行为之义务。

——所有权移转因处分行为（负担行为之履行）而发生，即通过实施根 185
据物权法规则（《民法典》第 714 条以下、第 656 条第 1 款以及第 963 条以
下）发生权利移转效力的行为（于动产是移转占有，于不动产是不动产权利
登记申请和随后的不动产权利登记）。[3]

---

〔1〕 负担行为与处分行为的关系概述参见 Gauch/Schluep/Schmid, OR AT, Nr. 136 ff. ; ferner
Schönle, Zürcher Komm. , N 24 ff. zu Art. 184 OR。

〔2〕 关于“即时交易”参见 Gauch/Schluep/Schmid, OR AT, Nr. 265 ff. 。

〔3〕 关于物权法上的程序参见 Schmid/Hürlimann-Kaup, Sachenrecht, Nr. 1090 ff. （动产所有权移
转）以及 Nr. 840 ff. （不动产所有权移转）。

186 在为处分行为之前，法律对所有权的救济措施由出让人（出卖人，仍是所有权人）享有；处分行为之后，此等救济措施才由受让人享有。[1]

187 ——动产拍卖（公开拍卖）有其特殊之处：适用债法第 235 条第 1 款的规定，竞得人于拍卖成交时即取得拍卖物所有权（在移转占有之前）（边码 701）。

188 ——依前文所述，所有权让与合同的标的物不仅包含物，还包含权利，尤其是债权。在债权买卖中——其履行是通过转让债权人地位，处分行为是通过书面让渡债权实现的（债法第 165 条第 1 款）。

189 3. 某些其他类型的合同也发生物之所有权移转，但在这些合同中并非终局地移转所有权（不是以终局地让渡所有权作为合同目的），而是作为使用让渡或者保管的特殊方式。

190 例如：债法第 275 条用益租赁中对果实的收益，债法第 312 条消费借贷中金钱或其他可替代物的所有权转让，债法第 481 条非常规保管合同。

---

[1] Esser/Weyers, Schuldrecht II/1, S. 1.

第三章 动产买卖

本章专门文献（节选）

Akikol Diana, Die Voraussetzungen der Sachmängelhaftung beim Warenkauf - Obligationenrecht und UN-Kaufrecht（CISG）, Diss. Luzern, Zürich 2008（LBR Band 31）.

Bähler Katja, Das Verhältnis von Sachgewährleistungs- und allgemeinem Leistungsstörungsrecht, Diss. Basel 2005（BStRA, Reihe A Band 80）.

Baudenbacher Carl/Spiegel Nico, Die Rechtsprechung des schweizerischen Bundesgerichts zum Verhältnis von Sachmängelgewährleistung und allgemeinen Rechtsbehelfen des Käufers - Ein Musterbeispiel angewandter Rechtsvergleichung?, in: Brehm Ernst/Druey Jean Nicolas/Kramer Ernst A./Schwander Ivo（Hrsg.）, Festschrift für Mario M. Pedrazzini, Bern 1990, S. 229 ff.

Bieger Alain, Die Mängelrüge im Vertragsrecht, Diss. Freiburg, Zürich 2009（AISUF Band 283）.

Bucher Eugen, Notizen zu Art. 185 OR（Gefahrtragung durch den Käufer）, ZSR 89/1970 I, S. 281 ff.

Derselbe, Der benachteiligte Käufer - Kritische Bemerkungen zu zwei Besonderheiten des schweizerischen Kaufrechts: Prüfungs- und Rügepflicht（OR 201）, Kostenfolgen bei Erkennung auf Preisminderung statt auf Wandelung gemäss OR 205/II, SJZ 67/1971, S. 1 ff. und 17 ff.

Cavin Pierre, Kauf, Tausch und Schenkung, in: Schweizerisches Privatrecht, Band VII/1: Obligationenrecht - Besondere Vertragsverhältnisse, Basel/Stuttgart 1977, S. 1 ff.

Cortesi Oreste, Die Kaufpreisgefahr - Eine dogmatische Analyse des Schweizerischen Rechts aus rechtshistorischer und rechtsvergleichender Sicht unter besonderer Berücksichtigung des Doppelverkaufs, Diss. Zürich 1996（ZStP Band 121）.

Ernst Wolfgang, Haftung und Gefahrentragung beim Aktienkauf − Der Konkurs der Aktiengesellschaft als Leistungsstörung − Eine zivilistische Skizze aus Anlass von BGE 128 III 370, in: Koller Thomas/Walter Hans Peter/Wiegand Wolfgang（Hrsg.）, Tradition mit Weitsicht, Festschrift für Eugen Bucher zum 80. Geburtstag, Bern 2009, S. 89 ff.

Derselbe, Die kaufrechtliche Gewährleistung nach der Teilrevision des Obligationenrechts, in: Bucher Eugen/Canaris Claus-Wilhelm/Honsell Heinrich/Koller Thomas（Hrsg.）, Norm und Wirkung, Beiträge zum Privat- und Wirtschaftsrecht aus heutiger und historischer Perspektive, Festschrift für Wolfgang Wiegand zum 65. Geburtstag, Bern/München 2005, S. 255 ff.

Fischer Willi, Der unmittelbare und der mittelbare Schaden im Kaufrecht − Eine dogmatische Untersuchung unter besonderer Berücksichtigung der Entstehungsgeschichte sowie der Funktion der Gewährleistungsinstitute, Diss. Zürich 1985（ZStP Band 44）.

Furrer Rolf, Beitrag zur Lehre der Gewährleistung im Vertragsrecht, Diss. Zürich 1973.

Gauch Peter, Der Revisionsentwurf zur Verjährung der kauf- und werkvertraglichen Mängelrechte: Analyse und Kritik der E-Art. 210, 371 und 199 OR, recht 2011, S. 145 ff.

Derselbe, Die revidierten Art. 210 und 371 OR − Änderung des Obligationenrechts vom 16. März 2012, recht 2012, S. 124 ff.

Gelzer Philipp, Bemerkungen zur Unterscheidung zwischen aliud und peius beim Gattungskauf, AJP 1997, S. 703 ff.

Derselbe, Zur Wünschbarkeit der Anpassung des schweizerischen Kaufrechts an die EU-Richtlinie zum Verbrauchsgüterkauf und das UN-Kaufrecht, Diss. Basel 2003（BStRA, Reihe A Band 67）.

Giger Hans, Berner Kommentar zum Schweizerischen Privatrecht, Band VI: Das Obligationenrecht, 2. Abteilung: Die einzelnen Vertragsverhältnisse, 1. Teilband: Kauf und Tausch − Die Schenkung; 1. Abschnitt: Allgemeine Bestimmungen − Der Fahrniskauf, Art. 184−215 OR, 2. Aufl., Bern 1980.

Ginter Petra, Verhältnis der Sachgewährleistung nach Art. 197 ff. OR zu den Rechtsbehelfen in Art. 97 ff. OR, Lösungsvorschlag für die geltende Rechtslage und kritische Würdigung, Diss. St. Gallen, Zürich 2005 (SGRW Band 11).

Hehli Christoph, Die alternativen Rechtsbehelfe des Käufers – Unter besonderer Berücksichtigung der Haftung aus culpa in contrahendo, Diss. Luzern, Zürich 2008 (LBR Band 33).

Honsell Heinrich, Der Mangelfolgeschaden beim Kauf – Der Papageienfall des Bundesgerichts BGE 133 III 257 ff., recht 2007, S. 154 ff.

Derselbe, Die Konkurrenz von Sachmängelhaftung und Irrtumsanfechtung – Irrungen und Wirrungen, SJZ 103/2007, S. 137 ff.

Jung Peter, Gefahrentragung beim Mehrfachkauf, in: Koller Thomas/Walter Hans Peter/Wiegand Wolfgang (Hrsg.), Tradition mit Weitsicht, Festschrift für Eugen Bucher zum 80. Geburtstag, Bern 2009, S. 333 ff.

Kaufmann-Mohi Emese, La responsabilité du vendeur pour le défaut de conformité des biens mobiliers aux informations publicitaires – Étude comparative de la directive européenne 1999/44/CE sur certains aspects de la vente et des garanties des biens de consommation et des art. 197 ss CO, Diss. Freiburg 2007.

Keller Max/Siehr Kurt, Kaufrecht, Kaufrecht des OR und Wiener UN-Kaufrecht, 3. Aufl., Zürich 1995.

Keller Stefan, Die Gefahrtragungsregeln im Obligationenrecht, AJP 2003, S. 1152 ff.

Koller Alfred, Bemerkungen zur Haftung nach Art. 208 Abs. 2 OR, in: Koller Thomas/Walter Hans Peter/Wiegand Wolfgang (Hrsg.), Tradition mit Weitsicht, Festschrift für Eugen Bucher zum 80. Geburtstag, Bern 2009, S. 375 ff.

Derselbe, Der Papageien-Fall – Ein alternativer Lösungsvorschlag zu BGE 133 III 257, in: Koller Alfred (Hrsg.), Leistungsstörungen – Nicht- und Schlechterfüllung von Verträgen, St. Gallen 2008, S. 1 ff.

Koller Thomas/Muster Alain, Die Verjährung der Gewährleistungsansprüche beim Kauf von Kulturgütern nach schweizerischem Recht, in: Lorandi Franco/Staehelin Daniel (Hrsg.), Innovatives Recht, Festschrift für Ivo Schwander, Zürich 2011, S. 339 ff.

Kramer Ernst A. , Abschied von der aliud-Lieferung?, in: Harrer Friedrich/ Portmann Wolfgang/Zäch Roger (Hrsg.), Besonderes Vertragsrecht — aktuelle Probleme, Festschrift für Heinrich Honsell zum 60. Geburtstag, Zürich 2002, S. 247 ff.

Derselbe, Noch einmal zur aliud-Lieferung beim Gattungskauf (BGE 121 III 453 ff.), recht 1997, S. 78 ff.

Derselbe, Probleme der kaufvertraglichen Sachmängelhaftung im schweizerischen, österreichischen (liechtensteinischen) und deutschen Recht, Liechtensteinische Juristen-Zeitung 9/1988, S. 1 ff.

Krauskopf Frédéric, Verjährung bei Kauf- und Werkverträgen — neue Regeln mit Mängeln, in: Institut für Schweizerisches und Internationales Baurecht (Hrsg.), Schweizerische Baurechtstagung, Freiburg 2013, S. 85 ff.

Liechti Karl, Rechtsgewährleistung und Entwehrung im schweizerischen Obligationenrecht, Diss. Bern 1927.

Lips Michael, Die kaufrechtliche Garantie, Unter besonderer Berücksichtigung der Pflicht zum Bezug von Original-Ersatzteilen und der Wiederverwertung von Ersatzteilen, Diss. Zürich 2002.

Lörtscher Thomas, Sachgewährleistung beim Unternehmenskauf im schweizerischen und deutschen Recht, ZVglRWiss 83/1984, S. 51 ff.

Derselbe, Vertragliche Haftungsbeschränkungen im schweizerischen Kaufrecht — Unter besonderer Darstellung von Haftungsbeschränkungsklauseln in Allgemeinen Geschäftsbedingungen, Diss. Zürich 1977 (SSHW Band 22).

Luginbühl Jürg, Leistungsstörungen beim Unternehmens- und Beteiligungskauf, Diss. Zürich 1993 (SSHW Band 151).

Maissen Luis, Sachgewährleistungsprobleme beim Kauf von Auto-Occasionen, Diss. Zürich 1999 (SKSR Band 58).

Merz Thomas, Der Zahlungsverzug des Käufers (ohne besondere Arten des Kaufs), Diss. St. Gallen, Zürich 2003.

Pedrazzini Franco, La dissimulation des défauts — dans les contrats de vente et d'entreprise, Diss. Freiburg 1992 (AISUF Band 115).

Petitpierre Gilles, l'acheteur-revendeur et la responsabilité de l'article 208/II du Code des obligations, in: Festschrift für Henri Deschenaux zum 70. Geburtstag,

Freiburg 1977, S. 329 ff.

Pfeifer Guido, «Periculum est emptoris» – Gefahrtragung bei Sukzessivlieferung von Aktien, Entscheidung der Schweizerischen Ire Cour Civile vom 12. März 2002, ZEuP 2003, S. 884 ff.

Pichonnaz Pascal, Les nouveaux délais de prescription de l'action en garantie (CO 371 et CO 210), La perspective du droit de la construction, SJZ 109/2013, S. 69 ff.

Rabel Ernst, Das Recht des Warenkaufs – Eine rechtsvergleichende Darstellung, Band I, Berlin/Leipzig 1936; Band II, Berlin/Tübingen 1958 (Sonderveröffentlichung der Zeitschrift für ausländisches und internationales Privatrecht).

Roth Simon, Integration einer Sache/eines Werks in ein unbewegliches Werk – Verjährung der Sachgewährleistungsansprüche, AJP 2014, S. 773 ff.

Rüegg Erich, Zusicherung und Freizeichnung – unter besonderer Berücksichtigung von kontaminierten Grundstücken, in: Schmid Jürg (Hrsg.), Der Grundstückkauf – La vente immobilière, Zürich 2010, S. 175 ff.

Rüetschi David, Substantiierung der Mängelrüge, Bundesgericht, I. Zivilabteilung, Urteil 4C. 395/2001 vom 28. Mai 2002, recht 2003, S. 115 ff.

Schmid Jörg, Gewährleistung, in: Schmid Jürg (Hrsg.), Der Grundstückkauf – La vente immobilière, Zürich 2010, S. 63 ff.

Schmid Jörg/Hürlimann-Kaup Bettina, Sachenrecht, 4. Aufl., Zürich 2012.

Schnyder Anton K., Folgeschäden von Sachmängeln im deutschen und im schweizerischen Kaufrecht, ZVglRWiss 83/1984, S. 84 ff.

Schönenberger Beat, Sach- und Rechtsgewährleistung – eine zeitgemässe Unterscheidung?, BJM 2009, S. 173 ff.

Schönle Herbert, Zürcher Kommentar zum Schweizerischen Zivilgesetzbuch, Obligationenrecht, Teilband V 2a/1: Kauf und Schenkung (Art. 184 – 191 OR), 3. Aufl., Zürich 1993.

Derselbe, Remarques sur la responsabilité causale du vendeur selon les art. 195 al. 1 et 208 al. 2 C. O., Semjud 99/1977, S. 465 ff.

Schönle Herbert/Higi Peter, Zürcher Kommentar zum Schweizerischen Zivilgesetzbuch, Obligationenrecht, Teilband V 2a/2: Kauf und Schenkung (Art. 192–204

OR), 3. Aufl. , Zürich 2005.

Schubiger Alfred, Verhältnis der Sachgewährleistung zu den Folgen der Nichterfüllung oder nicht gehörigen Erfüllung (OR 197 ff. -OR 97 ff.), Diss. Bern 1957 (ASR NF Heft 325).

Schumacher Rainer/Rüegg Erich, Die Haftung des Grundstückverkäufers, in: Koller Alfred (Hrsg.), Der Grundstückkauf, 2. Aufl. , Bern 2001, S. 175 ff.

Schwizer Angelo/Wolfer Marc, Die revidierten Verjährungsbestimmungen im Sachgewährleistungsrecht (Art. 210 und 371 OR) - Wichtigste Änderungen und kritische Würdigung, AJP 2012, S. 1759 ff.

Sieber Liliane, Gefahrtragung im Kaufrecht, Diss. Zürich 1993 (ZStP Band 98).

Stöckli Hubert, Verträge und AGB beim Autokauf, in: Stöckli Hubert/Werro Franz (Hrsg.), Strassenverkehrsrechts-Tagung, Bern 2006, S. 1 ff.

Straub Ralf Michael, Fehlende und fehlerhafte Produktinformationen als Sachmangel im neuen europäischen und schweizerischen Warenkaufrecht, in: Berti Stephen V. /Girsberger Daniel (Hrsg.), «nur, aber immerhin», Beiträge zum nationalen und internationalen Wirtschaftsrecht, Festgabe für Anton K. Schnyder zum 50. Geburtstag, Zürich 2002, S. 167 ff.

Tannò Patrick, Die Berechnung der Rügefrist im schweizerischen, deutschen und UN-Kaufrecht, Diss. St. Gallen 1993 (SGIR Band 13).

Trachsel Heribert, Zum absichtlichen (arglistigen) Verschweigen von Mängeln, BR/DC 2015, S. 135 ff.

Tran Laurent, La prescription de l'action en garantie dans le contrat de vente, Semjud 2013 II, S. 103 ff.

Venturi Silvio, La réduction du prix de vente en cas de défaut ou de nonconformité de la chose - Le Code suisse des obligations et la Convention des Nations Unies sur les contrats de vente internationale de marchandises, Diss. Freiburg 1994 (AISUF Band 131).

Walter Hans Peter, Doppelverkauf und Preisgefahr im schweizerischen Recht, in: Bucher Eugen/Canaris Claus-Wilhelm/Honsell Heinrich/Koller Thomas (Hrsg.), Norm und Wirkung, Beiträge zum Privat- und Wirtschaftsrecht aus heutiger und historischer Perspektive, Festschrift für Wolfgang Wiegand zum 65. Geburtstag, Bern/

München 2005，S. 633 ff.

Weber Marc，Der internationale Kauf gefälschter Kunstwerke，AJP 2004，S. 947 ff.

Zehnder Hannes，Die Mängelrüge im Kauf-，Werkvertrags- und Mietrecht，SJZ 96/2000，S. 545 ff.

Zellweger-Gutknecht Corinne，Die Rechtsprechung des Bundesgerichts zu Art. 184 ff. OR，in：Gauch Peter/Aepli Viktor/Stöckli Hubert（Hrsg.），Präjudizienbuch zum OR，9. Aufl.，Zürich 2016.

Dieselbe，Die Gewähr：Risikoverantwortlichkeit – als Anspruchsgrundlage zwischen Verschuldenshaftung und Gefahrtragung，Diss. Bern 2007（ASR NF Heft 744）.

第一节　概　述

一、法律渊源

1. 动产买卖被规定在［下列］多个规范中：　　　　　　　　　　　　192

——买卖法一般性条款：债法第 184 条至第 186 条。　　　　　　193

——动产买卖的特别规范：债法第 187 条至第 215 条。　　　　　194

——就动产所有权保留买卖（亦参见边码 466 以下），规定在《民法典》　195
第 715 条、第 716 条（以及相应的行政法规）。

不过《民法典》规范主要规定所有权移转问题（不是负担行为）。　196

——若买卖合同满足消费信贷合同的特点，则涉及《消费信贷法》第 1　197
条以下的规定，分期付款买卖尤其满足此等特点（边码 1332 以下）。

——最后还有各州法律，只要此类法律在债法第 186 条为各州保留的私　198
法立法权范围内（州法有权限制或禁止对因酒类零售而发生的债权提起诉讼，
包括因宾馆供应酒类而发生的债权）。

2.《联合国国际货物销售合同公约》（又称《维也纳买卖法》、WKR、　199
CISG）也包含动产买卖。该法第 1 条至第 6 条规定了适用范围，第 2 条规定
了例外（例如第 2 条 a 项排除消费者买卖，f 项排除电能买卖；《维也纳买卖
法》的规则参见边码 704 以下）。

200　　3. 某些物品的买卖适用特别规则，这些物品虽然被当作动产，但在物权法上适用特别规则，例如船舶、飞行器。[1]

201　　4. 文物（Kulturgut）买卖应当遵守《文物转让法》（Kulturgütertransfergesetz），[2]该法依据相关的 1970 年《关于禁止和防止非法进出口文化财产和非法转让其所有权的方法的条约》而制定。[3]此外须遵守买卖法个别规定（债法第 196a 条和第 210 条第 3 款）。

202　　文物，指出于宗教或世俗的原因，对考古、史前时期研究、历史、文学、艺术或者科学有重要意义的，属于《联合国非物质文化遗产公约》第 1 条所列种类的物品（《文物转让法》第 2 条第 1 款）。

203　　5. 《欧盟消费物买卖和质保指令》（简称《消费物买卖指令》，EU-Richtlinie 1999/44/EG zu bestimmten Aspekten des Verbrauchsgüterkaufs und der Garantien für Verbrauchsgüter）[4]在瑞士无法律效力，但它对债法第 210 条（时效）的新版本有影响（边码 421a）。此外，该指令中的洞见可以作为比较法予以关注，例如就以下问题［参考指令之内容］：依据瑞士法判断，于一般交易条款中作质保表示（Garantieerklärung）是否属于《反不正当竞争法》第 8 条意义上的"不正当"（unlaut）。

204　　关于欧盟指令的专门文献：Brüggemeier Gert, Zur Reform des deutschen Kaufrechts – Herausforderungen durch die EG-Verbrauchsgüterkaufrichtlinie, DJZ

---

〔1〕 BG über die Seeschifffahrt unter Schweizer Flagge（Seeschifffahrtsgesetz, SSG）vom 23. September 1953（SR 747. 30）und BG über das Luftfahrzeugbuch（LBG）vom 7. Oktober 1959（SR 748. 217. 1）. 1953 年 9 月 23 日《关于挂瑞士国旗的船舶航行的联邦法律》（《船舶航行法》；SSG, SR 747. 30），1959 年 10 月 7 日《关于飞行器登记的联邦法律》（LBG, SR 748. 217. 1）。

〔2〕 Bundesgesetz über den internationalen Kulturgütertransfer（Kulturgütertransfergesetz, KGTG）vom 20. Juni 2003（SR 444. 1）. 2003 年 6 月 20 日《关于国际文物转让的法律》（《文物转让法》，KGTG, SR 444. 1）。

〔3〕 Übereinkommen über die Massnahmen zum Verbot und zur Verhütung der unzulässigen Einfuhr, Ausfuhr und Übereignung von Kulturgut（UNESCO-Konvention 1970）vom 14. November 1970（SR 0. 444. 1）. 1970 年 11 月 14 日《关于禁止和防止非法进出口文化财产和非法转让其所有权的方法的条约》（UNESCO-Konvention 1970, SR 0. 444. 1）。

〔4〕 ABlEG Nr. L 171 vom 7. Juli 1999, S. 12 ff. ; auch abgedruckt in NJW 52/1999, S. 2421 ff. ; EuZW 10/1999, S. 498 ff.

55/2000, S. 529 ff. ; Ehmann Horst/Rust Ulrich, Die Verbrauchsgüterkaufrichtlinie – Umsetzungsvorschläge unter Berücksichtigung des Reformentwurfs der deutschen Schuldrechtskommission, DJZ 54/1999, S. 853 ff. ; Faber Wolfgang, Zur Richtlinie bezüglich Verbrauchsgüterkauf und Garantien für Verbrauchsgüter, JBl 121/1999, S. 413 ff. ; Grundmann Stefan, European sales law – reform and adoption of international models in German sales law, EuZP 2001, S. 239 ff. ; Gsell Beate, Die zeitlichen Grenzen der Gewährleistungsrechte des Verbrauchers nach der EU-Richtlinie zum Verbrauchsgüterkauf, EuZP 7/1999, S. 151 ff. ; Jud Brigitta, Zum Händlerregress im Gewährleistungsrecht, ÖJZ 55/2000, S. 661 ff. ; Kaufmann-Mohi, Responsabilité du vendeur pour le défaut, Nr. 244 ff. und passim; Magnus Ulrich, Der Regressanspruch des Letztverkäufers nach der Richtlinie über den Verbrauchsgüterkauf, in: Festschrift für Kurt Siehr, Zürich 2000, S. 429 ff. ; Micklitz Hans-W. , Die Verbrauchsgüterkauf-Richtlinie, EuZW 10/1999, S. 485 ff. ; Reich Norbert, Die Umsetzung der Richtlinie 1999/44/EG in das Deutsche Recht, NJW 52/1999, S. 2397 ff. ; Schmidt-Kessel Martin, Der Rückgriff des Letztverkäufers, ÖJZ 55/2000, S. 668 ff. ; Schwartze Andreas, Die zukünftige Sachmängelgewährleistung in Europa – Die Verbrauchsgüterkauf-Richtlinie vor ihrer Umsetzung, ZEuP 8/2000, S. 544 ff. ; Staudenmayer Dirk, Die EG-Richtlinie über den Verbrauchsgüterkauf, NJW 52/1999, S. 2393 ff. ; Stauder Bernd, Die Gewährleistung bei Konsumentenkaufverträgen nach OR im Lichte des EU-Rechts, EuZP 9/2001, S. 369 ff. ; derselbe, Die Gewährleistung nach OR und EU-Recht, Plädoyer 2000, Heft 3, S. 32 ff. ; Thorn Karsten, Verbraucherschutz bei Verträgen im Fernabsatz, IPRax 19/1999, S. 1 ff. ; Welser Rudolf/Jud Brigitta, Zur Reform des Gewährleistungsrechts – Die Europäische Richtlinie über den Verbrauchsgüterkauf und ihre Bedeutung für ein neues Gewährleistungsrecht, Gutachten in: Verhandlungen des 14. österreichischen Juristentages, Band II/1, Wien 2000.

　　其他欧盟法律在瑞士也无效力。[1]不过这些法律也可在科学研究中提供　　204a

---

　　[1]　例如: Richtlinie 2011/83/EU des Europäischen Parlaments und des Rates vom 25. Oktober 2011 über die Rechte der Verbraucher…, ABlEU Nr. L 304 vom 22. November 2011, S. 64 ff. ; dazu etwa Grundmann, Die EU-Verbraucherrechte-Richtlinie – Optimierung, Alternative oder Sackgasse?, DJZ 68/2013, S. 53 ff.

帮助，如同所有外国法和比较法知识一样。本段关注的是 2011 年 10 月 11 日针对"欧洲统一买卖法"的委员会建议。[1]该项目在欧盟内部也遭受很大反对，[2]目前没有继续推进。[3]某些买卖合同法规范包含了 2015 年 12 月 9 日的委员会建议，建议的内容是制定"关于提供数字内容的欧盟议会和理事会指令"。[4]

二、构成要件

205 　　普通买卖合同的典型特征是［当事人］负担货物与金钱交换的义务。根据债法第 184 条第 1 款，出卖人负有"将买卖标的物移转给买受人占有并使买受人取得该物所有权的义务"，买受人负有"向出卖人支付价金的义务"。这意味着：

206 　　——买卖涉及的是负担行为（债务性合同），因为买卖形成债之关系。[5]通过缔结合同，合同双方——出卖人和买受人——都负担义务（双务合同）。所负担之给付义务处于等价交换关系：出卖人的给付是买受人给付的对待给付；换言之，买卖合同是完全双务合同，[6]被作为完全双务合同的教学示例。[7]

207 　　——交易的重点是设法使买受人取得物之所有权的义务，而不是制造某物的义务（承揽合同）。如果涉及的是将来之物的取得，则制造义务作为一个区分标准：出卖人仅负担让渡将来之物所有权的义务，他对制造过程没有任何

---

〔1〕　KOM（2011）635 endgültig；就此不同于多数人观点的是，Gauch/Schluep/Schmid, OR AT, Nr. 22w f. 有更多展开。

〔2〕　与多数观点不同的是 Eidenmüller/Jansen/Kieninger/Wagner/Zimmermann, Der Vorschlag für eine Verordnung über ein Gemeinsames Europäisches Kaufrecht – Defizite der neuesten Textstufe des europäischen Vertragsrechts, DJZ 67/2012, S. 269 ff. 。

〔3〕　Mitteilung der Europäischen Kommission vom 16. Dezember 2014, Arbeitsprogramm der Kommission 2015 – Ein neuer Start, COM（2014）910 final, Anhang 2, S. 13, Ziffer 60（dort freilich bezeichnet als «Änderung» des Vorschlags, um «das Potenzial des elektronischen Handels im digitalen Binnenmarkt voll zur Entfaltung zu bringen»）；就此更多展开见 Basedow, ZEuP 2015, S. 432 f. 。

〔4〕　Europäische Kommission 2015/0287（COD），COM（2015）634 final.

〔5〕　关于债务合同的定义，参见 Gauch/Schluep/Schmid, OR AT, Nr. 245 ff. 。

〔6〕　参见 Gauch/Schluep/Schmid, OR AT, Nr. 257 und 259。

〔7〕　Cavin, SPR VII/1, S. 17. 就完全双务（Synallagmas）的定义，详见 Stöckli, Synallagma, Nr. 42 ff. 。

影响，而承揽合同的承揽人则负有制造义务。[1]

——有偿性——理解为给付价金义务——以此区分买卖与赠与（混合赠　208
与参见边码 855 以下）。

2. 只要买卖的标的物不是不动产或者不是需要在土地登记簿上作为不　209
动产登记的权利（参见《民法典》第 655 条，该条规定了物权法上不动产的
定义[2]），都被视为债法第 187 条第 1 款的动产买卖。不动产的组成部分，
例如果实、拆下来的材料、采石场的材料，当它们得分离出来作为动产移转
给买受人时，则可以成为动产买卖标的物（债法第 187 条第 2 款）。[3]

无体物也可以作为买卖标的物，例如债权、知识产权或者企业客户信息　210
之类利益。[4]出卖人的义务则是使买受人获得"权利人地位"（Berechtigten-
stellung）。实务中重要的债权买卖，出卖人负担的是使买受人取得"债权人地
位"的义务（债法第 165 条第 2 款意义上的债权让与的负担行为，pactum de
cedendo）。

整个企业也可以被购买。如果购买某股份公司全部股份，则买卖的标的　211
物是股份，即股份所代表的权利，而不是股份公司经营的企业。[5]

至于买受人所负的支付价款义务，可以约定与货物同时给付、先于货物　212
给付（pränumerando）或者后于货物给付（postnumerando）。没有其他约定
的，债法第 184 条第 2 款推定同时履行。如果满足了消费信贷的特殊要件，
则可适用《消费信贷法》第 1 条以下的特殊规定。

---

〔1〕　2003 年 1 月 22 日联邦判决：Urteil des BGer. vom 22. Januar 2003，Nr. 4C. 301/2002，E. 2. 1；
对于 EDV 合同（交付由标准软件和硬件组成的电子信息处理系统）的特点，参见 BGE 124 III 456 ff. 。
根据判决，买卖合同（不同于承揽合同）旨在"让渡通常已经存在的物品，或者至少不是为了买受人
个性化需要而专门制造的物品"（a. a. O. ，S. 459，E. 4b/aa）。

〔2〕　就《民法典》第 655 条不动产的概念，参见 Schmid/Hürlimann-Kaup，Sachenrecht，Nr. 808
ff. 。

〔3〕　参见 BGE 131 III 217 ff. （221），E. 4. 2：Verkauf einer künftigen Maisernte。

〔4〕　BGE 129 III 18 ff. （21），E. 2. 2。

〔5〕　ZWR 33/1999，S. 292 ff. （294 f. ），E. 4a（Kantonsgericht Wallis）. 就专门问题，参见 Vischer
M. ，Due diligence bei Unternehmenskäufen，SJZ 96/2000，S. 229 ff. ；derselbe，Schaden und Minderwert im
Gewährleistungsrecht beim Unternehmenskauf，SJZ 106/2010，S. 129 ff. 。就自成一类的生意转让合同的特
点参见 BGE 129 III 18 ff. （21），E. 2. 1。

213 　　为了明白起见，应当指出，买卖双方的给付在时间上的不同次序形态，并不改变合同的双务结构（边码206）。所负担之给付无论如何都处于等价关系中。[1]

三、合同之成立

214 　　1. 动产买卖依缔结合同的一般规则而成立，也就是需要债法第1条第1款的"意思表示对立一致"。当事人必须就买卖标的物和价金达成一致（就客观的重要之点）。价金之约定，以能根据具体情形加以确定为充分（债法第184条第3款）。

215 　　即便出卖人所许诺出卖之物尚不属于出卖人，也不影响买卖合同的效力。[2]若之后出卖人不能移转标的物所有权（例如因第三方所有权人不愿向其或者向买受人交付），则系合同履行问题（债法第97条第1款）。[3]

216 　　2. 动产买卖没有一般性的法定要式之规定。

217 　　但若满足消费借贷的要件（《消费信贷法》第1条以下），涉及信贷买卖的话，则有特殊规定。

218 　　3. 动产买卖也有可能是即时交易，负担行为和履行行为在时间上同时发生。[4]立即结算的日用品现金交易（在商店或者集市上购物）为其适例。

第二节　出卖人之义务

一、概述

219 　　根据债法第184条第1款的一般性规定，出卖人负有向买受人交付标的

---

〔1〕　参见 Stöckli, Synallagma, Nr. 24 und 226。

〔2〕　BGE 96 II 18 ff.（21），E. 2a；82 IV 182 ff.（185），E. 2；Schönle, Zürcher Komm., N 35 und 59 zu Art. 184 OR.

〔3〕　BGE 96 II 18 ff.（21），E. 2a；Tercier/Favre/Zen-Ruffinen, Contrats spéciaux, Nr. 505.

〔4〕　Gauch/Schluep/Schmid, OR AT, Nr. 267.

物和使买受人取得标的物所有权的义务。出卖人须在内容上、品质上和时间上都适当履行。具体为：

1. 负担之内容由合同确定。[1]买卖标的物的确定方法有以下途径：　220

——当事人可就某个完全特定的物品——已在合同中特定化[2]——达成　221
合意（特定物买卖，Spezieskauf）。此等情形，所负担的标的物是该物品（而非其他物品）。

——当事人也可仅约定标的物的种类（种类物买卖，Gattungskauf）。[3]　222
此种情形还须进一步确定实际交付之物（即从种类中挑选出）。如无特别约定，由出卖人（典型给付的债务人）挑选（债法第 71 条第 1 款）；但出卖人不能提供低于中等品质的物品（债法第 71 条第 2 款）。

需注意，出卖人在种类物买卖中负有置办义务：只要该种类物还未完全　223
消灭，他原则上就要设法置办该物并交付给买受人。[4]

2. 出卖人负担的典型重要义务是双重的：[5]　224

——一方面，出卖人必须向买受人交付买卖标的物（债法第 184 条第 1　225
款）。这涉及的是使买受人取得占有的义务，其履行依据《民法典》第 922 条以下。

——另一方面，出卖人负有使买受人取得标的物所有权的义务（债法第　226
184 条第 1 款），即使买受人成为无瑕疵的物权法上的完全权利人。这一点，除了须移交占有外（《民法典》第 714 条第 1 款）[6]，原则上还须有以下前提：让渡人在为处分行为时须为所有权人（因此有处分权，《民法典》第 641条第 1 款）。换言之，出卖人原则上须担保买受人取得所有权，若真正的权利人对标的物主张权利（债法第 192 条以下），则出卖人负［权利瑕疵］担保责

---

〔1〕　下文内容参见 Schönle, Zürcher Komm., N 44 ff. zu Art. 184 OR。

〔2〕　BGE 121 III 453 ff.（455 unten），E. 4a.

〔3〕　关于种类之债，详见 Schraner, Zürcher Komm., N 12 ff. zu Art. 71 ff. OR；该条评注边码20 尤其区分了特定债务（Stückschuld）与种类债务（Gattungsschuld）；进一步可参见 Merz, SPR VI/1,S. 141 ff.。

〔4〕　Merz, SPR VI/1, S. 142 f.；Schraner, Zürcher Komm., N 24 und 45 zu Art. 71 ff. OR；Schwenzer, Schweizerisches Obligationenrecht, Allgemeiner Teil, 6. Aufl., Bern 2012, Nr. 8. 09.

〔5〕　下文内容参见 Schönle, Zürcher Komm., N 69 ff. zu Art. 184 OR。

〔6〕　对此点，物权法视角可参见 Schmid/Hürlimann-Kaup, Sachenrecht, Nr. 1090 ff.。

任（边码 269 以下）。

227　　　根据前文所述（边码 209 以下），债法第 184 条第 1 款的规定是专为物之买卖而设的。如果买卖债权（未债券化），则出卖人负有使买受人取得债权人地位的义务，这通过债权让与实现（债法第 164 条以下，尤其是债法第 165 条第 1 款）。[1]

228　　　履行请求权依一般规则是可诉的：买受人有权请求实际履行（只要履行还有可能），他可以将履行之请求诉至法院，并依照强制执行规则借助国家之救济来执行（尤其参见《民事诉讼法》第 343 条）。[2]对于不动产买卖，根据《民法典》第 665 条第 1 款，负担行为赋予买受人请求法院直接将所有权判决归属于自己的权利（形成诉权，Gestaltungsklagerecht）。[3]

229　　　3. 使买受人取得占有和所有权，必须依合同或者制定法在适当的地点为之（债法第 74 条）。依据债法第 74 条第 2 款数字 2 的任意性规范，物之给付之债是往取债务（Holschuld）。但可以约定由出卖人承担运送义务，也即将移转占有和所有权约定为寄送之债（Schickschuld，由某个指定的履行地发货）或者赴偿之债（Bringschuld，送至某个指定的履行地）[4]

230　　　对于交付费用和运输费用如何承担，制定法上有任意性规范（债法第 188、189 条）。

231　　　4. 买卖标的物品质上必须符合合同约定的标准。交付的物在品质上不符合约定的，则为物之瑕疵，出卖人原则上负瑕疵担保责任（债法第 197 条以下，详见边码第 307 以下）。瑕疵之物（peius）与非合同约定之物（aliud，

---

〔1〕　Schönle, Zürcher Komm. , N 72 zu Art. 184 OR.

〔2〕　Schönle, Zürcher Komm. , N 156 zu Art. 184 OR；Schönle/Higi, Zürcher Komm. , N 6 zu Art. 192 OR. 就履行请求权概述可参见 Gauch/Schluep/Emmenegger, OR AT, Nr. 2487 ff. ；Schmid, Vertragsrecht und Realerfüllung, in: Tercier（Hrsg. ）, Gauchs Welt, Festschrift für Peter Gauch, Zürich 2004, S. 589 ff. 。《民事诉讼法》第 343 条第 1 款 d 项明确称"取走动产"为强制措施。

〔3〕　BGE 85 II 474 ff. （487）, E. 5；更多展开见 Schmid/Hürlimann-Kaup, Sachenrecht, Nr. 849a ff. 。

〔4〕　Schönle, Zürcher Komm. , N 76 zu Art. 184 OR；Gauch/Schluep/Emmenegger, OR AT, Nr. 2117 ff.

边码 346）难以区分。[1]

5. 最后，出卖人必须适时履行物之给付义务。关于此点，下文详述。　　232

二、履行时间之特论

1. 出卖人的物之给付义务的履行，首先适用债法第 75 条以下的一般规　　233
定。若无导致其他法律状态的约定或习惯［译者注：指约定或依习惯有先后
履行顺序］，则适用债法第 184 条第 2 款的同时履行规则，出卖人和买受人须
同时履行给付。

如果买受人依据合同所负的不是后履行义务，则他若想请求出卖人履行，　　234
根据债法第 82 条，必须自己"已经履行或者提出履行"。[2]

2. 若出卖人陷于迟延（根据债法第 102 条，须以买受人催告或者约定的　　235
届期日经过为前提），则对于非商事动产买卖适用债法第 102 条以下的一般
规定。

依据债法第 103 条，出卖人［因给付迟延］对买受人负有迟延利益损害　　236
赔偿责任，并须为意外事件负责。在迟延期间，合同仍然存在，但买受人可
以依据债法第 107 条至第 109 条的规定，设定一个宽限期，期限经过仍未履
行的，买受人可以行使选择权，解除合同即其中一种选择。[3]

3. 商事交易（Handelskauf，为了再次出卖获利而购买[4]）的出卖人迟　　237
延交付的，适用债法第 190 条和第 191 条的特别规定：
——债法第 190 条关于买受人选择权：若在商事交易中约定了确定的交　　238
付期，而出卖人迟延，则可根据债法第 190 条第 1 款推定，买受人放弃了实
际履行而代之以不履行损害赔偿。约定交付期［的交易］因此被视为"固定

---

〔1〕　参见 BGE 121 III 453 ff.（455 ff.），E. 4。

〔2〕　详见 Gauch/Schluep/Emmenegger, OR AT, Nr. 2205 ff. 。

〔3〕　关于选择权，详见 Gauch/Schluep/Emmenegger, OR AT, Nr. 2729 ff. 。

〔4〕　BGE 120 II 296 ff.（299），E. 3b；65 II 171 ff.（173），E. 2；Tercier/Favre/Zen-Ruffinen, Cont-
rats spéciaux, Nr. 523；ausführlich Schönle, Zürcher Komm. , N 19 ff. zu Art. 190 OR。

期限交易"（Fixgeschäft）：[1]履行期经过，不经买受人同意，出卖人不能再有效履行。此外，出卖人对买受人负有——无须买受人作出形成意思表示——不履行损害赔偿之责，也即积极利益的赔偿。[2]

239　　多数观点认为，依债法第190条第1款所推定的对迟延给付的放弃使得买受人一方立即产生形成权，可依债法第107条第2款作出解除合同的表示。[3]这一解释路径可以通过（当然还不充分）德文版和意大利文版的法律条文的边注标题以及通过对《德国商法典》第376条第1款的比较法观察加以确认。这个解释路径是恰当的，因为出卖人若能证明其对迟延无过错，则可以对不履行之损害赔偿（积极利益）提出抗辩（债法第103条第2款）。[4]

240　　如果买受人更愿请求交付（即实际履行），则必须于交付期届满后无迟延地通知出卖人（债法第190条第2款）。通过无迟延的通知，固定期限交易（Fixgeschäft）转变为催告交易（Mahngeschäft），适用债法第107条至第109条的一般规定。[5]

241　　如此情形出卖人仍不给付，买受人须依债法第107条设定一个期限，期限经过未履行的，买受人可以直接行使选择权。[6]

242　　——债法第191条是关于损害赔偿的。第1款首先复述了一般规定（第107条第2款），根据此一般规定，出卖人于迟延时对买受人负损害赔偿义务。[7]债

---

〔1〕 BGE 116 II 436 ff.（438），E. 1a；Tercier/Favre/Zen-Ruffinen, Contrats spéciaux, Nr. 618. 固定期限交易的定义参见 Gauch/Schluep/Emmenegger, OR AT, Nr. 2746 ff.。

〔2〕 Schönle, Zürcher Komm., N 10 f. zu Art. 190 OR.

〔3〕 BGE 41 II 672 ff.（679），E. 6；Schönle, Zürcher Komm., N 12 und 14 zu Art. 190 OR；Koller A., Basler Komm., N 17 zu Art. 190 OR；Tercier/Favre/Zen-Ruffinen, Contrats spéciaux, Nr. 619；Schenker, Schuldnerverzug, Nr. 420.

〔4〕 Schönle, Zürcher Komm., N 12 zu Art. 190 OR；allgemein ausführlich zu den Wahlrechten Gauch/Schluep/Emmenegger, OR AT, Nr. 2783 ff.

〔5〕 BGE 116 II 436 ff.（438 unten），E. 1a；Schönle, Zürcher Komm., N 46 zu Art. 190 OR；Tercier/Favre/Zen-Ruffinen, Contrats spéciaux, Nr. 620. Für das deutsche Recht vgl. § 376 Abs. 1 Satz 2 dt. HGB.

〔6〕 BGE 116 II 436 ff.（438 f.），E. 1a；Schönle, Zürcher Komm., N 46 zu Art. 190 OR；Tercier/Favre/Zen-Ruffinen, Contrats spéciaux, Nr. 620.

〔7〕 Ähnlich BGE 120 II 296 ff.（299 oben），E. 3b, unter Bezugnahme auf Art. 97 ff. OR. Ausführlich Schönle, Zürcher Komm., N 3 ff. zu Art. 191 OR.

法第 191 条第 2、3 款则包含商事交易损害计算的规定，这改善了买受人在证明上的地位。[1]

● 在商事交易中，买受人首先可以主张将"买价与买受人依诚信买受的作为未交付之物的替代物的价格之间的差价"作为损失（债法第 191 条第 2 款）。 　243

对于该规定，立法者的出发点是，商事买卖的出卖人陷于迟延的，买受人设法从第三人处购置想要的货物（他无论如何已经允诺了转卖），也即订立一个补购买卖（Deckungskauf）。[2]相应的购买差价被债法第 191 条第 2 款承认为损失，这改善了买受人的地位。但买受人可以自由决定（"买受人可以"）——但受减损义务（Schadensminderungspflicht）的限制——根据一般规则（债法第 191 条第 1 款）举证一个更高的损失。[3]无论如何，这里的损害计算都是具体的。[4] 　244

● 如果买卖标的物有市场价格或者证券交易所牌价，则买受人依据债法第 191 条第 3 款，可以要求将合同价款与交付日之市场价格或者证券交易所牌价之差额作为损失请求赔偿，而无须购置替代品。 　245

有市场价格或证券交易所牌价的货物的商事买卖，出卖人迟延的，制定法允许抽象的损害计算，这样买受人无须进行实际的补购。[5]然而此规定并不妨碍买受人采用一般规则（债法第 191 条第 1 款）并证明更高的损害。[6] 　246

最后须附带说明，债法第 190 条和第 191 条的适用范围有争议。联邦法 　247

---

〔1〕　BGE 105 II 87 ff.（88 unten），E. 2；120 II 296 ff.（299 Mitte），E. 3b. 对于该规范的产生历史，参见 Botschaft in BBL 1905, S. 24（zu Art. 1223 und 1256 des Entwurfs），以及 Giger, Berner Komm., N 6 zu Art 191 OR。对于债法第 191 条第 2、3 款与《联合国国际货物销售合同公约》第 75、76 条的相同之处和区别，参见 Schönle, Zürcher Komm., N 48 zu Art. 191 OR；Venturi/Zen-Ruffinen, ComRom, N 20 ff. zu Art. 191 OR。

〔2〕　对于补购买卖，参见 Schönle, Zürcher Komm., N 15 ff. zu Art. 191 OR。

〔3〕　Schönle, Zürcher Komm., N 12 ff. zu Art. 191 OR；Tercier/Favre/Zen-Ruffinen, Nr. 629.

〔4〕　Schönle, Zürcher Komm., N 12 ff. zu Art. 191 OR；Tercier/Favre/Zen-Ruffinen, Contrats spéciaux, Nr. 629.

〔5〕　BGE 120 II 296 ff.（299 Mitte），E. 3b；Schönle, Zürcher Komm., N 23 zu Art. 191 OR；Tercier/Favre/Zen-Ruffinen, Contrats spéciaux, Nr. 631. 德国法参见《德国商法典》第 376 条第 2 款。

〔6〕　BGE 105 II 87 ff.（88 f.），E. 2；Urteil des BGer. vom 8. November 2007, Nr. 4A_257/2007, E. 3；Schönle, Zürcher Komm., N 31 ff. zu Art. 191 OR.

院就这些规则在商事交易之外是否于不动产买卖亦可适用这一问题，尚无定论。[1]

248　　根据判例，从债法第 42 条第 2 款的视角（结合债法第 99 条第 3 款）看，无论如何都可允许法院在商事买卖以外采纳类似债法第 191 条第 2 款和第 3 款的损害计算标准。[2]

第三节　买受人之义务

一、概述

249　　根据债法第 184 条第 1 款，买受人负有向出卖人支付价金的义务。第 211 条对此加以补充，买受人不仅要支付价金，还要在出卖人提供符合约定的标的物时受领该物。具体为：

250　　1. 价金的数额原则上根据合同确定。若买受人没有确切约定价格，依债法第 212 条第 1 款，履行期届满时履行地的市场平均价格被推定为合同价格。

251　　如果出卖人无法证明债法第 212 条第 1 款所言市场平均价格，则驳回其[请求依市场平均价格支付的]诉讼。[3]

252　　2. 买受人也必须适时履行金钱给付义务。对此，后面单独分析（边码 256 以下）。

253　　3. 金钱给付之债的履行地，原则上采债法第 74 条的一般规则。无他种约定时，金钱之债为赴偿之债（债法第 74 条第 2 款数字 1）。

254　　4. 根据债法第 211 条（第 1、2 款）条文和边注标题，如果出卖人依约提供标的物，则买受人还负有受领标的物的义务。受领原则上须立即为之（债

---

〔1〕　BGE 104 II 198 ff.（200），E. b；120 II 296 ff.（299 f.），E. 3b–c. 学说上持支持观点的有 Giger，Berner Komm.，N 31 und 43 zu Art. 191 OR；Tercier/Favre/Zen-Ruffinen，Contrats spéciaux，Nr. 627；Venturi/Zen-Ruffinen，ComRom，N 3 zu Art. 191 OR。

〔2〕　BGE 105 II 87 ff.（89 f.），E. 3；120 II 296 ff.（299 f.），E. 3b；Urteil des BGer. vom 8. November 2007，Nr. 4A_257/2007，E. 3.

〔3〕　SJZ 97/2001，S. 326（Kantonsgericht Waadt）。

法第 211 条第 2 款、第 75 条）。

然而买受人是否负担一般性的受领义务，是有争议的。[1]但若受领货物　255
对出卖人而言具有特殊利益（保护价值，Schützenswertes），则无论如何都可
以肯定这一义务（亦参见《维也纳买卖法》第 53 条、第 60 条）。

二、履行时间之特论

债法第 213 条第 1 款首先谈论价金之债届期问题：根据此条规范，除当　256
事人对清偿期另有约定外，价金之债应在买卖物移转于买受人占有时届期。

一方面，无须出卖人催告，价金债权随着约定的履行期（Verfalltag）届　257
满而计算利息（债法第 102 条第 2 款和第 104 条）；另一方面，若有未经催告
即发生利息的习惯或者在买受人对于买卖标的物能取得孳息或其他收益之情
形，买卖价金无须催告也当然发生利息（债法第 213 条第 2 款）。

债法第 213 条第 1 款的期限届满规则，乍一看令人惊奇：依据债法第 184　258
条第 2 款，买受人和出卖人原则上负同时履行给付之义务。然而正确解读却
是，债法第 213 条第 1 款确认了债法第 184 条第 2 款的规则，即出卖人没有先
给付义务以使价金之债届期；毋宁是，出卖人提出己方给付为已足。[2]

若买受人违反义务迟延支付价金，则根据债法第 102 条，他陷于迟延。　259
迟延效果首先也是根据总则确定（债法第 103 条至第 106 条）。买卖法上的特
别之处在于——忽略债法第 213 条第 2 款的支付利息义务——双务合同的债
权人的选择权以及损害赔偿计算（债法第 214 条）。

——在预付款买卖（价金支付先于物之交付）或即时结付买卖（价金与　260
物同时给付）中，根据债法第 214 条第 1 款，无须设定一个第 107 条第 1 款意
义上的特别履行期限。价金给付迟延的，出卖人无需其他要件（无须设定履
行期限[3]）即可解除合同，但他须立即通知买受人解除一事（债法第 214 条

---

〔1〕　例如 Giger, Berner Komm. , N 21 ff. zu Art. 211 OR。

〔2〕　BGE 129 III 535 ff. （541），E. 3. 2. 1.

〔3〕　法文版条文是«le vendeur peut se départir du contrat sans autre formalité»；意大利文版条文是«il
venditore può senz'altro recedere dal contratto»。亦参见 Koller A. , OR BT，§ 4 N 45。

第 2 款）。[1]

261　　虽然债法第 214 条第 2 款只提到解除权，但第 107 条第 2 款中的全部选择权都可行使，并且不必设定履行期，[2]也即出卖人可以（如同第 215 条默认的前提）依债法第 107 条第 2 款——在维持合同的情况下——放弃要求买受人实际履行（即支付价金）而请求赔偿积极利益之损失。[3]

262　　对于信贷买卖（货物在付款前已经移转占有给买方），于买受人迟延情形，出卖人根据债法第 214 条第 3 款，"仅在明确表示保留解除权时，才能解除合同并请求返还货物"。与第 1 款不同的是，第 3 款没有使用"毫无条件"的表述，因此依据第 107 条以下的一般规定，原则上（例外是债法第 108 条的情形）需要设定一个宽限期。[4]

263　　根据债法第 214 条第 3 款所包含的立法者价值取向，买受人应受到以下保护：一个已经移转占有而被取得之物——已经移转所有权（《民法典》第 714 条第 1 款）并且已经被消费、转卖或者加工的——不受出卖人解除合同而必须返还的保护。[5]因而此种情形，出卖人原则上仅得请求履行（支付价金及迟延利息）。[6]然而依据债法第 214 条第 3 款，若出卖人明确表示保留解除权（买受人对保有标的物之信赖被阻断），则其有解除权。

264　　所有权保留之约定，也生此等意义上的解除权保留之效果。即便所有权

---

〔1〕　参见 BGE 96 II 47 ff.（50 f.），E. 2。

〔2〕　Urteil des BGer. vom 10. April 1987 in Semjud 109/1987, S. 604 ff.（607 f.），E. 1b；Giger, Berner Komm., N 42 zu Art. 214 OR；Keller/Siehr, Kaufrecht, S. 41；Gauch/Schluep/Emmenegger, OR AT, Nr. 2757；A. Koller, Basler Komm., N 2 zu Art. 214 OR；详见 Merz T., Zahlungsverzug des Käufers, S. 71 und 95 ff.。

〔3〕　Urteil des BGer. vom 10. April 1987 in Semjud 109/1987, S. 604 ff.（607 f.），E. 1b；Cavin, SPR VII/1, S. 53 f.；Giger, Berner Komm., N 42 zu Art. 214 OR；Keller/Siehr, Kaufrecht, S. 41；Tercier/Favre/Zen-Ruffinen, Contrats spéciaux, Nr. 982；Koller A., OR BT, § 4 N 47；Schenker, Schuldnerverzug, Nr. 423；关于出卖人就选择权行使采取的措施详见 Gauch/Schluep/Emmenegger, OR AT, Nr. 2758 ff.。

〔4〕　BGE 90 II 285 ff.（293 Mitte），E. 2b（"宽限期过后无迟延地"作出解除之表示）；73 III 165 ff.（171 f.），E. 4；ZR 54/1955, Nr. 178, S. 357 f.（Zürcher Obergericht）；von Büren, OR BT, S. 57；Cavin, SPR VII/1, S. 56；Giger, Berner Komm., N 40 zu Art. 214 OR；Keller/Siehr, Kaufrecht, S. 43；Koller A., Basler Komm., N 4 zu Art. 214 OR；derselbe, OR BT, § 4 N 49（«nach Massgabe von Art. 107 Abs. 2 OR»）；Merz T., Zahlungsverzug des Käufers, S. 68；a. M. nur Venturi/Zen-Ruffinen, ComRom, N 15 zu Art. 214 OR.

〔5〕　Giger, Berner Komm., N 44 zu Art. 214 OR 指引到形成史。

〔6〕　Tercier/Favre/Zen-Ruffinen, Contrats spéciaux, Nr. 988.

保留之约定未经登记（《民法典》第715条第1款），并因此物之所有权而转移到买方，也生解除权保留之效果。[1]然而当买方陷入破产时（《债务执行和破产法》第212条），所有权保留无效时的解除权保留没有经济实益。[2]

所谓的"事实上的信贷买卖"——也即约定了先付款或即时付款，但出卖人自愿（无法律义务）提前交付物品——对之有争议的是，债法第214条第1款或第3款是否得适用。依据本书的观点，决定性的不是易被误解的文义，而是规范的价值取向（边码263）：鉴于出卖人自愿提前交付，其获清算返还之利益理应优先于（违约迟延支付的）买受人相信迟延支付时不必返还标的物的信赖。[3]因此，于此情形适用债法第214条第1款。[4] 264a

——商事交易中买受人迟延的损害计算，债法第215条包含一个特别规则，它与债法第191条第2、3款形成对照：根据债法第215条第1款，出卖人"有权以约定价金与出卖人就买卖物善意再为出卖所得价金之差额来计算损害"。这一特别规则允许出卖人向迟延的买受人请求积极利益之损害赔偿，而无须将物提供给买受人支配。[5] 265

这一规范对损害的具体计算（另行出售后的差价计算方法）做出规定[6]，与一般规定相比，它将使出卖人在证明责任方面处于更有利的地位。但该规范并不禁止出卖人［仍］采用一般规定和证明存在更大的损害。[7] 266

---

[1] BGE 90 II 285 ff.（292），E. 2a；Merz T.，Zahlungsverzug des Käufers，S. 109有丰富说明。对于所有权保留，还可参加本书边码466以下；对所有权保留的概述参见 Schmid/Hürlimann-Kaup，Sachenrecht，Nr. 1095 ff.。

[2] BGE 90 II 285 ff.（292），E. 2a；Giger，Berner Komm，N 47 zu Art. 214 OR。

[3] 有说服力的是 Keller/Siehr，Kaufrecht，S. 42；类似的有 Koller A.，Basler Komm.，N 6 zu Art. 214 OR；derselbe，OR BT，§ 4 N 55。

[4] 同样观点有 Oser/Schönenberger，Zürcher Komm.，N 12 zu Art. 214 OR；Keller/Siehr，Kaufrecht，S. 42；Koller A.，Basler Komm.，N 6 zu Art. 214 OR；derselbe，OR BT，§ 4 N 55；a. M. etwa Giger，Berner Komm.，N 21 zu Art. 214 OR；Schenker，Schuldnerverzug，Nr. 424。本书常引用的 BGE 110 II 447 ff.（451），E. 4，就系争问题没有结论。

[5] Venturi/Zen-Ruffinen，ComRom，N 1 zu Art. 215 OR；Tercier/Favre/Zen-Ruffinen，Contrats spéciaux，Nr. 995. 德国法参见《德国商法典》第376条第2款。

[6] Koller A.，Basler Komm.，N 8 zu Art. 215 OR。

[7] BGE 65 II 171 ff.（173），E. 2；Tercier/Favre/Zen-Ruffinen，Contrats spéciaux，Nr. 996。

267　若货物有市场价格或证券交易所牌价，则依第 215 条第 2 款，出卖人无须另行出售，而以"约定价金与届期时市场价格或证券交易所牌价之差价作为损害赔偿额"。因此允许出卖人抽象计算损害（鉴于假设的另行出售后的差价计算法）。[1]

268　就第 215 条可否用于民事（非商事）买卖，尚有争议。[2]

第四节　权利瑕疵担保特论

一、问题

269　1. 买卖合同法中，出卖人依债法第 184 条第 1 款所负的不仅是将买卖标的物交付买受人之义务（使买受人取得占有之义务），还有设法使买受人取得标的物所有权之义务（使买受人取得所有权之义务）。买卖合同作为所有权让与合同之一种，其目标是，通过合同履行，使标的物所有权移转给买受人。这对动产和不动产买卖都适用。

270　2. 使买受人取得所有权之目标，在以下情形受到阻碍：第三方出于法律原因（基于一个更优的权利，尤其是所有权）全部或者部分优先于买受人对合同标的物的权利（追夺权，Entwehrung；返还请求权，Eviktion）。买卖合同给付间的对价关系（物与金钱交换）于此种情形也被破坏。因此债法第 192 条以下将所让渡权利之瑕疵担保义务（条文侧标题，法语版侧标题为"Garantie en cas d'éviction"）作为出卖人义务加以规定：出卖人承担一个特别的、原则上不以过错为前提的［权利瑕疵］担保义务，换言之，买受人在被追夺时享有特定的权利（债法第 195 条）。

271　3. 然而权利瑕疵担保规则在瑞士私法体系中用处不大。[3]它的前提是，

---

〔1〕　Koller A., Basler Komm., N 18 zu Art. 215 OR；Tercier/Favre/Zen-Ruffinen, Contrats spéciaux, Nr. 998.

〔2〕　持支持观点的有 Giger, Berner Komm., N 41 und 55 zu Art. 215 OR；Tercier/Favre/Zen-Ruffinen, Contrats spéciaux, Nr. 995；Koller A., Basler Komm., N 13 und 18 zu Art. 215 OR；Venturi/Zen-Ruffinen, ComRom, N 2 zu Art. 215 OR。

〔3〕　类似观点 Schumacher/Rüegg, Haftung des Grundstückverkäufers, S. 211。

出卖人不是（无负担的）所有权人，并且买受人也未因其他原因——未因对善意取得人的保护——取得无负担的所有权。换言之，凡制定法对善意取得人所有权之取得予以保护之处，就无权利瑕疵担保之适用余地。这意味着：

——于动产情形，依《民法典》第933条（结合《民法典》第714条第2款），善意取得人的所有权取得受保护，即便出让人无出让权而出让物品。[1] 此时，第三人不能从该买受人处成功追夺该物，因此出卖人权利瑕疵担保无适用余地。当然前一权利人对出卖人享有请求权，然而这与（受到善意保护的）买受人无关。 272

但若依情形受让人不能援引善意信赖（《民法典》第3条第2款）或者标的物是违反权利人意志而脱离的，尤其是盗窃物（《民法典》第934条），则无善意保护之适用余地。[2] 于此等情形，出卖人权利瑕疵担保义务有现实意义，出卖盗窃物正是权利瑕疵担保的主要适用情形。[3] 273

——于不动产情形，依《民法典》第973条第1款，善意受让人之物权取得也受保护；[4] 于此情形，无权利瑕疵担保之适用余地。 274

然而，只要受让人依情形不能援引善意信赖（《民法典》第3条第2款），其情形即不同。此外，对于瑞士区属的土地（Grundstücke in den Gemeinden der Schweiz）不能援引善意取得，对这些土地尚无《民法典》第973条第1款之适用余地，因为联邦土地登记簿还未及于区属的土地，也没有其他可作替代的州登记机构（Art. 48 Abs. 3 SchlT ZGB）。[5] 275

当不动产出卖人将不动产全部或者部分租与他人时，不动产取得人（他不知道租赁合同存在）依债法第261条受租赁合同拘束（边码1199），此情形也适用权利瑕疵担保。[6] 276

---

〔1〕　Schmid/Hürlimann-Kaup, Sachenrecht, Nr. 287 ff.

〔2〕　Schmid/Hürlimann-Kaup, Sachenrecht, Nr. 303 ff.

〔3〕　参见 Schönle/Higi, Zürcher Komm. , N 2a f. zu Art. 192 OR。

〔4〕　Schmid/Hürlimann-Kaup, Sachenrecht, Nr. 579 ff.

〔5〕　Schmid/Hürlimann-Kaup, Sachenrecht, Nr. 408 und 581; Schönle/Higi, Zürcher Komm. , N 2a zu Art. 192 OR.

〔6〕　Schönle/Higi, Zürcher Komm. , N 2a und 37 zu Art. 192 OR.

二、出卖人权利瑕疵担保义务之构成要件

277　　出卖人权利瑕疵担保义务须满足几个要件——消极的和积极的，实体的和程序的。

278　　1. 基本要件是追夺（Entwehrung/Eviktion）：第三人出于合同缔结时即已存在的法律上原因，从买受人手中追夺标的物全部或者部分权利（债法第 192 条第 1 款）。就此需要补充以下内容：

279　　——追夺可以是完全追夺。这是指，第三人的更优的权利完全排除买受人的使用可能性（例如第三人的所有权，因为动产被盗窃时，第三人可依《民法典》第 934 条第 1 款成功请求返还）。

280　　《文物转让法》第 2 条第 1 款意义上的文物，违背所有权人意志而脱离的，在被出卖后很长时间仍可以追夺，因为根据《民法典》第 934 条第 1^{bis}款，其返还请求权的绝对时效期间（最长时效，absolute Verjährungsfrist）为自脱离时起 30 年。[1]

281　　——追夺也可以是部分追夺。这是指，只是向买受人追夺部分标的物或者给标的物增加一个物上负担（dingliche Last）（债法第 196 条第 1 款）。例如更优权利人享有用益物权或担保物权，此等权利人可将标的物从所有权人处拿走，或者不动产取得人依债法第 261 条受先存在的租赁合同的拘束（边码1199）。

282　　——追夺应总是在标的物交付之后发生。如果追夺先于交付发生（即标的物未交付给买受人占有），则适用债法第 97 条以下的一般规则，此一般规则总是与债法第 190 条关于迟延的特别规定结合使用（边码 237 以下）。

283　　2. 买受人在合同缔结时须不知道有追夺之危险（债法第 192 条第 2 款）。如果他知道此危险，则出卖人仅在明确表示就此负责的情况下才承担瑕疵担保责任。

284　　3. 买受人须未曾（有效）放弃其请求权，并且不存在消灭或者限制瑕疵担保义务的（有效）约定。

---

[1]　详见 Stark/Ernst, Basler Komm., N 17b ff. zu Art. 943 ZGB。

这样的约定在部分意义上是出卖人的免责条款，适用债法总则的规定（债法第 100 条）。若出卖人故意隐瞒第三人［对标的物］的权利，则消灭或者限制权利瑕疵担保责任的约定无效（债法第 192 条第 3 款；参见边码 374—375）。

4. 第三人之权利及其优先于买受人权利的顺位，必须确定存在，也即买受人必须确实负有返还标的物或者容忍第三人权利的义务（参见债法第 194 条第 2 款）。此等法律安定性通常通过诉讼通知（Streitverkündung）和诉讼程序（gerichtliches Verfahren）来实现。但这个措施不是必不可少的。

——如果买受人及时将争议通知出卖人，则原则上使买受人相对于出卖人处于更优的地位。争议通知的要件和效力依《民事诉讼法》确定（债法第 193 条第 1 款）。[1]

指的是《民事诉讼法》第 78 条至第 80 条关于一般争议通知的规则。依《民事诉讼法》第 78 条第 1 款，若一方当事人在诉讼失败（此处：请求买受人将买卖标的物交还给更优权利人的诉讼中）时将向第三人（此处：负瑕疵担保责任的出卖人）提出请求，该当事人可以请求第三人在诉讼中提供支持。就更优权利人和买受人间诉讼的判决，依《民事诉讼法》第 77 条（结合该法第 80 条），对被指定参加诉讼的人（出卖人）也生效力。[2]

——因不可归责于出卖人的事由，出卖人未受诉讼通知者，出卖人在能证明如及时受诉讼通知将取得更有利之诉讼结果的限度内，免于承担瑕疵担保责任（债法第 193 条第 2 款）。

——并非总是需要一个不利于买受人、有利于第三人（法律地位更优的权利人）的判决。当买受人善意承认第三人权利，或者已提交仲裁并将仲裁程序及时通知出卖人，但出卖人拒绝参加仲裁时，出卖人仍应负权利瑕疵担

285

286

287

288

289

290

---

〔1〕《民事诉讼法》生效前，争议通知就是一项联邦法律制度，但它的执行由各州民事诉讼法规定（BGE 90 II 404 ff.［407 ff.］，E. 1b）。债法第 193 条第 1、2 款（旧版）在出卖人瑕疵担保责任框架下规定了争议通知的某些要件和效力（参见本书第一版边码 287—288）。此外，就诉讼通知也参见 Botschaft zur ZPO von 2006, BBl 2006, S. 7283 ff. 。

〔2〕买受人争议通知（《民事诉讼法》第 81 条至第 82 条）不同于一般争议通知，它并非旨在让出卖人在买受人与第三人的法律程序中提供支持，而是使买受人得在法庭上直接向出卖人主张主诉讼所涵盖之内容。《民事诉讼法》第 77 条至第 80 条的争议通知于此不适用。

保责任（债法第 194 条第 1 款）。

291　　——若买受人证明他负有返还标的物之义务，则出卖人应负权利瑕疵担保责任（债法第 194 条第 2 款）。

292　　5. 为了完整起见，有必要说明，权利瑕疵担保中（不同于物之瑕疵担保，债法第 201 条），买受人之瑕疵担保权利不以瑕疵通知为前提。

293　　国际货物买卖情况有所不同，依《维也纳买卖法》第 43 条，于被追夺情形（《维也纳买卖法》第 41 条），买受人也须［向出卖人］为瑕疵通知（亦参见边码 755 以下）。

三、法律效果：买受人瑕疵担保请求权

294　　满足权利瑕疵担保要件的，买受人享有数个权利（权利瑕疵担保请求权）。原则上可认为，在完全追夺情形，合同消灭，出卖人对买受人负损害赔偿责任。具体为：

295　　1. 在完全追夺情形（边码 279），买卖合同视为消灭（债法第 195 条第 1 款）。买受人因此享有价金及其利息返还请求权，对支出之费用、因诉讼而发生的诉讼上和诉讼外的费用以及因权利被追夺而直接产生的其他损害的赔偿请求权。对这些直接产生的损害，出卖人负无过错责任（债法第 195 条第 1 款第 4 项）。对其他损害，出卖人若不能证明其无过错，亦负其责（债法第 195 条第 2 款）。

296　　债法第 195 条第 1 款第 4 项所用"直接产生的损害"（unmittelbar verursachter Schaden）这一概念当然不明确，它与"其他损害"（债法第 195 条第 2 款）难以区分。[1]此等区分上的困难也存在于债法第 208 条的物之瑕疵担保规则中（边码 408 以下）——它在实务中意义大多了。

297　　2. 依债法第 196 条，部分追夺（边码 281）适用以下规则：

298　　——原则上买受人不得请求废止合同，仅可请求赔偿因被追夺所生损害（债法第 196 条第 1 款）。

---

〔1〕　Schönle/Higi, Zürcher Komm. , N 67 ff. zu Art. 195 OR.

——但若有情事表明，买受人如预见会被部分追夺就不会订立合同，则 299
买受人得请求废止该合同（债法第 196 条第 2 款）。在前款情形，买受人应将
未被追夺之标的物连同在此期间所取得的用益返还于出卖人（债法第 196 条
第 3 款）。

四、个别问题

1. 有争议的是权利瑕疵担保制度与意思表示瑕疵制度的关系。联邦法院 300
允许援引债法第 23 条以下，尤其是合同基础错误制度（Grundlagenirrtum）。[1]

2. 在专利授权案件中，联邦法院于专利被宣告无效时也援引权利瑕疵担 301
保规则。[2]

3. 债权买卖中的权利瑕疵担保，不适用债法第 192 条以下，而是适用债 302
权让与的特殊瑕疵担保规则（债法第 171 条以下）。[3]

4. 瑕疵担保请求权的诉讼时效原则上依债法第 127 条以下的一般规则。 303
买卖文物的（《文物转让法》第 2 条第 1 款），有特别规定：自买受人知道瑕
疵之日起经过一年，诉讼时效期间届满，但最长不得超过合同缔结之日起 30
年（债法第 196a 条）。

物之瑕疵担保请求权的特殊诉讼时效（债法第 210 条及第 219 条第 3 款） 304
[对文物买卖] 无适用余地。

5. 文物转让的（《文物转让法》第 2 条第 1 款），于艺术品经销和拍卖场 305
合，需遵守特别注意义务：只有依情形可推定出让人的出让物不是盗窃来的，
不是违背所有权人意志而脱离所有权人的，不是非法挖掘的，不是非法进口
的，才能转让该文物（《文物转让法》第 16 条第 1 款）。此外，从事艺术品
经销和拍卖的工作人员还有询问和说明义务（《文物转让法》第 16 条第 3
款）。

---

　　[1]　BGE 109 II 319 ff.（322），E. 2；也参见 BGE 114 II 131 ff.（133 ff.），E. 1；Gauch/Schluep/
Schmid, OR AT, Nr. 807 ff.；Schönle/Higi, Zürcher Komm., N 7 ff. zu Art. 195 OR；批评的有 Bucher, OR
BT, S. 110 f.。

　　[2]　BGE 111 II 455 ff.（456），E. 2；110 II 239 ff.（242 ff.），E. 1d.

　　[3]　Gauch/Schluep/Emmenegger, OR AT, Nr. 3502 ff.

306 例如，工作人员有义务确认文物提供者或出售者的身份，并且要求提供者或出售者提交一份其有处分权的书面声明；工作人员须告知顾客有关合同缔结地所在国家（Vertragsstaaten）的进出口规定；工作人员必须将文物如何取得和文物、提供者或出卖人的具体信息做成书册（《文物转让法》第16条第2款）。

第五节 物之瑕疵担保特论

一、概览

307 1. 债法第197条至第210条规定了出卖人对标的物物之瑕疵的担保责任。这个规则——本书将之归入最广义上的给付障碍法——在实践中意义特别重大，远比权利瑕疵担保重要。买卖合同法最多的判决是针对物之瑕疵担保的。

308 在特定物买卖中，出卖人交付瑕疵物品是否根本违反了给付义务，也即物品的品质是否属于给付义务，这是完全有争议的问题。[1]依传统见解，特定物买卖情形，给付有缺陷之物不构成违约——尤其是当该特定物只能依其本身状态交付时。[2]依新近见解，上述情形构成违约，给付有瑕疵之物不算出卖人正确履行。[3]认为违反给付义务的观点却没有说明，在债法第197条以外，是否以及在多大程度上适用债法第97条以下（边码434）。

309 2. 瑕疵担保体系建立在出卖人负无过错责任的基础上（债法第197条第2款），这可追溯到罗马法上：[4]买受人因物之瑕疵享有特别权利，尤其是瑕

---

〔1〕 参见 Rabel, Warenkauf Bd. II, S. 104 ff. ; Tercier/Favre/Zen-Ruffinen, Contrats spéciaux, Nr. 692 ff. ; Akikol, Sachmängelhaftung beim Warenkauf, Nr. 57 ff. 。

〔2〕 持此观点的有 Bucher, OR BT, S. 68 f. , 83 以及其他好几处。

〔3〕 持此观点的有 Tercier/Favre/Zen-Ruffinen, Contrats spéciaux, Nr. 695; Schönle/Higi, Zürcher Komm. , N 3 zu Art. 197 OR; Akikol, Sachmängelhaftung beim Warenkauf, Nr. 78 ff. ; Ginter, Sachgewährleistung, S. 75; Bähler, Sachgewährleistungs- und allgemeines Leistungsstörungsrecht, S. 34 ff. ; so schon Rabel, Warenkauf Bd. II, S. 107。

〔4〕 Zimmermann, The Law of Obligations, S. 305 und 327 f. （关于德国债法修订前的物之瑕疵担保规则），其论述对当今瑞士债法仍适用；关于瑞士法的专门论述有 Cavin, SPR VII/1, S. 71 f. ; Honsell, Basler Komm. , N 1 und 15 zu den Vorbem. zu Art. 197-210 OR; Schönle/Higi, Zürcher Komm. , N 3a zu Art. 197 OR。

疵解除权（Wandelung）、减价权、瑕疵结果损害的赔偿请求权。这些法律救济——与债法总则中的救济相比——使得买受人处于较好的地位；然而这些救济有明显严格的要件，尤其是应及时通知瑕疵（Mangelrüge）（债法第201条）以及适用短期诉讼时效（债法第210条）。

依恩斯特·拉贝尔（Ernst Rabel）之言，"特定物物之瑕疵担保，学说上 310
之所以说法不一，出现混乱，主要是根深蒂固的古老教义不合理的残存所致"。[1]他又继续提醒人们思考，"买卖的全部教义，在罗马时代以特定物买卖为原型而产生，很可能也仅限于特定物买卖，所有较陈旧的及大部分当今的民法典都显示了同样的起源，这令人吃惊"。[2]罗马法上的物之瑕疵担保规则是债法第197条以下的源头，它要求买受人特别警觉（caveat emptor；Augen auf，Kauf ist Kauf[3]），罗马法上物之瑕疵担保规则源于罗马集市警察的责任，是为集市交易量身定做的规则；罗马集市上出卖的经济价值较高的财产，是奴隶和耕畜。[4]此外，"众所周知，奴隶贩子声誉很差，与他们做生意要格外注意"。[5]

瑕疵担保责任的要件（尤其是瑕疵告知）和特别（短期）诉讼时效，也 311
被立法者用在承揽合同法中（债法第367条至第371条）。从应然（de lege fe-renda）的角度看，这是有问题的，因为一个使普通买受人负担过重，在实践中通常导致失权（边码444以下）的规则，现在也适用于承揽合同的定作人。[6]从实然（de lege lata）的角度看，在法律适用上，建议就此问题每次查询这两种合同相关判决。

3. 这些制定法规则通常是任意性规范：当事人可以通过约定改变出卖人 312
的物之瑕疵担保责任，无论是有利于还是不利于买受人。实务中这些变更往往不利于买受人（"免责"；边码370以下），而且常常通过一般交易条款

---

[1]　Rabel, Warenkauf Bd. II, S. 101（1958 年出版，是针对德国法的）；被引用在 Kramer, Münchener Komm（3. Aufl. 1994），N 102 zu Einleitung vor § 241 BGB 中（第四版及以后版本不再引用）。

[2]　Rabel, Warenkauf Bd. II, S. 103.

[3]　Zimmermann, The Law of Obligations, S. 307.

[4]　Zimmermann, The Law of Obligations, S. 311 ff.

[5]　Zimmermann, The Law of Obligations, S. 311.

[6]　对承揽合同法的批评参见 Gauch, Werkvertrag, Nr. 2175 ff.。

实现。

313　　4. 在特殊领域，出卖人承担特别的瑕疵担保责任：

314　　——家畜交易（债法第 198 条、第 202 条以及相应的行政法规[1]）。

315　　——债权买卖（债法第 171 条以下）。

316　　——不动产买卖（债法第 219 条；边码 643 以下）。

317　　对不动产买卖，债法第 219 条虽就瑕疵担保尤其是瑕疵担保诉讼时效作了特别规定（第 219 条第 3 款），但除此之外，依债法第 221 条的援引，债法第 197 条以下对不动产买卖瑕疵担保也适用。[2]

318　　——适用《联合国国际货物销售合同公约》的买卖（《维也纳买卖法》第 30 条以下；边码 755 以下）。

319　　如前所述（边码 203），欧盟《消费物买卖指令》对瑞士法没有影响。

320　　5. 应与出卖人的瑕疵担保责任区分的是产品生产者对产品接受者的责任（没有既存之合同关系）。这一责任决定于《产品责任法》[3]。

321　　依据该法，产品责任仅指瑕疵导致的结果损害的责任，而不包括瑕疵产品本身作为损害（价值减损）的责任（《产品责任法》第 1 条第 2 款）。

二、出卖人物之瑕疵担保义务之构成要件

322　　最重要的要件是标的物存在瑕疵。其他要件（积极的和消极的）必须满足。这些要件下面具体阐述。[4]

---

〔1〕　V betreffend das Verfahren bei der Gewährleistung im Viehhandel vom 14. November 1911（SR 221.211.22）. 1911 年 11 月 14 日《关于家畜交易瑕疵担保诉讼的行政法规》（SR 221.211.22）.

〔2〕　BGE 131 III 145 ff.（147），E. 3 = Pra 2005，Nr. 50，S. 389 ff. = ZBGR 88/2007，S. 289 ff.；Urteil des BGer. vom 6. Dezember 2006，Nr. 4C. 273/2006，E. 3.1；Bieger，Mängelrüge，Nr. 58.

〔3〕　Bundesgesetz über die Produktehaftpflicht（Produktehaftpflichtgesetz，PrHG）vom 18. Juni 1993（SR 221.112.944）.

〔4〕　下文内容详见 Akikol，Sachmängelhaftung beim Warenkauf，Nr. 135 ff. 。

家畜买卖中物之瑕疵担保特别规则不作进一步说明（债法第 198 条、第 202 条以及相关行政法规）。 323

（一）买卖标的物之瑕疵

物之瑕疵担保义务（瑕疵责任）的基本构成要件是有瑕疵存在。是否存 324 在瑕疵，依具体合同而定。[1]下面这样的瑕疵可以被解释为偏离合同对标的物的约定：实际交付的标的物的特性（Beschaffenheit）偏离合同承诺的特性，且不利于买受人[2]（所谓主观的瑕疵定义）。

梅迪库斯就此形象地解释为："没有什么标的物可以好到不能再好的地 325 步。如果按照最好的标准，则几乎所有标的物都是有瑕疵的。因此另外需要一个现实的标准。这个标准至少应首先源自买卖合同。"[3]

合同就标的物品质有约定的，则援引债法第 197 条：根据第 197 条第 1 326 款，出卖人应担保标的物具有所保证的品质，并应担保标的物无论在物理上或在法律上，都不存在会导致标的物的价值或预定效用完全丧失或显著降低的瑕疵。就此谈论两种情形，在这两种情形中，因标的物欠缺合同约定的品质，出卖人对买受人负责。

——第一种情形是出卖人承诺了买卖标的物的品质，因品质不具备而构 327 成瑕疵：出卖人可以担保标的物具有某些品质，也即承诺存在特定品质。担保无须以明示的方式（ausdrückliche Zusicherung，Garantie），依判例的见解，任何表明标的物具有特定的、客观上可鉴定的品质的说明即足够，只要买受人依诚实信用原则得以相信这个信息。[4]前提是，担保针对的是标的物在风

---

[1] BGE 114 II 239 ff. （244），E. 5a/aa.

[2] 例如 BGE 114 II 239 ff. （244），E. 5a/aa；Urteil des BGer. vom 6. Dezember 2002，Nr. 4C. 201/2002，E. 2. 1；Urteil des BGer. vom 20. Mai 2014，Nr. 4A_619/2013，E. 4. 1。

[3] Medicus，Schuldrecht II，Besonderer Teil，Ein Studienbuch，14. Aufl.，München 2007，Nr. 43. Vgl. auch Medicus/Lorenz，Schuldrecht II，Nr. 77 ff.

[4] BGE 88 II 410 ff. （416），E. 3c；Urteil des BGer. vom 27. Mai 2007，Nr. 4A_480/2007，E. 3. 1 = ZBGR 91/2010，S. 114 ff.；Urteil des BGer. vom 26. Oktober 2009，Nr. 4A_237/2009，E. 5. 1；Urteil des BGer. vom 19. März 2014，Nr. 4A_538/2013，E. 4. 1. 就品质担保（Zusicherung）的概念详见 Rüegg，Zusicherung，S. 178 ff. 。

险和收益转移时或者转移之前所必须具有的品质。[1]根据司法实践，出卖人任何被认为严肃的说明都足够，只要依据诚实信用原则，出卖人的说明对买受人决定是否依照约定的条件获取标的物有决定性影响。出卖人无须作出承担责任的明示的意思表示。品质担保也可以默示为之，例如，出卖人以市场上真品的价格出售艺术品、宝石、贵重的邮票或其他类似物品，则就标的物的真伪负有担保责任。[2]如果担保承诺未被遵守（也即承诺的物之品质与实际不符），则存在瑕疵。

328   担保某车辆是出厂新车，只有在下述情形才符合担保之品质：该车是在出卖前至多十到十二个月之内生产的，除了装运过程外没用被使用过，并且此车并未停产以及没有静置损害（Standschäden）［译者注：此为专业术语，此处指汽车长期不用而产生的损害］之类的瑕疵。[3]

329   应区分担保与单纯的赞美。对于赞美，买受人依诚实信用能意识到没有担保某种品质，而只是单纯对标的物进行夸赞性描述。[4]

330   赞美的例子："你会一辈子喜欢这个花瓶的。""极好的状态……皮具和汽车其他部分跟新的一样。"[5]相反，"你买的是一个极好的房屋，它有着很好的建筑品质"这样的表述，是担保。[6]换言之，出卖人（甚至第三人）的广告用语也须于个案中审查，判断其是否担保某品质存在或者出卖人依诚实信用可将某品质作为合同之基础（其欠缺构成物之瑕疵）。[7]鉴于有购买兴趣者在日常生活中相信广告所言，应谨慎将广告词推断为纯粹的赞扬，也即仅

---

〔1〕 BGE 122 III 426 ff. （430），E. 5c；Urteil des BGer. vom 27. Mai 2008, Nr. 4A_480/2007, E. 3. 1 =ZBGR 91/2010, S. 114 ff.：不动产的租息收入或者迄今为止的的餐馆的营业额。

〔2〕 BGE 102 II 97 ff. （100 f.），E. 2a（Briefmarke «sitzende Helvetia», Ausgabe 1881）.

〔3〕 BGE 116 II 431 ff. （435 f.），E. 3b；vgl. Urteil des BGH vom 22. März 2000, NJW 53/2000, S. 2018 ff. , und Urteil des BGH vom 15. Oktober 2003, NJW 57/2004, S. 160 ff.

〔4〕 Urteil des BGer. vom 27. Mai 2008, Nr. 4A_480/2007, E. 3. 1=ZBGR 91/2010, S. 114 ff.

〔5〕 Urteil des BGer. vom 19. März 2014, Nr. 4A_538/2013, E. 4［联邦法院认为赞美不是担保汽车没有出过事故（本书认为这是一个临界的案例，因为其表述是出自汽车店一个专业的销售人员）］.

〔6〕 Urteil des BGer. vom 23. November 2004, Nr. 4C. 267/2004, E. 2. 2=ZBGR 86/2005, S. 329 ff. ; vorinstanzlicher Entscheid in LGVE 2004 I Nr. 18, S. 43（Luzerner Obergericht）.

〔7〕 完整内容参见 Kaufmann-Mohi, Responsabilité du vendeur pour le défaut, Nr. 470 ff. ; Rüegg, Zusicherung, S. 185 ff. 。

当依诚信原则，对买受人而言，出卖人显而易见没有就客观可确认的品质进行说明的意愿时，才可推断为纯粹的赞扬。

——第二种情形是，虽然未担保标的物品质，但仍可构成标的物瑕疵。当买受人依诚实信用原则可将某些品质作为前提（因此这些品质虽未被担保，但可作为合同约定之内容）时，即属于此情形。如果买受人的这一期待与实际不符，则存在瑕疵，只要对期待状态的偏离导致标的物无价值或价值大大减损，或者导致使用目的不能实现或者大大降低（债法第 197 条第 1 款）。 331

若买卖标的物价格与其市场价值偏差不大，这一情形并不当然排除瑕疵（理解为质量偏离合同约定，边码 324）的存在。不过法院在检查买受人依诚实信用得期待何种物之属性时将考量约定的价格。[1] 331a

在买卖合同中，在上述情景下常常使用"担保"（Garantie）一词。这个词有多种含义，因此涉及的条文必须在具体情境中通过解释查明意思。尤其需要考虑的是以下几种意思：瑕疵担保法中对品质的担保（此处理解的担保）、出卖人承认负有补正物之瑕疵的义务、独立的质保合同（Garantievertrag）。[2] 债法第 197 条第 1 款意义上的质量担保与独立的质保合同如此来区分：出卖人承诺的是当时既存之标的物品质还是将来的效果，后者超出了依买卖合同确定的标的物品质之范围。[3] 332

归为独立的质保合同的主要后果是：瑕疵告知（债法第 201 条；边码 355 以下）可有可无；时效期间不是依据债法第 210 条和第 219 条第 3 款。如果担保的结果没有出现，毋宁适用债务不履行之一般规定（债法第 97 条以下），[4] 333

---

[1] Urteil des BGer. vom 20. Mai 2014, Nr. 4A_619/2013, E. 4. 1 und 5. 3. 1.

[2] BGE 122 III 426 ff.（428），E. 4；Urteil des BGer. vom 30. September 2013, Nr. 4A_220/2013, E. 4. 3. 完整内容参见 Gauch/Schluep/Emmenegger, OR AT, Nr. 3930；Lips, Kaufrechtliche Garantie, S. 4 ff. und 62 ff. 。

[3] BGE 122 III 426 ff.（428），E. 4（此案例中，将土地上可以建造建筑物的保证作为独立的质保合同）；Urteil des BGer. vom 30. September 2013, Nr. 4A_220/2013, E. 4. 3（此案例中，购买股份公司全部股票获得将来特定收益的保证作为独立的质保合同）；亦参见 Urteil des BGer. vom 4. Januar 2002, Nr. 4C. 260/2001, E. 3a＝Pra 2002, Nr. 71, S. 405 ff. ；Rüegg, Zusicherung, S. 181 ff. 。

[4] Urteil des BGer. vom 30. September 2013, Nr. 4A_220/2013, E. 4. 3. 2 结尾处。

其债务适用债法第 127 条的 10 年时效期间。[1]

334 2. 可区分下面两种物之瑕疵担保:

335 ——物理上瑕疵:例如标的物不能使用、有损坏;艺术品是假的;出卖的不动产与合同约定的面积不符(债法第 219 条第 1、2 款;边码 653 以下)。

336 ——法律上瑕疵:标的物因法律原因(尤其是公法),导致买受人不能依特定用途使用,而这恰恰是买受人依合同理应期待的。例如,将被禁止建设建筑物的土地作为建设用地出卖;出售一辆汽车,而买受人不能在瑞士取得该车行驶证;出卖一块包含固体废料处理点的土地,因此依《环境保护法》必须予以清洁。

337 法律上原因所致物之瑕疵担保责任应与权利瑕疵担保责任区分,后者是一个有私法上更优法律地位的(私的)第三人向买受人追夺标的物所导致的(债法第 192 条以下;边码 269 以下)。

338 3. 对判断标的物是否存在瑕疵具有重要意义的时间点是风险转移时(债法第 185 条和第 220 条;边码 452 以下和边码 659 以下),德国法上于《德国民法典》第 434 条第 1 款明确规定了这一点。因此出卖人依据债法第 197 条对下述瑕疵负责:风险转移前或者转移时存在的瑕疵[2],但还包括此时已经潜藏但日后才显现出来的瑕疵。[3]

339 对于后来才产生的瑕疵,出卖人原则上不负责任,除非他依约定对买受人负有使标的物在交付以后仍维持承诺的状态的义务,[4]或者他因过错导致嗣后品质恶化或者对履行辅助人的行为负责;然而这样的责任不是依据债法

---

[1] BGE 122 III 426 ff.(431),E. 5c;vgl. auch Urteil des BGer. vom 4. Januar 2002,Nr. 4C. 260/2001,E. 3a = Pra 2002,Nr. 71,S. 405 ff.

[2] BGE 122 III 426 ff.(430),E. 5c;Urteil des BGer. vom 8. Februar 2010,Nr. 4A_601/2009,E. 3. 2. 3;Honsell,Basler Komm.,N 11 zu Art. 197 OR;Schönle/Higi,Zürcher Komm.,N 113 ff. zu Art. 197 OR;Schönle,Zürcher Komm.,N 126 zu Art. 185 OR;Koller A.,Basler Komm.,N 6 zu Art. 185 OR;Akikol,Sachmängelhaftung beim Warenkauf,Nr. 488 ff.

[3] Urteil des BGer. vom 8. Februar 2010,Nr. 4A_601/2009,E. 3. 2. 3;Honsell,Basler Komm.,N 11 zu Art. 197 OR.

[4] Urteil des BGer. vom 8. Februar 2010,Nr. 4A_601/2009,E. 3. 2. 3.

第 197 条以下（物之瑕疵担保规则），而是依据债法第 97 条第 1 款以及第 101 条的一般规定。[1]

4. 瑕疵担保责任不以出卖人对瑕疵发生具有过错为前提。出卖人即便不知道瑕疵存在，原则上也要就此负责（债法第 197 条第 2 款；也参见债法第 208 条第 2、3 款，边码 408 以下）。　340

5. 瑕疵是否存在的举证责任首先取决于，谁能从主张交付的标的物瑕疵存在或者不存在中得到权利（《民法典》第 8 条）：[2]　341

——如果瑕疵存在使得买受人得到权利（瑕疵解除、减价或者损害赔偿），并且他已经受领了标的物，那么依据主流观点，他对瑕疵存在（及在风险移转前即已存在）负有举证责任，尤其是当买受人毫无保留地受领标的物时，出于公平考虑，应推定标的物无瑕疵（《德国民法典》第 363 条类似）。[3]如果买受人指出瑕疵并拒绝受领，或者他在接收时立即提出保留，则不能这样类推。[4]　342

——当出卖人因（采取或者尝试）履行而产生权利，尤其是当他请求支付价金的时候，与上面类似：如果买受人还未受领标的物，则通常由出卖人承担其给付符合合同约定的举证责任。[5]如果买受人毫无保留地接受标的物，则由他承担瑕疵举证责任；如果买受人（指出瑕疵并）拒绝将标的物作为符　343

---

〔1〕 Honsell, Basler Komm., N 11 zu Art. 197 OR；亦参见 Schönle/Higi, Zürcher Komm., N 120 zu Art. 197 OR。

〔2〕 关于瑞士法有例如 Giger, Berner Komm., N 92 zu Art. 197 OR und N 73 zu Art. 211 OR；Schönle/Higi, Zürcher Komm., N 22 zu Art. 204 OR。关于《维也纳买卖法》（因此在《民法典》第 8 条之外）BGE 130 III 258 ff.（265），E. 5. 3；Urteil des BGer. vom 7. Juli 2004, Nr. 4C. 144/2004, E. 3. 3；关于债法和《维也纳买卖法》的区别详见 Akikol, Sachmängelhaftung beim Warenkauf, Nr. 521 ff.。

〔3〕 Von Tuhr/Escher, OR AT, S. 32；Kummer, Berner Komm., N 276 f. zu Art. 8 ZGB；Giger, Berner Komm., N 93 ff. zu Art. 197 OR und N 75 ff. zu Art. 211 OR；Bucher, OR BT, S. 93；Honsell, OR BT, S. 85 及其他地方引用 BGE 23, S. 1817 ff.（1823），E. 4, und BGE 26 II 798 ff.（806），E. 3c（这两个案例都针对旧债法）。结论相同的观点参见 Schönle/Higi, Zürcher Komm., N 22 zu Art. 204 OR。德国法除了参见《德国民法典》第 363 条消费物买卖，亦参见《德国民法典》第 476 条举证责任倒置。

〔4〕 Bucher, OR BT, S. 93；vgl. auch Urteil des BGer. vom 28. September 2000, Nr. 4P. 153/2000, E. 2b；a. M. Walter, Berner Komm., N 561 in fine zu Art. 8 ZGB.

〔5〕 Kummer, Berner Komm., N 275 ff. zu Art. 8 ZGB；Giger, Berner Komm., N 92 zu Art. 197 OR und N 74 zu Art. 211 OR；Schönle/Higi, Zürcher Komm., N 22 zu Art. 204 OR；a. M. Walter, Berner Komm., N 561 in fine zu Art. 8 ZGB.

合约定的履行［标的物］加以受领，或者他［受领时］提出了相应的保留，则仍由出卖人就无瑕疵负举证责任。[1]

344　　——买受人拒绝受领从其他地方寄送的货物的（远程购买），若出卖人在收货地点没有代理人，则买受人必须依照债法第 204 条第 2 款，"及时采取适当方式固定送达物的状态"；未为固定者，制定法使其（尽管拒绝受领）负举证义务，由其证明其所主张的瑕疵在物被接收时即已存在。[2]

345　　6. 瑕疵给付，依债法总则的标准，满足积极违约（positiven Vertragsverletzung）的概念，因为它既不是给付不能，也不是迟延给付。[3]这就产生一个问题（后面再阐述；边码 417 和 434），即买受人是否既能依债法第 197 条以下，也能依债法第 97 条第 1 款请求损害赔偿。

346　　另外，需要区分瑕疵给付与给付他物（Lieferung einer anderen Sache；Aliud-Lieferung）。给付他物不适用债法第 197 条以下，仅仅适用债法第 97 条以下或者第 102 条以下。[4]

347　　进一步要问，若给付之物本身没有瑕疵，但附带的使用说明书被证实不完善或者有缺陷，那么是否属于物之瑕疵。依本书观点，此等情形并不导致出卖人负瑕疵担保责任；给付不完善的使用说明，出卖人违反的是附随义务，导致的是债法第 97 条以下的责任，也即买受人欲主张损害赔偿的，不以瑕疵告知为前提。[5]

（二）其他要件

1. 概览

348　　对于出卖人的瑕疵担保责任，仅标的物有瑕疵还不够，还需要满足以下要件：

---

〔1〕　Urteil des BGer. vom 28. September 2000, Nr. 4P. 153/2000, E. 2b; Honsell, OR BT, S. 85; a. M. Walter, Berner Komm., N 561 in fine zu Art. 8 ZGB.

〔2〕　BGE 45 II 336 ff. （341 und 343）, E. 1 und 3; 52 II 362 ff. （366 f.）, E. 2.

〔3〕　Gauch/Schluep/Emmenegger, OR AT, Nr. 2616.

〔4〕　BGE 121 III 453 ff. （458）, E. 4a; Urteil des BGer. vom 2. Oktober 2013, Nr. 4A_252/2013, E. 3; Gauch/Schluep/Emmenegger, OR AT, Nr. 2634.

〔5〕　完整内容还可参见 Haftung für Gebrauchsanleitung-ein Sonderfall der Produktehaftung, SJZ 89/1993, S. 1 ff. （besonders S. 2）。

（1）买受人不知道瑕疵存在；如果他于合同缔结之时[1]已经知道瑕疵 349
存在，则出卖人不负责任（债法第 200 条第 1 款）。[2]买受人是否知道瑕疵存
在，由出卖人承担举证责任。[3]

买受人依通常之注意应当知道瑕疵存在的，出卖人仅在担保没有瑕疵存 350
在的情况下才对瑕疵负责（债法第 200 条第 2 款）。

（2）出卖人的瑕疵担保责任未被免除。就此要谈论的是实务中意义重大 351
的免责条款问题，后面单独谈论（Nr. 370 ff.）。

（3）买受人应未承认该瑕疵（债法第 370 条类似）。[4]依制定法，某些 352
情形被视为对瑕疵标的物的承认［译者注：对瑕疵或瑕疵标的物的承认，是
指承认标的物符合合同约定，如同没有瑕疵，德语原文为 genehmigen］，下文
马上阐述这些情形（边码 355 以下）。

转卖一个有着不为人知的隐藏瑕疵的物品，不能视为（默示地）接受瑕 353
疵。[5]

（4）买受人必须及时将瑕疵通知出卖人（Mängelrüge，债法第 201 条）， 354
这在实务中意义最重大，因此下文将详细阐述。

2. 瑕疵之通知

（1）买受人有义务依通常程序从速检验受领物，如发现有应由出卖人负 355
担保责任的瑕疵，应立即通知出卖人（Mängelrüge，债法第 201 条）。[6]此项
检验和通知义务，自标的物移转占有于买受人时产生。[7]瑕疵通知是买受人
将"物品有瑕疵的内心想法表达于外"[8]的表示。如果买受人怠于为前款通

---

〔1〕　BGE 131 III 145 ff.（148），E. 6. 1 = Pra 2005, Nr. 50, S. 389 ff. = ZGBR 88/2007, S. 289 ff.

〔2〕　例如 Urteil des BGer. vom 2. Dezember 2014, Nr. 4A_445/2013, E. 2. 2：买受人知道所买土地上
的木屋有瑕疵。

〔3〕　Urteil des BGer. vom 20. Mai 2014, Nr. 4A_619/2013, E. 4. 1 und 5. 2.

〔4〕　Tercier/Favre/Zen-Ruffinen, Contrats spéciaux, Nr. 768 ff.

〔5〕　Urteil des BGer. vom 29. August 2003, Nr. 4C. 152/2003, E. 3. 1.

〔6〕　详见 Bieger, Mängelrüge, Nr. 189 ff.；Akikol, Sachmängelhaftung beim Warenkauf, Nr. 601 ff.；
Schmid, Gewährleistung, S. 77 ff. 。

〔7〕　BGE 131 III 145 ff.（149），E. 7. 1.

〔8〕　Urteil des BGer. vom 28. Mai 2002, Nr. 4C. 395/2001, E. 2. 1. 1 = Pra 2003, Nr. 107, S. 578 ff.

知，除依通常的检验不能发现的瑕疵外（债法第 201 条第 2 款），视为承认受领物（Genehmigungsfiktion）。[1]

356　　债法第 201 条第 1 款所谓的检验义务，在通知义务外，没有独立意义：如果买受人及时通知瑕疵，那么即便他没有立即检验，也能保障其权利。[2]

357　　关于买受人检验和通知义务的制定法规定，依联邦法院的观点，旨在保护出卖人："应尽快让出卖人知道瑕疵，以便让他有为自己辩解的机会，并及时采取适合的措施，例如主张前手对他的瑕疵担保责任。另外，这也可防止买受人通过恣意等待，利用经济形势的变化损害出卖人。"[3]

358　　（2）对于通知义务须注意以下几个重点：

359　　——制定法区分公开瑕疵（offene Mängel）和隐藏瑕疵（geheimc/verborgene/verdeckte/versteckte Mängel）。依债法第 201 条第 1、2 款，公开瑕疵在通常检验中能被立即识别。对于这种瑕疵要立即通知。对于隐藏瑕疵，也即依通常检验不能被识别的瑕疵，依债法第 210 条第 3 款，应在发现后立即通知，违反通知义务的，即便标的物有瑕疵，也视为承认［其符合约定］。

360　　发现瑕疵是指毫无怀疑地确定了瑕疵。个案的具体情况对瑕疵之发现很重要。买受人必须获知，在有瑕疵的情况下他有权提出有充分事实证明的瑕疵通知（Nr. 363）。有些瑕疵，因其程度上和广度上的慢慢加重才显露出来，如果买受人依诚实信用原则得认为，这纯粹是常见现象而没有偏离合同约定，则此等瑕疵不仅不具有客观上的可识别性，也不能确定其开始的踪迹。[4]

---

〔1〕　BGE 133 III 335 ff.（342），E. 2. 4. 4.

〔2〕　与很多观点不同的是 Schönle/Higi, Zürcher Komm., N 12 zu Art. 201 OR。

〔3〕　BGE 81 II 56 ff.（57），E. 2b；类似的有 BGE 88 II 364 ff.（365），E. 2，根据这个判决的观点，债法第 210 条的规定是为了保护买卖的交易安全，以及为了迅速理清事实的和法律的关系。Urteil des BGer. vom 28. Mai 2002, Nr. 4C. 395/2001, E. 2. 1. 1 = Pra 2003, Nr. 107, S. 578 ff. 重复了上述观点；批评意见有 Bucher, Der benachteiligte Käufer, S. 3 f.；不同意见有 Akikol, Sachmängelhaftung beim Warenkauf, Nr. 618 ff. 。

〔4〕　例如不断增加的墙壁裂缝；BGE 131 III 145 ff.（150），E. 7. 2 = Pra 2005, Nr. 50, S. 389 ff. = ZBGR 88/2007, S. 289 ff.；BGE 118 II 142 ff.（149 f.），E. 3b；117 II 425 ff.（427），E. 2。亦参见 Urteil des BGer. vom 28. Juli 2000, Nr. 4C. 159/1999, E. 1b/aa（关于承揽合同瑕疵通知）。

　　——瑕疵通知必须及时为之。对于"及时"的判断（买卖和承揽合同 361
法），依判例上的一贯见解，必须考察个案具体情形，尤其是标的物的属性和
瑕疵的种类。[1]联邦法院强调具体情形的决定作用；联邦法院一直——鉴于
承揽合同法上同样的问题[2]——坚持认为对于民事关系 7 天（7 个日历日，
即 5 个工作日）的通知期限是合理的，只要等待通知不会导致损害的扩大。[3]
就非商事买受人［的通知期限］，这一实务见解无论如何都值得赞同。[4]

　　关于瑕疵通知是否及时的主张和举证责任，在学说和司法中有争议。[5] 362
联邦法院将及时通知瑕疵看作产生权利的事实，因此买受人负担举证责
任。[6]

　　——瑕疵通知必须有充分事实证明。[7]买受人拒绝受领的，必须告知出 363
卖人为什么（多大程度）其认为交付之标的物不符合约定。泛泛指出货物不
达标，不能作为债法第 201 条意义上的（有充分事实证明的，substantiiert）
瑕疵通知。[8]瑕疵通知"必须使出卖人知道不满意的类型、范围及原因，以便
出卖人得决定，鉴于将要承担的责任该如何作为。哪些信息是实现前述目的所

---

　　[1]　BGE 81 II 56 ff.（59 f.），E. 3b；131 III 145 ff.（150），E. 7. 2 = Pra 2005, Nr. 50, S. 389 ff. =
ZBGR 88/2007, S. 289 ff.

　　[2]　判决上形成的关于瑕疵通知在买卖与承揽合同中的比较，参见 BGE 131 III 145 ff.（150），
E. 7. 2. = Pra 2005, Nr. 50, S. 389 ff. = ZBGR 88/2007, S. 289 ff. 。

　　[3]　对于承揽合同法：Urteil des BGer. vom 28. Juli 2000, Nr. 4C. 159/1999, E. 1b/aa und 2；Urteil
des BGer. vom 3. Mai 2004, Nr. 4C. 82/2004, E. 2. 3 = Pra 2004, Nr. 146, S. 827；Urteil des BGer. vom
11. September 2007, Nr. 4A_ 51/2007, E. 4. 5；Urteil des BGer. vom 31. Oktober 2007, Nr. 4A_ 336/2007,
E. 4. 4。

　　[4]　持同样观点的有 Akikol, Sachmängelhaftung beim Warenkauf, Nr. 871，该书甚至允许在某些情
形下 7 天到 10 天的通知期限。

　　[5]　参见 BGE 118 II 142 ff. ；107 II 172 ff. ；Gauch, Werkvertrag, Nr. 2164 ff. und 2190；Akikol,
Sachmängelhaftung beim Warenkauf, Nr. 1075 ff. ；Walter, Berner Komm. , N 566 ff. zu Art. 8 ZGB。

　　[6]　BGE 118 II 142 ff.（147），E. 3a关于承揽合同中同样的问题（定作人的举证责任）；就买卖
合同的判决有 Urteil des BGer. vom 19. April 2002, Nr. 4C. 313/2001, E. 3a；Urteil des BGer. vom 6. Dezember
2006, Nr. 4C. 273/2006, E. 3. 1。

　　[7]　参见 Tercier/Favre/Zen-Ruffinen, Contrats spéciaux, Nr. 790 f. ；Akikol, Sachmängelhaftung beim
Warenkauf, Nr. 791 ff. 。

　　[8]　参见 Urteil des BGer. vom 28. Mai 2002, Nr. 4C. 395/2001, E. 2. 1. 1 = Pra 2003, Nr. 107, S. 578
ff. 。

必需的，取决于具体情形……"〔1〕出卖人依诚实信用不必费力即可得知何种瑕疵被通知的，则通知足够充分。〔2〕买受人不必在通知中告知瑕疵的原因。〔3〕

364　　——如果出卖人已就瑕疵故意欺骗买受人，则买受人未通知或未及时通知瑕疵的，制定法不认为是对瑕疵标的物的承认（债法第 203 条）。〔4〕

365　　此种欺骗，不仅包括作为的欺骗，也包括出卖人——知道瑕疵是重要影响因素而——向买受人隐瞒瑕疵，而买受人不知道此瑕疵，并且因为隐藏的属性也不应知道。〔5〕换言之，若出卖人有告知义务，却向买受人隐瞒作为合同基础的标的物品质的缺失，则是故意隐瞒。〔6〕此告知义务的效力及其程度取决于个案的情形，尤其是合同的性质、合同磋商的方式，以及参与者的意图和认知；"如果出卖人本应认识到，他所知道的瑕疵可能导致被买受人视为订约前提的使用目的无法实现或者受重大影响"，〔7〕则原则上应肯定出卖人对此有告知义务。因此，就汽车买卖，德国判决认为出卖人原则上必须向买方说明汽车所发生过的事故，即便其没被问道。〔8〕就房屋买卖，出卖人必须告知买受人他所知道的隐藏的重大瑕疵。〔9〕

366　　——德国法上的瑕疵通知义务只对商事买卖，不对民事买卖（《德国商法典》第 377 条）。依德国法，瑕疵通知只要及时送出即可保障买受人权利

---

〔1〕 Urteil des BGer. vom 28. Mai 2002, Nr. 4C. 395/2001, E. 2. 1. 1 = Pra 2003, Nr. 107, S. 578 ff.

〔2〕 Urteil des BGer. vom 28. Mai 2002, Nr. 4C. 395/2001, E. 2. 1. 1 = Pra 2003, Nr. 107, S. 578 ff.

〔3〕 Urteil des BGer. vom 8. Mai 2007, Nr. 4C. 130/2006, E. 4. 2. 1; Urteil des BGer. vom 29. April 2009, Nr. 4A_82/2008, E. 6. 1 in fine.

〔4〕 Urteil des BGer. vom 30. Januar 2006, Nr. 4C. 387/2005, E. 4. 1; BGE 131 III 145 ff. (151 f.), E. 8 = Pra 2005, Nr. 50, S. 389 ff. = ZBGR 88/2007, S. 289 ff.; Pedrazzini, Dissimulation des défauts, Nr. 331 ff.

〔5〕 BGE 131 III 145 ff. (151 f.), E. 8 = Pra 2005, Nr. 50, S. 389 ff. = ZBGR 88/2007, S. 289 ff; 类似的有 BGE 66 II 132 ff. (139), E. 6.

〔6〕 Urteil des BGer. vom 13. Juli 2005, Nr. 4C. 16/2005, E. 1. 5 = ZBGR 88/2007, S. 281 ff., unter Hinweis auf BGE 116 II 431 ff. (434), E. 3a; vgl. auch Pedrazzini, Dissimulation des défauts, Nr. 419 ff.

〔7〕 Urteil des BGer. vom 13. Juli 2005, Nr. 4C. 16/2005, E. 1. 5 = ZBGR 88/2007, S. 281 ff.; 阐述亦见 Urteil des BGer. vom 30. Juni 2005, Nr. 4C. 11/2005, E. 2. 3 und 3. 1。

〔8〕 例如 BGH in NJW 1982, S. 1386 f. (1386), E. II. /2（例外是"微不足道的损害"，例如十分微小的外表油漆损害）；BGH in NJW 1987, S. 436 ff. (437), E. II. /2b, und BGH in NJW 2008, S. 53 ff. (54), E. II. /1b (Ziffer 20) 做了确认。

〔9〕 Urteil des BGH vom 15. Juli 2011 in NJW 50/2011, S. 3640 ff.

（《德国商法典》第 377 条第 3 款；《奥地利公司法》第 377 条第 4 款）。也即通知由出卖人承担路途风险；那些买受人及时发出但送达出卖人迟到的通知，出卖人也必须将其看作及时通知。这个规则也可见于《联合国国际货物销售合同公约》第 27 条，该规则——鉴于迟延通知的严重后果——对于瑞士债法也应适用。[1]

——制定法对瑕疵通知义务的规定是任意性法规，也即出卖人可以有效免除通知义务或者给买受人设置一个更长的通知期限。出卖人提供特别之担保可以免除买受人"立即通知"之义务。[2]

367

——家畜买卖（债法第 198、202 条）和从其他地方寄送标的物的（债法第 204 条；边码 344），适用特别规定。

368

（3）出卖人最长对自交付起两年内显现的（并且买受人发现该瑕疵后立即告知的）瑕疵负责（债法第 210 条第 1 款）；此后出现的瑕疵由作为新所有权人的买受人承担不利。[3]债法第 210 条第 1 款至第 3 款和第 5 款的规范，不仅规定时效（边码 421 以下），还通过设定明确的瑕疵通知期限在时间上限定出卖人责任本身。诉讼时效在下述意义上是绝对通知期间：因瑕疵所生的权利，不在通知期限届满前通知的，权利丧失。[4]因此这个期间有时也被称为除斥期间。[5]

369

（三）免责条款问题之特论

1. 依前文所述，若瑕疵责任被排除，则出卖人不承担瑕疵责任。此种"免责"（Freizeichnung）——理解为全部或者部分免除出卖人责任——原则上是可能的（瑕疵责任的制定法规范的任意法属性），并且实务中也常常出

370

---

〔1〕　相同观点有 von Tuhr/Peter, OR AT, S. 172; Giger, Berner Komm., N 91 zu Art. 201 OR; Schönle/Higi, Zürcher Komm., N 12 zu Art. 201 OR; Akikol, Sachmängelhaftung beim Warenkauf, Nr. 964; vgl. bereits Schneider/Fick, Das Schweizerische Obligationenrecht, Zürich 1891, N 3 zu Art. 258 aOR; weitere Hinweise bei Gauch/Schluep/Schmid, OR AT, Nr. 196b; 不同观点有 Oser/Schönenberger, Zürcher Komm., N 40 zu Art. 201 OR。

〔2〕　亦参见 Akikol, Sachmängelhaftung beim Warenkauf, Nr. 1069。

〔3〕　Bucher, OR BT, S. 94（针对旧法）。

〔4〕　Gauch, Werkvertrag, Nr. 2295; 从其观点的有 ZR 78/1979, Nr. 61, S. 126 ff.（128）, E. 5（苏黎世高等法院）；其他例如 BGE 130 III 362 ff.（367）, E. 4.3; Koller A., OR BT, § 4 N 149, 176 und 269。

〔5〕　BGE 130 III 362 ff.（367）, E. 4.3; 104 II 357 f.（357 f.）, E. 4a; Giger, Berner Komm., N 67 zu Art. 210 OR。

现。免责通常出现在一般交易条款中。

371   出卖人责任的排除可以是全部的或者是部分的，责任排除需要当事人相应的约定（合意）。有争议时，免责条款的意义（射程）必须通过解释来确定。

372   实务中，免责条款被从严解释；偏离制定法责任规定的当事人意思，必须明确表示出来，以使其能够成立。[1]此外，依联邦法院的判决，若一个瑕疵完全超越了买受人依理性能预计的范围，则该瑕疵不再被免责条款涵盖。[2]此外［与免责条款解释］相关的，买受人出于何种可得知的目的而购买标的物以及出现的瑕疵是否使得该使用目的大大受挫[3]，或者说"严重损害了交易的经济目的"[4]。对此，依联邦法院观点，需要一个"整体的全局的判断"，也要考虑无瑕疵标的物的价格与消除瑕疵可能产生的费用之间的关系。[5]这一判决的价值取向值得赞同，即便它导致隐藏的合同内容控制。德国法广泛排除就消费物买卖的免责条款（《德国民法典》第475条第1款至第3款)。[6]

373   2. 此外，免责条款受到法定的［内容］限制。主要应注意以下几个规定：[7]

374   ——依债法第199条，若出卖人恶意对买受人隐瞒瑕疵，则免责条款无

---

〔1〕 BGE 126 III 59 ff.（67)，E. 5a; Urteil des BGer. vom 25. Februar 2002, Nr. 4C. 351/2002, E. 2. 2; Urteil des BGer. vom 6. Dezember 2006, Nr. 4C. 273/2006, E. 2.1 结尾部分。完整内容参见 Schmid, Gewährleistung, S. 90 f.。

〔2〕 BGE 130 III 686 ff.（689)，E. 4. 3. 1; 126 III 59 ff.（67)，E. 4a; 107 II 161 ff.（164)，E. 6c in fine; Urteil des BGer. vom 16. März 2000, Nr. 4C. 456/1999, E. 4b; Urteil des BGer. vom 9. Dezember 2004, Nr. 4C. 297/2004, E. 4. 2; Urteil des BGer. vom 20. August 2009, Nr. 4A_226/2009, E. 3. 2. 2.

〔3〕 BGE vom 1. November 1995, in ZBGR 77/1996, S. 330 ff.（332 f.)，E. 4a; ZR 90/1991, Nr. 69, S. 229 ff.（231)，E. 2（Zürcher Obergericht).

〔4〕 BGE 130 III 686 ff.（690 f.)，E. 4. 3. 1（例外的是考虑到建筑物的建成年数和免责条款而设定较低的价款）；亦参见 Urteil des BGer. vom 9. Dezember 2004, Nr. 4C. 297/2004, E. 4. 2。

〔5〕 BGE 130 III 686 ff.（690 f.)，E. 4. 3. 1, 关于一桩土地买卖，土地上发现严重的腐败霉菌以及湿气现象，要消除这些瑕疵（根据原告陈述），须花费相当于买价三分之一的金钱; Urteil des BGer. vom 20. August 2009, Nr. 4A_226/2009, E. 3. 2. 2。笼统的回应见 Urteile des BGer. vom 2. Dezember 2010, Nr. 4A_551/2010, E. 2. 6, und vom 4. Januar 2011, Nr. 4A_529/2010, E. 4. 1（= ZBGR 95/2014, S. 380 ff.)，这两个案例（通过有疑义的援引 BGE 130 III 686 ff. ［689 ff.]，E. 4. 3. 1）创立了下面的规则：对旧建筑物，在有免责条款的情况下，买受人应预计到相当于买价10%的未被预料到之费用［译者注：在有免责条款的情况下，相当于买价10%以内的未被预料到之费用由买受人自行承担］。

〔6〕 例如参见 Medicus/Lorenz, Schuldrecht II, Nr. 237 ff.。

〔7〕 下文内容参见 Schmid, Gewährleistung, S. 89 ff.; Rüegg, Zusicherung, S. 188 ff.。

效。恶意（债法第199条）和故意隐瞒（债法第192条第3款）涉及的是出卖人同样的行为。[1]若出卖人知道存在瑕疵（或者应当知道）[2]，有告知义务而不告知买受人作为合同基础的标的物品质欠缺，则构成恶意隐瞒（arglistiges Verschweigen）。[3]此等义务可由法律规定、合同约定或依诚实信用原则而产生。[4]

告知义务的范围依个案具体情形而定，尤其取决于当事人的认知。就这点而言，该问题与买受人对瑕疵的知悉或知悉之义务有交叉（Art. 200 OR；Nr. 349）。[5]若出卖人应认为，其所知道的瑕疵可能导致对买受人而言作为订约基础的使用目的挫败或者严重受损，则通常应当肯定存在说明义务。[6]根据司法实践，若出卖人（其粗略地知悉瑕疵）考虑到，买受人有可能发现不了瑕疵，则推定为恶意隐瞒。[7]若存在说明义务，则出卖人应告知的详尽程度，应使买受人对瑕疵形成一个形象认识。[8]恶意隐瞒的举证责任由买受人负担，其导致瑕疵担保权的发生。[9]鉴于欺诈之故意作为内心事实很难证明，法官得依情事借助推定、指征和经验法则判断。[10]

375

---

〔1〕　Koller A., OR BT, § 4 N 131 und 241; Gauch, recht 2012, S. 125（Fn. 7）.

〔2〕　就此参见 Urteil des BGer. vom 6. Oktober 2004, Nr. 4C. 242/2004, E. 2（"……知道或者无论如何应当知道瑕疵"），引用 Giger, Berner Komm., N 34 zu Art. 199 OR; Urteil des BGer. vom 26. Juni 2014, Nr. 4A_97/2014, E. 4. 1, 就承揽合同法中的类似问题（承揽人有意识地拒绝了解瑕疵）引用 Gauch, Werkvertrag, Nr. 2092。

〔3〕　Urteil des BGer. vom 13. Juli 2005, Nr. 4C. 16/2005, E. 1. 5 = ZBGR 88/2007, S. 281 ff., mit Hinweis auf BGE 116 II 431 ff. （434）, E. 3a（涉及债法第28条的欺诈）; Urteil des BGer. vom 12. April 2011, Nr. 4A_70/2011, E. 4. 1 = ZBGR 93/2012, S. 300 ff.; Urteil des BGer. vom 20. Mai 2014, Nr. 4A_619/2013, E. 4. 1.

〔4〕　Urteil des BGer. vom 12. April 2011, Nr. 4A_70/2011, E. 4. 1 = ZBGR 93/2012, S. 300 ff.

〔5〕　Urteil des BGer. vom 20. Mai 2014, Nr. 4A_619/2013, E. 4. 1 und 5. 3. 3; Urteil des BGer. vom 25. Juni 2015, Nr. 4A_11/2015, E. 2. 2. 2.

〔6〕　Urteil des BGer. vom 13. Juli 2005, Nr. 4C. 16/2005, E. 1. 5 = ZBGR 88/2007, S. 281 ff.; Urteil des BGer. vom 20. August 2009, Nr. 4A_226/2009, E. 3. 2. 3; Urteil des BGer. vom 12. April 2011, Nr. 4A_70/2011, E. 4. 1 = ZBGR 93/2012, S. 300 ff.

〔7〕　Urteil des BGer. vom 20. Mai 2014, Nr. 4A_619/2013, E. 4. 1 in fine und 5. 3. 3; Urteil des BGer. vom 25. Juni 2015, Nr. 4A_11/2015, E. 2. 2. 2.

〔8〕　Urteil des BGer. vom 12. April 2011, Nr. 4A_70/2011, E. 4. 1 = ZBGR 93/2012, S. 300 ff.

〔9〕　BGE 131 III 145 ff. （151）, E. 8. 1.

〔10〕　Urteil des BGer. vom 12. April 2011, Nr. 4A_70/2011, E. 4. 4. 1 = ZBGR 93/2012, S. 300 ff., mit Hinweis auf Pedrazzini, Dissimulation des défauts, Nr. 559 ff.

376 　　——债法第 100 条也适用。〔1〕尤其是该条第 1 款将对不法的故意或者重大过失所致责任的免除规定为无效。

377 　　就买卖合同，在债法第 199 条以外能否适用债法第 100 条，联邦法院尚无定论。〔2〕

378 　　此外，依格式条款所作的免责还适用一般交易条款内容控制的规则（包括《反不正当竞争法》第 8 条）。〔3〕

379 　　3. 依联邦法院的判决，对品质的担保和对责任的免除可以共同存在。此时必须通过解释查明，担保了哪些品质以及免除了哪些瑕疵责任。〔4〕一个一般性的免责条款，依判决见解，不能排除出卖人所担保品质的瑕疵责任；即便有免责条款，买受人也可以信任品质担保，只要合同中没有明确表示出卖人不愿对其陈述负责。〔5〕

380 　　责任的全部排除——例如在一般交易条款中——与出卖人的品质担保是不相容的。于此情形，品质担保因使买受人产生信任而优先于责任排除。〔6〕

三、法律后果：买受人的物上瑕疵担保请求权

（一）概览

381 　　1. 若标的物有瑕疵，并且出卖人的瑕疵担保义务的其他要件也满足了，

---

〔1〕 持同样观点的有 Gauch/Schluep/Emmenegger, OR AT, Nr. 3086; Tercier/Favre/Zen-Ruffinen, Contrats spéciaux, Nr. 905; Giger, Berner Komm. , N 6 zu Art. 199 OR; Pedrazzini, Dissimulation des défauts, Nr. 852 ff. ; Rüegg, Zusicherung, S. 189 ff. ; 不同观点有 Bucher, OR BT, S. 84。

〔2〕 参见 BGE 126 III 59 ff. （67）, E. 4a; Urteil des BGer. vom 6. Oktober 2004, Nr. 4C. 242/2004, E. 2; Urteil des BGer. vom 12. November 2004, Nr. 4C. 295/2004, E. 5. 2。

〔3〕 参见 Gauch/Schluep/Schmid, OR AT, Nr. 1123 ff. ; 就预先制定的免责条款的内容控制参见 Schmid, Die Inhaltskontrolle Allgemeiner Geschäftsbedingungen, S. 12。

〔4〕 BGE 109 II 24 f. （24）, E. 4; Urteil des BGer. vom 19. November 2014, Nr. 4A_353/2014, E. 1. 3. 1.

〔5〕 Urteil des BGer. vom 26. Oktober 2009, Nr. 4A_237/2009, E. 5. 1, und Urteil des BGer. vom 19. November 2014, Nr. 4A_353/2014, E. 1. 3. 1, 两个都援引了 BGE 109 II 24。

〔6〕 ZBJV 143/2007, S. 361 ff. （361）, E. 3a/aa（Kantonsgericht Wallis）；结果相同，但援引禁止权利滥用的有 ZR 98/1999, Nr. 36, S. 139 ff. （140）, E. 1b des 1 Urteils（Bezirksgericht Meilen）。

那么买受人享有一系列权利（瑕疵担保请求权）：

　　——瑕疵解除权（债法第205条和第207条以下）；　　　　382

　　——减价权（债法第205条）；　　　　383

　　——损害赔偿权，即所谓对瑕疵结果损害（Mangelfolgeschaden）的赔偿　　384
权利（债法第208条第2、3款）。

　　2. 相反，制定法没有赋予买受人请求修理的权利，而这在承揽合同法中　　385
有规定（债法第368条第2款）。仅当买受人与出卖人有约定时，买受人才有
修理请求权。[1]

　　如果买卖的标的是交付一定数量可替代物（种类之债），则买受人可以请　　386
求给付同种类其他适格的物品（债法第206条第1款），而代替瑕疵解除或者
减价；在满足特定要件时，出卖人也有权通过立即交付适格的同种类物品并
赔偿一切损失而排除买受人的其他请求权（债法第206条第2款）。

　　3. 前述买受人的瑕疵担保请求权原则上不以出卖人有过错为前提。这对　　387
瑕疵解除和减价完全适用（亦参见债法第197条第2款）。相反，买受人的损
害赔偿请求权部分取决于出卖人是否有过错（债法第208条第2、3款）。

　　4. 买受人的瑕疵担保请求权适用制定法上的特别诉讼时效（债法第210　　388
条；边码421以下）。如果瑕疵担保请求权罹于时效，则不能违背出卖人意思
（鉴于出卖人抗辩权；债法第142条）而执行。

　　（二）瑕疵解除

　　1. 买受人首先有权"借助解约之诉（Wandelungsklage）解除买卖合同"　　389
（债法第205条第1款）。Wandelung 一词取"解除"买卖之意时，指买卖合
同消灭并进行返还清算。[2]依主流观点，解除合同时无须依法条文义提起诉
讼，而仅仅为解除通知——行使一个形成权——即可有效行使解除权。若有
争议，法院事后应判定买受人是否已正确为解除通知（通常还包括是否及时

---

　　〔1〕　Schönle/Higi, Zürcher Komm. , N 359 ff. zu Art. 201 OR；部分观点不同的是 Bähler, Sachge-
währleistungs- und allgemeines Leistungsstörungsrecht, S. 99 ff. （类推适用债法第368条第2款）。从应然
的角度有 Pichonnaz, La protection du consommateur en droit des contrats… in：Thévenoz/Reich（Hrsg.），
Droit de la consommation/Konsumentenrecht, Liber amicorum Bernd Stauder, Baden-Baden/Zürich 2006,
S. 323 ff. , insbesondere S. 336 ff. 。

　　〔2〕　就承揽合同瑕疵解除参见 Gauch, Werkvertrag, Nr. 1531 ff. 。

为瑕疵通知的问题；边码 361—362）。

390   买受人提起解约之诉时——一般指诉讼中就买受人解除权有争议——若依情事可认为，解除买卖合同有失公平合理，法院得判定仅赔偿价值减损（也即不准许解除）（债法第 205 条第 2 款）。[1] 这个规则清楚表明，只有瑕疵达到一定严重程度才允许废止合同。尤其是当买卖标的物不具备某重要属性或者不能使用时，应当支持废止合同——依据《民法典》第 4 条，法院基于公平原则裁判。[2]

391   买受人也可以仅仅请求减价（维持买卖合同），而不请求解除。然而，若要求减价的数额达到了买价，买受人仅能请求解除（债法第 205 条第 3 款）。

392   2. 买受人有效为解除通知的，则依债法第 208 条发生买卖合同返还清算：

393   ——买受人必须将标的物连带占有期间所取得的用益返还于出卖人（债法第 208 条第 1 款）。[3] 因解除使得业已履行的买卖合同转换为返还清算关系，依本书所采观点，出卖人的返还请求权是债权，而不是物权返还请求权。

394   依本书观点，解除后存在一个合同性的返还清算关系。[4] 联邦法院近来对于瑕疵解除，至少暗示了这一关系。[5] 返还清算的这一定性从体系来看也是合理的：判例明确肯定了因债务人迟延致合同被解除，形成合同性的返还清算关

---

[1] BGE 124 III 456 ff. （461 f. ），E. 4c／aa；Urteil des BGer. vom 2. Oktober 2013，Nr. 4A_252／2013，E. 4.

[2] Urteil des BGer. vom 2. Oktober 2013，Nr. 4A_252／2013，E. 4；ZWR 2011，S. 317 ff. （320 f. ），E. 8b（Kantonsgericht Wallis）.

[3] Urteil des BGer. vom 4. Oktober 1996，Nr. 4C. 227／1996，in：NZZ vom 29.／30. März 1997，S. 16.

[4] Tercier／Favre／Zen-Ruffinen，Contrats spéciaux，Nr. 847. 就承揽合同参见 Gauch，Werkvertrag，Nr. 1535 und 1538 ff. 。亦参见 Hartmann，Die Rückabwicklung von Schuldverträgen － Kritischer Vergleich der Rechtslagen bei Entstehungs- und Erfüllungsmängeln，Habil. Luzern，Zürich 2005，Nr. 834 und 915。就履行瑕疵情形，一般认为存在合同性的返还清算关系（与合同成立瑕疵的法律状况相反），参见 BGE 137 III 243 ff. （251 unten），E. 4. 4. 7.

[5] 就“转换理论”参见以下判决的法官附带意见 Urteil des BGer. vom 16. Mai 2002，Nr. 4C. 60／2002，E. 1. 3；不同观点还有 BGE 109 II 26 ff. （30），E. 3a，该案中法院肯定了物权请求权。因瑕疵而减少租金的，就返还请求权的合同属性参见 BGE 130 III 504 ff. （510 ff. ），E. 6；就买卖、租赁、承揽和委托中减价的一般论述参见 Urteil des BGer. vom 17. Juli 2012，Nr. 4A_89／2012，E. 3. 2. 3.

系（债法第 109 条第 1 款）。[1]瑕疵解除与迟延解除，在效果上十分接近[2]：瑕疵解除——通过一方当事人（其对方当事人违约）行使形成权——导致买卖合同消灭以及返还清算。

——出卖人须将买受人已支付的价金连带利息返还于买受人（债法第 208 条第 2 款），买受人仍保留损害赔偿请求权（边码 408 以下）。　　　395

——给付之返还应同时进行，可类推适用债法第 82 条的规定。[3]　　　396

——买卖标的物灭失的（债法第 207 条）以及多个标的物中仅个别有瑕疵的（债法第 209 条），适用特别规定。[4]　　　397

如果标的物因买受人过错而消灭，或者买受人转卖或者改造标的物的，则其只能请求减价（债法第 207 条第 3 款）。然而若标的物非因买受人过错而消灭，而是因标的物之瑕疵或者因意外事件而消灭的，则买受人 [除减价外] 还享有解除权（债法第 207 条第 1 款）。此种情形，买受人应将标的物残余返还于出卖人（债法第 207 条第 2 款）。　　　398

（三）减价权

1. 买受人也可不诉请解约，而通过减价之诉请求赔偿标的物价值上的减损（债法第 205 条第 1 款）。虽然制定法又称之为减价之诉，但依主流观点，这对买受人来说是形成权，也即它可以仅仅通过减价的通知来有效行使。然而前提始终是因瑕疵导致存在价值减损。　　　399

依前文所述，即便买受人提起解约之诉，如依情事可认为，解除买卖合同有失公平合理，法院仍得判决减价（债法第 205 条第 2 款）。相反，当请求之减价达到价金数额时，减价则被排除（只能解除）（债法第 205 条第 3 款）。　　　400

---

〔1〕　奠基性的判决是 BGE 114 II 152 ff. （155 und 158），E. 2。

〔2〕　学说观点参见 Oser/Schönenberger, Zürcher Komm. , N 30 zu Art. 107 OR；Tercier/Favre/Zen-Ruffinen, Contrats spéciaux, Nr. 847；Wiegand, Basler Komm. , N 58（Beginn von Absatz 2）zu Art. 97 OR；Schubiger, Sachgewährleistung, S. 63 f. ；Furrer, Gewährleistung, S. 68。判决参见 BGE 60 II 27 ff. （29），E. 6，该判决将因追夺（债法第 195 条）和因瑕疵解除（债法第 208 条）所生返还请求权与债法第 109 条 [因迟延解除] 的返还请求权等同。就承揽合同参见 Gauch, Werkvertrag, Nr. 1531 («Rücktrittsrecht im juristisch-technischen Sinne»), 1538 ff. und 1875。

〔3〕　BGE 109 II 26 ff. （29），E. 3a。

〔4〕　参见 Urteil des BGer. vom 29. August 2003, Nr. 4C. 152/2003, E. 2. 2。

401　　2. 如果为有效减价通知，则买受人有权依债法第 205 条第 1 款要求赔偿标的物之减值。依主流观点，[减价] 涉及的是价金债权的减少；只要买受人已经给付多于降低后的价金数额，就享有（合同性质的[1]）返还请求权。

402　　减少价金的计算，实务中和学术上的主流观点是所谓的比例计算法（relative Methode），[2]如同《德国民法典》第 441 条第 3 款第 1 句规定的："减少价款时，必须按合同订立时处于无瑕疵状态的物所会有的价值与实际价值的比例，减少买卖价款。"比例理论使个案中约定的给付与对待给付的比例得到保障，并因此把公正交易可能的优势留给相关当事人；但这在学术上并非毫无争议。[3]只要依个案的情形确实能够估算出瑕疵补正费用，联邦法院就允许以（实际的或估计的）瑕疵补正费用为依据替代比例计算法。[4]

403　　3. 瑕疵担保法没有提到减价情形买受人的损害赔偿请求权。尽管如此，此请求权于解约情形和减价情形都可能发生（边码 417 以下）。

　　（四）瑕疵结果损害之赔偿请求权

　　1. 概述

404　　除解除权、减价权外，买受人还享有损害赔偿请求权。该请求权旨在赔偿瑕疵结果损害，不同情形有不同规定。首先应强调以下几点：

405　　（1）瑕疵结果损害是，除瑕疵标的物自身瑕疵损害（减少之价值）外的一切损害。也就是说，瑕疵所致结果损害，前提是除标的物外，买受人其他法益受到侵害（人身损害、物之损害或纯粹经济损失）。

406　　瑕疵所致交付的标的物本身价值减损的（有时称为瑕疵损害），依据瑞士

---

　　[1]　BGE 130 III 504 ff.（510 ff.），E. 6；Urteil des BGer. vom 17. Juli 2012, Nr. 4A_89/2012, E. 3. 2. 3.

　　[2]　BGE 81 II 207 ff.（210），E. 3a；111 II 162 ff.（163），E. 3a；130 III 504 ff.（507），E. 4. 1；Urteil des BGer. vom 20. Mai 2014, Nr. 4A_619/2013, E. 5. 5；详见 Tercier/Favre/Zen-Ruffinen, Contrats spéciaux, Nr. 876 f.；Venturi, Réduction du prix de vente, Nr. 1002 ff.。就承揽合同法的类推方法参见 BGE 116 II 305 ff.（313），E. 4a；Gauch, Werkvertrag, Nr. 1646 ff.。

　　[3]　更多展开参见 Tercier/Favre/Zen-Ruffinen, Contrats spéciaux, Nr. 878 f.。

　　[4]　Urteil des BGer. vom 3. Januar 2002, Nr. 4C. 294/2001, E. 3b/aa, 援引 BGE 111 II 162 ff.（164），E. 3c；类似判决有 Urteil des BGer. vom 15. März 2005, Nr. 4C. 461/2004, E. 2；Urteil des BGer. vom 23. Januar 2013, Nr. 4A_470/2012, E. 2. 1。评判观点见 Venturi, Réduction du prix de vente, Nr. 1020 ff., 1091 ff. und 1159 ff.；就承揽合同法参见 Gauch, Werkvertrag, Nr. 1680 ff.。

法却不得主张损害赔偿，而是通过解约和减价（这两者都不以过错为前提）使出卖人负责。[1]

（2）买受人对出卖人的买卖合同法上的损害赔偿请求权应与依《产品责任法》的合同外请求权区分（边码 320 以下），后者在此被提及是为了完整起见。　407

2. 因瑕疵解约时之损害赔偿

（1）债法第 208 条就因瑕疵解约规定了特别的——部分不同于债法第 97 条第 1 款的——损害赔偿后果，这里区分直接损害和其他损害：　408

——对于因交付瑕疵标的物而使买受人直接受到的损害，出卖人负无过错责任（债法第 208 条第 2 款末尾）。　409

——对于其他损害，出卖人仍应负赔偿责任，但出卖人能证明其对损害无任何过错者，不在此限（债法第 208 条第 3 款）。　410

（2）此规定引起许多争议问题，挑选以下几点加以说明：　411

——直接损害和其他损害的区分，至今在学说上有争议。[2]此区分可追溯到 1881 年债法上的损害赔偿规定，该债法在总则部分区分了直接损害和其他损害。[3]这导致一部分学说考虑因果关系的远近。[4]相反，联邦法院早期的司法实践[5]和一部分学说[6]将消极利益与直接损害等同，将积极利益与间接损害等同。在 2006 年的一份判决中，联邦法院采纳了第一种观点（以因果关系的远近为标准）：[7]依此新判决，"两种损害的区分，取决于瑕疵标的物之给付与所发生损害之间因果关系的远近"。[8]债法 208 条第 2 款意义上的直接损害在该处应理解为，在因果关系链条上通过交付瑕疵物而直接产生的损害，而不是因其他损害原因的出现而产生的损害。在个案中区分之界限在　412

---

[1]　BGE 133 III 257 ff.（270），E. 2. 5. 3；Tercier/Favre/Zen-Ruffinen, Contrats spéciaux, Nr. 857.

[2]　Tercier/Favre/Zen-Ruffinen, Contrats spéciaux, Nr. 853 ff.；Honsell, Basler Komm., N 8 zu Art. 208 OR；详见 Fischer, Der unmittelbare und der mittelbare Schaden, passim。

[3]　在调整债法以使其与民法典协调的过程中，立法者当然废除了这一规则（旧债法第 116 条）。就废除的理由参见联邦委员会公报 BBl 1909 III, S. 735 = Fasel, Materialien, S. 1295。

[4]　例如 von Tuhr/Peter, OR AT, S. 88 f.；Keller/Siehr, Kaufrecht, S. 63 und 90。

[5]　BGE 79 II 376 ff.（380 f.），E. 3.

[6]　例如 Guhl/Koller, OR, S. 388（§ 42 N 40）。

[7]　BGE 133 III 257 ff.（«Papageien-Fall»）.

[8]　BGE 133 III 257 ff.（271），E. 2. 5. 4.

哪，由法官衡量。[1]

413   这一判决当然招致学说上新的批评。[2]直接损害和其他损害的概念实际上是模糊的，立法者应当予以澄清，这符合法律安定性的需求。只要缺少此等澄清，就应始终对作为非典型规则的出卖人无过错责任作限缩解释（债法第 208 条第 2 款）。

414   ——此外，是否适用额外标准来限制损害赔偿，也不清楚，也即不能确定债法第 208 条第 2、3 款是否仅限于消极利益（信赖利益）的赔偿（消极利益通常比积极利益小）。部分学说持肯定观点，因为瑕疵解除导致买卖合同的消灭和返还清算——通过一方在另一方违约后行使形成权，就此点而言与因债务人迟延之合同解除（债法第 109 条第 2 款也仅调节债权人消极利益[3]）相似（边码 394）。（已消灭之）买卖合同因瑕疵解除而生的返还清算，依教义学，与积极利益（履行利益）不相容。[4]

415   其他一些作者拒绝这一解决方案，而主张于瑕疵解除情形也有积极利益（履行利益）赔偿。[5]依此学说见解，因出卖人交付瑕疵标的物而受损的买受人，原则上有权从出卖人处获得全部损害赔偿（包括因这一买卖而丧失的利润）。[6]教义学上有时尝试如下论证，即因标的物瑕疵而解约情形的买受人——与债法第 107 条至第 109 条债务人迟延情形的债权人不同——不能总

---

[1]   BGE 133 III 257 ff.（272），E. 3. 2.

[2]   例如参见 Honsell, Mangelfolgeschaden beim Kauf, S. 154 ff.；Koller A., Haftung nach Art. 208 Abs. 2 OR, S. 375 ff.；derselbe, Papageien-Fall, S. 1 ff.；Coendet, Schadenszurechnung im Kaufrecht, recht 2008, S. 15 ff., besonders S. 24 ff.；Schmid, ZBJV 146/2010, S. 600 ff.。

[3]   不同于多数的观点有 Gauch/Schluep/Emmenegger, OR AT, Nr. 2808 ff.；Schenker, Schuld-nerverzug, Nr. 696 und 741 ff.；Weber, Berner Komm., N 61 und 82 zu Art. 109 OR。

[4]   Oser/Schönenberger, Zürcher Komm., N 7 zu Art. 195 OR und N 5 zu Art. 208 OR；Schönle/Higi, Zürcher Komm., N 73 ff. zu Art. 195 OR；Schönle, Semjud 99/1977, S. 482 f.（其中援引观点并不清晰的判决如 BGE 79 II 376 ff. [380]，E. 3）；Schubiger, Sachgewährleistung, S. 74；Furrer, Gewährleistung, S. 26, 68 und 80；州一级的判决参见 ZR 30/1931, Nr. 145, S. 296 f.（Zürcher Obergericht），und Max. 1941, Nr. 26, S. 31 f. = ZBJV 77/1941, S. 336（Luzerner Obergericht, bezüglich Art. 208 Abs. 2 OR）。就承揽合同法，此外参见 Gauch, Werkvertrag, Nr. 1875。

[5]   例如 Giger, Berner Komm., N 31 ff. zu Art. 195 OR und N 44 f. zu Art. 208 OR；Fischer, Der un-mittelbare und der mittelbare Schaden, S. 255 ff.。

[6]   Giger, Berner Komm., N 45 zu Art. 208 OR.

是在坚守合同（有积极利益损害赔偿）与消灭合同（有消极利益损害赔偿）间选择。[1]此外可以认为，判决买受人于瑕疵解除情形［取得］消极利益而于减价情形［取得］积极利益，在评价上不一致。

依本书见解，第一种方案尽管遭受诸多反对，但有说服力：瑕疵解除 416
（如同因债务人迟延而解除）导致合同消灭和返还清算，因此债法第208条的损害赔偿限于消极利益。这对买受人固有利益而言也并没有不利，主要因为固有利益既可归积极利益，也可归消极利益。瑕疵标的物的买受人能否依其他条文请求积极利益，取决于是否支持在买卖法规则之外适用债法第97条以下的规定（边码434）。

3. 其余情形下之损害赔偿

（1）对于瑕疵解除以外的情形——尤其是减价情形，债法第208条第2 417
款文义上没有规定损害赔偿。依联邦法院判决，［于瑕疵解除外的其他情形］该规定不能类推适用，而是适用债法总则规定的损害赔偿的要件，其中第97条第1款推定出卖人有过错；此外应遵守买卖法上的瑕疵通知规定和时效规定。[2]

联邦法院主要通过法条文义和条文所包含的无过错责任乃是例外来论证 418
［于其他情形］不能适用债法第208条第2款。［无过错责任作为例外，］公平起见只能用于瑕疵给付程度最为严重的瑕疵解除情形；而于减价情形，买受人通过取回多付的价金，通常足以保护其利益。[3]

（2）联邦法院虽然拒绝类推适用债法第208条第2款，但这个判决不能 419
令人信服：一方面，些微瑕疵（例如汽车或者家用电器设备上的瑕疵[4]）可能导致严重的瑕疵结果损害，这通过减价不能弥补。另一方面，不应因不

---

〔1〕 Fischer, Der unmittelbare und der mittelbare Schaden, S. 262（该文献却不将瑕疵解除权理解成形成权）；Keller/Siehr, Kaufrecht, S. 91.

〔2〕 奠基性的判决是BGE 63 II 401 ff.（403 f. und 406 ff.），E. 2 und 3c-d。该观点被判决确认：BGE 107 II 161 ff.（166），E. 7a；133 III 335 ff.（339），E. 2.4.1。

〔3〕 BGE 63 II 401 ff.（403 f.），E. 2.

〔4〕 一个切中的例子恰好在提到的判决（BGE 63 II 401 ff.）中：不动产买卖合同签订后四年半，屋内一个电热水器爆炸，释放巨大能量，毁坏了整个浴室。

同的损害赔偿体系而使希望保留标的物并减价的买受人被迫解除合同；此外，债法第 205 条第 2 款也限制了瑕疵解除的可能性。因此，尽管文义那样规定，但在瑕疵解除之外的其他情形类推适用债法第 208 条第 2 款是合理的，现今主流学说也持此观点。[1]

420　　但须注意，买卖合同于减价情形（与瑕疵解除情形导致返还清算不同；边码 392 以下和 414 以下）继续存在。因此，此处损害赔偿包括积极利益。

（五）诉讼时效

1. 原则

421　　（1）买受人的瑕疵担保请求权原则上适用短期时效：依债法第 210 条第 1 款，这些权利"自标的物交付买受人时起经过两年罹于时效——不考虑特殊情形，即便买受人在此之后才发现瑕疵。"

421a　　旧版债法（例如旧债法第 257 条）中瑕疵担保请求权诉讼时效为一年。2012 年 3 月 16 日债法修订（关于买卖和承揽合同诉讼时效期间、期间延长和协调）通过，于 2013 年 1 月 1 日生效，瑕疵担保请求权诉讼时效延长到两年。[2]立法者的目标一方面是为了买受人利益适当延长诉讼时效，另一方面是调整瑞士法，使其与国际法和外国法（例如《德国民法典》第 438 条第 1 款第 3 项和欧盟《消费物买卖指令》[边码203—204]）的最新发展接轨。[3]债法第 210 条尤其与《维也纳买卖法》第 39 条第 2 款协调一致。[4]

422　　（2）短期时效，一方面与有利于买受人的瑕疵担保请求权形成对立，另

---

〔1〕 Cavin, SPR VII/1, S. 104 f.；Giger, Berner Komm., N 55 f. zu Art. 208 OR；Tercier/Favre/Zen-Ruffinen, Contrats spéciaux, Nr. 887；Schubiger, Sachgewährleistung, S. 90 f.；Venturi, Réduction du prix de vente, Nr. 1613 ff.（besonders Nr. 1619）；Venturi/Zen-Ruffinen, ComRom, N 13 zu Art. 208 OR.

〔2〕 AS 2012, S. 5415 ff. 对债法第 210 条全面修订的起点是两项国会动议，即 parlamentarische Initiative Leutenegger Oberholzer vom 20. 12. 2006：Mehr Schutz der Konsumentinnen und Konsumenten；Änderung von Art. 210 OR（Nr. 06. 490），und parlamentarische Initiative Bürgi vom 20. Dezember 2007；Änderung der Verjährungsfrist im Kaufrecht（Nr. 07. 497）。

〔3〕 BBl 2011, S. 2896 und 2898（nationalrätliche Kommission für Rechtsfragen）sowie 3905（Stellungnahme des Bundesrats）.

〔4〕 BBl 2011, S. 2896 und 2898（nationalrätliche Kommission für Rechtsfragen）sowie 3905（Stellungnahme des Bundesrats）.

一方面是为了在交付后立即明确权利状态以利交易安全和法律安定。[1]依条文文义，此短期时效适用于"因标的物瑕疵所致瑕疵担保诉讼"（债法第210条第1款），[2]也即适用于买受人享有的一切瑕疵担保请求权，尤其是也适用于买受人依债法第208条第2、3款的损害赔偿请求权（瑕疵结果损害赔偿请求权）。[3]它不仅适用于消费物买卖，还适用于所有种类的动产买卖。[4]

债法第210条的时效期间，只适用于物之瑕疵担保请求权。不适用此时效期间的尤其是给付他物（Falschlieferung, Aliud, 边码346）以及买受人的以下请求权：因主张意思瑕疵（尤其是依债法第24条第1款第4项的交易基础错误）、因［出卖人］给付迟延或者因［出卖人］违反所谓的原合同附随义务（primäre vertragliche Nebenpflicht）而生之请求权。[5]因侵权行为所生之买受人请求权也不适用债法第210条。[6]　423

2. 例外

瑕疵担保请求权的短期时效有例外：　424

（1）出卖人可以接受更长期限的［瑕疵担保］责任（债法第210条第1款末尾）。例如，出卖人为出卖物提供超过2年的质保的，则接受了更长期限的瑕疵担保责任（旧债法第257条表述是"更长期限的质保……"）。[7]　425

承担10年责任是完全可能的。然而鉴于债法第19条和第127条，不清楚的是，当事人能否作出使买受人的瑕疵担保请求权诉讼时效延长到10年以上　426

---

〔1〕　BGE 133 III 335 ff.（340 f.），E. 2. 4. 4.

〔2〕　法文版：«Toute action en garantie pour les défauts de la chose...»

〔3〕　Urteil des BGer. vom 20. September 2006, Nr. 4C. 200/2006, E. 3. 1. 类推于承揽合同法 Gauch, Werkvertrag, Nr. 2202 f.；dazu BGE 133 III 335 ff.（341 unten），E. 2. 4. 4。

〔4〕　BBl 2011, S. 2896（nationalrätliche Kommission für Rechtsfragen）.

〔5〕　就此亦参见 Giger, Berner Komm. , N 24 ff. zu Art. 210 OR；类推于承揽合同法 Gauch, Werkvertrag, Nr. 2205。

〔6〕　Giger, Berner Komm. , N 23 zu Art. 210 OR. 类推于承揽合同法 Gauch, Werkvertrag, Nr. 2348 ff. und 2361；SJZ 65/1969, S. 278 f.（St. Galler Kantonsgericht）。

〔7〕　Gauch, Werkvertrag, Nr. 2492 f. und 2520 f.（针对承揽合同法）.

的约定。[1]根据司法实践，对诉讼时效本身，约定长于债法第 127 条之 10 年期限的无效 [译者注：但是不排除约定长于 10 年的质保]。[2]

426a　　（2）（动产）物依其性质或用途而附合于不动产者，如因该物有瑕疵而致不动产存在瑕疵，主张瑕疵担保责任的时效期间为 5 年（债法第 210 条第 2 款）。

426b　　这个规定将买卖法上瑕疵担保请求权的时效期间和承揽合同法上定作人对不动产工作成果的瑕疵担保请求权的 5 年时效期间（债法第 371 条第 2 款）予以协调。[3]它首先保护的是下列承揽人：承揽人将其购买的动产建造于其建筑的不动产上。[4]如果承揽人因工作物瑕疵（其原因在于附合之动产有瑕疵）而被定作人（发包人）主张权利，那么应尽可能使其对供应者（出卖人）的追偿权不过诉讼时效——正如债法第 210 条第 2 款的目的。[5]依其性质被附合的动产，实务中常见的是水泥、颜料、砖、窗户、面盆、供暖设备、机器或者软件组件。[6]虽然努力做了协调，但 5 年时效期间的起算点不同（根据债法第 210 条自买卖标的物交付时起算，根据债法第 371 条第 2 款自接收工作成果时起算）。[7]

426c　　（3）《文物转让法》第 2 条第 1 款意义上的文物，瑕疵担保请求权诉讼时效为自买受人发现瑕疵时起 1 年，但无论情形如何，自合同成立时起，经过

---

[1]　参见 Gauch, Werkvertrag, Nr. 2492a。

[2]　BGE 132 III 226 ff.（240 unten），E. 3. 3. 8；Gauch/Schluep/Emmenegger, OR AT, Rn. 3397a；Gauch, Werkvertrag, Nr. 2490；derselbe, recht 2012, S. 130；Koller, OR BT, § 4 N 234.

[3]　详细内容和批评意见参见 Gauch, recht 2012, S. 126 ff. 。

[4]　Gauch, recht 2012, S. 126.

[5]　参见 BBl 2011, S. 2896 ff.（nationalrätliche Kommission für Rechtsfragen）sowie 3905（Stellungnahme des Bundesrats）。

[6]　Gauch, recht 2012, S. 127.

[7]　BBl 2011, S. 2897（nationalrätliche Kommission für Rechtsfragen）und 3905（Stellungnahme des Bundesrats）；Gauch, recht 2012, S. 126. – Zu den übergangsrechtlichen Fragen vgl. Rüetschi, Übergangsrechtliche Fragen zum revidierten Gewährleistungsrecht, Jusletter vom 4. Juni 2012；Benedick/Vischer, Die intertemporale Anwendung von nArt. 210 Abs. 4 OR, Jusletter vom 3. Dezember 2012；Pichonnaz, SJZ 109/2013, S. 74 ff.；Krauskopf, Verjährung bei Kauf- und Werkverträgen, S. 100 ff.；Tran, Prescription de l'action en garantie, S. 115 ff.

30 年者，亦同（债法第 210 条第 3 款）。

理论上考虑该规范制定历史，有理由将其适用限制在以下情形：买受人 426d
应将购买的（非法进口）文物依照《文物转让法》第 9 条返还到国外（目的
性限缩）。[1]

（4）如果出卖人故意欺诈买受人，则不适用 2 年或 5 年时效期间，而适 427
用债法第 127 条的 10 年时效期间（债法第 210 条第 6 款），自买卖标的物交
付时起算。[2] 就文物的 30 年期限不受故意欺诈的影响（债法第 210 条第 6 款
第 2 句）。

（5）买受人因标的物存在瑕疵所生的抗辩权（尤其是对价金之诉的抗辩 428
权），在 2 年期间届满后也可主张，只要他在时效期间内将瑕疵通知出卖人
（债法第 210 条第 5 款）。

也即，如果买受人还未（或未完全）支付价款，那他——只要及时通知 429
了瑕疵——在时效期间届满后也可以就出卖人之起诉主张诸如减少价金之抗
辩权。但如果他未及时通知瑕疵，则此抗辩权亦消灭（旧债法第 258 条第 1
句如此表述）。

（6）不动产买卖，买受人因建筑物瑕疵所生之瑕疵担保请求权，时效期 430
间为 5 年，从取得所有权之时起算（债法第 219 条第 3 款；边码 657）。判决
将此时效期间扩展到未建设之土地。[3]

3. 诉讼时效的约定

按照前文所述，在债法第 127 条的限度内对诉讼时效延长的约定是有效 431
的。债法第 210 条第 4 款对消费者买卖中的诉讼时效缩短约定做了特别规定：
在职业销售者和消费者之间（"供个人或家庭使用的物品"），将诉讼时效缩
短到不足 2 年，将二手物诉讼时效缩短到不足 1 年，此等约定无效。

---

〔1〕 详见 Koller Th./Muster, Verjährung der Gewährleistungsansprüche, S. 357 ff.；赞同意见有 Koller,
OR BT，§ 4 N 269。

〔2〕 Urteil des BGer. vom 26. Juni 2014, Nr. 4A_97/2014, E. 4. 1，该判决针对承揽合同法的类似问
题（自工作成果交付时起 10 年），此外该判决援引 Gauch, Werkvertrag, Nr. 2276。

〔3〕 BGE 104 II 265 ff.（270），E. 3；Urteil des BGer. vom 23. Juli 2008, Nr. 4A_235/2008, E. 5. 1。

432　　　根据立法资料，瑞士法原则上允许消费者买卖中完全排除瑕疵担保责任，这与《德国民法典》第475条及欧盟《消费物买卖指令》不同。[1]这显著削弱了消费者保护，[2]侵蚀了债法第210条第4款，[3]在西欧是一个特例。[4]例外是预先制定的免责条款受格式条款内容控制，尤其是受《反不正当竞争法》第8条的内容控制（边码378）。[5]此外，从债法第199条已得出，对恶意隐瞒瑕疵行为的免责约定（也包括缩短诉讼时效）无效。[6]

四、物之瑕疵担保的个别问题

433　　　1. 债法第197条以下买受人瑕疵担保请求权与其他法律救济措施之间的关系，有争议：

434　　　——有争议的首先是瑕疵担保请求权与不履行所生之一般法律救济措施之间的关系，尤其是与债法第97条第1款损害赔偿请求权之间的关系。[7]许多学说认为债法第197条以下关于标的物瑕疵（特定物买卖）的规定是特别规范，优先适用。[8]相反，联邦法院原则上同意在买卖法瑕疵担保请求权之外有主张一般合同责任的选择。不过联邦法院又通过以下方法限制了这一选择：联邦法院要求买受人援引债法第97条以下的规定时，也要履行债法第

---

　　〔1〕　就国会议案«Mehr Schutz der Konsumentinnen und Konsumenten. Änderung von Artikel 210 OR»参见 BBl 2011, S. 2896（nationalrätliche Kommission für Rechtsfragen）sowie S. 3906（Stellungnahme des Bundesrats）；AB NR 2012, S. 41 ff.（Voten Stamm, Schwaab, Huber und Leutenegger Oberholzer）；AB StR 2012, S. 68（Votum Bundesrätin Sommaruga）。

　　〔2〕　联邦委员会也是同样观点 BBl 2011, S. 3906。

　　〔3〕　就这一价值取向的矛盾已有文献：Gauch, recht 2011, S. 153 f.；Kramer, Korrespondenz zum neuen Art. 210 Abs. 4 OR, recht 2013, S. 51. 此外例如 Gauch/Schluep/Emmenegger, OR AT, Nr. 3397a 末尾处。

　　〔4〕　批评也参见 Gauch/Schluep/Emmenegger, OR AT, Nr. 3397a 末尾处。

　　〔5〕　值得一读的是 AB StR 2012, S. 68（Votum Bundesrätin Sommaruga）："《反不正当竞争法》中引入了格式条款内容控制，因此不能在格式条款中这样排除［指完全排除瑕疵担保责任］。在合同中需要一个明确的规定；……"

　　〔6〕　Gauch/Schluep/Emmenegger, OR AT, Nr. 3397b。

　　〔7〕　Tercier/Favre/Zen-Ruffinen, Contrats spéciaux, Nr. 707 ff.；Schönle/Higi, Zürcher Komm. , N 332 ff. zu Art. 197 OR. 完整内容也参见 die Dissertationen von Bähler, Sachgewährleistungs- und allgemeines Leistungsstörungsrecht, und Ginter, Sachgewährleistung, sowie Hehli, Rechtsbehelfe des Käufers, Nr. 321 ff. 。

　　〔8〕　Guhl/Koller, OR, S. 392 f.（§ 42 N 62）。

201 条的检验和通知义务，并遵守债法第 210 条的时效期限。[1]

——意思表示瑕疵规则，尤其是关于交易基础错误的规定（债法第 24 条第 1 款第 4 项），依判决见解，在物之瑕疵担保规则之外可选择适用。[2]但这在大型家畜买卖（Viehhandel）瑕疵担保中不得适用。于大型家畜买卖情形，依联邦法院见解，买卖法上的物之瑕疵担保规则排除交易基础错误规则。[3]此外，司法实务排除于种类物买卖时主张交易基础错误，因为于此情形，将来对买受人的给付无瑕疵并非确定的作为前提的合同基础。[4]如果（大型家畜和种类物买卖以外的）买受人采用意思表示瑕疵规则，则买卖法上的瑕疵通知义务和短期时效无适用余地。

如果买受人（于民事买卖情形）决定采用物之瑕疵担保规则，则他应为这一决定负责。依债法第 31 条，他这样做等于同时追认了合同，因为物之瑕疵担保责任以合同有效订立为前提。[5]但于存在有效免责条款的情形，买受人不能因标的物不具备已被免责的品质而援引交易基础错误规则。[6]

但是司法实务中允许买受人就主诉求（Hauptbegehren）主张交易基础错误，并辅以——针对不存在因意思表示瑕疵而导致单方不受拘束的情形——

435

436

436a

〔1〕　BGE 133 III 335 ff.；近来的赞同意见有 Ginter, Sachgewährleistung, S. 95 ff. und 156；Bähler, Sachgewährleistungs- und allgemeines Leistungsstörungsrecht, S. 167。其他提示在 Gauch/Schluep/Emmenegger, OR AT, Nr. 2631 f.；Ginter, Sachgewährleistung, S. 91 ff.

〔2〕　BGE 114 II 131 ff.（«Picasso-Fall»）；stillschweigend auch BGE 126 III 59 ff. = Pra 2000, Nr. 117, S. 688 ff.（«Gallé-Vase»）；ferner Urteile des BGer. vom 2. Dezember 2010, Nr. 4A_551/2010, E. 2. 3, und vom 4. Januar 2011, Nr. 4A_529/2010, E. 3. 1（= ZBGR 95/2014, S. 61 ff. und 380 ff.）. Vgl. auch Schönle/Higi, Zürcher Komm., N 298 ff. und 317 ff. zu Art. 197 OR；Gauch/Schluep/Schmid, OR AT, Nr. 806 ff.；Hehli, Rechtsbehelfe des Käufers, Nr. 14 ff.（Irrtum）und Nr. 278 ff.（Täuschung）.

〔3〕　BGE 70 II 48 ff.（52 f.），E. 1（grundlegend）；111 II 67 ff.（70 f.），E. 3；erwähnt（ohne Diskussion）auch in BGE 114 II 131 ff.（134），E. 1a.

〔4〕　Urteil des BGer. vom 19. Februar 2007, Nr. 4C. 300/2006, E. 5. 3, 联邦法院官方公布的裁判文书 BGE 133 III 335 ff. 中没有此点［译者注：官方公布的文书通常只节选原判决重要部分］；dazu Koller Th., AJP 2007, S. 1191 f.

〔5〕　BGE 127 III 83 ff.（85 f.），E. 1b；Urteil des BGer. vom 27. September 2004, Nr. 4C. 197/2004, E. 3. 1.

〔6〕　Urteil des BGer. vom 19. März 2014, Nr. 4A_538/2013, E. 6. 1；Urteil des BGer. vom 2. Dezember 2010, Nr. 4A_551/2010, E. 2. 6 = ZBGR 95/2014, S. 61 ff.；BGE 126 III 59 ff.（66），E. 3；91 II 275 ff.（279），E. 2b；Gauch/Schluep/Schmid, OR AT, Nr. 807a.

物之瑕疵担保规则。[1]

437   对此点，很多学说观点认为，物之瑕疵担保规则应（普遍的，不仅仅在大型家畜买卖情形）排他适用，也即普遍排除对"错误规则"的援引。[2]但联邦法院的观点在以下意义上无论如何是矛盾的：其在此点上区别对待普通买卖（gewöhnlicher Kauf）和大型家畜买卖。[3]

438   ——如果瑕疵标的物之出卖人在合同磋商时怠于履行［瑕疵］告知义务，则债法第 197 条以下之规则与可能因缔约过失所生买受人请求权之间的关系产生问题（更广范围：来自信赖责任）。[4]依本书见解，买卖法的瑕疵担保规则是特别条款，优先于缔约过失制度/信赖责任而适用：因出卖人于合同磋商时之过错所生买受人请求权被排除，只要这些请求权基于物之瑕疵而生。[5]

439   德国的判例也认为瑕疵担保规则优先适用，但允许在恶意欺诈情形有例外。[6]这也值得意思表示瑕疵规则与瑕疵担保规则（除大型家畜买卖外）择一适用的瑞士法反思（边码 435）。然而还要注意，在恶意欺诈情形，买受人的瑕疵通知义务（债法第 203 条）和瑕疵担保规则的短期诉讼时效（债法第210 条第 6 款）无适用余地。因此，缔约过失规则对买受人而言没有优势（尤

---

［1］ Urteil des BGer. vom 2. Dezember 2010, Nr. 4A_551/2010, E. 2. 3＝ZBGR 95/2014, S. 61 ff.

［2］ 例如 Merz, Die privatrechtliche Rechtsprechung des Bundesgerichts…, ZBJV 110/1974, S. 44 ff., und ZBJV 118/1982, S. 131 f.；Cavin, SPR VII/1, S. 119 ff.。

［3］ 例如 Merz, Die privatrechtliche Rechtsprechung des Bundesgerichts…, ZBJV 110/1974, S. 46；Giger, Berner Komm., N 67 zu den Vorbem. zu Art. 197-210 OR。

［4］ 就缔约过失和信赖责任的概述参见 Gauch/Schluep/Schmid, OR AT, Nr. 962a ff.。

［5］ 相同见解有 Gauch, Werkvertrag, Nr. 2315, 针对承揽合同瑕疵担保责任。观点类似的有 Urteil des BGer. vom 20. August 2009, Nr. 4A_226/2009, E. 3. 2. 3；Pedrazzini, Dissimulation des défauts, Nr. 676。基本类似的有 Urteil des BGH vom 27. März 2009, in：DJZ 64/2009, S. 1171 ff.（但就恶意欺诈有不同见解），该案例的点评见 mit Anmerkung von Roth＝JuS 2009, S. 757 ff., mit Anmerkung von Faust；ähnlich Fikentscher/Heinemann, Schuldrecht, Nr. 97（« wenn sich die Pflichtverletzung auf einen mangelbegründenden Umstand bezieht»）。观点部分不同的有 Schönle/Higi, Zürcher Komm., N 131 ff. zu Art. 197 ff. OR；Bähler, Sachgewährleistungs- und allgemeines Leistungsstörungsrecht, S. 67 ff. und 167 f.（这些作者将债法第 201 条和第 210 条也适用于缔约过失请求权）；Hehli, Rechtsbehelfe des Käufers, Nr. 402 ff. und 447 ff.。

［6］ Urteil des BGH vom 27. März 2009, in DJZ 64/2009, S. 1171 ff.＝JuS 2009, S. 757 ff.

其是联邦法院对缔约过失责任适用债法第 60 条的侵权法时效规则[1])。

——如果在具体案件中符合侵权构成要件,则关于侵权行为的规定(债 440
法第 41 条以下及单行法规定)可以作为债法第 197 条以下规定的替代而被选
择适用,[2]当买受人受绝对保护之法益因瑕疵标的物之交付而受到侵害(债
法第 41 条意义上的违法性)时,则[侵权行为的规定]可以帮助买受人。对
出卖人的侵权请求权也不因买受人未为瑕疵通知而受影响。

若要出卖人依债法第 41 条第 1 款承担责任,则至少以其行为有过错为前 441
提。对于(与过错无关的)生产者责任,以《产品责任法》为准(边码 320、
321)。

2. 种类之债瑕疵担保责任适用债法第 206 条的特别规则,尤其是涉及买 442
受人瑕疵担保请求权(请求交付同种类其他合格物品)以及出卖人免于瑕疵
担保责任的可能时(立即交付同种类其他合格物品并赔偿全部损害)。

如果出卖人给付其他同种类物品(更换)或者(为了履行合同约定的义 442a
务或者自愿地)对瑕疵物采取修理措施,则存在对瑕疵担保责任的承认,这
会导致诉讼时效依债法第 135 条第 1 项中断——通常是 2 年的诉讼时效得以重
新起算(债法第 137 条第 1 款)。[3]

3. 买卖债权的,出卖人瑕疵担保责任不是依债法第 197 条以下,而是依 443
债法第 171 条以下的特别规则。[4]

五、评价

前述出卖人瑕疵担保责任的规定,依前文所述,在重要之点上承袭了罗 444
马法的做法(边码 309—310),需要从当下的视角对之作批判性检讨。评价

---

[1] Gauch/Schluep/Schmid, OR AT, Nr. 971 f. 有丰富的提示。

[2] Schönle/Higi, Zürcher Komm., N 231 ff. zu Art. 197 OR;unter methodischen Gesichtspunkten Kramer, Juristische Methodenlehre, S. 115 f.

[3] 承揽合同类似的 BGE 121 III 270 ff.(272), E. 3c; Gauch, Werkvertrag, Nr. 2266。

[4] Gauch/Schluep/Emmenegger, OR AT, Nr. 3502 f.

时尤其需要考虑的是宪法上保护消费者的价值取向（《联邦宪法》第 97 条）。就以下几点加以说明：

445　　1. 对买受人不利的且在许多案件中对消费者简直致命的，一方面是债法第 201 条的瑕疵通知义务，另一方面是（2012 年债法修订后依然存在的）债法第 210 条的相对短期时效。[1]立即检验标的物并将瑕疵通知出卖人的义务，并非根植于一般法律常识，大众并非普遍知晓。在其他一些法秩序中，仅商人负此义务（《德国商法典》《奥地利商法典》）。[2]作为将短期时效引入瑕疵担保请求权的论证理由，"交易上需要"这个理由——为了出卖人可以诉诸其供货商（边码 357）——依联邦法院的见解实际上也是使出卖人单方受益，而不顾买受人的利益，所以"买受人虽然得到了差的服务，但看上去反而不像是应被保护的人"[3]

446　　2. 从立法米看，瑞士买卖合同法没有将修理作为瑕疵救济措施，这一情况也是不利于买受人的（通常也是不利于出卖人的）。即便对买受人来说，在许多情况下请求修理会更有利，他也必须请求解约或者减价并于必要时请求损害赔偿。

446a　　3. 对于作为消费者的买受人来说不公的是出卖人有广泛免除瑕疵担保责任的可能。债法第 210 条第 4 款允许［出卖人］完全免责（边码 432），因而没有［为消费者］提供保护。这一规定从整个西欧的法律来看也是特例。

447　　4. 有疑问的是，所谓的制定法缺陷（Gesetzesmängel）是否总是依据现行法通过（合宪性）解释就能消除。就此应考虑，若买受人就修理有重要的值得保护的利益，是否得依据《民法典》第 2 条肯定修理请求权。但就瑕疵通知义务、免责可能和（刚刚修改的）时效期间必须尊重立法者的意思，即便解释路径至少可以让最糟糕的弊端得到缓解，也不能消除结构上对买受人不利的这两点规定。

448　　5. 因此有声音呼吁立法者修改为本书所批判的不公正的规定。于此主要

---

〔1〕　Bucher, Der benachteiligte Käufer, S. 1 ff. und 17 ff.；不同于许多人的批评见解有 Bieger, Mängelrüge, Nr. 526 f.；Schumacher/Rüegg, Haftung des Grundstückverkäufers, S. 273 f.；Tannò, Rügefrist im Kaufrecht, S. 142 ff.；Akikol, Sachmängelhaftung beim Warenkauf, Nr. 1158 ff.。

〔2〕　亦参见下列判决中对比较法的论述 Urteil des BGer. vom 28. Mai 2002, Nr. 4C. 395/2001, E. 2. 1. 2 = Pra 2003, Nr. 107, S. 578 ff.。

〔3〕　BGE 114 II 131 ff.（138），E. 1c.

涉及瑕疵通知义务[1]、免责条款滥用以及未规定的修理请求权。

对现行法中瑕疵通知义务进行目的性限缩，将其限制为仅对商人适用，[2] 449
虽然值得思考，但根据条文文义、立法史以及债法第 201 条的目的，这个建议太过了。依债法第 210 条第 4 款的意义和目的使完全免责的约定无效，这一思考虽然契合价值取向，但得不到立法文件（边码 432）的支持。

从应然的角度，应对消费者买卖做进一步考虑，即买受人瑕疵担保请求 450
权——除债法第 210 条第 1 款、第 4 款现行的诉讼时效规定外（边码 421a、431、432）——是否不能接受欧洲指导方案，尤其是欧洲议会和欧洲理事会 1999 年 5 月 25 日针对消费物买卖和消费物质保的 1999/44/EG 号指令（《消费物买卖指令》）。[3]

根据这个指令，出卖人应向消费者交付符合约定的商品（《消费物买卖指 451
令》第 2 条第 1 款），并就交付时已存在的一切违约情形向消费者负责（《消费物买卖指令》第 3 条第 1 款）。买受人不仅有权请求消灭合同或者适当减价（《消费物买卖指令》第 3 条第 5 款），原则上也有权请求通过修理或者更换，使消费物无偿地达到符合约定的状态（《消费物买卖指令》第 3 条第 2 款至第 4 款）。从时间上看，不符合约定之情形于交付消费物时起 2 年内显露的，出卖人须负责——这个规定不允许欧盟成员国以国内诉讼时效的规定规避（《消费物买卖指令》第 5 条第 2 款）。欧盟成员国可以规定，消费者为了行使其权利，必须在发现瑕疵后 2 个月内将瑕疵情形通知出卖人（《消费物买卖指令》第 5 条第 2 款第 1 句）。任何赔偿价款、更换或修理标的物或者以其他方式设法补救的担保——出卖人或生产者未附加费用而对消费者负担的义务——对任

---

[1] 参见（主要针对承揽合同法，但间接的也针对买卖合同法）die Motion Fässler-Osterwalder Nr. 09. 3392 «Stärkere Rechte der Bauherrschaft bei der Behebung von Baumängeln» vom 29. April 2009, von den eidgenössischen Räten angenommen（AB NR 2011, S. 119 f.；AB StR 2011, S. 856），sowie die parlamentarische Initiative Hutter Nr. 12. 502 «Für faire Rügefristen im Werkvertragsrecht» vom 14. Dezember 2012（Folge gegeben）。

[2] Tannò, Rügefrist im Kaufrecht, S. 146 ff. und 297.

[3] ABlEG 1999, Nr. L 171, S. 12 ff.；在德国的转化参见 § 474 ff. BGB。完整内容参见 Gelzer, Schweizerisches Kaufrecht, EU-Richtlinie und UN-Kaufrecht, passim；Kaufmann-Mohi, Responsabilité du vendeur pour le défaut, passim。

何提出担保的人都有拘束力，担保人按照担保意思表示及相应的广告中给出的条件［受到拘束］（《消费物买卖指令》第1条第2款e项及第6条第1款）。可能的免责条款对消费者不具有约束力（《消费物买卖指令》第7条第1款第1句），在这个意义上指令中的权利和救济手段是强制性的，这有利于消费者。指令最晚于2002年1月1日转化为成员国国内法（《消费物买卖指令》第11条第1款第1句）。欧盟委员会将审查，是否有理由引入生产者直接责任（《消费物买卖指令》第12条）。与瑞士现行法不同的是，指令极大地改善了消费者的法律地位，这首先体现在法律救济手段方面（修理和更换请求权），其次体现在通知义务方面，最后体现在品质担保和免责条款有效性限制方面。

第六节　动产买卖之个别问题

一、风险承担

452　债法第185条，依其侧标题，涉及的是收益与风险（Nutzen und Gefahr）。该条包含的是任意性规范，也即对于收益和风险的移转，第一决定因素是当事人约定。若当事人没有此等约定，则债法第185条第1款原则上将移转时间定为合同缔结时。尤其需要就风险移转（风险承担）作以下说明：

453　1. 依债法第119条的一般规定，因不可归责于债务人的事由导致给付不能者，债权消灭（第一款）；双务合同中对待给付义务也消灭（债法第119条第2款）。债法第119条第3款明确规定了一个例外：凡依法律规定（或依合同内容），风险在合同履行前即已移转于债权人的，对待给付义务不消灭。

454　"风险"一词指的是价金风险（对价风险、报酬风险）：即便对方（处于对价关系）的给付——因不可归责于对方而依债法第119条第3款无须赔偿——灭失或者恶化，己方仍必须给付价金的风险。[1]要产生风险负担的问题，必须具备债法第119条第1款的要件，也即出卖人须尚未交付标的物，并且标的物的灭失或者恶化不能归责于当事人。[2]

---

〔1〕　Aepli, Zürcher Komm., N 74 und 91 zu Art. 119 OR; Schönle, Zürcher Komm., N 15 und 31 ff. zu Art. 185 OR; vgl. auch BGE 128 III 370 ff.（372）, E. 4b/aa=Pra 2002, Nr. 190, S. 1011 ff.

〔2〕　Schönle, Zürcher Komm., N 32 zu Art. 185 OR.

2. 债法第 185 条规定了一个特别的、构成第 119 条第 3 款保留情况的条　455
文：依罗马法上买受人承担风险（periculum est emptoris）[1]规则，风险原则
上自合同缔结时移转给买受人（债法第 185 条第 1 款）。换言之，自合同缔结
到标的物移转占有这段时间，标的物意外灭失或者意外恶化的风险由买受人
承担；买受人承受即便完全不能取得标的物或者只能取得恶化的标的物而必
须支付全部价金的风险。[2]

　　这个规定对买受人不利，从应然的角度受到学说的激烈批评。[3]历史上　456
它可追溯到罗马集市买卖。集市买卖中合同缔结与合同履行时间不同通常是
为了买受人利益（买受人没有带足够的钱立即支付）；这种情形，买受人承担
风险也是公正的。[4]若合同订立时的经济状况发生变迁，则这个规则不再有说
服力。依一般规则，可以支配标的物的所有权人必须承担风险和享有收益，[5]
这符合"损失归所有权人承担"（res perit domino 或 casum sentit dominus）原
则。[6]风险通常于买卖合同缔结（负担行为）时就已经移转，而非于移转标
的物（处分行为）时才移转，这免除了所有权人的典型风险，与《维也纳买
卖法》（第 66 条以下，尤其是第 69 条）及其他国家法律（《德国民法典》第

---

　　[1]　与许多学者观点不同的是 Zimmermann, The Law of Obligations, S. 281 ff.; Bauer, Periculum
emptoris – Eine dogmengeschichtliche Untersuchung zur Gefahrtragung beim Kauf, Diss. Regensburg, München
1998, passim。

　　[2]　该规范的历史参见 BGE 128 III 370 ff.（372 ff.）, E. 4b＝Pra 2002, Nr. 190, S. 1011 ff.; Corte-
si, Kaufpreisgefahr, S. 11 ff.。亦参见 Atiyah, The Rise and Fall of Freedom of Contract, Oxford 1979, S. 464
（购者自慎规则据说是 19 世纪个人主义的典型表现）; Zimmermann, The Law of Obligations, S. 306 f. 援
引法律谚语"睁开眼睛，买卖就是买卖"（Augen auf, Kauf ist Kauf）和"谁不睁开眼，谁就瞎花钱"
（Wer die Augen nicht auftut, der tue den Beutel auf）。

　　[3]　此外，联邦委员会在 1905 年"债法修订"公报（BBl 1905 II S. 23＝Fasel, Materialien,
S. 1458）中已有质疑："……虽然有疑义的是，是否对于所有买卖，收益和风险于标的物交付时移转
更为正确，或者至少对于后者［不动产买卖］，于交付时移转更为正确，当然这是在没有其他约定的
情况下"。

　　[4]　BGE 128 III 370 ff.（373）, E. 4b/aa in fine＝Pra 2002, Nr. 190, S. 1011 ff. 引用 Zimmermann,
The Law of Obligations, S. 290, und Bucher, ZSR 89/1970 I, S. 291 ff.; 亦参见 Bucher, Römisches Recht:
Dessen gewundene Wege bei seiner Rezeption, Festschrift Huwiler, Bern 2007, S. 140 ff.; Cortesi, Kaufpreis-
gefahr, S. 40 und 60。

　　[5]　BGE 84 II 158 ff.（161）, E. 1b。

　　[6]　例如参见 BGE 128 III 370 ff.（372）, E. 4＝Pra 2002, Nr. 190, S. 1011 ff.; Urteil des BGer. vom
8. Februar 2010, Nr. 4A_601/2009, E. 3. 2. 3。

446 条第 1 句）相比，构成瑞士法独特之处。债法第 185 条第 1 款的规定，民众并不了解[1]，从保护消费者的角度看，它也不再合理。

457　　这促使学说和判决对买受人承担风险规则采限缩解释，并对例外（边码 458 以下）采扩大解释。[2]然而根据《民法典》第 1 条第 1 款，法官原则上受制定法拘束（La loi doit toutefoisêtre respectée[3]），修改不妥的规则是立法者的任务。

458　　3. 现行法上就买受人风险负担，至少已有例外规定，例如以下情形：

459　　——存在足以产生例外的特别关系（债法第 185 条第 1 款）。

460　　选择之债（债法第 72 条）或者一物二卖情形，可认为存在特别关系；[4]此外，当出卖人主要为了自身利益一段时间内占有标的物，而买受人没有可能采取措施预防损害发生时，也属于特别关系。[5]"以旧换新"式汽车买卖参见边码 486，互易合同参见边码 802。

461　　——当事人在合同中约定了其他风险负担规则（债法第 185 条第 1 款）。

462　　这在实务中通常因商事交易之当事人——直接地或者通过援引交易习惯——约定含有风险负担内容的商事条款而发生。[6]就《维也纳买卖法》参见边码 456 和边码 784 以下。

463　　——如果出让之标的物仅确定了种类，那么风险转移被排除；标的物需要寄送的，自交付运送之时转移风险（债法第 185 条第 2 款）。[7]

---

〔1〕 BGE 84 II 158 ff.（161），E. 1b; Bucher, ZSR 89/1970 I, S. 284 f.

〔2〕 BGE 128 III 370 ff.（372），E. 4a = Pra 2002, Nr. 190, S. 1011 ff.; Urteil des BGer. vom 8. Februar 2010, Nr. 4A_601/2009, E. 3. 2. 3; BGE 84 II 158 ff.（161），E. 1b, 分别有提示。

〔3〕 BGE 128 III 370 ff.（372），E. 4a in fine = Pra 2002, Nr. 190, S. 1011 ff.

〔4〕 Giger, Berner Komm. , N 78 und 80 zu Art. 215 OR; 对于双重买卖的多种观点有 Cortesi, Kaufpreisgefahr, S. 69 ff. , Walter, Festschrift Wiegand, S. 646 ff. , und Jung, Festschrift Bucher, S. 342 f. und 347 f. Zum Ganzen auch BGE 84 II 158 ff.（162），E. 1b。

〔5〕 Urteil des BGer. vom 8. Februar 2010, Nr. 4A_601/2009, E. 3. 2. 4. 4.

〔6〕 就此详见 Schönle, Zürcher Komm. , N 74 ff. zu Art. 185 OR。

〔7〕 就此参见 Schönle, Zürcher Komm. , N 33 ff. und 79 ff. zu Art. 185 OR。

——若买卖合同附停止条件，那么条件成就时风险（收益亦同）才转移 464
于买受人（债法第 185 条第 3 款）。

——不动产买卖应遵守债法第 220 条（边码 659 以下）。 465

二、所有权保留买卖

若存在（有效）买卖合同，并且依据这一法律上原因移转标的物的占有 466
于买受人，那么伴随着占有移转，买受人也取得标的物所有权（《民法典》第
714 条第 1 款）。换言之，价金是否已支付，对于所有权移转这个问题来说原
则上没有影响。因此在信贷买卖（Kreditkauf）中（也即移转标的物时，买受
人尚未支付价款），出卖人于买受人破产时有损失的风险。这同样适用于债法
第 214 条第 3 款意义上的特别约定情形（边码 262 以下），因为标的物作为买
受人的所有物归入买受人的破产财产中，而出卖人相对于买受人的其他债权
人没有优先受偿权（《债务执行和破产法》第 212 条）。

然而在很多情形下（通常是汽车、家具、厨房用具和娱乐通信电器），由 467
于经济需要，有必要在买受人支付价款之前将标的物移转于买受人占有，但
不移转所有权。作为保护先履行之出卖人的途径，制定法规定了所有权保留：
双方约定，虽移转占有，但出卖人仍然为所出卖之动产的所有权人，直到价
款全部付清。出于保护第三人之考虑，制定法仅允许所有权保留在为特别登记
（所有权保留登记）情形下才有效。这一法律规则来源于《民法典》第 715
条、第 716 条和相应的行政法规。[1] 也即［所有权保留］要符合多个要件：

1. 须有一个动产有偿让与合同，尤其是信贷买卖（常为分期付款买卖， 468
参见《消费信贷法》第 10 条）。大型家畜（《民法典》第 715 条第 2 款）［译
者注：就大型家畜的定义，债法第 198 条采封闭式列举］和不动产（债法第
217 条第 2 款）不适用所有权保留买卖。

2. 当事人必须约定了所有权保留（Eigentumsvorbehaltsabrede）。 469

——约定的内容为，标的物所有权不随标的物之交出（移转占有以及替 470
代交付）而移转给买受人，而是待买受人付清全部价款始移转所有权（主流
学说认为是停止条件）。依联邦法院的司法实践，此约定必须在向买受人交付

---

〔1〕 具体见 Schmid/Hürlimann-Kaup, Sachenrecht, Nr. 1095 ff.。

标的物之前为之。[1]

471　　——此约定原则上无须要式（例外：《消费信贷法》第 9 条结合第 10 条 d 项）。

472　　3. 还需注意：所有权保留必须经特别登记才有效力，此项登记可在负担价金一方（买受人）住所地由债务执行机关的公务人员（Betreibungsbeamte）为之［译者注：Betreibungsamt 是瑞士各州或各区县负责债务执行的机关，并负责某些登记］（所有权保留登记；《民法典》第 715 条第 1 款）。

473　　4. 登记过后可以将标的物移转给买受人占有（通过现实交付或者替代交付）而不使其成为所有权人。买受人清偿完剩余价款（通过支付或者其他方法，例如抵销）或者价金债务因其他原因消灭的，作为债权从权利的所有权保留消灭（债法第 114 条），买受人立即取得标的物所有权（简易交付）。登记涂销可以依《所有权保留登记行政法规》第 12 条（Art. 12 EigVV）请求，但所有权变更不以涂销登记为前提。

三、"以旧换新"式汽车买卖

474　　在如今的交易关系中，新汽车买受人常常以他使用过的汽车（用于交换之汽车）来冲抵部分价款。新车价格的很大一部分可以以旧车价值来冲抵。此种实际生活中常见的"以旧换新"式汽车买卖，在教义学上引发诸多问题，下面简要谈谈。

475　　1. 首先存疑的是此种买卖的法律构造，而这取决于具体合同的构造，即取决于必须经解释阐明的当事人意思。具体合同可能有以下不同的构造：

476　　——［一种构造是］当事人订立两个独立的买卖合同：出卖人向买受人出售新车（以金钱为对价），买受人向出卖人出售旧车（以金钱为对价）。这两个买卖合同通过抵销协议（Verrechnungsabrede）结合：只要两个相对的价金债权相互结算，就约定了抵销。据此将从较高的新车价款中扣除旧车的价款，买受人还要负担的仅仅是剩余数额。

477　　——［另一种构造是］当事人订立一个（单一的）合同，其中包含买卖和互易的成分。于此，缔约人可以以互易合同为重点（互易并另付差价义

---

　　[1]　BGE 93 III 96 ff.（104），E. 5.

务）。不过缔约人也可以以买卖合同为重点，并且约定买受人以他的旧车来冲抵部分价款（以给付旧车替代清偿），或者约定委托出卖人以最优的价格出售旧车并把出售旧车所得收益冲抵价金（为清偿而给付旧车）。

当事人的利益状况和格式合同的真实情况显示，缔约人通常并不订立两个独立的合同，也不愿订立一个互易合同。职业卖家（汽车经销商）通常对旧车并无兴趣；他接受旧车，只是为了能卖出新车（更愿得到约定的全部价款而不是旧车）。[1]　478

因此通常必须认为"以旧换新"式汽车买卖合同是一个单一合同。不过不明确的是，献出旧车是代物清偿还是为清偿而给付。如果当事人没有约定作价多少，根据一般规则，有疑义时应推定有较弱的效力——为清偿而给付（债法第172条类似）。[2]相反，若合同就旧车约定了作价金额，应认为是代物清偿之给付。[3]若债权人（出卖人）立即承担了旧车的变现风险（Verwertungsrisiko），也认为是代物清偿之给付。[4]　479

在汽车销售商使用的众多格式合同中，在"旧车"栏下有"价格"（或者"置换价格"）一行。可将这一价格从新车价格中扣除，得到剩余价额。在上述格式合同中没有规定让买受人承担变现风险的条款。所有这些情事——结合买受人明显有兴趣立即放弃旧车——支持将一个买卖合同认定为，通过献出旧车来清偿约定的部分价款（代物清偿）。　480

与瑞士不同，在德国就旧车抵价（Inzahlungsgabe eines Altwagens）的法律构造有丰富的判决。依德国联邦法院见解，旧车抵价涉及的是单一买卖合同，买受人可就约定的抵销额度请求替代价金。[5]　481

---

〔1〕　Medicus/Lorenz, Schuldrecht II, Nr. 378.

〔2〕　类似观点（但没有提及未约定作价金额）有 BGE 119 II 227 ff. （230），E. 2a；Bucher, Schweizerisches Obligationenrecht, Allgemeiner Teil ohne Deliktsrecht, 2. Aufl., Zürich 1988, S. 312；von Tuhr/Escher, OR AT, S. 14；Schraner, Zürcher Komm., N 118 zu den Vorbem. zu Art. 68-96 OR。

〔3〕　Schraner, Zürcher Komm., N 121 zu den Vorbem. zu Art. 68-96 OR.

〔4〕　Schraner, Zürcher Komm., N 120 zu den Vorbem. zu Art. 68-96 OR；Weber, Berner Komm., N 149 zu den Vorbem. zu Art. 68-96 OR.

〔5〕　BGHZ 46, S. 338＝NJW 20/1967, S. 553. 亦参见 Honsell, Sachmängelprobleme beim Neuwagenkauf mit Inzahlungnahme eines Gebrauchtwagens, Jura 5/1983, S. 523 ff.；Binder, Die Inzahlungnahme gebrauchter Sachen vor und nach der Schuldrechtsreform am Beispiel des Autokaufs «Alt gegen Neu», NJW 56/2003, S. 393 ff.。

482 　　2. 若当事人的意思是订立一个单一合同，那么其中一辆汽车有瑕疵时，法律效果有疑议：

483 　　——若交付的新车有瑕疵，买受人可借助债法第 197 条以下的法律救济措施。依据债法第 205 条，他可以为解除之表示，将新车返还于出卖人并要求出卖人返还旧车和已付价款。[1]

484 　　——若旧车有瑕疵，依多数学说见解，类似《德国民法典》第 365 条[2]，出卖人可以援引债法第 197 条以下的法律救济措施。[3]就此而言，买受人（旧车出卖人）须对其交出的旧车负担保责任；依本书见解，这一法律效果由债法第 237 条、第 238 条的互易法律规则即可得出（直接适用或者类推适用）。[4]

485 　　依多数学说见解，出卖人有可能仅针对旧车解除合同，买受人必须取回旧车；依此见解，就新车的买卖合同仍存在，因而导致买受人必须（以金钱）支付新车全部价款。[5]

486 　　3. 就风险承担，相关格式合同通常规定，汽车交付后（新车和旧车）风险负担才移转。依本书见解，即便没有此种约定，也存在债法第 185 条第 1 款意义上的"特别关系"，使得风险负担不是于合同缔结时（而是于交付了汽车后才）移转。[6]这与互易在评价上类似，特别是"以旧换新"购买汽车也可被理解为附额外费用的互易（Tausch mit Aufpreis）（就互易的法律效果参见

---

〔1〕 Maissen L., Sachgewährleistungsprobleme, S. 138.

〔2〕 《德国民法典》第 365 条："以物、对第三人之权利或其他权利之给付替代履行的，债务人于权利瑕疵或物之瑕疵情形负有如同出卖人之瑕疵担保责任。"

〔3〕 Von Tuhr/Escher, OR AT, S. 12; Bucher, Schweizerisches Obligationenrecht, Allgemeiner Teil ohne Deliktsrecht, 2. Aufl., Zürich 1988, S. 314; Schraner, Zürcher Komm., N 102 ff. zu den Vorbem. zu Art. 68-96 OR; Weber, Berner Komm., N 162 ff. zu den Vorbem. zu Art. 68-96 OR.

〔4〕 Giger, Berner Komm., N 16 ff. zu Art. 238 OR.

〔5〕 Maissen L., Sachgewährleistungsprobleme, S. 138 f. 就互易合同参见 Bucher, OR BT, S. 137; Giger, Berner Komm., N 18（zweiter Spiegelstrich）zu Art. 238 OR; Aebersold, Der Tausch nach schweizerischem Obligationenrecht, Diss. Bern 1997, S. 135 ff.。

〔6〕 参见 BGE 128 III 370 ff.（374），E. 4c＝Pra 2002, Nr. 190, S. 1011 ff.。学说上，Honsell, OR BT, S. 19 und 56，以及 Cortesi, Kaufpreisgefahr, S. 9 und 115，都反对于合同订立时风险转移，但仅就二手车意外灭失而言，未针对新车。

边码802）。[1]

四、州法之保留（债法第 186 条）

因零售酒类饮品而产生的债权——包括酒馆经营者债权在内，对其诉讼 487
上的限制或者禁止，依债法第 186 条保留给各州立法。因为涉及的是对私法
上（价金）债权诉权的排除，所以这个保留是利于州私法的真正保留（《民
法典》第 5 条第 1 款）。

---

〔1〕 互易合同类似的参见 Aebersold, Der Tausch nach schweizerischem Obligationenrecht, Diss. Bern
1997, S. 83 ff. , insbesondere S. 87。

第四章　不动产买卖

488　　本章专门文献（节选）

Besson Charles, La promesse de vente a perdu sa raison d'être, mais pas ses conséquences néfastes, ZBGR 79/1998, S. 236 ff.

Brückner Christian, Schweizerisches Beurkundungsrecht, Zürich 1993.

Derselbe, Verwandte Verträge (Vorvertrag, Vorkaufsvertrag, Vertrag auf Begründung eines Kaufsrechts bzw. eines Rückkaufsrechts), in: Koller Alfred (Hrsg.), Der Grundstückkauf, 2. Aufl. , Bern 2001, S. 503 ff.

Büsser Andres et al. , Das bäuerliche Bodenrecht, Kommentar zum Bundesgesetz über das bäuerliche Bodenrecht vom 4. Oktober 1991, 2. Aufl. , Bern 2011.

Gabellon Adrien, Fonction (s) de la promesse de vente immobilière: entre aspects contractuels et réels, AJP 2015, S. 1654 ff.

Koller Alfred, Vertragliche Regelung der Gewährleistung beim Kauf einer Neubaute, ZBGR 90/2009, S. 197 ff.

Derselbe, Reugelder bei Grundstückkaufverträgen, ZBJV 145/2009, S. 73 ff.

Derselbe, Vom Formmangel und seinen Folgen – Der formungültige Grundstückkauf, in: Koller Alfred (Hrsg.), Der Grundstückkauf, 2. Aufl. , Bern 2001, S. 77 ff.

Derselbe, Das intertemporale Recht zu Art. 216a OR, Altrechtliche Kaufs- und Vorkaufsrechte unter neuem Recht, ZBGR 81/2000, S. 290 ff.

Derselbe, Grundstückskauf mit falscher Flächenangabe, ZBGR 78/1997, S. 1 ff.

Krauskopf Frédéric, Erwerb von Stockwerkeigentum vor Erstellung des Gebäudes – Klippen bei der vertraglichen Gestaltung, in: Aebi-Müller Regina E. /Pfaffinger Monika/Wermelinger Amédéo (Hrsg.), Luzerner Tag des Stockwerkeigentums 2011

（Tagung vom 24. März 2011）, Bern 2011, S. 115 ff.

Leuenberger Christoph, Abschluss des Grundstückkaufvertrages, in: Koller Alfred（Hrsg. ）, Der Grundstückkauf, 2. Aufl. , Bern 2001, S. 27 ff.

Mooser Michel, Le transfert de la propriété, de la possession, des risques et des profits dans la vente immobilière – effets et chronologie, in: Gauch Peter/Pichonnaz Pascal/Werro Franz（Hrsg. ）, Festschrift für Pierre Tercier, Genf 2008, S. 345 ff.

Derselbe, Le droit notarial en Suisse, 2. Aufl. , Bern 2014.

Nussbaumer Arnaud, La cession des droits de garantie, Diss. Freiburg, Zürich 2015（AISUF Band 353）.

Peter Henry, La cession du contrôle d'une société est-elle un «cas de préemption» au sens de l'art. 216c al. 1 CO?, in: Gauch Peter/Pichonnaz Pascal/Werro Franz（Hrsg. ）, Festschrift für Pierre Tercier, Genf 2008, S. 367 ff.

Pfäffli Roland, Beurkundung des Kaufpreises, in: Schmid Jürg（Hrsg. ）, Der Grundstückkauf – La vente immobilière, Zürich 2010, S. 39 ff.

Philippin Edgar, Garantie pour les défauts: clauses particulières, in: Schmid Jürg（Hrsg. ）, Der Grundstückkauf – La vente immobilière, Zürich 2010, S. 137 ff.

Pichonnaz Pascal, Garantie pour les défauts: présentation générale, in: Schmid Jürg（Hrsg. ）, Der Grundstückkauf – La vente immobilière, Zürich 2010, S. 105 ff.

Pichonnaz Pascal/Guisolan Sébastien, Le contrat de réservation: outil pratique et réalités juridiques, not@ lex 2013, S. 139 ff.

Rey Heinz, Die Neuregelung der Vorkaufsrechte in ihren Grundzügen, ZSR NF 113/1994 I, S. 39 ff.

Rubido José-Miguel, Le droit de préemption immobilier en droit privé et le Registre foncier: Questions choisies, ZBGR 96/2015, S. 1 ff.

Rüegg Erich, Zusicherung und Freizeichnung – unter besonderer Berücksichtigung von kontaminierten Grundstücken, in: Schmid Jürg（Hrsg. ）, Der Grundstückkauf – La vente immobilière, Zürich 2010, S. 175 ff.

Rüegg Jonas, Rechtsgeschäftliche Vorkaufsrechte an Grundstücken, Diss. Luzern, Zürich 2014（LBR Band 89）.

Ruf Peter, Der Umfang des Formzwangs beim Grundstückkauf, ZBGR 78/

1997, S. 361 ff.

Schmid Jörg, Gewährleistung, in: Schmid Jürg (Hrsg.), Der Grundstückkauf – La vente immobilière, Zürich 2010, S. 63 ff.

Derselbe, Die Grundstücksversteigerung, in: Koller Alfred (Hrsg.), Der Grundstückkauf, 2. Aufl., Bern 2001, S. 453 ff.

Derselbe, Die Gewährleistung beim Grundstückkauf, Ausgewählte Fragen unter Berücksichtigung von Altlasten, ZBGR 81/2000, S. 353 ff.

Derselbe, Die Neuerungen im Grundstückverkehr, in: Seminar für Schweizerisches Baurecht (Hrsg.), Baurechtstagung, Freiburg 1995, Band II: Wahlveranstaltungen, Freiburg 1995, S. 72 ff.

Derselbe, Die öffentliche Beurkundung von Schuldverträgen, Ausgewählte bundesrechtliche Probleme, Diss. Freiburg 1988 (AISUF Band 83).

Schmid Meyer Diel Tatjana, Erwerb von Stockwerkeigentum ab Plan – Ausgewählte Aspekte, Diss. Luzern 2015.

Schöbi Felix, Schweizerischer Grundstückkauf und europäisches Recht, Habil. Bern 1999 (ASR NF Heft 622).

Schumacher Rainer/Rüegg Erich, Die Haftung des Grundstückverkäufers, in: Koller Alfred (Hrsg.), Der Grundstückkauf, 2. Aufl., Bern 2001, S. 175 ff.

Spahr Stéphane, Forme authentique et prix de vente immobilière, in: Rumo-Jungo Alexandra et al. (Hrsg.), Mélanges en l'honneur de Paul-Henri Steinauer, Bern 2013, S. 813 ff.

Stadlin Markus W./Albrecht Oliver, Vom Umgang mit «altrechtlichen» vertraglichen Kaufsrechten an Grundstücken im Lichte der auf den 1. Januar 1994 revidierten gesetzlichen Bestimmungen, AJP 2000, S. 1303 ff.

Stöckli Hubert, Stockwerkeigentum ab Plan, in: Institut für Schweizerisches und Internationales Baurecht (Hrsg.), Schweizerische Baurechtstagung, Freiburg 2009, S. 1 ff.

Stöckli Hubert/Aeschimann Lisa, Art. 8 UWG und die öffentliche Beurkundung – Überlegungen zur AGB-Kontrolle bei Grundstückkaufverträgen, ZBGR 95/2014, S. 73 ff.

Vischer Markus, Mängelrechte beim Kauf eines Stockwerkanteils, ZBGR 96/

2015, S. 217 ff.

Wolf Stephan/Zingg Simon, Zivil- und notariatsrechtliche Aspekte des Doppelverkaufs von Grundstücken, in: Bucher Eugen/Canaris Claus-Wilhelm/Honsell Heinrich/Koller Thomas (Hrsg.), Norm und Wirkung, Beiträge zum Privat- und Wirtschaftsrecht aus heutiger und historischer Perspektive, Festschrift für Wolfgang Wiegand, Bern/München 2005, S. 707 ff.

Zellweger-Gutknecht Corinne, Die Rechtsprechung des Bundesgerichts zu Art. 216 ff. OR, in: Gauch Peter/Aepli Viktor/Stöckli Hubert (Hrsg.), Präjudizienbuch zum OR, 9. Aufl., Zürich 2016.

第一节　概　述

一、法律渊源

不动产买卖有以下几个法律渊源：　　　　　　　　　　　　　　489

1. 法条位置（sedes materiae）是债法第 184 条至第 186 条以及第 216 条　490
至第 221 条。债法第 216 条以下是不动产买卖的特别规定，其中第 221 条还规
定准用动产买卖规则（债法第 187 条至第 215 条）。此外，《民法典》中物权
法上的个别规定意义重大（例如《民法典》第 655 条以下、第 832 条和第 837
条第 1 款第 1 项）。

债法第 216 条第 1 款规定不动产买卖经公证才有效（边码 553 以下），因　491
此在程序上须遵守州法上有关公证的法规（Art. 55 SchlT ZGB）——也须遵守
联邦法院发展出的联邦法上对公证的不成文的最低要求。[1]

---

〔1〕 Schmid, Die öffentliche Beurkundung, Nr. 152 ff. 联邦委员会于 2012 年 12 月提交了一份民法
典修订（关于公证）的初步草案，其中提出应将联邦法层面关于公证的最低要求于《民法典》尾章第
55 条以下规定。初步草案已完成咨询程序（Vernehmlassungsverfahren）。更多展开参见 Schmid, Die interkantonale Freizügigkeit öffentlicher Urkunden bei Grundstücksgeschäften – Alte und neue Überlegungen anlässlich des Vorentwurfs zu Art. 55m SchlT ZGB von 2012, in: Rumo-Jungo et al. (Hrsg.), Mélanges Paul-Henri Steinauer, Bern 2013, S. 579 ff. 。

492　　2. 对于农业用地，应遵守 1991 年 10 月 4 日通过的《关于农村土地权的联邦法律》（BGBB）[1]，债法第 218 条援引了该法。《关于农村土地权的联邦法律》第 2 条至第 5 条规定了该特别法的适用范围。涉及买卖合同的主要是该法第 40 条以下（所有权移转合同）及第 58 条以下（农用庄园和农业用地交易的公法上限制）。

493　　3. 1983 年 12 月 16 日通过的《关于外国人取得土地的联邦法律》（BewG）[2]以及相应的行政法规，有重要意义。

二、构成要件

494　　不动产买卖的特征是买卖标的物特殊——是法律意义上的不动产；下文马上谈论这一问题。债法第 216 条以下不仅规定了不动产买卖本身，还规定了近似的合同。因此要区分以下几个法律行为。

（一）不动产买卖（狭义）

495　　依债法第 216 条第 1 款，不动产买卖是以不动产为标的物的买卖。借用债法第 184 条第 1 款买卖合同的一般规则，可以这样表述：不动产买卖中，出卖人负有使买受人取得对不动产的占有及所有权的义务，买受人负有向出卖人支付价金的义务。交换关系是：不动产交换金钱。

496　　当然不是必须实际支付金钱。是否须实际支付金钱取决于合同约定。经常可能出现的情形是，部分价金通过买受人承担债务（买卖之土地上有出卖人欠银行之债的土地抵押权，买受人承担该债务）的方式履行（亦参见《民法典》第 832 条第 2 款）。

497　　给付之先后顺序可以通过合同约定；无约定的，适用债法第 184 条第 2 款的同时履行规则，根据此规则，给付应同时履行。

498　　此种情形 [译者注：指应同时履行情形]，不动产登记和价金支付作为给付和对待给付应同时履行，这在构造合同时须审慎，公证人也负此注意义务。以这种方式履行，当事人承担最小的典型合同风险——对方当事人破产的

---

　　[1]　SR 211.412.11.
　　[2]　SR 211.412.41.

风险。

2. 不动产的定义规定在物权法中。根据《民法典》第 655 条第 2 款，　499
《民法典》中的不动产不仅指土地及定着于土地的建筑物，还指（作为不动
产）登记在土地登记簿上的独立且持久的权利、矿山以及不动产按份共有的
应有份额。

特别是以下情形属于不动产买卖：对（作为不动产）登记在土地登记簿　500
上的独立且持久的权利（《民法典》第 655 条第 3 款和《土地登记簿条例》
第 22 条），尤其是独立且持久的建筑权（Baurecht）和汲水权（Quellenrecht）
（《民法典》第 779 条第 3 款和第 780 条第 3 款）的买卖，以及一般按份共有
（gewöhnliches Miteigentum，《民法典》第 646 条以下）和建筑物区分所有权
（Stockwerkeigentum，《民法典》第 712a 条以下）中应有份额的买卖。[1]

3. 对于法律适用，应坚持：针对不动产买卖的制定法规则（债法第 216　501
条前的标题），也适用于近似的合同。

例如，就不动产买卖强制公证的范围的规定，也准用于在不动产上设定　502
购买权的合同或者不动产买卖预约合同。

（二）不动产买卖之预约

在不动产买卖一节，债法就预约也作了规定（债法第 216 条第 2 款）。　503
[不动产买卖] 预约合同的内容是——无论单务或者双务——当事人负有将来
缔结不动产买卖合同的义务（债法第 22 条第 1 款）。

将预约合同纳入债法第 216 条是出于实用原因。债法第 216 条第 2 款对要　504
式的规定，是对债法第 22 条第 2 款一般性规定的确认。[2]

对不动产的"预留约定"，要成为预约合同，必须进行公证。必要时可以　505
订入以下条款：若买受人不缔结买卖合同（主合同），则其给付的定金归出卖

---

〔1〕 物权法视角的完整内容参见 Schmid/Hürlimann-Kaup, Sachenrecht, Nr. 416 ff. und 809 f. 。就
先买权详见 Rüegg J. , Rechtsgeschäftliche Vorkaufsrechte, Nr. 502 ff. 。

〔2〕 对预约的概述参见 Gauch/Schluep/Schmid, OR AT, Nr. 1074 ff. 。

人所有[1]或者买受人应支付违约金。[2]

(三) 设定不动产优先购买权、购买权与买回权之合同

1. 概览

506　　(1) 优先购买权、购买权和买回权是形成权,也即单方面改变对方法律地位 (无对方参与) 的权利。[3]下文要讲解的合同,其特点是,通过这些合同设定此等形成权。落实到不动产上就是:权利人在法定或约定的条件下,有权通过单方意思表示 (形成表示) 产生如同双方缔结了不动产买卖合同一样的法律效果。这样的结果是,权利人有权请求将所涉不动产所有权移转给自己 (《民法典》第 665 条第 1 款)。[4]

507　　不过本书涉及的始终是约定的优先购买权、购买权和买回权;[5]这些约定的权利应该区别于制定法直接规定的形成权 (例如《民法典》第 682a 条;《关于农村土地权的联邦法律》第 24 条,第 25 条以下,第 42 条以下,第 47、48、49 条)。制定法直接规定的形成权,无须登记于土地登记簿而作为有效的法定所有权限制 (Eigentumsbeschränkung) (《民法典》第 680 条第 1 款)。法定优先购买权优先于约定优先购买权 (《民法典》第 681 条第 3 款)。

508　　关于约定的优先购买权、购买权、买回权的规定 (如同关于法定优先购买权的规定),被 1991 年 10 月 4 日《关于民法典和债法典部分修订的联邦法律》所修改 (1994 年 1 月 1 日实施)。[6]

---

[1]　Urteil des BGer. vom 17. Februar 2004, Nr. 4C. 271/2003, E. 2 = ZBGR 86/2005, S. 109 ff.

[2]　BGE 140 III 200 ff. (204), E. 5. 3 = Pra 2014, Nr. 102, S. 813 ff. = ZBGR 96/2015, S. 404 ff. ; Urteil des BGer. vom 17. Dezember 2014, Nr. 4A_281/2014, E. 3. 2. 在这些案件中, 若所约定条款的目的仅仅是赔偿消极利益 (例如徒劳之花费), 联邦法院准许以非要式方式约定违约金或一揽子赔偿金。考虑到法定要式的保护目的, 准许此种非要式方式不具有正当性 (就此参见 Schmid/Freyenmuth-Frey, ZBJV 152/2016, S. 367ff.)。就预约合同概述参见 Pichonnaz/Guisolan, Contrat de réservation, S. 139 ff. 。

[3]　概述参见 Gauch/Schluep/Schmid, OR AT, Nr. 65 ff. , 就先买权和购买权参见 BGE 132 III 18 ff. (22), E. 4. 3.

[4]　例如参见 BGE 116 II 49 ff. (52), E. 4, und 134 III 597 ff. (604), E. 3. 4. 1 = Pra 2009, Nr. 43, S. 276 ff. , 此系针对先买权。

[5]　亦参见 BGE 126 III 421 ff. (423), E. 3a/aa = Pra 2001, Nr. 117, S. 688 ff. 。

[6]　就 (买回权存续期间的) 法律过渡衔接问题, 特别参见 BGE 126 III 421 ff. = Pra 2001, Nr. 117, S. 688 ff. 。

（2）除另有约定外，优先购买权、购买权和买回权得为继承，但不得让 509
与（债法第 216b 条第 1 款）。

若当事人在合同中约定此种权利可以让与，则其让与需要采用与其设定 510
同样的要式（债法第 216b 条第 2 款）。因此原则上该让与需要公证（债法第
216 条第 2 款），某些优先购买权例外地以书面形式即可让与（债法第 216 条
第 3 款）。

2. 设定优先购买权之合同

（1）可以通过优先购买权设定合同（Vorkaufsvertrag；le pacte de préemption） 511
设定（约定的）优先购买权：优先购买权权利人从其义务人处——通常为不
动产所有权人——取得一项形成权，在满足优先购买情形时，通过单方意思
表示（形成表示）请求向其移转不动产所有权。换言之，权利人有权通过单
方意思表示（形成表示）产生如同双方缔结了不动产买卖合同一样的法律效
果。[1]

可以区分以下两种优先购买权（亦参见《土地登记簿条例》第 78 条第 1 512
款 b 项的术语）:[2]

——如果优先购买权设定合同已经确定了优先购买权人可能要支付的价 513
款，称为限定优先购买权（limitiertes/qualifiziertes Vorkaufsrecht）。[3]

同样的，若价金可通过一个计算方法予以确定，或者合同当事人约定， 514
价金依行使优先购买权时对市场价值或者预计收益的估算来确定，则根据司
法实践，这也是限定优先购买权。[4]

——若当事人未约定价金，则是非限定/通常优先购买权（unlimitiertes/illim- 515
itiertes/gewöhnliches Vorkaufsrecht）。[5]

---

〔1〕　BGE 134 III 597 ff.（604 f.），E. 3. 4. 1 = Pra 2009, Nr. 43, S. 276 ff.；类似的是 Urteil des
BGer. vom 20. März 2008, Nr. 5A_207/2007, E. 3. 2 = ZBGR 90/2009, S. 214 ff.（但联邦法院官方公布的
裁判文书 BGE 134 III 332 ff. 中没有此点）〔译者注：官方公布的文书通常只节选原裁判文书重要部
分〕。就优先购买权可能的目的参见 Rüegg, Rechtsgeschäftliche Vorkaufsrechte, Nr. 37 ff.。

〔2〕　详见 Rüegg, Rechtsgeschäftliche Vorkaufsrechte, Nr. 268 ff.。

〔3〕　BGE 134 III 597 ff.（605），E. 3. 4. 1 = Pra 2009, Nr. 43, S. 276 ff.

〔4〕　Urteil des BGer. vom 20. März 2008, Nr. 5A_207/2007, E. 3. 3 = ZBGR 90/2009, S. 214 ff.（此
部分不在 BGE 134 III 332 ff.）；Rüegg, Rechtsgeschäftliche Vorkaufsrechte, Nr. 247 ff.

〔5〕　BGE 134 III 597 ff.（605），E. 3. 4. 1 = Pra 2009, Nr. 43, S. 276 ff.

516　　对于非限定优先购买权，债法第 216 条第 3 款规定以普通书面形式即可设定（亦参见《土地登记簿条例》第 78 条第 3 款）。

517　　（2）只有优先购买情形（Vorkaufsfall；le cas de préemption）出现时，也即依债法第 216c 条第 1 款，不动产被出卖时或采取经济上等同于出卖的其他法律行为时，才能行使优先购买权。应注意以下几点：[1]

518　　——若是出卖（不是经济上等同于出卖的其他法律行为），则仅当不动产（符合要式地）被出卖时，也即与第三人的负担行为经公证，才发生优先购买情形；[2]纯粹的出卖意图不足以产生优先购买情形。特别不能作为优先购买情形的是遗产分配、强制拍卖以及诸如征收等履行公法上负担而取得（债法第 216c 条第 2 款）。[3]

519　　此外，（一般或混合）赠与、互易或者基于夫妻财产制的不动产所有权变动（die güterrechtliche Übertragung eines Grundstücks）不是优先购买情形。[4]

520　　——（虽然未被出卖，但）是否存在经济上等同于出卖的其他法律行为（债法第 216c 条第 1 款末尾），需要于个案中依作出的约定来考查。[5]此规定旨在使规避行为被优先购买情形包含。[规避性]转让行为，依学说见解，必须出于自愿（非因强制执行）、有偿（非赠与）和个别继受/特定继受（Singularsukzession）（非继承法上）而发生。而且对出让人来说，重要的是对待给付，而不是受让人本身。[6]

521　　例如，（仅）为使优先购买权落空而设定一个建设用地使用权（Baurecht）

<hr>

〔1〕　详见 Rüegg, Rechtsgeschäftliche Vorkaufsrechte, Nr. 532 ff. 。

〔2〕　例如 Rüegg, Rechtsgeschäftliche Vorkaufsrechte, Nr. 338 ff. 有提示。

〔3〕　就此详见 Rüegg, Rechtsgeschäftliche Vorkaufsrechte, Nr. 613 ff. 。

〔4〕　更多展开详见 Steinauer, Les droits réels II, 4. Aufl. , Bern 2012, Nr. 1731b; Koller A. , Vorkaufsberechtigung bei Veräusserungsgeschäften, die Teil einer gemischten Schenkung sind, in: Rumo-Jungo et al. (Hrsg.), Mélanges Paul-Henri Steinauer, Bern 2013, S. 751 ff. 。

〔5〕　Botschaft zum BGBB und zur Teilrevision ZGB und OR, BBl 1988 III, S. 1079; 详见 Rey, Neuregelung der Vorkaufsrechte, S. 48 ff. ; Steinauer, Les droits réels II, 4. Aufl. , Bern 2012, Nr. 1731a; Rüegg, Rechtsgeschäftliche Vorkaufsrechte, Nr. 635 ff. 。

〔6〕　Rey, Neuregelung der Vorkaufsrechte, S. 49 f. ; Giger, Berner Komm. , N 6 zu Art. 216c OR; Foëx, ComRom, N 8 ff. zu Art. 216c OR; vgl. auch BGE 85 II 474 ff. (481), E. 2.

[译者注：设定建设用地使用权，名义上不是出卖土地，故表面看来不符合优先购买情形，当事人借此规避优先购买权行使]，[1]或者出售某房地产公司全部股票，而其旗下有设定优先购买权的不动产。[2]转让股份有限公司的控制权（也即出让多数股票），而该公司旗下拥有一个设定了优先购买权的不动产，于此是否出现优先购买情形，有争议。[3]依判决见解，若清算中的股份有限公司的不动产依债法第660条第2款及第745条第1款转让给一名股东，则不存在优先购买情形。[4]

——依私法自治原则，当事人可以自由（在公证文书中）约定何种情形属于优先购买情形。[5] 522

但如果以合同扩展法定的优先购买情形，则不能在土地登记簿上为此优先购买权办理预告登记，因为可办理预告登记的对人性权利采法定主义（《民法典》第959条第1款）。[6] 523

——优先购买情形的出现给出卖人带来特定的通知义务（债法第216d条第1款）：出卖人必须使优先购买权人获悉买卖合同缔结的事实以及合同内容。[7] 524

（3）当优先购买情形发生时，优先购买权人可以主张优先购买权，也即行使形成权（债法第216c条第1款和第216e条）。[8]优先购买权人必须在3 525

〔1〕 BGE 85 II 474 ff.（482 ff.），E. 4, 此处用债法第156条做了论证。

〔2〕 Fasel, Basler Komm., N 7 zu Art. 216c OR mit Differenzierungen; zurückhaltend Foëx, ComRom, N 11 zu Art. 216c OR.

〔3〕 Peter, Festschrift Tercier, S. 367 ff.

〔4〕 BGE 126 III 187 ff.（188 f.），E. 2b-c = Pra 2000, Nr. 122, S. 717 ff.

〔5〕 BGE 85 II 474 ff.（481），E. 2 末尾；LGVE 1997 I Nr. 6, S. 12 ff.（13; Luzerner Obergericht）; Meier-Hayoz, Berner Komm., N 137 ff. zu Art. 681 ZGB（做了限制）; Giger, Berner Komm., N 119 zu Art. 216 OR; Rey, Neuregelung der Vorkaufsrechte, S. 45 f.; Rüegg, Rechtsgeschäftliche Vorkaufsrechte, Nr. 746 ff.

〔6〕 LGVE 1997 I Nr. 6, S. 12 ff.（13 f.; Luzerner Obergericht）; Meier-Hayoz, Berner Komm., N 138 zu Art. 681 ZGB. 反对以法律行为扩展优先购买权范围的 Rüegg, Rechtsgeschäftliche Vorkaufsrechte, Nr. 749, 有进一步提示。

〔7〕 Rüegg, Rechtsgeschäftliche Vorkaufsrechte, Nr. 751 ff.

〔8〕 详见 Rüegg, Rechtsgeschäftliche Vorkaufsrechte, Nr. 797 ff. 。

个月内（通过表示）行使该权利，而且原则上是向出卖人行使（优先购买权义务人；债法第 216e 条第 1 句）。[1]行使权利之通知虽无要式要求，但必须明确且无保留（不附条件）。[2]该期限自优先购买权人获悉合同缔结及其内容时起算（债法第 216e 条第 2 款）。[3]依一般原则，判断是否遵守期限，以行使权利之表示到达出卖人之时间为准。[4]应注意以下几点：

526　　　——买卖合同在优先购买权行使后被废止的，或者买卖合同须经批准但因买受人本人之原因而被拒绝者，其废止或拒绝对优先购买权人不发生效力（债法第 216d 条第 2 款）。[5]

527　　　——除优先购买权设定合同事先另有约定者外，优先购买权人得以出卖人与第三人所约定的购买条件取得不动产（债法第 216d 条第 3 款）。若优先购买权设定合同无规定，则优先购买权人和义务人的权利义务依照出卖人与第三人缔结的合同确定。[6]

528　　　对于非限定优先购买权（gewöhnliches/nicht limitiertes Vorkaufrecht），若出卖人与第三人在买卖合同中将部分价金约定为非金钱给付，而已经行使优先购买权的优先购买权人无法履行这一非金钱给付义务，则此非金钱给付义务必须转换为金钱给付义务。[7]1905 年债法修订草案第 1271 条第 3 款就此确认："若第三人承诺之给付，优先购买权人履行不能的，则他可以赔偿出卖人相应的价值。"[8]

529　　　——优先购买权之行使，不影响出卖人与第三人之间的合同关系。[9]若出卖人因优先购买权之行使和实现而不能履行对第三人的给付义务（并且出

---

〔1〕　Rüegg, Rechtsgeschäftliche Vorkaufsrechte, Nr. 815 ff.

〔2〕　Urteil des BGer. vom 25. Januar 2013, Nr. 5A_659/2012, E. 4 und 5 = ZBGR 96/2015, S. 339 ff.

〔3〕　Rüegg, Rechtsgeschäftliche Vorkaufsrechte, Nr. 843 ff.

〔4〕　Botschaft zum BGBB und zur Teilrevision ZGB und OR, BBl 1988 III, S. 1081.

〔5〕　Rüegg, Rechtsgeschäftliche Vorkaufsrechte, Nr. 566 ff.

〔6〕　Urteil des BGer. vom 20. März 2008, Nr. 5A_207/2007, E. 6.1 = ZBGR 90/2009, S. 214 ff. （insoweit nicht in BGE 134 III 332 ff.）.

〔7〕　BGE 134 III 597 ff. （605）, E. 3.4.1 in fine = Pra 2009, Nr. 43, S. 276 ff.；Botschaft zum BGBB und zur Teilrevision ZGB und OR, BBl 1988 III, S. 1081. 《德国民法典》第 466 条就此点体现的德国法律状况基本相同，该条的前一版本规定被 Meier-Hayoz, Berner Komm., N 155 zu Art. 681 OR 援引。

〔8〕　Botschaft zum OR von 1905, BBl 1905 II, S. 145 = Fasel, Materialien, S. 1536.

〔9〕　BGE 134 III 597 ff. （604）, E. 3.4.1 = Pra 2009, Nr. 43, S. 276 ff.

卖人没有［为出卖行为］作相应保留），则他原则上依债法第97条第1款对第三人负损害赔偿责任。[1]

如果不确信优先购买权人是否行使优先购买权，则出卖人为了避免损害赔偿义务，最好是在与第三人的买卖合同中将优先购买权行使约定为合同解除条件。[2]　529a

（4）依债法第216a条，合同约定的优先购买权行使期限最长25年，并　530可以在土地登记簿上办理预告登记（参见《民法典》第959条第1款；《土地登记簿条例》第78条和第123条）。[3]预告登记有以下效力：[4]

——首先，预告登记主要的法律效果是强化债权：依《民法典》第959　531条第2款，经预告登记的优先购买权可以对抗嗣后任何人取得的权利。这意味着，优先购买情形出现时，优先购买权人可以在3个月期限内对任何所有权人主张优先购买权（债法第216e条第1句末尾）。[5]换言之，土地登记簿上的预告登记，在权利实现方面强化优先购买权人的地位：他可以直接对任何其他取得人（任何所有权人）诉请实际履行，包括变更登记。[6]

——其次，优先购买情形出现并基于该情形发生土地登记簿登记活动时，　532出卖人（债法第216d条第1款）和土地登记簿管理人员（《民法典》第969条第1款）都对优先购买权人负有通知义务。[7]

——最后，依《民法典》第959条第2款，优先购买权人得主张，其仅　533承担优先购买权登记以前物上存在之负担；原则上他可提起变更登记之诉，以

---

〔1〕　亦参见 BGE 137 III 293 ff.（295 f.），E. 2. 1。

〔2〕　Rüegg, Rechtsgeschäftliche Vorkaufsrechte, Nr. 1040 f.

〔3〕　就法律过渡问题参见 BGE 138 III 659 ff.（660 ff.），E. 3。

〔4〕　详见 Rüegg, Rechtsgeschäftliche Vorkaufsrechte, Nr. 364 ff. 。

〔5〕　Rüegg, Rechtsgeschäftliche Vorkaufsrechte, Nr. 819 ff.

〔6〕　完整内容参见 BGE 126 III 421 ff.（423），E. 3a/aa＝Pra 2001, Nr. 117, S. 688 ff.；Urteil des BGer. vom 20. März 2008, Nr. 5A_207/2007, E. 7. 2＝ZBGR 90/2009, S. 214 ff.（insoweit nicht in BGE 134 III 332 ff.）；Schmid/Hürlimann-Kaup, Sachenrecht, Nr. 475 ff. und 1000；Rüegg, Rechtsgeschäftliche Vorkaufsrechte, Nr. 366 ff., 414 ff. und 1022 ff. 。

〔7〕　参见 Hürlimann-Kaup, Die Anzeigepflicht des Grundbuchverwalters（Art. 969 ZGB und Spezialnormen），ZBGR 93/2012, S. 1 ff.；Rüegg, Rechtsgeschäftliche Vorkaufsrechte, Nr. 786 ff. 。

消灭其后设定的损害其地位的物权。[1]

534 　　[优先购买权] 法定最长期限（债法第 216a 条）的适用范围并非完全清晰。但依统一见解，该规定至少不适用于依法律行为在建筑物区分所有权上约定的优先购买权（《民法典》第 712c 条第 1 款）。[2]

535 　　(5) 如果优先购买权被有效行使，则如前文所述（边码 511），产生等同于双方当事人缔结买卖合同的法律效果。[3]如果优先购买权义务人拒绝转让不动产所有权，则优先购买权人可以起诉优先购买权义务人，请求将不动产所有权判给自己（债法第 665 条第 1 款；边码 629）。[4]如有必要，优先购买权人可以申请限制处分（《民法典》第 960 条第 1 款第 1 项；边码 629）。[5]

536 　　但若不动产所有权人将设定了优先购买权的不动产所有权已经移转给了第三人，则实际履行被排除。此种情形，优先购买权人仅得请求优先购买权不履行之损害赔偿。[6]

3. 设定购买权之合同

537 　　(1) 设定购买权之合同（购买权设定合同，le pacte d'emption）可以设定一个约定的购买权：购买权义务人（Kaufsrechtsgeber/Kaufverpflichtete）为购买权人（Kaufsrechtsnehmer/Kaufsberechtigte）设定一个形成权，使购买权人可

---

〔1〕 BGE 85 II 474 ff.（488），E. 6；LGVE 1992 I Nr. 12, S. 22 ff.（22 f.；Luzerner Obergericht）；Meier-Hayoz, Berner Komm., N 59 zu Art. 683 i. V. m. N 284 ff. zu Art. 681 ZGB. Relativierend Giger, Berner Komm., N 164 zu Art. 216 OR；Brückner, Verwandte Verträge, § 11 N 128 ff.

〔2〕 Botschaft zum BGBB und zur Teilrevision ZGB und OR, BBl 1988 III, S. 1078；Schmid/Hürlimann-Kaup, Sachenrecht, Nr. 1038；Rüegg, Rechtsgeschäftliche Vorkaufsrechte, Nr. 321 f. und 480 ff.（有差别）；BGE 126 III 421 ff.（425 f.），E. 3b/aa（该判决第 426 页未解答，公益性社团章程中包含的约定优先购买权［及买回权］是否适用债法第 216a 条的规定）= Pra 2001, Nr. 117, S. 688 ff.

〔3〕 BGE 132 III 18 ff.（22），E. 4. 3. 详见 Rüegg, Rechtsgeschäftliche Vorkaufsrechte, Nr. 872 und 895 ff.。

〔4〕 Rüegg, Rechtsgeschäftliche Vorkaufsrechte, Nr. 824 ff.

〔5〕 就此参见 BGE 85 II 474 ff.（487），E. 5；LGVE 1985 I Nr. 5, S. 9 ff.（10 f.），E. 5a（Luzerner Obergericht）；Schmid/Hürlimann-Kaup, Sachenrecht, Nr. 481 und 849a ff. Relativierend aber LGVE 1992 I Nr. 12, S. 22 ff.（Luzerner Obergericht）。

〔6〕 Botschaft zum BGBB und zur Teilrevision ZGB und OR, BBl 1988 III, S. 1082；Meier-Hayoz, Berner Komm., N 247 zu Art. 681 OR. Allgemein BGE 137 III 293 ff.（295 f.），E. 2. 1.

通过单方意思表示——独立于优先购买情形，但仍需要其他条件[1]——购买标的物。[2]

　　也即，设定购买权之合同，其效果是使购买权人有权通过单方意思表示，发生等同于他与购买权义务人就不动产订立了买卖合同的法律效果。 538

　　（2）（约定之）不动产购买权的最长期限是 10 年，并且可以在土地登记簿上办理预告登记（债法第 216a 条和《民法典》第 959 条第 1 款）。预告登记有《民法典》第 959 条第 2 款所规定的效力。[3] 539

　　制定法将购买权（存在和可预告登记的）最长期限限定为 10 年，因为此等权利很大程度上是投机的工具：购买权人几乎毫无例外地视不动产价格变化来决定是否购买（购买决定只需他单方表示即可）。法律未规定购买权的行使期间。[4] 540

　　[对购买权而言] 预告登记是为了保障（购买权义务人）所负之债权性负担 [得以履行]。依判决见解，尤其允许将出卖人日后才履行的不动产买卖合同绑定一个在土地登记簿上办理了预告登记的购买权，从而巩固买受人的地位。[5] 541

　　若购买权被有效行使，则依前文所述（边码 537—538），产生等同于双方当事人缔结了买卖合同的法律效果。[6] 若购买权义务人拒绝转让不动产所有权，则购买权人可以起诉他，请求法院将不动产所有权判给自己（《民法典》第 665 条第 1 款；边码 629）。于此，购买权人还可以申请限制处分不动 542

---

〔1〕　例如：Urteil des BGer. vom 23. August 2004, Nr. 5A. 19/2004, E. 2. 2. 1 und 3. 1 = ZBGR 86/2005, S. 332 ff.（将获得建设许可作为停止条件）；BGE 138 III 659 ff.（665 f.），E. 4. 1。

〔2〕　Urteil des BGer. vom 12. Juni 2008, Nr. 4A_24/2008, E. 3. 1 = ZBGR 90/2009, S. 228 ff.；Urteil des BGer. vom 29. Juni 1995 in Semjud 117/1995, S. 726 f.

〔3〕　BGE 126 III 421 ff.（423），E. 3a/aa = Pra 2001, Nr. 117, S. 688 ff.；128 III 124 ff.（127），E. 2a。

〔4〕　BGE 138 III 659 ff.（665 ff.），E. 4。

〔5〕　BGE 129 III 264 ff.（267），E. 3. 2. 1；103 III 108 ff.；vgl. auch Urteil des BGer. vom 12. Oktober 1978 in ZBGR 60/1979, S. 381 ff.

〔6〕　BGE 132 III 18 ff.（22），E. 4. 3；Urteil des BGer. vom 12. Juni 2008, Nr. 4A_24/2008, E. 3. 1 = ZBGR 90/2009, S. 228 ff.；Urteil des BGer. vom 17. Januar 2011, Nr. 5A_651/2010, E. 5. 5. 1。

产（《民法典》第 960 条第 1 款第 1 项；边码 629）。

4. 设定买回权之合同

543　　（1）设定买回权之合同（le pacte de réméré）为出让人（不动产买回权人）设定一个形成权，在出现约定的某些情形时，他有权以单方表示请求买受人（买回权义务人）将不动产有偿反转让给自己。[1]因此，买回权可以被称为"出卖人的购买权"（Kaufrecht des Verkäufers）。[2]进一步要注意下面几点：

544　　——1905 年债法修订草案第 1273 条第 1 款明确包含了以下规定："通过买回合同，出卖人可以确保自己有权在特定时间内以特定的价格或者在没有约定买回价格时以出卖价格，买回他出卖的标的物。"[3]此规定因合同内容自由原则被视为理所当然，因此未被纳入债法中。

545　　——实务中常常就以下情形约定买回权：土地买受人未在一定期限内于该土地上建造民用或者商用房屋。[4]

546　　——《关于农村土地权的联邦法律》第 41 条第 3 款对买受人放弃自己经营农业用途的田庄或土地这种情形，有（约定）买回权的特别规定。

547　　（2）就买回权可以约定最长 25 年的期限，并可以在土地登记簿上办理预告登记（债法第 216a 条和《民法典》第 959 条第 1 款）。于此，预告登记也是为了加强买回权人的地位（《民法典》第 959 条第 2 款）。[5]

548　　债法第 216a 条的辐射范围（Tragweite，或译为射程）不明确：对于公益性社团（gemeinnütziger Verein）章程中规定的买回权是否适用债法第 216a 条这一问题，联邦法院明确搁置了。[6]

549　　（3）若买回权被有效行使，则依前文所述（边码 543），产生等同于双方当事人缔结了买卖合同的法律效果。若买回权义务人拒绝转让不动产所有权，买回权人可以起诉他，请求法院将不动产所有权判给自己（《民法典》第 665

---

〔1〕　BGE 120 Ia 240 ff.（244），E. 3b.

〔2〕　BGE 109 II 219 ff.（222 f.），E. 2b.

〔3〕　Botschaft zum OR von 1905, BBl 1905 II, S. 145＝Fasel, Materialien, S. 1537.

〔4〕　参见 Urteil des BGer. vom 4. November 1991 in RJN 1992, S. 72 ff.。

〔5〕　BGE 126 III 421 ff.（423），E. 3a/aa＝Pra 2001, Nr. 117, S. 688 ff.

〔6〕　BGE 126 III 421 ff.（426），E. 3b/bb＝Pra 2001, Nr. 117, S. 688 ff.

条第 1 款；边码 629）。[1] 于此，购买权人还可以申请限制处分不动产（《民法典》第 960 条第 1 款第 1 项；边码 629）。

三、合同之成立概述

1. 不动产买卖合同依债法总则的规定成立，也即须债法第 1 条第 1 款意义上的对立一致的意思表示的互换。　550

2. 但仅仅具有合意还不够。不动产买卖因制定法原因需要特别的要式：须公证始有效［成立］（债法第 216 条第 1 款）。对这种在实务中引起诸多问题的要式，下文须详尽说明（边码 553 以下）。　551

3. 不动产买卖不可能是即时交易（Handgeschäft）；依瑞士物权法体系，不动产买卖的履行（不动产登记，从出卖人的角度是作出相应的申请，《民法典》第 963 条），土地登记簿管理者的参与是必不可少的，因此负担行为与履行必然不能同时进行。　552

四、公证文书之特论

（一）概述

1. 债法第 216 条第 1 款规定的法定要式具有重要意义：根据此规定，"以不动产为标的物的买卖合同，须经公证才有效"。关于移转不动产所有权的负担行为（《民法典》第 657 条第 1 款），其一般法定要式因此得到重复确认［译者注：《民法典》第 657 条第 1 款对要式已有规定，债法第 216 条第 1 款与之内容相同，属于重复确认］。不动产买卖预约合同以及设定不动产优先购买权、购买权和买回权的合同（债法第 216 条第 2 款），也适用相同的要式规定，但未预先确定价格的先买权设定合同例外（债法第 216 条第 3 款；对此，简单书面形式即可；边码 515、516）。　553

遗产分配合同无须公证（Beurkundungszwang）；对此，《民法典》第 634 条第 2 款规定的一般书面形式即可，而且即便遗产中包含不动产，也是如此。[2] 对于自愿公开拍卖不动产的，债法第 229 条第 2 款规定出卖人作出成交表示即　554

---

［1］　BGE 109 II 219 ff.（223），E. 2b.
［2］　BGE 118 II 395 ff.（397），E. 2；100 Ib 121 ff.（123），E. 1.

可（无须公证）。[1]此外，根据联邦法院的判决，不动产融资租赁合同也不适用债法第 216 条第 1 款有关要式的规定（边码 2562）；与买卖合同以移转所有权换取价金为内容不同，融资租赁合同的内容是在融资租赁期间内，以融资租赁标的物的用益和使用权交换融资租赁之租息。[2]

555　　对于公证这一问题，无论从教义学还是实务的角度看，不动产买卖法都很关键：法定要式的一般学说，[3]很重要一部分是从债法第 216 条（以及《民法典》第 657 条第 1 款）发展出来的，公证实务和司法实践中通常必须解决具体的不动产交易的要式效力问题。

556　　2. 公证是联邦法上的概念；[4]制定法虽没有定义它，但债法第 216 条（以及《民法典》657 条第 1 款）以它为前提。根据联邦法院的定义，"公证是国家授权的人以国家要求的形式和规定的程序，记录法律事实或者有关法律行为的表示"。[5]若将这个一般性的说法具体化，那么联邦法律决定了下列问题：

557　　——《民法典》/债法里的公证指什么；

558　　——要式强制的范围[6]（边码 568 以下）；

559　　——要式瑕疵的后果（边码 599 以下）；

560　　——公证在证据法上的意义（《民法典》第 9 条和《民事诉讼法》第 179 条）。[7]

561　　涉外案件还要进一步遵守瑞士《国际私法》（IPRG）第 119 条。

---

〔1〕 BGE 115 II 331 ff.（337），E. 4a；详见 Schmid, Die Grundstücksversteigerung, S. 487 f.（§ 10 N 104 ff.）. 对私下拍卖不动产的则维持公证之要式要求（Schmid, Grundstücksversteigerung, S. 466 ff. ［§ 10 N 35 ff.］）。

〔2〕 BGE 132 III 549 ff.（553），E. 2. 1. 2（zum Leasingvertrag allgemein vgl. hinten Nr. 2517 ff.）.

〔3〕 例如参见 Gauch/Schluep/Schmid, OR AT, Nr. 488 ff., besonders Nr. 523a ff.。

〔4〕 Urteil des BGer. vom 12. Juni 2008, Nr. 4A_24/2008, E. 3. 1 = ZBGR 90/2009, S. 228 ff.；Urteil des BGer. vom 7. Januar 1999 in ZBGR 80/1999, S. 387 ff.（389），E. 2a；BGE 125 III 131 ff.（134），E. 5b = Pra 1999, Nr. 132, S. 711 ff.；BGE 124 I 297 ff.（299），E. 4a.

〔5〕 BGE 99 II 159 ff.（161），E. 2a；类似的观点已出现在 BGE 90 II 274 ff.（281），E. 6；还有 Urteil des BGer. vom 23. August 1994 in ZBGR 78/1997, S. 285 f.（286），E. 1；Gauch/Schluep/Schmid, OR AT, Nr. 524 f.。类似的有 Art. 55 VE SchlT ZGB（参见本书边码 491 脚注 1）。

〔6〕 例如 Urteil des BGer. vom 12. Juni 2008, Nr. 4A_24/2008, E. 3. 1 = ZBGR 90/2009, S. 228 ff.。

〔7〕 BGE 90 II 274 ff.（281 f.），E. 6；详见 Schmid, Die öffentliche Beurkundung, Nr. 140 ff.

3. 债法第 216 条对要式的规定具有多重目的，可以简要概括为防止仓促行事、缔约明确、内容明确以及法安定性。[1]向当事人说明法律效果，是公证人员的重要职能。 562

根据 1973 年联邦法院的说明性表述[2]（illustrative Bundesgerichtliche Um-schreibung），联邦法律要"防止合同当事人草率作出决定，努力使他们了解所负义务的范围并将他们的意思清楚完整地表达在公证文件上……此外，公证为土地登记簿之登记创造了安全的基础"。 563

4. 公证文书的制作程序，原则上由州规定（《民法典》尾章第 55 条）。[3]不过联邦法律规定了州法程序必须满足的最低要求，以使其能作为联邦法律上的公证，[4]即满足该制度的实体法目的。[5] 564

例如，若联邦法律要求一个（联邦法上的）法律行为须公证，那么单纯对签名的公证（对当事人签名真伪的公证）不能满足要式的要求。[6] 565

有争议的是，各州是否有权规定，该州治下的不动产只能由该州公证人员公证。联邦法院认为这没有阻止联邦法律实施并至今允许此类州管辖规定。[7]然而依本书见解，公证文书自由迁徙原则对不动产交易也适用。[8] 566

《关于企业合并、分立、改制和财产转让的联邦法律》（FusG）第 70 条第 2 款第 3 句明确规定了企业合并法上不动产转让合同公证自由原则。 567

---

〔1〕　具体参见 Schmid, Die öffentliche Beurkundung, Nr. 34 ff. 。

〔2〕　BGE 99 II 159 ff.（161），E. 2a.

〔3〕　详见 Mooser, Droit notarial, passim。

〔4〕　BGE 106 II 146 ff.（147），E. 1；90 II 274 ff.（281），E. 5. 参见联邦委员会的 Vorentwurf 2012 zu Art. 55 ff. SchlT ZGB（Nr. 491 Fn. 1）。

〔5〕　BGE 125 III 131 ff.（134），E. 5b = Pra 1999, Nr. 132, S. 711 ff.；BGE 124 I 297 ff.（299），E. 4a；Urteil des BGer. vom 30. Juni 1998 in BN 1998, S. 297 ff.（301），E. 4 = ZBGR 81/2000, S. 72 ff.

〔6〕　Urteil des BGer. vom 8. Dezember 1951 in ZBGR 33/1952, S. 75 ff.（77 f.），E. 2；anders noch BGE 47 II 383 ff.（387），E. 4, und 59 II 7 ff.（9），E. 2.

〔7〕　BGE 113 II 501 ff.（504 ff.），E. 3a.

〔8〕　Schmid, Die öffentliche Beurkundung, Nr. 227 ff. , besonders Nr. 242 ff. ；就提到的判决详见 Schmid, Zur interkantonalen Freizügigkeit öffentlicher Urkunden, ZBGR 70/1989, S. 265 ff.（besonders S. 270 f. ）。亦参见 Gauch/Schluep/Schmid, OR AT, Nr. 528 f. ；Art. 55m VE SchlT ZGB（Nr. 491 Fn. 1）。

(二) 要式强制的范围

1. 概览

568　(1) 为了使不动产买卖合同生效，必须公证哪些内容？这个问题可以进一步分为：

569　——必须明确，谁的意思表示须以要式为之（"要式强制的人的范围"）。债法第216条第1款和《民法典》第657条第1款规定（整个）买卖合同都需公证，也即要通过要式保护买卖双方。[1]换言之，双方的意思表示都要公证；出卖人和买受人必须协助公证，无论是亲自还是通过代理人。[2]

570　——难以判断的是，买卖合同双方当事人的哪些意思表示应记录在公证文书中（"要式强制的实质范围"）。根据一致的见解，无须对整个合同内容毫无遗漏地进行公证，这通常也是不可能的。联邦法院采纳这样的观点：公证强制须涵盖合同所有重要之点，[3]也即包含客观上和主观上重要之点。这将在下文阐明（边码574以下和588以下）。

571　(2) 还需强调的是，如此理解的（人的和实质的）公证强制范围仅得依联邦法律而确定。

572　对联邦法律未要求公证形式的事实，州法不能将该事实是否公证与不动产买卖的效力挂钩，例如，（联邦法上非要式之）代理权授予是否公证不得影响不动产买卖的效力。[4]

573　(3) 下文的论述针对不动产买卖合同，但它们也可类推适用于相近合同，尤其是不动产买卖预约合同或者设定不动产购买权的合同（债法第216条第2款）。[5]

---

[1]　与此不同的例如债法第493条第2款，仅要求保证之表示须公证，而不及于整个保证合同（就此参见 Schmid, Die öffentliche Beurkundung, Nr. 492）；下文边码2297。

[2]　BGE 68 II 229 ff.（233），E. I. /1；更多展开及引用参见 Schmid, Die öffentliche Beurkundung, Nr. 319 f.。

[3]　BGE 135 III 295 ff.（299 f.），E. 3. 2；Urteil des BGer. vom 12. Juni 2008, Nr. 4A_ 24/2008, E. 3. 1=ZBGR 90/2009, S. 228 ff.；Urteil des BGer. vom 24. April 2007, Nr. 5A. 33/2006, E. 4=BN 2007, S. 106 ff. = ZBGR 90/2009, S. 209 ff.；BGE 119 II 135 ff.（138），E. 2a=Pra 1993, Nr. 209, S. 790 ff.；完整内容亦参见 Gauch/Schluep/Schmid, OR AT, Nr. 536 ff.。

[4]　BGE 99 II 159 ff.（162），E. 2a-b.

[5]　就购买权设定合同参见 BGE 119 II 135 ff.（138），E. 2a；就预约合同参见 BGE 135 III 295 ff.（299 f.），E. 3. 2；Urteil des BGer. vom 17. Dezember 2014, Nr. 4A_281/2014, E. 3. 2。

2. 客观上重要之点

公证强制的范围包括合同的所有客观上重要之点，联邦法院有时称其为 574
"对交易之存在必不可少的意思表示，即要素"。[1]这个来源于合意学说的
"客观上重要之点"或"要素"的表述，在教义学上界限并不清晰，因此值
得讨论。[2]但可以确定的是，判决和学说中明确了哪些合同之点为重要之点：
当事人、出卖之不动产和价金。具体而言：

（1）客观上重要之点，首先是公证文书的当事人以及可能的代理人。[3] 575

因此，公证文书中载明，谁作为出卖人、谁作为买受人而依意思表示享 576
受权利、负担义务。可能的代理关系的信息明确某人是以自己名义还是为了
他人而参与公证。[4]

（2）其次，必须在公证文书中对买卖标的物——出卖之不动产——详加 577
说明。[5]

必要的是，出卖之不动产或者不动产之部分在公证时是确定的或者可得 578
确定；对于其细节信息无须再达成合意。[6]仅仅面积这一信息还不够；地块
的形状和地理位置也是重要因素，依联邦法院见解必须公证。[7]

依联邦法，不动产确定或可确定即可。无须土地登记簿上土地编号这一 579
信息，[8]也无须原封不动地照搬不动产上所负担的限制物权[9]。州法上对
这些信息的要求是纯粹管理型规范（blosse Ordnungsvorschrift）；违反这些规定

---

〔1〕　BGE 68 II 229 ff.（233），E. I./1.

〔2〕　批评意见有 Schmid, Die öffentliche Beurkundung, Nr. 405 ff. und 560 ff. 。

〔3〕　Urteil des BGer. vom 12. März 2002, Nr. 4C. 356/2001, E. 2a/aa; BGE 112 II 330 ff.（332），
E. 1a; 99 II 159 ff.（162），E. 2b; Urteil des BGer. vom 4. Juli 1972, in ZBGR 54/1973, S. 367 ff. ; BGE 45
II 565 ff. ; Schmid, Die öffentliche Beurkundung, Nr. 325 ff.

〔4〕　Schmid, Die öffentliche Beurkundung, Nr. 581.

〔5〕　BGE 106 II 146 ff.（148），E. 1; 103 II 110 ff.（111），E. 3a; 101 II 329 ff.（331），E. 3a; 95
II 42 f.（42 f.），E. 1.

〔6〕　BGE 106 II 146 ff.（148），E. 1; 就买卖标的物的描述参见 ZR 96/1997, Nr. 38, S. 104 ff.
（Zürcher Handelsgericht）。

〔7〕　BGE 127 III 248 ff.（254 f.），E. 3d＝Pra 2002, Nr. 72, S. 411 ff.

〔8〕　BGE 90 II 21 ff.（24），E. 1.

〔9〕　Urteil des BGer. vom 20. Februar 1997 in Pra 86/1997, Nr. 150, S. 827 ff.

无害合同效力，但可能导致公证人员纪律上的或者财产法上的责任。

580   （3）最后，须在公证文书中记录价金。价金是对买卖标的物所有权转让所许诺的全部对待给付。[1]需做以下说明：

581   ——联邦法院根据布鲁克纳（Brückner）的说法[2]称之为"重要的申报义务"（qualifizierte Deklarationspflicht）。[3]这是指，"作为对不动产所有权转让的报酬，买受人必须向出卖人所为之全部给付"需进行公证。即便公证前已经支付了部分价金，也同样要公证给付之全部。[4]换言之，价金的信息必须真实准确，也即符合当事人真意。[5]

582   这一特别申报义务一方面用于防止当事人草率行事和确保法律明确性（Rechtsklarheit），另一方面用于保护真实准确的价格公证所涉及的公共利益，因为多种公法上的赋税（例如不动产所得税和流转税）都取决于约定的价金。

583   如果以一个总价出卖不动产和动产之组合体，那么必须在公证文书中特别注明动产标的物，以便满足真实性规定（Wahrheitsgebot）。[6]类似的，如果出卖人以一个总价转让不动产并负担建造建筑物的义务，那么在总价之外还必须将出卖人所负担的定作物供给义务（Werkleistung）记录在公证文书中（边码596和1692）。

584   ——如果当事人故意公证一个错误的——例如过低的——价金，则是通谋虚伪表示，确切地说是隐藏真实价格的部分通谋虚伪表示。通谋虚伪表示之行为依据债法第18条第1款而无效，因为公证的价格不是意欲达成的价格（不符合当事人合意）。当事人事实上意欲达成的（隐藏）行为因欠缺要式——

---

〔1〕 BGE 135 III 295 ff.（299 f.），E. 3. 2；Urteil des BGer. vom 12. Juni 2008, Nr. 4A_24/2008, E. 3. 1＝ZBGR 90/2009, S. 228 ff.；Urteil des BGer. vom 24. April 2007, Nr. 5A. 33/2006, E. 4＝BN 2007, S. 106 ff.＝ZBGR 90/2009, S. 209 ff.；Urteil des BGer. vom 7. Januar 1999 in ZBGR 80/1999, S. 387 ff.（389），E. 2a＝ZBJV 135/1999, S. 173 ff.；BGE 103 II 110 ff.（111），E. 3a；101 II 329 ff.（331），E. 3a.

〔2〕 Brückner, Der Umfang des Formzwangs beim Grundstückkauf, ZBGR 75/1994, S. 4 ff.

〔3〕 Urteil des BGer. vom 7. Januar 1999 in ZBGR 80/1999, S. 387 ff.（389），E. 2a＝ZBJV 135/1999, S. 173 ff.（174）. 亦参见 Spahr, Forme authentique, S. 819 ff. 。

〔4〕 BGE 90 II 295 ff.（296 f.），E. 4；84 IV 163 ff.（164），E. 1a.

〔5〕 Urteil des BGer. vom 24. April 2007, Nr. 5A. 33/2006, E. 5＝BN 2007, S. 106 ff.＝ZBGR 90/2009, S. 209 ff.；BGE 93 II 97 ff.（104），E. 1＝Pra 1967, Nr. 128, S. 423 ff.

〔6〕 BGE 135 III 295 ff.（299），E. 3. 2.

缺少对合意的价金的公证——而形式上无效（债法第216条第1款）。[1]

当事人错误的买卖价格信息可以导致刑法和税法上的制裁，尤其是对骗 585
取错误公证行为的刑罚（刑法第253条）。[2]

——如果由公证书中可查明的因素可计算出价格，那么无须给出一个确 586
定的价格；价格具有可确定性即可（债法第184条第3款）。[3]

依联邦法院判决见解，如果当事人约定了一个固定价格"另加［使不动 587
产］增值之支出费用"，则价格具有可确定性。以下情形通常具有可确定性：
"价格可以依据一个计算方法或一个公式结合合同外部的因素（例如公布的指
数）来查明的，或者约定依据交易价值或者收益价值来估算的"。[4]

3. 主观上重要之点

依联邦法院的表述，公证强制（除客观上重要之点外）也包括所有主观 588
上重要之点。[5]虽然这点也值得讨论，[6]但下文——再次鉴于司法实践对法
安定性的需要——限于对（相对稳固的）联邦法院判决的阐述。

（1）原则上"个案中所有重要的合同约定"[7]，也即"合同的所有主观 589
上重要之点"[8]都需要公证。联邦法院将之定义为"所有对当事人来说与合
同要素同样重要的合同之点，也即从中可以推论出——依据当事人所表示之
意思或依据合同之点对当事人的实质重要性——若就此点达不成合意，当事

---

[1] 关于价格通谋虚伪表示参见 Gauch/Schluep/Schmid, OR AT, Nr. 563 ff. und 1021。

[2] BGE 84 IV 163 ff.。

[3] BGE 84 IV 163 ff.（165 f.），E. 1b；Urteil des BGer. vom 12. Juni 2008, Nr. 4A_24/2008, E. 3. 1 und 3. 4＝ZBGR 90/2009, S. 228 ff.。

[4] Urteil des BGer. vom 12. Juni 2008, Nr. 4A_24/2008, E. 3. 1 und 3. 4＝ZBGR 90/2009, S. 228 ff.，涉及不动产上的购买权；类似的判决如 Urteil des BGer. vom 20. März 2008, Nr. 5A_207/2007, E. 3. 3＝ZBGR 90/2009, S. 214 ff.（但联邦法院官方公布的裁判文书 BGE 134 III 332 ff. 中没有此点）［译者注：官方公布的文书通常只节选原判决重要部分］，涉及优先购买权。

[5] 例如 BGE 135 III 295 ff.（299），E. 3. 2.。

[6] 批评意见例如 Schmid, Die öffentliche Beurkundung, Nr. 586 ff.。

[7] BGE 68 II 229 ff.（233），E. 1.。

[8] BGE 84 IV 163 ff.（164），E. 1；更多提示参见 Schmid, Die öffentliche Beurkundung, Nr. 349 ff.。

人就不会缔结此合同"。[1]公证强制的正当性主要基于要式的证据固定和法安定性功能。[2]

590 　　依当事人意思或依"实质重要性",属于主观上重要的(依判决需要公证的)合同之点有:支付方式,[3]尤其是买受人承担不动产上所负担的不动产抵押债务;[4]依债法第160条以下支付违约金的约定;[5]出卖人负担将出卖之地块的相邻土地以特定方式划分成若干小块的义务,并且仅在[相邻土地]承受与建筑方式相关的一定负担时才得出售相邻土地。[6]

591 　　(2)当然应作说明的是,同样依联邦法院见解,并非所有对不动产买卖合同之缔结有任意程度重要性的约定,都能作为主观上重要之点而受要式强制拘束。仅那些"依其本质被买卖合同框架包含的"合同之点[7],或者说直接涉及买卖合同内容,也即直接涉及给付与对待给付对价关系的合同之点,才受要式强制拘束。[8]

592 　　联邦法院的这一限制贯彻起来当然不易。不属于要式强制的有以下例子:①与不动产买卖有关系的约定,依此约定,买受人就买卖合同之外的承揽合同工作向出卖人许诺额外的报酬;[9]②在买卖合同(或购买权设定合同)框

---

〔1〕 BGE 68 Ⅱ 229 ff.(233),E. 1;亦参见 Schmid, Die öffentliche Beurkundung, Nr. 349 f. 。

〔2〕 BGE 68 Ⅱ 229 ff.(235),E. 1;Schmid, Die öffentliche Beurkundung, Nr. 351.

〔3〕 不同观点有 Urteil des BGer. vom 27. September 2010, Nr. 4A_331/2010, E. 2(= ZBGR 95/2014, S. 141 ff.),该判决中,支付方式——买卖价款与买受人的报酬债权抵销——没有被作为买卖合同的构成部分,因而不被作为需要公证的(主观上重要的)合同之点。

〔4〕 BGE 90 Ⅱ 274 ff.(282 f.),E. 7. 这一问题触及买卖价款的数额(因此依联邦法院观点是客观上重要之点)。

〔5〕 Urteil des BGer. vom 17. Dezember 2014, Nr. 4A_281/2014, E. 3. 2;BGE 140 Ⅲ 200 ff.(204),E. 5. 3 = Pra 2014, Nr. 102, S. 813 ff. = ZBGR 96/2015, S. 404 ff.(包含有争议的例外情形;参见本书边码 505 的脚注 2);Urteil des BGer. vom 24. Mai 1961 in ZR 62/1963, Nr. 34, S. 85 ff. ;Urteil des BGer. vom 16. November 1937 in ZBGR 21/1940, S. 16 ff.(20);BGE 39 Ⅱ 224 ff.(225 f.),E. 2.

〔6〕 BGE 68 Ⅱ 229 ff. ;其他判决参见 Schmid, Die öffentliche Beurkundung, Nr. 352 ff. 。

〔7〕 Urteil des BGer. vom 7. Januar 1999 in ZBGR 80/1999, S. 387 ff.(389),E. 2a.

〔8〕 BGE 135 Ⅲ 295 ff.(299),E. 3. 2;Urteil des BGer. vom 3. Februar 2006, Nr. 4C. 386/2005, E. 3. 1;Urteil des BGer. vom 29. Juni 2004, Nr. 4C. 290/2003, E. 3. 4;BGE 119 Ⅱ 135 ff.(138),E. 2a;113 Ⅱ 402 ff.(404),E. 2a;97 Ⅱ 53 ff.(55),E. 3;90 Ⅱ 34 ff.(37),E. 2;88 Ⅱ 158 ff.(160),E. 1.

〔9〕 BGE 119 Ⅱ 29 ff.(31 f.),E. 2 = Pra 1993, Nr. 189, S. 719 ff.

架下，作出有利于出卖人的主要是道德上的协助或帮助义务的独立约定；[1]
③和不动产买卖绑定的家具购买约定（以额外的价格）；[2]④不属于买卖合同框架下的承揽合同约定；[3]⑤以市场上惯用的条件担保的消费借贷，它不涉及给付与对待给付关系；[4]⑥受委托购买不动产的义务，而委托人对此不动产有购买权；[5]⑦与买卖合同有紧密联系的关于不动产转卖的约定[6]。

4. 个别问题

（1）对出售之不动产的品质担保（债法第 197 条第 1 款意义上的担保），联邦法院认为是非要式的。[7]　593

相反，出卖人对不动产面积的明示担保（债法第 219 条第 2 款）是否需要公证，这一问题联邦法院未下定论。[8]　594

（2）实务中常常出现，空地的购买人在买卖合同中同时向出卖人——或者至少向第三人——定作建筑物之建造。如果土地买卖合同以此种方式与承揽合同结合，则对公证义务应区分以下情况：[9]　595

——如果当事人就土地和建筑物约定了一个总价（也即土地价格本身不能被证明，因为买卖合同法上的给付义务与承揽合同法上的制作义务结合在一起），那么除了买卖合同，也须对承揽合同（因此也对定作物供给义务）进行公证（边码 1692）。[10]　596

---

〔1〕　BGE 119 II 135 ff.（138 f.），E. 2b（原文是意大利文，翻译的德文刊登在 ZBGR 76/1995, S. 110 ff. 上）。

〔2〕　Urteil des BGer. vom 29. Juni 2004, Nr. 4C. 290/2003, E. 3. 4. 如果就不动产和家具约定了一个总价，那么公证文书中应当包含后者：BGE 135 III 295 ff.（299 ff.），E. 3. 2-3. 3。

〔3〕　BGE 107 II 211 ff.（216），E. 4.

〔4〕　BGE 113 II 402 ff.（405 f.），E. 2c.

〔5〕　BGE 86 II 33 ff.（36 f.），E. a.

〔6〕　BGE 78 II 435 ff.（437 ff.），E. 2a-c.

〔7〕　BGE 73 II 218 ff.（220），E. 1；68 II 229 ff.（235 f.），E. I. 2；63 II 77 ff.（79），E. 3.

〔8〕　BGE 62 II 159 ff.（163），E. 3.

〔9〕　整体内容亦参见 Krauskopf F., Grundstückkauf mit angefangener Baute, und Schmid, Kauf von Grundstücken mit angefangener Baute, beide in: Schmid（Hrsg.）, Der Grundstückkauf - La vente immobilière, Zürich 2010, S. 233 ff. und 267 ff.；就建筑物区分所有权预售买卖，参见 Schmid Meyer, Stockwerkeigentum ab Plan, S. 107 ff. 。

〔10〕　BGE 135 III 295 ff.（299），E. 3. 2；Gauch, Werkvertrag, Nr. 411.

597　　——如果出卖人/承揽人和买受人/定作人分别约定了土地和建筑物的价格（也即在买卖合同外附加一对独立的给付——工作物换报酬），则定作物供给义务及其报酬无须公证。[1]

598　　（3）为了实现公证的目的，公证文书自身必须显现须以要式作出的合同之点。这意味着，对这些合同之点，原则上排除公证文书援引外部（未公证的）文件［译者注：意思是应将须公证之点一句一句地写在公证文书上，而不得仅仅写参见某某（未公证的）文件］。[2]

（三）要式瑕疵及其后果

1. 公证文书之效力瑕疵

599　　（1）此处理解的要式瑕疵，始终是指那些有害不动产买卖合同效力的瑕疵，主要有以下几种：

600　　——不动产买卖合同（违反债法第 216 条第 1 款和《民法典》第 657 条第 1 款）完全未经公证，只通过口头或者简单书面形式缔结。

601　　——公证文书未包含所有须以要式作出之点，例如未包含代理关系之事实或者一个主观上重要的约定。

602　　——公证文书中包含的（须以要式作出之）要点没有被正确描述，实务中常见的情形是价格的不正确（不真实）公证（价格通谋虚伪表示；边码 584）。

603　　——公证之文书不是法律意义上的公证文书，因为其制作违反了（因联邦法上对程序的最低要求或者因各州规定）可被看作效力性强制性规范的程序规定。[3]

604　　（2）相反，若公证人员仅仅违反管理性强制性规范，则不影响不动产买卖的效力；但违反管理性强制性规范可能导致公证人员负财产法上责任或者

---

〔1〕奠基性文献 Gauch, Werkvertrag, Nr. 409 影响了“独立的给付对”这一表述。联邦法院判决采纳了书中观点：BGE 119 II 29 ff.（31 f.），E. 2 = Pra 1993, Nr. 189, S. 719 ff.；BGE 117 II 259 ff.（264 f.），E. 2b。

〔2〕BGE 106 II 146 ff.（148），E. 1（涉及购买权设定合同）；Urteil des BGer. vom 16. Dezember 1991 in ZBGR 78/1997, S. 55 ff.（59），E. 3d（涉及保证之表示）；Gauch/Schluep/Schmid, OR AT, Nr. 537a；Schmid, Die öffentliche Beurkundung, Nr. 188.

〔3〕部分不同的有 BGE 112 II 146 ff.（151 f.），E. 3，该判决似乎认为就违反要式的后果完全交给各州规定。

受纪律处分。[1]

2. 法律后果

（上述意义的）要式规定依据债法第 216 条第 1 款——以及债法第 11 条 605
第 2 款的一般性规定——是效力性强制性规范。违反这些规定导致买卖合同
无效。判决上和学说上对形式无效的性质意见不一，具体如下。

（1）联邦法院判决上的一贯见解是，合同形式无效意味着合同无效。[2] 606
此无效有以下特征：[3]

——不动产买卖不发生效力，也即无法发生所追求的法律后果，[4]尤其 607
是出卖人不负有转让不动产的义务，因此他拒绝转让不动产也不构成违
约——若是违约的话，买受人则有权请求不履行损害赔偿。[5]当事人也不得
诉请［以强制执行］完成法定的形式。[6]

当事人基于（无效的）合同所为之给付，无有效的法律上原因，原则上 608
必须被返还——除非是下文还要论述的权利滥用之限制。基于无效的法律上
原因所为之土地登记簿登记是没有正当理由的（《民法典》第 974 条第 2 款）；
出让人可以请求返还该不动产（《民法典》第 641 条第 2 款），并可诉请更正
登记（《民法典》第 975 条第 1 款）。金钱给付可以依债法第 62 条以下请求取
得人返还；[7]这与债法第 63 条第 1 款并不冲突，只要买受人（即便知道要式
瑕疵）以为出卖人将履行给付或者说还将完成要式。[8]

——对于无效，法院应依职权考虑。[9]不仅当事人，那些虽未参与合同 609

---

[1] BGE 99 II 159 ff.（162 f.），E. 2b.

[2] BGE 135 III 295 ff.（299），E. 3. 2；106 II 146 ff.（151），E. 3.

[3] 亦参见 Gauch/Schluep/Schmid, OR AT, Nr. 548 ff.；Schmid, Die öffentliche Beurkundung, Nr. 634 ff.。

[4] Urteil des BGer. vom 4. März 1983 in ZBGR 66/1985, S. 252 ff.（255），E. 3 末尾。

[5] Urteil des BGer. vom 27. Januar 1993 in FZR 1993, S. 56, E. 2.

[6] Urteil des BGer. vom 2. August 2006, Nr. 5C. 96/2006, E. 3. 2 末尾（针对不动产买卖预约合同）。

[7] BGE 137 III 243 ff.（251），E. 4. 4. 6；Gauch/Schluep/Schmid, OR AT, Nr. 549 有提示。

[8] BGE 115 II 28 ff.（29 f.），E. 1a.

[9] BGE 112 II 146 ff.（151），E. 3；106 II 146 ff.（151），E. 3. 在 BGE 112 II 330 ff.（334 f.），E. 2b 中，法院是否对要式瑕疵依职权审查这个问题，被明确搁置，未有结论。

但被要式瑕疵影响的第三人，也有权主张要式瑕疵。[1]

610 　　——在瑕疵不能被治愈这个意义上，无效是绝对的。[2]合同的履行也不能治愈瑕疵。

611 　　（2）对无效的上述理解被联邦法院以禁止权利滥用为由大大弱化：[3]在个案中，对要式瑕疵的主张可能构成《民法典》第 2 条第 2 款意义上明显的权利滥用，此等情形则不得主张要式瑕疵；要式瑕疵［于此等情形］可被忽略[4]，合同"可如同其有效一般被对待"。[5]

612 　　对要式瑕疵的主张是否构成权利滥用，由法院评价个案的全部情事后决定，不受一个僵硬的规则拘束。[6]然而，如果合同双方当事人——知道要式瑕疵——自愿全部或者大部分履行了合同，那么（再主张要式瑕疵）被推定为权利滥用。[7]

613 　　（3）绝大多数学说对联邦法院的"无效构造"持批判态度，而支持"特殊的无效"，其特征如下：[8]

614 　　——法院不能依职权认定形式无效，而必须由当事人主张。第三人不能援引要式瑕疵。

615 　　——要式有瑕疵的合同，首先应被看作未生效力。如果合同被履行而当事人未主张要式瑕疵，或者对要式瑕疵的主张因限制权利滥用而未被支持，那么瑕疵因此被治愈，合同变为有效。

616 　　此学说主要在于批判瑕疵不可治愈说，尤其是瑕疵不可治愈说可能导致令人不满意的结果：如果要式瑕疵的不动产买卖合同已被履行，那么出卖人依据

---

〔1〕　BGE 112 II 146 ff.（151），E. 3；106 II 146 ff.（151），E. 3.

〔2〕　Urteil des BGer. vom 7. Januar 1999 in ZBGR 80/1999, S. 387 ff.（390），E. 3a.

〔3〕　下文内容参见 Gauch/Schluep/Schmid, OR AT, Nr. 550 ff.。

〔4〕　BGE 112 II 330 ff.（334），E. 2b.

〔5〕　BGE 98 II 313 ff.（316），E. 2 末尾。

〔6〕　BGE 140 III 200 ff.（202），E. 4. 2 = Pra 2014, Nr. 102, S. 813 ff. = ZBGR 96/2015, S. 404 ff.；BGE 112 II 107 ff.（111 f.），E. 3b.

〔7〕　BGE 140 III 200 ff.（202），E. 4. 2 = Pra 2014, Nr. 102, S. 813 ff. = ZBGR 96/2015, S. 404 ff.；BGE 138 III 401 ff.（404），E. 2. 3. 1；112 II 107 ff.（111 f.），E. 3b；完整内容亦参见 Gauch/Schluep/Schmid, OR AT, Nr. 552 ff.。

〔8〕　参见 Schmid, Die öffentliche Beurkundung, Nr. 642 ff., und Gauch/Schluep/Schmid, OR AT, Nr. 558 ff.，这两个文献都有丰富的提示。

（物权行为）有因性原则（Kausalitätsprinzip）（《民法典》第 974 条第 2 款）虽然仍是不动产所有权人，但其诉请更正土地登记簿上的登记可能因《民法典》第 2 条第 2 款而失败。[1]受让人则无正当理由被作为所有权人登记在土地登记簿上，若他非出于善意，则也不能因时效取得该不动产（《民法典》第 661 条）。土地登记簿上的登记和"实际法律状态"不一致。[2]主流学说所采的观点则提供了一个更合理的解决方案：通过治愈瑕疵，处分行为可以建立在一个有效的负担行为的基础上，避免了土登记地簿［登记状态］与实际法律状态的矛盾。

——若成功主张要式瑕疵，则其法律效果与联邦法院的构造无异：如果在履行之前成功主张要式瑕疵，则无实际履行和损害赔偿请求权；在合同履行后成功主张的，则当事人有返还请求权（所有物返还请求权，不当得利）。　617

（4）如果一方当事人因为不动产买卖合同形式无效而遭受非自愿的财产减少，则发生是否得向对方当事人请求损害赔偿的问题。[3]依一般原则，当事人必须自己承担该损害——也应自己承担因合同无效所遭受的损失。依前文所述，（未生效）合同不能产生以下债务关系：违反该债务关系可以导致不履行损害赔偿义务。[4]也即，仅当对方当事人的行为导致合同缔结有瑕疵时，其才负有责任。[5]　618

——若可以主张对方当事人恶意欺诈（例如鉴于其履行意愿），则可以认定存在侵权责任（债法第 41 条第 1 款）。[6]　619

——若当事人违反认真磋商的要求，或者未告知意欲达成的合同为要式合同（只要就此存在一个说明义务），或者担保愿意无条件履行因违反要式而无效的合同，则可能发生缔约过失责任（因为违反先合同义务）[7]。[8]　620

---

〔1〕　Koller A. , Vom Formmangel, S. 104 f. （§ 3 N 64 f.）.

〔2〕　BGE 86 II 398 ff. （401 f.）, E. 1.

〔3〕　下文内容参见 Schmid, Die öffentliche Beurkundung, Nr. 822 ff. 。

〔4〕　Urteil des BGer. vom 27. Januar 1993 in FZR 1993, S. 56, E. 2.

〔5〕　Schmid, Die öffentliche Beurkundung, Nr. 823.

〔6〕　BGE 68 II 229 ff. （237）, E. IV; Schmid, Die öffentliche Beurkundung, Nr. 825 ff.

〔7〕　概述参见 Gauch/Schluep/Schmid, OR AT, Nr. 948 ff. und 962a ff. 。

〔8〕　Schmid, Die öffentliche Beurkundung, Nr. 831 ff. （就赔偿请求权的范围有进一步阐述）；联邦法院判决未下结论，BGE 106 II 36 ff. （42）, E. 5, und 98 II 23 ff. （28 f.）, E. 3 = Pra 1972, Nr. 120, S. 371 ff. 。亦参见 BGE 140 III 200 ff. （203 f.）, E. 5.2 = Pra 2014, Nr. 102, S. 813 ff. = ZBGR 96/2015, S. 404 ff. ; dazu kritisch Schmid/Freyenmuth-Frey, ZBJV 152/2016, S. 367 ff. 。

621 　　对这些情形，联邦法院还认为信赖责任是可能的。尤其是当出卖人与买受人之间存在一个法律上特殊的结合关系时，唤起信赖后却背于诚信而使信赖落空的损害赔偿，得以正当化。[1]这虽值得考虑，但——不同于联邦法院见解——通常只导致赔偿消极利益（信赖利益）的损害。[2]

622 　　若公证人员在公证时未遵守效力性强制性规范，则可向其（若是官方公证处，则向涉及的州或区）请求损害赔偿。责任依涉及的州的公法确定，无州法上规定的依债法第 61 条第 1 款。[3]

第二节　出卖人之义务

623 　　依债法第 184 条第 1 款结合第 216 条第 1 款，出卖人负有使买受人取得对不动产的占有和不动产所有权的义务。同动产买卖一样，出卖人必须适时、内容正确、符合品质地履行该义务。具体为：

624 　　1. 作为买卖标的物被出售之不动产，由合同确定。绝大多数情形发生的是特定物买卖。例外情形下，当出卖人需从多个相似的划分为块的土地中让渡一块土地时，是（受限的）种类物买卖。

625 　　若从现存土地［译者注：在土地登记簿上有土地编号的一块地］中分割一小块特定面积的土地并出卖，那么依丈量法，仅当此一小块土地经过丈量并取得一个新的土地编号时，不动产登记机构才能处理——出卖人才能适当履行其义务［《丈量条例》（VAV）第 25 条第 1 款]。[4]公证法规通常规定，公证人员应先等待土地划分出小块，然后再就买卖制定公证文书。

---

〔1〕 Urteil des BGer. vom 7. Januar 1999 in ZBGR 80/1999, S. 387 ff.（392），E. 4a.

〔2〕 Schmid, Vertrauenshaftung bei Formungültigkeit, in: Forstmoser/Honsell/Wiegand（Hrsg.），Richterliche Rechtsfortbildung in Theorie und Praxis, Festschrift für Hans Peter Walter, Bern 2005, S. 417 ff.（besonders S. 426 ff.）；但是联邦法院在本书所引判决（Urteil des BGer. vom 7. Januar 1999 in ZBGR 80/1999, S. 387 ff.［392 f.］，E.4a）中支持积极利益（履行利益）的赔偿。

〔3〕 BGE 127 III 248 ff.（251 f.），E. 1a.

〔4〕 就丈量法参见 Schmid/Hürlimann-Kaup, Sachenrecht, Nr. 394 ff.。

2. 与动产买卖一样，不动产出卖人的义务也是双重的： 626

——一方面，出卖人应使买受人取得对不动产的占有（债法第 184 条第 1 627
款）。使买受人取得占有的义务（Besitzverschaffungspflicht）应依《民法典》
第 922 条以下履行。[1]对于有建筑物的土地，出卖人特别负有交付钥匙的义
务（《民法典》第 922 条第 1 款）。

——另一方面，出卖人负有使买受人取得出卖之不动产所有权的义务 628
（债法第 184 条第 1 款）。因为是不动产，（仅）交付占有还不足以移转所有
权。因为不动产所有权之取得需要将取得人登记在土地登记簿上（《民法典》
第 656 条第 1 款），所以出卖人必须将买受人为新所有权人通知土地登记簿主
管机关，并附上通知所需的必要凭证（《民法典》第 963 条以下）。[2]从出卖
人角度看，其所负担的即是（向土地登记簿管理机关）作出一项意思通知的
义务。

由于合同关系的相对性，买受人的履行请求权只能对出卖人行使，不能 628a
对取得所有权的第三人行使。[3]

《民法典》第 665 条第 1 款对上述法律效果作了确认和补充：依该款规 629
定，受让之原因（即买卖合同）赋予受让人向所有权人请求进行（移转）登
记的对人性请求权，若所有权人拒绝，则受让人有权请求法院将所有权判归自
己。[4]此外，为了确保所有权移转的请求（能够实现），买受人还能经司法
途径，依《民法典》第 960 条第 1 款第 1 项在土地登记簿上办理限制处分的
预告登记——作为预防性措施。[5]

---

[1]　Schmid/Hürlimann-Kaup, Sachenrecht, Nr. 143 ff.

[2]　Schmid/Hürlimann-Kaup, Sachenrecht, Nr. 499 ff.

[3]　BGE 137 III 293 ff.（295 f.），E. 2. 1.

[4]　Schmid/Hürlimann-Kaup, Sachenrecht, Nr. 842 und 849a ff.；详见 Schnyder, Vertragserfüllung und deren Sicherung in sachenrechtlicher Sicht, in：Koller A.（Hrsg.）, Der Grundstückkauf, 2. Aufl., Bern 2001, S. 147 ff.（§ 4 N 25 ff.）。就诉讼类型（给付之诉和形成之诉）参见 LGVE 2010 I Nr. 13, S. 19 ff.（23）, E. 5（Luzerner Obergericht）。

[5]　BGE 104 II 170 ff.（176）, E. 5；Schmid/Hürlimann-Kaup, Sachenrecht, Nr. 480 ff. und 849a ff.；Steinauer, Les droits réels II, 4. Aufl., Bern 2012, Nr. 1549 f.；Schnyder, Vertragserfüllung und deren Sicherung in sachenrechtlicher Sicht, in：Koller A.（Hrsg.）, Der Grundstückkauf, 2. Aufl., Bern 2001, S. 156 ff.（§ 4 N 40 ff.）。

630　　若不动产买卖附有停止条件，则出于物权法上原因，仅当条件满足时，才能在土地登记簿上办理移转登记（债法第 217 条第 1 款；亦参见《土地登记簿条例》第 47 条第 1 款）。若第三人追夺［不动产］，则出卖人负权利瑕疵担保责任（边码 638 以下）。

631　　根据物权行为有因性原则，仅当买卖合同（法律上原因）有效时，所涉不动产所有权（已在土地登记簿上办理移转登记情形下；《民法典》第 656 条第 1 款）才移转。[1]

632　　3. 出卖的土地及其上建筑物和其他设施（这些是土地所有权组成部分：《民法典》第 667 条第 2 款），品质上必须符合合同约定，否则出卖人承担瑕疵担保责任（边码 643 以下）。

633　　4. 前述义务也必须适时履行（参见边码 233 以下）。

第三节　买受人之义务

634　　买受人之义务依一般规则确定。因此买受人负有向出卖人支付价金的义务（债法第 184 条第 1 款），并依债法第 211 条（结合债法第 221 条）负有受领出卖之不动产的义务。有两点需加以说明：

635　　1. 债法第 214 条规定的［动产买卖］出卖人于买受人迟延时有解除权，也适用于不动产买卖（边码 259 以下）。[2]

636　　债法第 214 条第 3 款意义上的不动产信贷出卖（Kreditverkauf），仅当出卖人（未作相应保留；边码 262 以下）已把占有和所有权（后者通过不动产权利移转申请）移转给买受人时，其解除权才被排除。[3]

---

〔1〕　Schmid／Hürlimann-Kaup, Sachenrecht, Nr. 74 ff. und 849.

〔2〕　Urteil des BGer. vom 10. April 1987 in Semjud 109/1987, S. 604 ff.（607 f.），E. 1b；BGE 96 II 47 ff.（50），E. 2；86 II 221 ff.（234），E. 11c.

〔3〕　BGE 86 II 221 ff.（234），E. 11c；Giger, Berner Komm. , N 130 zu Art. 221 OR；Koller A. , Basler Komm. , N 21 zu Art. 214 OR；derselbe, OR BT, § 4 N 50；Merz T. , Zahlungsverzug des Käufers, S. 167.

2. 通常，一部分价金以债务承担抵充，也即通过买受人承担土地上所负的　637
土地担保债务来抵充。对此情形，应遵守《民法典》第832条以下之规定。[1]
就价金债权的担保参见边码662以下。

第四节　权利瑕疵担保特论

1. 不动产也有全部或者部分被追夺的风险。但如前所述（边码274以　638
下），此种追夺风险因《民法典》第973条第1款而很少发生。在还未执行联
邦土地登记簿（制度），也没有相应的州登记制度代替联邦土地登记簿（制
度）的领域（《民法典》尾章第48条第3款），追夺风险仍发挥一定作用。

2. 因不动产买卖法就不动产被追夺没有规定特别规则，动产瑕疵担保规　639
则可依其意义而适用（债法第221条结合债法第192条以下；边码269条以
下）。动产瑕疵担保规则于以下两方面适用：

——一方面，对追夺的要件；　640

——另一方面，对不动产买受人的权利瑕疵担保请求权。　641

因债法第219条第3款不适用于权利瑕疵担保，所以对于时效也没有特　642
别规定。因此适用债法第127条一般时效期间。[2]

第五节　物之瑕疵担保特论

不动产出卖人的物之瑕疵担保责任，准用债法第197条以下的规则（债　643
法第221条）。[3]债法第219条规定了特别规则。

1. 不动产出卖人须依债法第197条以下的一般规则为标的物瑕疵负责。　644
因此，动产买卖的规则依其意义适用于：

——有关瑕疵定义的规定。　645

---

〔1〕　参见 BGE 121 III 256 ff.，对此案参见 Deillon-Schegg, Grundstückkauf und Pflicht zur Zahlung
von Hypothekarzinsen, recht 1998, S. 25 ff.；该案的前审判决刊登于 ZBGR 79/1998, S. 319 ff.（Walliser
Kantonsgericht）；其他文献如 Schmid/Hürlimann-Kaup, Sachenrecht, Nr. 1619 ff.。

〔2〕　相同的观点有 Giger, Berner Komm.，N 90 zu Art. 219 OR sowie N 43 zu Art. 221 OR。

〔3〕　例如 BGE 131 III 145 ff.（147），E. 3.。

646　　　——买受人的瑕疵通知义务（债法第 201 条）。[1]

647　　　——约定免责条款的可能——这在实务中特别存在于土地上有建筑物的情形——及限制（债法第 199 条）。免责条款的一般功能是，使出卖人无须担保标的物有完美的品质；这尤其在出卖人自己无法估计瑕疵的风险时有实际意义，也即出售有陈旧建筑物的不动产时。[2]

648　　　免责条款在公证中举足轻重，对此有大量判决，这些判决常常有努力阻拦不公平条款的痕迹（"隐蔽的内容控制"；参见边码 372）。尤其是当免责条款无具体内容[3]或者出卖人行为系恶意时（债法第 199 条）[4]，免责条款不生效力。此外，此等条款不包括依客观解释完全超越买受人理性容忍范围的瑕疵。关键的是个案中的情形。[5]就此（与判断免责条款效力）相关的是，买受人出于什么可探知的目的而购买不动产，出现的瑕疵是否导致标的物不再适合预定的使用（目的）以及"是否严重损害了交易的经济目的"（边码 372）。此外，《反不正当竞争法》第 8 条保留了有利于作为消费者的不动产买受人的规范（边码 378 及 432）。

649　　　——买受人因瑕疵所生权利，即瑕疵解除、减价、瑕疵结果损害赔偿（债法第 205 条以下）。[6]

---

　　〔1〕　BGE 81 II 56 ff.（60），E. 3b; RJN 1997, S. 111 ff.（115 f.），E. 4（Neuenburger Kantonsgericht）.

　　〔2〕　Urteil des BGer. vom 13. Juli 2005, Nr. 4C. 16/2005, E. 1. 5 = ZBGR 88/2007, S. 281 ff.; BGE 131 III 145 ff.（151），E. 8. 1 = Pra 2005, Nr. 50, S. 389 ff. = ZBGR 88/2007, S. 289 ff.; BGE 130 III 686 ff.（691），E. 4. 3. 1; Urteil des BGer. vom 1. November 1995 in ZBGR 77/1996, S. 330 ff.（333），E. 4b.

　　〔3〕　RJJ 1995, S. 165 ff.（Jurassisches Kantonsgericht）; ZWR 29/1995, S. 237 f.（Walliser Kantonsgericht）; LGVE 1986 I Nr. 8, S. 10 ff.（11）= ZBGR 71/1990, S. 286 ff.（Luzerner Obergericht）; ähnlich BGE 73 II 218 ff.（224），E. 3; Urteil des BGer. vom 20. August 2009, Nr. 4A_226/2009, E. 3. 2. 1（本案中，法院否认系争条款具空洞特征）.

　　〔4〕　Urteil des BGer. vom 13. Juli 2005, Nr. 4C. 16/2005, E. 1. 5 = ZBGR 88/2007, S. 281 ff.; ZWR 29/1995, S. 232 ff.（233 f.），E. 9b（Walliser Kantonsgericht）.

　　〔5〕　BGE 130 III 686 ff.（689），E. 4. 3. 1; Urteil des BGer. vom 20. August 2009, Nr. 4A_226/2009, E. 3. 2. 2; Urteil des BGer. vom 25. August 2005, Nr. 4C. 119/2005, E. 2. 3. 完整内容亦参见 Schumacher/Rüegg, Haftung des Grundstückverkäufers, S. 279 ff.（§ 5, Nr. 315 ff.）. Zu pauschal Urteile des BGer. vom 2. Dezember 2010, Nr. 4A_551/2010, E. 2. 6, und vom 4. Januar 2011, Nr. 4A_529/2010, E. 4. 1（= ZBGR 95/2014, S. 380 ff.），该案（有疑义的援引 BGE 130 III 686 ff.［689 ff.］，E. 4. 3. 1）树立了一个规则：旧建筑物买卖的，鉴于免责条款，买受人必须就价款 10% 以内的意外费用负责。

　　〔6〕　ZWR 32/1998, S. 240 ff.（Walliser Kantonsgericht）.

（让建筑公司建造建筑物的）不动产出卖人常常将其源于承揽合同而对承 650
揽人享有的物之瑕疵担保请求权，结合一个免责条款让与买受人，以便使买
受人可以独立请求瑕疵担保。[1]然而有争议的是，是否所有物之瑕疵担保请
求权都可转让。[2]

——此外，如果出卖人故意欺骗买受人，则对免责条款、瑕疵通知义务 651
及瑕疵担保请求权的诉讼时效，都适用更有利于买受人的例外规则（债
法第 199 条、第 203 条、第 210 条第 6 款；边码 364、365、374、375、
427）。[3]

2. 不动产瑕疵担保特别规则规定在债法第 219 条。 652

——对不动产面积与合同中提及的面积不一致的情形，制定法有特别规 653
则（债法第 219 条第 1、2 款）。[4]

出卖人所说的不动产面积——只要根据全部情形买受人依诚实信用得信 654
赖之——应看作对品质的担保，[5]因此在面积不足时，出卖人负担保义务
（债法第 219 条第 1 款）。

然而，若不动产实际面积与登记在土地登记簿上的官方测量面积不同， 655
（此担保义务）受到一个有利于出卖人的限制；于此，出卖人——只要他善意
信赖土地登记簿上之信息并且不知道瑕疵存在[6]——仅在明确表示承担面积
不足的担保责任时，才负其责（债法第 219 条第 2 款）。就此点而言，依制定
法规则，买受人承担可能的土地登记簿上（面积）错误的风险。[7]有争议的
是，买受人能否以及在多大程度上让州（政府）依《民法典》第 955 条（因

---

〔1〕　例如参见 RJJ 1996, S. 63 ff.（Jurassisches Kantonsgericht）。

〔2〕　完整内容参见 Schumacher/Rüegg, Haftung des Grundstückverkäufers, S. 286 ff.（§ 5, Nr. 340
ff.）；Gauch, Werkvertrag, Nr. 2437 ff.（就承揽合同法）；Schmid, Gewährleistung, S. 93 ff.；Nussbaumer,
Cession des droits de garantie, Nr. 21 ff. und 778 ff.

〔3〕　BGE 81 II 138 ff.（141）, E. 3.

〔4〕　下文内容亦参见 Koller A., Falsche Flächenangabe, S. 1 ff.。

〔5〕　Urteil des BGer. vom 14. Februar 2008, Nr. 4A_417/2007, E. 4. 3＝ZBGR 90/2009, S. 243 ff.；类
似观点参见 Cavin, SPR VII/1, S. 130。

〔6〕　BGE 62 II 159 ff.（163）, E. 3；81 II 138 ff.（141）, E. 3；Cavin, SPR VII/1, S. 139 f.；Schu-
macher/Rüegg, Haftung des Grundstückverkäufers, S. 250 ff.（§ 5 N 227 ff.）.

〔7〕　BGE 62 II 159 ff.（164）, E. 4, 引用立法史（联邦委员会的草案——出卖人就土地登记簿上
的面积登记错误的责任）。参见 Botschaft zum OR von 1905, BBl 1905 II, S. 26＝Fasel, Materialien, S. 1460
[zu Art. 1263 des Entwurfs]）。

土地登记簿管理所生损害赔偿责任）负责。[1]

656　　作为物之瑕疵担保的法律效果，债法第 219 条第 1、2 款规定出卖人（在一定要件下）负赔偿责任。依联邦法院见解，买受人仅有减价（和损害赔偿）请求权。[2]不同见解认为，瑕疵解除权未被排除。[3]

657　　——此外，依债法第 219 条第 3 款适用特殊时效规则：对建筑物的瑕疵担保请求权的时效期间是 5 年，自买受人取得所有权时起算。判决将这一时效期间扩展到未建造的土地上。[4]这一解决方法是公正的，虽然从立法史来看显示的是不同的解决方向。[5]这一时效规定也适用于面积错误导致的出卖人责任（边码 653、654）。[6]

658　　若出卖人故意欺骗买受人，则他不能主张适用这个相对于一般的 10 年时效来说已经缩短了的时效期间（债法第 210 条第 6 款）。[7]

658a　　若附有建筑物区分所有权（《民法典》第 712a 条）的不动产上出现瑕疵（特别是建筑物瑕疵），则出现特别且复杂的问题。[8]

658b　　就建筑物区分所有权单元（所有权住房）的个别购买者针对出卖人的瑕疵担保权，联邦法院判决认为是系争单元的区分所有权人的个人法律救济权利，判决否认［个人权利］法定移转给区分所有权人共同体。就区分所有部分和共有部分的瑕疵担保权由相应的区分所有权人个人享有，而不是区分所

---

〔1〕　参见 Honsell, Basler Komm. , N 6 zu Art. 219 OR。就这一国家赔偿责任参见 Schmid/Hürlimann-Kaup, Sachenrecht, Nr. 552 ff. 。

〔2〕　BGE 87 II 244 ff. （247 f. ）, E. c；此外 Cavin, SPR VII/1, S. 140；Tercier/Favre/Zen-Ruffinen, Contrats spéciaux, Nr. 1094。

〔3〕　Keller/Siehr, Kaufrecht, S. 124；Giger, Berner Komm. , N 58 ff. zu Art. 219 OR。

〔4〕　BGE 104 II 265 ff. （270）, E. 3；Urteil des BGer. vom 23. Juli 2008, Nr. 4A_235/2008, E. 5. 1.

〔5〕　Botschaft zum OR von 1905, BBl 1905 II, S. 27＝Fasel, Materialien, S. 1461.

〔6〕　Cavin, SPR VII/1, S. 138；Schumacher/Rüegg, Haftung des Grundstückverkäufers, S. 276（§ 5 N 303）；Koller A. , OR BT, § 5 N 32 und 49；a. M. Giger, Berner Komm. , N 69 zu Art. 219 OR。

〔7〕　BGE 81 II 138 ff. （141）, E. 3（针对当时修改前的债法第 210 条第 3 款）［译者注：修改自 2013 年 1 月 1 日生效］.

〔8〕　例如参见 Gauch, Werkvertrag, Nr. 1495 ff. （针对承揽合同法类似问题）；Schmid Meyer, Stockwerkeigentum ab Plan, S. 314 ff. （针对建筑物区分所有权预售）；Vischer, ZBGR 96/2015, S. 217 ff.

有权人共同体享有。[1]

第六节　个别问题

一、风险负担

1. 从债法立法史可知，立法者对动产和不动产的风险负担原则上欲作同等规定。[2]然而债法第 220 条设了一个特别推定规则：若合同就买受人受领不动产——理解为移转占有——约定了确定的时间点，那么可以推定，收益和风险自这一时间起才移转给买受人。

659

依本书见解，即便买受人已经例外地被先行登记在土地登记簿上（所有权移转，《民法典》第 656 条第 1 款），价金风险的移转也取决于约定的占有之受领［时间］。为这一见解提供论据的不仅是法律文件（Gesetzesmaterialien），[3]还有价值上的考虑：出卖人不仅负有（使买受人）取得所有权的义务，还负有（使买受人）取得占有的义务；也就是说仅仅通过不动产权利登记申报还未履行完其合同义务，实际交付后才履行完合同义务。此外，直到移转占有，出卖人对标的物仍保持事实上的管领力；也即对买受人来说，他对保护标的物免受危险不可能产生影响。[4]

660

2. 上述规则仅规定了（可推翻的）推定，此外在所有权移转先于占有移转的情形可以作不同解释。因此强烈建议当事人——以及公证人员——不要冒债法第 220 条的风险，而是自行在公证的合同中明确清楚地约定收益和风

661

---

〔1〕 BGE 111 II 458 ff. （460 ff.），E. 3；114 II 239 ff. （244 ff.），E. 5；Urteile des BGer. vom 12. Oktober 2009, Nr. 4A_326/2009, E. 4, und vom 29. August 2005, Nr. 4C. 151/2005, E. 4. 2.

〔2〕 Bundesrat in OR-Revisionsbotschaft von 1905, BBl 1905 II, S. 23 = Fasel, Materialien, S. 1458.

〔3〕 Botschaft zum OR von 1905, BBl 1905 II, S. 27 = Fasel, Materialien, S. 1461 （zu Art. 1264 des Entwurfs）：提及合同约定的受领时间 "不取决于土地登记簿上的登记时间，登记可以在实际受领之前或之后"。

〔4〕 相同结论见 Koller A., Basler Komm., N 2 zu Art. 220 OR；Cortesi, Kaufpreisgefahr, S. 121；a. M. Tercier/Favre/Zen-Ruffinen, Contrats spéciaux, Nr. 1102 （该文献对 BGE 98 II 15 的引用是不准确的）；未下结论的有 Giger, Berner Komm., N 10 ff. zu Art. 220 OR。

险转移的时间。某些州的公证法令要求公证员在合同中采纳此等条款。[1]

二、买卖价金债权之担保

662　　1. 不动产买卖所有权保留登记被制定法排除（债法第 217 条第 2 款；亦参见《民法典》第 715 条第 1 款，该款仅提及动产）。

663　　2. 为了担保（剩余）价金债权，物权法为出卖人之利益规定了一个间接的法定不动产担保物权：依《民法典》第 837 条第 1 款第 1 项，不动产出卖人有权请求为其债权设定一个法定不动产担保物权。他不可以预先放弃这个请求权（《民法典》第 837 条第 2 款）。法定不动产担保物权最迟必须在所有权移转后 3 个月内登记（《民法典》第 838 条）。

664　　若（买卖双方）就办理法定担保物权登记有争议，出卖人可以自行——无须依法院判决——在登记机关办理登记（不同于建筑手工业者的法定担保物权，《民法典》第 839 条第 3 款）。[2]

665　　3. 此外，为了担保价金债权，实务中通常约定，买受人最迟于不动产买卖合同公证时提供一份不可撤销的银行支付承诺并交给出卖人。[3]

三、建筑物区分所有权之预售

666　　1. 依《民法典》第 712a 条第 1 款，建筑物区分所有权指在不动产上的按份共有份额，此份额赋予共有人排他利用建筑物特定部分并在其内部改建的特别权利。[4]作为按份共有份额，建筑物区分所有权是法律意义上的不动产（《民法典》第 655 条第 2 款第 4 项和第 943 条第 1 款第 4 项）。这意味着，建筑物区分所有权买卖可以被认定为不动产买卖，依债法第 216 条第 1 款，须

---

〔1〕　例如：§ 17 Abs. 2 lit. e der luzernischen Verordnung über die öffentlichen Beurkundungen vom 24. November 1973（SRL 256）。

〔2〕　Schmid/Hürlimann-Kaup, Sachenrecht, Nr. 1666 und 1681.

〔3〕　例如参见 Arnet, Abwicklung und Absicherung der Gegenleistung – Überlegungen zum «unwiderruflichen Zahlungsversprechen» und zum Verkäuferpfandrecht, in：Schmid（Hrsg.）, Der Grundstückkauf – La vente immobilière, Zürich 2010, S. 427 ff.。

〔4〕　详见 Schmid/Hürlimann-Kaup, Sachenrecht, Nr. 1013 ff.。

经公证才生效。

换言之：购买"所有权住宅"者，从法律上看，其购买的是按份共有的 667
份额（有不动产的实质），此份额因制定法原因与特定权利结合在一起。

2.《土地登记簿条例》第 69 条第 1 款现在规定，在（满足）特定要件 668
下，建筑物区分所有权可以在建筑物建造完成前产生（这指在土地登记簿上
登记并因此产生物权；《民法典》第 712d 条第 1 款）。前述规定要求，于申请
不动产登记时一并递交分割方案。[1]

但是如果在建筑物建成前建筑物区分单元［译者注：指的是可以独立出 669
售的一个单元，通常为一户］就可以产生物权，那么也必须允许此种建筑物
区分所有权预售（建筑物建成前）合同。作为不动产买卖合同，预售合同须
经公证（债法第 216 条第 1 款）。

3. 虽然建筑物区分所有权预售合同在实务中广为使用，但以教义学的观 670
点看，它抛出很多问题，其中有些尚无清楚解答。此处提纲挈领地举出以下
四个问题：[2]

——法律上如何给这一类合同定性？它涉及一个纯粹的买卖合同（至少 671
是对将来之物的买卖）抑或出卖人（还）负有建筑物建造义务，因而是兼有
买卖和承揽因素的混合合同？[3]

如果肯定相应的建造义务，那么：谁可以提出相应的请求——是各个 672
"买受人"（区分所有权人）还是仅仅区分所有权人共同体？适用哪一个瑕疵
担保责任（买卖？承揽？）以及谁有瑕疵担保请求权？

——区分所有权人共同体——除了可能的建造请求权，在建造完成前—— 673
有哪些权利义务？

---

〔1〕　参见 BGE 132 III 9 ff.（12 f.），E. 3. 2–3. 4；详见 Schmid Meyer, Stockwerkeigentum ab Plan,
S. 46 ff. und 193 ff. 。

〔2〕　完整内容参见 Stöckli, Stockwerkeigentum ab Plan, S. 9 ff.；Krauskopf, Erwerb von Stock-
werkeigentum, S. 115 ff.；Schmid Meyer, Stockwerkeigentum ab Plan, passim。

〔3〕　就此亦参见 BGE 117 II 259 ff.（264），E. 2b；118 II 142 ff.（144），E. 1a；Stöckli, Stock-
werkeigentum ab Plan, S. 4 ff.；Krauskopf, Erwerb von Stockwerkeigentum, S. 118 ff.；Schmid Meyer, Stock-
werkeigentum ab Plan, S. 73 ff. 。

674   ——如何——尤其是在哪个时间段——支付价金，以及何时所有权应移转给买受人（土地登记簿移转登记）（亦参见边码628）？

675   如果买受人自始便作为建筑物区分所有权份额的所有人而被登记在土地登记簿上，那么所有已建造部分和装配依法处于他按份共有之下（附带取得原则，Akzessionsprinzip；《民法典》第667条和第671条第1款）。建造施工开始之前，仅未开发之土地属于其按份共有。因此在预约合同或买卖合同的构造上应注意，买受人按照施工进度给付他那一部分价金，保障他每次获得与给付之价金等价的建筑物份额。这对出卖人（承揽人）同样适用：它应在移转所有权和完成重要施工时取得与其给付部分相对应的价金。

676   ——若建成的建筑物与原始分割计划不一致，法律效果如何（从土地登记簿法律角度看，亦参见《土地登记簿条例》第69条第3、4款）？

四、农地之买卖

677   对于农地和农庄的买卖，《关于农村土地权的联邦法律》很重要。本书选取以下规定来说明。

678   1. 依《关于农村土地权的联邦法律》第40条第1款，所有权人仅在取得配偶同意时才能出让夫妻共同经营的田庄或者其上的按份共有份额。登记之同性伴侣亦适用此规定（《关于农村土地权的联邦法律》第10a条）。

678a   2.《关于农村土地权的联邦法律》第41条就农庄和农地上约定的盈利请求权和买回权设有特别规定。此外，就农庄转让，制定法规定了特别的优先购买权，这修改了有关一般优先购买权的规定，并授权各州自行引入某些优先购买权（《关于农村土地权的联邦法律》第42条以下）。

679   3. 取得农庄或者农地须经批准（《关于农村土地权的联邦法律》第61条第1款）；若无拒绝的原因，应予批准（《关于农村土地权的联邦法律》第61条第2款）。拒绝的原因主要是取得人非自己经营以及约定过高的价款（《关于农村土地权的联邦法律》第63条a项和b项）。《关于农村土地权的联邦法律》第70条规定违反上述规则的民事制裁［译者注：此处民事制裁指的是令合同无效］（对土地登记簿登记之更正参见《关于农村土地权的联邦法律》第72条）。

第五章　特种买卖合同

本章专门文献（节选）　　　　　　　　　　　　　　　　　　　　680

Blättler Martin, Versteigerungen über das Internet, Rechtsprobleme aus der Sicht der Schweiz, Diss. Zürich 2004.

Brunner Alexander/Rehbinder Manfred/Stauder Bernd (Hrsg.), Jahrbuch des Schweizerischen Konsumentenrechts (JKR) 2002, Bern 2003 (mit zahlreichen Aufsätzen zum KKG).

Giger Hans, Berner Kommentar zum schweizerischen Privatrecht, Band VI: Das Obligationenrecht, 2. Abteilung: Die einzelnen Vertragsverhältnisse, 1. Teilband: Kauf und Tausch, 4. Abschnitt: Besondere Arten des Kaufes, Art. 222 – 236 OR, und 5. Abschnitt: Der Tauschvertrag, Art. 237–238 OR, Bern 1999.

Schapiro Leo, Die Angaben zum Kunstwerk in den Versteigerungskatalogen von Auktionshäusern, DJZ 68/2013, S. 549 ff.

Schmid Jörg, Die Grundstücksversteigerung, in: Koller Alfred (Hrsg.), Der Grundstückkauf, 2. Aufl. , Bern 2001, S. 453 ff.

Stauder Bernd/Favre-Bulle Xavier, Commentaire romand, Droit de la consommation, Loi sur les voyages à forfait, Code des obligations, articles 40a – 40f CO, Loi sur le crédit à la consommation, Basel 2004.

Zellweger-Gutknecht Corinne, Die Rechtsprechung des Bundesgerichts zu Art. 222 ff. OR, in: Gauch Peter/Aepli Viktor/Stöckli Hubert (Hrsg.), Präjudizienbuch zum OR, 9. Aufl. , Zürich 2016.

第一节　概　览

681　　除了（普通）动产买卖和不动产买卖，制定法还或详细或简略地规定了其他买卖种类。

682　　1. 对于买卖不动产成分的，例如果实、建筑拆毁材料或者采石场的材料，债法第 187 条第 2 款规定可以适用动产买卖的规则，只要这些成分分离后得作为动产转移给买受人（边码 209）。通常由买受人设法分离材料。

683　　2. 瑞士法上没有把商业买卖作为独立类型规定。但制定法在多处就商人间的交易规定了特别规则，例如以下规定：

684　　——就出卖人迟延和损害计算的特别规则（债法第 190f 条；边码 237 以下）；

685　　——就买受人迟延损害赔偿的特别规则（债法第 215 条；边码 265 以下）。

686　　3. 大型家畜买卖规定在债法动产买卖法中。例如，就大型家畜出卖人的瑕疵担保责任（债法第 198、202 条以及相应的行政法规[1]）和大型家畜价金债权担保的途径（依《民法典》第 715 条第 2 款排除所有权保留方式；依《民法典》第 885 条大型家畜质押的特别方法）有特别规定。

687　　4. 对凭样品买卖（或译货样买卖，Kauf nach Muster）（债法第 222 条），就多个证明问题有特别规定。

688　　5. 债法第 223 条至第 225 条规定试用买卖。

689　　6. 分期付款买卖原来规定在多处：债法就（分期）先付款买卖有详细的特别规定（修订前债法第 227a 条至第 228 条）；这些规定由于缺乏实际意义在 2013 年被废止。[2]对于（信贷）分期付款合同——2002 年 12 月 31 日前规定在旧版债法第 226a 条以下，《消费信贷法》至关重要（尤其参见《消费信贷法》第 10 条；关于消费信贷合同见边码 1332 以下）。就分期付款交易中

---

　　[1]　V vom 14. November 1911 betreffend das Verfahren bei der Gewährleistung im Viehhandel（SR 221. 211. 22）.

　　[2]　OR-Änderung vom 13. Dezember 2013, in Kraft seit 1. Juli 2014（AS 2014, S. 869）. 就其说理参见 BBl 2013, S. 4631 ff.（ständerätliche Kommission für Rechtsfragen）und 5793 ff.（Stellungnahme des Bundesrats）.

常约定的所有权保留，重要的是《民法典》第 715、716 条（边码 466 以下）。

7. 债法第 229 条至第 236 条规定经拍卖之买卖（边码 692 以下）。 690

8. 债法也规定了独立的互易合同（债法第 237、238 条；边码 793 以下）。 691

第二节　经拍卖之买卖特论

债法第 229 条至第 236 条规定的是拍卖，其中包含了针对强制拍卖（因 692
而不是针对私法上合同）的规定（例如债法第 229 条第 1 款、第 234 条第 1
款和第 235 条第 3 款）。此处不谈论强制拍卖的规定，也不谈论各州依据债法
第 236 条授权可能制定的州法上的规范。[1]

1. 自愿拍卖——任何非强制拍卖——实际上是合同成立的一般机制。这 693
一机制绝非仅限于买卖合同，它也可用于使用让渡型或给付劳务型合同〔尤
其是在招投标领域（Submissionsbereich）[2]〕。应区分：

——自愿型私下拍卖（或译邀请拍卖、非公开拍卖），仅对有限的竞拍者 694
开放。此种拍卖可适用债法总则的规定。[3]就此点而言，存在一个普通的买
卖合同；如果拍卖的是不动产，则须经公证。[4]

——自愿型公开拍卖，依债法第 229 条第 2 款的意义是公开宣告，并且 695
任何人都可以竞拍。

一种相对较新的自愿型公开拍卖方式是网络拍卖，它依拍卖场的规则进 696
行，所有在拍卖场注册过的用户都可以参与竞拍。[5]

2. 对自愿型公开拍卖，债法就以下问题作了规定：[6] 697

——就合同成立（意思表示的交换）：债法第 229 条第 2 款和第 231、 698
232 条。

——就拍卖主持人的代理权：债法第 229 条第 3 款。 699

---

〔1〕 就此参见 Schmid, Die Grundstücksversteigerung, S. 474 ff.（§ 10 N 56 ff.）。

〔2〕 Gauch/Schluep/Schmid, OR AT, Nr. 1056a ff.

〔3〕 Urteil des BGer. vom 20. Februar 2002, Nr. 5C. 14/2002, E. 3b.

〔4〕 具体内容参见 Schmid, Die Grundstücksversteigerung, S. 462 ff.（§ 10 N 15 ff.）。

〔5〕 例如参见 Weber/Skripsky, Sniping bei Onlineauktionen, sic! 2003, S. 685 ff.。

〔6〕 细节参见 Schmid, Die Grundstücksversteigerung, S. 472 ff.（§ 10 N 49 ff.）。

700 　　——就所有权移转：债法第 235 条。

701 　　债法第 235 条第 1 款就动产规定，拍中者自落槌时取得所有权。因此，于此情形——依制定法规定，所有权在合同缔结（负担行为）前已经移转，而占有未移转。这是对《民法典》第 714 条的例外规定，其正当性在于：拍卖程序由于其公开性，发生类似于移转占有的公示效力，并（因此）可以替代后者。[1] 虽然制定法文义清楚，但联邦法院给所有权立即移转设定了前提："出卖人占有标的物，以便能立即将标的物交付给拍中者"。[2]

702 　　——就瑕疵担保：债法第 234 条。[3]

703 　　——当拍卖结果导致违法或违背公序良俗时，就拍卖的撤销：债法第 230 条。[4]

---

〔1〕 Tercier/Favre/Zen-Ruffinen, Contrats spéciaux, Nr. 1477; Giger, Berner Komm., N 7 und 13 f. zu Art. 235 OR.

〔2〕 BGE 61 III 150 ff.（153），E. 2（涉及强制拍卖）；判决观点被下述判决再次确认 Urteil des BGer. vom 23. Oktober 2008, Nr. 5A _ 407/2008, E. 2.2 und 2.3；亦参见 Steinauer, Les droits réels II, Nr. 2066 f.。

〔3〕 就第 1 款参见 BGE 120 III 136 ff.; zur Wegbedingung der Haftung gemäss Abs. 3: BGE 123 III 165 ff.（«Swatch-Uhr»）。

〔4〕 BGE 109 II 123 ff.; Schmid, Die Grundstücksversteigerung, S. 494 ff.（§ 10 N 130 ff.）。

第六章　适用《维也纳买卖法》的国际货物买卖

本章专门文献（节选）

Hinweise auf ältere Werke finden sich in der Vorauflage, Nr. 704. Vgl. auchTercier/ Favre/Pedrazzini, Nr. 1528, und Schlechtriem/Schwenzer, S. XXXVII ff. Zu Literatur und Judikatur zum WKR bestehen sodann mehrere elektronische Datenbanken, z. B. <www. cisg – online. ch> (vgl. nunmehr auch <www. globalsaleslaw. org>) und <www. cisg. law. pace. edu> (besucht am 25. Februar 2016).

Akikol Diana, Die Voraussetzungen der Sachmängelhaftung beim Warenkauf – Obligationenrecht und UN-Kaufrecht (CISG), Diss. Luzern, Zürich 2008 (LBR Band 31).

Bock Anne-Florence, Gewinnherausgabeansprüche gemäss CISG, in: Büchler Andrea/Müller-Chen Markus (Hrsg.), Private Law, national – global – comparative, Festschrift für Ingeborg Schwenzer zum 60. Geburtstag, Band I, Bern 2011, S. 175 ff.

Brunner Christoph, UN-Kaufrecht – CISG, Kommentar zum Übereinkommen der Vereinten Nationen über Verträge über den internationalen Warenkauf von 1980 – Unter Berücksichtigung der Schnittstellen zum internen Schweizer Recht, 2. Aufl., Bern 2014 (zitiert: Brunner/Bearbeiter, N…zu Art. …WKR).

Bucher Eugen, Preisvereinbarung als Voraussetzung der Vertragsgültigkeit beim Kauf, Zum angeblichen Widerspruch zwischen Art. 14 und Art. 55 des «Wiener Kaufrechts», in: Sturm Fritz (Hrsg.), Mélanges Paul Piotet, Bern 1990, S. 371 ff.

Chappuis Christine, La Convention de Vienne sur la vente internationale des marchandises (CVIM) a-t-elle pénétré le droit suisse?, in: Margareta Baddeley et al. (Hrsg.), Le droit civil dans le contexte international, Genf 2012, S. 183 ff.

Erdem H. Ercüment, La livraison des marchandises selon la Convention de Vienne-Convention des Nations Unies sur les contrats de vente internationale de marchandises du 11 avril 1980, Diss. Freiburg 1990 (AISUF Band 101).

Faust Florian, Die Voraussehbarkeit des Schadens gemäss Art. 74 Satz 2 UN-Kaufrecht (CISG), Diss. Regensburg, Tübingen 1996 (StudIPR Band 50).

Ferrari Franco, Die Rügeobliegenheit bei Vertragswidrigkeit nach Art. 39 CISG, ZSR 125/2006 I, S. 533 ff.

Hachem Pascal/Widmer Corinne, Switzerland, in: Ferrari Franco (Hrsg.), The CISG and its Impact on National Legal Systems, München 2008, S. 281 ff.

Honsell Heinrich, Die Vertragsverletzung des Verkäufers nach dem Wiener Kaufrecht, SJZ 88/1992, S. 345 ff. und 361 ff.

Derselbe (Hrsg.), Kommentar zum UN-Kaufrecht – Übereinkommen der Vereinten Nationen über Verträge über den Internationalen Warenkauf (CISG), 2. Aufl., Berlin 2009.

Koller Thomas, Die Verjährung von Ansprüchen des Käufers aus der Lieferung nicht vertragskonformer Ware im Spannungsfeld zwischen UN-Kaufrecht (CISG) und nationalem Partikularrecht, recht 2003, S. 41 ff.

Derselbe, Der Übergang der Leistungsgefahr bei internationalen Kaufverträgen unter der CIF- und der FOB-Klausel – Überlegungen zur sachgerechten Risikoverteilung im grenzüberschreitenden Warenverkehr, in: Koller Thomas/Walter Hans Peter/Wiegand Wolfgang (Hrsg.), Tradition mit Weitsicht, Festschrift für Eugen Bucher zum 80. Geburtstag, Bern 2009, S. 383 ff.

Derselbe, Die Verjährung von Ansprüchen aus der Lieferung nicht vertragsgemässer Ware nach UN-Kaufrecht (CISG), Ein Rückschlag für die internationale Attraktivität des schweizerischen Rechts im globalen Wettstreit der Rechtsordnungen?, recht 2009, S. 179 ff.

Koller Thomas/Mauerhofer Marc André, Das Beweismass im UN-Kaufrecht (CISG), in: Büchler Andrea/Müller-Chen Markus (Hrsg.), Private Law, national-global – comparative, Festschrift für Ingeborg Schwenzer zum 60. Geburtstag, Band I, Bern 2011, S. 963 ff.

Kramer Ernst A., Uniforme Interpretation von Einheitsprivatrecht – mit besonderer Berücksichtigung von Art. 7 UNKR, JBl 118/1996, S. 137 ff.

Magnus Ulrich, Die allgemeinen Grundsätze im UN-Kaufrecht, RabelsZ 59/ 1995, S. 469 ff.

Derselbe, Das UN-Kaufrecht – aktuelle Entwicklungen, ZEuP 2013, S. 111 ff.

Metzger Axel, Die Haftung des Verkäufers für Rechtsmängel gemäss Artt. 41, 42 CISG, RabelsZ 73/2009, S. 842 ff.

Meyer Justus, UN-Kaufrecht in der schweizerischen Anwaltspraxis, SJZ 104/ 2008, S. 421 ff.

Mohs Florian/Hachem Pascal, Verjährung von Ansprüchen des Käufers wegen Nichtlieferung und Lieferung vertragswidriger Ware aus CISG nach internem Schweizer Recht..., AJP 2009, S. 1541 ff.

Neumayer Karl H. /Ming Catherine, Convention de Vienne sur les contrats de vente internationale de marchandises, Commentaire, Lausanne/Paris 1993.

Schlechtriem Peter/Schroeter Ulrich G. , Internationales UN-Kaufrecht – Ein Studien- und Erläuterungsbuch zum Übereinkommen der Vereinten Nationen über Verträge über den internationalen Warenkauf (CISG), 5. Aufl. , Tübingen 2013.

Schlechtriem Peter/Schwenzer Ingeborg (Hrsg.), Kommentar zum einheitlichen UN-Kaufrecht, Das Übereinkommen der Vereinten Nationen über Verträge über den internationalen Warenkauf, CISG, 6. Aufl. , München/Basel 2013.

Schmid Jörg, Vertragshaftung und Voraussehbarkeit des Schadens – Schweizerisches Obligationenrecht und Rechtsvergleichung, in: Wolfgang Wiegand et al. (Hrsg.), Tradition mit Weitsicht, Festschrift für Eugen Bucher zum 80. Geburtstag, Bern 2009, S. 663 ff.

Schneider Dirk, UN-Kaufrecht und Produktehaftpflicht – Zur Auslegung von Art. 4 Satz 1 und Art. 5 CISG und zur Abgrenzung vertraglicher und ausservertraglicher Haftung aus der Sicht des CISG, Diss. Basel 1995 (SIR Band 74).

Siehr Kurt, UN-Kaufrecht von 1980 und der Handel von Kulturgütern, in: Büchler Andrea/Müller-Chen Markus (Hrsg.), Private Law, national – global – comparative, Festschrift für Ingeborg Schwenzer zum 60. Geburtstag, Band II, Bern 2011, S. 1593 ff.

Staudinger/Magnus Ulrich, J. von Staudingers Kommentar zum Bürgerlichen Gesetzbuch mit Einführungsgesetz und Nebengesetzen, Buch 2: Recht der Schuldverhältnisse，Wiener UN-Kaufrecht（CISG），3. Aufl. ，Berlin 2013.

Venturi Silvio, La réduction du prix de vente en cas de défaut ou de non-conformité de la chose – Le Code suisse des obligations et la Convention des Nations Unies sur les contrats de vente internationale de marchandises, Diss. Freiburg 1994（AISUF Band 131）.

Von Caemmerer Ernst, Die wesentliche Vertragsverletzung im international Einheitlichen Kaufrecht, in：Hörn Norbert（Hrsg. ），Europäisches Rechtsdenken in Geschichte und Gegenwart, Festschrift für Helmut Coing zum 75. Geburtstag, München 1982，Band II, S. 33 ff.

Ziegler Ulrich, Leistungsstörungsrecht nach dem UN-Kaufrecht, Diss. München, Baden-Baden 1995.

第一节　概　述

705　　对国际货物买卖，以下规定取代债法规则而适用：

706　　——一方面是 1980 年 4 月 11 日的《联合国国际货物销售合同公约》（《维也纳买卖法》）；

707　　——另一方面是瑞士《国际私法》中的冲突规范，尤其是《国际私法》第 112 条以下。

708　　《国际私法》第 118 条第 1 款就动产有体物买卖援引 1955 年 6 月 15 日《有关国际动产有体物买卖合同法律适用的海牙公约》。[1]依《国际私法》第 118 条第 2 款，对消费者合同（《国际私法》第 120 条）保留有特别规定。

709　　本章将主要谈论 1980 年 4 月 11 日的《维也纳买卖法》[2]，其于 1991 年 3 月 1 日在瑞士生效。[3]它——在其适用范围内——排除《国际私法》冲突规范（《国际私法》第 1 条第 2 款）和《有关国际动产有体物买卖合同法律

---

[1]　SR 0. 221. 211. 4.

[2]　CISG = United Nations Convention on Contracts for the International Sale of Goods.

[3]　SR 0. 221. 211. 1. 亦参见 die Botschaft Nr. 89. 002 zum WKR vom 11. Januar 1989, BBl 1989, S. 745 ff.（hier zitiert nach der Separatausgabe）。

适用的海牙公约》规则。[1]首先作以下一般性说明。

　　——依《维也纳买卖法》第 1 条，该法适用于下列当事人间的货物买卖 710
合同：当事人营业地在不同国家，并且满足下列额外要件之一，即营业地所
在国为《维也纳买卖法》缔约国或者营业地所在国的国际私法规则导致适用
某一缔约国的法律。一般来说，《维也纳买卖法》适用于国际（跨边境的）
案件。

　　《维也纳买卖法》目前已被八十多个国家批准，[2]其中包括了瑞士所有 711
重要的贸易伙伴，尤其是德国、法国、意大利、奥地利和美国。当然，其中
有些国家对公约内容有所保留和声明（参见《维也纳买卖法》附件）。英国
为非缔约国。

　　——《维也纳买卖法》包含买卖法的实体法律规则（Sachnormen）。换言 712
之，《维也纳买卖法》是个统一法（Einheitsrecht），不是单纯的冲突法：《维
也纳买卖法》对其规范的问题有自身的实体解决方案，而不仅仅是援引一个
可适用的国内法。

　　当然，《维也纳买卖法》不可能规定得毫无漏洞。《维也纳买卖法》本身 713
明确将某些问题排除在其适用范围之外（《维也纳买卖法》第 2、4、5 条）。
不能适用《维也纳买卖法》的尤其是：消费者买卖（《维也纳买卖法》第 2
条 a 项），因当事人行为能力有瑕疵、合同要式瑕疵、合同内容瑕疵以及意思
表示瑕疵的合同的效力（《维也纳买卖法》第 4 条 a 项），以及合同对标的物
所有权可能产生的影响（《维也纳买卖法》第 4 条 b 项）。《维也纳买卖法》
也未规定国际货物销售合同所生请求权的诉讼时效问题（边码 776 以下）。

　　此外，不适用《维也纳买卖法》的还有供应货物一方的绝大部分义务在 714
于供应劳力或其他服务的合同（《维也纳买卖法》第 3 条第 2 款）。[3]制作物
供给合同依《维也纳买卖法》第 3 条第 1 款可适用该公约。

---

　　〔1〕　详见 Keller/Kren Kostkiewicz, Zürcher Komm. , N 6 ff. zu Art. 188 IPRG。

　　〔2〕　批准情况查询网站<www. uncitral. org>–«Uncitral Texts & Status»–«International Sale of Goods
（CISG)» （2016 年 2 月 25 日访问).

　　〔3〕　亦参见 Urteil des BGer. vom 16. Juli 2012, Nr. 4A_753/2011, E. 2. 2 （联邦法院官方公布的裁
判文书 BGE 138 III 601 ff. 中没有此点）［译者注：官方公布的裁判文书通常只节选原判决重要部分］。

715　　——《维也纳买卖法》是任意法：依第 6 条，当事人可以完全或者部分排除该公约的适用。[1]

716　　例如这样一个合同条款［排除公约的适用］："本合同适用瑞士法规则，排除《维也纳买卖法》规则的适用。"相反，不明确的是这样的条款：未作精确表达而只是表明适用"瑞士法"。《维也纳买卖法》作为被瑞士批准的国际公约也是瑞士法的组成部分，因此法院可依职权适用（亦参见《联邦宪法》第 191 条）。[2]

717　　3.《维也纳买卖法》于"一般规定"（第 7—13 条）部分特别规定了该公约解释的问题：

718　　——《维也纳买卖法》本身是独立的，应作统一性解释：依《维也纳买卖法》第 7 条第 1 款，解释时应考虑其国际性特征、适用的前后统一以及维护国际贸易中的诚信。[3]

719　　《维也纳买卖法》中的漏洞首先应依据作为其基础的一般原则来填补（《维也纳买卖法》第 7 条第 2 款）。

720　　属于一般原则的有：尊重当事人自治原则、忠于合同原则（契约严守原则，pacta sunt servanda）、诚实信用原则、信赖原则、形式自由原则、合同效力维持原则（in favorem negotii）以及同时履行原则。对解释或内部漏洞填补有疑问时，都可以借助《国际商事合同通则》（UNIDROIT-Prinzipien）加以解释。[4]——因为德语版仅仅是它的翻译版本，所以在文义模糊时，应立足原始文本，其中法语版和英语版有更重要的意义。[5]

---

〔1〕　参见 Urteil des BGer. vom 5. April 2005, Nr. 4C. 474/2004, E. 1。就实务中排除《维也纳买卖法》适用的频率参见 Meyer, SJZ 104/2008, S. 422 f. und 425 f. 。

〔2〕　不同的观点参见 Tercier/Favre/Pestalozzi, Contrats spéciaux, Nr. 1569；此外例如 Schlechtriem/Schroeter, UN-Kaufrecht, Nr. 51, 尤其提及以下判决 Urteil des BGer. vom 17. Juli 2007, Nr. 4C. 94/2006, E. 4；Schlechtriem/Schwenzer/Ferrari, Komm. UN-Kaufrecht, N 22 zu Art. 6 WKR。

〔3〕　亦参见 Urteil des BGer. vom 2. April 2015, Nr. 4A_614/2014, E. 6.2.2："考虑外国判决虽然是值得做的，但是不具有拘束力……"

〔4〕　Brunner/Wagner, N 10 zu Art. 7 WKR.

〔5〕　BGE 130 III 258 ff.（261），E. 4.3. 就公约有法律效力的文本语言，参见《维也纳买卖法》第 101 条之后的签约相关条款。

——当事人的意思表示（以及一方当事人的其他表示和其他行为），如果 721
对方当事人知其真意或者不可能不知道的，应依其真意加以解释（《维也纳买
卖法》第 8 条第 1 款）。[1]这符合对意思表示的解释应以真实的合意优先规则
（债法第 18 条第 1 款）。若不能确定有真实的合意，那么可对当事人的表示和
其他行为作如下解释：一个理性之人在对方当事人的位置上在同等情事下所
作的理解（《维也纳买卖法》第 8 条第 2 款；依信赖原则作出解释）。[2]

联邦法院将这两个问题［译者注：确定当事人的真意或一个理性的人应 722
有的理解］作为法律问题审查。[3]——在对其解释上应考虑所有重要情事，
尤其是当事人间的磋商情形、当事人间形成的习惯、商业惯例以及当事人后
来的行为（《维也纳买卖法》第 8 条第 3 款）。[4]

第二节　合同之缔结

依《维也纳买卖法》（第 14—24 条），对立一致的意思表示经交换而成立 723
合同（与债法第 1 条相同）。应提及的是下列基本原则和特殊之处。

1. 依《维也纳买卖法》，买卖合同经对立一致的意思表示交换而成立， 724
此处称（意思表示）为要约和承诺（《维也纳买卖法》第 14 条以下）。下列
原则与瑞士债法基本一致：

——要约必须向一个或者多个特定的人发出，而且内容要足够明确（《维 725
也纳买卖法》第 14 条第 1 款）。

依《维也纳买卖法》第 14 条第 1 款第 2 句，"足够明确"指，表明了货 726
物（品种），并且（明示或者暗示）确定了货物数量和价格，或者要约人提
供的信息足以确定货物数量和价格。向非特定人发出的提议仅仅是要约邀请

---

　［1］　Urteil des BGer. vom 5. April 2005, Nr. 4C. 474/2004, E. 3. 2; Urteil des BGer. vom 23. September
2013, Nr. 4A_264/2013, E. 3. 2. 1.

　［2］　Urteil des BGer. vom 5. April 2005, Nr. 4C. 474/2004, E. 3. 3; Urteil des BGer. vom 23. September
2013, Nr. 4A_264/2013, E. 3. 2. 2.

　［3］　Urteil des BGer. vom 5. April 2005, Nr. 4C. 474/2004, E. 3. 4; Urteil des BGer. vom 23. September
2013, Nr. 4A_264/2013, E. 3. 2. 2.

　［4］　Urteil des BGer. vom 5. April 2005, Nr. 4C. 474/2004, E. 3. 5.

（《维也纳买卖法》第 14 条第 2 款）。

727　——要约到达受要约人时生效（《维也纳买卖法》第 15 条第 1 款和第 24 条）。

728　——当拒绝要约的通知到达要约人时，要约立即失效（《维也纳买卖法》第 17 条）。

729　——受要约人及时以通知或者行为表明接受要约的，即构成承诺（《维也纳买卖法》第 18—20 条）。

730　仅凭沉默或者不作为原则上不能构成承诺（《维也纳买卖法》第 18 条第 1 款第 2 句）。

731　——对要约表示接受，但（对要约内容）增加、限制或者有其他变动的，即为拒绝要约并作出反要约（《维也纳买卖法》第 19 条第 1 款）。

732　如果对要约的答复仅（对要约内容）作了不重要的增加或者偏离，那么依《维也纳买卖法》第 19 条第 2、3 款，构成承诺。依据该规定也可以解决"格式之争"（当事人就一般交易条款之冲突）。[1]

733　2. 与债法比较，至少还要注意以下特别之处：

734　——合同缔结前，要约原则上可以被撤销（《维也纳买卖法》第 16 条第 1 款，但第 2 款保留了重要例外）。这与普通法的传统相符。[2]

735　——表明不可撤销的要约也可被撤回，如果撤回之表示先于或者同时与要约到达受要约人的话（《维也纳买卖法》第 15 条第 2 款）。

736　——逾期承诺仍有效，若要约人毫不迟延地以口头或书面形式将此种（承认其有效之）意思通知承诺人（《维也纳买卖法》第 21 条第 1 款）。

737　3.《维也纳买卖法》没有规定特别的要式，无论是影响效力的要式还是作为证据固定的要式都未被规定（《维也纳买卖法》第 11 条）。

738　为了（实现）公约的目的，"书面"一词也包括经电报或电传方式传达

---

〔1〕　Brunner/Pfisterer/Köster, N 44 zu Art. 4 WKR und N 3 zu Art. 19 WKR.

〔2〕　Zweigert/Kötz, Rechtsvergleichung, S. 351 f.

信息（《维也纳买卖法》第13条）。

第三节　给付障碍法

一、概述

1. 《维也纳买卖法》规定当事人的义务如下：

——出卖人依合同和《维也纳买卖法》负有交付货物及与货物相关的文件、移转货物所有权的义务（《维也纳买卖法》第30条，详细规定在第31条以下）。[1]

依《维也纳买卖法》第35条第1款，出卖人所交付货物之数量、质量、种类、包装或者存储容器都应符合合同约定。[2]对风险移转于买受人之时存在的不符合合同约定之情形，出卖人负其责，即使不符合约定之情形在风险移转后始显露（《维也纳买卖法》第36条第1款；对风险移转后发生的不符合约定之情形参见《维也纳买卖法》第36条第2款及第66—70条）。

——依合同和《维也纳买卖法》规定，买受人负有支付价金和受领货物的义务（《维也纳买卖法》第53条，详细规定在第54条以下）。

买受人义务还包括按照合同约定和法律规定采取一定措施、履行一定手续，以便使支付能够进行（《维也纳买卖法》第54条），以及实施其理应实施的行为，以便使出卖人能够交付货物（《维也纳买卖法》第60条a项）。

2. 对于履行障碍，《维也纳买卖法》——与债法不同，但与普通法传统一致[3]——未区分嗣后不能、履行迟延和不良给付（积极违约或物之瑕疵担保责任），而是用违约这一统一概念（例如《维也纳买卖法》第45条和第61条）。若一方当事人未按照合同约定或者《维也纳买卖法》规定履行义务，则

739

740

741

742

743

744

---

〔1〕　Urteil des BGer. vom 26. Juni 2009, Nr. 4A_131/2009, E. 4. 4. 1.

〔2〕　Urteil des BGer. vom 13. Januar 2004, Nr. 4C. 245/2003, E. 3. 1.

〔3〕　Zweigert/Kötz, Rechtsvergleichung, S. 501 f.

构成违约。至于是完全未履行还是未正确履行，在所不论。[1]

745 　　但个别违约类型适用特别规定：权利瑕疵适用《维也纳买卖法》第41、42 条，预期违约适用《维也纳买卖法》第71、72 条。

745a 　　未作保留地受领标的物的买受人主张瑕疵担保权的，对所主张的违约负有举证责任。[2]

746 　　3. 对合同当事人于给付障碍情形所享有的权利的规定，其核心是《维也纳买卖法》第25 条规定的根本违约这一概念（wesentliche Vertragsverletzung, fundamental breach of contract, contravention essentielle au contrat）。也即仅当一方根本违约时，另一方才享有特定权利（例如依据《维也纳买卖法》第49 条第1 款 a 项和第64 条第1 款 a 项的合同废止）。若一方当事人违反合同，致使另一方当事人遭受如下不利，则为根本违约：另一方基本丧失了他依照合同本得以期待的［利益］——除非违约方不能预见此后果，并且纵使是一个理性的人，处在同样位置和同样情事下也不能预见该后果（《维也纳买卖法》第25 条）。也即具有决定性的是两个因素：

747 　　——一方面是因违约导致权利人丧失本得以期待的合同［利益］（违约客观上"严重"）。

748 　　——另一方面是后果的可预见性（主观构成因素）。就此，重要的原则上是缔约时间，不过无论如何可以将嗣后的信息作为补充考虑。[3]

749 　　对于根本违约这一概念的解释，也应考虑与其紧密相连的法律后果。如前文所述（边码746），一方当事人仅于他方根本违约时才可解除合同（《维也纳买卖法》第49 条第1 款 a 项）［译者注：法条的英文原文是 declare the contract avoided，直译为宣告合同无效，这是《维也纳买卖法》的术语，而根据其第81 条以下的规定，宣告合同无效的法律效果与解除合同相同，故译者译为解除合同，以便与合同法术语保持一致］。在这个观点下也应对根本违约的概念采严格解释：有疑义时，《维也纳买卖法》优先采维持合同效力的解

---

　　[1]　例如参见 Schlechtriem/Schwenzer/Müller-Chen, Komm. UN-Kaufrecht, N 5 zu Art. 45 WKR; Staudinger/Magnus, N 10 zu Art. 45 CISG。

　　[2]　BGE 138 III 601 ff.（608 ff.），E. 8.

　　[3]　Urteil des BGer. vom 23. September 2013, Nr. 4A_264/2013, E. 3. 1. 4.

释；合同解除应为例外。[1]"仅当合同的履行对买受人不再有利益",[2]并且该后果可得预见时，才得解除合同。

"若合同未明确约定出卖人的违约何时使得买受人的履行利益根本落空，那么对此的考察首先应考虑到《维也纳买卖法》的以下倾向：为了其他可能的法律救济措施［的适用］，尤其是减价和损害赔偿，应抑制合同解除。仅当出卖人的违约非常严重，使得买受人的履行利益基本落空时，买受人才能将返还清算作为最后的选择。"[3]若出卖人因交付瑕疵货物而违约，那么通常仅当货物瑕疵极其严重时才满足《维也纳买卖法》第25条规定的要件；属于这种情形的瑕疵特别是，"无法以可期待的费用在合理的期间内消除，以致货物实际上不能被使用、不能被出卖或者至少转卖不具有可期待性"。[4] 　750

4. 对违约的法律救济原则上无须对方有过错，也即违约责任原则上是无过错责任。这又与普通法上的传统相符。普通法上，合同原则上被看作担保允诺（Garantieversprechen）。[5]违约责任与标的物在某个时间点不符合合同约定相联系。不过双方当事人有特定的从严格责任中免责的可能。具体如下： 　751

——依据买卖合同和公约，出卖人就风险移转于买受人时（边码784以下）已经存在的违约状态负责，即便违约状态是嗣后才显露出来的（《维也纳买卖法》第36条第1款）。就风险移转后发生的违约，仅当该违约情形可归责于出卖人时，包括违反使用期质保，他才负责（《维也纳买卖法》第36条第2款）。 　751a

——若一方当事人之不履行可归因于《维也纳买卖法》第79条意义上的不可抗力，那么该当事人不承担责任。 　752

---

〔1〕 Urteil des BGer. vom 18. Mai 2009, Nr. 4A_68/2009, E. 7. 1 有提示；Urteil des BGer. vom 23. September 2013, Nr. 4A_264/2013, E. 3. 1. 1（以下判决也有介绍：Urteil des BGer. vom 2. April 2015, Nr. 4A_614/2014, E. 6. 1）.

〔2〕 Honsell, SJZ 88/1992, S. 345 ff. （346）.

〔3〕 Urteil des BGH vom 3. April 1996, NJW 49/1996, S. 2364 ff. （2366）, E. II. /2 c/dd；Urteil des OGH vom 22. November 2011, ÖJZ 2012, S. 268 ff. （269：«Aufhebung des Vertrags nur als ultima ratio»）. Vgl. die Fallgruppen bei Brunner/Leisinger, N 12 ff. zu Art. 25 WKR.

〔4〕 Urteil des BGer. vom 18. Mai 2009, Nr. 4A_68/2009, E. 7. 1；亦参见 Urteil des BGer. vom 23. September 2013, Nr. 4A_264/2013, E. 3. 1. 3.

〔5〕 Zweigert/Kötz, Rechtsvergleichung, S. 501 f.

753 　　——此外，若因当事人自己的作为或者不作为导致对方不履行义务，那么该当事人不能追究对方不履行的责任（《维也纳买卖法》第80条）。

754 　　通过个别规定，一方的责任被进一步限制。（例如）依《维也纳买卖法》第35条第3款，如果买方于合同订立时知道或者应当知道货物不符合合同约定，则出卖人不负其责。

754a 　　5. 就违约责任的规定是任意性规定。因此出卖人特别的免责条款原则上是允许的。[1]

二、出卖人违约时买受人之法律救济途径

755 　　1. 如前文所述，《维也纳买卖法》从一个统一的违约概念出发（边码744），因违约产生买受人的多个法律救济途径（《维也纳买卖法》第45条以下）。对于货物不符合约定这一情形，须强调买受人的一个特别的不真正义务。

756 　　就出卖人对货物瑕疵的责任，《维也纳买卖法》规定了（与债法相比宽松得多的）检验和通知义务：买受人必须在情事允许的较短时间内检验货物或者由他人检验货物（《维也纳买卖法》第38条第1款）。若买受人未在发现或者应当发现不符合合同约定情形后于合理时间内通知卖方并具体指出违约的方式，那么他——原则上——丧失主张货物不符合约定的权利（《维也纳买卖法》第39条第1款）（并因此丧失《维也纳买卖法》第45条以下的全部救济措施[2]）。应补充说明以下几点：

757 　　——依《维也纳买卖法》，瑕疵通知义务始终针对货物不符合约定而言。[3]也即，该义务仅适用于货物不符合约定本身（包括给付他物和包装错误以及可能发生的产品介绍文件的瑕疵[4]），而不适用于其他违约情形，特别是迟延履行或者履行地错误。[5]

---

　　[1] Urteil des BGer. vom 26. März 2013, Nr. 4A_741/2012, E. 4（本案否定了免责）。

　　[2] Urteil des BGer. vom 26. März 2013, Nr. 4A_617/2012, E. 3. 1.

　　[3] BGE 130 III 258 ff.（261 ff.），E. 4. 3.

　　[4] Urteil des BGer. vom 2. April 2015, Nr. 4A_614/2014, E. 5. 5.

　　[5] Staudinger/Magnus, N 10-12 zu Art. 39 CISG.

依《维也纳买卖法》第43条第1款，当出现权利瑕疵担保情形时，也即 758
交付之货物上负担第三人权利或请求权时，原则上——不同于债法——也存
在通知义务（亦参见《维也纳买卖法》第41、42条）。即便在这种情形下也
适用《维也纳买卖法》第44条（"合理的理由"）（边码760）。如果给付他
物或者对出卖人来说明显严重偏离合同约定状态，则依据《维也纳买卖法》
第40条，出卖人不得主张买受人未通知（边码764）。[1]

必要的是有实质内容的瑕疵通知：根据司法实践，虽然对违约情况不必
过分特定化，但须"指出违约的性质及类型"。[2]

——通知的期限自知道瑕疵时起算。多长期限合理取决于个案的情事。[3] 759
卢塞恩州法院的司法实践已经采纳最短一个月的简便规则[4]，而联邦法院并
未对此提出反对。[5]

——即便未通知或未及时通知瑕疵，若就未作必要的通知有合理理由， 760
买受人也可以请求减价或者损害赔偿（不包括所失利润）（《维也纳买卖法》
第44条）。[6]

——出卖人可以免除买受人的履行通知义务。可能的方式是于合同中约 761
定免除该义务（《维也纳买卖法》第6条）或者放弃通知迟到之抗辩。

例如，以下情形存在对通知迟到之抗辩的默示放弃：出卖人无保留地承 762
认违约，或出卖人已经无保留地声称更换给付（Ersatzlieferung），[7]或（懂法
的）出卖人就交付不符合约定的货物的后果与买受人进行磋商，磋商中承担

---

〔1〕 Urteil des BGer. vom 2. April 2015, Nr. 4A_614/2014, E. 7.2.2.3.

〔2〕 Urteil des BGer. vom 2. April 2015, Nr. 4A_614/2014, E. 7.2.1.2 末尾，引用 BGE 130 III 258
ff.（262），E. 4.3。

〔3〕 Staudinger/Magnus, N 20 zu Art. 43 CISG；Akikol, Sachmängelhaftung beim Warenkauf, Nr. 873 ff.

〔4〕 LGVE 1997 I Nr. 1, S. 1 ff.（6），E. 4e（Luzerner Obergericht）. 就在先的检验，本案（包装好
的大量耐用品）准许买受人以10天作为合理检验期限（a. a. O., S. 6, E. 4d）。

〔5〕 Urteil des BGer. vom 13. November 2003, Nr. 4C. 198/2003, E. 3.2（联邦法院官方公布的裁判
文书 BGE 130 III 258 ff. 中没有此点 [译者注：官方公布的文书通常只节选原判决重要部分]；亦参见
Akikol, Sachmängelhaftung beim Warenkauf, Nr. 879 ff. （边码886以下给出了作者观点）。

〔6〕 Akikol, Sachmängelhaftung beim Warenkauf, Nr. 1030 ff.

〔7〕 Urteil des BGer. vom 26. März 2013, Nr. 4A_617/2012, E. 3.2.1（本案出卖人取消所为表示的
主张被判决否定）。

很贵的鉴定费用并提出远大于合同价值的损害赔偿。[1]

763　　——无论如何，如果买受人不在实际收到货物之日起两年内将货物不符合约定的情形通知出卖人，他就不得主张货物不符合合同约定，除非这一期限与约定的担保期限不符（《维也纳买卖法》第39条第2款）。

764　　——最后，若货物不符合合同约定是基于出卖人已知道或者应当知道但没有告知买方的一些事实，则出卖人无权主张（买受人）未为瑕疵通知（《维也纳买卖法》第40条）。

765　　2. 此外，买受人有以下权利，《维也纳买卖法》对其中有些权利还规定了其他要件。

766　　——请求出卖人履行义务的权利（实际履行请求权，《维也纳买卖法》第46第1款、第28条）。

767　　虽然买受人在实体法上有实际履行请求权，但依《维也纳买卖法》第28条，法院仅在下述情形下才须判决实际履行：当法院依照其本国法律对不属于《维也纳买卖法》范围的类似销售合同也判决实际履行时。对此要考虑到英美法传统原则上排除实际履行的判决（代之以给付损害赔偿的判决）。[2]

768　　——请求为替代给付的权利——但仅限于不符合合同约定构成根本违约，并且请求替代给付与依照《维也纳买卖法》第39条所为通知同时提出或者在通知后合理期限内提出（《维也纳买卖法》第46条第2款）的情形。

769　　——请求修理的权利——只要修理的请求与依照《维也纳买卖法》第39条所为之通知同时提出或者在通知后合理期限内提出，并且考虑所有情事之后，对出卖人来说，修理并非过于苛刻（《维也纳买卖法》第46条第3款）。

770　　——解除合同的权利（与债法中的术语"瑕疵解除"（Wandelung）相符合）——但仅于满足《维也纳买卖法》第49条的要件下，并限于第49条的情形[3]（亦参见《维也纳买卖法》第81—84条，尤其是保障完好无损地归

---

〔1〕　Urteil des BGH vom 25. November 1998, NJW 52/1999, S. 1259 ff. = MDR 53/1999, S. 408 f.

〔2〕　Zweigert/Kötz, Rechtsvergleichung, S. 477 ff.

〔3〕　Urteil des BGer. vom 18. Mai 2009, Nr. 4A_68/2009, E. 7.1 und 8.1; SJZ 100/2004, S. 470 f. (Appellationsgericht Basel-Stadt).

还原则以及《维也纳买卖法》第 82 条的例外规定[1]）。

依《维也纳买卖法》第 49 条第 1 款，当不履行构成根本违约（边码746　**771**
以下）或者履行迟延时出卖人未在买受人设定的合理（且确定的[2]）宽限
期内交付货物时，买受人有权解除合同。但若买受人在知道根本违约后于合
理期限内未作解除合同通知，则他丧失合同解除权（《维也纳买卖法》第 49
条第 2 款 b/i 项）。"知道"是指，买受人对违约的事实、范围和效果都清楚，
从而能够判断出是否存在得以解除合同的根本违约情形。[3]合理期限依个案
的情事确定，取决于货物的种类、瑕疵种类以及瑕疵通知作出后出卖人的行
为；为了明确起见，联邦法院大体上采纳一到两个月的简便规则。[4]

——减价权（依比例减价，《维也纳买卖法》第 50 条）。　**772**

但若出卖人依《维也纳买卖法》第 37 条或者第 48 条通过履行义务消除　**773**
了瑕疵，或者买受人拒绝受领此等履行，那么减价权消灭（《维也纳买卖法》
第 50 条第 2 句）。

——损害赔偿请求权（《维也纳买卖法》第 45 条第 1 款 b 项和第 74—77　**774**
条）。[5]

须赔偿的是因违约而产生的包括丧失的利润在内的全部损失；但损害赔　**775**
偿不得超过违约方在缔结合同时依照他当时知道或者应当知道的情事，所预
见的或者应当预见的违约的可能后果（《维也纳买卖法》第 74 条）。[6]若未
交付的物品是用以转售的（出卖人知晓是为了转售），则买受人原则上可以请
求根据通常的利润率将可预见的净利润作为所失利益。[7]有请求权一方此外

---

[1]　Urteil des BGer. vom 18. Mai 2009, Nr. 4A_68/2009, E. 9. 1.

[2]　Urteil des BGer. vom 2. April 2015, Nr. 4A_614/2014, E. 5. 7. 1.

[3]　Urteil des BGer. vom 18. Mai 2009, Nr. 4A_68/2009, E. 8. 1.

[4]　Urteil des BGer. vom 18. Mai 2009, Nr. 4A_68/2009, E. 8. 1 有更多展开。

[5]　就损害之利息（自损害发生时起算，即便其数额尚未确定）参见 Urteil des BGer. vom 2. April
2015, Nr. 4A_614/2014, E. 12. 2.

[6]　详见 Faust, Voraussehbarkeit des Schadens, 文中多处；此外例如 Schmid, Voraussehbarkeit des
Schadens, S. 663 ff.

[7]　BGE 136 III 56 ff.（57 f.），E. 4.

负有损失减损义务（《维也纳买卖法》第 77 条）。[1]

775a　　如果出卖人仅给付部分物品或者仅部分物品不符合合同约定，则瑕疵担保请求权仅针对未给付部分或者瑕疵部分（《维也纳买卖法》第 51 条第 1 款）。不过前提是，这一部分构成单独的经济单元［译者注：不会影响其他部分的价值］。[2]

776　　3.《维也纳买卖法》没有规定因出卖人违约所生买受人请求权的诉讼时效，该请求权诉讼时效适用裁判国冲突法所指向的国内法（《维也纳买卖法》第 7 条第 2 款）。[3]

777　　若依瑞士债法（《国际私法》第 148 条第 1 款）来确定这一问题，则依据债法第 210 条第 1 款，买受人请求权原则上于货物交付两年后罹于时效（边码 421 以下）。[4]

778　　根据债法第 210 条第 5 款，买受人就已过诉讼时效的瑕疵担保请求权可以主张抗辩，只要他依《维也纳买卖法》第 39 条对出卖人已为瑕疵通知。[5]

三、买受人违约时出卖人之法律救济途径

779　　1. 买受人违约的，出卖人有以下法律救济途径：

780　　——坚持要求买受人支付价金、受领货物以及履行其他义务的权利（《维

---

　　[1]　就商事买受人订立补购合同（Deckungskauf）的义务［译者注：出卖人违约时买受人从第三人处购买货物以减少损失的不真正义务］参见 BGE 136 III 56 ff.（58 f.），E. 5.

　　[2]　BGE 138 III 601 ff.（605 ff.），E. 7，此案中作为整体出售的生产设备（纺织厂），其运转必不可少的部分，被判决否认是独立的经济单元。

　　[3]　BGE 138 III 601 ff.（607 f.），E. 7. 5；Urteil des BGer. vom 18. Mai 2009，Nr. 4A_68/2009，E. 10. 1 引用被保留的 New Yorker UN-Übereinkommen vom 14. Juni 1974 über die Verjährung beim internationalen Warenkauf（瑞士没有加入该公约）；Tercier/Favre/Pestalozzi, Contrats spéciaux, Nr. 1650 f.；Schlechtriem/Schwenzer, Komm. UN-Kaufrecht, N 28 zu Art. 39 WKR mit Fussnote 157.

　　[4]　就 2013 年 1 月 1 日之前的法律状况，依当时债法第 210 条第 1 款，诉讼时效为一年，参见本书上一版本边码 777—778，以及 Urteil des BGer. vom 18. Mai 2009，Nr. 4A_68/2009，E. 10. 3.

　　[5]　BGE 138 III 601 ff.（607 f.），E. 7. 5；观点上同意但就个案操作提出批评的有 Schmid/Rüegg，ZBJV 150/2014，S. 121 f. 。

也纳买卖法》第 62 条；实际履行请求权）；

——解除合同的权利，但仅在满足要件的情形下可以行使，并且受《维 781
也纳买卖法》第 64 条限制；

——请求损害赔偿的权利（《维也纳买卖法》第 61 条第 1 款 b 项和第 74— 782
77 条）。

2. 若买受人依合同应将货物特定化而他没有特定化，那么出卖人可以依 783
《维也纳买卖法》第 65 条，依其所知道的买受人的需求自行特定化。

四、风险移转

1. 《维也纳买卖法》中风险移转的时间是指，自该时间起，即便货物 784
（因不可归责于出卖人的原因）灭失或者损坏，买受人仍负有支付价金的义务
（价金风险，《维也纳买卖法》第 66 条）。[1]

首先应强调，对风险移转问题常常有一个特别的合同约定，此约定优先 785
于《维也纳买卖法》适用（《维也纳买卖法》第 6 条）。还有可能的是，双方
当事人已表示同意适用商业惯例，或者双方之间已形成了有拘束力的习惯
（《维也纳买卖法》第 9 条），而此习惯与《维也纳买卖法》规定的风险转移
规则不同。换言之，《维也纳买卖法》第 66—70 条——如同整个公约——是
任意法。

例如，如果约定了离岸免责条款（FOB），那么通常是指，货物于约定的 786
港口一旦越过船舷，风险就转移给买受人。[2]

2. 《维也纳买卖法》在第 66—70 条中区分了不同的情形： 787

——原则上——当不适用《维也纳买卖法》第 67、68 条特别规定时—— 788
一旦买受人受领了货物或者出卖人提出给付而买受人违约不予受领，风险就
转移给了买受人（《维也纳买卖法》第 69 条详细规定）。

——对寄送买卖（Versendungskauf，《维也纳买卖法》第 67 条）和路货 789
买卖（《维也纳买卖法》第 68 条），适用特别规定。

---

〔1〕 Staudinger/Magnus, N 1 zu den Vorbem. zu Art. 66 ff. CISG sowie N 5 f. zu Art. 66 CISG.

〔2〕 Schönle, Zürcher Komm. , N 76 zu Art. 185 OR 引用不同的观点。

790   有争议的是对《维也纳买卖法》第 68 条第 3 句 "出卖人恶意"（Bösgläubigkeit）的效果解释。[1]

791   ——如果出卖人构成根本违约，那么风险转移的规定不影响买受人因出卖人违约而取得的权利（《维也纳买卖法》第 70 条）。

792   一般来说还适用以下原则：若未明确货物属于哪个特定合同，那么风险不能移转给买受人（《维也纳买卖法》第 67 条第 2 款和第 69 条第 3 款）。[2]

---

〔1〕 就此详见 Staudinger/Magnus, N 14 ff. zu Art. 68 CISG。
〔2〕 Staudinger/Magnus, N 25 ff. zu Art. 67 CISG.

第七章 互 易

本章专门文献（节选）794

Aebersold Thomas, Der Tausch nach schweizerischem Obligationenrecht, Diss. Bern 1997 (ASR NF Heft 593).

Cavin Pierre, Kauf, Tausch und Schenkung, in: Schweizerisches Privatrecht, Band VII/1: Obligationenrecht – Besondere Vertragsverhältnisse, Basel/Stuttgart 1977, S. 1 ff. (besonders S. 183 ff.).

Giger Hans, Berner Kommentar zum schweizerischen Privatrecht, Band VI: Das Obligationenrecht, 2. Abteilung: Die einzelnen Vertragsverhältnisse, 1. Teilband: Kauf und Tausch, 4. Abschnitt: Besondere Arten des Kaufes, Art. 222–236 OR, und 5. Abschnitt: Der Tauschvertrag, Art. 237–238 OR, Bern 1999.

Zellweger-Gutknecht Corinne, Die Rechtsprechung des Bundesgerichts zu Art. 237 f. OR, in: Gauch Peter/Aepli Viktor/Stöckli Hubert (Hrsg.), Präjudizienbuch zum OR, 9. Aufl., Zürich 2016.

第一节 概 述

1. 债法第 237、238 条规定互易合同。债法对互易合同没有制定其自身的 794
详细规范，而是大部分援引关于买卖合同的规定（债法第 237 条）。

2. 虽然历史上互易是买卖的先驱，但现在互易合同在实务中已不再重要。 795
不过企业合并时股份互易或者收藏品交易市场（例如邮票交易市场）是互易
的适用领域。

此外，当市场参与者对货币币值不再信任时（通货膨胀、战时或者危机 796
时），互易合同的重要性会立即增加。

第二节 法律适用

797 　　1. 依债法第 237 条，互易合同原则上适用有关买卖合同的规定。每一方就其所允诺的标的物而言是出卖人，就对方对其许诺的标的物而言是买受人。概言之：

798 　　——互易是诺成合同：当事人意思表示对立一致即成立合同。

799 　　——互易原则上非要式。仅买卖合同法规定了要式的情形，特别是不动产的互易，须以要式为之（依债法第 216 条第 1 款公证）。

800 　　——双方当事人都负有将所允诺的标的物交付给对方并使对方取得所有权的义务（类推适用债法第 184 条第 1 款）。

801 　　2. 然而不能机械地将买卖合同法适用于互易合同，而是始终要进行价值评价：买卖合同法规则是否适合［互易合同］。［互易合同］特殊之处尤其因下列情形产生：买受人支付价金的义务在互易中被给付物品的义务代替（给付物品可能发生给付不能，而买受人给付价金不会遭受给付不能）。不能适用的［买卖合同法规则］如关于信贷买受人迟延的债法第 214 条第 3 款。[1]

802 　　"特别情形"也存在于（现在是债法第 185 条第 1 款意义上）风险承担问题上，这正是因为在互易合同中存在两个对立的物品给付义务：于此无法理解，为什么当事人应对尚处于对方［控制］之下的给付（标的物）负担风险；若只有适用债法第 119 条第 1、2 款的一般规则才合理，则当事人于履行前对其应为之给付（标的物）的灭失承担风险。[2]

803 　　就风险负担，互易与"以旧换新"式汽车买卖的法律后果一样（边码 486）。

---

　　［1］ Tercier/Favre/Zen-Ruffinen, Contrats spéciaux, Nr. 1523 末尾。

　　［2］ Aebersold, Der Tausch, S. 83 ff. ; anders aber Oser/Schönenberger, Zürcher Komm. , N 1 zu Art. 237 OR i. V. m. N 3 zu Art. 185 OR; Schönle, Zürcher Komm. , N 138 zu Art. 185 OR; Giger, Berner Komm. , N 23 zu Art. 237 OR; Honsell, OR BT, S. 193.

第三节　瑕疵担保特论

1. 同买卖中的出卖人一样，互易合同双方当事人负有移转互易标的物占 804
有并使对方取得互易标的物所有权的义务。若当事人没有正确履行这些义务，
则原则上适用买卖合同法关于权利瑕疵担保和物之瑕疵担保的规定（类推适
用债法第 192 条以下和第 197 条以下）。尤其可类推适用权利追夺的概念（债
法第 192 条第 1 款）、物之瑕疵的概念（债法第 197 条第 1 款）以及瑕疵通知
义务（债法第 201 条）。

2. 不过，从互易合同的典型特性（没有价金支付义务）中产生针对瑕疵 805
担保请求权的特别问题。债法第 238 条规定如下：若第三人追夺互易物或者
互易物有物之瑕疵，则因而受损害一方有权选择请求损害赔偿或者请求返还
互易物（瑕疵解除权）。也即纯粹的互易合同没有债法第 205 条规定的减价
权。[1]

―――――――――――

〔1〕 Tercier/Favre/Zen-Ruffinen, Contrats spéciaux, Nr. 1525.

第八章　赠　与

806　　　　本章专门文献（节选）

Abt Daniel, Probleme um die unentgeltlichen lebzeitigen Zuwendungen an Vertrauenspersonen, AJP 2004, S. 1225 ff.

Cavin Pierre, Kauf, Tausch und Schenkung, in: Schweizerisches Privatrecht, Band VII/1: Obligationenrecht – Besondere Vertragsverhältnisse, Basel/Stuttgart 1977, S. 1 ff. (besonders S. 183 ff.).

Grundmann Stefan, Zur Dogmatik der unentgeltlichen Rechtsgeschäfte, AcP 198/1998, S. 457 ff.

Koller Alfred, Einem geschenkten Gaul schaut man nicht ins Maul, Bedeutung und Herkunft der Parömie und ihre Umsetzung in Art. 248 OR und den Nachbarrechten, in: Vogt Nedim Peter/Zobl Dieter (Hrsg.), Der Allgemeine Teil und das Ganze: Liber Amicorum für Hermann Schulin, Basel/Genf/München 2002, S. 97 ff.

Kratz Brigitta, Die Rechtsprechung des Bundesgerichts zu Art. 239 ff. OR, in: Gauch Peter/Aepli Viktor/Stöckli Hubert (Hrsg.), Präjudizienbuch zum OR, 9. Aufl., Zürich 2016.

Maissen Sandra, Der Schenkungsvertrag im schweizerischen Recht, Diss. Freiburg 1996 (AISUF Band 152).

Oehrli Markus, Die gemischte Schenkung im Steuerrecht, Diss. Zürich 2000 (SStR Band 6).

Rusch Arnold F./Bornhauser Philip R., Schenkung und Beweis, AJP 2013, S. 1135 ff.

Schmid Jörg, Die öffentliche Beurkundung von Schuldverträgen, Ausgewählte bundesrechtliche Probleme, Diss. Freiburg 1988 (AISUF Band 83).

Schwery Nadja, Die Korrelation von Nutzen und Haftung im Vertragsrecht, Diss. Freiburg, Zürich 2013（AISUF Band 331）.

Wacke Andreas, *Donner et retenir ne vaut*：Kein Schenkungsvollzug ohne Aushändigung, AcP 201/2001, S. 256 ff.

第一节　概　述

一、法律渊源

1. 赠与作为一种独立合同类型被规定在债法第 239 条至第 252 条。　807

2. 除了这些规定，就特别问题还有其他重要的规定：　808

——对不动产赠与而言，（重要的是）1983 年 12 月 16 日《关于外国人取得土地的联邦法律》以及相应行政法规；　809

——对农业用地赠与而言，（重要的是）《关于农村土地权的联邦法律》；　810

——对赠与人死亡后才能执行的赠与，依债法第 245 条第 2 款，（重要的是）关于死因处分的规定；　811

——对于用被保佐人财产赠与的，（重要的是）《民法典》第 412 条对此等赠与的排除；　812

——对赠与之撤销，只要涉及受赠人是否违反对赠与人及其亲属的家庭法上之义务问题，家庭法的规定就有重要意义（债法第 249 条第 2 项和第 250 条第 1 款第 1 项）。　813

二、构成要件

1. 赠与——是一个合同，也即以债法第 1 条规定之当事人合意为前提——依债法第 239 条第 1 款是指，一方把自己的财产给予他人，而不从对方取得对待给付的生前加利行为。[1]也即，关键的是（生前）加利行为的无偿性。　814

---

〔1〕　法条法文版为 La donation est la disposition entre vifs par laquelle une personne cède tous ou partie de ses biens à une autre sans contre-prestation correspondante。

赠与的要件一方面是没有相应的对价，另一方面是存在赠与之意思。[1]不能作为赠与的则有：

815　　——放弃尚未取得的权利或者拒绝继承（债法第 239 条第 2 款）。

816　　——履行道德上义务（债法第 239 条第 3 款）。

816a　　——赞助合同，此种合同并非无偿，而是双务合同：赞助者得期待的对价是使企业获得公开亮相的机会（市场营销）。[2]

817　　2. 赠与之标的物可以是动产、债权或者不动产。并非任何方式的赠与都可被用于这些标的物：

818　　——动产赠与可以是即时赠与/现物赠与（即时行为；负担行为与履行同时发生；Handschenkung，法文为 donation manuelle），[3]或者是赠与之约定（将来无偿加利的负担性合同；Schenkungsversprechen，法文为 promesse de donner；边码 822）。[译者注：Schenkungsverprechen 本义为赠与允诺，性质上是要约，尚须受赠人承诺，才能成立赠与合同。本书作者使用 Schenkungsver-prechen 时，有时指代作为负担性合同的赠与约定，例如此处，有时指代赠与人单方的允诺行为，例如边码 829 以下关于赠与允诺的要式和边码 838 处。译者在不同地方采不同译法。][4]

819　　即时赠与的关键特征是立即履行，也即负担行为与处分行为同时发生。[5]目前学说上也有以"要物赠与"（Realschenkung）的称谓代替"现物赠与"（Handschenkung）的，要物赠与被理解为不以原因行为（负担行为）为前提。[6]

820　　——（已经存在之）债权赠与亦同［译者注：可以是即时赠与或者赠与之约定］（其合法性也来源于债法第 248 条第 2 款）。债权赠与之约定，其履

---

〔1〕　详见 Maissen S. , Der Schenkungsvertrag, Nr. 99 ff. und 128 ff. 。就赠与意思的证明（例如就属于动产使用借贷还是赠与有争议时）参见 Rusch/Bornhauser, Schenkung und Beweis, S. 1135 ff. 。

〔2〕　Urteil des BGer. vom 20. Dezember 2012, Nr. 2C_576/2013, E. 2. 2.

〔3〕　例如 BGE 105 II 104 ff. （107），E. 3a。

〔4〕　BGE 136 III 142 ff. （145），E. 3. 3.

〔5〕　Urteil des BGer. vom 14. März 2006, Nr. 5C. 273/2005, E. 5. 1；BGE 136 III 142 ff. （145），E. 3. 3.

〔6〕　例如 Maissen S. , Der Schenkungsvertrag, Nr. 25 ff. und 282 ff. 。

行方式为债权让与，须以书面为之（债法第 165 条第 1 款）。若债权让与（处分行为）不以负担行为为前提，则于此情形也称即时赠与。[1]

——不动产赠与只能采赠与约定的方式；因物权法上原因，不动产赠与　　821
不可能是现物赠与。[2]

债法第 243 条意义上的赠与约定（Schenkungsversprechen）不能理解为赠　　822
与人的允诺（单方意思表示），而应理解为债务性合同（也即双方对立一致之
意思表示的交换），赠与人依此合同负有为赠与行为的义务。[3]

三、合同之成立

1. 首先要强调，赠与（也包括赠与之约定，边码 822）是合同，因此是　　823
双方法律行为。其成立，依债法第 1 条第 1 款，需双方对立一致之意思表示的
交换。[4]当事人尤其须就赠与标的物以及加利之无偿性（赠与意思）达成合
意。因为赠与合同不会加重受赠人经济上负担，所以合同也可通过受赠人纯
粹沉默（债法第 6 条）成立。[5]

2. 因为涉及的是合同缔结，所以原则上缔结者须有行为能力（《民法典》　　824
第 12 条以下）。有识别能力无行为能力人——未成年人或者处于广泛保佐下
的人（《民法典》第 17 条）——原则上须经法定代理人同意才可负担义务
（《民法典》第 19 条第 1 款），但他依《民法典》第 19 条第 2 款可不经法定代
理人同意无偿取得利益。这一人法上的一般规定大部分被债法之赠与规定确
认（债法第 240—241 条），而小部分被改变：

——与《民法典》第 19 条第 2 款不同的是，依债法第 241 条第 2 款，若　　825
法定代理人禁止［有识别能力无行为能力人］接受赠与或者命令其返还赠与，

---

〔1〕 BGE 136 III 142 ff.（145），E. 3. 3；Vogt/Vogt, Basler Komm. , N 8 zu Art. 239 OR；类似的有 Maissen S. , Der Schenkungsvertrag, Nr. 290（该文献以 Realschenkung 指代即时赠与）。

〔2〕 Schmid, Die öffentliche Beurkundung, Nr. 452 ff.（引用 BGE 45 II 27 ff.［30］）；Maissen S. , Der Schenkungsvertrag, Nr. 296.

〔3〕 BGE 136 III 142 ff.（145），E. 3. 3；Schmid, Die öffentliche Beurkundung, Nr. 450.

〔4〕 BGE 110 II 156 ff.（161），E. 2d；136 III 142 ff.（144 f.），E. 3. 3.

〔5〕 BGE 110 II 156 ff.（161），E. 2d；136 III 142 ff.（145），E. 3. 3；概述见 Gauch/Schluep/ Schmid, OR AT, Nr. 456。

则赠与不能被取得或者应被废止。[1]

826　　——依债法第 240 条第 2 款，对于无行为能力人之财产仅得为礼俗上的偶然赠与（但法定代理人的责任不受影响）。

827　　备忘：根据《民法典》第 412 条第 1 款，保佐人不得代理（无识别能力的）被保佐人为赠与，但其赠与属于礼俗上之偶然赠与者，不在此限（边码 812）。

828　　3. 赠与法中有特别的要式规定：

829　　——赠与之约定须以要式为之（债法第 243 条），以防赠与人草率解囊馈赠。[2]原则上赠与之约定须以书面形式为之（第 1 款）。[3]若赠与之标的物是不动产或者不动产上的物权，则赠与之约定须采公证形式（第 2 款）。若动产赠与之约定已被履行［译者注：未采要式而已履行］，那么其关系依债法第 243 条第 3 款被认定为现物赠与。

830　　对于书面形式，仅承诺为赠与之一方在文件上签名即可（债法第 13 条）［译者注：仅赠与人的赠与意思表示须以要式为之，而受赠人的承诺无须以要式为之］。[4]

831　　若约定赠与一个（已经存在的）债权（负担行为），则依债法第 243 条第 1 款——优先于债法第 165 条第 2 款，此赠与之约定必须以书面形式为之，以便使债权让与之允诺可履行。[5]但若债权让与（处分行为）本身已经以书面形式完成，则被认为是有效履行的即时赠与（债法第 243 条第 3 款）。[6]

832　　——即时赠与（仅可能发生于动产和债权，边码 817 以下）因赠与人向

---

　　〔1〕　亦参见 Urteil des BGer. vom 4. März 2010, Nr. 5A_743/2009, E. 2. 3，针对赠与人是法定代理人或者是与其关系亲近的人时可能出现的利益冲突。

　　〔2〕　BGE 105 II 104 ff.（107），E. 3b；136 III 142 ff.（145），E. 3. 3；Schmid, Die öffentliche Beurkundung, Nr. 451.

　　〔3〕　BGE 117 II 382 ff（384 ff.），E. 2.

　　〔4〕　BGE 110 II 156 ff.（161），E. 2d；136 III 142 ff.（145），E. 3. 3.

　　〔5〕　Von Tuhr/Escher, OR AT, S. 337；Gauch/Schluep/Emmenegger, OR AT, Nr. 3411；Spirig, Zürcher Kommentar, Obligationenrecht, Teilband V 1k/1：Art. 164 – 174, 3. Aufl.，Zürich 1993, N 56 zu Art. 165 OR；Oser/Schönenberger, Zürcher Komm.，N 8 zu Art. 165 OR und N 6 zu Art. 243 OR（此文献错误称为预约合同）.

　　〔6〕　观点也许相同的有 BGE 136 III 142 ff.（145 f.），E. 3. 3 und 3. 4。

受赠人交付标的物而发生，在债权赠与情形因作成债权书面让与文件而发生（债法第 165 条第 1 款，为赠与而让与权利）。

非现金的金钱赠与，于赠与数额之金钱已转入受赠人的银行或者邮局账户时，构成即时赠与。[1]

833

动产的即时赠与不需要特别要式。债法第 243 条的要式目的（特别是：防止赠与人草率解囊馈赠）因（即时赠与）财产减少的显而易见性而得到补足；加利行为的实施将赠与人行为的范围展现在他眼前。[2]

834

债法第 242 条第 2 款的表述容易被误解：该处所称的在土地登记簿上登记与不动产所有权或定限物权之赠与合同（理解为债务性合同）成立无涉，而是涉及合同的履行，也即涉及赠与标的物所有权的移转。如此理解符合物权法的规定（《民法典》第 656 条第 1 款和第 971 条第 1 款）。

835

——赠与人死亡［作为生效要件］的赠与（die Schenkung auf den Todesfall），依债法第 245 条第 2 款，适用死因处分的规定。[3]因此它须遵守继承法上的特别要式规定。[4]

836

4. 如前文已述（边码 818），若负担与履行同时发生，则（动产和债权）赠与也可被认为是即时行为（债法第 242 条第 1 款）。

837

第二节　赠与人的义务

1. 赠与人（允诺人）负有向受赠人履行赠与允诺的义务。他须完成所允诺之加利行为（无偿的），即将赠与标的物交付给受赠人并使受赠人取得标的物所有权（使人取得占有和所有权的义务）。[5]

838

---

　　〔1〕　Urteil des BGer. vom 14. März 2006, Nr. 5C. 273/2005, E. 5. 1 und 5. 2; BGE 136 III 142 ff. (146), E. 3. 3.

　　〔2〕　BGE 105 II 104 ff. (108), E. 3c.

　　〔3〕　就生前法律行为和死因法律行为的区分参见 BGE 99 II 268 ff. (273), E. 3 (favor negotii)；该判决观点被下面判决确认 Urteil des BGer. vom 11. Februar 2010, Nr. 4A_575/2009, E. 2. 2。

　　〔4〕　参见 BGE 127 III 390 ff. (395), E. 2e。

　　〔5〕　BGE 136 III 142 ff. (145), E. 3. 3.

839 2. 不过，由于加利行为是无偿的，赠与人的责任有所限制（债法第 248 条第 1 款，亦参见债法第 99 条第 2 款）：[1]

840 ——赠与人仅就其故意或者重大过失，对受赠人因赠与所生之损害负责（债法第 248 条第 1 款）。[2]

841 例如，若赠与人赠与受赠人一匹马，于赠与时隐瞒其所知的马匹有传染病这一情况，结果受赠人其他马匹被传染上疾病，受赠人受损害，那么赠与人应负责任。[3]

842 ——赠与人，仅在其有承诺时，对所赠与之物或所让与之债权负瑕疵担保责任（权利瑕疵担保和物之瑕疵担保）（债法第 248 条第 2 款和第 171 条第 3 款）。

第三节　个别问题

一、[附] 条件与 [附] 负担

843 1. 赠与可以附条件或附负担（债法第 245 条第 1 款）。

844 ——条件为法律行为之附款，使赠与合同生效或消灭取决于一不确定的事实。[4]

845 —— [所附] 负担对赠与之效力不生影响，但赠与人（赠与人死亡后其继承人[5]）或于必要时主管机关得诉请 [受赠人履行所附负担]（债法第 246 条）。[6]

---

〔1〕 详见 Maissen S., Der Schenkungsvertrag, Nr. 352 ff.；亦参见 Koller A., Liber Amicorum Schulin, S. 97 ff.。

〔2〕 详细并且有区别的内容参见 Schwery, Korrelation von Nutzen und Haftung, Nr. 334 ff.。

〔3〕 Oser/Schönenberger, Zürcher Komm., N 3 zu Art. 248 OR.

〔4〕 Maissen S., Der Schenkungsvertrag, Nr. 467 ff.；概述见 Gauch/Schluep/Emmenegger, OR AT, Nr. 3948 ff.。

〔5〕 BGE 133 III 421 ff.（426 und 430），E. 3 und 5 末尾。

〔6〕 BGE 133 III 421 ff.（426 ff.），E. 3 und 4；Maissen S., Der Schenkungsvertrag, Nr. 501 ff.；SJZ 110/2014, S. 387 ff., E. 2d/bb（Schaffhauser Obergericht）；概述见 Gauch/Schluep/Emmenegger, OR AT, Nr. 4032。

2. 下列约定是条件的特别情形：若受赠人先于赠与人死亡，则赠与物重 846
新归属赠与人（回复情形之约定，债法第 247 条第 1 款）。[1] 于赠与不动产或
者其上定限物权情形，回复权得预告登记于土地登记簿上（债法第 247 条第 2
款和《民法典》第 959 条）。

（回复权）能在土地登记簿上预告登记以纯粹赠与为前提；对于混合赠 847
与，因可预告登记之权利法定原则（《民法典》第 959 条），[回复权] 不能
预告登记于土地登记簿上。[2]

二、赠与之撤销

1. 债法第 249 条以下规定赠与之撤销。应区分不同情形：[3] 848
——请求返还（已经履行）之赠与，也即即时赠与或者已经履行的赠与 849
约定：债法第 249 条。[4]
——（尚未履行之）赠与约定的撤销或者失效：债法第 250 条。 850

这些撤销情形应与赠与合同违反善良风俗之情形相区分（债法第 20 条）。 851
例如，若被信赖的人影响了 [赠与人] 意思表示的自由或者 [被信赖的人]
违反了特别重要的职业规范，那么赠与违反善良风俗。[5] 然而并没有一个一
般性的规则（普遍）禁止客户向律师[6]或者病人向医生为赠与。——在此
背景下，联邦议会国民院（Nationalrat）于 2009 年 3 月 3 日否决了要求制定保
护处分人的额外法律规范的议会提案。国民院虽认为保护处分人免受非法影
响的目标很重要，但认为现行制定法（尤其是意思表示瑕疵的规定，以及医
生职业伦理法）已经足够了，并担心一部额外的制定法会过多限制个人的自

---

〔1〕　BGE 116 II 259 ff.（263），E. 4b 末尾。

〔2〕　ZBGR 81/2000, S. 1876 ff.（Justiz-, Gemeinde- und Kirchendirektion des Kantons Bern）.

〔3〕　详见 Maissen S., Der Schenkungsvertrag, Nr. 388 ff.。

〔4〕　指控有严重犯罪或者严重违反亲属法上之义务，参见 LGVE 2008 I Nr. 11, S. 29 ff.（Luzerner
Obergericht; Beschwerde in Zivilsachen abgewiesen mit Urteil des BGer. vom 10. Februar 2009, Nr. 4A_546/
2008）。就夫妻间离婚时的返还请求参见 BGE 113 II 252 ff.。

〔5〕　BGE 132 III 455 ff.（458 f.），E. 4. 1，引用 Abt, Unentgeltliche lebzeitige Zuwendungen, S. 1229
ff.。

〔6〕　BGE 136 III 142 ff.（147），E. 3. 5.

主决定权。[1]

852　　　撤销可于赠与人知道撤销事由之日起一年内为之（债法第 251 条第 1 款）。此外，制定法规定了赠与人之继承人［撤回赠与］的诉权（债法第 251 条第 2、3 款）。

853　　　撤销权是赠与人绝对人身专属之权利；赠与人死亡后，撤销权仅在债法第 251 条第 2 款规定的严格限度内归其继承人。[2]根据这一规定，判决还得出结论：受赠人未履行赠与合同所附负担的，赠与人的继承人固然能请求履行（必要时请求损害赔偿），但不能依据债法第 107—109 条解除赠与合同。[3]

854　　　2. 定期重复给付（wiederkehrende Leistung）的赠与约定，除另有规定外，随赠与人死亡而失效（债法第 252 条）。

三、混合赠与

855　　　1. 当事人可以约定，对一个标的物半送半卖。于此情形存在一个混合的合同关系，买卖合同法和赠与法因素相互结合（无名合同，边码 2459）。但当事人应始终达成如下合意：并非仅仅约定了一个便宜的价款，而是一部分给付无偿（animus donandi，边码 814）。[4]

856　　　例如，若受赠人承担不动产上所附抵押担保的债务，则构成不动产混合赠与。[5]于此情形不得在土地登记簿上预告登记回复权（债法第 247 条和

---

　　〔1〕　AB NR 2009, S. 58 ff., betreffend die parlamentarische Initiative Nr. 06. 432 n vom 11. Mai 2006 von Nationalrätin Schenker, Erbrechtliche Zuwendungen und Schenkungen an Personen mit einer besonderen beruflichen Funktion.

　　〔2〕　BGE 133 III 421 ff. (426 f.), E. 3 und 4. 1; 96 II 119 ff. (126), E. 3.

　　〔3〕　BGE 133 III 421 ff. (428), E. 4. 2.

　　〔4〕　Urteil des BGer. vom 16. März 2001, Nr. 4C. 346/2000, E. 1; Tercier/Favre/Zen-Ruffinen, Contrats spéciaux, Nr. 1791.

　　〔5〕　Schmid, Die öffentliche Beurkundung, Nr. 472 f.

《民法典》第 959 条)。[1]

2. 混合赠与（作为债务性合同）适用债法第 234 条的要式规定。[2]　　857

---

[1]　ZBGR 81/2000, S. 1987 ff.（190 f.）, E. 4b（Justiz-, Gemeinde- und Kirchendirektion des Kantons Bern）.

[2]　BGE 117 II 382 ff.（385 f.）, E. 2b.

第二部分

使用让渡型合同

第九章 概 览

1. 使用让渡合同, 旨在将对物之使用于一定时间内让渡给他人, 也即将 858
物交给此人使用。制定法规定了有偿和无偿类型, 应作以下区分:

——使用租赁 (债法第 253 条以下), 出租人负有将某物有偿交给承租人 859
使用的义务。

——用益租赁 (债法第 275 条以下), 出租人负有将生产资料 (可用益之 860
物, nutzbare Sache) 或者可用益之权利有偿交给承租人使用并收取孳息或收
益的义务。

——使用借贷 (债法第 305 条以下), 出借人 [或译为 "贷与人"] 负 861
有将物无偿交与借用人使用的义务。

——消费借贷 (债法第 312 条以下), 出借人 (授信人) 负有转让一定数 862
额的金钱或者其他可替代物的所有权的义务, 借贷人 (受信人) 负有返还同
等数量和品质的同种类物品的义务。消费借贷可以约定为有偿 (有息) 或者
无偿 (无息) (债法第 313 条)。此外, 消费借贷可能满足 (《消费信贷法》
意义上的) 消费信贷合同的构成要件。

虽然消费借贷中, 通过交付金钱, 借用人 (受信人) 成为所有权人, 863
但这构成的是一个使用让渡行为, 而不是典型的所有权让与合同: 当事人
的经济上目的是, 使金钱的价值在一段时间内供受信人使用 ("价值使用让
渡", Wertgebrauchsüberlassung)。

2. 使用让渡始终针对一个确定的或者不确定的时间段; 只要这一 864
(法定或者约定的) 时间段还未完全经过, 当事人就必须履行其所负义
务。也即使用租赁、用益租赁、使用借贷和消费借贷是继续性合同。[1]

---

[1] BGE 125 III 363 ff. (365), E. 2e=Pra 2000, Nr. 118, S. 698 ff.

这导致此处讨论的债法分则章节（债法第 253 条以下）所规定的问题，于总则中——总则就继续性合同未作一般性规定——无规定（边码 88 以下）。

第十章　使用租赁

本章专门文献（节选） 865

Biber Irene, Die Rohbaumiete, Diss. Freiburg, Zürich 2014.

Calamo Christian, Die missbräuchliche Kündigung der Miete von Wohnräumen, Diss. St. Gallen, Bern/Stuttgart/Wien 1993 (SSPHW Band 39).

Dietschy Patricia, Le droit d'option dans les baux à loyer d'habitation ou de locaux commerciaux, AJP 2012, S. 1238 ff.

Ducrot Michel, La procédure d'expulsion du locataire ou du fermier non agricole: quelques législations cantonales au regard du droit fédéral, Diss. Genf, Zürich 2005.

Fetter Sébastien, La contestation du loyer initial: étude de l'article 270 CO, Diss. Bern 2005 (ASR NF Heft 711).

Gauch Peter, System der Beendigung von Dauerverträgen, Diss. Freiburg 1968 (AISUF Band 34).

Giger Bruno, Die Erstreckung des Mietverhältnisses (Art. 272 – 272d OR), Diss. Zürich 1995 (ZStP Band 120).

Hensch Angela, Streitigkeiten zwischen Mietern, AJP 2013, S. 985 ff.

Higi Peter, Zürcher Kommentar zum Schweizerischen Zivilgesetzbuch, Obligationenrecht, Teilband V 2b: Die Miete,

　－ erste Lieferung: Art. 253–265 OR, 3. Aufl. , Zürich 1994;

　－ zweite Lieferung: Art. 266–268b OR, 4. Aufl. , Zürich 1995;

　－ dritte Lieferung: Art. 269–270e OR, 4. Aufl. , Zürich 1998;

　－ vierte Lieferung: Art. 271–274g OR, 4. Aufl. , Zürich 1996.

Huber Basil, Die vorzeitige Rückgabe der Mietwohnung, Diss. St. Gallen, Bamberg 2000.

Hürlimann-Kaup Bettina, Grundfragen des Zusammenwirkens von Miete und Sachenrecht, Habil. Luzern, Zürich 2008 (LBR Band 34).

Koller Alfred, Verkauf einer vermieteten Wohnliegenschaft – Bemerkungen zum Übergang des Mietverhältnisses auf den Käufer nach Art. 261 OR, in: Koller Alfred (Hrsg.), Der Grundstückkauf, 2. Aufl., Bern 2001, S. 377 ff.

Derselbe, Ausserordentliche Kündigung der Wohnungs- und Geschäftsmiete wegen vertragswidrigen Verhaltens des Mieters – Ungeschriebene Kündigungstatbestände und Rechtsfolgen einer ausserordentlichen Kündigung, AJP 2010, S. 845 ff.

Lachat David et al., Das Mietrecht für die Praxis, 8. Aufl., Zürich 2009 (zitiert: Lachat/KapitelautorIn).

Lupi Thomann Melania, Die Anwendung des Konsumkreditgesetzes auf Miet-, Miet-Kauf- und Leasingverträge, Diss. Zürich 2003 (EDC Band 10).

Minder Matthias, Die Übertragung des Mietvertrags bei Geschäftsräumen (Art. 263 OR) – Einschliesslich des Verhältnisses von Art. 263 OR zum Fusionsgesetz (FusG), Diss. Zürich 2010 (ZStP Band 221).

Permann Richard, Kommentar zum Mietrecht, Mit einschlägigen bundesrechtlichen und kantonalen Vorschriften, 2. Aufl., Zürich 2007.

Rebsamen Thomas, Immobilienmiete im revidierten SchKG, SJZ 110/2014, S. 149 ff.

Schmid Jörg, Die gemeinsame Miete – Ausgewählte Fragen, AJP 2016, S. 31 ff.

Schwery Nadja, Die Rechtsprechung des Bundesgerichts zu Art. 253 ff. OR, in: Gauch Peter/Aepli Viktor/Stöckli Hubert (Hrsg.), Präjudizienbuch zum OR, 9. Aufl., Zürich 2016.

Siegrist Robert, Der missbräuchliche Mietzins, Regel und Ausnahmen, Art. 269 und 269a OR, Diss. Zürich 1997 (SKSR Band 55).

SVIT-Kommentar, Das schweizerisches Mietrecht, Kommentar, hrsg. vom Schweizerischen Verband der Immobilien-Treuhänder SVIT, 3. Aufl., Zürich 2008.

Thanei Anita, Auswirkungen der neuen Schweizerischen Zivilprozessordnung auf die mietrechtlichen Verfahren, insbesondere auf das Schlichtungsverfahren, mp 2009, S. 179 ff.

Weber Roger, Der gemeinsame Mietvertrag, Diss. Zürich 1993 (ZStP Band

109）．

Wey Renate, La consignation du loyer, Etude des art. 259g-i nCO, Diss. Lausanne 1995.

Züst Martin, Die Mängelrechte des Mieters von Wohn- und Geschäftsräumen, Diss. St. Gallen, Bern/Stuttgart/Wien 1992（SSPHW Band 33）．

第一节　概　述

一、法律渊源

1. 租赁合同法条位置（sedes materiae）是债法第 253—273c 条。制定法对这些规定作如下划分： 866

——第一节：一般规定（债法第 253—268b 条）。 867

——第二节：防止出租人就住宅用房和商业用房使用租赁设置不合理的租金（missbräuchliche Mietzinse）以及其他不合理的债权（债法第 269—270e 条）。 868

——第三节：住宅用房和商业用房使用租赁通知终止时的保护（债法第 271—273c 条）。 869

此前版本的第四节"主管机关和程序"（旧版债法第 274—274g 条）随瑞士《民事诉讼法》的生效于 2011 年 1 月 1 日被废止。同时债法第 273 条第 4、5 款［随《民事诉讼法》的生效］被修改，例如（新版）债法第 273 条第 4 款规定，提交调解机关调解的程序适用《民事诉讼法》的规定。[1]（新版）债法第 259i 条也援引了《民事诉讼法》。 870

涉及租赁活动中防止（权利）滥用的条文，联邦立法者依据的不仅是《联邦宪法》第 122 条第 1 款（私法上的一般立法权能），还有《联邦宪法》第 109 条（联邦对租赁活动的特别［立法］权能）。这特别针对防止设置不合理的租金的规定，对不合理终止的撤销规定，以及对租赁关系为有期限延长 871

---

〔1〕　AS 2010, S. 1739 ff., besonders S. 1841.

的规定（《联邦宪法》第 109 条第 1 款）。相关规定见边码 1082 以下。

872　　2008 年 12 月 12 日联邦委员会关于修订债法（防止不合理租金）的公报[1]规定，租金不再与抵押贷款利息（Hypothekarzins）挂钩，而改为与国内消费者价格指数（Landesindex der Konsumentenpreise）挂钩（价格指数租金取代成本租金）。[2]但议会国民院于 2009 年 5 月 25 日对进一步处理这个草案做了否决，[3]并在议会联邦院于 2010 年 6 月 17 日作出相反决议[4]后于 2010 年 9 月 14 日坚持拒绝进一步处理，[5]因而修订建议被终局性地拒绝。联邦委员会在 2015 年 5 月 27 日关于修订债法（防止不合理租金）的公报中就承租人变更时［出租人］的使用范本表格义务和告知租金义务的规定提出修改建议（债法第 266l 条第 2 款、第 269d 条、第 270 条第 2 款和第 298 条第 2 款修改）。[6]

873　　2. 除这些核心条文外，联邦和各州其他法律规定有其重要性，例如以下规定：

874　　——1990 年 5 月 9 日《关于住宅和商业用房的使用租赁和用益租赁的条例》（VMWG）[7]，它以债法第 253a 条第 3 款为基础制定。

875　　这一条例多次被修改，最新一次修改是 2014 年 1 月 15 日（2014 年 7 月 1 日修改生效）。[8]

876　　——1995 年 6 月 23 日《关于框架性租赁合同及其一般拘束力声明的联邦法律》[9]，以及 1996 年 1 月 31 日相应的条例[10]。

---

〔1〕 BBl 2009, S. 347 ff.（Vorlage Nr. 08. 081）.

〔2〕 Botschaft zum OR von 2008, BBl 2009, S. 348, 359, 362 und 364 ff.

〔3〕 AB NR 2009, S. 801.

〔4〕 AB StR 2010, S. 725.

〔5〕 AB NR 2010, S. 1220.

〔6〕 BBl 2015, S. 4097 ff.（Botschaft）und S. 4111 ff.（Entwurf）.

〔7〕 SR 221. 213. 11.

〔8〕 AS 2014, S. 417.

〔9〕 SR 221. 213. 15.

〔10〕《关于框架性租赁合同及其一般拘束力声明的联邦法律》；V über Rahmenmietverträge und deren Allgemeinverbindlicherklärung（VRA）vom 31. Januar 1996（SR 221. 213. 151）.

这一联邦法律的宪法基础是《联邦宪法》第 109 条第 2 款。　　877

——《民事诉讼法》的规定，例如《民事诉讼法》第 33 条和第 35 条第　878
1 款 b 项。

——基于债法第 257e 条第 4 款或者第 270 条第 2 款制定的州级规范。　879

对特殊标的物的租赁还要考虑其他规定，例如海上船舶租赁（die Miete　880
eines Seeschiffs）和海上租船合同（See-Chartervertrag）须考虑 1953 年 9 月 23
日《船舶航行法》（该法第 87 条以下、第 90 条以下及第 94 条以下）。[1]此
外有可能，当事人称为租赁的某些生活关系，可被 1993 年 6 月 18 日《包价
旅游法》[2]或者 2001 年 3 月 23 日的《消费信贷法》涵摄（参见边码 1332 以
下）。[3]

二、构成要件

1. 将标的物有偿交与他人使用是租赁合同的典型义务。依债法第 253 条，　881
出租人因租赁合同而负有将标的物交与承租人使用的义务，承租人为此负有
向出租人给付租金的义务。[4]使用让渡总是持续性的（继续性合同[5]）；租
赁关系可以是定期的，也可以是不定期的（债法第 255 条第 1 款）。

2. 如下所述，租赁关系应同其他关系区别开：　　882

——租赁因使用让渡之目的而同所有权让与行为区分（买卖合同，债法　883
第 184 条以下）。若当事人的目的在于使"承租人"取得对标的物的所有权或
者其他类似地位，那么可以适用《消费信贷法》中的保护性规范。这尤其适用
于附有购买权的租赁合同以及归为无名合同的租买合同（Miet-Kauf-Vertrag）。

有争议的是租赁如何区别于融资租赁。融资租赁很大程度上包含了有偿　884
使用让渡的因素，但大部分学说和判决将其作为制定法上未规定的合同（类
型）（边码 2525）。

---

[1]　SR 747. 30.

[2]　SR 944. 3.

[3]　SR 221. 214. 1.

[4]　法文：...le bailleur s'oblige à céder l'usage d'une chose au locataire, moyennant un loyer.

[5]　不同于许多人观点的是 BGE 127 III 548 ff.（551），E. 4.

885 ——租赁是纯粹的使用让渡。它与用益租赁的区别在于，用益租赁针对的是可用益之物或者可用益的权利，让渡的是使用和对果实及收益的收取（债法第 275 条）。此种超越纯粹使用的用益权（Nutzungsbefugnisse），暗示存在一个用益租赁关系。

886 ——租赁因其有偿性（承租人支付租金义务）而区别于依法为无偿的使用借贷（债法第 305 条）。

887 ——租赁旨在将一个特定标的物让渡使用，租赁期满应返还该标的物。租赁因此而区别于消费借贷，后者旨在将金钱（或其他可替代物）于一定时间内供他人支配（债法第 312 条）。

888 然而如果租赁合同包含重要的（《消费信贷法》第 1 条意义上的）信贷因素，那么可适用消费信贷的相关规定（参见《消费信贷法》第 7 条）。

889 ——租赁中，当事人处于交换关系（利益对立）。租赁因此区分于一般合伙，后者是用共同的人力或者资本致力于一个共同的目的（债法第 530 条第 1 款；边码 2371）。

890 如果在（商业）租赁合同中约定，出租人参与收益分配，那么构成混合形式的租赁（参与型租赁，partiarische Miete）。

891 ——其他合同类型，例如个人劳动合同，可作为关联合同（边码 2463）与租赁合同结合。

892 例如，这适用于"房屋管理员合同"（Hauswartsvertrag）结合"公务住房[租赁合同]"（Dienstwohnung）。房屋管理员的活动依劳动合同法规定，而[公务住房]使用让渡依租赁合同法规定；整个法律关系的消灭，适用关于构成绝大部分给付的那个合同类型的规则。[1]此外，债法第 254 条和《关于住宅和商业用房的使用租赁和用益租赁的条例》第 3 条规定的是住宅和商业用房租赁的关联行为（Koppelungsgeschäft，例如买卖和保险合同）的规则（边码 1085—1086）。

---

〔1〕 BGE 131 III 566 ff.（569），E. 3. 1 = Pra 2006, Nr. 54, S. 401 ff. 就居住共同体和共同承租人的关系参见 BGE 136 III 65 ff.（68 ff.），E. 2, und Urteil des BGer. vom 6. Oktober, Nr. 4A_247/2015, E. 3 und 4。

3. 租赁关系中，被让渡使用之物可以是动产（汽车、家用器具、音乐器材、娱乐电子产品）或者不动产（土地、住宅、商业用房、停车场）。 893

防止不合理租金（债法第 269 条以下）和租赁终止时的保护（债法第 271 条以下）的制定法规定，仅适用于住宅和商业用房的租赁，但有适用上的扩展与例外（债法第 253a、253b 条）。例如，就防止不合理租金的规定，不适用于豪华住宅和有 6 个以上房间的独栋住宅的使用租赁（债法第 253b 条第 2 款）。[1][住宅和商业用房租赁的]关联行为（边码 892）须遵守债法第 254 条。 894

"房屋"是长期矗立的、水平和垂直都封闭的领域，确切地说是或多或少封闭的建筑物。[2]住宅是提供特定私人空间并用于居住目的——也即用于度过私人生活——的封闭场所，特别指一套楼宇住宅（Wohnung）、单户住宅（Einfamilienhaus）或者单间（Einzelzimmer）。[3]若合同当事人已指明租赁标的物是住宅，那么标的物不能缺少描述的房屋属性。[4]商业用房是用于做生意或者（广义而言）执业的场所。[5] 895

4. 出租人通常是租赁物所有权人，但他也可能仅仅是租赁物的定限物权持有人；例外情形，对租赁物仅有债权性地位者也可作为出租人（债法第 262 条：转租）。 896

三、合同之成立

1. 租赁合同依一般规则成立，也即必须有债法第 1 条意义上的对立一致之意思表示的互换。客观上重要的（"要素"）是使用让渡、使用让渡之标的物以及合同有偿性。 897

依本书见解，对价的数额不是客观重要之点；当事人未确定租金的，法院可借漏洞填补加以补充。[6]不过联邦法院却持不同见解：只有已经履行了 898

---

〔1〕 就承租住宅的豪华性特征参见 Urteil des BGer. vom 11. Januar 2016, Nr. 4A_257/2015, E. 3.

〔2〕 BGE 124 III 108 ff.（110），E. 2b 有更多展开。

〔3〕 Urteil des BGer. vom 12. Juni 2006, Nr. 4C. 128/2006, E. 2.

〔4〕 Urteil des BGer. vom 12. Juni 2006, Nr. 4C. 128/2006, E. 2：为车主提供的用于停放拖挂式房车的停车位不是法律意义上的住房。

〔5〕 BGE 124 III 108 ff.（110），E. 2b.

〔6〕 Gauch/Schluep/Schmid, OR AT, Nr. 338.

的租赁合同，才由法院确定租金的数额；[1] 对于将来才履行的租赁合同，则需要当事人就租金数额达成合意，并将——如果缺少此合意的——合同看作（合意上）未成立。[2]

899　　不过联邦法院也认为，若租金可得确定，则足够。因此当事人尤其可以约定，租金依承租人获得的营业额确定。[3]

900　　2. 简单租赁（或译为一般租赁，einfache Miete）中，出租方和租赁方的合同当事人各一名。但还有可能是一个共同租赁（gemeinsame Miete），这是指出租方或租赁方有多人或者双方各有多人的一种关系。[4]

901　　例如（下面的例子也可能组合起来）：对遗产共同共有（Erbengemeinschaft）的兄弟姐妹三人，作为出租人；承租人是夫妻或者未婚同居伴侣。

902　　于此等情形，总是必须将各方共同体内部关系（出租人内部关系和承租人内部关系）与外部关系（与租赁合同相对方的关系）区分开：[5]

903　　——对于内部关系，重要的是适用于各共同体之规则（例如遗产共有依《民法典》第 602 条以下，夫妻共有依《民法典》第 159 条以下以及可适用的夫妻财产制规则，一般合伙依债法第 530 条以下）。

904　　——对于外部关系，有问题的尤其是，是否存在连带责任以及内部关系的变更对外部关系是否产生影响。这些问题不能作一般性回答，而是须依涉及的具体情况来解决。

905　　例如：①未婚同居伴侣共同缔结了一份不定期住宅租赁合同，若女方搬出住宅（解除同居关系），那么她在外部关系中仍是承租人并对给付租金负连

---

〔1〕 例如 Urteil des BGer. vom 31. Januar 2003, Nr. 4C. 11/2002, E. 5（根据假设的当事人意思进行租赁金额的司法填补，若无法查明假设的当事人意思，则根据市场通常的租金确定）。

〔2〕 BGE 108 II 112 ff.（113 f.），E. 4 = Pra 1982, Nr. 175, S. 448 ff.；119 II 347 f.（348），E. 5a = Pra 1994, Nr. 193, S. 639 f.

〔3〕 Urteil des BGer. vom 18. Juni 2007, Nr. 4C. 426/2006, E. 2. 2.

〔4〕 Higi, Zürcher Komm., N 102 ff. zu den Vorbem. zu Art. 253–274g OR；Schmid, Die gemeinsame Miete, S. 31 ff.

〔5〕 下文内容参见 Higi, Zürcher Komm., N 105 ff. zu den Vorbem. zu Art. 253–274g OR；Schmid, Die gemeinsame Miete, S. 33 ff. 。

带义务。[1] ②共同承租（有多个承租人）中，终止权作为不可分的形成权仅得由全体承租人共同行使或者向全体承租人行使（边码1018）。[2]

3. 对租赁合同之缔结，制定法原则上不要求要式，住宅和商业用房租赁　906
也无须以要式为之。[3]

然若租赁于具体情形符合消费信贷的特征（《消费信贷法》第1条以下），　907
则适用《消费信贷法》第9条以下的法定要式。

此外应注意，租赁法在其他方面——合同清算上——包含了多个要式规　908
定，例如于以下情形：
——租赁物于租赁期间有瑕疵的，承租人提存租金前设定宽限期须以书　909
面为之（债法第259g条）。
——出租人对承租人翻新和改变标的物的同意，包括可能的出租人得要　910
求恢复原状的约定，须以书面为之（债法第260a条第1、2款）。

就此点，若就承租人改建的合理补偿有不同于制定法规则的约定，则须　911
以书面为之（债法第260a条第3款）。

——出租人对将租赁关系移转于第三人的同意，须以书面为之（债法第　912
263条第1款）。
——住宅或者商业用房的出租人或者承租人通知终止（租赁关系）的，　913
须以书面为之（债法第266l条第1款）。就此点对出租人还有其他要式规定
（使用表格义务，Formularpflicht；债法第266l条第2款以及第266n、266o条）
[译者注：使用表格义务是指，出租人通知终止租赁关系时，须以州所认许的
表格为之]。[4]
——承租人迟延支付租金的，出租人设定宽限期须以书面为之（债法第　914

---

〔1〕　Higi, Zürcher Komm. , N 111 zu den Vorbem. zu Art. 253-274g OR.

〔2〕　BGE 140 III 491 ff.（493），E. 4. 2. 1；Schmid, Die gemeinsame Miete, S. 35 und 39.

〔3〕　BGE 119 III 78 ff.（80），E. 3c＝Pra 1994, Nr. 166, S. 552 ff.；Urteil des BGer. vom 16. Mai 2007, Nr. 4A_32/2007, E. 5.

〔4〕　就出租人签名的要求参见BGE 140 III 54 ff.（55 ff.），E. 2. 2-2. 4＝Pra 2014, Nr. 58, S. 436 ff.（在随表格所附函件中签名足够）。

257d 条，也要遵守债法第 266n 条）。[1]

915 　　——出租人提高租金和对合同的其他单方变更，须以书面为之（并强制使用表格）[2]（债法第 269d 条）。

916 　　依联邦法院的见解，提高租金的理由也要包含在表格中。[3]表格须出租人亲笔签名。[4]

917 　　4. 此外，依债法第 270 条第 2 款，州法可以作出强制性规定：本州全境或部分地区新订立的租赁契约，须采用第 269d 条所规定的表格。这一规范包含了有利于州法的所谓保留授权（ermächtigender Vorbehalt）。[5]

918 　　官方表格的内容由联邦法律规定（《关于住宅和商业用房的使用租赁和用益租赁的条例》第 19 条），并且可能的要式瑕疵的法律效果也由联邦法律规定。[6]若将与前一个承租人（签订）的合同的租金［于下一租赁合同中］提高，则须有表格中的理由（债法第 269d 条，《关于住宅和商业用房的使用租赁和用益租赁的条例》第 19 条第 3 款）。[7]

919 　　依联邦法院的见解，此等情形中的要式瑕疵导致租金约定无效，但不导致整个合同无效；法院须依"防止约定不合理租金的法律"（Missbrauchsrecht，此处意译）确定租金。[8]债法第 270 条第 2 款意义上的立法权能，被日内瓦州[9]和苏黎世州[10]首先行使。[11]

---

　〔1〕　完整内容见 BGE 117 II 415 ff.（416 ff.），E. 3–5。

　〔2〕　就表格强制参见 BGE 123 III 70 ff.（72 ff.），E. 3。

　〔3〕　BGE 120 II 206 ff.（208 f.），E. 3 = Pra 1995，Nr. 74，S. 242 ff.；其观点在下列判决中被确认 Urteil des BGer. vom 1. Februar 2010，Nr. 4A_409/2009，E. 2. 1。

　〔4〕　Urteil des BGer. vom 8. Juli 2003，Nr. 4C. 110/2003，E. 3. 2–3. 5。

　〔5〕　BGE 120 II 341 ff.（343），E. 2b = Pra 1995，Nr. 252，S. 833 ff.；124 I 127 ff.（129），E. 2a。

　〔6〕　BGE 120 II 341 ff.（344），E. 2b = Pra 1995，Nr. 252，S. 833 ff.；124 I 127 ff.（129），E. 2a。

　〔7〕　BGE 120 II 341 ff.（344 f.），E. 3 = Pra 1995，Nr. 252，S. 833 ff.；BGE 140 III 583 ff.（587 ff.），E. 3. 2 = Pra 2015，Nr. 102，S. 828 ff.。

　〔8〕　BGE 120 II 341 ff.（345 ff.），E. 4–7 = Pra 1995，Nr. 252，S. 833 ff.；BGE 137 III 547 ff.（548 f.），E. 2. 3 = Pra 2012，Nr. 40，S. 287 ff.；BGE 140 III 583 ff.（587 ff.），E. 3. 2 = Pra 2015，Nr. 102，S. 828 ff.；不同观点有 Higi, Zürcher Komm.，N 103 ff. zu Art. 270 OR。

　〔9〕　参见 BGE 140 III 583 ff. = Pra 2015，Nr. 102，S. 828 ff.。

　〔10〕　参见 BGE 124 I 127 ff.。

　〔11〕　更多示例参见 SVIT-Kommentar，N 33 zu Art. 270 OR。

5. 对租赁合同的成立和内容还须补充两点说明。　920

——租赁关系的内容通常来自当事人约定。当然，例外是强制性规范　921
（债法第 19 条第 2 款）。然而必须考虑到，根据《关于框架性租赁合同及其一
般拘束力声明的联邦法律》（该法第 3 条），联邦委员会在一定条件下可以批
准当事人偏离（特定）强制性租赁法规范。

对住宅和商业用房的租赁，债法第 269b 条、第 269c 条就租金随国内价　922
格指数变化或者阶梯变化的可能性作了限制。不合理租金可以被撤销（债法
第 269 条以下；边码 1094 以下）。

——离婚法律于《民法典》第 121 条第 1、2 款规定，作为离婚可能的后　923
果，法院得判决将租赁合同的权利义务转让给夫妻一方。经登记的同性伴侣关
系之解除适用同样的规定（《登记的同性伴侣关系法》第 32 条第 1、2 款）。

相反，作为婚姻保护措施，法院将住宅临时分配给承租人中的妻子一方　924
（《民法典》第 176 条第 1 款第 2 项），这一分配并不产生移转合同权利义务的
效果。[1]在因（家庭）暴力、恐吓和跟踪而提起的诉讼中，法院可将合同权
利义务移转给原告；不过这一权利义务移转以出租人同意为前提（《民法典》
第 28b 条第 3 款第 2 项）。

第二节　出租人之义务

一、一般规定

1. 依债法第 256 条第 1 款，出租人有义务于约定的时间，将合于预定使　925
用状态的物交付承租人，并维持其合于预定使用的状态。这是出租人的主要
义务（Hauptverpflichtung），它可持续发生，直到租赁关系结束（继续性债
务）。债法第 256 条第 1 款一方面涉及使用让渡的实质方面（权利瑕疵担保和
物之瑕疵担保），另一方面也涉及履行时间（于约定的时间）。

2. 上述出租人义务仅有时是任意性的（规范），另一些时候是"半强制　926
性"（relativ zwingend）的。

---

〔1〕　BGE 134 III 446 ff.（448 f.），E. 2. 1＝Pra 2009, Nr. 21, S. 122 ff.

927　　　——于住宅和商业用房租赁合同，出租人的上述义务是强制性的（更准确地说是利于承租人的单方面强制）（债法第 256 条第 2 款 b 项）。

928　　　——若问题不涉及住宅和商业用房租赁关系，则允许个别磋商，作出偏离上述义务的不利于承租人的约定，但不得以预先拟订好的一般交易条款为之（债法第 256 条第 2 款 a 项）。也即，动产（例如汽车）租赁的免责条款是可能的，只要免责条款是经个别磋商达成的，即不是包含在一般交易条款中。

929　　　不过还要补充说明，即便订有此等免责条款，若出租人故意对承租人隐瞒瑕疵之存在，则其仍要负责（类推适用债法第 199 条；边码 374—375）。[1]此外受到债法第 100 条限制（边码 376—377）。

930　　　3. 出租人不履行义务或者瑕疵履行的，承租人可产生得分别主张的特定权利（债法第 258 条以下；边码 936 以下）。

931　　　4. 出租人也负有多个附随义务：

932　　　——依债法第 256a 条所生之告知义务，不过其仅依承租人请求而发生：前租赁关系终止时曾作成租赁物返还之文件者，出示给［新承租人］审阅（第 1 款）；告知前租赁关系的租金额（第 2 款）。

933　　　——承担租赁物上的负担及税捐的义务（债法第 256b 条）。这些负担和税捐（于出租不动产情形，例如物业税或建筑物保险费[2]）通过租金得到补偿。

934　　　——依规定处理承租人所提供担保［译者注：例如押金］的义务（债法第 257e 条）。[3]

935　　　——无法定拒绝情形时对转租关系的同意义务（债法第 262 条第 2 款）。[4]

二、不履行与瑕疵履行之后果

936　　　租赁合同法——例如与买卖合同法不同——在体系上没有区分出租人迟

---

〔1〕　Tercier/Favre/Bugnon, Contrats spéciaux, Nr. 2090.

〔2〕　Higi, Zürcher Komm., N 42 zu Art. 256a—256b OR.

〔3〕　就出租人的提存义务参见 BGE 127 III 273 ff. （278），E. 4 c/bb。

〔4〕　BGE 119 II 353 ff. （355），E. 4＝Pra 1994，Nr. 57，S. 353 ff.

延、权利瑕疵担保和物之瑕疵担保（边码 925 以下），而是将不履行的情形（Nichterfüllungsfall）整合在一起。相反，债法区分给付障碍在租赁物交付时即已存在还是在租赁期间内——标的物受领后——才发生（参见债法第 258 条和第 259 条以下的侧边标题）。据此，对立法者来说关键的是，作为继续性债务关系的租赁合同是否于履行典型的主给付义务时已产生瑕疵。具体为：

（一）租赁物交付时之瑕疵（债法第 258 条）

1. 给付障碍可在租赁物交付前已经发生，也即租赁合同典型的主给付义务（使用让渡）尚未开始的时刻。首先考虑的是两个严重背离合同（不是仅仅轻微的障碍）的情形。　937

——出租人（根本）未按照约定的时间交付租赁物，也即其给付陷于迟延（债法第 102 条第 2 款）。　938

以下情形也是给付迟延：出租人将租赁物出租两次（双重出租），因此对其中一个债权人无法履行，或者法院延长迄今的住宅承租人的租赁关系，而出租人已终止租赁。[1]　938a

——租赁物被交付，但它在交付时已显示有瑕疵，此瑕疵使［租赁物］不合于预定之使用目的或者严重影响预定之使用。这包括危及承租人和与其同住者（附保护第三人效果之合同）生命的严重瑕疵，或者导致租赁物整体或大部分在一段时间内完全不能使用的瑕疵。[2]　939

租赁法上规定的瑕疵概念与买卖及承揽合同法上的概念类似："若租赁物缺少合同担保的品质或者缺少合于约定的使用目的之品质，则有瑕疵。因此，是否存在瑕疵，可通过合同约定的租赁物状态与实际状态作比较而查明。"[3]亦参见边码 324 以下及边码 1732 以下。　940

---

[1]　Higi, Zürcher Komm. , N 56 f. zu Art. 258 OR.

[2]　参见 Urteil des BGer. vom 22. März 2006, Nr. 4C. 384/2005, E. 3. 1; Higi, Zürcher Komm. , N 27 ff. zu Art. 258 OR; Tercier/Favre/Bugnon, Contrats spéciaux, Nr. 2096 ff. 。就旧租赁法中严重瑕疵的概念（旧债法第 254 条第 2、3 款和第 255 条第 1 款），有丰富的判决，例如：租赁房屋潮湿（BGE 41 II 704 ff.），租赁的保险柜有安全瑕疵（BGE 95 II 541 ff.），租赁的滑雪板固定装置有安装错误（BGE 107 II 426 ff.）。

[3]　Urteil des BGer. vom 22. März 2006, Nr. 4C. 384/2005, E. 2. 1.

941　　2. 若符合了这些要件，那么债法第 258 条第 1—3 款规定了法律后果。承租人据此有两个（救济）选择。

942　　——他可以按照债法第 107—109 条关于合同不履行的规定来采取措施。[1] 这原则上以设定一个合理宽限期为前提（债法第 107 条第 1 款），例外是债法第 108 条的情形，其常常适用于存在严重瑕疵的情形。[2]承租人有权暂时拒绝受领租赁物（如果该租赁物给付被提出）（债法第 258 条第 2 款反面推论）。[3]若宽限期经过仍不履行——若是依第 108 条无须宽限期则立即——承租人可以行使第 107 条第 2 款的选择权，[4]尤其是他有权确定地拒绝受领标的物，这要么通过维持合同效力但放弃出租人实际给付（有积极利益的损害赔偿请求权）实现，要么通过合同解除实现（有消极利益的损害赔偿请求权，债法第 109 条第 2 款[5]）。

943　　——他可以——即便有这些瑕疵——受领标的物并坚持要求适当履行；于此情形，他（仅仅，但无论如何）有债法第 259a—259i 条的请求权（债法第 258 条第 2 款），而丧失了解除的可能。

944　　3. 交付时标的物有轻微瑕疵的——瑕疵并未使［租赁物］不合于预定之使用目的，也没有严重影响其预定之使用（债法第 258 条第 3 款 a 项，对比债法第 258 条第 1 款）——承租人无解除权，但他可以主张债法第 259a—259i 条的请求权（债法第 258 条第 3 款）。

945　　轻微瑕疵也包括那些于租赁期间产生的必须由承租人花钱除去的瑕疵（债法第 258 条第 3 款 b 项、第 259 条）。

　　（二）租赁物交付后之瑕疵（于租赁期间，债法第 259 条以下）

946　　债法第 259 条以下涉及的是租赁期间（侧边标题）——标的物受领后

---

〔1〕　详见 Gauch/Schluep/Emmenegger, OR AT, Nr. 2729 ff. 。

〔2〕　Higi, Zürcher Komm. , N 61 ff. zu Art. 258 OR（mit N 63 ff. zu möglichen Fällen von Art. 108 OR）; Koller, OR BT, § 9 N 61; Lachat, ComRom, N 8 zu Art. 258 OR; Weber, Basler Komm. , N 7 zu Art. 258 OR mit Hinweis auf Urteil des BGer. vom 2. Februar 1999, Nr. 4C. 169/1998, E. 1c, in: mp 1999, S. 125 ff.（双方当事人合意推迟受领房屋的，等同于承租人设定宽限期［约定的宽限期］）。

〔3〕　类似的有 Higi, Zürcher Komm. , N 59 f. zu Art. 258 OR.

〔4〕　Higi, Zürcher Komm. , N 68 ff. zu Art. 258 OR.

〔5〕　Urteil des BGer. vom 2. Februar 1999, Nr. 4C. 169/1998, E. 3, in mp 1999, S. 125 ff.

（租赁开始后）——发生的瑕疵和障碍。换言之，这些规定针对的时间段是，出租人开始履行租赁合同典型的主给付义务后——租赁物供使用状态。

1. 出租人责任之构成要件

（1）债法第 259a 条第 1 款的出发点是，租赁物（于租赁期间，也即租赁开始后）瑕疵的发生既不可归责于承租人，又无须由承租人负担费用除去，或者承租人对租赁物合于约定之使用遭到妨碍。也即影响合于约定之使用的瑕疵或者对承租人的妨碍： 947

——主要情形是租赁物瑕疵。租赁物瑕疵是指，交付使用之租赁物偏离合同（约定的状态）（边码940）：[1]租赁物在租赁期间丧失了依合同本应具备的品质，导致租赁物不再符合合同要求的状态。可考虑的——类似买卖合同法中（边码326以下）——一方面是出租人对租赁物的担保品质未实现，另一方面是租赁物偏离了依诚实信用原则预定之状态。[2] 948

相反，出租人对租赁物的状态（形成）是否有过错或者妨碍能否被消除，对瑕疵的概念并不重要。[3] 949

——对承租人合于约定之使用的妨碍，制定法规定为非源于物之瑕疵的妨碍。可考虑事实的干扰，例如由出租人自己（亦参见债法第 257h 条第 3 款）或者第三人（例如同一住宅的室友或者隔壁住宅的人）导致的噪音或其他溢出物侵入。[4]不过也可考虑第三人追夺租赁物，对租赁物主张（物权）请求权（权利瑕疵担保，参见债法第 259—260 条和边码 971）。[5] 950

（2）出租人责任的其他构成要件是： 951

——瑕疵不可归责于承租人（债法第 259a 条第 1 款）。 952

——涉及的瑕疵不是所谓的应由承租人负担费用的"轻微维护"（债法第 953

---

〔1〕 BGE 135 III 345 ff.（347），E. 3. 2＝Pra 2009, Nr. 135, S. 922 ff.；Urteil des BGer. vom 6. Januar 2016, Nr. 4A_472/2015, E. 7；Higi, Zürcher Komm., N 7 zu Art. 259a OR i. V. m. N 27 zu Art. 258 OR.

〔2〕 Urteil des BGer. vom 31. Juli 2009, Nr. 4A_281/2009, E. 3. 2；Tercier/Favre/Bugnon, Contrats spéciaux, Nr. 2061 und 2096 ff.

〔3〕 BGE 135 III 345 ff.（347），E. 3. 2＝Pra 2009, Nr. 135, S. 922 ff.

〔4〕 Urteil des BGer. vom 23. April 2003, Nr. 4C. 39/2003, E. 4；Urteil des BGer. vom 18. Juni 2002, Nr. 4C. 106/2002, E. 3. 2；Higi, Zürcher Komm., N 34 zu Art. 258 OR. 就噪音为何种情形被视作瑕疵的问题参见 Urteil des BGer. vom 31. Juli 2009, Nr. 4A_281/2009, E. 3. 2。

〔5〕 Higi, Zürcher Komm., N 33 zu Art. 258 OR.

259 条和第 259a 条）。

954　　　　——承租人没有放弃瑕疵担保请求权。[1]就此而言，债法第 256 条第 2 款合于状态的使用让渡之规定为半强制性的（边码 926 以下），承租人当然仅嗣后（瑕疵担保请求权发生后）放弃才可能。

955　　　　（3）不过出租人责任构成要件原则上不包括：

956　　　　——出租人过错；[2]但承租人的某些瑕疵担保请求权以出租人过错为前提（例如债法第 259e 条）。

957　　　　对于某些瑕疵担保请求权，制定法还要求出租人知道瑕疵存在［例如债法第 259b 条之立即终止租赁关系和代为履行（Ersatzvornahme），债法第 259d 条之降低租金］。

958　　　　——承租人按规定的期限通知瑕疵（参见债法第 257g 条第 2 款）。

959　　　　就此点而言，相比于买卖合同法对买受人（债法第 201 条）及承揽合同法对定作人（债法第 367 条和第 370 条），租赁法对承租人的要求更宽松。

　　　　2. 出租人责任之内容

960　　　　若满足了上述责任构成要件，则产生承租人的一系列权利（债法第 259a 条有概括）。这些请求权原则上可叠加存在，也即互不排斥（不过承租人不可将内容上相互抵触的瑕疵担保请求权结合）。[3]制定法详细规定了下列权利。

961　　　　（1）瑕疵除去请求权：承租人可以请求出租人于合理期间内除去瑕疵（债法第 259a 条第 1 款 a 项以及第 259b 条，例外是债法第 259c 条）。若出租人——即便知道瑕疵——未在合理期限内除去瑕疵，则承租人享有其他救济权（债法第 259b 条）：

962　　　　——立即终止权（债法第 259b 条 a 项）。

---

〔1〕　Tercier/Favre/Bugnon, Contrats spéciaux, Nr. 2104 ff.

〔2〕　BGE 135 III 345 ff. （347），E. 3. 2＝Pra 2009, Nr. 135, S. 922 ff. ; Higi, Zürcher Komm. , N 37 zu Art. 258 OR.

〔3〕　Higi, Zürcher Komm. , N 13 zu Art. 259a OR.

例如，若瑕疵严重到对承租人来说，既不可苛责其于租赁物翻修期间居住其中，也不可苛责其临时搬进出租人提供的替代物中，则符合立即终止权的构成要件。[1]应注意的是，相对于因重大事由的特别终止之一般性规定（债法第266g条），债法第259b条a项构成特别规定（特别法），因此不得将一个无充分理由的因瑕疵而通知立即终止［译者注：基于第259b条a项］解释为基于重大原因的有效通知终止［译者注：基于第266g条］。[2]　963

——自行除去瑕疵的权利（代为履行，Ersatzvornahme），但由出租人负担费用（债法第259b条b项）。　964

若除去瑕疵是不可能的，包括依判决当花费过巨而被认为不可能，则不存在除去瑕疵的权利。[3]承租人得主张其他瑕疵救济。若出租人在合理期限内对租赁物之瑕疵给付作出完全赔偿，则承租人也不得请求除去瑕疵。　965

（2）减少租金的权利。租赁物之预定效用受到减损或降低时，承租人得请求相应减少自发现瑕疵至瑕疵被除去期间的租金（债法第259a条第1款b项和第259d条）。　966

依本书见解，这一权利是形成权，而不是形成诉权。[4]承租人必须于瑕疵产生到租赁合同结束这段时间内为通知，[5]并且明确说出与瑕疵严重程度相宜的减租额度。[6]这原则上以比例理论（relative Methode）为标准（如同买卖合同之减价，边码402）。[7]对于承租人减少租金的权利，判决上有时以使用减损至少为5%作为门槛，持续的减损则以2%作为门槛。[8]　967

---

〔1〕　Urteil des BGer. vom 9. Oktober 2007, Nr. 4C. 331/2006, E. 3（Arztpraxis）.

〔2〕　Urteil des BGer. vom 22. März 2006, Nr. 4C. 384/2005, E. 3. 2.

〔3〕　Urteil des BGer. vom 7. September 2009, Nr. 4A_244/2009, E. 3. 1.

〔4〕　也参见 Higi, Zürcher Komm. , N 21 ff. zu Art. 259d OR; Koller, OR BT, § 9 N 111; 下面判决搁置了此问题 BGE 130 III 504 ff.（509）, E. 5. 1 = Pra 2005, Nr. 6, S. 48 ff. 。

〔5〕　Urteil des BGer. vom 15. Mai 2001, Nr. 4C. 66/2001, E. 3a.

〔6〕　Urteil des BGer. vom 13. Dezember 2002, Nr. 4C. 248/2002, E. 4. 2.

〔7〕　BGE 130 III 504 ff.（507 f. ）, E. 4. 1 = Pra 2005, Nr. 6, S. 48 ff. ; Urteil des BGer. vom 21. Januar 2010, Nr. 4A_565/2009, E. 3. 2; Urteil des BGer. vom 6. Januar 2016, Nr. 4A_472/2015, E. 7.

〔8〕　BGE 135 III 345 ff.（347）, E. 3. 2 in fine = Pra 2009, Nr. 135, S. 922 ff. ; bestätigt in den Urteilen des BGer. vom 15. März 2010, Nr. 4A_19/2010, E. 4, und vom 6. Januar 2016, Nr. 4A_472/2015, E. 7.

968　　　例如：某私立学校空调和通风装置有瑕疵，租金减少16%；[1]锅炉、晾衣间、厨房、地板和窗帘有瑕疵，考虑到某些瑕疵于一定时间后已被出租人除去，租金减少25%（作为平均值）；[2]卧室供暖设备有瑕疵，租金减少5%至20%。[3]

968a　　　如果承租人已支付全部租金，并且有理由请求降低租金，则其有权——类似于买卖合同和承揽合同中的减价——请求返还多支付的部分，这是合同性质使然。[4]

969　　　（3）损害赔偿请求权：出租人有过错的，承租人得请求损害赔偿（债法第259a条第1款c项和第259e条）。若确定了瑕疵和损害，则推定出租人有过错（债法第259e条和第97条第1款）。若是出租人的履行辅助人行为［所致瑕疵和损害］，还适用债法第101条。[5]

970　　　例如：出租人因楼梯间照明不充分的损害赔偿责任，[6]（滑雪板）出租人因错误安装鞋与板的连接装置所生赔偿义务。[7]

971　　　（4）（要求出租人）对第三人提起诉讼的权利：承租人的权利因第三人对租赁物主张请求权而受损害时，出租人应依承租人的通知，对第三人提起诉讼（债法第259a条第1款d项和第259f条）。这是权利瑕疵担保的一种情形（租赁物被追夺情形），承租人的权利不以出租人过错为前提。

972　　　（5）提存租金的权利：请求除去瑕疵的不动产承租人，可以将租金及附加费用[8]依债法第259a条第2款以及第259g条以下提存。[9]（合乎规范地）

---

[1]　BGE 130 III 504 ff.（507 ff.），E. 4 = Pra 2005, Nr. 6, S. 48 ff.

[2]　Urteil des BGer. vom 21. Januar 2010, Nr. 4A_565/2009, E. 3. 4. 1.

[3]　Urteil des BGer. vom 8. Juli 2009, Nr. 4A_174/2009, E. 4. 2.

[4]　BGE 130 III 504 ff.（513），E. 6. 5 = Pra 2005, Nr. 6, S. 48 ff.；Urteil des BGer. vom 17. Juli 2012, Nr. 4A_89/2012, E. 3. 2. 3.

[5]　BGE 99 II 46 ff. 就损害赔偿和减价（债法第259d条）的区分参见 BGE 126 III 388 ff.（394 f.），E. 11c.

[6]　BGE 60 II 341 ff.（346 ff.），E. 4.

[7]　BGE 107 II 426 ff.

[8]　BGE 124 III 201 ff.

[9]　就合理期限的要求参见 Urteil des BGer. vom 21. Januar 2010, Nr. 4A_565/2009, E. 4. 2。

提存租金，视为已支付租金（债法第 259g 条第 2 款）。

这一措施的优点在于，使承租人得以行使瑕疵担保请求权，而不承担 973
［租金］支付迟延的风险。[1]承租人必须于首次提存的租金清偿期届满时起
30 日内主张［瑕疵担保］请求权，这保护了出租人的利益。[2]若承租人错过
这一期限，则所提存之租金归出租人（债法第 259h 条第 1 款）。不当提存租
金的，出租人在收到承租人的提存通知后，得请求调解机关向自己交付租金
（债法第 259h 条第 2 款）。

依判决，只要承租人是基于善意认为（并且依诚实信用原则也允许这样 974
认为）存在一个不可归责于其自身且无须其消除的瑕疵，即便嗣后显示提存
导致实体上不当，也视为租金已支付。[3]

（6）关于出租人责任的内容还有一系列债法分则没有规定的问题，例如： 975
——承租人瑕疵担保请求权的诉讼时效，适用债法第 127 条以下的一般 976
规定。[4]

——债法总则部分法律救济途径的适用问题：债法第 23 条以下、第 28 977
条以下和第 82 条以下。

——物权法规则的适用问题，尤其是占有保护（Besitzesschutz）和占有权 978
保护（Besitzesrechtsschutz）的规定。承租人在租赁法救济之外，还可以（作
为占有人）向出租人主张请求权[5]。

第三节　承租人之义务

一、一般规定

1. 承租人的主要义务是向出租人支付租金——作为使用让渡之对价（债 979

---

〔1〕　Tercier/Favre/Bugnon, Contrats spéciaux, Nr. 2167, 引用下面判决 Urteil des bernischen Appel-
lationshofs vom 13. Juli 1993, ZBJV 130/1994, S. 92; Lachat/Roy, Das Mietrecht, N 11/7. 4. 7.

〔2〕　BGE 125 III 120 ff. （122）, E. 2b.

〔3〕　BGE 125 III 120 ff. （122）, E. 2b.

〔4〕　就承租人损害赔偿债权的示例参见 Higi, Zürcher Komm. , N 23 zu Art. 259e OR。

〔5〕　就占有保护参见 BGE 40 II 329 ff. ; Higi, Zürcher Komm. , N 16 zu Art. 259a OR。

法第 253 条和第 257 条）。须附加说明的是以下几点：

980 ——租金是，承租人就标的物之（使用）让渡向出租人负担之报酬（债法第 257 条）。对附加费用——作为出租人或者第三人所为的与标的物使用紧密联系的给付的报酬，仅当与出租人特别约定时，承租人才必须支付（债法第 257a 条第 2 款）。[1]判决要求须在租赁合同中明确详细地表明（附加费用之约定），提示援引一般交易条款不够。[2]虽然制定法就附加费用的约定未规定特别要式，但可以认为，若当事人以书面形式缔结了租赁合同，那么他们也想以书面形式确认承租人须支付的附加费用。[3]

981 债法第 257a 条和第 257b 条就附加费用的规定是强制性规定。[4]附加费用的其他特别之处规定在《关于住宅和商业用房的使用租赁和用益租赁的条例》第 4 条以下。[5]

982 ——租金必须按时（符合期限）支付。若当事人未作其他约定，则［租金之支付］是赴偿之债（Bringschuld）（债法第 74 条第 2 款第 1 项）。[6]出租人将其邮局或者银行账户告知承租人，是对缴款处［收租代理人］的标明。[7]依任意性规范，租金应于每月最后一日，最迟于租期终了时支付（债法第 257c 条）。住宅租赁的，实务中却通常约定，承租人有义务先行支付。制定法就承租人支付义务［之履行］陷于迟延时出租人之救济措施作了特别规定（债法第 257d 条，边码 996 以下）。

983 ——于商业用房租赁情形，出租人有一个特别的留置权以担保其债权（债法第 268—268b 条）。[8]其他租赁关系中——尤其是住宅租赁，出租人依现行

---

［1］ BGE 135 III 591 ff.（593 ff.），E. 4. 2：也适用于得到补助的住房。

［2］ BGE 135 III 591 ff.（595），E. 4. 3. 1；Urteil des BGer. vom 28. Juli 2009, Nr. 4A_ 185/2009, E. 2. 1；Urteil des BGer. vom 6. Dezember 2007, Nr. 4A_397/2007, E. 2. 1；ähnlich schon BGE 121 III 460 ff.（462），E. 2/aa.

［3］ BGE 135 III 591 ff.（596），E. 4. 3. 4.

［4］ BGE 137 I 135 ff.（139），E. 2. 4 = Pra 2011, Nr. 81, S. 575 ff.

［5］ 就此参见 BGE 132 III 24 ff.（26 f.），E. 3.

［6］ BGE 119 II 232 ff.（234 f.），E. 2 就无现金支付有更多展开。

［7］ BGE 124 III 145 ff.（147 f.），E. 2；Urteil des BGer. vom 14. September 2005, Nr. 4C. 172/2005, E. 2.

［8］ 就留置的强制执行参见 Gasser, Betreibung für Miet- und Pachtzinsforderungen, BlSchK 63/1999, S. 81 ff.（84 ff.）。

法没有留置权。

若（商业用房）出租人有留置权，则该留置权也及于附加费用请求权、　984
维修赔偿请求权以及租期届满后［承租人］继续使用租赁房屋的［不当得
利］请求权。[1]

此外，当事人可以约定，由承租人提供一个担保（"房租押金"）。[2]对　985
住宅和商业用房租赁，债法第257e条有金钱担保或有价证券担保的进一步规
定。于住宅租赁情形，此种担保最高为月租金的3倍（债法第257e条第2
款），出租人就其保管负有特别义务（债法第257e条第1款）。[3]

2. 承租人还负有谨慎使用租赁物的义务，于不动产租赁情形要顾及室友　986
及邻居的利益（债法第257f条第1、2款）。债法第257f条一般性地规定了，
承租人应依照合同约定使用租赁物。[4]承租人违反此义务的，出租人一方面
有损害赔偿请求权（债法第97条），另一方面有特别终止权（债法第257f条
第3、4款）。依债法第101条，承租人也要为其履行辅助人负责，例如为他
的同住者。[5]根据联邦法院（尚未完全固定）的司法实务，这也适用于共同
租赁标的物——尤其是住宅和商业用房——的多数承租人［译者注：多数承
租人相互之间对出租人负连带赔偿责任］。[6]

债法第257f条第3款的终止需要其他要件：一方面需要一个书面催告，　987
另一方面需因承租人违反义务导致继续维持租赁关系对出租人和承租人室友
来说都不能忍受。是否不能忍受，需要法院依法律和公平原则考量个案中一
切相关情事作出裁量（《民法典》第4条）。[7]对于商业用房租赁，依联邦法

---

〔1〕 BGE 111 II 71 f.（71 f.），E. 2＝Pra 1985, Nr. 66, S. 188 f.

〔2〕 概述见 Higi, Zürcher Komm., N 5 ff. zu Art. 257e OR。

〔3〕 具体见 Higi, Zürcher Komm., N 16 ff. zu Art. 257e OR。

〔4〕 BGE 123 III 124 ff.（126），E. 2a; 132 III 109 ff.（113），E. 5. 对约定的使用的解释参见 BGE
136 III 186 ff.（187 ff.），E. 3. 1 und 3. 2＝Pra 2010, Nr. 113, S. 769 ff.（承租人有权让家庭成员和朋友
留宿）。

〔5〕 BGE 103 II 330 ff.（333），E. 2; ferner BGE 98 II 288 ff.（290），E. 1 und 2.

〔6〕 Urteil des BGer. vom 3. Juli 2006, Nr. 4C. 103/2006, E. 4; Urteil des BGer. vom 2. Juni 2009,
Nr. 4A＿125/2009, E. 3. 2; Schmid, Die gemeinsame Miete, S. 35.

〔7〕 BGE 132 III 109 ff.（111），E. 2; Urteil des BGer. vom 11. November 2009, Nr. 4A＿413/2009,
E. 4.

院判决，租赁物的使用违反了约定的使用目的（并且出租人已为书面催告）即足够；不需要租赁关系的继续存在对出租人来说不具有可期待性。[1]

988　　　例如，下述情形的终止权被肯定：①虽然租赁合同指出使用目的是"办公场所"，但承租人创办色情服务室。[2]②承租人导致房屋或阳台的状态有害健康（脏、有害虫），包括释放的气味干扰邻居（须承租人拒绝消除这种状态）[3]。③未取得出租人同意而转租，出租人在得知转租后，要求承租人（次出租人）结束转租未果，并且已经提出终止之警告的；若从事后的案件事实检查可知出租人本有债法第 262 条第 2 款的拒绝理由，那么提前终止无论如何都是合理的。[4]④其他室友的噪音或类似干扰物释放过量（对着其他承租人的墙或门吼叫、叫骂，滥用门铃），经警告无效。[5]

989　　若出租人因承租人严重违反谨慎［使用］义务和顾及［他人利益］义务而通知终止，那么一方面，此终止的撤销受到限制（债法第 271a 条第 3 款 c 项），另一方面，于住宅和商业用房租赁，其租期延长被排除（债法第 272a 条第 1 款 b 项）。

990　　3. 承租人有如下其他义务：

991　　——提供担保的义务，若合同对此有约定（债法第 257e 条；边码 985）。

992　　——将无须承租人自己消除的瑕疵通知出租人的义务（债法第 257g 条第 1 款）。承租人违反这一义务时，出租人享有损害赔偿请求权（债法第 257g 条第 2 款）。

993　　——容忍租赁物上某些施工作业的义务（债法第 257h 条）。

994　　——租赁关系终止时，承租人负有返还租赁物的义务，返还的租赁物应当符合按照约定使用后的状态（债法第 267 条第 1 款；边码 1050 以下）。房

---

〔1〕　BGE 132 III 109 ff.（114 f.），E. 5.

〔2〕　BGE 132 III 109 ff.（113 ff.），E. 5.

〔3〕　Urteil des BGer. vom 27. September 2007, Nr. 4A_162/2007, E. 4. 2.

〔4〕　BGE 134 III 300 ff.（303 f.），E. 3. 1 = Pra 2008, Nr. 130, S. 822 ff.；BGE 134 III 446 ff.（449），E. 2. 2 = Pra 2009, Nr. 21, S. 122 ff.；Urteil des BGer. vom 5. August 2009, Nr. 4A_265/2009, E. 2. 3.

〔5〕　Urteil des BGer. vom 17. März 2014, Nr. 4A_44/2014, E. 2；就类似的排放物亦参见 BGE 136 III 65 ff.（72 f.），E. 2. 5。

屋租赁终止时，应交付打扫干净的租赁物。

4. 不过承租人——不同于依债法第 283 条第 1 款的用益租赁人——原则 995
上不负有使用和经营租赁物的义务。但此项义务可因租赁合同或者于个案中
因诚实信用原则而发生，例如合同约定租金依承租人的营业额计算。[1]

二、拖欠租金特论

债法第 257d 条就拖欠租金作了特别规定，要件是，承租人在受领租赁物 996
后（租赁开始后）[2]——依据判决和法条的意大利文版本，是"交付标的物
后"[3]——拖欠届期租金或者附加费用（第 1 款）。[4]于此情形，出租人有
以下救济措施，这些措施与迟延的一般规则（债法第 102 条以下）有些不同。

1. 出租人得为承租人书面设定一个宽限期催告其支付，并警告承租人，997
若逾期不支付租金将终止租赁关系（债法第 257d 条第 1 款第 1 句）。具体为：

——出租人必须书面设定一个宽限期［催告承租人支付］。宽限期的长度 998
比债法第 107 条规定的更具体：宽限期至少 10 天，对于住宅和商业用房至少
30 天（债法第 257d 条第 1 款第 2 句）。[5]依据"修正的到达主义"（modifi-
zierte Zugangstheorie），宽限期自承租人收到设定宽限期的文书时起算。[6]

若承租人已婚（或者处于已登记同性伴侣关系中）且涉及的租赁物是家 999
庭住房，则出租人不仅须向承租人寄送设定宽限期和终止警告的信函，还须
向承租人配偶或者其登记之同性伴侣分别寄送（债法第 266n 条）。[7]

——出租人若想行使债法第 257d 条的权利，必须在设定宽限期的书面信 1000
函中警告承租人：逾期不支付的，将终止租赁关系。依判决见解，必须作出

---

〔1〕　Urteil des BGer. vom 18. Juni 2007, Nr. 4C. 426/2006, E. 2. 2.

〔2〕　对此准确的、有说服力的是 Koller, OR BT，§ 9 N 136 f. und 140，其提及，在承租人迟延情
形且租赁未开始的，（对出租人来说不繁琐的）债法第 107 条以下之迟延一般规则可以适用。

〔3〕　BGE 127 III 548 ff.（551），E. 3, in Anlehnung an Higi, Zürcher Komm.，N 19 ff. zu Art. 257d
OR（根据这一观点，出租人使租赁物处于承租人得处分状态即可，无须承租人有效受领）。

〔4〕　承租人其他给付迟延的，出租人不得依债法第 257d 条采取措施（BGer. vom 24. November
2011, Nr. 4A_574/2011, E. 2. 4）。

〔5〕　设置一个过短的宽限期，其效果参见 Urteil des BGer vom 1. Juli 2003, Nr. 4C. 88/2003, E. 2. 2
（Miete），und Urteil des BGer. vom 24. November 2011, Nr. 4A_574/2011, E. 2. 2（Pacht；每个案件中相应
问题都被搁置）。

〔6〕　BGE 119 II 147 ff.（149 f.），E. 2.

〔7〕　BGE 118 II 42 ff. = Pra 1992, Nr. 113, S. 399 ff.；BGE 140 III 491 ff.

明示的终止警告，以便承租人知道，于未及时支付情形，出租人保留有终止合同的权利；因此，出租人单纯援引法律条文并不够。[1]

1001　　2. 若承租人于设定的［宽限］期间仍不支付，则出租人可立即终止［合同］，若是住宅和商业用房租赁，出租人可在不少于 30 天的宽限期后——自收到敦促支付之通知时起算[2]——于当月最后一日终止租赁关系（债法第257d 条第 2 款）。无须再为新的催告或设定新的宽限期。[3]住宅和商业用房租赁之终止通知，必须以书面形式并采用官方批准的表格[4]为之（债法第2661 条第 1、2 款）。[5]对于家庭住宅，出租人须向承租人和承租人配偶或登记的同性伴侣分别发出终止通知（债法第 266n 条）。[6]

1002　　若出租人因承租人拖欠租金而有效终止合同，则一方面，终止通知的撤销受到限制（债法第 271a 条第 3 款 b 项）；另一方面，于住宅用房和商业用房租赁情形，租赁关系不得延长（债法第 272a 条第 1 款 a 项）。

1003　　3. 自生效终止通知指定的日期起，承租人须返还租赁物，特别是——因租赁关系消灭——清理租赁之房屋并离开以及向出租人交钥匙（债法第 267条第 1 款）。这一（债法上）请求权，内容上可以被看作债法第 253 条出租人交付义务的回转；若出租人同时是租赁物所有人，那他可以自由选择是主张债法上的（租赁合同）返还请求权还是主张《民法典》第 641 条第 2 款的所有物返还请求权。[7]

1004　　若承租人不履行这一义务，则可以对其实施司法驱逐（驱逐程序，Ex-missionsverfahren）。出租人无权采取自力救济措施（边码 1058）。

---

〔1〕　BGE 136 III 196 ff.（198），E. 2. 4. 1，主要引用 BGE 119 II 147 ff.（150），E. 3。

〔2〕　就准确的起算时间（适用"修正的接收理论"作为一个例外）参见 BGE 140 III 244 f.（248），E. 5. 1＝Pra 2014，Nr. 95，S. 751 ff.，引用 BGE 137 III 208 ff.（214 f.），E. 3. 1. 3（就此点评有 Koller und Schmid，ZBJV 149/2013，S. 38 ff. und 496 ff.）；ferner bereits BGE 107 II 189 ff.（192），E. 2，und 119 II 147 ff.（149 f.），E. 2.

〔3〕　BGE 140 III 591 ff.（597），E. 5＝Pra 2015，Nr. 55，S. 436 ff.

〔4〕　Higi, Zürcher Komm., N 50 zu Art. 257d OR.

〔5〕　就使用表格的目的参见 BGE 140 III 244 f.（246），E. 4. 1＝Pra 2014，Nr. 95，S. 751 ff.。

〔6〕　就规范目的以及就该规范的权利滥用的问题参见 BGE 139 III 7 ff.（11 ff.），E. 2. 3＝Pra 2013，Nr. 65，S. 492 ff.（定义了家庭住房），und BGE 140 III 491 ff.（494 f.），E. 4. 2. 3 und 4. 2. 4. 就承租人家庭住房变更地点的通知义务参见 BGE 137 III 208 ff.（211），E. 2. 5.

〔7〕　参见 Higi, Zürcher Komm., N 14 f. zu Art. 267 OR。

4. 因支付租金迟延而导致合同提前消灭的承租人，此外还负损害赔偿责 1005
任。[1]此赔偿的法律属性和计算方法有争议。[2]依据联邦法院判决见解，原
则上应赔偿积极利益，从提前终止之日到租赁物客观上（谨慎使用一切可使
用的手段）能被继续出租出去之日按照合同约定的租金计算；于此最多计算
到原租赁合同依常规终止方式可终止的日期。[3]

不同见解认为［于此］存在债法第 107 条第 2 款的适用情形，因此出租 1006
人可以选择［赔偿］消极利益还是积极利益。[4]

第四节　使用租赁（作为继续性债务关系）之消灭

一、概述：使用租赁作为继续性债务关系

1. 依前文所述，使用租赁是继续性债务关系。使用租赁可以为定期或不 1007
定期（债法第 255 条第 1 款）。[5]出租人让渡使用的义务（通常承租人支付租
金的义务也）是继续性债务：它们须一直被履行直到租赁关系消灭——无论是
因时间经过、生效的终止通知还是因其他重大事由（边码 95 以下概述）。

2. 如此理解承租人继续性债务的特性，得出以下结论：承租人提前返还 1008
租赁物的——租赁期届满之前且未遵守通知期限和终止日，原则上不免除其
所负义务（债法第 264 条第 1 款第 1 句）。这一规定更确切地说包含这样的原
则：租金不是承租人实际使用租赁物之对价，而仅仅是出租人使其处于可使
用状态的对价。[6]因此，在提前返还租赁物情形，承租人原则上也负担支付

---

〔1〕　BGE 127 III 548 ff.（552），E. 5.

〔2〕　参见 Higi, Zürcher Komm. , N 62 f. zu Art. 257d OR；Tercier/Favre/Bugnon, Contrats spéciaux, Nr. 2410 f. 。

〔3〕　BGE 127 III 548 ff.（552），E. 5.

〔4〕　Gauch, Beendigung von Dauerverträgen, S. 165 und 223（针对旧租赁法）；Higi, Zürcher Komm. , N 63 zu Art. 257d OR；Koller, OR BT, § 9 N 136 und 159 ff.

〔5〕　就具体区别参见 BGE 139 III 145 ff.（149 ff.），E. 4. 2. 3 und 4. 3＝Pra 2013, Nr. 96, S. 743 ff. ，结论是原则上允许"连锁租赁合同"——订立数个时间上前后相依的定期租赁合同——以及其（法律规避的）限制。

〔6〕　BGE 119 II 36 f.（37），E. 3a＝Pra 1994, Nr. 33, S. 124 ff.

租金义务直到租赁关系依合同或法律终止或者可被终止时（债法第 264 条第 2 款）。不过有下述特别之处：

1009   ——首先，出租人必须扣除那些因提前返还租赁物而节省的花费、因租赁物的其他使用而取得的利益或者本应取得但因故意怠于利用租赁物而未收取的利益（债法第 264 条第 3 款）。[1]

1010   ——其次，当承租人能推荐一个对出租人来说合适的新承租人（替代承租人，Ersatzmieter）时，承租人可被免除义务；新承租人必须有支付能力并且愿意以同等条件承受租赁合同（债法第 264 条第 1 款）。

1011   判决认为，若不存在重大事由否定替代承租人的资格，则替代承租人合适。[2]重要的是个案的情事（《民法典》第 4 条）。否定替代承租人资格的站得住脚的理由例如：出租人与潜在承租人处于敌对关系、双方有经济上的竞争、有其他承租人不接受（潜在承租人）之风险或者有理由怀疑潜在承租人的支付能力。[3]

二、消灭事由

1012   应区分一般消灭事由与特殊消灭事由。约定的合同期限经过或者为一般（指符合约定的和法定的期限和日期）之终止通知是一般消灭事由。相反，特殊消灭事由赋予一方当事人提前消灭合同的权利（边码 1035 以下）。以下分别叙述。

（一）一般消灭事由

1013   1. 如果租赁关系设有期限，也即当事人以明示或者默示的方式约定了特定的合同期限（该期限经过，无须终止通知，租赁关系消灭），那么租赁关系随着期限经过，无须终止通知即消灭（债法第 266 条第 1 款和第 255 条第 2 款）。

1014   （期限经过）如果当事人默示延长此种租赁关系，则此后作为不定期（租赁）关系（债法第 266 条第 2 款）。仅仅允许承租人延期离开房屋则不一定意

---

[1] Urteil des BGer. vom 19. August 2002, Nr. 4C. 118/2002, E. 3. 1.

[2] BGE 119 II 36 ff.（38），E. 3d＝Pra 1994, Nr. 33, S. 124 ff.

[3] BGE 119 II 36 ff.（37），E. 3a＝Pra 1994, Nr. 33, S. 124 ff.

味着默示延长租赁关系。[1]

2. 若租赁关系未设期限（债法第 255 条第 3 款），则任何一方当事人得按 1015
法定的预告期间和终止日期通知终止租赁关系，但合同当事人约定更长的预告
期间或其他终止日期者，不在此限（债法第 266a 条第 1 款）。[译者注：瑞士法
上，租赁合同之终止，若无约定，一般只能发生在规定的日期，此被称为终止
日期。终止日期依当地习惯确定，可在各州调解机关（Schlichtungsbehörde）查
询，例如弗里堡州住宅租赁，依习惯，3 月 31 日、6 月 30 日、9 月 30 日为终
止日期；但提出终止一方须在终止日期前一定时间内向另一方为终止通知，
发出终止通知之日与终止日期之间的时间段称为预告期间。住宅租赁终止的
预告期间，依债法第 266c 条是 3 个月，此为最短期间，当事人可以约定更长
的预告期间，但不能约定更短的预告期间。] 如果当事人约定了一个最短租赁
期间，并且约定过了最短租赁期间合同关系每次顺延一定期间，那么这是不
定期租赁合同。[2]应注意下面几点：

——终止通知是出租人或承租人单方意思表示，他们于终止通知中表达 1016
意欲（向将来发生效力）终止租赁关系的意思；于此，提出终止一方行使的
是终止形成权（auflösendes Gestaltungsrecht）。出发点是终止自由原则。[3]然
而，终止通知不仅须按预告期间和终止日期作出（债法第 266a 条第 2 款），
在住宅和商业用房情形还须依特定要式（债法第 266l—n 条）。[4]

终止通知未说明终止理由的也有效。特别是——对常规终止来说——无 1017
需重大理由。[5]但经请求必须说明理由（债法第 271 条第 2 款）。说明理由无
须以要式为之。[6]从内容上看，终止通知不得违反诚实信用原则（债法第
271 条以下，边码 1123 以下）。

---

〔1〕　BGE 121 III 260 ff.（264 f.），E. 5b.

〔2〕　BGE 114 II 165 ff.（166 f.），E. 2b=Pra 1988, Nr. 253, S. 947 f.

〔3〕　BGE 140 III 496 ff.（497），E. 4. 1=Pra 2015, Nr. 12, S. 102 ff.

〔4〕　为防止特殊之终止通知不生效，事先补充通常之终止通知，其可能性参见 BGE 137 III 389
ff.（392），E. 8. 4. 2。

〔5〕　Urteil des BGer. vom 9. Dezember 2009, Nr. 4A_414/2009, E. 3. 1.

〔6〕　Urteil des BGer. vom 4. März 2002, Nr. 4C. 400/2001, E. 2.；Higi, Zürcher Komm., N 113 zu
Art. 271 OR.

1018   租赁关系有多个承租人的，出租人须对全体承租人为终止通知（是不可分的形成权），终止才生效；[1]这尤其适用于出租人意欲向已死亡承租人的继承人为终止通知的情形。[2]同样的，就同一标的物有多个共同承租人的，须全体承租人共同为终止通知。[3]

1019   ——终止日期，是指租赁关系能有效终止的期日。债法上规范（债法第266b—266d条）常援引当地习惯的［终止］期日（《民法典》第5条第2款）。

1020   若没有相应的当地习惯，制定法依租赁标的物之不同，分别定于1个月至6个月租赁期间的最后一日（债法第266b—266e条），租赁期间应从租赁开始之日起算，[4]对于动产"在任何期日"（债法第266f条）。

1021   ——预告期间，是指终止通知到达被通知人时[5]与终止日期之间必须存在的时间段，以使终止通知在终止日期能生效。

1022   ——如果当事人未遵守法定或约定的预告期间或终止日期，则终止通知于下一个终止日期生效（债法第266a条第2款）。

1023   3. 当事人没有约定更长的预告期间或没有约定其他终止日期的，制定法设定了法定预告期间和法定终止日期。

1024   ——不动产［译者注：此处指不属于债法第266c—266e条的住宅、商业用房、带家具单间、分割出租的停车位及类似场地］和临时建筑［译者注：定义参见《民法典》第677条］的租赁（债法第266b条）：预告期间为3个月，于当地习惯的终止日期终止，若无当地习惯，于每6个月租赁期间的最后一天终止［译者注：若错过本次终止日期，须到下一个终止日期始能终止，下一个终止日期在6个月后，下文每3个月、每1个月都是如此计算］。

---

〔1〕 BGE 140 III 491 ff.（493），E. 4. 2. 1（就此详见 Koller Th., ZBJV 152/2016, S. 5 ff.）; Schmid, Die gemeinsame Miete, S. 35 und 39.

〔2〕 Urteil des BGer. vom 13. Juli 2009, Nr. 4A_189/2009, E. 2. 1.

〔3〕 BGE 140 III 491 ff.（493），E. 4. 2. 1; Schmid, Die gemeinsame Miete, S. 35. 就承租人通知终止实务中的重要问题出现在共同承租人（例如同居伴侣）就租赁合同消灭达不成一致意见的情形，参见 Schmid, Die gemeinsame Miete, S. 35 f., mit Hinweis auf BGer. vom 17. Dezember 2009, Nr. 4A_443/2009, E. 3. 2。

〔4〕 例如 Higi, Zürcher Komm., N 25 zu Art. 266b OR und N 18 zu Art. 266c OR。

〔5〕 BGE 119 II 147 ff.（149 f.），E. 2.

——住宅的租赁（债法第 266c 条）［译者注：包括整栋别墅、整套公寓、不带家具的单间，不包括债法第 266e 条所说的带家具单间］：预告期间为三个月，于当地习惯的终止日期终止，若无当地习惯，于每 3 个月租赁期间的最后一天终止。　　1025

——商业用房的租赁（债法第 266d 条）：预告期间为 6 个月，于当地习惯的终止日期终止，若无当地习惯，在每 3 个月租赁期间的最后一天终止。　　1026

——带家具单间和［与住宅、商业用房］分割出租的停车位或类似场地的租赁（债法第 266e 条）：预告期间为 2 周，在每个月租赁期间的最后一天终止。　　1027

——动产租赁（债法第 266f 条）：预告期间为 3 天，任意一天为终止日期。　　1028

4. 制定法为住宅和商业用房的终止通知规定了特别的要式（债法第 266l 条以下的侧标题）。　　1029

——住宅和商业用房的出租人和承租人，必须以书面为终止通知（债法第 266l 条第 1 款）。　　1030

——住宅和商业用房的出租人，此外必须使用经过州批准的并且至少包含一定内容的特殊表格（债法第 266l 条第 2 款）。　　1031

——特别规定——制定法也对之冠以"要式规定"的标题（债法第 266l、266m 条侧标题）——适用于作为家庭住宅使用的住宅用房，而且既适用于承租人的终止通知，也适用于出租人的终止通知（债法第 266m、266n 条以及《民法典》第 169 条）。[1] 登记的同性伴侣适用同样的规定（债法第 266m 条第 3 款、第 266n 条以及《同性伴侣法》第 14 条）。　　1032

——如果不符合债法第 266l—266n 条的要式规定，则终止通知无效（债法第 266o 条）。[2]　　1033

相反，如果遵守了这些要式规定，但终止通知不符合法定或约定的预告期间和终止日期，则终止通知于下一个终止日期生效（债法第 266a 条第 2 款，边码 1022）。　　1034

---

〔1〕 阐述参见 BGE 118 II 42 ff. 。

〔2〕 BGE 119 II 147 ff.（154 f.），E. 4a.

(二) 特殊消灭事由

1035　　制定法在一般消灭事由之外（期间经过或常规终止通知）还规定了特殊终止。特殊终止的特征是，存在特别原因导致固守合同期限或者遵守法定预告期间和法定终止日期完全没必要，或者固守受到限制。［制定法］规定了以下情形：

1036　　1. 因重大事由之终止通知：此等重大事由导致合同履行对通知终止一方过于苛刻（债法第 266g 条第 1 款）。仅当所涉及的情事——其于合同订立时不为人知且不能预见——依客观标准来看，导致履行（直到一般消灭为止）从公平角度来看过于苛刻时，才构成重大事由。[1]此外，此等情事须非因通知终止一方的过错而发生。[2]

1037　　例如：经济关系严重改变、[3]合同当事人间严重的个人分歧[4]或者承租人健康状况恶化[5]。

1038　　法律效果规定如下：

1039　　——一方当事人可以按法定预告期间通知终止，终止日期为任意一日（债法第 266g 条第 1 款）。

1039a　　法律未规定无预告期间的终止；仅当双方当事人达成合意（废止之合同）时，才可以立即结束租赁关系。[6]

1040　　——法院通过评价所有情事，确定提前终止的财产法上效果（债法第 266g 条第 2 款和《民法典》第 4 条）。[7]

---

〔1〕 Urteil des BGer. vom 2. Februar 2010, Nr. 4A_536/2009, E. 2. 4.

〔2〕 BGE 122 III 262 ff. （266），E. 2a/aa；Urteil des BGer. vom 9. Januar 2006, Nr. 4C. 345/2005, E. 2. 2.

〔3〕 BGE 122 III 262 ff. （263 f.），Sachverhalt und E. 2（收入严重恶化的情形）。

〔4〕 BGE 113 II 31 ff. （37），E. 2c＝Pra 1987, Nr. 174, S. 601 ff.

〔5〕 Urteil des BGer. vom 31. August 2001, Nr. 4C. 375/2000, E. 3a＝Pra 2001, Nr. 177, S. 1073 ff.：中断居住导致承租人严重的心理疾病。

〔6〕 Urteil des BGer. vom 23. Januar 2015, Nr. 4A_436/2014, E. 3（insoweit nicht in BGE 141 III 20 ff.）＝Pra 2015, Nr. 85, S. 683 ff.

〔7〕 BGE 122 III 262 ff. （266 f.），E. 2a/aa；Urteil des BGer. vom 31. August 2001, Nr. 4C. 375/2000, E. 4a＝Pra 2001, Nr. 177, S. 1073 ff.

2. 如果承租人受领标的物后陷于破产，并且出租人要求对将来租金提供担保无果，则出租人可以不按预告期间通知终止（详见债法第 266h 条）。 1041

3. 承租人死亡的，其继承人的终止权：于此须遵守法定预告期间，并且终止于下一个终止日期生效（债法第 266i 条）。 1042

4. 承租人为私人使用而从职业出租人手上租赁动产，承租人通知终止的（债法第 266k 条第 1 句）：此种情形，承租人作为消费者受到制定法的特别保护，他可以依据这一（强制性）规定，按不少于 30 天的预告期间通知终止，在每 3 个月租赁期间的最后一天，终止［生效］；出租人无赔偿请求权。 1043

5. 制定法零星规定了其他提前终止的可能。例如： 1044

——承租人拖延租金，出租人遵守债法第 257d 条的手续［译者注：设定宽限期，并警告承租人，若宽限期经过仍不支付租金，出租人将终止租赁］，于此情形出租人有特殊终止权（债法第 257d 条第 2 款、边码 996 以下）。 1045

——承租人在［出租人］书面警告后，仍违反谨慎［使用租赁物］义务和顾及［他人利益］义务的，出租人有特殊终止权（债法第 257f 条第 3、4 款；边码 986 以下）。 1046

——若租赁物于租赁期间（受领后）显示有瑕疵，并且出租人未在合理期限内消除该瑕疵，则承租人有特殊终止权。前提是，该瑕疵导致不动产不再合于预定之使用目的或者严重影响预定之使用，或使动产预定之使用目的受到减损（债法第 259b 条 a 项；边码 962 以下）。 1047

——依债法第 261 条和第 261a 条，租赁物的取得人——新的所有权人——有特殊终止权。但若租赁关系登记在土地登记簿上，则取得人无此终止可能（债法第 261b 条）。 1048

对住宅和商业用房，"买卖打破租赁"原则不得适用（或被相对化）：仅当新所有权人能证明他自身急切需要用房时，才可以特殊终止租赁关系，而且仅得按法定预告期间通知终止，在下一个法定终止日期，终止生效（债法第 261 条第 2 款 a 项；边码 1199）。[1] 1049

---

〔1〕　就强制执行的情形参见 BGE 125 III 123 ff.。

三、使用租赁消灭之后果

(一) 承租人之义务

1. 概述

1050　　(1) 从租赁关系是 (暂时) 让渡使用之关系这个本质可得出, 租赁期间结束时必须将租赁物返还出租人。出租人对承租人有债权性的返还请求权 (债法第 267 条第 1 款); 此外, 若出租人是租赁物的所有权人, 他依《民法典》第 641 条第 2 款有物权性的返还请求权。[1]

1051　　(2) 依债法第 267 条第 1 款, 承租人返还的租赁物, 必须处于依约定之使用而产生的状态。就正确 (依约定) 使用租赁物而产生的损耗, 承租人无须承担责任。损耗必然伴随使用而产生 (属于使用之本质特征), 就此出租人通过租金得到弥补。[2]另外, 承租人就超越了依通常损耗而发生的价值降低之价值损失 ("损害") 有赔偿义务。就此承租人负有谨慎使用的义务 (债法第 257f 条第 1 款), 并且必须为他的共同承租人和履行辅助人的行为负责 (家庭成员、客人、次承租人) (债法第 101 条第 1 款; 边码 986)。[3]还须注意:

1052　　——出租人于租赁物被返还时有特别的不真正义务: 他必须检查租赁物状态, 就须由承租人负责的瑕疵, 应立即通知承租人, 否则他丧失请求权 (债法第 267a 条第 1、2 款)。例外情况下, 也即当瑕疵依通常检验不能发现时, 出租人可以嗣后通知瑕疵, 但必须在发现瑕疵后立即通知 (债法第 267a 条第 2、3 款)。

1053　　——依约定, 承租人应预先给付租赁关系终止时之赔偿金者, 其约定无效, 但预先给付的金额未超过可能发生的损害额者, 不在此限 (债法第 267 条第 2 款)。

1054　　(3) 如果合同消灭而承租人未腾出房屋, 那么他在腾出前都对出租人负有类似于 [支付] 租金的补偿 [义务], 这来源于继续存在的类似租赁合同的

---

〔1〕 Higi, Zürcher Komm. , N 14 ff. zu Art. 267 OR.

〔2〕 Higi, Zürcher Komm. , N 79 zu Art. 267 OR.

〔3〕 Higi, Zürcher Komm. , N 93 zu Art. 267 OR.

关系（事实合同关系）。[1]不法获益剥夺（Gewinnabschöpfung）请求权参见边码2039以下和边码2053。

如果共同承租人中一人违反义务未搬出，那么将他看作其他承租人的履行辅助人（债法第101条第1款），出租人因此也可以向其他任意一个已经离开租赁物的承租人请求类似租金的补偿。[2] 　1055

2. 不动产租赁情形返还义务之强制执行特论

租赁关系结束时的返还义务也适用于住宅和商业用房的承租人。总是一再出现承租人［于租赁］届期时出于种种理由没有腾空承租的房屋的情形，例如，实务中承租人——客观上不当地——提出，出租人没有按照债法第257d条有效终止合同或者出租人无权终止合同。 　1056

如果承租人不当拒绝腾空房屋，则他因返还之债陷于迟延而负损害赔偿责任（债法第103条）。但出租人因此仍没有重新占有租赁物，而他可能想利用该租赁物或已经将其租给了第三人。此时就出现这样的问题：如何对承租人强制执行腾空房屋之债。对此应坚持以下几点： 　1057

（1）出租人不能通过自力救济腾空仍被［承租人］占据的租赁物，即便租赁期间（在他看来）已经经过。就腾空房屋而言，他必须请求公力救济。为了驱逐［承租人］，首先需要裁判程序（驱逐之判决，法院腾空房屋之指令），接着是强制执行程序（《民事诉讼法》第343条第1款d项）。法院可根据胜诉方的请求在判决中规定强制执行措施（《民事诉讼法》第236条第3款和第337条第1款）。 　1058

出租人非法自力救济的行为——作为强迫（Nötigung，《刑法》第181条）、侵入他人住宅（Hausfriedensbruch，《刑法》第186条）或者作为州刑法侵害罪（Übertretungsstrafrecht，译者注：属于轻微犯罪）的独立要件（《刑 　1059

---

〔1〕 BGE 131 III 257 ff.（261），E. 2 有提示；Urteil des BGer. vom 2. Juni 2009, Nr. 4A_125/2009, E. 3. 2. 亦参见 Urteil des BGer. vom 23. Januar 2015, Nr. 4A_436/2014, E. 3（联邦法院官方公布的裁判文书 BGE 141 III 20 ff. 中没有此点）［译者注：官方公布的裁判文书通常只节选原判决重要部分］＝Pra 2015, Nr. 85, S. 683 ff.。

〔2〕 Urteil des BGer. vom 2. Juni 2009, Nr. 4A_125/2009, E. 3. 2；Urteil des BGer. vom 3. Juli 2006, Nr. 4C. 103/2006, E. 4. 2；Schmid, Die gemeinsame Miete, S. 35.

法》第 335 条）——甚至可受刑罚处罚。

1060　　　（2）驱逐诉讼（裁判程序和强制执行程序），自瑞士《民事诉讼法》生效时起（2011 年 1 月 1 日）按照联邦法律进行。[1]

1061　　　——在裁判程序中，法院认定承租人是否有返还之债以及返还之债是否到期。可能适用普通程序（das Ordentliche Verfahren）（《民事诉讼法》第 219 条以下），可能适用简易程序（das vereinfachte Verfahren）（《民事诉讼法》第 243 条以下），但这两者都可能耗时长久，有悖于出租人的利益。因此，对事实与法律都清楚的案件，制定法规定，可以采用简易程序（das summarische Verfahren）判决驱逐［承租人］（《民事诉讼法》第 248 条 b 项及第 257 条）。[2] 如果法院支持出租人驱逐［承租人］的诉求，可命令承租人依法清理并离开房屋，并就此为承租人设定一个最后期间。

1062　　　——如果最后期间经过而承租人未清理并离开房屋，则出租人有权请求依《民事诉讼法》第 343 条的强制执行措施（"作为义务"之强制执行）从房屋中赶走承租人、清除他的物品。首先是警察的强制执行（由警察或者在其监督下清理房屋或土地；《民事诉讼法》第 343 条第 1 款 d 项和第 3 款）。[3]

1063　　　法院可以在驱逐判决中授予出租人使用这一强制措施的权利（《民事诉讼法》第 236 条第 3 款和第 337 条第 1 款）。[4]

1064　　　——出租人作为公力救济措施的申请人必须预付驱逐诉讼（裁判程序和强制执行程序）的费用。法院判决出租人对承租人有相应的损害赔偿债权（作为债法第 103 条的迟延损害或者由于驱逐诉讼中承租人败诉），它可以通过强制执行法实现。

---

〔1〕　此前的法律状况参见 Higi, Zürcher Komm. , N 74 zu Art. 267 OR und N 18 ff. zu Art. 274g OR。

〔2〕　Botschaft zur ZPO von 2006, BBl 2006, S. 7352; Sutter-Somm/Lötscher, in: Sutter-Somm/Leuenberger/Hasenböhler (Hrsg.), ZPO-Komm. , N 38 ff. zu Art. 257 ZPO; 亦参见 BGE 139 III 38 ff. (39 ff.), E. 2, und 140 III 315 ff. = Pra 2015, Nr. 4, S. 37 ff.; 即便撤销终止之诉未出结果仍可准许采用简易程序（summarisches Verfahren），参见 BGE 141 III 262 ff. (263 ff.), E. 3。

〔3〕　Staehelin, in: Sutter-Somm/Leuenberger/Hasenböhler (Hrsg.), ZPO-Komm. , N 23 ff. zu Art. 343 ZPO.

〔4〕　Botschaft zur ZPO von 2006, BBl 2006, S. 7343 und 7383; Staehelin, in: Sutter-Somm/Leuenberger/Hasenböhler (Hrsg.), ZPO-Komm. , N 25 zu Art. 236 ZPO.

因迟延导致的以下损害保留给普通程序[1]：例如出租人将房屋未附条件 1065
地租给了第三人，该第三人由于先前的承租人继续住在里面而不能入住，出
租人对该第三人负有损害赔偿义务。只要先前的承租人（违反义务）未交还
房屋，他就对出租人负有类似［支付］租金的补偿义务（边码1054）。

（二）出租人之义务

租赁结束后，出租人负有——若无损害赔偿之债被提起——退还承租人 1066
给付的担保的义务（债法第257e条第3款）。

第五节 对承租人的保护条款

租赁法含有大量对承租人的保护条款，其中有些规定原则上适用于全部 1067
租赁关系，而有些仅适用于不动产租赁。下面分别论述。

一、一般性保护条款

针对全部租赁关系的保护条款，分散在制定法各处，有些已经在各自关 1068
联的地方论述过了。下面这些［保护条款］尤其需要简要列出：

——出租人对承租人的告知义务（债法第256a条及第257b条第2款）； 1069

——一般交易条款中的免责条款无效（债法第256条第2款a项）； 1070

——承租人拖欠租金的，［出租人］须以书面形式在终止警告中设定宽限 1071
期（债法第257d条；边码997以下）；

——一般的瑕疵担保权（债法第258条以下；边码936以下）； 1072

——承租人对租赁物的个人投入可以请求出租人补偿（债法第260a条第 1073
3款）；

——（当然受限的）突破“买卖打破租赁”原则（债法第261条）； 1074

——原则上可以转租，但转租须经出租人同意，不过出租人仅出于特定 1075
理由才可拒绝转租（债法第262条第1款和第2款；边码1186）；

——依债法第264条提前返还租赁物的权利（边码1008以下）； 1076

——禁止抵销约定无效（债法第265条）； 1077

---

[1] 就此参见 Higi, Zürcher Komm. , N 58 zu Art. 267 OR。

1078 　　——承租人死亡的，其继承人的终止权（债法第 266i 条）；

1079 　　——动产的特殊终止可能（债法第 266k 条；边码 1043 以下）；

1080 　　——就返还租赁物时的给付所作之约定，若金额超过了可能发生的损害，则约定无效（债法第 267 条第 2 款；边码 1053）；

1081 　　——租赁物返还时，出租人有检查瑕疵和通知瑕疵的（不真正）义务（债法第 267a 条）。

二、住宅与商业用房租赁中的保护条款

（一）概览

1082 　　住宅与商业用房租赁适用对承租人的特别保护条款。联邦颁布这些规定不仅基于联邦在私法上的一般性立法权能（《联邦宪法》第 122 条第 1 款），还基于防止租赁中权利滥用的立法权能（《联邦宪法》第 109 条第 1 款）。

1083 　　这些保护条款的适用范围（也）在债法第 253a 条和第 253b 条以及《关于住宅和商业用房的使用租赁和用益租赁的条例》第 1 条和第 2 条被进一步规定。

1084 　　接下来几部分将特别论述不合理租金之撤销（债法第 269 条以下；边码 1094 以下）、终止之撤销（债法第 271、272 条；边码 1123 以下）、租赁关系的延长（债法第 272 条以下；边码 1131）以及程序问题（边码 1145 以下）。除此之外，有更多规定阻止租赁中的不当行为，例如：

1085 　　1. 制定法规定某些与住宅和商业用房租赁捆绑的交易无效（债法第 254 条）。

1086 　　属于此情形的尤其是承租人负有购买租赁物、家具、股票或者订立一个保险合同的义务。

1087 　　2. 在住宅和商业用房租赁中，就下列义务免除出租人责任的免责条款是无效的：于约定的时间交付合于预定使用目的的租赁物，并维持租赁物的这种状态（债法第 256 条第 2 款 b 项）。

1088 　　上述无效规定也针对［住宅和商业用房租赁中］个别磋商达成的免责条

款，但就其他租赁标的物，［个别磋商达成的上述免责条款］可能被允许（债法第 256 条第 2 款 a 项的反面推论；边码 928）。

3. 于［租金］支付迟延情形，因设定宽限期和终止警告须以要式为之，承租人地位得到加强。住宅和商业用房的承租人还有特别的最短宽限期（债法第 257d 条第 1、2 款；边码 996 以下）。若涉及的是承租人的家庭住房，则还需遵守债法第 266n 条。 1089

4. 双方约定承租人以金钱或者有价证券提供担保的情形，债法第 257e 条确立了［对承租人的］保护条款，以防出租人无支付能力［不能返还担保］。出租人应以承租人名义，将所提供的担保提存在银行账户或者保险柜中（第 1 款）。 1090

5. 就住宅和商业用房的终止通知，法律规定了要式；就出租人提出之终止，法律强制使用范本表格（债法第 266l 条）。如果涉及的是承租人的家庭住房，另外适用债法第 266n 条的保护规范。 1091

6. 租赁关系可以在不动产登记簿上预告登记（债法第 261b 条第 1 款和《民法典》第 959 条）。预告登记强化了对承租人的保护，以防出租的不动产被转让或者设定与租赁效果类似的限制性物权（债法第 261 条、第 261a 条）。不动产登记簿上预告登记的效果是，任何新的所有权人都必须允许承租人按照租赁合同使用不动产（债法第 261b 条第 2 款）。[1] 1092

7. 除了对承租人的民事保护，刑法第 325bis 条和第 326bis 条还有刑法上保护（触犯对住宅和商业用房承租人的保护规定的犯罪）。 1093

（二）不合理租金之撤销

1. 不合理租金：概念与概览

（1）此处所涉及的承租人撤销权，其基本要件和连接点是不合理租金，因此须首先解释这一概念：依据债法第 269 条，不合理租金通常（侧标题为"通常"）是指，从租赁物获取过高的收益，或者租金基于明显过高的购买价格来计算（债法第 269 条）。 1094

债法第 269a 条（侧标题：例外）规定了一系列通常不属于不合理租金的 1095

---

[1]　Higi, Zürcher Komm. , N 13 ff. zu Art. 261b OR；就债权于土地登记簿预告登记的概述参见 Schmid／Hürlimann-Kaup, Sachenrecht, Nr. 475 ff. ; Hürlimann-Kaup, Zusammenwirken von Miete und Sachenrecht, Nr. 769 ff.

情形。制定法一方面顾及"市场"（例如债法第 269a 条 a 项：当地习惯[1]），因此此处可以称为市场租金（Marktmiete）；另一方面考虑出租人的个人花费——作为成本租金（Kostenmiete）（例如债法第 269a 条 b 项：出租人为租赁物支出额外费用或提供额外服务，以及债法第 269 条之一般性规定）。[2]总之，债法第 269a 条"一方面保障符合市场的价格，另一方面阻止过高的收益"。[3]法律将这两种方法（市场租金和成本租金）结合在同一个规定中，肯定会导致相互冲突。[4]

1096　　　债法第 269 条和第 269a 条具有强制性；当事人不能通过约定排除债法第 269a 条所列举的全部租金确定标准（例如抵押贷款利息）的适用。[5]

1097　　　（2）为了计算被允许的（由此反面推论因为不合理而不被允许的）租金，判决在市场租金、成本租金这一对概念之外使用了另外两个计算方法：绝对计算法和相对计算法。[6]

1098　　　——绝对计算法计算的是一个标的物一般允许的租金——不考虑之前的约定情况。这一方法是联邦法院从债法第 269 条推导出来的[7]，它用于具体检验租金是否使出租人从租赁物中获得了过高收益，而这以核查出租人净利润为前提。[8]

1099　　　——相对计算法保护合同双方迄今行为所生的信赖，因此它只考虑自上次租金额确定后存在的没有被考虑的涨价因素。特别是，允许承租人这样认为，合同约定的或者嗣后调整过的租金使出租人取得足够的利润，除非出租人已经通过充分的保留表达了租金不足（《关于住宅和商业用房的使用租赁和

---

[1]　就此参见 BGE 136 III 74 ff.（77 ff.），E. 2. 2 und 3＝Pra 2010, Nr. 86, S. 615 ff.。

[2]　完整内容参见 BGE 120 II 302 ff.（304 f.），E. 6a。

[3]　BGE 120 II 302 ff.（304），E. 6a.

[4]　BGE 120 II 240 ff.（242），E. 2；120 II 302 ff.（304），E. 6a.

[5]　BGE 133 III 61 ff.（73 ff.），E. 3. 2. 2. 2 und 3. 2. 3.

[6]　完整内容参见 BGE 120 II 302 ff.（304），E. 6b；详见 Higi, Zürcher Komm., N 452 ff. zu Art. 269 OR，以及（就信赖保护的思想）derselbe, Zürcher Komm., N 161 ff. zu den Vorbem. zu Art. 269-270e OR。

[7]　BGE 123 III 171 ff.（173 f.），E. 6a；125 III 421 ff.（423），E. 2b.

[8]　BGE 123 III 171 ff.（173 f.），E. 6a；141 III 245 ff.（252），E. 6. 3.

用益租赁的条例》第 18 条）。[1]此种计算方法也保护出租人：承租人在租赁期间仅得依据自上次确定租金额以来发生的降价因素请求降低租金（债法第 270a 条）。[2]

就这两个计算方法的适用范围应该坚持以下原则：合同约定的租金是否可撤销原则上只能依据绝对计算法检验。[3]相反，在租赁关系存续期间单方要求改变租金的原则上优先适用相对计算法。[4] 　1100

（3）如果租金不合理，那么承租人原则上可以撤销的是：　1101

——租赁期间业已存在的租金（债法第 270a 条），包括初始租金（An-fangsmietzins）（债法第 270 条）。　1102

——出租人提高租金或者其他单方改变合同的行为（债法第 270b 条）。　1103

这里须注意，无期限合同的出租人，原则上可在下一个可能的终止日期提高租金（或者附加费用[5]）；为此，他必须完全遵守预告期间和要式，以及证明提高租金是合理的（债法第 269d 条第 1 款）。对于有期限租赁合同，如果没有约定租金按照价格指数变化或者没有约定阶梯租金，则不得［于租赁期间］增加租金（债法第 270c 条和第 270d 条）。　1104

——价格指数租金或者阶梯租金（债法第 270c 条和第 270d 条）仅于有限范围内适用。　1105

2. 撤销详述

（1）撤销权首先针对提高租金的行为：承租人可以向调解机关主张撤销债法第 269 条和第 269a 条意义上的不合理涨租；他必须在得知租金上涨之日起 30 天内行使撤销权（债法第 270b 条第 1 款）。[6]　1106

---

〔1〕 BGE 120 II 302 ff.（304 f.），E. 6b.

〔2〕 BGE 133 III 61 ff.（72），E. 3. 2. 2. 2.

〔3〕 BGE 120 II 240 ff.（243），E. 2（检验初始租金是否不合理的问题）；120 II 302 ff.（305），E. 6b.

〔4〕 BGE 120 II 302 ff.（305），E. 6b.

〔5〕 BGE 137 III 362 ff.（364 f.），E. 3. 2. 1＝Pra 2012, Nr. 5, S. 27 ff.

〔6〕 就准确的起算时间（适用"修正的接收理论"作为一个例外）参见 BGE 140 III 244 f.（248），E. 5. 1＝Pra 2014, Nr. 95, S. 751 ff.，引用 BGE 137 III 208 ff.（214 f.），E. 3. 1. 3（就此点评有 Koller und Schmid, ZBJV 149/2013, S. 38 ff. und 496 ff.）。

1107　　　如果出租人以其他方式单方改变合同而不利于承租人，尤其是减轻出租人一方迄今的给付或者增加新的附加费用，则也产生［承租人］撤销权（债法第 270b 条第 2 款）。［撤销权行使］期间作为除斥期间由［调解机关］依职权审查［是否已经经过］。[1]

1108　　　（2）既存的租金也可以撤销，于此承租人首先可通过法庭外的途径［撤销］：如果计算租金的基础严重变化，出租人从租金中获得过高的利润（尤其是因为费用降低），那么承租人可以依债法第 270a 条，以书面形式请求在下一个可能的终止日期降低租金。

1109　　　出租人就此有 30 天时间来回应［承租人的］减租请求。如果出租人拒绝减租或者只同意部分，那么承租人可以在［收到回应后］30 天内向调解机关提交［减租］请求（债法第 270a 条第 2 款）。

1110　　　承租人向出租人提交书面请求是后续的机构［调解］程序的前置程序，但债法第 270a 条第 3 款的特别情形除外（减租请求与撤销涨租的请求同时提交）。[2]

1111　　　（3）在特定要件下，初始租金（Anfangsmietzins）也可以撤销（债法第 270 条第 1 款）。[3]承租人自己同意的租赁合同，其［初始租金］撤销，依法仅在满足严格要件时才被准许（契约严守原则）：

1112　　　——承租人因个人或家庭困境，或者因当地住宅和商业用房市场的行情，而被迫订立合同的（债法第 270 条第 1 款 a 项）；或者

1113　　　——出租人在之前租金的基础上就同一标的物大幅提高租金的（债法第 270 条第 1 款 b 项）。

1114　　　初始租金的撤销必须在受领标的物之日起 30 天内向调解机关主张（债法第 270 条第 1 款）。

1115　　　（4）价格指数租金和阶梯租金适用有限制的特别规则（债法第 270c 条和第 270d 条）。

---

〔1〕　BGE 131 III 566 ff. （570），E. 3. 2（修改了之前判决）。

〔2〕　BGE 132 III 702 ff. （705 ff.），E. 4. 2-4. 4.

〔3〕　例如 BGE 139 III 13 ff. = Pra 2013，Nr. 105，S. 813 ff. 。

（5）若数人共同租赁住宅或商业用房（作为夫妻、登记的同性伴侣或者　1115a
其他共同租赁人），那么依据判决，他们必须共同撤销租金（必要的共同诉
讼，notwendige Streitgenossenschaft），否则欠缺诉讼资格。[1]

（6）出租人有下列行为的，涨租不是可撤销的，而是无效的：　1116

——未以官方（州）表格通知承租人涨租（债法第 269d 条第 2 款 a　1117
项）。[2]

——涨租未说明理由（债法第 269d 条第 2 款 b 项）。　1118

理由必须在官方表格上说明，不能仅在附加页或者附件中说明。　1119

——通知涨租时终止契约或以终止契约相威胁（债法第 269d 条第 2 款 c　1120
项）。

承租人可以在任何时候主张涨租无效，不受债法第 270 条以下的期间拘　1121
束，[3]但无论如何受到权利不得滥用的限制（《民法典》第 2 条第 2 款）。

（7）在调解程序和法庭程序进行过程中，既存的租赁合同继续有效，不　1122
发生变化（债法第 270e 条），也即承租人负担迄今的租金。但如果租金变更
被支持了，那么租金提高或者降低溯及至若无调解或者诉讼程序，租金变更
本该生效的时间点。对当事人来说，此种情形发生补充给付之债（Nachleis-
tungsforderung）或者返还之债（Rückleistungsforderung）。[4]

（三）终止之撤销

1. 如果终止违反诚实信用原则，则承租人和出租人都可以根据债法第　1123
271 条在［收到终止通知后］30 天内（债法第 273 第 1 款）向调解机关主张
撤销（债法第 271、271a 条）。因此，在撤销的［调解］程序中要检查，当事
人是否滥用（一般或者特殊）终止。为了保护承租人，撤销权是强制性的
（债法第 273c 条）。

---

〔1〕　BGE 136 III 431 ff.（434 f.），E. 3. 3；140 III 598 ff.（598 f.），E. 3. 1. 本案中，联邦法院搁
置了进一步的问题，即拒绝撤销终止的配偶一方是否可以被另一方（和出租人共同）作为被告起诉。

〔2〕　BGE 135 III 220 ff.（222），E. 1. 2；Urteil des BGer. vom 1. Februar 2010, Nr. 4A_ 409/2009,
E. 2. 1.

〔3〕　Higi, Zürcher Komm. , N 117 ff. zu Art. 269d OR；就终止的类似问题参见 BGE 121 III 156 ff.
（160 ff. ），E. 1c.

〔4〕　Higi, Zürcher Komm. , N 9 und 16 f. zu Art. 270e OR.

1124　债法第 271 条是限制权利滥用的特别法，排除了《民法典》第 2 条第 2 款的独立适用（例如在租赁法撤销之外的驱逐程序中主张终止不合理）；换言之，承租人也必须在 30 天的除斥期间内撤销明显不合理的终止。[1]

1125　根据债法第 271 条第 2 款，应对方当事人的请求，己方必须说明终止理由。但说明理由不是终止通知的生效要件，而只是不真正义务：怠于说明理由或者拒绝说明理由，可能被评价为不合理终止的表征。[2]如果理由被认定纯粹是借口，那么终止因违反诚实信用原则而可撤销。[3]

1125a　若数人共同缔结一份租赁合同，并且被出租人通知终止，则他们原则上须共同撤销（必要的共同诉讼，notwendige Streitgenossenschaft）。[4]

1125b　但在住宅租赁情形，依据判例，出于社会保障的原因简化撤销要件：数个承租人中的一人可以提起撤销之诉，前提是他不仅对出租人，还对其他（不愿参与撤销诉讼的）共同承租人一起提起诉讼。[5]如果出租人通知终止租赁的住宅是两个共同承租人（夫妻）作为家庭住房而承租的，那么夫妻任何一方都可单独诉请撤销终止，债法第 273a 条第 1 款甚至赋予非合同当事人的配偶一方撤销权。[6]这类推适用于登记的同性伴侣（债法第 273a 条第 3 款）。

1126　2. 为了具体化债法第 271 条的一般性条款，债法第 271a 条列举了出租人的不合理终止事由，例如：因为承租人根据诚实信用原则主张源于租赁关系的请求权，尤其是发起调解或诉讼程序，或者因此胜诉（a、d、e 项），出租人通知终止；[7]出租人因为意图单方变更合同（b 项）或者意图诱使承租人购买租赁的住房（c 项）而通知终止。

1127　如前文所述，债法第 271a 条第 1 款的列举不是封闭性的（"特别的"）。

---

〔1〕　BGE 133 III 175 ff.（179 f.），E. 3. 3. 4 有提示。

〔2〕　Higi, Zürcher Komm., N 160 zu Art. 271 OR.

〔3〕　BGE 135 III 112 ff.（119）E. 4. 1.

〔4〕　BGE 140 III 598 ff.（600 f.），E. 3. 2；Schmid, Die gemeinsame Miete, S. 36.

〔5〕　BGE 140 III 598 ff.（601），E. 3. 2；就此详见 Koller Th., ZBJV 152/2016, S. 45 ff.。

〔6〕　BGE 140 III 598 ff.（598），E. 3. 1；118 II 168 ff.（170），E. 2b.

〔7〕　BGE 137 III 24 ff.（24 ff.），E. 3（针对败诉的范围）；141 III 101 ff.（101 ff.），E. 2. 1（就终止保护措施的准确持续时间）。

当没有客观的、严肃的、值得保护的利益而通知终止时，一般可以认定为违背诚实信用原则。[1]若终止方的利益与对方的利益明显不成比例，则可以将终止看作刁难，从这个角度看终止则是不合理的。[2]但如果出租人是为了重新出租获取更高的（但不是不合理的）租金，那么这本身不违反诚实信用原则。[3]

依债法第271a条第3款，债法第271a条第1款d项和e项列举的撤销事由在特定情形下可能不得作为撤销事由：由于出租人急迫需要［自住］（a项）[4]，由于承租人拖延租金、破产或者严重违反义务（b、c、f项），由于标的物所有权让与（d项）或者由于其他重要原因（e项）。 　1128

根据联邦法院的判决，除债法第271a条第3款所规定情形外，依据债法第271条第1款（在较窄范围内）也可以撤销终止：出租人因承租人拖欠租金而根据债法第257d条向承租人作出终止通知。能被法院认定为不合理的终止，必须完全是滥用权利，这仅仅在特殊情形才适用，例如出租人为宽限期设定了明显过高的金额或者一个一直守约的承租人在刚刚经过宽限期后才给付微不足道的欠款。[5]出租人在宽限期经过后等待很久才通知终止的，也可认为是滥用权利。[6] 　1129

3. 应该将终止无效与终止撤销区分开。若终止通知存在严重瑕疵，例如未遵守规定的要式，则终止无效（债法第266o条结合第266l条）。终止无效时，终止通知不发生效力；终止无效应依职权审查。就此种瑕疵，不要求依 　1130

〔1〕 BGE 135 III 112 ff. （119），E. 4. 1，出租人鉴于大量的清洁工作通知终止被以违反诚实信用原则而否定；就此亦参见 Urteil des BGer. vom 9. Dezember 2009，Nr. 4A_ 414/2009，E. 3. 1（缓和的）；BGE 140 III 496 ff. （497 ff.），E. 4＝Pra 2015，Nr. 12，S. 102 ff.，当改建和翻修一方面明显与公法不符或者另一方面（就像本案）规划工作很少或者模糊不清，判决肯定了违反诚信。

〔2〕 BGE 120 II 31 ff. （33），E. 4a；138 III 59 ff. （62），E. 2. 1。

〔3〕 BGE 120 II 105 ff. （109 ff.），E. 3b und c。

〔4〕 就此参见 BGE 118 II 50 ff. （52 ff.），E. 3。

〔5〕 BGE 120 II 31 ff. （33 f.），E. 4；Urteil des BGer. vom 3. März 2010，Nr. 4A_ 634/2009，E. 2. 2. 2；BGE 140 III 591 ff. （594 f.），E. 1 und 2＝Pra 2015，Nr. 55，S. 436 ff. （164. 65 瑞郎不是 "微不足道的费用"；判决参见 Koller Th. ，ZBJV 152/2016，S. 11 ff. ）.

〔6〕 Urteil des BGer. vom 5. November 2012，Nr. 4A_ 347/2012，E. 2. 1 末尾＝Pra 2014，Nr. 4，S. 30 ff. （本案被否定）。

债法第 273 条第 1 款在 30 天内提出撤销，而是可以在任何时候主张——但受到禁止权利滥用的限制。[1]

（四）租赁关系之延长

1131　实务中比撤销终止更常见的是请求法院展期（债法第 272 条以下）。展期可以独立于终止之撤销而被请求，[2]依本书见解，请求展期通常有更多成功的希望。展期的前提是，定有期限或未定期限租赁关系的消灭会使承租人或其家庭限于困境，而这种困境不能被出租人的利益正当化（债法第 272 条第 1 款）[译者注：也即终止给承租人带来的困境与给出租人带来的利益严重不成比例]。通过展期，承租人有时间寻找合适的住房。应注意下面几点。

1132　1. 立法者未定义困境（Härte）。根据通行的实践，它指个案中阻碍承租人在剩下的时间里成功找到替代目标或替代方案，或者加大承租人成功找到的难度或者使其一定程度上确定找不到的所有情事。[3]

1133　因此法律的适用以根据法律和公平原则做出的裁量决定为前提。法院在系争案件中衡量承租人和出租人的利益，债法第 272 条第 2 款对此明确列举了最重要的应考虑的情事。[4]

1134　原则上，收到终止通知的承租人在第一次申请展期时就应已经认真找过替代房屋了，因此第一次展期判决应考虑他为寻找替代房屋付出的努力，即便相对于第二次展期的授予来说，这一点对第一次展期判决要求没那么高（边码 1139）。[5]

1135　2. 债法第 272a 条第 1 款列举了排除展期的情形，特别针对拖欠租金、严重违反义务或者承租人破产情形（a、b、c 项）。

---

〔1〕 BGE 121 III 156 ff.（160 f.），E. 1c. 无效终止通知的转化不被准许，参见 BGE 135 III 441 ff.（444 f.），E. 3. 3。

〔2〕 Lachat/Thanei, Das Mietrecht, N 29/1. 3.

〔3〕 Higi, Zürcher Komm.，N 83 zu Art. 272 OR. Vgl. auch BGE 105 II 197 ff.（197），E. 3a；116 II 446 ff.（448 f.），E. 3.

〔4〕 BGE 135 III 121 ff.（123 f.），E. 2 = Pra 2009, Nr. 88, S. 601 ff.；Urteil des BGer. vom 13. Januar 2010, Nr. 4A_522/2009, E. 3. 1.

〔5〕 BGE 116 II 446 ff.（448），E. 3a；Urteil des BGer. vom 13. Januar 2010, Nr. 4A_522/2009, E. 3. 2.

如果出租人给承租人提供一个同等替代的住宅或者商业用房，那么"通常"排除展期（债法第 272a 条第 2 款）。　1136

3. 如前所说，法院就展期的方式和期限有很大的自由裁量空间。但制定法给出了最长期限（债法第 272b 条第 1 款）。最长期限对住宅来说为 4 年，对商业用房来说为 6 年；在最长期限内可以授予一次或者两次展期。法院应当明确指出租赁关系展期到何时，展期期限不能取决于将来不确定的事件。[1]　1137

当事人可以自由商定其他（可以是更长的）展期期限（债法第 272b 条第 2 款）。若是家庭住房，则展期的约定（在承租一方）须夫妻双方或者登记的同性伴侣双方共同缔结才有效（债法第 273a 条第 2 款和第 3 款）。　1138

4. 已经被授予一次展期的承租人，可以请求第二次展期（债法第 272 条第 3 款），只要他没有放弃第二次展期（债法第 272b 条第 2 款末尾），并且还没有达到制定法上展期的最长期限（债法第 272b 条第 1 款）。第二次展期依债法第 272 条第 1、2 款需要再次进行利益衡量，但是承租人必须额外证明，他做了一切可期待［于他］的努力来克服困境［但未成功］。　1139

根据利益状况的不同也可能以一个一次性的、确定的展期替代第一次展期（有被授予第二次展期的可能），例如当出租人想对出租的不动产全面翻修时。[2]　1140

5. 债法第 273 条第 2、3 款（除规定了展期机构外也）规定了展期的请求期间。　1141

未定期限的租赁关系，承租人应当在收到终止通知后 30 日内——定有期限的租赁关系最晚于合同期限经过前 60 天——将展期请求送达调解机关（债法第 273 条第 2 款）。如果承租人请求第二次展期，他必须最晚于第一次展期　1142

---

〔1〕　BGE 135 III 121 ff. （125），E. 4 = Pra 2009，Nr. 88，S. 601 ff.

〔2〕　Urteil des BGer. vom 5. Juni 2009，Nr. 4A_105/2009，E. 3. 2 und 4. 4；Urteil des BGer. vom 13. Januar 2010，Nr. 4A_522/2009，E. 3. 1.

期间经过前 60 天将展期请求送达调解机关（债法第 273 条第 3 款）。

1143 　　6. 展期的规定原则上也是有利于承租人的强制性法律；仅当制定法明确规定［可以放弃］的情况下，才能放弃这些权利（债法第 273c 条）。

1144 　　例如，以下情形可放弃展期：承租人在展期的约定中放弃第二次展期（债法第 272b 条第 2 款末尾）。

　　（五）程序问题
　　1. 主管机关之构成与程序的一般规定

1145 　　2011 年 1 月 1 日（《民事诉讼法》生效）之前，各州规定了租赁相关法律争议的主管机关和程序（旧债法第 274 条）；当然，在这方面，州在法律程序上的权限受限于联邦的标准。

1146 　　瑞士《民事诉讼法》生效以后[1]，这些程序由联邦法律规定，但主管机关的构成原则上保留给了州（《民事诉讼法》第 3 条）。一般坚持以下几点：

1147 　　（1）依据《民事诉讼法》第 197 条，在法院裁判程序之前，［须］在调解机关进行调节。就住宅和商业用房的使用租赁和用益租赁的争议，调解机关由一名主调解员和同等数量的出租方、承租方代表组成（《民事诉讼法》第 200 条第 1 款）。[2]此外，该机关的构成由州规定（《民事诉讼法》第 3 条）；州不能将法院机构用于调解。[3]

1148 　　早在《民事诉讼法》生效前，联邦法院的判决就从旧债法第 274a 条以下推导出：就所有住宅和商业用房的使用租赁发生的争议，调解程序的进行原则上已经由联邦法律规定了。因此迄今为止已经消除程序障碍，促进心平气和达成一致，并且只在调解失败的情况下才由法院审理。[4]不过根据《民事诉讼法》第 198 条，尤其在简易程序（《民事诉讼法》第 198 条 a 项）和《债务执行和破产法》第 83 条第 2 款除权诉讼（Aberkennungsklage）（《民事诉讼

---

〔1〕 亦参见 Thanei, Neue ZPO und mietrechtliche Verfahren, S. 186 ff. 。
〔2〕 就选择的要求参见 BGE 141 III 439 ff.（441 ff.），E. 3 und 4. 1。
〔3〕 Botschaft zur ZPO von 2006, BBl 2006, S. 7328.
〔4〕 Higi, Zürcher Komm., N 8 ff. zu Art. 274a OR.

法》第 198 条 e 项数字 1）情形，无需调解程序。[1]

（2）不动产租赁的地域管辖，规定在《民事诉讼法》第 33 条：因不动产　1149
使用租赁和用益租赁产生的诉讼，由不动产所在地法院管辖。这也适用于调
解机关。住宅和商业用房的承租人不能提前放弃或者通过应诉而放弃地域管
辖（《民事诉讼法》第 35 条第 1 款 b 项）。

动产租赁的法院管辖适用《民事诉讼法》第 31 条，但因消费者合同所生　1150
争议除外（《民事诉讼法》第 32 条）。

（3）可以委任仲裁法庭，但就住宅租赁相关事情，当事人只能将调解机　1151
关作为仲裁法庭（《民事诉讼法》第 361 条第 4 款）。

（4）就程序问题，要坚守以下几点：　　　　　　　　　　　　　　　　1152

——债法相关条文援引《民事诉讼法》的规定（债法第 259i 条和第 273　1153
条第 4 款）。[2]

——如果调解机关驳回了承租人撤销终止的诉讼请求，那么它应依职权　1154
检查租赁关系是否可以延长（债法第 273 条第 5 款）。

（5）根据《联邦法院组织法》（BGG），租赁法律案件被优待，该法第 74　1155
条第 1 款 a 项将租赁法律案件提交民事上诉［至联邦法院］的最低标的额降
低到 15 000 瑞郎，[3]但案件的法律问题有重大意义的除外（《联邦法院组织
法》第 74 条第 2 款 a 项）。如果民事上诉被排除，宪法申诉［译者注：当事
人可以以前审法院判决侵害了其宪法上基本权利为由诉至联邦法院］可能被
允许（《联邦法院组织法》第 113 条以下）。

2. 调解机关

（1）如前所述（边码 1147），调解机关（die Schlichtungsbehörde）是租赁　1156
争议的第一解决场所。依制定法，它有几个义务：首先，应就争议尝试"无

---

［1］　依据先前的法律状况，结果不同，参见 BGE 133 III 645 ff.（652 ff.），E. 5. 2–5. 6，就除权
诉讼，若出租人针对承租人已取得临时判决；此外参见 Thanei, Neue ZPO und mietrechtliche Verfahren,
S. 188。

［2］　旧债法第 274—274g 条（随着《民事诉讼法》的生效，"主管机关和程序"部分被删除）。

［3］　然而这只适用于使用租赁，不适用于用益租赁情形（边码 1261a）。

形式调解"，以使当事人和解（《民事诉讼法》第 201 条第 1 款）。[1]其次，在制定法列举的案件中，调解机关提出裁判意见或者做出判决（《民事诉讼法》第 210 条第 1 款 b 项和第 212 条）。再次，当事人可以将调解机关约定为仲裁机关（《民事诉讼法》第 361 条第 4 款）。最后，在具体的调解程序以外，调解机关还是咨询点（《民事诉讼法》第 201 条第 2 款）。[2]

1157　　　　调解机关由一名主调解员和同等数量的出租方、承租方代表组成（《民事诉讼法》第 200 条第 1 款）。债法第 202 条以下规定调解程序应快速地、相对无程式地并且保密地进行。[3]

1158　　　　除非恶意或者出于戏弄而提起调解，否则就住宅和商业用房租赁争议的调解程序不收诉讼费（《民事诉讼法》第 113 条第 2 款 c 项和第 115 条）。同样也不存在诉讼参与人损害赔偿（Parteientschädigung）（《民事诉讼法》第 113 条第 1 款）。[4]然而这一规定不适用于［调解机关的］判决程序（《民事诉讼法》第 114e 条反面推论以及第 207 条）。除了住宅与商业用房租赁争议的调解，其他调解程序的费用规定在《民事诉讼法》第 207 条。

1159　　　　（2）同之前法律一样[5]，对那些被规定要进入调解程序的案件，完成调解程序是后续进入司法程序的前提。向法院起诉须提交"起诉许可"［译者注：由调解机关出具］（《民事诉讼法》第 221 条第 2 款 b 项）。仅在《民事诉讼法》第 119 条规定的情形，才可以放弃调解程序。

1160　　　　（3）如果［当事人］在调解机关达成协议，则调解目的实现，争议得到解决。调解机关将调解方案、对请求的承认或撤销请求作成文书，并让当事人在文书上签名（《民事诉讼法》第 208 条第 1 款）。这些诉讼行为因此具有有效判决的效力（《民事诉讼法》第 208 条第 2 款）。

1161　　　　在调解方案中（《民事诉讼法》第 208 条），调解机关也可以将租赁法律

---

　　〔1〕　就旧法详见 Higi, Zürcher Komm. , N 37 ff. zu Art. 274a OR。
　　〔2〕　Botschaft zur ZPO von 2006, BBl 2006, S. 7330.
　　〔3〕　Botschaft zur ZPO von 2006, BBl 2006, S. 7331 f.
　　〔4〕　根据司法实践，这仅适用于调解程序中。在其后的法庭程序中，法院可以判决诉讼支出赔偿，这包括调解程序中的花费（BGE 141 III 20 ff. ［20 ff. ］, E. 5＝Pra 2015, Nr. 85, S. 683 ff. ）。
　　〔5〕　BGE 133 III 645 ff. （651）, E. 5. 1.

程序以外的当事人争议问题纳入进来——如果纳入进来对调解争议有用的话（《民事诉讼法》第 201 条第 1 款第 2 句）。

（4）如果未达成合意，调解机关在调解文书中予以记录并实施以下行为：　1162

——对制定法规定的——少数——情形（《民事诉讼法》第 212 条和第　1163 361 条第 4 款）作出决定。[1]

一种情形是争议额不超过 2000 瑞郎的财产争议，原告申请［作出决定］　1164 （《民事诉讼法》第 212 条第 1 款）；另一种情形是当事人已将调解机关约定为仲裁机构的情形（《民事诉讼法》第 361 条第 4 款）。

——在制定法规定的住宅与商业用房租赁某些争议中（涉及租金提存、　1165 防止不合理租金、通知终止时之保护以及延长租赁关系，财产争议不超过 5000 瑞郎），调解机关可提出（也可不提出）[2] 裁判建议（《民事诉讼法》第 210 条第 1 款 b 项和 c 项）。如果在［收到］书面通知后 20 天内没有当事人提出拒绝，则裁判建议视为被采纳，具有与生效判决同等的效力（《民事诉讼法》第 211 条第 1 款）。

裁判建议不是必须要说明理由，但应该像裁判一样拟定和通知（《民事诉　1166 讼法》第 210 条第 2 款结合第 238 条）。调解机关在裁判建议中须向当事人指出依《民事诉讼法》第 211 条［裁判建议］的法律效力（《民事诉讼法》第 211 条第 4 款）。

——其余情形，调解机关应签发诉讼许可（Klagebewilligung）（《民事诉　1167 讼法》第 209 条第 1 款和第 211 条第 2 款）。当事人应在收到诉讼许可通知后 30 天内提起诉讼（《民事诉讼法》第 209 条第 4 款）。

于《民事诉讼法》第 210 条第 1 款 b 项规定的案件，调解机关的裁判建　1168 议被拒绝后，如果起诉书未及时递达法院，则裁判建议视为被采纳，具有与生效判决相同的效力（《民事诉讼法》第 211 条第 3 款）。

---

［1］　Botschaft zur ZPO von 2006, BBl 2006, S. 7334.

［2］　Botschaft zur ZPO von 2006, BBl 2006, S. 7333（"调解机关自由选择"）。

3. 法院

1169　如果在调解机关未达成合意，被签发诉讼许可的一方当事人（《民事诉讼法》第 209 条第 1 款和第 211 条第 2 款）可以在 30 天内将起诉书送达法院（《民事诉讼法》第 209 条第 4 款）。因此程序进入法庭阶段。[1]简而言之，应补充以下说明：

1170　——30 天的期间作为除斥期间，应由法院依职权审查［是否经过］。[2]

1171　——进入法院的许多租赁法律争议适用简易程序（das vereinfachte Verfahren）的规定（《民事诉讼法》第 243—247 条）。依《民事诉讼法》第 243 条第 2 款 c 项，这适用于——不考虑案值——住宅和商业用房的使用租赁和用益租赁争议、农业用地用益租赁争议，只要涉及的是使用租赁和用益租赁租金的提存、防止不合理租金、通知终止时之保护或者延长租赁关系；此外，简易程序适用于争议案值不超过 30 000 瑞郎的财产法上争议（《民事诉讼法》第 243 条第 1 款）。简易程序原则上也以调解为前置程序（《民事诉讼法》第 197 条）。[3]

1172　简易程序尤其指，程序——在"社会民事诉讼"（sozialer Zivilprozess）这个意义上——以外行能接受的方式组织，这应主要有利于社会弱势的一方当事人；[4]可以是一个（没有理由的）简易起诉书（《民事诉讼法》第 244 条第 2 款），案件被法院特别快速地处理（《民事诉讼法》第 246 条第 1 款），适用《民事诉讼法》第 247 条的特别规定查明案件事实，直到适用依职权调查原则——"简易化程序的核心特征"[5]，在前文提及的《民事诉讼法》第 243 条第 2 款（c 项）情形，法院依职权确定案件事实（《民事诉讼法》第 247 条第 2 款 a 项）。在其他案值不超过 30 000 瑞郎的住宅和商业用房使用租赁和用益租赁争议以及农业用地用益租赁争议中，也由法院依职权确定案件事实（《民事诉讼法》第 247 条第 2 款 b 项）。在其他租赁和用益租赁争议中［译者注：住宅和商业用房以及农业用地之外的租赁和用益租赁］，法院通过

---

〔1〕　就旧法参见 BGE 117 II 504 ff.（506），E. 2b；135 III 253 ff.（257 f.），E. 2. 4 = Pra 2009, Nr. 110, S. 744 ff. 。

〔2〕　就旧法参见 BGE 131 III 566 ff.（570），E. 3. 2（修改了之前判决）。

〔3〕　Botschaft zur ZPO von 2006, BBl 2006, S. 7345.

〔4〕　Botschaft zur ZPO von 2006, BBl 2006, S. 7345 f.

〔5〕　Botschaft zur ZPO von 2006, BBl 2006, S. 7348.

提问使当事人对案件不充分的信息予以补充并出示证据（《民事诉讼法》第247 条第 1 款）。

——如果案值超过 30 000 瑞郎并且不存在《民事诉讼法》第 243 条第 2 款 c 项规定的情形，则适用普通程序（《民事诉讼法》第 219 条以下）。　　1173

实务中的现行做法是，根据债法第 260a 条的更新和变化，涉及租金、损害赔偿债权和补偿费时，如果案值超过 30 000 瑞郎，则适用普通程序。[1]　　1174

例外当然是另一类简易程序（《民事诉讼法》第 248 条以下），尤其是案情清晰时的法律保护（《民事诉讼法》第 257 条；关于驱逐［承租人］，参见边码 1060 以下）。于此根据《民事诉讼法》第 198 条 a 项，无需调解程序。　　1175

——调解程序中产生的费用纳入诉讼事项中（《民事诉讼法》第 207 条第 2 款以及第 114 条反面推论，亦参见边码 1158）。[2]　　1176

——如果法院驳回承租人撤销终止的诉求，则它应依职权审查租赁关系能否延长（债法第 273 条第 5 款）。　　1177

2. 州内上诉程序规定在《民事诉讼法》第 308 条以下，向联邦法院上诉程序规定在《联邦法院组织法》中。　　1178

第六节　个别问题

一、租赁物之翻新和变更

出租人为消除租赁物的瑕疵，或者为除去租赁物所发生的损害，或者为防止租赁物遭受损害，需对租赁物实行必要的作业时，承租人应容忍之（债法第 257h 条第 1 款）。承租人有权请求降低租金和请求损害赔偿（债法第 260 条第 2 款）。　　1179

但仅在翻新和变更对承租人来说可以容忍并且不终止租赁关系的前提下，　　1180

---

〔1〕 Thanei, Neue ZPO und mietrechtliche Verfahren, S. 195.
〔2〕 就恶意提起法律争议程序，调解机关费用裁决的检验（旧债法第 274d 条第 2 款），旧法参见 BGE 117 II 421 ff.（424 f.），E. 2a。

才允许翻新和变更（债法第 260 条第 1 款）。[1]一方当事人通知终止后，制定法则赋予承租人特别保护；他在即将消灭的租赁关系中无须容忍翻新和变更。[2]

1181　　不过债法第 260 条第 1 款的禁令只是针对既有租赁关系存续期间的作业。出租人鉴于将要翻新和变更而通知终止的，不受此款禁止；此种终止是否不合理并因此可撤销，仅取决于债法第 271 条第 1 款的一般性条款（边码1124）。[3]

1182　　2. 承租人仅在得到出租人书面同意后，才可对标的物翻新和变更（债法第 260a 条第 1 款）。如果出租人是出租物的所有权人，那么从物权法的一般规定就可得出［翻新和变更］需要［出租人的］同意（《民法典》第 641 条第 1 款）。如果出租人同意，那么产生以下效果：

1183　　——仅当有书面约定时，出租人才可要求恢复原状（债法第 260a 条第 2 款）。

1184　　——承租人［给标的物］增加的价值，其偿还适用债法第 260a 条第 3款。该款为任意性条款，也即承租人可以事先有效地放弃补偿。[4]

1185　　作为承租人翻新和变更［标的物］的特别规定，债法第 260a 条优先于《民法典》第 671 条以下（安装物，Einbau）和债法第 62 条以下（不当得利）适用。[5]

二、与第三人之关系

（一）转租

1186　　1. 承租人仅在得到出租人同意时才可以转租（债法第 262 条第 1 款）。不

---

〔1〕　就施工的可期待性参见 Urteil des BGer. vom 4. März 2003, Nr. 4C. 382/2002, E. 3. 2；Urteil des BGer. vom 20. Februar 2004, Nr. 4C. 306/2003, E. 3. 3。

〔2〕　Urteil des BGer. vom 20. Februar 2002, Nr. 4C. 358/2001, E. 3b.

〔3〕　BGE 135 III 112 ff. （114 ff.）, E. 3. 3.

〔4〕　BGE 124 III 149 ff. （154）, E. 4d；Urteil des BGer. vom 2. September 2009, Nr. 4A_211/2009, E. 3. 3.

〔5〕　Urteil des BGer. vom 2. September 2009, Nr. 4A_211/2009, E. 3. 3.

过出租人仅得因制定法规定的特定理由拒绝同意（债法第 262 条第 2 款）。同意无须以要式为之。[1]

2. 次承租人不是与出租人订立合同，而是仅仅与承租人有租赁合同（他的次出租人）。不过次出租人应对主出租人保证，次承租人仅在承租人得使用租赁物的限度内使用租赁物（债法第 262 条第 3 款以及第 101 条）。[2]关于承租人得使用租赁物的限度，出租人可以直接通知次承租人（债法第 262 条第 3 款第 2 句）。大体可以这样说，次承租人针对次出租人享有的权利与承租人针对出租人享有的权利一样多，[3]次承租人必须履行主租赁合同所生之全部义务。[4]

1187

租赁关系消灭后，承租人继续转租租赁物的，必须依照债法第 423 条第 1 款（不真正无因管理，边码 2053 以下），将从中获取的收益交给出租人。[5]

1188

3. 转租合同性质上虽然是独立合同，但并非与主租赁合同完全没有关联。例如次出租人赋予次承租人的权利不能多于次出租人本身所享有的权利。[6]主租赁合同终止的，次承租人必须将租赁物返还给出租人（亦参见债法第 273b 条第 1 款），否则他可被驱逐出房屋。[7]次出租人不适当履行债务的，次承租人保留有对他的损害赔偿债权。[8]

1188a

主出租人或者新承租人［译者注：原租赁关系终止后，出租人又将租赁物出租给他人，该他人即为这里的新承租人］当然可以与迄今的次承租人明示或者默示订立一个新的独立的租赁合同。[9]

1188b

---

〔1〕　Urteil des BGer. vom 9. September 2015, Nr. 4A_290/2015, E. 3, 就自愿选择或者在框架租赁合同中包含要式规定的情形之法律状态有更多展开。

〔2〕　BGE 117 II 65 ff.（67），E. 2b＝Pra 1992, Nr. 81, S. 304 ff.；Higi, Zürcher Komm., N 21 zu Art. 262 OR.

〔3〕　BGE 124 III 62 ff.（65），E. 2b＝Pra 1998, Nr. 53, S. 352 ff.

〔4〕　Higi, Zürcher Komm., N 23 zu Art. 262 OR.

〔5〕　BGE 126 III 69 ff.（72 f.），E. 2b; bestätigt in BGE 129 III 422 ff.（425），E. 4.

〔6〕　BGE 139 III 353 ff.（355），E. 2. 1. 2＝Pra 2014, Nr. 38, S. 267 ff.

〔7〕　BGE 139 III 353 ff.（355 f.），E. 2. 1. 2＝Pra 2014, Nr. 38, S. 267 ff.

〔8〕　BGE 139 III 353 ff.（356），E. 2. 1. 2＝Pra 2014, Nr. 38, S. 267 ff.

〔9〕　例如：BGE 139 III 353 ff.（356），E. 2. 1. 3＝Pra 2014, Nr. 38, S. 267 ff.。

1189　　4. 终止的可撤销以及租赁关系延长的可能，原则上也适用于住宅和商业用房的转租，但如前所述受主租赁关系持续期间的限制（债法第 273b 条第 1 款）。以规避关于终止保护之规定为主要目的而转租者，对于次承租人的通知终止时之保护，得不考虑原租赁关系（债法第 273b 条第 2 款）。

　　（二）将租赁关系移转于第三人

1190　　1. 商业用房的承租人经出租人书面同意，可以将租赁关系移转于第三人（债法第 263 条第 1 款）。[1]出租人仅得因重大事由拒绝同意（债法第 263 条第 2 款）。租赁关系之移转有以下效力：

1191　　——第三人取代承租人进入租赁关系中，租赁关系因此移转给第三人（债法第 263 条第 3 款，更换当事人）。[2]

1192　　——（迄今的）承租人原则上从对出租人的义务中解放出来，但在一定时间内与新承租人一起负连带责任（债法第 263 条第 4 款）。[3]他对新承租人不负瑕疵担保义务，尤其对可能存在的物之瑕疵不负担保义务。[4]

1193　　2. 对其他租赁物（住宅、动产）的承租人，制定法没有特殊规定，因此适用一般规则：租赁关系移转于第三人（也）以出租人的同意为前提（是合同转让，而不是三方当事人的合同）。[5]不过债法第 263 条第 2 款无适用余地，根据该款，出租人仅得因重大事由拒绝同意。[6]如果出租人拒绝合同转让，承租人可以主张适用提前返还租赁物（债法第 264 条）的一般规定（边码 1008）。

　　（三）所有权人变更

1194　　1. 债法第 261—261b 条是关于［租赁物］所有权变更的，其情形可能是：

1195　　——出租人在租赁合同订立后让与标的物所有权（买卖、互易、赠与等[7]）；

1196　　——出租人在债务强制执行和破产程序中被剥夺标的物，标的物被判给

---

　　〔1〕 BGE 125 III 226 ff.（228 f.），E. 2b＝Pra 1998, Nr. 152, S. 810 ff. 相反，可能的次承租人的同意不是必须的（BGE 139 III 353 ff.［355］，E. 2. 1. 1＝Pra 2014, Nr. 38, S. 267 ff.）。

　　〔2〕 BGE 139 III 353 ff.（355），E. 2. 1. 1＝Pra 2014, Nr. 38, S. 267 ff.

　　〔3〕 BGE 140 III 344 ff.（345 ff.），E. 5（依债法第 143—149 条承担连带责任）。

　　〔4〕 BGE 129 III 18 ff.（23），E. 2. 3＝Pra 2003, Nr. 30, S. 151 ff.

　　〔5〕 Higi, Zürcher Komm., N 7 zu Art. 263 OR.

　　〔6〕 Higi, Zürcher Komm., N 7 in fine zu Art. 263 OR.

　　〔7〕 就具体问题见 Hürlimann-Kaup, Zusammenwirken von Miete und Sachenrecht, Nr. 547 ff. 。

其他人；

——出租人为第三人设定限制物权的，视同所有权人变更（债法第 261a 1197
条），例如设定用益物权（《民法典》第 745 条以下）。[1]

所有权人变更不适用关于征收的规定（债法第 261 条第 4 款）。对于制定 1198
法未规定的租赁前设定的不动产担保物权的强制执行与租赁合同冲突，特别
适用依《民法典》第 812 条发展出的司法裁判规则。[2]

2. 债法第 261 条第 1 款规定，租赁关系随着所有权让与一起移转于所有 1199
权受让人。[3]不动产让与，依联邦法院的判决，决定性的时间点是在预订登
记簿（Tagebuch）上登记时。[4]依债法第 261 条第 2 款，新所有权人有提前
消灭［租赁］合同的可能。就此，住宅和商业用房的新所有权人必须主张，
自己、近亲属或者近姻亲急切需要使用房屋（债法第 261 条第 2 款 a 项）。[5]
还需注意以下几点：

——如果新所有权人提前终止合同——比与原出租人的租赁合同允许的 1200
［终止日期］提前，那么原出租人应负担由此产生的一切损害（债法第 261 条
第 3 款）。也即出租人不能因出卖租赁标的物而免除合同义务。

——承租人的地位可以通过在土地登记簿上对租赁关系进行预告登记得 1201
到加强（债法第 261b 条第 1 款和《民法典》第 959 条）。预告登记的效果是：
任何新的所有权人都必须允许承租人按照租赁合同使用不动产（债法第 261b
条第 2 款；边码 1092）。

三、框架性租赁合同

对框架性租赁合同——指出租人协会和承租人协会就住宅和商业用房具 1202

---

〔1〕 详见 Hürlimann-Kaup, Zusammenwirken von Miete und Sachenrecht, Nr. 615 ff. 。

〔2〕 BGE 124 III 37 ff. （39 f.），E. 2；125 III 123 ff. （128），E. 1d；参见 Schmid/Hürlimann-Kaup,
Sachenrecht, Nr. 1180a f.；详见 Hürlimann-Kaup, Zusammenwirken von Miete und Sachenrecht, Nr. 874 ff. 。

〔3〕 具体参见 Hürlimann-Kaup, Zusammenwirken von Miete und Sachenrecht, Nr. 576 ff.；Higi,
Zürcher Komm. , N 21 ff. zu Art. 261–261a OR；Koller, OR BT, § 9 N 168 ff. 。

〔4〕 BGE 118 II 119 ff. （120 ff.），E. 3a=Pra 1993, Nr. 165, S. 640 ff.；BGE 128 III 82 ff. （84），
E. 1b；gl. M. Hürlimann-Kaup, Zusammenwirken von Miete und Sachenrecht, Nr. 539 und 593 ff.

〔5〕 就急切的自己需要的概念参见 BGE 118 II 50 ff. （52 ff.），E. 3 und 4；bestätigt im Urteil des
BGer. vom 20. November 2013, Nr. 4A_447/2013, E. 4. 1=Pra 2014, Nr. 86, S. 660 ff. 。

体租赁关系的订立、内容以及消灭共同商定的范本规定——应注意的是 1995 年 6 月 23 日的《关于框架性租赁合同及其一般拘束力声明的联邦法律》[1]（结合相应行政法规）。以下几点应简要提及：

1203   1. 该制定法除规定"框架性租赁合同"的定义外，也规定了其要式（书面形式并且以适用地的官方语言撰写）。此外，它规定（第 3 条），使用［框架性租赁合同］的，经缔约当事人共同申请并且经联邦委员会批准，允许约定某些偏离租赁法强制性规定的内容。

1204   2. 此外，该制定法确认了框架性租赁合同的一般拘束力声明的［形成］可能性以及其效力（第 4—15 条）。

---

［1］ SR 221. 213. 15.

第十一章　用益租赁

本章专门文献（节选）　　　　　　　　　　　　　　　　　　　　　　1205

Higi Peter, Zürcher Kommentar zum Schweizerischen Zivilgesetzbuch, Obligationenrecht, Teilband V 2b: Die Pacht (Art. 275-304 OR), 3. Aufl., Zürich 2000.

Schwery Nadja, Die Rechtsprechung des Bundesgerichts zu Art. 275 ff. OR, in: Gauch Peter/Aepli Viktor/Stöckli Hubert (Hrsg.), Präjudizienbuch zum OR, 9. Aufl., Zürich 2016.

第一节　概　述

一、法律渊源

1. 用益租赁合同（Pachtvertrag; le bail à ferme）首先由债法第275—304　　1206
条规定。

根据债法第253b条第1款，防止不合理租金的规定（债法第269条以　　1207
下）依其精神适用于非农业用地的用益租赁合同和其他主要约定住宅或商业
用房有偿使用让渡的合同。

2. 就农庄［译者注：原文为landwirtschaftliche Gewerbe/exploitations agri-　　1208
coles/agricultural entreprises，字面意思是农业企业，戴永盛中文译本《瑞士
债务法》译为农林企业；查法文维基百科解释，此词语是专业用语，规模
多为个体户，译成农业企业或农林企业不太适合，而农庄突出了农业性质，
且农庄亦可生产牛奶、葡萄酒等产品，贴合词义；另据《新德汉词典》就
Gewerbe的解释，瑞士有"农庄"一义。故此处译为农庄］或者为了农业
用途的不动产［译者注：包括土地和建筑物］，其用益租赁关系还需遵守其

他法规：

1209　　——1985 年 10 月 4 日《关于农业用益租赁的联邦法律》（LPG，以下简称《农业用益租赁法》）[1]，以及

1210　　——1987 年 2 月 11 日《关于农业用益租赁租金计算的行政法规》。[2]

1211　　依债法第 276a 条第 1 款，[就农庄或农业用途的不动产之用益租赁，] 如果《农业用益租赁法》有特别规定，则从其规定。除此之外，农业 [用益租赁] 关系适用债法规定，但不适用关于住宅和商业用房用益租赁的规定（债法第 276a 条第 2 款）。

二、构成要件

1212　　1. 依债法第 275 条，（通常的、非农业的）用益租赁合同是指：出租人负有交付可用益之物或可用益之权利于用益承租人，供其使用并供其收取果实或者收益的义务，承租人负有给付租金的义务。因此，用益租赁合同具有以下典型特征：

1213　　——合同的标的物是可用益之物或者可用益之权利。对标的物的使用以及对果实或者收益的收取被让渡，[3]并且该让渡是持续的（继续性合同）。[4]

1214　　用益租赁的类型主要有物之用益租赁（可用益之物的使用让渡）和权利用益租赁（可用益之权利的使用让渡）。[5]可用益之财产也可以是一个企业（企业用益租赁）。[6]餐馆或者吧台（受领以及运营和使用）常常构成用益租赁标的物。[7]

---

〔1〕　LPG, SR 221. 213. 2.

〔2〕　Pachtzinsverordnung, SR 221. 213. 221.

〔3〕　Higi, Zürcher Komm. , N 5 ff. zu den Vorbem. zu Art. 275－304 OR.

〔4〕　BGE 125 III 363 ff. （365）, E. 2e＝Pra 2000, Nr. 118, S. 698 ff.

〔5〕　Higi, Zürcher Komm. , N 36 ff. zu den Vorbem. zu Art. 275－304 OR.

〔6〕　BGE 131 III 257 ff. ; Higi, Zürcher Komm. , N 97 ff. zu den Vorbem. zu Art. 275－304 OR.

〔7〕　例如：Urteil des BGer. vom 10. Februar 2010, Nr. 4A_551/2009, Sachverhalt A. （相应部分不在官方公布的指导案件 BGE 136 III 196 ff. 中）：Café-Restaurant；Urteil des BGer. vom 24. November 2011, Nr. 4A_574/2011, Sachverhalt A. und E. 1. 1；Bar。

——合同是有偿的（租金）。　　　　　　　　　　　　　　　　　　　　　　　1215

2. 应将用益租赁合同与类似的法律行为加以区分，例如：　　　　　　　　　1216

——与使用租赁合同区分（债法第 253 条以下）。使用租赁合同涉及的是　1217
简单的使用让渡（不涉及可用益之物和可用益之权利，并且不涉及果实和收
益的收取）。

就商业用途房屋的有偿使用让渡合同，常常难以区分是使用租赁还是用益　1218
租赁。〔1〕实务中此种情形——例如办公用房、店铺和作坊的有偿使用让渡——
通常被认为是使用租赁。〔2〕若使用者借助房屋并且在让渡的房屋内（也借助
让渡的机构）获取收益，但收益主要归功于使用者的行为而不是单纯使用标
的物，则通常也被认为是使用租赁。〔3〕但如果连同房屋一起将房屋内经营的
商业以及商业关系（也即可用益的权利整体）让渡给使用者使用，则是用益
租赁。〔4〕对餐厅和咖啡厅的使用让渡，新近的判决倾向于将合同性质认定为
用益租赁合同，〔5〕而早期认定为用益租赁合同的前提是，将营业连同营业关
系一并让渡使用。〔6〕使用租赁合同和用益租赁合同的共同点是，它们都是继
续性合同。

——与许可合同区分（边码 2482）。许可合同涉及的是对知识产权或者　1219
类似的法律地位的让渡，以供用益和收取收益。依据传统观点，用益租赁法
不适用（至少不完全适用〔7〕）于许可合同，因为根据立法者的历史构想，
用益租赁法不适用于此等关系；根据这一观点，许可合同毋宁被认定为无名
合同。〔8〕

---

〔1〕　BGE 103 II 247 ff.（253），E. 2b；93 II 453 ff.（460），E. 4；Higi, Zürcher Komm. , N 146 zu
den Vorbem. zu Art. 253-274g OR.

〔2〕　BGE 103 II 247 ff.（253），E. 2b.

〔3〕　BGE 103 II 247 ff.（253），E. 2b；93 II 453 ff.（456），E. 1；Higi, Zürcher Komm. , N 147 zu
den Vorbem. zu Art. 253-274g OR.

〔4〕　BGE 103 II 247 ff.（253），E. 2b；93 II 453 ff.（456 f. ），E. 1.

〔5〕　Urteil des BGer. vom 19. August 2002, Nr. 4C. 145/2002, E. 2. 1 = Pra 2003, Nr. 7, S. 35 ff. ；
BGE128 III 419 ff.（421），E. 2. 1；Urteil des BGer. vom 21. Mai 2001, Nr. 4C. 43/2000, E. 2；缓和的观点
有 Higi, Zürcher Komm. , N 146 ff. zu den Vorbem. zu Art. 253-274g OR, 其（就交付之物合乎约定的使
用）作了"对租赁者广泛有利"的解释。

〔6〕　BGE 103 II 247 ff.（253），E. 2b=Pra 2003, Nr. 7, S. 35 ff.

〔7〕　参见 BGE 92 II 299 ff.（299 f. ），E. 3a。

〔8〕　批评观点见 Higi, Zürcher Komm. , N 204 ff. zu den Vorbem. zu Art. 275-304 OR（就有偿许可
合同）。

1220　　——与物权性的使用权，尤其是与用益物权区分（《民法典》第745条以下）。与此等物权不同——它们具有对任何人的效力，为"对世权"[1]——用益租赁仅仅是债权性法律关系，仅拘束合同当事人。[2]

三、合同之缔结

1221　　1. 用益租赁合同的成立依一般规定，也即须双方对立一致的意思表示之交换（债法第1条）。

1222　　2. 适用有利于用益承租人的半强制性规定（与使用租赁法类似，债法第256条）。尤其是出租人必须在约定的时间交付合于预定之使用和经营目的之标的物（债法第278条第1款）。依债法第288条第2款，就不履行或者不适当履行前述义务而言，偏离上述规定的约定若不利于承租人且属于下列情形之一，则无效：以预先拟定的一般交易条款作出偏离之约定或者在住宅和商业用房的用益租赁合同中包含偏离之约定。

1223　　在《农业用益租赁法》（该法第29条）中也存在强制性规定。

第二节　法律效力

一、当事人的义务

1224　　1. 用益租赁之出租人的主要义务是，依合同（以及强制性法律）交付合于预定之使用和经营目的之标的物，如果涉及重大修理，则出租人承担费用予以修理（债法第278条第1款和第279条）。此外产生某些次要义务，例如：

1225　　——允许承租人审阅［前一租赁关系终止时］就租赁物返还所附清单，并依承租人的请求告知前一租赁关系的租金额（债法第278条第2、3款）；或者

1226　　——承担租赁物上的负担以及税捐的义务（债法第280条）。

---

[1]　Schmid/Hürlimann-Kaup, Sachenrecht, Nr. 17（针对物权的绝对权性质）und Nr. 1335 ff.（针对用益）。

[2]　Higi, Zürcher Komm. , N 176 zu den Vorbem. zu Art. 275-304 OR.

2. 用益租赁承租人的主要义务有：一方面，负担租金和可能的附加费用 1227
（债法第 281 条）；另一方面，应依租赁物的性质，合理使用和管理租赁物，特
别是，应维持 ［租赁物］ 持续的收益能力 （经营义务，Bewirtschaftungspflicht；
债法第 283 条第 1 款）。[1]此外，承租人也负有多项附随义务：

——不动产用益租赁情形，须顾及室友及邻居 （债法第 283 条第 2 款）；　1228

——对租赁物进行通常的维护，依当地习惯进行细小修缮，价值较低的 1229
设备和工具因老旧或因使用 ［磨损］ 而无法利用的应更换 （债法第 284 条）；

——租赁物有重大修缮之必要或者第三人对租赁物主张权利时，承租人 1230
应立即通知出租人 （债法第 286 条第 1 款）；

——容忍依债法第 287 条之重大修缮，以及允许出租人检查租赁物。　1231

3. 农业用益租赁中对出租人和承租人的特别规定应被遵守 （《农业用益 1232
租赁法》第 21a 条以下）。

二、对使用租赁法之援引

1. 立法者在用益租赁法的构造中，于多处明确援引使用租赁法的规定。 1233
有时用益租赁法的规定在内容上模仿使用租赁法而不明确说出来。例如，以
下领域有明确援引：

——对附加费用的规定 （债法第 281 条第 2 款，援引债法第 257a 条）；　1234

—— ［出租人］ 不履行合同情形或者 ［租赁物存在］ 瑕疵情形，承租人 1235
的权利 （债法第 288 条第 1 款，援引债法第 258 条和第 259a—259i 条）；

——所有权人变更 （债法第 290 条，援引债法第 261—261b 条）；　1236

——翻新和变更情形下承租人的权利 （债法第 289 条第 2 款）；　1237

——商业用房的用益租赁关系移转于第三人 （债法第 292 条，援引债法 1238
第 263 条）；

——承租人抵销权的强制性规定 ［译者注：强制性指不可提前放弃的］ 1239
（债法第 294 条，援引债法第 265 条）；

——商业用房用益租赁出租人的留置权 （债法第 299c 条，援引第 268 条 1240
以下）；

——住宅和商业用房用益租赁中通知终止时的保护 （债法第 300 条第 1 1241

---

〔1〕　就经营义务具体参见 Higi, Zürcher Komm., N 9 ff. zu Art. 283 OR。

款，援引债法第 271—273c 条）。但家庭住房［使用租赁］的规定［译者注：债法第 273a 条］不适用（债法第 300 条第 2 款）。

1242　对于程序，债法第 301 条援引《民事诉讼法》。

1243　2. 从实质来看（虽然没有明确说援引），使用租赁法的其他思想也在用益租赁法中起作用，例如以下方面：

1244　——用益租赁承租人支付租金的义务，以及拖欠租金的后果（债法第 281、282 条）。[1]

1245　债法第 282 条第 1 款规定，用益租赁出租人在用益租赁承租人拖欠租金时必须为用益租赁承租人设定不少于 60 天的宽限期。[2]如同债法第 257d 条（边码 1000），［设定宽限期的催告文书］须有明确的终止警告。[3]就农业用益租赁有特别规定（《农业用益租赁法》第 21 条）。

1246　——承租人的注意义务、通知义务和容忍义务（债法第 283—287 条）。

1247　——承租人翻新和变更用益租赁物（债法第 289a 条）。

1248　——转租的规定（债法第 291 条）。

1249　——提前返还租赁物的规定（债法第 293 条）。

1250　——用益租赁关系的一般消灭和特殊消灭规则（债法第 295—298 条）。

三、个别问题

1251　1. 非与农业用益租赁捆绑的大型牲畜的用益租赁，债法对其有特别规定（债法第 302—304 条）。

1252　2. 1985 年 10 月 4 日《农业用益租赁法》包含了农业用益租赁的特别规定。简要举出下面几个特别规定：

---

　　〔1〕　BGE 136 III 196 ff.（198），E. 2. 4. 1.

　　〔2〕　就设定过短宽限期的法律后果，参见 Urteil des BGer. vom 1. Juli 2003, Nr. 4C. 88/2003, E. 2. 2（针对使用租赁），und Urteil des BGer. vom 24. November 2011, Nr. 4A_574/2011, E. 2. 2（针对用益租赁，每一个判决都搁置了此问题）。

　　〔3〕　BGE 136 III 196 ff.（198 f.），E. 2. 4.

——最短用益性出租期间的规定（《农业用益租赁法》第7—9条）；[1]　1253

——对分割式用益性出租（parzellenweise Verpachtung）［译者注：从一块 1254
地里面分出一部分供用益性出租］以及附加用益性出租（Zupacht）［译者注：
例如出租人将甲地块出租给承租人，同时又从乙地块里附加一部分出租给承
租人］的规定（《农业用益租赁法》第30—35条）。

——租金及租金控制的规定（《农业用益租赁法》第35a—46条）；　1255

——租金调整以及对基于情势变更的其他合同条款调整的规定（《农业用 1256
益租赁法》第10—13条）；

——用益租赁标的物所有权让与的规定（《农业用益租赁法》第14、15 1257
条）；

——合同当事人义务的规定，尤其是关于维护、翻新以及返还租赁物时 1258
的财产分配的规定（《农业用益租赁法》第21a—25条）；

——对程序和主管机关的规定（《农业用益租赁法》第47—53条）；[2]　1259

——刑罚规定（《农业用益租赁法》第54—57条）。　1260

《农业用益租赁法》由《关于农业用益租赁租金计算的行政法规》予以 1261
补充。[3]

向联邦法院上诉应注意，《联邦法院组织法》第74条第1款a项就民事 1261a
上诉调低了受案标的额，但其仅适用于（劳动和）使用租赁案件，不适用于
用益租赁案件；民事案件上诉至联邦法院，仅当诉争金额在30 000瑞郎以上
时才有可能，[4]但若案件所涉法律问题具有重要意义，则不在此限（《联邦
法院组织法》第74条第1款b项和第2款a项）。

---

〔1〕 Urteil des BGer. vom 25. Februar 2010, Nr. 4A_588/2009, E. 3. 7.
〔2〕 Urteil des BGer. vom 25. Februar 2010, Nr. 4A_588/2009, E. 2.
〔3〕 Pachtzinsverordnung vom 11. Februar 1987, SR 221. 213. 221.
〔4〕 BGE 136 III 196 ff.（197）, E. 1. 1; Urteil des BGer. vom 24. November 2011, Nr. 4A_574/2011,
E. 1. 1.

第十二章 使用借贷、消费借贷和消费信贷合同

1262 本章专门文献（节选）

Aeschlimann Otto, Der Krediteröffnungsvertrag nach schweizerischem Recht, Diss. Bern 1925.

Baumann Daniel, Der Baukredit, 2. Aufl. , Diss. Zürich 1997（SSBR Band 20）.

Higi Peter, Zürcher Kommentar zum Schweizerischen Zivilgesetzbuch, Obligationenrecht, Teilband V 2b: Die Leihe（Art. 305-318 OR）, 3. Aufl. , Zürich 2003.

Kuhn Hans, Schweizerisches Kreditsicherungsrecht, Bern 2011.

Länzlinger Andreas, Die Haftung des Kreditgebers, Beurteilung möglicher Haftungstatbestände nach schweizerischem und nach amerikanischem Recht, Diss. Zürich 1992（SSHW Band 138）.

Maurenbrecher Benedikt, Das verzinsliche Darlehen im schweizerischen Recht – Dogmatische Grundlagen und praktische Konsequenzen, Diss. Bern 1995（ASR NF Heft 565）.

Rehm Christian, Projektfinanzierung nach schweizerischem Recht, Diss. Zürich 2002（SSBR Band 65）.

Reymond Claude, Gebrauchsüberlassungsverträge, in: Schweizerisches Privatrecht, Band VII/1: Obligationenrecht – Besondere Vertragsverhältnisse, Basel/Stuttgart 1977, S. 199 ff. （zur Gebrauchsleihe S. 274 ff. ）.

Schwery Nadja, Die Rechtsprechung des Bundesgerichts zu Art. 305 ff. OR, in: Gauch Peter/Aepli Viktor/Stöckli Hubert（Hrsg. ）, Präjudizienbuch zum OR, 9. Aufl. , Zürich 2016.

Stöckli Hubert, Der Kreditvertrag, in: Emmenegger Susan（Hrsg. ）, Kreditrecht, Schweizerische Bankrechtstagung（SBT）2010, Basel 2010, S. 1 ff.

Thalmann Christian, Kreditvertrag, in: Boemle et al. (Hrsg.), Geld-, Bank-
und Finanzmarkt-Lexikon der Schweiz, Zürich 2002, S. 696 f.

Weber Rolf H., Berner Kommentar zum schweizerischen Privatrecht, Das Obli-
gationenrecht, Das Darlehen (Art. 312 – 318 OR) mit Anhang zu Bankverträgen,
Bern 2013.

借贷规定在债法第 9 章（Titel）。该章由两节组成，一节规定使用借贷　　1263
（债法第 305 条以下；边码 1264 以下），另一节规定消费借贷（债法第 312 条
以下；边码 1293 以下）。在实务中意义重要的与此相关的还有消费信贷合同，
它由《消费信贷法》——一个特别法——规定。《消费信贷法》的基本特征
将在后文专门介绍（边码 1332 以下），彼处也有相关主题的专门文献提示。

第一节　使用借贷

一、概述

1. 通过使用借贷合同，贷与人（Verleiher）负有将物无偿交与借用人使　　1264
用的义务，借用人负有于使用完后向贷与人返还该物的义务（债法第 305
条）。因此，对该合同类型来说重要的是下列因素：

——标的物（一段时间）的使用让渡。　　1265

——行为的无偿性。因为无偿性，使用借贷合同应被归入不完全双务合　　1266
同。[1]

使用借贷旨在于一段时间内让渡对某物的使用，因此贷与人的债务是继　　1267
续性债务，使用借贷合同是继续性合同。[2]

使用让渡涉及的可以是动产或者不动产。[3]根据判决，物或者可用益的　　1268
权利可无偿被让渡用益权，于此使用借贷也包含对果实和出产物的收取（用

---

[1]　Gauch/Schluep/Schmid, OR AT, Nr. 258.

[2]　BGE 125 III 363 ff. (365), E. 2e＝Pra 1999, Nr. 190, S. 985 ff.

[3]　例如参见 Urteil des BGer. vom 10. September 2012, Nr. 4A_365/2012, 该判决涉及不动产的使用
用借贷。

益权让渡，Nutzungsüberlassung）。[1]

1269　2. 使用借贷合同应同其他类似使用借贷的合同加以区分：

1270　——使用借贷合同与租赁合同（债法第 253 条以下）的区别是，使用借贷合同总是无偿的（债法第 305 条）。如果须为使用让渡支付报酬，则构成租赁合同（债法第 253 条）。

1271　——使用借贷合同与消费借贷合同（债法第 312 条以下）的区别是，［使用借贷中］贷与人仍是被移转使用之标的物的所有权人，而消费借贷中贷出的金钱或者给予的其他可替代物的所有权移转给了借用人（借款人）（债法第 312 条）。

1272　——使用借贷合同通过其目的和利益状况而区别于保管合同（债法第 472 条以下）：使用借贷合同的目的在于让借用人使用，因此是为了借用人的利益而给予。相反，保管合同涉及的是保管人对被交与之物的安全保管，于此是为了寄存人的利益而给予，因此保管人原则上也不得使用寄存之物（债法第 474 条第 1 款）。

1273　——使用借贷合同区别于用益物权（《民法典》第 745 条以下）的是它纯粹的债法性质：使用借贷合同使当事人获得债法上地位（赋予借用人对标的物的债法上的权利），而用益物权使用益物权人取得对用益标的物的物权性质的使用和收益权（《民法典》第 755 条第 1 款）。

1274　*但鉴于这两个法律制度的相似性，用益物权法或者用益租赁法的规则可以类推适用于所使用之标的物的返还清算。*[2]

1275　3. 作为诺成合同，使用借贷合同依一般规则，通过对立一致的意思表示之交换而成立（债法第 1 条）。标的物的交付不属于合同订立范畴，而已经是合同履行了，不过订立合同和交付可以同时发生（即时交易，Handgeschäft）。制定法没有规定特别的要式。

---

　〔1〕　BGE 75 II 38 ff.（45），E. 3，涉及无偿让渡蔬菜园供 4 年使用。涉及专利无偿让渡使用的许可合同参见 Higi, Zürcher Komm. , N 215 zu den Vorbem. zu Art. 275-304 OR。

　〔2〕　在判决 BGE 78 II 38 ff.（45 ff.），E. 4 中，联邦法院——与前审法院不同——类推适用用益租赁法（旧债法第 298 条第 3 款，对应现行债法第 299 条第 2 款 a 项），但指出，这在实务中与适用《民法典》第 753 条第 1 款（用益物权）结果相同。

二、当事人的义务

1. 贷与人负有无偿让渡使用的义务。[1]因此他必须将标的物交出并容忍借用人依约定使用（债法第 305 条包含此意）。这一义务——如前所述——是继续性债务：使用让渡一直持续到合同关系结束时。 1276

此外，就借用人支出的非通常花费，其使贷与人受益者，贷与人——通常是标的物的所有权人——向借用人负赔偿责任（债法第 307 条第 2 款）。对相应的债权，借用人依《民法典》第 895 条以下享有（物权性的）留置权。[2] 1277

债法第 305 条以下就借用物有瑕疵的情形未作规定。鉴于使用借贷的无偿特征，这一"真正漏洞"可以通过类推适用赠与法（债法第 248 条第 1 款）以及积极违约的一般规定（债法第 97 条以下，尤其是债法第 99 条第 2 款）加以填补：因借贷标的物瑕疵导致的损害，贷与人仅就故意和重大过失负责[3]——《德国民法典》第 599、600 条对此有明确规定。 1278

2. 借用人负有向贷与人返还借用物的义务，返还的借用物应当符合按照约定使用后的状态（债法第 305 条）。制定法对借用人的使用权有如下表述： 1279

——何为允许的使用应依合同确定；如未约定，应依借用物的性质或通常用法确定（债法第 306 条第 1 款）。借用人应亲自使用，而不能将标的物交与他人使用（债法第 306 条第 2 款）。 1280

如果借用人违反使用借贷法的这些限制，那么依债法第 306 条第 3 款，如果他不能证明即使依合同约定使用也会发生此意外（因此违约不是所生损害的原因），则也须对意外事件负责。此外，[将借用物] 给予第三人使用导致贷与人有权提前终止合同（债法第 309 条第 2 款）。 1281

——借用人承担标的物通常维护之费用，特别是在借用动物场合需负担 1282

---

〔1〕　若具体合同指向的是用益让渡，则类推适用已阐述的规则。

〔2〕　Higi, Zürcher Komm. , N 45 zu Art. 307 OR.

〔3〕　Tercier/Favre/Bugnon, Contrats spéciaux, Nr. 2965；Schärer/Maurenbrecher, Basler Komm. , N 12 zu Art. 305 OR；详细且有差别的观点见 Higi, Zürcher Komm. , N 48 ff. zu Art. 305 OR。法国法上贷与人就其已知但未告知借用人的瑕疵所生的损害负责（《法国民法典》第 1891 条）。

饲养费（债法第 307 条第 1 款），也即他必须负担（通常的）维护费用。[1]

1283　——数个借用人共同借用某标的物的，他们就借用人义务的履行向贷与人负连带责任（债法第 308 条）。相关法条是债法第 143 条以下，就时效中断适用债法第 136 条第 1 款。

三、消灭

1284　借用人可以——特别是因为贷与人通常于使用借贷合同的存续没有利益——随时通知终止合同，当然这受《民法典》第 2 条和特别约定的限制。[2]因此下面的［使用借贷合同］消灭可能性涉及贷与人因合同消灭而请求返还借用物的权利。

1285　1. 作为继续性合同，使用借贷合同首先是随着约定期间的经过而消灭（这是无条件的，也即无需终止通知）。若期间不能依具体的时间信息确定，在借用人依借贷目的使用完毕或者经过一段本可完成使用的期间后，合同就消灭（债法第 309 条第 1 款）。

1286　债法第 309 条第 1 款意义上的"使用"依立法思想（ratio legis，译者注：指制定某具体条文的原因）应理解为"使用目的"，它可用以确定（默示约定的）合同期间，例如借用一匹马服兵役，借用首饰参加舞会或者借用劳斯莱斯汽车接人。

1287　2. 如果不能通过解释得出约定的期间（并且也不能通过使用目的得出），则贷与人可以随时请求返还标的物（债法第 310 条），也即随时通知终止合同并立即生效。[3]

1288　在 1999 年的一则判决中[4]，联邦法院在适用债法第 310 条时确认，当使用借贷的期间既不能通过约定也不能通过约定的使用目的界定时，贷与人

---

〔1〕 具体见 Higi, Zürcher Komm. , N 9 und 18 ff. zu Art. 307 OR。

〔2〕 Tercier/Favre/Bugnon, Contrats spéciaux, Nr. 2976; Schärer/Maurenbrecher, Basler Komm. , N 1b zu Art. 309 OR；Higi, Zürcher Komm. , N 65 zu Art. 305 OR und N 21 ff. zu Art. 309 OR。

〔3〕 BGE 125 III 363 ff. （366 f.）, E. 2g−i＝Pra 1999, Nr. 190, S. 985 ff. ; Urteil des BGer. vom 30. Oktober 2012, Nr. 4A_330/2012, E. 2. 2.

〔4〕 BGE 125 III 363 ff. （364）, E. 2d＝Pra 1999, Nr. 190, S. 985 ff.

有权随时请求返还标的物（本案标的物是一栋别墅）。根据联邦法院见解，这一权利从贷与人的所有权人地位就已得出结论。不能认为贷与人依约负有永久放弃使用标的物的义务，否则让人不能理解，出租人在未定期限［租赁］情形享有终止权（债法第266a条以下），为什么无偿出借标的物的贷与人竟要处于比出租人还差的境地。

3. 此外制定法规定了特殊消灭事由：　　　　　　　　　　　　　　　　1289

——使用借贷合同因借用人死亡而依法消灭（债法第311条）。从使用让　1290
渡专门针对借用人本人就已经得出［这一结论］（债法第306条第2款）。

但贷与人死亡不影响合同关系，合同关系移转于继承人（《民法典》第　1291
560条）。

——此外，在债法第309条第2款规定的情形，贷与人有提前终止权：　1292
当借用人不按照约定使用标的物（违约）、损害标的物、将对标的物的使用让
渡给第三人（参照债法第306条第2款），或者贷与人由于不可预见的情事而
自己急需使用标的物时，贷与人可以通知终止。即便于最后一种情形，提前
消灭合同也不导致产生贷与人的损害赔偿义务（无偿行为）。

第二节　消费借贷

一、概述

1. 通过消费借贷合同，贷与人负有移转一定数额的金钱或者其他可替代　1293
物之所有权的义务，借用人负有返还同种类相同品质和数量之物的义务（债
法第312条）。因此，［消费借贷合同］具有以下典型特征：

——消费借贷合同是一种使用让渡合同：借用人（Borger）（受信人 Kredit-　1294
nehmer）应能在一段时间内使用一定数额金钱（或者其他可代替物）（继续性
合同）。[1]

---

〔1〕　BGE 128 III 428 ff.（430），E. 3b.

1295　　消费借贷的标的物可以是任何一种可替代物，但实务中涉及的多是金钱消费借贷。通常，消费借贷之金钱以现金给付（参见债法第84条），但这一规则不是强制性的。因此允许不以现金给付，而是将金钱贷记到借用人账户。[1]于此没有所有权移转，但并不妨碍合同被归为消费借贷合同。

1296　　——为了［使用让渡］这一目的，贷与人（Darleiher）（授信人，Kreditgeber）将一定数额金钱的所有权移转给借用人；贷与人保有要求返还同等数量金钱或者同种类相同数量和品质之物的债权。

1297　　作为移转所有权的后果，贷与人承担借用人破产的风险（仅仅是债权性的偿还请求权，无物权性的返还请求权）。因此，贷与人常常请求借用人设定一个担保（物保或者人保）。

1298　　——对所移转金额的报酬（消费借贷利息），对消费借贷合同来说并非必不可少：消费借贷可以计利息，也可以不计利息（债法第313条）。前一种情形存在一个完全双务合同，后一种情形存在一个不完全双务合同。[2]

1298a　　即便是有偿消费借贷，联邦法院在判决 BGE 80 II 327 ff.（334），E. 4a 中也认为其是一个不完全双务合同，因为"计息而可能产生的对价……对双务与否在概念上不重要"。联邦法院在判决 BGE 136 III 247 ff.（252），E. 4a 中明显希望坚守这一点，但其又指出，"支付利息和维持价值让渡之间的关系……是真正的对价均衡"。因此可以确定的是，使用让渡和收取利息处于交换关系中；完全双务合同（即对价均衡的合同）的概念并非取决于制定法对有名合同的定义，而是取决于个案中具体合同是否以"互换的报酬利益"为基础。[3]

1299　　如果贷与人与借用人之间的确约定支付利息，但贷与人不能证明约定的利息额度，则应首先根据习惯确定（债法第314条）。如果没有习惯，则消费

---

〔1〕　Schärer/Maurenbrecher, Basler Komm., N 7 zu Art. 312 OR.

〔2〕　Gauch/Schluep/Schmid, OR AT, Nr. 257 f.

〔3〕　就此参见 Stöckli, Synallagma, Nr. 45. S。此外参见判决 Urteil des BGer. vom 16. Dezember 2011, Nr. 4A_409/2011, E. 3. 2. 2，在该判决中，联邦法院认为商业贷与人的利益在于"定期收取到期利息"。

借贷利息类推适用债法第 73 条第 1 款，确定为年利率 5%。[1]

2. 消费借贷合同应与其他类似合同类型加以区分：　　　　1300

——消费借贷合同区别于使用借贷合同（债法第 305 条以下）之处在于，　1301
消费借贷是将金钱（或者其他可替代物）移转于借用人所有（所有权变更），
借用人因此负有的义务不是返还原物，而是返还同种类之物。此外，消费借
贷可以计息（有偿）或不计息（无偿），而使用借贷总是无偿的。

——与所有权让与合同相比，消费借贷合同通过使用让渡的基本特点与　1302
之区别：借用人不是以取得所有权为本来目的（长期的所有权让与），而是
为了"价值使用"并负有偿还同等数额之金钱（或同种类相同数量和品质
之物）的义务。

——消费借贷合同也通过使用让渡目的而区别于保管合同（债法第 472　1303
条以下）：借用人应能使用交与之金钱，而保管涉及的是安全保障，保管人原
则上禁止使用标的物（债法第 474 条）。作为不同目的的结果，在有偿消费借
贷合同中，借用人须给付报酬，在保管合同中，寄存人须给付报酬。

这在储蓄银行业务中尤其需注意。即便银行业用"存款账户"或者类似　1304
的称呼，仅当交易仅仅是为了保管目的，为了保管人利益并且［寄存人］就
保管须给付报酬时，才能认为是保管；由银行一方支付利息报酬的情形则不
适用保管法，而是适用消费借贷法。[2]

——消费借贷合同与无名合同中的信用卡开户合同（Krediteröffnungsvertrag）　1305
（边码 2491—2492）的区别是，在信用卡开户合同的框架下，虽然订立消费借
贷合同，但信用卡开户合同通常也是其他交易的基础。例如，很可能在授信
人（银行）与银行客户所委托之第三人之间订立一个特别担保合同或者保证
合同。也即如前所述，信用卡开户合同本身不是消费借贷合同。

银行实践中有时不称消费借贷，而是称"固定预支款"（feste Vorschüssen）　1306
和"固定信贷"（Festkrediten）。不过名称不重要（债法第 18 条），其表达的

----

〔1〕　BGE 126 III 189 ff.（192），E. 2c.
〔2〕　Bucher, OR BT, S. 199.

意思是消费借贷合同。

1307　　　3. 消费借贷的两种特别方式须分别提及：

1308　　　——在参与性消费借贷（partiarischen Darlehen）中，当事人约定，借用人替代利息或者在利息之外支付营业利润的一定份额。[1]

1309　　　因为参与利润分配，在个案中难以区分参与性消费借贷与合伙合同（债法第530条以下；边码2384）。[2]具有决定性的是（有时根据情事解释的）当事人的意思，合伙合同以追求共同目的的意思为前提。[3]就法律效果而言，这种区分有多方面的重大意义：贷与人对借用人的债权人不负责任（与合伙人不同）。[4]此外，在认定存在合伙关系的情形，合伙人根据合伙法律的基本原则承担遭受的损失（债法第533条）；而在参与性消费借贷中，贷与人仅仅丧失利润请求权，但总有请求偿还借贷的债权。[5]

1310　　　——消费信贷合同由特别法规定，也即《消费信贷法》（边码1332以下）。

1311　　　4. 消费借贷合同是诺成合同，根据一般规则通过对立一致的意思表示之交换而成立（债法第1条）。消费借贷标的物的交付不是合同订立的组成部分，而是属于合同履行。[6]法律［就消费借贷］没有规定特殊要式（忽略消费信贷的特别情形，边码1354、1355）。但在银行交易以及企业信贷中，通常约定采用书面形式。

---

〔1〕　BGE 99 II 303 ff.（305），E. 4a. 对参与型消费借贷（partiarisches Darlehen）授信人对借用人的控制权，除了已提及的判决，亦参见 Higi, Zürcher Komm., N 23 ff. zu den Vorbem. zu Art. 312–318 OR。

〔2〕　Handschin/Vonzun, Zürcher Komm., N 215 ff. zu Art. 530 OR。

〔3〕　BGE 99 II 303 ff.（305），E. 4a; Higi, Zürcher Komm., N 59 ff. zu den Vorbem. zu Art. 312–318 OR. 示例亦参见 LGVE 2005 I, Nr. 18, S. 47 ff. = ZBJV 143/2007, S. 56 ff.（Luzerner Obergericht），该案被认为存在一般合伙。

〔4〕　BGE 99 II 303 ff.（305），E. 4a.

〔5〕　参见 Bucher, OR BT, S. 198; Higi, Zürcher Komm., N 59 in fine zu den Vorbem. zu Art. 312–318 OR。

〔6〕　就消费借贷归为罗马法上的要物合同（Realkontrakt），参见 Zimmermann, The Law of Obligations, S. 153 f.。

二、当事人的义务

1. 依合同，贷与人一方面负有移转金钱所有权的义务，另一方面负有在   1312
合同存续期间让渡金钱的义务（价值使用之让渡）；[1]换言之，贷与人在合
同期间经过之前不请求返还已移转之金钱。[2]

贷与人于特别情形可就这一让渡义务主张抗辩权：   1313

——借用人无支付能力的抗辩权：若借用人在合同订立后陷入无支付能   1314
力状态，则贷与人可以拒绝交付金钱（债法第316条第1款）。[借用人]于
合同订立之前已陷入无支付能力状态而贷与人[于合同订立]之后才知道的，
贷与人也有权拒绝交付。（债法第316条第2款）。

债法第316条（类似债法第83条，但更进一步）借此保护作为先履行义   1315
务方的贷与人，[3]他的拒绝给付权也包含立即从合同中退出的权利。[4]

——时效抗辩权：借用人请求交付消费借贷物的权利自[贷与人]陷入   1316
迟延之日起6个月罹于诉讼时效（债法第315条）。

2. 借用人须依照合同约定受领金钱（或者其他可代替物）并且于合同期   1317
限经过后再以同样数额之金钱或者同种类相同数量和品质之物偿还（债法第
312条）。[5]偿还义务在价值上依照名义上数额确定（Wertschuld），也即返还
的是"租赁的买卖物"（gemietete Kaufsache）。[6]须补充以下几点：

——在民事关系中，仅于有约定时，才须支付利息（理解为让渡价值使   1318
用的报酬）（债法第313条第1款）。在商事交易中始终应给付消费借贷利息
（债法第313条第2款）。

---

〔1〕 亦参见 BGE 128 III 428 ff. （430），E. 3b。

〔2〕 BGE 131 III 268 ff. （274），E. 4. 2＝Pra 2006，Nr. 19，S. 142 ff.

〔3〕 BGE 100 III 345 ff. （350），E. 4；就债法第316条和第83条的关系，参见 Higi, Zürcher
Komm. ，N 4 ff. zu Art. 316 OR。

〔4〕 具体见 Higi, Zürcher Komm. ，N 3 und 10 ff. zu Art. 316 OR。

〔5〕 Urteil des BGer. vom 28. Januar 2009，Nr. 4A_482/2008，E. 2. 3，针对贷与人以消费借贷币
额的偿还义务与借用人对其到期金钱债权抵销。

〔6〕 Esser/Weyers, Schuldrecht II/1, S. 214.

1319　　　　就利息的特别规定也应关注债法第 314 条。如果当事人约定了利率，则适用该利率，而不适用辅助性的 5% 的法定利率（债法第 73 条第 1 款）。[1]依债法第 314 条第 3 款，不允许提前约定将利息纳入本金中计算复利。但商事往来账户关系（又译交互计算关系，Kontokorrentverhältnis）的利息计算，以及历来就有复利计息惯例的消费借贷，特别是储蓄银行关于储户的利息计算，不在此限。[2]

1320　　　　计息消费借贷中，借用人支付利息义务［之履行］陷于迟延的（债法第 102 条），贷与人——债法分则缺少特别规定——可依据债法第 107 条采取措施。如果贷与人设定了一个合理的宽限期并且宽限期经过未果，那么他——如果毫无迟延地表示——可以消灭合同（债法第 107 条第 2 款），这样消费借贷的返还之债提前到期。因为典型的主给付义务的履行（交付金钱并作为继续性债务让渡使用）已经开始，所以此时产生的是向将来发生效力的终止，而不是解除。[3]

1321　　　　如果一项消费借贷仅为某确定目的而建立（消费借贷的目的拘束），那么借用人负有仅为该约定目的而使用这笔钱的附随义务。[4]

1322　　　　——要偿还的金额与交付的借款一致（名义价值）。如果借用人得到的不是约定的现金，而是有价证券或者货物，那么以交付当时当地的［有价证券］交易所交易价或者［货物的］市场价格作为借贷的金额（债法第 317 条第 1 款），这对于依照合同须以现金返还的情形有重要意义。此项规定是保护借用人的强制性规范（债法第 317 条第 2 款）。[5]

1323　　　　——贷与人请求［借用人］受领借贷的权利，自受领迟延时起经过 6 个月罹于诉讼时效（债法第 315 条）。借用人的受领义务当然只存在于计息消费借贷中，因为否则［于无息借贷中］贷与人就［借用人］受领其金钱缺少值

---

〔1〕　BGE 134 III 224 ff.（234），E. 7. 2＝Pra 2008，Nr. 143，S. 913 ff.，部分修正了 BGE 126 III 189 ff.（192），E. 2c＝Pra 2000，Nr. 119，S. 702 ff.。

〔2〕　BGE 130 III 694 ff.（697），E. 2. 2. 3＝Pra 2005，Nr. 64，S. 492 ff.。

〔3〕　BGE 123 III 124 ff.（127），E. 3b；Gauch/Schluep/Emmenegger，OR AT，Nr. 2798.

〔4〕　在判决 BGE 124 IV 9 ff.（12），E. 1d 中，肯定了约定的为建筑目的授信的拘束力，借用人将所借金钱挪作他用，应依刑法第 138 条挪用罪负责。

〔5〕　Urteil des BGer. vom 28. Januar 2009，Nr. 4A_482/2008，E. 3.

得保护的利益。[1]

3. 贷与人偿还请求权的诉讼时效依据债法第 127 条和债法第 130 条第 1　1324
款的一般规则，据此诉讼时效是 10 年，从债权届期时起算。在个案中应注意
以下几点：

——如果是有期限的消费借贷，则诉讼时效——无需其他条件——随着　1325
确定的期间的经过而起算（债法第 130 条第 1 款）。

——未定期限的消费借贷（它可以通过通知终止而消灭）的法律效果有　1326
争议。债法第 130 条第 2 款的文义是，诉讼时效自可以通知终止之日起算；[2]
据此，诉讼时效自交付贷款后经过 6 周开始起算（债法第 318 条）〔译者注：
教材的逻辑是，未定期限的消费借贷可以随时通知终止，也即从交付贷款后
即可通知终止；债务人应于 6 周内返还，也即经过 6 周，返还之债届期，而
诉讼时效一般自债务届期开始起算，也即从交付贷款后经过 6 周起算〕。然而
这种方案是不合理的，因为在不定期但为长期打算的消费借贷合同中，偿还
请求权在届期之前就过了诉讼时效。[3]在计息消费借贷中，每次（不附保留
条件的）利息支付——如同每期的分期付款——都是债务人的债务承认，可
以中断诉讼时效（债法第 135 条第 1 项）。[4]这种解决方法在无息消费借贷
中，如前所述，行不通。因此合理的是，诉讼时效自终止生效之日起才开始
起算，也就是自终止通知确定的有效的合同消灭之日起算。[5]

以分期付款方式支付借贷利息，属于债法第 128 条第 1 项意义上的定期　1327
性给付（periodische Leistung）；相应的债权诉讼时效为 5 年。[6]

---

　　〔1〕　Oser/Schönenberger, Zürcher Kommentar zum Schweizerischen Zivilgesetzbuch, V. Band: Das Obli-
gationenrecht, 2. Teil（Halbband）: Art. 184–418 OR, 2. Aufl., Zürich 1936, N 2 zu Art. 315 OR. 不同观点
有 Higi, Zürcher Komm., N 6 zu Art. 315 OR, 该文献否定了借用人的受领义务，债法第 315 条的诉讼时
效规定适用范围限制在贷与人交付贷款的义务上。

　　〔2〕　BGE 91 II 442 ff.（451 f.），E. 5b.；最新确认于下列判决 Urteil des BGer. vom 22. Dezember
2011, Nr. 4A_699/2011, E. 4。进一步提示有 Maurenbrecher, Verzinsliches Darlehen, S. 261, Fn. 61, 但该
文献本身持不同观点（Fn. 29）。

　　〔3〕　Honsell, OR BT, S. 273.

　　〔4〕　Honsell, OR BT, S. 273.

　　〔5〕　相关的有 Honsell, OR BT, S. 273 f.；Maurenbrecher, Verzinsliches Darlehen, S. 261 ff.；Higi,
Zürcher Komm., N 22 zu Art. 315 OR；亦可能有 Berti, Zürcher Komm., N 56–58 zu Art. 130 OR。

　　〔6〕　Higi, Zürcher Komm., N 23 zu Art. 315 OR.

1328　——如果消费借贷债权有担保物权担保，那么债权人地位不仅通过担保物权得以改善，从时效法视角看也得到改善：不动产担保物权所担保的消费借贷之债权不会罹于诉讼时效（《民法典》第 807 条）；动产担保物权所担保的债权虽然有诉讼时效，但时效经过不妨碍债权人主张担保物权（债法第 140 条）。

三、消灭

1329　1. 作为继续性债务关系，消费借贷随着约定的期间经过[1]而消灭，或者——当缺少这样的约定时——按照合同的终止预告期间和终止日期作出有效终止通知而消灭。尤其还可能约定贷与人得随时请求返还借贷物，一经请求借用人即负返还义务（债法第 318 条）。

1330　2. 如果没有这样的约定，消费借贷应当自第一次请求［返还］之日起 6 周内返还（债法第 318 条）。

1331　3. 消费借贷合同也可因重大事由而被提前终止[2]，这普遍适用于继续性合同（边码 121 以下）。

第三节　消费信贷合同

1332　本节专门文献（节选）

Brunner Alexander/Rehbinder Manfred/Stauder Bernd（Hrsg.），Jahrbuch des Schweizerischen Konsumentenrechts（JKR）2002（mit Schwerpunktthema «Das neue Konsumkreditgesetz»），Bern 2003（zitiert：JKR/Bearbeiter）.

Favre-Bulle Xavier，La nouvelle loi fédérale sur le crédit à la consommation：présentation générale et champ d'application，in：Imsand Pierre-Louis（Hrsg.），La nouvelle loi fédérale sur le crédit à la consommation，Lausanne 2002，S. 27 ff.

Henseler David，Kreditfähigkeitsprüfung nach Konsumkreditgesetz，Zur Berücksichtigung der Verpflichtungen i. S. v. Art. 28 Abs. 3 lit. c KKG，AJP 2015，S. 487 ff.

---

〔1〕　就提前返还的后果见 Urteil des BGer. vom 16. Dezember 2011，Nr. 4A_409/2011，E. 3. 2。

〔2〕　BGE 128 III 428 ff.（430 ff.），E. 3 肯定了长期无息借贷中因重大事由所生终止权。

Hess Markus/Simmen Robert（Hrsg.），Das neue Konsumkreditgesetz（KKG），Zürich 2002.

Lupi Thomann Melania，Die Anwendung des Konsumkreditgesetzes auf Miet-，Miet-Kauf- und Leasingverträge，Diss. Zürich 2003（EDC Band 10）.

Roncoroni Mario，Konsum auf Pump，Das Recht – Kommentar des Bundesgesetzes über den Konsumkredit（KKG）für die Praxis，Bern 2011.

Stauder Bernd，Konsumkreditrecht，in：Schweizerisches Privatrecht，Band X：Konsumentenschutz im Privatrecht，Basel 2008，S. 217 ff.

Derselbe，Konsumkreditrecht，Das Bundesgesetz über den Konsumkredit vom 8. Oktober 1993，AJP 1994，S. 675 ff.（zum KKG von 1993）.

Stengel Cornelia，Anwendungsbereich des Konsumkreditgesetzes，Kredit und Leasing，Kredit- und Kundenkarten sowie Überziehungskredite für Konsumenten，Diss. Zürich 2014（ZStP Band 261）.

Wiegand Wolfgang（Hrsg.），Das neue Konsumkreditgesetz（KKG），Berner Bankrechtstag BBT Band 1，Bern 1994（zum KKG von 1993）.

一、概述

1. 消费信贷合同——一个消费者合同——是关于特殊信贷的合同，此信贷既可以以借贷形式存在，也可以以其他形式出现。消费信贷合同由《消费信贷法》[1]特别规定，并由相应的行政法规加以补充（《关于消费信贷法的行政法规》，VKKG）。[2]　1333

《消费信贷法》第1条第1款将消费信贷合同定义为：通过此合同，授信人授予消费者延期支付、消费借贷或者其他类似的金融帮助形式的信贷，或者承诺授予。典型的是下列要素：　1334

——以延期支付、消费借贷或者其他类似的金融帮助形式授予或者承诺授予信贷。　1335

记载的信贷具体内容有决定意义。相反，当事人选择的合同名称不重要　1336

---

[1]　BG über den Konsumkredit（KKG）vom 23. März 2001（SR 221. 214. 1）.

[2]　V zum Konsumkreditgesetz（VKKG）vom 6. November 2002（SR 221. 214. 11）.

（债法第 18 条第 1 款）。联邦法院[1]将当事人命名为租赁合同的一个合同——一位女车主为了获得信贷而转让她的汽车所有权（出卖）并紧接着为了自己使用而又租赁该车——认定为旧《消费信贷法》意义上的消费信贷合同。

1337　　——授信人的参与。授信人指在其营业活动或者职业活动中授予［他人］信贷的自然人或者法人（《消费信贷法》第 2 条）。

1338　　——作为受信人的消费者的参与。作为受信人的消费者是指，非出于职业或营业活动目的而订立消费信贷合同的自然人（《消费信贷法》第 3 条）。[2]

1339　　依《消费信贷法》第 1 条第 2 款，某些融资租赁合同（边码 2552 以下）[3]、信用卡、会员卡[4]以及透支信贷（Überziehungskredit）也是消费信贷合同。为了获得助学贷款而接受授信的消费信贷借款人不是消费者。[5]这之所以重要，是因为此种情形无须查验借款人的受信资格（《消费信贷法》第 28 条，边码 1374—1375），因而不受 36 个月内分期偿还的限制（见《消费信贷法》第 28 条第 4 款，边码 1375）。[6]

1340　　依前文所述可见，消费信贷合同不是合同法分则意义上的"确定的合同类型"。毋宁是满足《消费信贷法》第 1 条以下的适用要件的各种类型的合同（尤其是消费借贷、买卖、有偿委托和融资租赁）都适用《消费信贷法》的规定。

1341　　2.《消费信贷法》追求——如同包含在所谓的瑞士法律一揽子计划中的 1993 年 10 月 8 日与它同名的前一部法律所追求的——双重目的：

1342　　——一方面，瑞士《消费信贷法》应向欧洲标准尤其是欧洲法律靠拢。[7]

---

〔1〕 Urteil des BGer. vom 19. Juli 2004, Nr. 4C. 146/2004, E. 3.

〔2〕 参见 Botschaft zum KKG von 1998, BBl 1999, S. 3166 f. 。

〔3〕 就此详见 Stauder, Konsumkreditrecht, S. 237 ff. 。

〔4〕 就此参见 JKR/Kilgus, S. 127 ff. 亦参见 BGE 139 III 201 ff.（206），E. 2.5.3.

〔5〕 BGE 139 III 201 ff.（203 ff.），E. 2.

〔6〕 就此参见 Schmid/Zbinden, Die privatrechtliche Rechtsprechung des Bundesgerichts im Jahr 2013, ZBJV 151/2015, S. 57 ff. 。

〔7〕 Richtlinie 2008/48/EG über Verbraucherkreditverträge. 就瑞士法采取合指令的解释，见 BGE 129 III 335 ff.（350），E. 6; 130 III 182 ff.（190），E. 5.5.1; Stauder, Konsumkreditrecht, S. 231。

——另一方面，它基于《联邦宪法》第 97 条而制定，应保护消费者，[1] 1343
尤其是那些"无法正确评估自己经济状况者"[2]，这在解释单个条文时应予
考虑。保护目的首先表现在，《消费信贷法》第 37 条规定，对制定法条文的
偏离不得有损消费者［利益］（利于消费者的半强制性规范）。

《消费信贷法》及《关于消费信贷法的行政法规》通过其他规范得到补 1344
充，例如通过《反不正当竞争法》（《消费信贷法》第 36 条，尤其通过《反不
正当竞争法》第 3 条第 1 款 k—n 项）、《价格监督法》（PüG）[3]以及《消费
者信息法》（Konsumenteninformationsgesetz，KIG）[4]。

3.《消费信贷法》的适用范围通过该法第 7、8 条进一步被明确。例如， 1345
它不适用于：
——直接或间接以不动产担保物权担保的信贷合同或信贷允诺（《消费信 1346
贷法》第 7 条第 1 款 a 项）。[5]
——少于 500 瑞郎或多于 80 000 瑞郎的信贷合同（《消费信贷法》第 7 条 1347
第 1 款 e 项）。
——针对融资租赁合同和有信贷可能的信用卡、会员卡以及活期存款账 1348
户透支信贷，《消费信贷法》第 8 条分别列举了其得适用的规范，从相反视角
来看，这是就其适用的规范做了限制。未被列举的是《消费信贷法》第 1—7
条，但它们同样适用于第 8 条涉及的合同。

4. 通过《消费信贷法》，消费信贷合同最终由联邦立法规范（《消费信贷 1349
法》第 38 条）；州［对此］不再有立法权能。

联邦司法和警察部（EJPD）确定了最高年利率（《消费信贷法》第 14 条 1350
和《关于消费信贷法的行政法规》第 1 条）。债法第 73 条第 2 款仅仅适用于
那些不适用《消费信贷法》的合同。

---

〔1〕　Botschaft zum KKG von 1998, BBl 1999, S. 3165.

〔2〕　BGE 139 III 201 ff.（206），E. 2. 5. 3.

〔3〕　Preisüberwachungsgesetz（PüG）vom 20. Dezember 1985（SR 942. 20）.

〔4〕　BG über die Information der Konsumentinnen und Konsumenten（Konsumenteninformationsgesetz，KIG）vom 5. Oktober 1990（SR 944. 0）.

〔5〕　就此详见 JKR/Schöbi, S. 159 ff. 。

1351   5. 消费信贷合同引发的诉讼，其法院管辖依《民事诉讼法》第 32 条。

二、合同之订立、要式与内容

1352   1. 依一般规定，首先须有对立一致的意思表示之交换（债法第 1 条）。

1353   《消费信贷法》本身包含禁止攻击性广告（aggressive Werbung）的规定（《消费信贷法》第 36a 条）。有意思的是，该法虽然对故意违反这一规定的行为处以刑罚（《消费信贷法》第 36b 条），但允许贷与人在"私法性的协议中约定""哪些是攻击性的广告"（《消费信贷法》第 36a 条第 2 款）。[1] 除此之外，消费信贷广告须遵守《反不正当竞争法》（《消费信贷法》第 36 条）。不正当［行为］是，在消费信贷公告中遗漏特定的（和明确的）信息，例如明确的公司名称、信贷净额、信贷总费用、实际年利息，在对货物和服务的融资信贷中疏于提示，如果信贷税导致消费者负担过重则禁止征收（《反不正当竞争法》第 3 条第 1 款 k—n 项）。对于《反不正当竞争法》第 3 条第 1 款 k 项，判决要求广告中至少要有一个具体的支付例子。[2]

1354   2. 消费信贷合同须以要式为之：它须以书面订立，且消费者必须取得一份"合同副本"（《消费信贷法》第 9、11、12 条各自的第 1 款，以及《消费信贷法》第 16 条第 2 款）。

1355   "副本"（Kopie）这一表达在德文法律文本中当然是有歧义的。法语文本说得确切：消费者必须获得一份合同（exemplaire du contrat）。因此应交给消费者一份签名的合同副本（Vertragsdoppel）。合同文书的复印件是不行的。[3]   ［译者注：也就是合同一式两份。］

---

［1］ 参见瑞士信贷类银行、金融资助机构协会与瑞士融资租赁协会（SLV）于 2015 年 11 月 27 日缔结的关于"广告限制及私人信贷行为和消费者融资租赁行为的预防"的协议［Die Konvention betreffend Werbeeinschränkungen und Prävention im Privatkredit- und Konsumentenleasinggeschäft, die am 27. November 2015 zwischen dem Verband Schweiz. Kreditbanken und Finanzierungsinstitute zum einen und dem Schweiz. Leasingverband (SLV) zum andern abgeschlossen wurde.］

［2］ BGE 120 IV 287 ff.（293 ff., besonders 296）, E. 2f = Pra 1995 Nr. 177, S. 569 ff. 注意：这一判决针对旧《反不正当竞争法》第 3 条 1 项，相当于现行《反不正当竞争法》第 3 条第 1 款 k 项。

［3］ Favre-Bulle, N 10 zu Art. 9 KKG, in: Thévenoz/Werro（Hrsg.）, Commentaire romand, Code des obligations I（CO 1-529, Loi sur le crédit à la consommation, Loi sur les voyages à forfait）, Basel 2003.

3. 此外，合同必须以要式包含最低限度的内容（《消费信贷法》第9—13 1356
条）。[最低限度的内容]涉及范围很广泛，特别应告知"信贷的全部成本这
一因素"（《消费信贷法》第9条第2款d项）。此外必须指明撤销权和撤销期
限（《消费信贷法》第9条第2款h项和第11条第2款f项）。

考虑到《消费信贷法》的价值取向并类推适用债法第40d条第1款，提 1357
示也须让消费者明白，依《消费信贷法》第16条第1款（边码1360），撤销
权的有效行使须以书面形式为之。[1]

4. 对未成年消费者，需要其法定代理人的书面同意。法定代理人最晚必 1358
须于[未成年]消费者在合同上签字时给出书面同意（《消费信贷法》第13
条）。

与行为能力的一般规定（《民法典》第19a条第1款）不同，此处法定代 1359
理人的同意，不能在订约后作出，也不能以非要式的形式作出。即便未成年消
费者处分儿童自由财产（freie Kindesvermögen；《民法典》第323条第2款），也
需要[法定代理人]同意。[2]

5. 消费者可以在14天内撤销订立合同的要约或者承诺的表示（《消费信 1360
贷法》第16条）。这样可防止消费者草率接受信贷。消费者必须以书面形式
作出撤销表示。该表示最晚必须在撤销期最后一天交邮局邮寄或者交给授信
人，撤销期间自消费者获得合同副本时起算（《消费信贷法》第16条第2
款）。如果消费借贷款已经支付，则适用《消费信贷法》第15条第2、3款
（《消费信贷法》第16条第3款第1句）。于分期付款买卖、以信贷方式请求
的劳务（auf Kredit beanspruchte Dienstleistung）或者融资租赁合同情形，《消
费信贷法》第16条第3款援引债法第40f条。据此，客户若已使用物品，则
负担"适当的租金"（债法第40f条第2款）。若物品在撤销期内被不合理地
使用，则消费者负担赔偿责任，其数额依物品价值减损额计算（《消费信贷
法》第16条第3款），这一规定与债法第40f条第4款顾客"无其他补偿义
务"不同。

---

〔1〕 JKR/Koller-Tumler, S. 18.

〔2〕 JKR/Koller-Tumler, S. 19.

1361　　　　在默示接受账户透支情形，如果账户透支超过 3 个月，则撤销权被排除（《消费信贷法》第 16 条第 1 款第 2 句和第 12 条第 4 款）。

1362　　　　6. 不遵守这些对要式和内容的规定，依《消费信贷法》，原则上导致消费信贷合同无效。

1363　　　　无效的后果于《消费信贷法》第 15 条第 2—4 款（债法第 11、20 条的特别法）被进一步规定：[1]消费者必须将已接受的或者使用的信贷款项在信贷期结束前返还，但既不负担利息，也不负担费用（《消费信贷法》第 15 条第 2 款）；因此（计息）消费信贷转变为无息借贷，而约定的期间保持不变。消费信贷款应当以等额分期支付形式返还；如果合同没有约定更长的时间间隔，则分期支付每月一次（《消费信贷法》第 15 条第 3 款）。融资租赁合同中，消费者必须返还融资租赁物并支付迄今为止所负的使用费，如此尚不能覆盖的价值损耗由融资租赁出租人负担（《消费信贷法》第 15 条第 4 款）。此种情形，合同向将来消灭，但当无效情形是约定的有效年租金超过了法定限额时，无论如何融资租赁的租息溯及地被降低。[2]

三、当事人之权利、义务

1364　　　　当事人原则上须按消费信贷合同履行其义务。但《消费信贷法》第 17—21 条作了下列改善消费者地位的特别规定：

1365　　　　1. 消费者负担的消费信贷利息原则上按照合同约定。依据《消费信贷法》第 14 条，由联邦委员会确定一个最高利率；就此联邦委员会在《关于消费信贷法的行政法规》第 1 条规定了计算最高利率的公式，根据该法第 1 条第 3 款，负责公式运用的主管机关是联邦司法与警察部。

1366　　　　2.《消费信贷法》第 17 条规定了消费者有权提前履行消费信贷合同中的义务，这是指得在任何时候返还获得的信贷。这实质上导致消费者有特殊终止的可能。如果他行使提前还款的权利，他有权对未使用的信贷期间所分摊

---

　　〔1〕 Urteil des BGer. vom 13. Juni 2006, Nr. 4C. 58/2006, E. 5; 完整内容参见 JKR/Koller-Tumler, S. 36 ff. 。

　　〔2〕 参见 Favre-Bulle, N 14 zu Art. 15 KKG, in: Thévenoz/Werro（Hrsg.）, Commentaire romand, Code des obligations I（CO 1–529, Loi sur le crédit à la consommation, Loi sur les voyages à forfait）, Basel 2003。

的利息请求免除和对所分摊的费用请求适当减少（《消费信贷法》第 17 条第 2 款）。[1]

对适用《消费信贷法》的融资租赁合同，《消费信贷法》第 17 条第 3 款 1367 也规定了提前终止权。就给付的租金不足以覆盖租赁物的分期付款的情形，融资租赁承租人是否负赔偿责任，取决于融资租赁合同。［赔偿金额］依照《消费信贷法》第 11 条第 2 款 g 项提到的剩余价值表格计算。如果融资租赁合同未约定赔偿义务，则不适用《消费信贷法》（《消费信贷法》第 1 条第 2 款 a 项）。[2]

3. 于消费者支付迟延情形，授信人解除合同的权利受到限制（《消费信 1368 贷法》第 18 条）。

4. 消费者得向任何债权受让人主张消费信贷合同所生的无条件的抗辩权 1369 （《消费信贷法》第 19 条）。

5. 授信人不得接受汇票或者支票形式的付款或者担保（《消费信贷法》 1370 第 20 条）。

6. 在一定严格要件下，消费者对货物或者服务提供者的权利（尤其是瑕 1371 疵担保请求权），也被允许向授信人主张（《消费信贷法》第 21 条，抗辩穿透，Einwendungsdurchgriff）。

这一规定目的在于保护三方关系中的消费者。但授信人的责任——就消 1372 费者必须已经向供应者主张其权利无果来说——是辅助性的（《消费信贷法》第 21 条第 1 款 d 项）。[3]此外应注意进一步的限制，即《消费信贷法》第 21 条（首先）的前提要件是，在授信人与供应者之间存在一个协议，根据协议，此供应者的顾客的信贷全部由该授信人授予（《消费信贷法》第 21 条第 1 款 a 项）。

---

〔1〕 就不适用《消费信贷法》的消费借贷，其提前还款的后果见判决 Urteil des BGer. vom 16. Dezember 2011, Nr. 4A_409/2011, E. 3. 2.。

〔2〕 就此参见 Urteil des BGer. vom 18. Dezember 2008, Nr. 4A_404/2008.。

〔3〕 JKR/Koller-Tumler, S. 33.

四、其他保护消费者的规定

1373　作为保护消费者的法律（参见《联邦宪法》第 97 条），《消费信贷法》还规定了其他利于消费者的保护性规定。提纲挈领地列举如下：

1374　1. 依联邦法律，授信人在合同订立前有检查［消费者］信贷能力的义务（《消费信贷法》第 28 条以下）。[1]此义务旨在避免消费者负债过重（《消费信贷法》第 22 条）。[2]

1375　若受信人无须利用收入中不可用作担保的部分便可偿还消费信贷，则认为他有信贷能力（《消费信贷法》第 28 条第 2 款）。[3]在评估信贷能力时，即便约定了更长的［偿还］期间，也必须按照 36 个月内分期偿还完信贷来评估（《消费信贷法》第 28 条第 4 款）。融资租赁合同适用《消费信贷法》第 29 条的特别规定。

1376　2. 如果授信人严重违反《消费信贷法》第 28、29、30、31 条（信贷能力的检查），则丧失其授予的贷款、利息以及费用；消费者可以依不当得利的规定请求返还已经履行的给付（《消费信贷法》第 32 条第 1 款）。[4]

1377　于其他违反义务的情形（对《消费信贷法》第 28 条以下的轻微违反或者对第 25—27 条的违反），授信人仅（但无论如何都）丧失利息和费用（《消费信贷法》第 32 条第 2 款）。

1378　3. 也鉴于避免消费者负债过重，授信人负有向消费信贷信息中心（IKO）通知的义务（《消费信贷法》第 25 条以下）。

1379　消费信贷信息中心由一个私法性质的协会（消费信贷信息中心运营协会）在联邦司法与警察部门（EJPD）的监督下运行（《消费信贷法》第 23、24 条

---

[1]　Botschaft zum KKG von 1998, BBl 1999, S. 3167 f.

[2]　JKR/Schmid, S. 54 f. 就其他避免消费者过度负债的措施有更多展开。

[3]　详见 JKR/Schmid, S. 55 ff. 。

[4]　JKR/Schmid, S. 69 ff.

和《关于消费信贷法的行政法规》第 2、3 条）。[1]

4. 此外，《消费信贷法》包含关于消费信贷合同（职业性）中介的规定 　1380
（《消费信贷法》第 4、35、39、40 条和《关于消费信贷法的行政法规》第 4
条）。

---

[1]　具体见 JKR/Schmid, S. 62 ff. 。

第三部分

劳务给付型合同

第十三章　概　览

劳务给付型合同和其他广义上的劳务给付法律关系规定在债法第 319—　1381
471 条（以及部分规定在单行法中）。就此作以下简要说明：

1. 上述条文，一部分规定的是劳务给付型合同。它涉及：　　　　　1382

——个人劳动合同（债法第 319 条以下；边码 1393 以下），是指雇员处　1383
于不独立的从属地位，并且长期提供劳务给付的合同关系。

紧接着，制定法（债法第 344—355 条）规定了特殊的个人劳动合同（学　1384
徒工合同、外出推销员合同、在家劳动合同）。制定法也规定了集体劳动合同
（债法第 356 条以下；边码 1605 以下）和标准劳动合同（债法第 359 条以下；
边码 1644 以下），并在债法第 361 条和第 362 条写明了某些劳动法律规范的
强行法属性。还需注意的是涉及劳动的各种公法规范［例如《劳动法》
（ArG）；边码 1405］，债法第 342 条第 2 款为公法规范［与民事法律］搭建了
桥梁。

——承揽合同（债法第 363 条以下；边码 1654 以下），它涉及的是承揽　1385
人独立自主地制作工作成果（即劳动成果）。

——出版合同（债法第 380 条以下；边码 1826 以下），此类合同中，出　1386
版者承诺复制并发行著作权人的文学、艺术作品（债法第 380 条），著作权人
负有交付该作品的义务。

——委托（债法第 394 条以下；边码 1870 以下），此类合同以尽注意义　1387
务地［提供］劳务为特征。制定法尤其将一般委托（der einfacheAuftrag）（债
法第 394—406 条）作为基本形态规定，然后又规定特殊委托关系（边码 1974
以下）：为了婚姻介绍或同性伴侣关系介绍的委托（债法第 406a—406h 条）、
信用证和信用委托（第 407—411 条）、居间合同（债法第 412—418 条）和经
纪合同（债法第 418a—418v 条）。行纪合同（债法第 425—439 条）和货运合
同（债法第 440—457 条）也是特殊委托关系。此外，债法第 424 条就嗣后得

到本人追认的无因管理援引委托的规则。

1388 ——以上合同的共同点是，都以给付一定劳务为目标。除此之外，它们有着巨大的差别，这些差别使得作为劳动合同和其他劳务给付型合同基础的制定法范式形成鲜明的对比。与其他劳务给付型合同不同，劳动合同以服从和隶属关系为特征。伴随这些特征，［法律］有必要［对雇员］进行保护，这也解释了为什么劳动合同被规定得特别详细，而承揽合同——尽管它应用范围广泛、经济意义显著——则仅仅被规定了 17 条。但始终应思考的是，就现实中的合同来看，承揽合同中也可能体现明显的从属性，而劳动合同中可能反倒难以体现从属性。

1389 2. 在与委托法紧邻的部分，债法还规定了非合同法律制度：

1390 ——无因管理（债法第 419 条以下；边码 1989 以下）；

1391 ——经理权（Prokura）和其他商事代理权（Handlungsvollmacht）（债法第 458 条以下；边码 2061 以下）；

1392 ——指示证券（债法第 466 条以下；边码 2096 以下）。

第十四章　个人劳动合同

本章专门文献（节选）　　　　　　　　　　　　　　　　　　　　　1393

Abegg Andreas, Die Rechtsprechung des Bundesgerichts zu Art. 319 ff. OR, in: Gauch Peter/Aepli Viktor/Stöckli Hubert (Hrsg.), Präjudizienbuch zum OR, 9. Aufl. , Zürich 2016.

Aebi-Müller Regina E. , Die Privatsphäre des Arbeitnehmers, in: Schmid Jörg/ Girsberger Daniel (Hrsg.), Neue Rechtsfragen rund um die KMU−Erb-, Steuer-, Sozialversicherungs- und Arbeitsrecht, Zürich 2006, S. 1 ff.

Brühwiler Jürg, Einzelarbeitsvertrag, Kommentar zu den Art. 319 – 343 OR, 3. Aufl. , Basel 2014.

Brunner Christiane/Bühler Jean-Michel/Waeber Jean-Bernard/Bruchez Christian, Kommentar zum Arbeitsvertragsrecht, 3. Aufl. , Basel 2005.

Cotti Lukas, Das vertragliche Konkurrenzverbot, Voraussetzungen, Wirkungen, Schranken, Diss. Freiburg 2001 (AISUF Band 207).

Cramer Conradin, Der Bonus im Arbeitsvertrag, Diss. Basel, Bern 2007 (SSA Heft 66).

Enzler Alex, Der arbeitsrechtliche Zeugnisanspruch, Diss. Zürich 2012 (ZStP Band 254).

Geiser Thomas, Arbeitsrechtliche Fragen bei Umweltkatastrophen, ZBJV 142/ 2006, S. 174 ff.

Derselbe, Fragen im Zusammenhang mit der Lohnfortzahlungspflicht bei Krankheit, AJP 2003, S. 323 ff.

Geiser Thomas/Müller Roland, Arbeitsrecht in der Schweiz, 3. Aufl. , Bern 2015.

Lorandi Franco, Arbeitsverträge im Konkurs des Arbeitgebers, SJZ 96/2000, S. 150 ff.

Müller Roland A. , Die Arbeitnehmervertretung, Habil. Zürich, Bern 1999 (SSA Heft 43).

Münch Peter/Metz Markus (Hrsg.), Stellenwechsel und Entlassung, 2. Aufl. , Basel 2012.

Portmann Wolfgang/Stöckli Jean-Fritz, Schweizerisches Arbeitsrecht, 3. Aufl. , Zürich 2013.

Rehbinder Manfred, Schweizerisches Arbeitsrecht, 15. Aufl. , Bern 2002.

Rehbinder Manfred/Stöckli Jean-Fritz, Berner Kommentar zum schweizerischen Privatrecht, Band VI: Das Obligationenrecht, 2. Abteilung: Die einzelnen Vertragsverhältnisse, 2. Teilband: Der Arbeitsvertrag,

−1. Abschnitt: Einleitung und Kommentar zu den Art. 319−330b OR, Bern 2010;

−2. Abschnitt: Kommentar zu den Art. 331−355 und zu den Art. 361−362 OR, 2. Aufl. , Bern 2014.

Riesselmann-Saxer Rebekka, Datenschutz im privatrechtlichen Arbeitsverhältnis, Diss. Zürich, Bern 2002 (SSA Heft 56).

Roberto Vito, Gedanken zur Haftung des Arbeitnehmers (insbesondere für Schädigungen Dritter), ArbR 2003, S. 29 ff.

Staehelin Adrian, Konkurs und Sanierung des Arbeitgebers, ArbR 2000, S. 71 ff.

Derselbe, Zürcher Kommentar zum schweizerischen Zivilgesetzbuch, Obligationenrecht, Teilband V 2c: Der Arbeitsvertrag,

−Art. 319−330a OR, 4. Aufl. , Zürich 2006;

−Art. 330b−355 und Art. 361−362 OR, 4. Aufl. , Zürich 2014.

Steiger-Sackmann Sabine, Schutz vor psychischen Gesundheitsrisiken am Arbeitsplatz, Rechtliche Möglichkeiten zur Verbesserung der Prävention, Diss. Zürich 2012, Zürich 2013 (ZStöR Band 207).

Stöckli Hubert, «Ménage-à-trois» bei der Temporärarbeit, in: Riemer-Kafka Gabriela/Rumo-Jungo Alexandra (Hrsg.), Soziale Sicherheit − Soziale Unsicherheit, Festschrift für Erwin Murer zum 65. Geburtstag, Bern 2010, S. 893 ff.

Stöckli Jean-Fritz, Berner Kommentar zum schweizerischen Privatrecht, Band VI: Das Obligationenrecht, 2. Abteilung: Die einzelnen Vertragsverhältnisse, 2.

Teilband：Der Arbeitsvertrag，Art. 319-362 OR，3. Abschnitt：Gesamtarbeitsvertrag und Normalarbeitsvertrag，Art. 356-360 OR，Bern 1999.

Streiff Ullin/von Kaenel Adrian/Rudolph Roger，Arbeitsvertrag，Praxiskommentar zu Art. 319-362 OR，7. Aufl.，Zürich 2012.

Vischer Frank/Albrecht Andreas C.，Zürcher Kommentar zum schweizerischen Zivilgesetzbuch，Obligationenrecht，Teilband V 2c：Der Arbeitsvertrag（Art. 356-360f OR），4. Aufl.，Zürich 2006.

Vischer Frank/Müller Roland M.，Der Arbeitsvertrag，4. Aufl.，Basel 2014.

Von Kaenel Adrian（Hrsg.），Whistleblowing - Multidisziplinäre Aspekte，Bern 2012.

Wildhaber Isabelle，Die neue Sozialplanpflicht - für die Praxis ein Buch mit sieben Siegeln，AJP 2015，S. 427 ff.

Dieselbe，Das Arbeitsrecht bei Umstrukturierungen，Habil. Zürich 2011.

Wyler Rémy/Heinzer Boris，Droit du travail，3. Aufl.，Bern2014.

Zanetti Gianni F.，Der arbeitsrechtliche Aufhebungsvertrag，Anwaltsrevue 2012，S. 84 ff.

第一节　概　述

一、法律渊源

1. 个人劳动合同（"le contrat individuel de travail"）主要规定在债法第 319—342 条。但与其有关的还有债法其他规定：　　1394

——关于特殊个人劳动合同的规定，即学徒工合同、外出推销员合同和在家劳动合同（债法第 344—355 条；边码 1585 以下）；　　1395

——关于集体劳动合同和标准劳动合同的规定（债法第 356—360f 条；边码 1605 以下）；　　1396

——关于劳动法律中强制性条文的一般性规定（债法第 361—362 条）。　　1397

2. 在债法之外，［与个人劳动合同］相关的还有众多其他法律，例如以下法律：　　1398

1399　　——《联邦宪法》第 8 条第 3 款第 3 句关于男女同工同酬的规定，第 28 条关于劳动者的结社自由的规定，第 110 条第 1 款关于联邦在劳动领域的立法资格的规定，第 112 条关于联邦就"养老和遗属保险"（AHV）的立法资格的规定，第 113 条关于联邦在职业社会保障（berufliche Vorsorge）领域的立法资格的规定，以及第 114 条关于联邦在失业保险领域的立法资格的规定。

1400　　——《男女平等法》（GlG）[1]。

1401　　——《劳动中介法》（AVG）[2]。

1402　　——《关于雇员对企业经营的知情权与参与决定的联邦法律》[3]。

1403　　——《关于人体基因检测的联邦法律》（GUMG）[4]。

1404　　在劳动领域是否允许进行人体基因检测（在建立劳动关系时或劳动关系存续期间），参见《关于人体基因检测的联邦法律》第 21 条以下。

1405　　——包含其他公法性规定的《劳动法》[5]。债法第 342 条也明确保留这些规定的适用。值得注意的是，债法第 342 条第 2 款（转介条款）确立了请求［相关人员］遵守公法性劳动法规范的民事请求权，因此促进了相应公法性规范的执行。即便没有这一转介条款，许多公法性规范也能进入民事法律，因为它们是对雇主保护义务（债法第 328 条）的具体化。[6]

1406　　联邦、州、乡镇关于公法上劳动关系的规定也被保留适用，但劳动关系

---

〔1〕　1995 年 3 月 24 日《关于男女平等的联邦法律》（简称《男女平等法》）；BG über die Gleichstellung von Frau und Mann（Gleichstellungsgesetz, GlG）vom 24. März 1995（SR 151. 1）。

〔2〕　1989 年 10 月 6 日《关于劳动中介与劳务派遣的联邦法律》（简称《劳动中介法》）；BG über die Arbeitsvermittlung und den Personalverleih（Arbeitsvermittlungsgesetz, AVG）vom 6. Oktober 1989（SR 823. 11）。

〔3〕　1993 年 12 月 17 日《关于雇员对企业经营的知情权与参与决定的联邦法律》；BG über die Information und Mitsprache der Arbeitnehmerinnnen und Arbeitnehmer in den Betrieben（Mitwirkungsgesetz）vom 17. Dezember 1993（SR 822. 14）。

〔4〕　2004 年 10 月 8 日《关于人体基因检测的联邦法律》；BG über genetische Untersuchungen beim Menschen（GUMG）vom 8. Oktober 2004（SR 810. 12）。

〔5〕　1964 年 3 月 13 日《关于工业、手工业和商业劳动的联邦法律》（简称《劳动法》）；BG über die Arbeit in Industrie, Gewerbe und Handel（Arbeitsgesetz, ArG）vom 13. März 1964（SR 822. 11）。

〔6〕　就这一观点亦参见 Bydlinski, System und Prinzipien des Privatrechts, S. 539 f.。

的内容涉及债法第 331 条第 5 款和第 331a—331e 条之规定者除外（债法第 342 条第 1 款 a 项）。仅当公法上有（真正的）规范漏洞或者相关的公务员法明确援引债法时，债法规范才准用于公法性劳动关系。[1]例如，联邦公务员的劳动关系适用《联邦公务员法》[2]（BPG，该法第 1 条）。只要该法或其他联邦法律未做相反规定，债法的相关规定即得适用于联邦公务员劳动关系（《联邦公务员法》第 6 条第 2 款）[译者注：《联邦公务员法》援引了债法规定]。[3]——对于学徒关系，除关于学徒工合同的规定（债法第 344 条以下）外，还有许多公法上的规定可以适用，尤其是《关于职业培训的联邦法律》（BBG）。[4]

——《意外事故保险法》（UVG）[5]。该法给雇主和雇员在预防职业事故和职业疾病（劳动安全）方面施加了诸多义务（《意外事故保险法》第 82—84 条）。债法第 342 条第 2 款也保留了《意外事故保险法》的适用。[6]　　1406a

依照债法第 342 条第 2 款转介的前提是，该处所援引的规范按照其所属法律（例如《劳动法》或《意外事故保险法》）[的适用标准]，完全可适用。[7]　　1406b

——《禁止非法劳动的联邦法律》（BGSA）[8]在第 14 条和第 15 条规定　　1407

〔1〕 BGE 139 I 57 ff.（59 ff.），E. 5. 1＝Pra 2013, Nr. 92, S. 711 ff.

〔2〕 2000 年 3 月 24 日《联邦公务员法》；Bundespersonalgesetz（BPG）vom 24. März 2000（SR 172. 220. 1）。

〔3〕 BGE 132 II 161 ff.（163 ff.），E. 3-4；依该判决，公法性质的劳动合同可因意思表示瑕疵而被撤销。

〔4〕 2002 年 12 月 13 日《关于职业培训的联邦法律》；BG über die Berufsbildung（Berufsbildungs-gesetz, BBG）vom 13. Dezember 2002（SR 412. 10）。另参见 BGE 132 III 753（755），E. 2. 1。

〔5〕 1981 年 3 月 20 日《关于意外事故保险的联邦法律》（简称《意外事故保险法》）；BG über die Unfallversicherung（UVG）vom 20. März 1981（SR 832. 20）。

〔6〕 Streiff/von Kaenel/Rudolph, Praxiskommentar, N 5 zu Art. 342 OR; Staehelin, Zürcher Komm. , N 8 zu Art. 342 OR.

〔7〕 BGE 139 III 411 ff.（412 ff.），E. 2；该判决认为在外国工作的劳动者若选择瑞士法作为准据法，从而使其劳动合同适用瑞士法，则《劳动法》不适用于此种情形。

〔8〕 2005 年 6 月 17 日《禁止非法劳动的联邦法律》；BG über Massnahmen zur Bekämpfung der Schwarzarbeit（Bundesgesetz gegen die Schwarzarbeit, BGSA）vom 17. Juni 2005（SR 822. 41）。关于非法劳动现象的深度解析，参见 Botschaft zum BGSA von 2002, BBl 2002, S. 3608 f. 。

了"雇员因非经批准的职业活动所生请求权"。

1407a ——《劳工派遣法》（EntsG）[1]第1条第1款规定了住所或营业地在外国的雇主派遣劳工到瑞士时须满足的最低劳动条件和报酬条件。

二、构成要件

1408 1. 根据债法第319条第1款，个人劳动合同的特征是，雇员有义务在固定期限或非固定期限内为雇主提供劳务给付，雇主有义务向雇员支付工资（计时工资或计件工资）。据此，其具有以下典型特征：

1409 ——雇员有提供劳务给付的义务，这是指为实现某种需求有计划地进行体力或脑力活动。[2]

1410 ——雇员有义务"在一定期限内"提供劳务给付，也即在（或长或短的）一个持续时间段内。债法包含了"固定期限或非固定期限"的义务（债法第319条第1款），这意味着，可缔结"确定期限"（有期限劳动关系，债法第334条）或"未定期限"（无期限劳动关系，债法第335条）的合同。

1411 ——提供劳务给付的义务旨在"为雇主工作"（债法第319条第1款）。因此，[个人劳动合同这一] 概念以"服从关系"（非独立地位的劳务给付）为前提，服从关系体现在雇员被纳入经营组织并接受雇主的指令（债法第321d条）。

1412 ——劳务给付的有偿性。工资按时间（计时工资）或者工作量（计件工资）来计算。

1413 即便雇员所负的义务是按小时、半天或全天计数（兼职）有偿地、规律性地为雇主提供劳务，根据债法第319条第2款之规定，也成立个人劳动合同。

1414 2. 所谓的（"一般的"）个人劳动合同首先应与特殊的个人劳动合同相区分，即学徒工合同、外出推销员合同和在家劳动合同。劳动合同满足债法

---

〔1〕 1999年10月8日《关于从国外派入劳工和监督标准劳动合同规定的最低工资的强化措施的联邦法律》（简称《劳工派遣法》）；BG über die flankierenden Massnahmen bei entsandten Arbeitnehmerinnen und Arbeitnehmern und über die Kontrolle der in Normalarbeitsverträgen vorgesehenen Mindestlöhne (Entsendegesetz, EntsG) vom 8. Oktober 1999 (SR 823. 20). 该法律部分规定是加强人员自由流动的措施。

〔2〕 BGE 124 III 249 ff. (251), E. 3b; Staehelin, Zürcher Komm. , N 5 zu Art. 319 OR.

第 344 条及以下条文规定的这些子类型的特殊要件时，即构成前述特殊的个人劳动合同（边码 1585；个人劳动合同的规定对特殊的个人劳动合同的补充适用，参见债法第 355 条）。此外，个人劳动合同须与其他合同类型相区分，尤其是与以下合同类型相区分：[1]

　　——与委托合同（债法第 394 条以下）区别。委托合同中，受托人独立（非从属地）、不以在雇主处上班的方式（债法第 319/321d 条意义上）提供劳务给付。它们之间的决定性区分标准是法律意义上的他主决定（"隶属关系"）[译者注："他主决定"的德文原文为 Fremdbestimmung，相对于"自主决定"（Selbstbestimmung）而言]。[2]此外，个人劳动合同均是继续性合同，而委托合同可以是一次性债务合同，也可以是继续性合同。 1415

　　——与承揽合同（债法第 363 条以下）区别。承揽合同的特征是承揽人是独立的（非从属性的），并且他负有给付工作成果的义务。此外，承揽合同不是继续性合同，这与个人劳动合同不同。 1416

　　此外还有多种合同类型混合的情形：那些既未在债法第二分编予以规定，也未在特别法中予以专门规定的合同，被称为无名合同（Innominatvertrag）（边码 2448 以下）。若无名合同包含数个有名合同的特征，则称之为混合合同。例如房屋管理合同中，根据合同提供给管理人一套住房作为其劳务给付（管理照料房屋）的对价，该合同即为包含租赁合同和个人劳动合同因素的混合合同（边码 2457）。[3] 1417

　　3. 基于雇员的从属地位和债法第 324 条第 1 款的强制性规定，应由雇主承担经营风险和经济风险，此等风险不得转嫁于雇员身上。[4] 1418

三、合同成立与合同瑕疵的后果

　　1. 关于合同成立，原则上适用［债法总则的］一般规定。根据债法第 1 1419

---

　　〔1〕　与特许经营合同的区别参见 ZR 112/2013, S. 65 ff.（Zürcher Obergericht），vgl. Nr. 2484。

　　〔2〕　BGE 107 II 430 ff.（432），E. 1；Urteil des BGer. vom 25. Januar 2007, Nr. 4C. 276/2006, E. 4. 1 und 4. 3. 1.

　　〔3〕　BGE 131 III 566 ff.（569），E. 3. 1＝Pra 2006, Nr. 54, S. 401 ff.

　　〔4〕　BGE 124 III 346 ff.（349），E. 2a；125 III 65 ff.（69），E. 5.

条，[合同成立] 须当事人对立一致的意思表示之交换。债法第 320 条第 2 款明确补充规定：若雇主受领雇员在一定时间内为其所提供的劳务给付，而且依通常情形仅在有偿时才能期待该劳务给付，则认为劳动合同成立（事实合同关系）。即便在某些情形下当事人可能缺乏合意，因法律规定亦产生劳动合同的法律效力——根据不可推翻的法律推定（即拟制）。[1]

1420　　劳动法律的个别规定涉及合同磋商阶段 [雇主与雇员的] 关系，例如《男女平等法》第 3 条以下关于歧视性的拒绝雇佣的规定。

1421　　2. 只要法律未作特殊规定，个人劳动合同即无须要式（债法第 320 条第 1 款）。也即原则上奉行形式自由原则，但特殊规定并不少见：

1422　　——法定要式可能针对个人劳动合同某个子类型的全部内容。

1423　　例如依债法第 344a 条第 1 款的学徒工合同和依《船舶航行法》[2] 第 69 条第 2 款的船员雇佣合同，须以书面形式订立才有效。

1424　　——法定要式也可能仅针对个人劳动合同里的个别约定或个别意思表示。

1425　　将法定终止预告期间通过约定缩短至一个月的，依债法第 335c 条第 2 款，约定须以书面形式作出；关于加班补偿的约定亦然（债法第 321c 条第 3 款）。关于劳动关系结束后雇员竞业禁止的义务亦须以书面形式约定（债法第 340 条第 1 款）。[3]

1426　　3. 若合同存在瑕疵，依债法总则的规定，个人劳动合同原则上不生效，即合同自始无法律效力。[4]若是按联邦法院判决见解，合同不生效意味着按所有物返还和不当得利进行返还清算。[5]

---

〔1〕 BGE 113 II 414 ff. (415 f.), E. 2a=Pra 1988, Nr. 84, S. 325 ff.; Staehelin, Zürcher Komm., N 6 f. zu Art. 320 OR.

〔2〕 1953 年 9 月 23 日《船舶航行法》; BG über die Seeschifffahrt unter der Schweizer Flagge (Seeschifffahrtsgesetz, SSG) vom 23. September 1953 (SR 747. 30)。

〔3〕 详见 Staehelin, Zürcher Komm., N 5 zu Art. 320 OR。

〔4〕 关于意思表示瑕疵时单方无拘束力，参见 Gauch/Schluep/Schmid, OR AT, Nr. 890。

〔5〕 BGE 137 III 243 ff. (249), E. 4. 4. 3. 易被误解但基于劳动法律的判决有 BGE 132 III 242 ff. (244), E. 4. 1; 就此参见 Gauch/Schluep/Schmid, OR AT, Nr. 894。

但基于劳动合同的继续性特征，债法第 320 条第 3 款［就劳动合同不生效］ 1427
规定了特殊法律效果：劳动合同嗣后被证实不生效，而雇员系基于善意[1]信
任该合同有效而为雇主提供劳务给付的，在一方当事人以合同不生效为由废
止合同关系前，双方应如同合同有效一般履行劳动关系上的义务。满足前述
要件的，雇员享有报酬请求权，也有人格保护请求权（债法第 328 条）。

嗣后主张合同不生效的，其法律效果如同已经全部或部分履行的继续性 1427a
合同的特殊终止效果一样（边码 97）。[2]因此，合同是向将来（ex nunc）不
生效，已经履行的部分则被视作完全有效。因一方无行为能力而无效的合同，
其履行亦受债法第 320 条第 3 款保护，虽然制定法就此无明确规定。[3]

四、强行法与任意法

1. 债法分则的规定大部分是任意性规定，旨在填补合同漏洞（边码 17）， 1428
而劳动法律中的许多规范是强制性的，不允许私人自治。制定法在两个（不
是封闭性的，例如未列举债法第 333 条第 1 款）法条中列举了强制性规定
（债法第 361 条与第 362 条）：[4]

——一方面是以下规定：就这些规定既不得做对雇主不利的变更，亦不 1429
得做对雇员不利的变更（债法第 361 条第 1 款：绝对强制性规定）。

——另一方面是以下规定：就这些规定，不得通过当事人约定、标准劳 1430
动合同或集体劳动合同做不利于雇员之变更（债法第 362 条第 1 款：半强制
性规定）。

2. 事人约定、标准劳动合同和集体劳动合同中的内容违反前述规定的， 1431
无效（债法第 361 条第 2 款与第 362 条第 2 款）。合同中的这些内容将被制定
法的强制性规定取代，合同其他部分原则上保持有效。

---

[1] 就此参见 BGE 132 III 242 ff.（246 ff.），E. 4. 2. 3-4. 2. 5；132 III 753 (757)，E. 2. 4.
[2] BGE 129 III 320 ff.（327 ff.），E. 7；132 III 242 ff.（244），E. 4. 2.
[3] Staehelin, Zürcher Komm.，N 32 zu Art. 320 OR.
[4] 就这一立法技术亦参见《保险合同法》第 97—98 条（边码 2586）。

第二节　雇员的义务

一、概述

1432　根据债法第 319 条第 1 款的规定，雇员有义务（持续）为雇主提供合同约定的劳务。债法第 321—321e 条对该基本义务予以具体化。

1433　1. 雇员须亲自提供劳务，除非双方另有约定或根据具体情形得出劳务可由他人提供（债法第 321 条）。

1434　据此，雇员原则上不得使用履行辅助人；[1]当其不能提供劳务时，原则上亦无义务另觅替代者。

1435　2. 根据债法第 321a 条，雇员负有注意义务（Sorgfaltspflicht）和忠实义务（Treuepflicht）：他应谨慎执行交付给他的工作，并且忠实地保护雇主的合法利益（债法第 321a 条第 1 款）。[2]雇员尤其不得做出任何可能损害雇主经济利益的行为。[3]但这一义务也包含了积极性的给付［译者注：即作为］，例如经营出现故障、异常或不良状况时的说明与通知义务。[4]这一义务范围仅限于"其与劳动关系有充分关联者"[5]，因此劳动者私下了解到的对雇主可能有利害关系的事实，并非任何时候都应在职业活动中提出。

1436　注意义务和忠实义务被法律进一步具体化为：

1437　——以符合专业技术要求的水准，使用雇主的机器、劳动工具、技术设备、设施和交通工具，以及合于注意义务地处理供其使用的材料（债法第 321a 条第 2 款）；

1438　——不得在劳动关系存续期间违反忠实义务为第三人提供有偿劳动，特

---

　〔1〕　Staehelin, Zürcher Komm. , N 4 ff. zu Art. 321 OR.

　〔2〕　BGE 138 III 67 ff. （72）, E 2.3 = Pra 2012, Nr. 76, S. 521 ff.（为设立一个竞争的公司做准备的行为）。

　〔3〕　BGE 117 II 72 ff. （74）, E. 4a = Pra 1992, Nr. 60, S. 216 ff. 有更多展开; Staehelin, Zürcher Komm. , N 12 ff. zu Art. 321a OR.

　〔4〕　Staehelin, Zürcher Komm. , N 10 zu Art. 321a OR.

　〔5〕　BGE 140 V 521 ff. （534）, E. 7. 2.

别是不得违反竞业禁止义务（非法劳动，债法第 321a 条第 3 款）；[1]

——就应予保密的事实，尤其是就生产秘密和商业秘密负有保密义务 　1439
（债法第 321a 条第 4 款）。[2]

在 2013 年 11 月 20 日关于债法部分修正的联邦公报（即"对工作场所中 　1439a
的异常情况的报告的保护"）[3]中，联邦委员会建议联邦议会就"吹哨人制
度"制定规范。根据此建议，应在劳动合同法律中规定，在什么要件下，劳
动者就异常情况向当局报告或者向公众公开，不违反忠实义务。联邦议会将
这一事务退回联邦委员会并委托其制定"清晰易懂的"新规范[4]。

3. 雇员就其在为雇主处理［劳动合同］约定的事务过程中从第三人处获 　1440
得的一切物品（尤其是金钱），负有报告义务并应立即移交给雇主（债法第
321b 条第 1 款）。受雇人在执行约定事务过程中取得的一切工作成果，亦应移
交给雇主（债法第 321b 条第 2 款）。[5]

移交义务还及于雇员可能从第三人处得到的贿赂。部分学者认为该义务 　1441
直接源自债法第 321b 条，[6]其他部分学者以及本书所持观点赞同适用债法第
423 条（不真正无因管理）。[7]不同归类尤其在时效上产生不同结果：不真正
无因管理适用债法第 67 条的时效，而合同上的移交义务则依债法第 127 条的
时效。

非为了雇主而是为了雇员本身的加利（例如小费和偶然的礼节性赠与）， 　1441a
若其在习惯范围内，则不必移交。[8]

4. 根据债法第 321c 条第 1 款，如果加班是必要的，并且根据诚实信用原 　1442

---

〔1〕　Staehelin, Zürcher Komm. , N 35 ff. zu Art. 321a OR.

〔2〕　BGE 138 III 67 ff. （72）, E. 2. 3 = Pra 2012, Nr. 76, S. 521 ff. ; Urteil des BGer. vom 21. Juni
2007, Nr. 4C. 69/2007, E. 3. 3. 3; Staehelin, Zürcher Komm. , N 42 ff. zu Art. 321a OR.

〔3〕　BBl 2013, S. 9513 ff.

〔4〕　AB NR 2015, S. 659; vgl. auch AB SR 2015, S. 783.

〔5〕　BGE 141 III 23 ff. （27）, E. 3. 4 = Pra 2015, Nr. 114, S. 945 ff.

〔6〕　Staehelin, Zürcher Komm. , N 3 zu Art. 321b OR（另参见同著者, Zürcher Komm. , N 24 zu
Art. 321a OR）. 此外关于刑法上的处理参见 BGE 129 IV 124 ff. 。

〔7〕　Portmann/Rudolph, Basler Komm. , N 1 in fine zu Art. 321b OR; Schmid, Zürcher Komm. , N 84
f. zu Art. 423 OR 有更多展开。

〔8〕　Urteil des BGer. vom 25. Januar 2011, Nr. 4A_613/2010, E. 4. 2.

则，加班对雇员来说是可指望的，则雇员应当加班。依债法第 361 条第 1 款，加班义务是强制性的。加班义务的上限由公法性的劳动保护法和雇员健康保护规范来确定（债法第 328 条以下）。

1443　　当加班义务存在时，应通过至少相同时长的休假（债法第 321c 条第 2 款）或通过金钱（债法第 321c 条第 3 款）来补偿。此外须注意：加班（Überstundenarbeit）涉及的是对合同约定的工作时间的超越。与此相区分的是超过《劳动法》规定的最长工作时间（见《劳动法》第 9 条的周最长工作时间）的超时工作（Überzeitarbeit）（就超时工作的要件参见《劳动法》第 12 条）。

1444　　5. 最后，只要雇主的一般性安排和特定指示是合法的，雇员即应依诚实信用服从之（债法第 321d 条第 2 款）。[1]

1445　　雇主可以在"企业运行制度"（《劳动法》第 37—39 条）中对企业经营活动的秩序及雇员在经营活动中的行为予以规制（债法第 321d 条第 1 款）。这对工业型企业而言甚至是强制性的。运行制度一旦在生产经营活动中公布，即对雇主和雇员均有拘束力（《劳动法》第 39 条第 2 款）。

二、雇员的责任

1446　　1. 雇员因过错——故意或过失（债法第 99 条第 1 款）——给雇主造成损失的，应当为此负责（债法第 321e 条第 1 款）。该规定与债法第 97 条第 1 款的一般规定一致。特别是在雇员被证明违约时，推定其有过错；雇员要想免于赔偿，则必须证明其没有过错。[2]

1447　　此规范所言之过错尤其可能出现于"事务承担的过错"情形。例如，雇员签订了一份劳动合同，但其依自身教育和个人履行能力无法胜任工作，即认为有"事务承担的过错"[译者注：与事务承担的过错对应的是事务履行的

---

〔1〕　BGE 132 III 115 ff.（120 f.），E. 5. 2.
〔2〕　关于责任构成要件和免责证明的概述参见 Gauch/Schluep/Emmenegger, OR AT, Nr. 2614 ff.。

过错，例如其能力虽能胜任工作，但是在执行过程中因故意或者过失导致损害后果]。[1]

2. 此外，制定法就注意义务的程度作了一般性规定：注意义务的程度根据具体劳动关系确定，确定注意义务程度时应考虑职业的危险程度、从事该劳务所需的业务培训等级或专业技能、雇主知道或应当知道的雇员的能力和素质（债法第321e条第2款）。雇员只负有审慎、符合劳动目标地从事工作的义务，单纯未实现劳动结果并不违反注意义务。[2] 　1448

"单纯未实现劳动结果并不违反注意义务"这一点并非劳动合同所特有，承揽合同中也是如此。但承揽人（不同于雇员）通常须对约定的工作成果不能实现负责，因为他承担无过错责任（即便不违反注意义务也会产生）（边码1770）。 　1449

若某一职业，依据经验蕴含着给雇主造成损害的高风险（所谓"易生损害的工作"），则［法院］依债法第44条减轻或者免除［雇员的］赔偿义务是合理的，因为毋宁是雇主须对该情形（视为企业风险的一部分）负责。[3]例如，在雇员使用昂贵的机械或机动车、工作材料具有特殊属性（饭店的餐具和杯子易碎）或者工作技术特殊（快节奏工作、易导致疲劳或单调乏味的工作）的情形下，前述规定具有现实意义。[4] 　1450

第三节　雇主的义务

一、概述

根据债法第319条第1款的一般性定义，劳动合同以雇主负有向雇员支付工资的义务为前提。这一基本义务和其他义务在债法第322条以下被进一步规定，具体如下。 　1451

---

〔1〕　Portmann/Rudolph, Basler Komm., N 2 zu Art. 321e OR.

〔2〕　Urteil des BGer. vom 1. Juni 2005, Nr. 4C. 103/2005, E. 1. 2.

〔3〕　Staehelin, Zürcher Komm., N 23 f. zu Art. 321e OR.

〔4〕　Staehelin, Zürcher Komm., N 25 zu Art. 321e OR.

（一）支付工资的义务

1452　　1. 雇主应向雇员支付工资，工资的类型（金钱工资或实物工资）和数额，应依约定、惯例、标准劳动合同或集体劳动合同确定（债法第 322 条第 1 款）。法律对以下问题有特别规定：

1453　　——雇员与雇主共同生活的，就以提供住宿和伙食的方式给付实物工资的问题（债法第 322 条第 2 款）。

1454　　（法律未明确规定的）其他形式的实物工资，例如：提供食物或燃料；允许雇员为私人目的使用企业车辆；向雇员分配职工股票，从而使接受股票者既是劳动者，也是雇主的股东。[1]

1455　　——就雇员参与分享经营成果的问题，尤其是参与分配利润或营业额（债法第 322a 条）。

1456　　——就雇员可在某些事务中收取佣金的约定的问题（债法第 322b、322c 条）。

1457　　——就在特殊情形下，在工资之外分配奖金（红利）的问题（债法第 322d 条）。

1457a　　实务中雇主常常支付给雇员被称为"津贴"（Bonus）的东西。法律上仅仅提及薪酬、分享经营成果的请求权、佣金和红利请求权（债法第 322 条以下），未提及津贴。因此在争议案件中须通过解释来确定，争议的津贴应归属于哪一类法定类型。归类具有重要意义，因为红利无论如何部分取决于雇主的意愿：是否愿意支付以及愿意支付多大数额给雇员。[2]

1458　　2. 从时间层面看，雇主应在每月月底向雇员支付工资，但依约定或习惯，按更短期间或在其他日期支付者，不在此限（债法第 323 条第 1 款）。根据该任意性规定，雇员有先给付义务。法律［就下列问题］还规定了特殊规则：

1459　　——就给付佣金或经营成果份额的问题（债法第 323 条第 2、3 款）；

---

〔1〕 Staehelin, Zürcher Komm., N 2 zu Art. 322 OR.

〔2〕 BGE 136 III 313 ff. (317 f.), E. 2; 141 III 407 ff. (407 f.), E. 4.1; Urteil des BGer. vom 28. Februar 2006, Nr. 4C. 426/2005, E. 5.1; Streiff/von Kaenel/Rudolph, Praxiskommentar, N 2 zu Art. 322d OR.

——就雇主预先支付义务的问题，前提是雇员因紧急情况需要预支报酬，并且预先支付对雇主系公正合理的（债法第 323 条第 4 款）；　1460

——就雇主扣留工资的问题（债法第 323a 条）；　1461

——就工资担保（Lohnsicherung）和雇主抵销可能性〔即雇主对雇员的债权与雇员到期工资债权抵销〕的问题（债法第 323b 条）。　1462

债法第 325 条规定，雇员的将来工资债权仅能在法律允许的范围内让与和出质，且只能用于担保其家庭法上的抚养扶助义务。就此参见《民法典》第 291 条，根据该法条，当父母不履行抚养义务时，法院得指令雇主将雇员的工资全部或者部分支付给孩子的法定代理人；此项给付对雇主来说有免除义务效力。[1]就将来的"社会保障给付债权"的保护参见债法第 331b 条。　1463

3. 雇员未提供劳务的，雇主原则上不负有工资债务，因为遵循——鉴于合同给付均衡的基础构造——"不劳不得"原则。但雇员在某些情形下得请求支付工资。未提供劳务而得请求支付工资的情形有：　1464

——因雇主的过错导致雇员无法给付劳务，或者雇主因其他原因迟延受领劳务给付的（债法第 324 条）。　1465

尤其在计件工资中，雇主须分配足够的工作，并在雇员开始工作前告知其工资标准（债法第 326、326a 条）。　1466

——在某些情形下，即便因雇员的原因未提供劳务给付，雇主仍需支付工资。例如在雇员生病、遭受意外、履行法定义务或履行公职时，雇主原则上仍负有受限制的继续支付工资的义务。前提是，雇员对无法给付劳务不存在过错，并且劳动关系已持续 3 个月以上或劳动关系已缔结 3 个月以上（债法第 324a 条第 1 款）。请求继续支付工资的数额按照雇员通常情况下可获得的工资计算。该请求权的最短期限原则上根据劳动关系的存续期间和其他特别情形确定（债法第 324a 条第 2 款）。[2]　1467

---

〔1〕　就此问题以及对其他类似制度的展开参见 Tuor/Schnyder/Jungo, ZGB，§ 42 N 65 ff.。

〔2〕　关于计算继续支付报酬请求权的常见图表，参见 Staehelin, Zürcher Komm.，N 39 ff. zu Art. 324a OR。

1468　　根据债法第 324a 条，雇员五分之四以上的停发工资通过强制性保险（债法第 324b 条），特别是通过强制性意外事故保险获得补偿的（例如按照《意外事故保险法》第 16—17 条享有的每日补助请求权），雇主可免于继续支付工资。

1469　　4. 雇主不支付届期工资的，经催告或约定的到期日经过后，雇主陷于履行迟延，适用债务人迟延的一般规定（债法第 102 条以下）。须注意以下特别之处：

1470　　——尽管雇员原则上负有先履行义务（债法第 323 条第 1 款），但他可以类推适用债法第 82 条之规定，拒绝将来的劳务给付；[1]

1471　　——雇主无支付能力时，根据债法第 337a 条，雇员基于劳动关系所取得的债权未在合理期限内获得担保的，雇员可立即终止合同（参见债法第 83 条）。

（二）其他义务

1472　　1. 除另有约定或习惯外，雇主应为雇员提供工作所必要的工具和材料（债法第 327 条）。此外，雇员为完成工作所支出的必要费用，雇主应补偿之（债法第 327a—327c 条）。

1473　　2. 雇主还负有其他义务（简要介绍）：

1474　　——保护雇员人格的义务（债法第 328—328b 条；边码 1483 以下）。

1475　　——按照合同约定和法律规定，保障雇员休息时间、假期以及青年人校外工作假期［译者注：指的是法律为不满 30 周岁的青年人特别规定的无薪假期，用以从事类似义工的无偿工作，规定在债法第 329e 条］的义务（债法第 329—329c 条及第 329e 条）。

1476　　——向雇员支付节假日期间工资的义务，支付的标准如同雇员在节假日正常提供劳务一般（债法第 329d 条第 1 款）。[2]

1477　　——保障女雇员自分娩之日起为期 14 周的产假（债法第 329f 条）的义务。[3]

---

〔1〕　BGE 120 II 209 ff.（212），E. 6a＝Pra 1995, Nr. 105, S. 338 ff.；Staehelin, Zürcher Komm., N 15 zu Art. 323 OR（雇员通常需要警告雇主若不支付将采取该措施）.

〔2〕　BGE 129 III 664 ff.（673），E. 7.3＝Pra 2004, Nr. 67, S. 381 ff.

〔3〕　虽然雇主［原文错写为雇员］必须保障这一休假，但女性雇员不是必须休假。须注意的是，《劳动法》第 35a 条第 3 款将"分娩后 8 周内"规定为强制性禁止劳动时间。参见 Portmann/Rudolph, Basler Komm., N 6 zu Art. 329f OR. 就生育补偿见《收入补偿法》（EOG）第 16b 条以下。

——将雇员可能交纳的保证金与雇主财产分开保管，并应为保证金提供 1478
担保的义务（债法第 330 条）。

——根据雇员要求提供工作证明的义务，工作证明内容包含劳动关系类 1479
型、持续时间以及雇员工作成效和表现等信息（债法第 330a 条）。

雇员可以选择要求雇主提供标准化证明（完整证明，债法第 330a 条第 1 1480
款）或仅提供所谓的简易证明（仅限于劳动关系的类型和持续时间，债法第
330a 条第 2 款）。[1]相反，未经雇员明确要求，雇主不得仅提供简易证
明。[2]

——与职工社会保障相关的义务（边码 1494 以下）。 1481

——计划大规模裁员时的义务（债法第 335d—335g 条）。[3] 1482

二、雇员人格保护专论

1. 根据一般性规则（《民法典》第 28 条），任何人的人格权都应被尊重。 1483
该规则于非合同领域和合同关系中都适用，同样也适用于劳动关系。该规则
被债法第 328 条第 1 款具体化为：雇主应尊重和保护雇员的人格、关心雇员
的健康、使雇员享有符合公共道德标准的待遇。制定法上的具体化仍然极具
开放性，这解释了为什么下面列举的源自雇主保护义务的子义务不是封闭性
的，而是可扩展的：

——保障雇员免受性骚扰，并在雇员受到性骚扰时，防止产生进一步的 1484
不良后果的义务（债法第 328 条第 1 款第 2 句；《男女平等法》第 4 条）。

——采取必要、合理的措施保护雇员生命、健康和人格尊严的义务（债 1485
法第 328 条第 2 款）。[4]这一雇主义务也被《劳动法》第 6 条第 1 款和《意外
事故保险法》第 82 条第 1 款确认（实际上一样的文本）。

属于这一义务的还有：保护雇员免受上级或同事的职场欺凌和其他人格侵 1486

---

[1] BGE 129 III 177 ff. (179), E. 3. 2; Staehelin, Zürcher Komm., N 12 und 17 zu Art. 330a OR.

[2] BGE 129 III 177 ff. (179 f.), E. 3. 2–3. 3.

[3] BGE 134 III 67 ff. (69), E. 4 = Pra 2008, Nr. 91, S. 592 ff.

[4] BGE 132 III 257 ff. (259 ff.), E. 5; Urteil des BGer. vom 6. Juli 2015, Nr. 4A_189/2015, E. 3.

害，[1]或者努力以就具体情形而言合理的花费来解决冲突的义务。[2]

1487　　——雇主与雇员共同生活的，雇主应为雇员供给充足的膳食和符合居住标准的住宿，以及必要时给予一定期限的照顾和治疗（债法第328a条）。

1488　　——仅得处理雇员的以下信息：该信息涉及与劳动关系相关的雇员能力和资格，或者为履行劳动合同所必要的信息（债法第328b条第1句）。[3]

1489　　个人信息保护的规定在合同缔结前已有适用余地。此规定尤其为合同磋商时雇员的回答义务和告知义务设定了边界。一般而言，雇员只需如实回答与工作岗位和工作内容直接相关的问题。[4]

1490　　此外，依债法第328b条第2句的明确规定，［就雇主处理雇员信息事项］适用《数据保护法》（DSG）的规定。因此，该法所确立的信息处理基本原则（例如诚实信用、比例原则、合目的性以及信息安全；《数据保护法》第4条以下）适用［于雇主处理雇员信息］。雇员［对雇主处理的雇员信息］有询问的权利（《数据保护法》第8条以下）。

1491　　关于雇员出现症状前进行基因检测以及获取检测结果的问题，参见《关于人体基因检测的联邦法律》第21条以下。

1491a　　2. 适用债法第328条时应根据不同雇员类型而有所区别。联邦法院在所审理案件中鉴于合同消灭的情事，就保护大龄且工作年限较长的雇员提出了特别要求。[5]

1492　　3. 依本书见解，雇员人格保护的内容也来源于《男女平等法》。该法尤其规定了禁止歧视（《男女平等法》第3条），尤其在职位录用、工作任务分配、工作条件制定、工资、培训和进修、晋升以及裁员方面都禁止歧视（《男女平等法》第3条第2款）。

1493　　该法还规定了性骚扰形式的歧视［译者注：例如以许诺职场利益、施加

---

〔1〕　BGE 125 III 70 ff. (73), E. 2a; 127 III 351 ff. (355 f.), E. 4 b/cc; 132 III 115 ff. (117), E. 2. 2; Urteil des BGer. vom 9. Juli 2007, Nr. 4A_128/2007, E. 2. 2.

〔2〕　Urteil des BGer. vom 12. November 2014, Nr. 4A_384/2014, E. 4. 2. 1.

〔3〕　Aebi-Müller, Privatsphäre, S. 22 ff.; vgl. auch Staehelin, Zürcher Komm., N 6 f. zu Art. 328b OR.

〔4〕　BGE 132 II 161 ff. (166), E. 4. 2.

〔5〕　Urteil des BGer. vom 12. November 2014, Nr. 4A_384/2014, E. 4. 2. 2.

压力等方式谋求性方面的利益〕（《男女平等法》第 4 条），就遭受歧视创设特别法律请求权（《男女平等法》第 5 条），并规定特别的举证责任减轻（《男女平等法》第 6 条）。

三、社会保障专论

在职工社会保障方面，雇主负有多项义务（债法第 331—331f 条）。这些义务仅部分规定在债法中，其余部分则源自《民法典》（财团法）和社会保险法律（尤其是《关于养老、遗属和伤残的职业社会保障的联邦法律》，BVG）。[1]依据债法，雇主负有以下义务：[2] 　1494

——雇主有义务将其为雇员缴纳的社会保险金以及可能的雇员自己缴纳的社会保险金交存于财团、合作社或公法性机构（债法第 331 条第 1 款）。 　1495

——雇主有义务缴纳与雇员所缴纳数额相等的社会保险金，并将之连同雇员所缴纳的社会保险金一并移交于社会保障机构（Vorsorgeeinrichtung）（债法第 331 条第 3 款）。 　1496

——雇主有义务为雇员提供表明雇员对社会保障机构或保险人享有债权的必要的证明文件（债法第 331 条第 4 款）。 　1497

此外，债法还规定了下列内容：社会保障的开始和终止（债法第 331a 条）、将来始得请求给付的社会保障性债权不得让与和出质（债法第 331b 条）、社会保障机构基于〔投保人〕健康原因而作（有时间限制的）保留（债法第 331c 条）以及雇员为取得住房所有权而出质或提前领取社保给付（债法第 331d—331f 条）。 　1498

第四节　劳动关系的消灭

下文将分别讨论劳动关系消灭事由（边码 1500 以下）及消灭的后果（边码 1536 以下）。 　1499

---

〔1〕　完整内容参见 Helbling, Personalvorsorge und BVG, 8. Aufl. , Bern 2006。

〔2〕　具体参见 Streiff/von Kaenel/Rudolph, Praxiskommentar, N 1 ff. zu Art. 331 OR。

一、消灭事由

1500　　劳动关系是继续性债务关系，其消灭须有外在消灭事由［译者注：与外在消灭事由相对的是一次性债务关系因履行而消灭］（边码95）。应区分以下三种情况：确定期限的劳动关系期限届满（边码1501以下）、未定期限的劳动关系［当事人］通知终止（边码1506以下）以及雇员死亡（边码1521以下）。就通知终止时的保护性规定也予以讨论（边码1525以下）。

（一）期限届满

1501　　1. 确定期限的劳动关系因约定的期限届满而告消灭，无须通知终止（债法第334条第1款）。须说明的是，确定期限的劳动关系可基于重大事由以特殊终止的方式提前消灭，如此，则终止抢先于约定的期限届满［而使劳动关系消灭］。

1502　　劳动关系的期限可由法律规定或合同约定，尤其还可根据劳动关系的特定目的予以确定［译者注：劳动关系有特殊目的的，目的实现时期限届满］：根据实务见解，就劳动关系是否有确定期限有争议的，由主张存在确定期限一方承担举证责任；有疑义时，应认为当事人欲建立未定期限的劳动关系。[1]

1503　　2. 就期限届满问题，法律有两项特别规定：

1504　　——一项是关于"确定期限的劳动关系"在约定的期限届满后默示延长，此后的劳动关系视为未定期限（债法第334条第2款）。

1505　　——另一项是关于约定的劳动关系的期限超过10年者；在合同履行满10年后，任何一方均可随时以6个月为预告期间，通知终止合同，合同在预告期间届满的当月末终止（债法第334条第3款）。借助这一规定，劳动法上的拘束在时间上的限制（《民法典》第27条）得以具体化，而不使相应的约定无效。

（二）通知终止

1506　　未定期限的劳动关系，任何一方当事人可依合同约定和法律规定通知终

---

　　〔1〕 Urteil des BGer. vom 29. Juni 2007, Nr. 4A_89/2007, E. 3. 2.

止（债法第 335 条第 1 款）。

1. 首先谈论常规终止，即遵守法定或约定的终止预告期间和终止日期而 1507
终止合同。［就常规终止而言］下列规范有重要意义：

——原则上，终止通知无须说明终止理由。仅当对方要求说明理由时， 1508
提出终止的一方才须书面说明终止理由（债法第 335 条第 2 款）。

说明终止理由尤其对防止终止权滥用（债法第 336 条以下）有重要意义。 1509

——不得对雇主和雇员约定不同的终止预告期间（终止对等）；若约定不 1510
同的终止预告期间，对双方均适用较长的期间（债法第 335a 条第 1 款）。

——制定法［对不同情形］规定了不同的终止预告期间。雇员是否处于 1511
试用期（债法第 335b 条），影响终止预告期间的长短。试用期届满后，终止
预告期间的长短取决于劳动关系已持续多久（债法第 335c 条）。在法律允许
的限度内，可以通过书面约定、标准劳动合同或集体劳动合同来改变［法律
规定的］终止预告期间（债法第 335a 条第 2 款、第 335b 条第 2 款、第 335c
条第 2 款）。

与民法中其他终止预告期间起算不同，劳动关系的终止预告期间不是从 1512
终止通知到达对方时开始起算，而是自合同消灭时回溯计算，[1]这种计算对
债法第 336c 条第 2 款的预告期间的中止计算很重要。[2]

——在经营过程中，达到一定数量的大规模裁员，其程序适用特别规定 1513
（债法第 335d—335g 条）。[3]

雇主打算大规模裁员的（债法第 335d 条），尤其须向雇员代表机构或雇 1514
员征询意见（债法第 335f 条第 1 款），并至少应保证他们就下列问题有提出
建议的可能：如何避免裁员、限制裁员数量以及减轻裁员带来的消极后果
（债法第 335f 条第 2 款）。征询意见应尽早开始，以便对裁员规模以及裁员执
行做最终决定时仍能把征询意见的结果考虑进来。此外，雇主有义务告知大

---

〔1〕 BGE 134 III 354 ff.（358 ff.），E. 2 und 3.

〔2〕 参见 Streiff/von Kaenel/Rudolph, Praxiskommentar, N 2 zu Art. 336c OR。

〔3〕 BGE 137 III 27 ff.（29），E. 3. 2＝Pra 2011, Nr. 62, S. 445 ff.

规模裁员的原因以及裁员规模（债法第 335f 条第 3 款）。雇主未履行征询意见义务和告知义务的，雇员可诉请其履行义务和赔偿因违约所生之损害（债法第 97 条以下）。

1514a   ——特定情况下应为达成劳资双方协调计划（Sozialplan）进行磋商，协调计划中应确定"避免终止劳动关系、限制解雇人数以及减轻负面后果"的措施（债法第 335h 条第 1 款）。

1515   ——此外，法律就通知终止时的保护做了特别规定（债法第 336—336d 条；边码 1525 以下）。

1516   2. 除常规终止外，还可能发生特殊终止（不设预告期间的终止）。尤其是基于重大事由，任何一方均得随时通知立即终止劳动关系（债法第 337 条第 1 款第 1 句）。因某种情事之存在，依据诚实信用原则，继续维持劳动关系对通知终止一方当事人而言过于苛刻时，该情事即被视为重大事由（《民法典》第 4 条）（债法第 337 条第 2 款）。[1]这种情事可能出现在下列情形：

1517   ——因雇员严重违反合同义务，客观上足以摧毁或至少强烈冲击对劳动关系而言重要的信赖基础，并且事实上也导致信赖基础受到冲击（尤其是当雇员实施对雇主有害的犯罪行为时）；[2]

1518   ——因雇主的行为，尤其是雇主丧失支付能力，雇员基于劳动关系所生债权未在合理期限内获得担保（债法第 337a 条）。

1519   对于是否存在重大事由，法院原则上通过考虑具体案件的所有重要情事进行自由裁量。[3]但法院的裁量权受到两方面限制：一方面，雇员非因自身过错而无法提供劳务的，不得认为存在重大事由（债法第 337 条第 3 款）；另一方面，雇主丧失支付能力时（债法第 337a 条），法院就"[继续维持劳动关系对雇员来说]是否过于苛刻"这一问题没有自由裁量权。就学徒工合同来说，重大事由规定在债法第 346 条第 2 款；就船员雇佣合同来说，重大事由规定在《船舶航行法》第 77 条第 3 款（例如"滥用指令权或惩戒权"）。

---

〔1〕   丰富的判决见 Abegg, Präjudizienbuch OR, N 2 ff. zu Art. 337 OR。

〔2〕   BGE 130 III 213 ff.（220 f.），E. 3. 1；137 III 303 ff.（304），E. 2. 1. 1 = Pra 2011, Nr. 127, S. 931 ff.

〔3〕   BGE 137 III 303 ff.（304），E. 2. 1. 1 = Pra 2011, Nr. 127, S. 931 ff.；Urteil des BGer. vom 30. November 2000, Nr. 4C. 244/2000, E. 2a/aa = Pra 2001, Nr. 85, S. 496 ff.

终止权人知悉重大事由后，仅有较短的期间来决定是否为特殊终止以及 1519a
将之通知对方。考虑的时间通常为两到三个工作日。[1]须注意的是，因对方
不十分严重的过错而生之无预告期间的终止，以已为警告为前提。[2]

（有正当理由或无正当理由地）终止劳动关系，其法律后果在债法第 1520
337b—337d 条得到进一步规定。若终止被证实是有正当理由的，则损害赔偿
义务取决于哪一方当事人违反了合同义务（债法第 337b 条第 1 款）。若双方
均无须负责或双方均须对终止负责，则法院在考量所有情事后，对财产法上
的后果作出自由裁量（债法第 337b 条第 2 款）。即便解雇无正当理由，劳动
关系也终止。于此情形，被解雇者可以请求损害赔偿（债法第 337c 条第 1
款）[3]，并在一定情形下可请求支付补偿金（债法第 337c 条第 3 款）。

有时虽然存在立即终止合同的重大事由，但雇主忽略它，而选择常规终 1520a
止，并立即解除雇员职务以及阻止其进入工作场所。解除职务意味着，合同
关系以及伴随合同的工资支付义务虽然持续到终止预告期间经过，但雇主放
弃劳务给付，因此雇员无须提供劳务。[4]

（三）雇员死亡

1. 劳动关系因雇员死亡而依法终止（债法第 338 条第 1 款）。 1521

符合特定要件时，雇主应向雇员的继承人额外支付一个月或两个月的工 1522
资（债法第 338 条第 2 款）。

2. 相反，如果是雇主死亡，则劳动关系移转于其继承人，继续维持（债 1523
法第 338a 条第 1 款）。

---

〔1〕 BGE 130 Ⅲ 28 ff.（34），E. 4. 4 = Pra 2004，Nr. 115，S. 650 ff.；138 Ⅰ 113 ff.（116），
E. 6. 3. 2.

〔2〕 BGE 129 Ⅲ 380 ff.（382），E. 2. 1.

〔3〕 就诸如所失利益的额外损害赔偿，参见 BGE 135 Ⅲ 405 ff（407），E. 3. 1. und 3. 2 = Pra 2010，
Nr. 8，S. 48 ff.。

〔4〕 BGE 118 Ⅱ 139 ff.（140），E. 1；亦参见 Streiff/von Kaenel/Rudolph，Praxiskommentar，N 13 zu
Art. 324 OR。

1524　　　劳动关系主要是鉴于雇主的人身而缔结者，适用特殊规定（债法第338a条第2款）。

（四）通知终止时的保护

1525　　　债法在第336—336d条规定了通知终止时的特别保护，具体如下。

1526　　　1. 瑞士劳动法奉行"（劳动关系）终止自由原则"，因此终止的合法性，原则上不以特别事由为前提。[1]

1527　　　2. 但终止自由并非没有限制。基于某些被法律规定为不允许的事由来终止劳动关系的，即为滥用终止权（债法第336—336b条）。具体是：

1528　　　——债法第336条——非封闭式——列举了滥用终止权的情形。[2]禁止滥用终止权一方面是禁止权利滥用这一一般性原则的具体化，另一方面是人格保护的结果。尤其是对年龄较大且服务年限较长的雇员，雇主负有更高的照顾义务（边码1491a）。[3]在不同劳动关系中，禁止滥用终止权的法律后果亦有差别。构成滥用终止权的例子有，一方（仅仅）为了阻止另一方取得劳动关系上的请求权或者因另一方诚实信用地行使劳动关系所生之请求权而通知终止合同（债法第336条第1款c项和d项）。[4]该条第1款的滥用终止权情形，既可能是雇主滥用，也可能是雇员滥用。

1529　　　在大规模裁员情形，雇主未向雇员代表机构，在无代表机构时，未向雇员征询意见即通知终止劳动关系的，也是滥用终止权（债法第336条第2款c项）。

1530　　　——滥用终止权的法律后果仅是负有支付补偿金的义务（债法第336a条第1款）；即便滥用终止权，终止仍发生效力，滥用终止权不会导致雇主必须继续聘用雇员的后果。补偿金的数额，由法院在债法第336a条第2、3款的限度内自由裁量。

---

〔1〕 BGE 131 III 535 ff. （538 oben），E. 4. 1＝Pra 2006，Nr. 44，S. 325 ff.；132 III 115 ff. （116），E. 2. 1；136 III 513 ff. （514），E. 2. 3＝Pra 2011，Nr. 40，S. 288 ff.

〔2〕 BGE 123 III 246 ff. （251），E. 3b；125 III 70 ff. （72），E. 2a；131 III 535 ff. （538），E. 4. 2；132 III 115 ff. （117），E. 2. 1；136 III 513 ff. （514），E. 2. 3＝Pra 2011，Nr. 40，S. 288 ff.

〔3〕 Urteil des BGer. vom 12. November 2014，Nr. 4A_384/2014，E. 4. 2. 2.

〔4〕 BGE 132 III 115 ff. （117），E. 2. 1.

第 336a 条的补偿金并不是损害赔偿。即便没有传统意义上的损害，也得 1531
判决支付补偿金。它是一项独特的制度，与违约金相似。[1]

——要想成功主张补偿金，必须遵守特别的程序规则：欲就对方滥用终 1532
止权主张补偿金一方，必须在终止预告期间届满前向对方就终止通知提出书
面异议（债法第 336b 条第 1 款）。[主张补偿金一方] 也必须在法定期限内
（劳动关系终止之日起 180 日内）提起诉讼，否则请求权失效（债法第 336b
条第 2 款）。

3. 此外，法律规定某些情形下不得通知终止劳动关系，因为不然的话， 1533
劳动关系将在不适当的时间终止（债法第 336c、336d 条）。

例如，当雇员非因自身过错（如因疾病、意外）完全或部分不能给付劳 1534
务时，雇主在一定期间内通知终止（债法第 336c 条第 1 款 b 项），即属不适
时终止。雇主在女雇员怀孕期间和分娩后 16 周内通知终止劳动关系的（债法
第 336c 条第 1 款 c 项），也属于不适时终止。[2]如果雇主因债法第 336c 条第
1 款 a 项上之事由（例如服兵役）无法工作，而雇员应接替其工作，此时雇
员通知终止劳动关系的，即为不适时终止（债法第 336d 条第 1 款）。

在前述保护期（Sperrfristen）内通知终止劳动关系的（债法第 336c 条第 1535
2 款末尾），终止通知无效，这与滥用终止权不同。但在保护期开始前已通知
终止劳动关系，保护期开始时终止预告期间尚未届满的，终止预告期间中止
计算，待保护期结束后继续计算（债法第 336c 条第 2 款、第 336d 条第 2
款）。[3]

相反，即便有终止 [保护] 的强制性规定，仍允许合意废止合同（债法 1535a
第 115 条）。因此在保护期内也可废止劳动关系，只要此行为不被视为规避终
止保护的强制性规定。[4]如果劳动者在合意废止合同时放弃有权享有的强制

---

[1] BGE 123 III 391 ff.（394），E. 3c＝Pra 1998, Nr. 24, S. 162 ff.；Staehelin, Zürcher Komm., N 3
f. zu Art. 336a OR.

[2] BGE 135 III 349 ff.（352），E. 2. 1＝Pra 2009, Nr. 134, S. 915 ff.

[3] BGE 133 III 517 ff.（520 ff.），E. 3 ff. ＝ Pra 2008, Nr. 26, S. 190 ff.

[4] BGE 110 II 168 ff.（170），E. 3a；115 V 437 ff.（443），E. 4b；118 II 58（60 f.），E. 2＝Pra
1993 Nr. 142, S. 550 ff.

性权利,则其放弃的效力取决于双方的妥协(真正的和解)。[1]

二、消灭的后果

(一) 概述

1536　劳动关系消灭意味着法律关系(继续性合同)必须结束。法律对此作了以下规定:

1537　1. 所有基于劳动关系而产生的债权,均因劳动关系消灭而届其清偿期(债法第339条第1款)。随着债权届清偿期,该债权的诉讼时效也开始起算(债法第130条第1款)。基于劳动关系产生的雇员的债权,诉讼时效为5年(债法第128条第3项)。

1537a　在石棉受害者案件中,联邦法院判定受害者基于劳动关系享有的赔偿请求权罹于时效,而欧洲人权法院认为联邦法院的判决侵害了[受害人]寻求法院救济的权利[《欧洲人权公约》(EMRK)第6条第1项]。根据欧洲人权法院观点,[联邦法院对受害人的权利]侵害在于:在石棉受害人遭受损害并可以提起诉讼之前,损害赔偿请求权已经罹于时效,这一情形被称为迟到的损害(Spätschäden)。[2]

1538　2. 自劳动关系消灭之日起,合同双方互负返还义务(债法第339a条)。特别是,雇员应返还机动车、配发的劳动工具,以及预支的工资或费用中超出其债权的部分(债法第339a条第2款)。

1539　合同当事人的留置权不受影响(债法第339a条第3款;《民法典》第895

---

〔1〕 BGE 118 II 58(60 f.),E. 2b = Pra 1993, Nr. 142, S. 550 ff.;Urteil des BGer. vom 16. März 2010, Nr. 4A. 103/2010, E. 2. 2;Streiff/von Kaenel/Rudolph, Praxiskommentar, N 10 zu Art. 335 OR 有进一步提示。

〔2〕 关于此案的判决:BGE 137 III 16;Urteil des EGMR vom 11. März 2014, Nr. 41072/11;Urteil des BGer. vom 11. November 2015, Nr. 4F_15/2014(改判,计划官方公布)[译者注:瑞士联邦法院选择其所作判决中有重要法律意义者公布,以系统化的编号编排,例如 BGE 137 III 16 即为官方公布的判决;未经官方公布的判决则以其他编号编排,例如 Urteil des BGer. vom 11. November 2015, Nr. 4F_15/2014]。有关文章有 Krauskopf, EMRK-widriges Verjährungsrecht! – Die Schweiz muss die Verjährung im Schadensrecht überdenken, Jusletter 24. März 2014。

条以下）。

3. 满足债法第339b条规定的要件时，雇员有权请求离职金（Abgangs-
entschädigung），法律对其数额和届期时间作了进一步规定（债法第339c、
339d条）。 　1540

4. 劳动关系消灭后可能产生（后合同的）竞业禁止义务（债法第340—
340c条）。 　1541

（二）竞业禁止专论

1. 竞业禁止涉及在劳动关系消灭后雇员从事与雇主有竞争关系的工作。
合同上的［竞业］禁止包含使雇员负有以下义务的约定：雇员在一定期间内
不得从事任何［与雇主］有竞争关系的活动，特别是，不得从事［与雇主］
有竞争关系的营业或供职于该种营业（债法第340条）。就此作以下具体
说明： 　1542

——拥有完全或部分相同客户群的两家企业，提供相似的给付，从而直
接满足客户相同需求，即认为存在竞争关系。[1]竞争涉及的时间是在劳动关
系消灭后。 　1543

劳动关系存续期间从事有竞争关系的活动，不属于竞业禁止约定的情形。
此种情形属于债法第321a条第3款所规定的雇员违反忠实义务，自始不被
允许。 　1544

——竞业禁止之约定，须雇员具有行为能力且须以书面形式作出，始生
效（债法第340条第1款）。 　1545

——竞业禁止，仅在雇员因劳动关系而知悉雇主的顾客名单、技术秘密
或商业秘密且其使用严重损害雇主利益时，始有拘束力（债法第340条第2
款）。 　1546

在下述情形知悉客户群可能损害雇主利益："雇员通过与雇主的客户建立
联系、了解其意愿和需求，从而有机会提供相应要约并提前针对客户的具体 　1547

---

〔1〕　BGE 92 II 22 ff.（26），E. 1d.

需求进行安排。"[1]相反，在以下情形，雇员不能因知悉客户群而获得利益，即"客户与雇主的关系主要基于人身属性，并且以雇主的特别能力为基础"，这通常出现在自由职业中（例如医生、牙医、律师）。因此，在这种情况下，"雇员知晓客户群体"并不能使竞业禁止具有正当性。[2]

1548   ——竞业禁止应在空间、时间和内容上作合理限定；仅在特定情形下，竞业禁止才可超过 3 年（债法第 340a 条第 1 款）。

1549   法院对过度的竞业禁止约定，得考虑全部因素后依自由裁量予以限缩（债法第 340a 条第 2 款第 1 句）。于此尤其要顾及雇主可能支付的经济上对价（等待期补偿）（债法第 340a 条第 2 款第 2 句）。但竞业禁止的拘束力并不以等待期补偿为前提。[3]

1550   2. 雇员违反有效约定的竞业禁止义务的，原则上应赔偿雇主因此所生损害（债法第 340b 条第 1 款）。法律对损害赔偿义务、支付违约金义务和请求实际履行竞业禁止义务，作了以下具体规定：

1551   ——就违反竞业禁止义务约定了违约金且无其他约定时，雇员在支付违约金后不再受竞业禁止义务的拘束，但其就其他损害仍负赔偿义务（债法第 340b 条第 2 款）。

1552   于此情形，违约金也即法定毁约金（Wandelpön）[译者注：Wandelpön 和 Reugeld 都是毁约金，前者是在毁约时支付，后者是于合同缔结时即已支付]，但不影响对其他损害的赔偿义务。[4]

1553   ——仅当有书面的特别约定时，雇主才可在雇员支付违约金和赔偿其他损害外，请求 [雇员] 消除违约状态（即实际履行竞业禁止义务）；此外，该请求权的前提是，依雇主利益受到损害或受到威胁的程度以及雇员的行为，

---

[1] Urteil des BGer. vom 1. Oktober 2013, Nr. 4A_261/2013, E. 5. 9.

[2] Urteil des BGer. vom 13. Juli 2007, Nr. 4C. 100/2006, E. 2（所引用内容来自 E. 2. 1）；此外参见 BGE 138 III 67 ff. （70 ff. ）。

[3] Streiff/von Kaenel/Rudolph, Praxiskommentar, N 6 zu Art. 340a OR.

[4] Gauch/Schluep/Emmenegger, OR AT, Nr. 3810 und 3812; Cotti, Konkurrenzverbot, Nr. 678.

有理由认为应消除违约状态（债法第 340b 条第 3 款）。[1]

3. 虽然竞业禁止被有效约定，但有证据表明竞业禁止的维持对雇主不再　1554
有重大利益（债法第 340c 条第 1 款）或者雇主在无正当事由的情况下终止劳
动关系的，竞业禁止失其效力。[2]雇员因可归责于雇主的原因终止劳动关系
的，竞业禁止亦失其效力（债法第 340c 条第 2 款）。

[对竞业禁止效力]有决定性作用的是导致劳动关系终止的实际事由，而　1555
不是通知终止的是谁。[3]可以作为终止事由的尤其是，对方做出难以忍受的
违约行为。[4]

第五节　个别问题

一、罢工权

1. 罢工是指"雇员针对一个或多个雇主，为实现获得一定劳动条件的诉　1556
求而集体拒绝提供所负的劳务给付"，在旧《联邦宪法》时代，瑞士在宪法和
法律层面都未就允许或禁止罢工作出明确规定。[5]这一漏洞由联邦法院在
1999 年——新《联邦宪法》通过 2 个月后、生效前 6 个月——根据《民法
典》第 1 条第 2、3 款，通过法官造法的方式予以填补，原则上承认了罢工
权。[6]但是，罢工须由有权进行劳资谈判的机构组织，系为实现集体合同所
确立的目标，且不得违反安定义务及比例原则，方为合法。[7]

根据所引判例[译者注：BGE 125 III 277]还可以确定，雇员个人不享　1557
有（作为个人自由权的）罢工权。雇员系通过单个劳动合同而与雇主相结合，

---

[1]　详见 Cotti, Konkurrenzverbot, Nr. 697 ff. 。

[2]　BGE 138 III 359 ff.（363），E. 6. 2. 3.

[3]　BGE 130 III 353 ff.（360），E. 2. 2. 2.

[4]　Staehelin, Zürcher Komm. , N 7 und 15 zu Art. 340c OR.

[5]　BGE 125 III 277 ff.（283），E. 3a.

[6]　BGE 125 III 277 ff.

[7]　BGE 125 III 277 ff.（284），E. 3b；111 II 245 ff.（257），E. 4c＝Pra 1986, Nr. 187, S. 640 ff. ；
132 III 122 ff.（132 f. ），E. 4. 4. 1＝Pra 2006, Nr. 107, S. 731 ff.（针对《联邦宪法》第 28 条）。

合同中"包含了安定义务";中止合同中的劳动义务和安定义务唯有在集体法律层面才能得到正当化。[1]

1558　　2. 1999 年 4 月 18 日［通过的］《联邦宪法》,其中第 28 条第 2—4 款现在包含了宪法性的罢工权。[2]该权利属于"合于宪法的结社自由",并对劳动合同关系产生效力——基于基本权利的间接第三人效力。[3]作为解决劳资争端的最后手段,罢工仅在涉及劳动关系且不违反保障劳动安定或开展调解磋商义务时,才被允许（《联邦宪法》第 28 条第 3 款）。[4]此外,根据联邦法院的判例,罢工须由有劳资谈判资格的机构组织,并且应符合比例原则。[5]

1559　　基于（基本权利的）间接第三人效力,因参加（合法）罢工而暂时停止工作不属于违反合同中的劳动义务。[6]罢工期间,劳动合同主给付义务暂停了,因此雇主在此期间不负有支付工资义务。[7]出于政治动机向政府机构施压的罢工不被允许,因为此种罢工与劳动关系无关。[8]

二、发明与外观设计上的权利

1560　　1. 雇员在执行职务并在履行合同义务过程中做出的发明,无论该发明能否取得法律上的保护,其权利均属于雇主。雇员参与创作的外观设计,亦同（债法第 332 条第 1 款）。

1561　　发明,是指"基于创造性想法,通过对自然力和原料进行新的、创造性

---

〔1〕　Vischer/Albrecht, Zürcher Komm. , N 12 zu den Vorbem. zu Art. 356-360 OR.

〔2〕　就此参见 Botschaft zur BV von 2006, BBl 1997 I, S. 179 f. ; BGE 132 III 122 ff. （132 ff.）, E. 4. 4 = Pra 2006, Nr. 107, S. 731 ff. ; Vallender/Hettich, in: Ehrenzeller/Schindler/Schweizer/Vallender （Hrsg. ）, Die schweizerische Bundesverfassung, Kommentar, 3. Aufl. , Zürich 2014, N 24 ff. zu Art. 28 BV; Mahon, in: Aubert/Mahon （Hrsg. ）, Petit commentaire de la Constitution fédérale de la Confédération suisse du 18 avril 1999, Zürich 2003, N 8 ff. zu Art. 28 BV。

〔3〕　BGE 132 III 122 ff. （133）, E. 4. 4. 1 = Pra 2006, Nr. 107, S. 731 ff.

〔4〕　BGE 132 III 122 ff. （133 f. ）, E. 4. 4. 2 = Pra 2006, Nr. 107, S. 731 ff.

〔5〕　BGE 132 III 122 ff. （133 f. ）, E. 4. 4. 2 = Pra 2006, Nr. 107, S. 731 ff.

〔6〕　BGE 125 III 277 ff. （284）, E. 3c.

〔7〕　BGE 125 III 277 ff. （284）, E. 3c.

〔8〕　BGE 132 III 122 ff. （134）, E. 4. 4. 2 lit. a = Pra 2006, Nr. 107, S. 731 ff.

的组合所取得的有重大科技进步的技术成果"；[1]因其不取决于是否可被法律保护，故不需要达到与专利一样的要求。[2]根据《关于保护外观设计的联邦法律》（DesG；SR 232.12），外观设计是指产品的形状或布局，其尤其通过线条、平面、轮廓或颜色的组合或者通过所使用的材料而得以个性化（《关于保护外观设计的联邦法律》第 1 条）。

2. 发明或外观设计虽系雇员在从事职务活动时完成，但并非在履行其劳动义务过程中完成的（所谓的偶然发明和偶然外观设计），则适用以下规则（债法第 332 条第 2—4 款）：　　　　　　　　　　　　　　　　　　　　　　1562

——原则上，发明和外观设计的权利属于雇员。但雇主可以通过书面约定，由其取得权利（债法第 332 条第 2 款）。如有书面约定，那么完成发明或创作外观设计的雇员负有报告义务。雇主自收到书面报告之月起 6 个月内，须决定是希望取得发明和外观设计的权利还是将其交与雇员（债法第 332 条第 3 款）。　　　　　　　　　　　　　　　　　　　　　　　　　　　1563

——雇主未将发明或外观设计交与雇员的，须向其支付合理报酬（债法第 332 条第 4 款）。　　　　　　　　　　　　　　　　　　　　　　　1564

三、劳动关系的移转

债法第 333—333b 条以及《合并法》[3]对劳动关系的移转作了规定：　　1565

1. 雇主把企业全部或部分转让给第三人的，原则上劳动关系及劳动关系下所有权利义务自受让人承受企业之日起一并移转于受让人（债法第 333 条第 1 款），但有以下保留和特殊情形：　　　　　　　　　　　　　　　1566

——移转仅涉及在企业转让时仍存续的劳动关系。[4]　　　　　　　1567

——雇员有权拒绝移转劳动关系（债法第 333 条第 1 款末尾）。此时，劳　1568

---

〔1〕　Staehelin, Zürcher Komm. , N 3 zu Art. 332 OR 提到。

〔2〕　关于发明的概念，参见 BGE 114 II 82 ff.（84），E. 2a=Pra 1988, Nr. 86, S. 333 ff. 。

〔3〕　2003 年 10 月 3 日《关于企业合并、分立、改制和财产转让的联邦法律》（简称《合并法》）；BG über Fusion, Spaltung, Umwandlung und Vermögensübertragung（Fusionsgesetz, FusG）vom 3. Oktober 2003（SR 221.301）。

〔4〕　BGE 134 III 102 ff.（106），E. 3.1.1；136 III 552 ff.（556），E. 3.1=Pra 2011, Nr. 41, S. 292 ff.

动关系因法定终止预告期间届满而终止；而在劳动关系终止之前，企业受让人和雇员仍有义务履行合同（债法第333条第2款）。

1569 此外须注意，根据联邦法院的判例，即便债法第333条第1款并非该法第361条和第362条列举的强制性规定或半强制性规定，［受让人］接受劳动关系移转的义务仍不得约定排除。[1]如果是集体劳动合同，则适用特殊规定（债法第333条第1^{bis}款）。

1570 ——原雇主和企业的受让人对雇员的下列债权负连带责任：在企业让与时已到期的雇员的债权，以及雇员自企业让与时起，至劳动关系可依常规终止方式终止时或因雇员拒绝移转而终止时到期的债权（债法第333条第3款）。

1571 ——此外，只要无其他约定或基于具体情事不能得出相反结论，雇主就不得将基于劳动关系所生的权利移转给第三人（债法第333条第4款）。

1572 2. 在企业全部或部分移转于第三人之前，雇主对雇员代表，或在无雇员代表时对雇员本人，负有特别的告知义务（债法第333a条）。

1573 雇主为移转企业而打算采取涉及雇员利益的措施时，应在决定采取该措施前与雇员代表，或在无雇员代表时与雇员本人，进行磋商（债法第333a条+第2款）。

1574 3.《合并法》也包含涉及劳动关系移转的规定。

1575 这些规定尤其涉及：为劳动关系所生的债权提供担保（《合并法》第27条第2款、第49条第2款），关于合并对雇员的影响的告知义务（《合并法》第14条第3款i项），以及对劳动关系所生债权的责任（《合并法》第27条第3款、第49条第3款与第68条第2款）。此外，该法第27条第1款、第49条第1款以及第76条第1款明确规定应适用债法第333条。

---

[1] BGE 132 III 32 ff. (38 ff.), E. 4. 2 = Pra 2006, Nr. 81, S. 576 ff.

四、民事司法

劳动争议的司法制度（Rechtspflege）主要由《民事诉讼法》规定，《民事诉讼法》为劳动争议提供了简便且费用低廉的程序，如此规定是因为考虑到该生活领域的社会重要性。此外，《联邦法院组织法》和国际私法的规定也有重要意义。　　1576

1. 《民事诉讼法》[1]对众多重要问题统一作了规定：　　1577

——劳动诉讼适用特别法院管辖（《民事诉讼法》第 34 条），无论原告系依债法还是依特别法（如《男女平等法》或《劳务中介和劳务派遣法》）提起诉讼；特别法院管辖属于强制性规定［译者注：原文为 teilzwingend，直译为部分强制性，指的是不得在争议发生前约定变更，但可以在争议发生后约定变更］（《民事诉讼法》第 35 条第 1 款 d 项）。　　1578

——就劳动争议，原则上[2]应在法院裁判程序前进行调解，以期当事人在非要式磋商中达成和解（《民事诉讼法》第 201 条第 1 款）。就某些案件，调解机关可以向当事人提出一个裁判建议（《民事诉讼法》第 210 条）或者［直接］作出裁判（《民事诉讼法》第 212 条）。　　1579

就是否违反《男女平等法》产生的争议，调解机关除了承担调解工作外，还承担法律咨询工作（《民事诉讼法》第 201 条第 2 款）。　　1579a

——如果争议标的额不超过 3 万瑞郎，劳动争议通常适用简易程序（vereinfachtes Verfahren）（《民事诉讼法》第 243 条第 1 款）。如果多个雇员各自的诉请（例如因不当的大规模裁员而产生）合并为普通共同诉讼（《民事诉讼法》第 71 条）处理，且合并后诉讼标的总额超过 3 万瑞郎限额，则仍适用　　1580

---

〔1〕　2008 年 12 月 19 日《民事诉讼法》；Schweizerische Zivilprozessordnung（Zivilprozessordnung，ZPO）vom 19. Dezember 2008（SR 272）。

〔2〕　关于例外情形，参见《民事诉讼法》第 198—199 条。此外根据当事人共同申请，调解（Mediation）代替调解程序（Schlichtungsverfahren）［两种调解程序中文虽都译为调解，但在纠纷解决体系中的地位不同。Mediation 程序中，调解人不做裁定，其功能仅是为双方提供交流平台，寄希望于争议双方通过沟通自行解决争议。Schlichtungsverfahren 中则存在中立的调解人，根据案件事实和争议双方的情况作出裁定，当事人可以接受也可以不接受此裁定；在某些类型的争议中，Schlichtungsverfahren 是诉讼的前置程序］（《民事诉讼法》第 213 条第 1 款）。

简易程序［译者注：但各自的诉权不得超过 3 万瑞郎］（《民事诉讼法》第 93 条第 2 款）。

1581 ——对于某些劳动争议，法院应主动调查案件事实，也即适用依职权调查原则（《民法典》第 247 条第 2 款）。

1582 ——争议额不超过 3 万瑞郎的劳动争议，其所有调解程序（Schlichtungsverfahren）（《民事诉讼法》第 113 条第 2 款 d 项）和法院审判程序（《民事诉讼法》第 114 条 c 项）不收取诉讼费[1]。

1583 2.《联邦法院组织法》[2]对劳动争议也有部分特别规定，例如，就民事案件得上诉至联邦法院的标准规定了更低的［译者注：相对其他领域案件来说］最低争议额，即 15 000 瑞郎（《联邦法院组织法》第 74 条第 1 款 a 项）；争议额未达到前述最低限额时，可因法律问题具有重大意义而上诉至联邦法院（《联邦法院组织法》第 74 条第 2 款 a 项）。另外，争议额低于 3 万瑞郎的，诉讼费按固定数额收取（《联邦法院组织法》第 65 条第 4 款 c 项）。

1584 3. 此外，《国际私法》［就劳动争议司法］规定了特别法院管辖（《国际私法》第 115 条、《联邦关于法院管辖和承认与执行民商事判决的法律》第 18 条以下），并对准据法选择自由做了限制（《国际私法》第 121 条第 3 款）。

第六节　特殊的个人劳动合同

1585 制定法在"劳动合同"一章的第二节（债法第 344—355 条）规定了特殊的个人劳动合同（"Des contrats individuels de travail de caractère spécial"）。针对这些特殊合同，在无特别规范时，关于个人劳动合同的一般性规定得补充适用（债法第 355 条）。

一、学徒工合同

1586 1. 在学徒工合同（le contrat d'apprentissage）中，师傅（雇主）有义务就某一特定职业对学习技艺的人（学徒工）进行合乎专业的培训，学徒工有义务

---

[1] 关于诉讼费的概念，参见《民事诉讼法》第 95 条第 2 款。

[2] 2005 年 6 月 17 日《联邦法院组织法》；BG über das Bundesgericht（Bundesgerichtsgesetz, BGG）vom 17. Juni 2005（SR 173. 110）.

为此目的向师傅给付一定劳务（债法第 344 条）。因此，学徒工合同混合了劳务给付和职业培训的元素，可被定义为"为培训目的而订立的劳动合同"。[1]就学徒关系存续期间的工资作约定尽管很常见，但主流学说认为工资约定不是强制性的。[2]

2. 相较于一般的个人劳动合同，学徒工合同有诸多特殊之处（债法第 1587
344a—346a 条），例如：

——学徒工合同须以书面形式订立，方为有效（债法第 344a 条第 1 款）。 1588
此外，合同须对职业培训的种类和期限、工资、试用期、劳动时间和假期予以约定（债法第 344a 条第 2 款）。

未以书面形式约定工资的，合同因要式瑕疵而无效（债法第 11 条第 2 1589
款）；学徒工已给付劳务的，可根据债法第 320 条第 3 款请求雇主支付工资，工资标准依无效合同约定的工资，若无约定，依通常之工资。[3]

——限制学徒工在培训期后自由择业的约定，无效（债法第 344a 条第 6 1590
款）。

——双方当事人负有特别义务：一方面，学徒工应尽其所能完成培训目 1591
标（债法第 345 条第 1 款）；另一方面，师傅负有特别的培训义务，并保障学徒工享有参加职业培训课程和学徒结业考试所需的时间，且不得扣减学徒工的工资（债法第 345a 条）。

——最后，制定法对学徒工合同的终止（债法第 346 条）以及学徒工证 1592
书（债法第 346a 条）作了特别规定。

二、外出推销员合同

1. 基于外出推销员合同（Handelsreisendenvertrag），外出推销员有义务在 1593
雇主经营场所外有偿为其从事居间活动或缔结交易行为（债法第 347 条第 1
款），并由雇主承担费用。

2. 相较于一般个人劳动合同，外出推销员合同具有以下特殊之处： 1594

---

〔1〕 BGE 132 III 753 (755), E. 2. 1, 与授课合同（无名合同，边码 2508）进行区别。

〔2〕 参见 BGE 132 III 753 (757), E. 2. 4 的证明。

〔3〕 BGE 132 III 753 (756 f.), E. 2. 3-2. 4.

1595　　——制定法对外出推销员合同的内容做了特别规定（债法第 347a 条第 1款），这些内容应在书面合同中写明。但书面形式并非合同有效的要件，欠缺书面形式不会导致合同部分无效。[1]欠缺书面形式时，债法第 347 条第 1 款所规定的合同内容依照法律规定和通常劳动条件确定（债法第 347a 条第 2 款）。

1596　　——合同双方当事人负有特别的义务：外出推销员须以规定的方式拜访客户，并且在被授权缔结交易时，应遵守雇主所确定的价格和其他交易条件（债法第 348 条第 1、2 款）。满足一定要件时，雇主应使外出推销员在某一地区内排他地从事外出推销活动（债法第 349 条）。

1597　　——对工资（债法第 349a 条以下）、留置权（债法第 349e 条）及合同的终止（债法第 350、350a 条）也有特别规定。

三、在家劳动合同

1598　　1. 在家劳动合同（Heimarbeitsvertrag）的特点是：在家雇员（Heimarbeitnehmer）有义务在其居住场所或其他由其确定的劳动场所内，单独或与其家庭成员一起为雇主从事劳动，雇主负有支付工资的义务（债法第 351 条）。

1599　　2. 相较于一般个人劳动合同，在家劳动合同具有以下特点：

1600　　——在家雇员应按时开始劳动，在约定期限届满前完成劳动任务并向雇主交付劳动成果（债法第 352 条第 1 款）。此外，雇员对雇主交付的材料和劳动工具负有妥善管理的义务。

1601　　——雇主应立即检查雇员交付的劳动成果，若有瑕疵，应在一周内通知在家雇员（债法第 353 条）。符合一定要件时，在家雇员应无偿完善劳动成果（债法第 352 条第 2 款）。

1602　　——此外，制定法还对工资的支付（债法第 353a、353b 条）及劳动关系的终止（债法第 354 条）作了特别规定。

1602a　　在家劳动合同不仅在债法中被规定，还在作为特别法的《在家劳动法》[2]中被规定。该法第 3 条以下规定了雇主和在家雇员各自的义务，第 12 条规定了违反义务时的处罚措施。

----

〔1〕 BGE 116 II 700 ff. (701), E. 3a＝Pra 1992, Nr. 10, S. 45 ff.

〔2〕 1981 年 3 月 20 日《关于在家劳动的联邦法律》（简称《在家劳动法》）；BG über die Heimarbeit (Heimarbeitsgesetz, HArG) vom 20. März 1981 (SR 822. 31).

第十五章　集体劳动合同与标准劳动合同

本章专门文献（节选）　　　　　　　　　　　　　　　　　　　　　　1603

Abegg Andreas, Die Rechtsprechung des Bundesgerichts zu Art. 356 ff. OR, in: Gauch Peter/Aepli Viktor/Stöckli Hubert (Hrsg.), Präjudizienbuch zum OR, 9. Aufl. , Zürich 2016.

Stöckli Jean-Fritz, Berner Kommentar zum schweizerischen Privatrecht, Band VI: Das Obligationenrecht, 2. Abteilung: Die einzelnen Vertragsverhältnisse, 2. Teilband: Der Arbeitsvertrag, Art. 319-362 OR, 3. Abschnitt: Gesamtarbeitsvertrag und Normalarbeitsvertrag, Art. 356-360 OR, Bern 1999.

Streiff Ullin/von Kaenel Adrian/Rudolph Roger, Arbeitsvertrag, Praxiskommentar zu Art. 319-362 OR, 7. Aufl. , Zürich 2012.

Vischer Frank/Albrecht Andreas C. , Zürcher Kommentar zum schweizerischen Zivilgesetzbuch, Obligationenrecht, Teilband V 2c: Der Arbeitsvertrag (Art. 356-360f OR), 4. Aufl. , Zürich 2006.

债法第十章第三节所规范的这两种法律制度［即集体劳动合同和标准劳　　1604
动合同］有着截然不同的特征。集体劳动合同（债法第 356 条以下；边码
1605 以下）是集体性劳动法的制度工具。相反，标准劳动合同（债法第 359
条以下；边码 1644 以下）并非法律意义上的合同，而是行政部门颁行的行政
命令（法律条例）。

第一节　集体劳动合同

集体劳动合同法一部分规定于债法第 356—358 条，另外则散见于特别法　　1605
中。特别法首先应考虑的是《关于集体劳动合同普遍约束力声明的联邦法律》

（AVEG）。[1]

一、概述

1606　　1. 集体劳动合同（la convention collective de travail）是指雇主或雇主协会与工会就加入［集体劳动合同］的雇主和雇员之间个别劳动关系的建立、内容和终止共同达成协议的合同（债法第 356 条第 1 款），其首要意义在于，保护个人劳动合同中在经济上处于弱势的一方——通常是雇员。[2]但通过集体劳动合同还应保障雇员间社会地位平等，即任何雇员均享有同等劳动条件。[3]集体劳动合同具有以下典型特点：

1607　　——集体劳动合同的当事人中，一方是雇主或雇主协会，另一方是雇员协会（工会），而非个体雇员。

1608　　——合同包含加入的雇主和雇员之间关于个人劳动关系的建立、内容和终止的约定（债法第 356 条第 1 款，规范性内容，边码 1618 以下）。

1609　　集体劳动合同亦可就涉及雇主和雇员［劳动］关系的其他事项作出规定，或者仅加以列明（债法第 356 条第 2 款）。雇主与工会达成的劳资双方协调计划（Sozialplan，边码 1514a），即属此列（债法第 335i 条第 3 款 a 项）。[4]

1610　　——集体劳动合同还可对合同当事人之间的权利和义务以及对债法第 356 条第 1、2 款所包含内容的遵守与执行进行规定（债法第 356 条第 3 款，债法性内容，边码 1627 以下）。

1611　　2. 集体劳动合同以［采用］书面形式为有效要件（债法第 356c 条第 1 款）。

1612　　单个的雇员和雇主加入集体劳动合同的表示、集体劳动合同当事人同意加入的表示以及［加入者］退出的表示都须采用书面形式（债法第 356c 条第 1 款）。

---

〔1〕 1956 年 9 月 28 日《关于集体劳动合同普遍约束力声明的联邦法律》；BG über die Allgemeinverbindlicherklärung von Gesamtarbeitsverträgen（AVEG）vom 28. September 1956（SR 221. 215. 311）。

〔2〕 BGE 115 II 251 ff. （253），E. 4a＝Pra. 1990，Nr. 15，S. 45 ff.

〔3〕 Vischer/Albrecht, Zürcher Komm. , N 14 zu Art. 356 OR.

〔4〕 BGE 133 III 213 ff. （215 f. ），E. 4. 3. 1.

3. 对应前述两分法，集体劳动合同（内容）可分为规范性内容和债法性 1613
内容。此外，制定法还对"允许的合同内容"作了一系列规定：

——集体劳动合同的规定中或集体劳动合同当事人的［其他］约定中， 1614
强制雇主加入雇主协会或雇员加入工会的条款，无效（债法第 356a 条第 1
款："结社自由"）。

属于［前述］无效条款的尤其是所谓的排他性条款，即规定雇主只能雇 1615
用某一工会的会员[1]，或者禁止雇主与其他工会签订相同合同[2]。

——集体劳动合同的规定中或［集体劳动合同］当事人的约定中，禁止 1616
或者限制雇员从事某种职业、参加某种活动或接受某种必要的培训的条款，
同样无效（债法第 356a 条第 2 款："执业自由"）。

然而，根据债法第 356a 条第 3 款，上述无效情形存在例外，但例外情形 1617
以存在更高的值得保护的利益为前提。

二、规范性内容

1. 集体劳动合同——包含针对个人劳动关系的建立、内容、终止的规定 1618
（债法第 365 条第 1 款）——根据债法第 357 条，"对加入的雇主和雇员"具
有效力（该条侧标题）。因此，集体劳动合同的规范性内容可以理解为可能作
为——雇主和雇员间——个人劳动合同内容的条款。[3]

通过这些（规范性）内容，集体劳动合同是对会员间个别劳动关系具有 1619
约束力的法律渊源，因而导致对个体法上［译者注：与个体法相对的是集体
法，集体劳动合同则是集体法上的产物］的合同自由的限制。[4]在加入［集
体劳动合同］的当事人间适用所谓的"有利原则"［译者注：指雇主和雇员
作出不同于集体劳动合同中不可更改的条款的约定，此等约定原则上无效，
而被集体劳动合同的条款取代，但是若此等约定相对于集体劳动合同来说更

---

〔1〕　参见 BGE 75 II 305 ff.（315），E. 7b；82 II 308 ff.（315），E. 2a。

〔2〕　Vischer/Albrecht, Zürcher Komm., N 24 zu Art. 356a OR.

〔3〕　Vischer/Albrecht, Zürcher Komm., N 68 zu Art. 356 OR 有更多展开和引用；就集体劳动合同
的概念，亦参见 Stöckli J. -F., Berner Komm., N 76 ff. zu Art. 356 OR。

〔4〕　BGE 130 V 309 ff.（314），E. 5. 1. 1.

有利于雇员，则有效〕（债法第 357 条第 2 款）。

1620　　　　联邦和州的强行法优先于集体劳动合同的规定；但在与强行法不抵触的范围内，得为受雇人的利益，作出与强行法不同的规定（债法第 358 条）。在劳动关系存续期间和劳动关系终止后一个月内，雇员不能放弃因集体劳动合同中不可变更的条款而生的债权（债法第 341 条第 1 款）。

1621　　　　2. 应当强调的是：集体劳动合同仅对加入的雇主和雇员才构成具有约束力的法律渊源（债法第 357 条第 1 款）。

1622　　　　若集体劳动合同得适用于被移转的劳动关系（债法第 333 条），则受让人在受让企业后一年内，应遵守该集体劳动合同，但该集体劳动合同在企业让与后不满一年即届期或因被通知终止而消灭的，不在此限（债法第 333 条第 1bis 款）。

1623　　　　3. 根据债法第 356b 条，单个雇主，若其不是〔集体劳动〕合同当事人，也不是作为合同当事人的雇主协会的会员，或者单个雇员，若其为加入〔集体劳动合同的〕雇主工作，但其自身不是〔加入集体劳动合同的〕工会的会员，则经〔集体劳动〕合同当事人的同意，可以加入该集体劳动合同。这样的话，他们就成为加入〔集体劳动合同〕的雇主和雇员（债法第 356b 条第 1 款）。单个雇主和雇员的加入声明以及合同当事人同意其加入的表示须以书面形式作成，方为有效（债法第 356c 条第 1 款）。

1624　　　　原则上，集体劳动合同可对"加入"作进一步规定（债法第 356b 条第 2 款第 1 句）。但这种自由受到很大限制（债法第 356b 条第 2、3 款）。如果集体劳动合同规定加入集体劳动合同须支付不合理之费用，法院可宣布该规定无效或将之缩减至允许的范围内。

1625　　　　4. 集体劳动合同的规范性内容的法律性质有争议。[1]因为制定规范的立法权仅源于国家，故有学说认为是国家授予〔集体劳动〕合同当事人立法权，

---

〔1〕　Vischer/Albrecht, Zürcher Komm., N 5 ff. zu Art. 356 OR.

或认为是将自治的行业规范制定权让渡于集体劳动合同当事人。[1]

集体劳动合同的规范性内容，其解释原则上遵循法律解释的规则，而集 1626
体劳动合同的债法性内容，其解释遵循合同解释的规则。[2]此种区别的正当
性在于，［集体劳动合同］规范性内容的效力及于［集体劳动］合同当事人
以外的第三人。

三、债法性内容

集体劳动合同还可规定［集体劳动］合同当事人间的权利和义务（债法 1627
第 356 条第 3 款）。如此，它包含（直接）债法性规定[3]［译者注：集体劳
动合同中就集体劳动合同当事人间权利义务的规定，即为直接债法性规定，
这是相对于前文的规范性内容而言］，并对缔约方（集体劳动合同当事人、劳
资协议当事人[4]）产生拘束力，尤其是在加入的协会间产生拘束力。具体
来说：

1. 集体劳动合同的当事人有义务尽力维持集体劳动合同；为达成该目的， 1628
协会应当对其成员施加影响，必要时应采取章程中的措施和法律措施（施加
影响义务，债法第 357a 条第 1 款）。

2. 特别是，合同各方当事人均应维护劳资安定，容忍集体劳动合同中允 1629
许的任何斗争方式（安定义务，债法第 357a 条第 2 款）。[5]

3. 根据债法第 356 条第 4 款，雇主一方或雇员一方有数个协会（或工会） 1630
加入［集体劳动合同］的，各协会享有同等权利、承担同等义务；与之不同
的约定无效（债法第 356 条第 4 款）。

4. 违反此类债法性合同义务的，满足一定要件时会产生损害赔偿请求权 1631
（债法第 97 条以下）。持续违反义务的，受影响的一方还可请求对方停止违约

---

〔1〕　Vischer/Albrecht, Zürcher Komm., N 10 zu Art. 356 OR.

〔2〕　BGE 127 III 318 ff.（322），E. 2a；130 V 309 ff.（314），E. 5. 1. 2；136 III 283 ff.（284），
E. 2. 3. 1＝Pra 2011, Nr. 29, S. 200 ff.

〔3〕　Stöckli J. -F., Berner Komm., N 93 ff. zu Art. 356 OR. Vischer/Albrecht, Zürcher Komm., N 63
zu Art. 356 OR 支持称之为"合同法"规定。

〔4〕　BGE 127 III 318 ff.（322），E. 2a.

〔5〕　详见 Stöckli J. -F., Berner Komm., N 26 ff. zu Art. 357a OR。

或请求法院确认违约。[1]也可通过约定于违反义务时支付违约金（债法第160条以下）来确保当事人遵守债法性合同义务。

1632　　5. 除（直接）债法性规定外，集体劳动合同有时还会列出自成一种类型的间接债法性规定。下面的集体劳动合同条款属于间接债法性规定：其虽涉及加入的雇主和雇员之间的关系，但其不能成为个人劳动合同的内容，因为它不包含可对合同相对人直接进行强制执行的权利（因此其也不属于规范性内容）。[2]例如向社会保险机构或其他与劳动关系有关的机构缴付社会保险金的义务。[3]

1633　　间接债法性规定使缔约的协会负有影响其会员的义务（债法第357a条第1款）。因此，协会通常要求会员（雇主或雇员）履行章程上的会员义务，即遵守集体劳动合同中的（间接债法性）规定。[4]

四、普遍约束力声明

1634　　根据《关于集体劳动合同普遍约束力声明的联邦法律》，协会间订立的集体劳动合同，经［集体劳动］合同所有当事人的申请并经主管机关的批准，适用范围可扩展至所涉经济部门或职业中未加入该合同的雇主和雇员（《关于集体劳动合同普遍约束力声明的联邦法律》第1条第1款）。

1635　　普遍约束力声明的对象只能是对加入的雇主和雇员直接适用的集体劳动合同规定（《关于集体劳动合同普遍约束力声明的联邦法律》第1条第2款，债法第357条和第357b条）。就仲裁条款不得声明其具有普遍约束力（《关于集体劳动合同普遍约束力声明的联邦法律》第1条第3款）。

1636　　普遍约束力声明这一方式是在失业率提高的经济衰退时期创立的。在劳动市场恶化的情况下，受劳资协议约束的雇员相对于自由的竞争者而言可能

---

〔1〕　Vischer/Albrecht, Zürcher Komm., N 81 ff. zu Art. 357a OR; Stöckli J. -F., Berner Komm., N 69 ff. zu Art. 357a OR.

〔2〕　Vischer/Albrecht, Zürcher Komm., N 91 zu Art. 356 OR.

〔3〕　Rehbinder, Arbeitsrecht, Nr. 537; 其他例子见 Vischer/Albrecht, Zürcher Komm., N 91 ff. zu Art. 356 OR。

〔4〕　Vischer/Albrecht, Zürcher Komm., N 100 f. zu Art. 356 OR。

会遭受不利。[1]通过对在同一市场进行经营活动的企业确立统一的最低劳动条件，可防止个别企业通过提供更差的劳动条件而获得竞争优势。[2]

1. 普遍约束力声明应满足以下要件（《关于集体劳动合同普遍约束力声明的联邦法律》第1条以下）[3]：　　　　　　　　　　　　　　　　　　1637

——存在协会间订立的集体劳动合同［译者注：合同双方当事人都必须　1638
为协会］（《关于集体劳动合同普遍约束力声明的联邦法律》第1条第1款）。

——从加入［集体劳动合同］的雇主和雇员角度看，有必要作出普遍约　1639
束力声明，否则会导致重大不利后果（《关于集体劳动合同普遍约束力声明的
联邦法律》第2条第1项）。[4]

——与公共利益以及其他经济组织和人群的合法利益相协调，包括基于　1640
地区差异和经营差异，考虑所涉经济部门或职业中少数派的利益（《关于集体
劳动合同普遍约束力声明的联邦法律》第2条第2项）。[5]

——满足特定内容要求，如符合权利平等要求、遵守联邦和州的强制性　1641
规定（《关于集体劳动合同普遍约束力声明的联邦法律》第2条第4项）。[6]

——多数决要求：［通过普遍约束力声明而适用］集体劳动合同的雇主和　1642
雇员符合下述要求，即雇主总数的一半以上以及雇员总数的一半以上原则上
须已经加入集体劳动合同。此外，已经加入［集体劳动合同］的雇主，其雇
用的雇员人数超过前句所言雇员总数的一半（《关于集体劳动合同普遍约束力
声明的联邦法律》第2条第3项，还需注意该法第2条第3^{bis}项）。

2. 《关于集体劳动合同普遍约束力声明的联邦法律》还规定了普遍约束　1643
力声明的效力（该法第4条、第5条）、主管机关及声明作出程序（该法第7
条以下）。

---

〔1〕　Rehbinder, Arbeitsrecht, Nr. 557.

〔2〕　BGE 134 III 11 ff.（13 f.），E. 2. 2.

〔3〕　亦参见 Stöckli J. -F., Berner Komm., N 53 ff. zu Art. 356b OR。

〔4〕　Stöckli J. -F., Berner Komm., N 55 zu Art. 356b OR。

〔5〕　关于少数派的利益，详见 Stöckli J. -F., Berner Komm., N 57 zu Art. 356b OR。

〔6〕　详见 Stöckli J. -F., Berner Komm., N 65 ff. zu Art. 356b OR。

第二节　标准劳动合同

1644　　1. 标准劳动合同（Normalarbeitsvertrag）并非法律意义上的合同，而是政府法令（行政法令）。就个别类型的劳动关系，标准劳动合同规定其缔结、内容及终止（债法第 359 条第 1 款）。标准劳动合同颁行后，其规定直接适用于受标准劳动合同调整的劳动关系；这些规定原则上是任意性规定，也即仅在［个人劳动合同的当事人］未作其他约定时方可适用（债法第 360 条第 1 款）。但满足特定要件时，标准劳动合同可以确定适用于整个行业的（依债法第 360d 条第 2 款是半强制性的）最低工资标准，以防止明显低于该标准的不合理工资待遇（债法第 360a 条）。

1645　　标准劳动合同可以规定，不同于标准劳动合同个别规定的（当事人）约定，须以书面为之才有效（债法第 360 条第 2 款）。[1]如果标准劳动合同未要求以书面形式作成该当不同之约定，则对雇员的保护即为不足。因此，学说认为，应当就存在不同约定施加相对严格的证明要求；谁主张存在不同约定，谁就应承担证明责任。[2]——根据债法第 360a 条（关于最低工资），就标准劳动合同存在下述特别规定：与（标准劳动合同）［关于最低工资的］规定不同的约定不得不利于雇员（债法第 360d 条第 2 款）。

1646　　2. 根据债法第 359a 条，联邦或州有权颁布标准劳动合同。标准劳动合同颁布前，须要经过特殊的征询意见程序（债法第 359a 条第 2 款）。

1647　　3. 标准劳动合同这一制度原则上旨在实现两个目标：[3]

1648　　——一方面，某一工作领域的雇员没有被有力组织起来，从而无法订立集体劳动合同的，政府为了雇员的利益，在相应领域为其制定保护性规范。

1649　　因此，标准劳动合同表明了一种特别的保护趋势：它希望在雇员地位受

---

　　〔1〕　不允许在标准劳动合同中规定：任何偏离它的约定都需书面形式才能生效。参见 Urteil des BGer. vom 14. November 2012, Nr. 4A_180/2012, E. 2. 3。

　　〔2〕　Vischer/Albrecht, Zürcher Komm. , N 10 zu Art. 360 OR.

　　〔3〕　Vischer/Albrecht, Zürcher Komm. , N 15 ff. zu Art. 359 OR.

到重大威胁且收入水平较低的职业领域内保障社会稳定。[1]在联邦层面，例如就助理医师[2]、护理人员[3]、职业上暴露于放射源的工作者[4]、家政从业者[5]存在标准劳动合同。在联邦层面，仅家政从业者标准劳动合同规定了最低工资，依据债法第 360d 条第 2 款，不得约定低于它的工资。通过债法第 359 条第 2 款，各州可对农业劳动者、家庭勤杂工（管家、保姆）的劳动关系制定标准劳动合同。妇女或青年劳动者的劳动和休息时间以及劳动条件是其重点规范对象。

——另一方面，标准劳动合同是与反复出现的不合理低于区域的、职业的或行业的通行工资标准的行为作斗争或阻止其发生的工具（债法第 360a 条第 1 款）。　　1650

因为对工资额的约定是合同自由固有的内容，所以就工资过低情形，标准劳动合同适用特别规定（债法第 360a 条以下）。　　1651

4. 联邦和州的强行法优先于集体劳动合同的规定；但在与强行法不抵触的范围内，得为受雇人的利益，作出与强行法不同的规定（债法第 359 条第 3 款结合第 358 条）。　　1652

集体劳动合同的规范性内容同样优先于标准劳动合同；经普遍约束力声明的集体劳动合同，也优先于标准劳动合同。[6]　　1653

---

〔1〕　Vischer/Albrecht, Zürcher Komm. , N 17 zu Art. 359 OR.

〔2〕　1971 年 5 月 5 日《关于助理医师标准劳动合同的联邦委员会决议》；Bundesratsbeschluss über den Normalarbeitsvertrag für Assistenzärzte vom 5. Mai 1971（SR 221. 215. 328. 1）。

〔3〕　1971 年 12 月 23 日《关于护理人员标准劳动合同的联邦委员会决议》；Bundesratsbeschluss über den Normalarbeitsvertrag für das Pflegepersonal vom 23. Dezember 1971（SR 221. 215. 328. 4）。

〔4〕　1966 年 4 月 22 日《关于标准合同中为职业上暴露于放射源的工作者提供保险的联邦委员会决议》；Bundesratsbeschluss betreffend den Normalarbeitsvertrag über Versicherungsleistungen für das beruflich strahlenexponierte Personal vom 22. April 1966（SR 221. 215. 328. 6）。

〔5〕　2010 年 10 月 20 日《关于家政从业者标准劳动合同的联邦委员会决议》；V über den Normalarbeitsvertrag für Arbeitnehmerinnen und Arbeitnehmer in der Hauswirtschaft（NAV Hauswirtschaft）vom 20. Oktober 2010（SR 221. 215. 329. 4）。

〔6〕　Vischer/Albrecht, Zürcher Komm. , N 21 zu Art. 359 OR.

第十六章　承揽合同

1654　　本章专门文献（节选）

Beyeler Martin, Öffentliche Beschaffung, Vergaberecht und Schadenersatz, Ein Beitrag zur Dogmatik der Marktteilnahme des Gemeinwesens, Diss. Freiburg, Zürich 2004（AISUF Band 233）.

Bieger Alain, Die Mängelrüge im Vertragsrecht, Diss. Freiburg, Zürich 2009（AISUF Band 283）.

Bieri Laurent, Une analyse économique des sanctions en cas de violation de contrat d'entreprise, Diss. Neuenburg, Basel 2005.

Bieri Urban, Die Deliktshaftung des Werkunternehmers gegenüber dem Besteller für mangelhafte Werke, Diss. Freiburg 1993, Aachen 1995.

Bögli Roman, Der Übergang von der unternehmerischen Leistungspflicht zur Mängelhaftung beim Werkvertrag – Zeitpunkt und Voraussetzungen, Diss. St. Gallen, Bern/Stuttgart/Wien 1996（SSPHW Band 42）.

Brändli Roger, Die Nachbesserung im Werkvertrag: eine Gesamtdarstellung unter Berücksichtigung der SIA-Norm 118, Diss. St. Gallen, Zürich 2007.

Bühler Theodor, Zürcher Kommentar zum Schweizerischen Zivilgesetzbuch, Obligationenrecht, Teilband V 2d: Der Werkvertrag（Art. 363 – 379 OR）, 3. Aufl., Zürich 1998.

Gauch Peter, Der Werkvertrag, 5. Aufl., Zürich 2011.

Derselbe, Der Revisionsentwurf zur Verjährung der kauf- und werkvertraglichen Mängelrechte: Analyse und Kritik der E-Art. 210, 371 und 199 OR, recht 2011, S. 145 ff.

Derselbe, Die revidierten Art. 210 und 371 OR – Änderung des Obligationenrechts vom 16. März 2012, recht 2012, S. 124 ff.

Derselbe, Le contrat d'entreprise, adaptation française par Benoît Carron, Zürich 1999.

Derselbe, Kommentar zur SIA-Norm 118, Artikel 157-190, Zürich 1991.

Derselbe (Hrsg.), Kommentar zur SIA-Norm 118, Artikel 38-156, Zürich 1992.

Gauch Peter/Stöckli Hubert (Hrsg.), Kommentar zur SIA-Norm 118, Art. 1-37, Zürich 2009.

Dieselben (Hrsg.), Kommentar zur SIA-Norm 118 (Gesamtkommentar), Zürich 2016 (im Erscheinen).

Gautschi Georg, Berner Kommentar zum schweizerischen Privatrecht, Band VI: Das Obligationenrecht, 2. Abteilung: Die einzelnen Vertragsverhältnisse, 3. Teilband: Der Werkvertrag, Art. 363-379 OR, 2. Aufl., Bern 1967.

Huber Felix/Schwendener Niklaus, Der Generalunternehmervertrag des Verbands Schweizerischer Generalunternehmer, Wegleitung zu den allgemeinen Vertragsbestimmungen des VSGU, 2. Aufl., Zürich 2005.

Hürlimann Roland/Siegenthaler Thomas, Bevorschussung der Kosten für eine Ersatzvornahme und weitere Trouvaillen zum Mängelhaftungsrecht, recht 2003, S. 146 ff.

Koller Alfred, Schweizerisches Werkvertragsrecht, Zürich 2015.

Derselbe, Verjährung der werkvertraglichen Mängelrechte, AJP 2014, S. 303 ff.

Derselbe, Das Nachbesserungsrecht im Werkvertrag, 2. Aufl., Zürich 1995.

Derselbe, Berner Kommentar zum schweizerischen Privatrecht, Band VI: Das Obligationenrecht, 2. Abteilung: Die einzelnen Vertragsverhältnisse, 3. Teilband, 1. Unterteilband: Der Werkvertrag, Art. 363-366 OR, Bern 1998.

Krauskopf Frédéric, Verjährung bei Kauf- und Werkverträgen - neue Regeln mit Mängeln, in: Institut für Schweizerisches und Internationales Baurecht (Hrsg.), Schweizerische Baurechtstagung, Freiburg 2013, S. 85 ff.

Lenzlinger Gadient Annette, Mängel- und Sicherungsrechte des Bauherrn im Werkvertrag, Ein Vergleich zwischen dem Schweizerischen Obligationenrecht und der Norm 118 (1977/1991) des Schweizerischen Ingenieur- und Architektenvereins, Diss. Zürich 1994 (ZStP Band 110).

Morand Pierre-André, Le Contrat de Maintenance en droit suisse, Diss. Freiburg,

Zürich 2007 (AISUF Band 258).

Niklaus Jürg, Das Recht auf Ersatzvornahme gemäss Art. 366 Abs. 2 OR-unter Einbezug anderer Rechte des Bestellers beim absehbaren Werkmangel, Diss. St. Gallen, Bern/Stuttgart/Wien 1999 (SSPHW Band 58).

Nussbaumer Arnaud, La cession des droits de garantie, Diss. Freiburg, Zürich 2015 (AISUF Band 353).

Pichonnaz Pascal, Les nouveaux délais de prescription de l'action en garantie (CO 371 et CO 210), La perspective du droit de la construction, SJZ 2013, S. 69 ff.

Derselbe, Le contrat d'entreprise et la retraite anticipée, in: Tercier Pierre/Amstutz Marc/Koller Alfred/Schmid Jörg/Stöckli Hubert (Hrsg.), Gauchs Welt − Recht, Vertragsrecht und Baurecht, Festschrift für Peter Gauch zum 65. Geburtstag, Zürich 2004, S. 873 ff.

Saxer Rainer, Der Subunternehmer und sein Vertrag, Diss. Freiburg, Zürich 1999 (SKSR Band 64).

Scherrer Erwin, Nebenunternehmer beim Bauen, Diss. Freiburg 1994 (AISUF Band 132).

Schumacher Rainer, Die Vergütung im Bauwerkvertrag, Grundvergütung − Mehrvergütung, Freiburg 1998.

Siegenthaler Thomas, Die Rechtsprechung des Bundesgerichts zu Art. 363 ff. OR, in: Gauch Peter/Aepli Viktor/Stöckli Hubert (Hrsg.), Präjudizienbuch zum OR, 9. Aufl. , Zürich 2016.

Spiess Hans Rudolf/Huser Marie-Theres, Norm SIA 118 (Handkommentar), Bern 2014.

Stöckli Hubert, Stockwerkeigentum ab Plan, in: Institut für Schweizerisches und Internationales Baurecht (Hrsg.), Schweizerische Baurechtstagung, Freiburg 2009, S. 1 ff.

Derselbe, Bauherrschaft und Baumängel, Gutachten zuhanden des Bundesamtes für Justiz, Dezember 2013, abrufbar unter <www. bj. admin. ch> unter Publikationen & Service/Berichte (besucht am 25. Februar 2016).

Stöckli Hubert/Siegenthaler Thomas (Hrsg.), Die Planerverträge, Verträge mit Architekten und Ingenieuren, Zürich 2013.

Twerenbold Thomas, Der «unverbindliche» Kostenvoranschlag beim Werkvertrag – zur rechtlichen Tragweite von Artikel 375 OR, Diss. St. Gallen, Zürich 2001.

第一节　概　述

一、法律渊源

1. 债法第 363—379 条规定了承揽合同（Werkvertrag）。就某些问题，承揽合同法援引买卖合同法的规定（债法第 365 条第 1 款、第 371 条第 3 款）。此外，就手艺活报酬请求权的诉讼时效，应注意债法第 128 条第 3 项。　　1655

2. 就《维也纳买卖法》（边码 704 以下）的适用而言，买卖合同与供应待制作或待生产货物的合同地位等同，但定作人须自行为制作或生产提供大部分必需材料的除外（《维也纳买卖法》第 3 条第 1 款）。《维也纳买卖法》不适用于以下合同：供应货物一方的主要义务是完成劳动或其他劳务给付的合同（《维也纳买卖法》第 3 条第 2 款）。　　1656

3. 就［承揽合同的］个别问题，还须遵守《民法典》物权法部分的规定，例如该法第 671 条以下关于建筑物、第 895 条以下关于留置权或第 837 条第 1 款第 3 项关于建设工程承揽人担保物权（Bauhandwerkerpfandrecht）的规定。　　1657

二、构成要件

（一）概述

1. 承揽合同的典型特征是完成工作成果与给付报酬（承揽工资）互换。根据债法第 363 条，"承揽人负有完成工作成果的义务，定作人负有给付报酬的义务"。法律意义上的承揽合同总是有偿的。　　1658

2. 完成劳动成果——作为承揽人的典型义务——是指完成并交付工作成果（Arbeitserfolg），即"完成个体指定的劳动结果"。[1]也即，承揽人不仅负　　1659

---

　〔1〕　BGE 124 III 456 ff.（459），E. 4b/aa.

有审慎工作的义务，还负有交付工作成果的义务。[1]典型的承揽合同给付有：

1660 　　——建造建筑物（建筑承揽合同）；[2]

1661 　　——独立完成待建建筑物的施工图，必要时也包含起草建设项目（项目规划合同）；[3]

1662 　　——按照定作人的意图制造或改造某一动产或不动产（例如定作西装、为女客户量身制造竞技自行车）；[4]

1663 　　——修理动产或不动产（修理合同，如机动车维修、发动机维护、屋顶翻新、暖气设备修理）。[5]

1664 　　根据判决，债法第363条以下所称之"工作成果"既可以是有体的工作成果，也可以是无体的工作成果，也即"智力型承揽合同"（Geist-Werkvertrag）也是可能的。[6]根据这一判决，承揽合同法可适用于以下情形：［活动］组织者举办的展览[7]、单个艺术家或乐团的艺术表演、电影活动[8]、建筑师设计图纸[9]、艺术家制作并在校舍正面安装马赛克艺术品[10]或者鉴定人员出具对错可被客观验证的鉴定意见（边码1671）。[11]

1665 　　承揽合同法上的"工作成果"当然也可能是"毁坏性"成果，例如承揽

---

〔1〕　BGE 130 III 458 ff.（461），E. 4 = Pra 2005，Nr. 41，S. 337 ff.；115 II 50 ff.（53 ff.），E. 1a und b = Pra 1989，Nr. 250，S. 890 ff.；详见 Gauch，Werkvertrag，Nr. 18 ff.。

〔2〕　详见 Gauch，Werkvertrag，Nr. 32 und 205 ff.。

〔3〕　BGE 114 II 53 ff.（56），E. 2b；109 II 462 ff.（465），E. 3c；130 III 362 ff.（365），E. 4.1 = Pra 2005，Nr. 7，S. 57 ff.；Gauch，Werkvertrag，Nr. 34 und 49 ff.

〔4〕　BGE 130 III 458 ff.（461），E. 4 = Pra 2005 Nr. 41，S. 337 ff.；Gauch，Werkvertrag，Nr. 28 f.

〔5〕　Gauch，Werkvertrag，Nr. 28 f.

〔6〕　例如 BGE 130 III 458 ff.（461），E. 4 = Pra 2005，Nr. 41，S. 337 ff.；115 II 50 ff.（54 f.），E. 1b = Pra 1989，Nr. 250，S. 890 ff.；109 II 34 ff.（37），E. 3b = Pra 1983，Nr. 147，S. 399 ff.；109 II 462 ff.（465），E. 3b. 详见 Koller，Werkvertragsrecht，Nr. 62 ff.，根据该文献，间接智力型承揽合同压根不是承揽合同（边码65）。

〔7〕　BGE 130 III 458 ff.（461），E. 4 = Pra 2005，Nr. 41，S. 337 ff.

〔8〕　BGE 115 II 50 ff.（54），E. 1b = Pra 1989，Nr. 250，S. 890 ff.；109 II 34 ff.（38），E. 3b = Pra 1983，Nr. 147，S. 399 ff.

〔9〕　BGE 109 II 462 ff.（465），E. 3c.

〔10〕　BGE 115 II 50 ff.（54 f.），E. 1b = Pra 1989，Nr. 250，S. 890 ff.

〔11〕　BGE 130 III 458 ff.（461 f.），E. 4 = Pra 2005，Nr. 41，S. 337 ff.；127 III 328 ff.（329 f.），E. 2b und c；Urteil des BGer. vom 11. September 2007，Nr. 4A. 51/2007，E. 4.3；对此批评观点有 Gauch，Werkvertrag，Nr. 34 und 331 ff.。

人可以负有（有偿）拆除房屋、清空坟墓或合法地清除过量有害物质的义务。[1]

3. 所谓的制作物供给合同（Werklieferungsvertrag）也是承揽合同：制作 1666
物供给合同是承揽人除完成［工作成果］外还须提供材料的承揽合同，即
［承揽人］负有用自己设法取得的材料完成工作成果的义务（债法第 365 条第
1 款）[2]。

如果正确解释债法第 365 条第 1 款，那么承揽合同法也适用于因材料瑕 1667
疵而生的工作成果瑕疵担保责任；债法第 365 条第 1 款对买卖合同法的援引，
仅针对权利瑕疵担保责任。[3]考虑到瑕疵担保权的诉讼时效，前述解释尤其
有意义，因为［按照前述解释，］因材料瑕疵而生的瑕疵担保权的诉讼时效依
债法第 371 条确定。

4. 承揽合同应与其他合同类型相区分： 1668
——与买卖合同（债法第 184 条以下）的区别在于，承揽合同中的义务 1669
是完成工作成果，而买卖合同中的义务包含移转通常已经存在的某物的所有
权。[4]出卖人在缔约时是否已取得该物，则无关紧要。但也有可能，出卖物
在缔约时还不存在而有待生产。就后一情形［指出卖尚不存在之物］，买卖合
同与承揽合同难以区分。[5]区分的关键在于，受让人在要求移转物之所有权以
外，是否还有权要求［对方］制作该物，也即合同是否使对方负担制作义务。[6]
这［个标准］也可用于区分将来物买卖［的不同法律构造］。[7]在所谓的

---

〔1〕　Gauch, Werkvertrag, Nr. 28 f.

〔2〕　Gauch, Werkvertrag, Nr. 82 und 121 ff.；亦参见 BGE 130 III 458 ff.（461），E. 4 = Pra 2005,
Nr. 41, S. 337 ff.。

〔3〕　BGE 117 II 425 ff.（428），E. 3；Gauch, Werkvertrag, Nr. 123 und 1477 ff.

〔4〕　BGE 124 III 456 ff.（459），E. 4b/aa.

〔5〕　在德国法上，"关于买卖的规定适用于以待制作或待生产的动产的供应为标的的合同"
（《德国民法典》第 651 条），就此两者区分显得不必要。须注意的是，《德国民法典》中出卖人的瑕疵
担保责任与承揽合同的模式广泛一致，这与瑞士债法不同。参见 Busche, Münchener Komm., N 2 zu §
651 BGB.

〔6〕　BGE 117 II 259 ff.（264），E. 2b.

〔7〕　Gauch, Werkvertrag, Nr. 126 ff.；Urteil des BGer. vom 22. Januar 2003, Nr. 4C. 301/2002, E. 2. 1 =
ZBGR 85/2004, S. 111 ff.

"建筑物区分所有权预售"中（边码666以下），［合同性质］取决于缔约后是否立即移转预售单元房所有权：因为在移转预售单元房所有权后，作为物权法上附带取得原则（或译从属性原则，Akzessionsprinzip）的结果［译者注：此原则是指，预售单元房购买人已经取得不动产的份额，在该不动产上新建的任何部分都属于购买人按份共有，而不能产生独立的所有权供再次移转］，排除了就待建造部分的所有权移转，所以尚未完成的建造给付只能是承揽合同的标的。[1]

1670 ——与（一般）委托（债法第394条以下）的区别在于，承揽合同中所负的是完成工作成果的义务，而非单纯处理事务。如同大家可能所称的，承揽合同中涉及的是"结果之债"（obligation de résultat），而非单纯的行为之债（obligation de moyens）。[2]也即受托人须为了结果而付出努力，但承揽人须使结果实现。须补充的是，除这种词汇上的区分外，要作一个恰当的涵摄并不总是那么容易，尤其是至少受托人的活动也旨在实现委托人意欲实现的某个目的（例如赢得诉讼或恢复健康）。[3]

1671 关于鉴定合同，联邦法院区分的是，鉴定结果是否可以依据客观标准进行检验并进而评判鉴定结果是对是错。如果鉴定结果可被客观检验，联邦法院则适用承揽合同法，反之则适用委托法（边码1884a）。[4]也即，就鉴定合同而言，决定其是承揽合同还是委托的是其可检验性。但就艺术品（例如建筑艺术）而言，它确定是承揽合同的标的物，虽然艺术品的美丑和表现力几乎无法客观判断。

1672 ——与个人劳动合同（债法第319条以下）的区别在于，承揽合同中的承揽人系自主从事活动，而非受雇于定作人（处于非独立的从属关系）。此外，承揽合同中的劳务之债是一次性债务（一个结果之债），因履行而消灭，而非继续性债务（其典型是个人劳动合同中的债务）。这一结构因素当然不排除个案中承揽合同的存续时间比个人劳动合同更久。

---

〔1〕 Stöckli, Stockwerkeigentum ab Plan, S. 8 f.

〔2〕 BGE 127 III 328 ff.（329），E. 2a；115 II 50 ff.（53 ff.），E. 1a und b = Pra 1989，Nr. 250，S. 890 ff；Urteil des BGer. vom 6. Mai 2004，Nr. 4P. 65/2004，E. 1. 4 涉及假发续接。

〔3〕 就此想法亦参见 Koller, Werkvertragsrecht, Nr. 58。

〔4〕 BGE 127 III 328 ff.（330），E. 2c.

但也存在"继续性承揽合同"（如维护合同），它产生准承揽合同性质的 1673
继续性债务。[1]

——若依合同完成工作成果是无偿的，则成立类似承揽合同的无名合同 1674
（参见边码 1719）；[2]相反，债法第 363 条意义上的承揽合同以有偿为前提。
无偿性于一定情形下会导致责任减轻的效果（债法第 99 条第 2 款）。

通过有偿性（以及其他要件），承揽合同也可与要约的准备（Ausarbeitung 1675
einer Offerte）（原则上无须补偿）[3]及情谊行为（当事人不具有受法律约束
的意思）[4]相区分。电话入网合同属于（有偿）无名合同，而非承揽合同：
尽管"连接电话网络"尚可被"工作成果"涵盖，但一方面，通信设备的所
有权未发生转移，另一方面，电话入网合同属于继续性合同，这都表明电话
入网合同不能被承揽合同涵摄。[5]

——与一般合伙（债法第 530 条以下）的区别在于，承揽合同中的利益 1676
具有对立性（完成工作成果与给付报酬互换）；相反，在一般合伙中，两人或
多人系为实现共同目的（利益共同体）而缔约，并共同提供劳力或资金（债
法第 530 条 1 款；边码 2371）。

（二）特殊表现形式

建筑合同实务中产生了承揽合同的特殊表现形式： 1677

1. 总承揽合同（Generalunternehmervertrag）：[6]系定作人（发包人）与 1678
［总］承揽人之间的合同，后者负责完成建筑物（通常为大型建筑物）的全
部建造工作（如交钥匙即可入住的独户住宅、医院、商务楼宇）。[7]

---

〔1〕　就此参见 Gauch, Werkvertrag, Nr. 323；Tercier/Favre/Carron B. , Contrats spéciaux, Nr. 4256；
Morand, Contrat de maintenance, Nr. 182 ff. ; vgl. auch BGE 130 III 458 ff. （462），E. 4＝Pra 2005, Nr. 41,
S. 337 ff. 。

〔2〕　BGE 127 III 519 ff. （523），E. 2c＝Pra 2001, Nr. 195, S. 1182 ff. ；亦参见 Urteil des BGer. vom
6. September 2002, Nr. 4C. 109/2002, E. 3. 1.

〔3〕　区分无偿要约与应补偿相关费用的准备工作，参见 BGE 119 II 40 ff. ＝ Pra 1995, Nr. 12,
S. 45 ff. 。

〔4〕　Gauch/Schluep/Schmid, OR AT, Nr. 353a f.

〔5〕　BGE 129 III 604 ff. （608 f. ），E. 2. 2＝Pra 2004, Nr. 100, S. 566 ff.

〔6〕　BGE 114 II 53 ff. （55），E. 2b.

〔7〕　BGE 114 II 53 ff. （54），E. 2a；Gauch, Werkvertrag, Nr. 223 ff.

1679　　　也即，发包人并非缔结数个承揽合同，将建设工程交予不同承揽人，由其分别完成工程的一部分（挖方工、水泥工、封顶工、管道工、木工、电工、粉刷工等承揽人）[1]，并与各承揽人协调工作，而是通过一个承揽合同，把整个工程交由单个承揽人——总承揽人——完成，总承揽人对全部工作成果负责，而发包人也无须协调各项工作。[2]

1680　　　总承揽人既可自行完成工作，也可全部或部分（以自己名义且自担费用）分包给次承揽人完成，就次承揽人的事务——也包含瑕疵结果损害赔偿（边码 1790 以下），总承揽人依债法第 101 条负责。

1681　　　2. 次承揽合同：依该合同，承揽人（所谓的主承揽人，他也可以是总承揽人）以自己的名义、自担费用，将其对定作人（发包人）所负担的工作分包给一个或多个承揽人（次承揽人，也称"第二承揽人"）。[3]应当区分的是：

1682　　　——发包人（第一定作人）：其（仅）与主承揽人之间存在承揽合同。

1683　　　——主承揽人（第一定作人的承揽人；次承揽人的定作人，从自身角度看是［第二］定作人）：一方面，他与发包人之间有承揽合同；另一方面，他以自己的名义、自担费用与次承揽人订立承揽合同（分包合同）。

1684　　　——次承揽人（第二定作人的承揽人）：他与主承揽人而非第一定作人订立承揽合同（分包合同）。[4]

1685　　　次承揽人亦可能以自己的名义、自担费用继续分包建设工作（复次承揽人），他在这一关系中为定作人。[5]

1686　　　3. 完全承包合同：它属于承揽合同，承揽人对发包人不仅承担建筑物（通常为大型建筑物）的全部建设工作，还负责该建筑物的设计工作（即规划）；[6]因

---

〔1〕　Gauch, Werkvertrag, Nr. 218 ff. ; BGE 114 II 53 ff. (54 f.), E. 2.

〔2〕　Gauch, Werkvertrag, Nr. 222 ff.

〔3〕　Gauch, Werkvertrag, Nr. 137 ff.

〔4〕　BGE 136 III 14 ff. (19), E. 2. 3 = Pra 2010, Nr. 72, S. 526 ff. ; Urteil des BGer. vom 23. November 2004, Nr. 4C. 215/2004, E. 3. 1 ; Gauch, Werkvertrag, Nr. 162.

〔5〕　Gauch, Werkvertrag, Nr. 142. 关于次承揽人登记建设工程承揽人担保物权与定作人双重付款的风险，参见 Gauch, Werkvertrag, Nr. 183 ff. ; Schmid/Hürlimann-Kaup, Sachenrecht, Nr. 1713 ff. 。

〔6〕　BGE 114 II 53 ff. (55), E. 2a.

此完全承包人有时也被称为"规划型总承包人"。[1]即便完全承包人将其对发包人所负担的设计和建造工作全部分包给（其他）设计人员（建筑师和/或工程师）和次承包人，该完全承包合同仍属（纯粹）承揽合同[2]。[3]

4. 与工作共同体（Arbeitsgemeinschaft，也称"临时性联合组织"）订立 1687
的承揽合同。于此，它可以是一般的承揽合同、总承包合同或完全承包合同，但也可能是分包合同。此种承揽合同的特征在于，工作成果由多个（至少两个）承揽人承诺完成，他们为实现该目的［即实现工作成果］（通常）成立一般合伙（债法第530条以下；边码2365以下）——其动机多样（例如扩大生产能力、利用协同效应作用、风险分担、市场形象）。

合伙协议的规范对象是各承揽人之间的关系（内部关系）。应注意，各承 1688
揽人就承揽合同的履行（外部关系）对业主承担连带责任（债法第544条第3款；边码2433）。

单纯规划合同：发包人委托规划者（主要是建筑师或工程师）就一项建 1688a
筑项目完成必要的规划并给出预算报告，此种合同依据联邦法院判决属于承揽合同。[4]于此并非规划者的每一项给付都可以归属于承揽合同。例如，联邦法院认为工程管理以及拟定费用预算（对可期待的建筑费用的预计）是委托法属性的给付。[5]如果（对建筑规划必不可少的）全部规划者给付都转让给一个规划者（或一个规划组），联邦法院认为其是一个混合合同（无名合同，边码2456），既有承揽合同要素，也有委托的因素，[6]可能给实务带来巨大困难。

---

[1]　Gauch, Werkvertrag, Nr. 233.

[2]　BGE 114 II 53 ff.（57），E. 2c；亦参见 BGE 117 II 273 ff.（274），E. 3a。

[3]　Gauch, Werkvertrag, Nr. 235 ff.

[4]　BGE 134 III 361 ff.（363），E. 5. 1. 深入的（和批判的）观点参见 Gauch/Middendorf, Von Planerverträgen, von ihrer Qualifikation und dem SIA-Normenwerk für Planerleistungen, in：Stöckli/Siegenthaler（Hrsg.），Die Planerverträge, Nr. 1. 30 ff. 。

[5]　关于建筑管理见 BGE 134 III 361 ff.（363），E. 5. 2.；关于成本预算见 Urteil des BGer. vom 2. Oktober 2015, Nr. 4A_210/2015, E. 4. 1.

[6]　就这一特征有基础意义的是：BGE 109 II 462 ff. 。

第二节　承揽合同之成立与变更

一、成立

1689　　1. 承揽合同——作为诺成合同（Konsensualvertrag）——的成立适用一般规定，需存在债法第 1 条第 1 款意义上对立一致的意思表示之交换。无论何种情形，都应由当事人确定（作为客观重要之点的）所负担的工作成果（须具确定性或可确定性）及是否有偿。但当事人不一定要对报酬的数额达成一致（参见债法第 374 条；边码 1717 以下）。

1690　　必要时，就合同磋商和合同订立还需遵守联邦和各州公共采购法［参见《公共采购法》（BöB）第 5 条第 1 款 c 项及第 2 款］。[1]

1691　　2. 承揽合同无法定要式规定。即便大型建筑规划的建设工程合同，亦可以非要式方式订立。但无论怎样，就大型项目通常采取书面形式［订立合同］，哪怕是小型工作，书面形式亦不少见。

1692　　此外，如果在同一个合同中约定承揽合同的内容和那些涉及不动产买卖的内容（买卖与承揽混合型合同），且当事人确定了包含买价和承揽报酬在内的一个总价（边码 596），那么须遵守公证的要式要求。[2]这尤其常见于"建筑物区分所有权预售买卖"（边码 666 以下）。

1693　　3. 实务中，一般交易条款也恰恰是在建筑承揽合同中发挥重要作用的：非官方规则——例如《瑞士工程师建筑师协会第 118 号规定》（SIA-Norm 118）——通常被明示或默示地（常常借助援引和整体接受方式）订入合同中。[3]因此，此

---

〔1〕　就此参见例如 Tercier/Favre/Carron B., Contrats spéciaux, Nr. 4345（zur Ausschreibung von Bauarbeiten allgemein vgl. Tercier/Favre/Carron B., Contrats spéciaux, Nr. 4329 ff.；Gauch, Werkvertrag, Nr. 456 ff.；Gauch/Schluep/Schmid, OR AT, Nr. 1056a ff.）.

〔2〕　BGE 117 II 259 ff.（264），E. 2b.

〔3〕　全称是《建筑工程的一般条款》，瑞士工程师建筑师协会主编（现行版本是 2013 年版）。该文件虽然对实务有重要意义，但在它之外仍有其他的、重要的一般条款［例如 KBOB（公共发包人的建筑与不动产机构协调会议）的模范合同］。

类非官方规则可被称作"含预先设定内容的承揽合同"。[1]但这些非官方规则并非客观的法律渊源，而仅根据约定予以适用。[2]也即，重要的是一般交易条款在个案中是否被订入具体合同中。就合同解释、一般交易条款的效力控制和内容控制，适用一般规则。[3]

二、定作之变更

定作之变更是指对（已订立且继续存在的）承揽合同的内容，通过法律行为作出变更。也即，[变更后]该合同继续存在，但原来约定的制作义务被改变，例如承揽人应提供额外的劳务或提供其他劳务、某些劳务被免去或须以其他方式完成。[4]因为承揽人对定作人负担的是合同约定的完成工作成果的义务，所以定作之变更须有特别的法律依据，即须有当事人（合意）的合同变更或形成权被有效行使（即单方变更定作内容）。具体而言： 　1694

1. 合意的定作之变更可通过订立一个变更合同发生，变更合同可由当事人以非要式形式订立，但另有约定的除外。 　1695

2. 单方变更定作内容，仅当定作人享有形成权时始有可能。[5]形成权可来源于： 　1696

——制定法：可能的是准用债法第377条的规定，定作人以承担承揽人的损失为代价，有权放弃部分尚未完成的工作（边码1822）。 　1697

——当事人约定：在法律允许的限度内（债法第19条第1款），双方可以任意约定变更权。约定单方变更权对于复杂的工作成果（如大型建筑项目）尤具经济意义，特别是对复杂工作成果而言，缔约时不能预料到所有可能情况。 　1698

《瑞士工程师建筑师协会第118号规定》对建设工程合同中单方变更定作内容做了细致规定：依该规定第84条第1款，发包人可以"通过对设计的指 　1699

---

〔1〕　详见 Gauch, Werkvertrag, Nr. 189 ff. 。

〔2〕　Urteil des BGer. vom 27. Juli 2015, Nr. 4A_106/2015, E. 5. 1.

〔3〕　就此参见 Gauch/Schluep/Schmid, OR AT, Nr. 1127 ff. und 1240 ff. ；亦参见 Urteil des BGer. vom 3. Dezember 2007, Nr. 4A_393/2007, E. 2. 1。

〔4〕　Gauch, Werkvertrag, Nr. 768.

〔5〕　后续内容参见 Gauch, Werkvertrag, Nr. 772 ff. 。

示或变更，要求承揽人按照与原约定不同的方式，更多或更少地完成其依承揽合同所承担的工作，或者不再继续实施；但唯当待实施工作成果的整体特性不被改变时，方得变更。满足同等要件的，发包人亦可要求承揽人完成原先在（承揽）合同中未约定的工作……"此外，《瑞士工程师建筑师协会第118号规定》还规定了单方变更定作内容的法律后果，例如赔偿已经变得无益的工作和其他费用（《瑞士工程师建筑师协会第118号规定》第85条第3款）、调整［合同］价格（《瑞士工程师建筑师协会第118号规定》第86—89条）及调整［完工］期限（《瑞士工程师建筑师协会第118号规定》第90条）。[1]

1700　　——在合同有漏洞（需要填补）的情形，［单方变更的］形成权可能来源于假设的当事人意思。在填补合同内容时，首先须考虑到可能存在的习惯，例如建筑承揽合同领域便发展出了习惯。[2]

1701　　3. 一般而言，承揽人可就因（合意的或单方的）定作之变更而可能产生的增加的费用，请求额外报酬。额外报酬额依债法第374条确定，但另有约定的除外。[3]

第三节　承揽人的义务

1702　　承揽合同典型的主给付义务是完成工作成果（债法第363条），也即完成工作结果（Arbeitserfolg）（边码1659）。承揽人完成并交付工作成果的，其主给付义务即履行完毕。但唯有在是否亲自完成、工作成果品质、完成时间各方面都符合合同约定的履行，方为适当履行。具体而言：

1703　　1. 根据债法第364条第2款，承揽人应亲自或至少在其本人领导下完成工作成果。但根据承揽工作的性质，定作人个人技能对承揽工作不重要者除外。制定法于此规定"在本人领导下"即可，因此不像债法第68条那么严格

---

〔1〕　就完整内容参见 Gauch, Werkvertrag, Nr. 777 und 791 ff. 。

〔2〕　Gauch, Werkvertrag, Nr. 778；就根据假设的当事人意思进行司法上合同填补，参见 Gauch/Schluep/Schmid, OR AT, Nr. 1256 ff. 。

〔3〕　Urteil des BGer. vom 14. Dezember 2004, Nr. 4C. 23/2004, E. 4. 1；Gauch, Werkvertrag, Nr. 785.

地认为，承揽人应该亲自完成工作成果。[1]但是很明显，当事人可以约定〔承揽人负有〕亲自完成工作成果的义务，此时在承揽人领导下完成工作便不符合要求。

2. 工作成果还必须满足合同约定的质量。质量不符合合同约定的，则存在物之瑕疵，就此承揽人原则上须负责（债法第 367 条以下；边码 1732 以下）。因为承揽人所负的是完成工作成果（一个"结果"）的义务，按照法律——但属任意性的——规定，即便承揽人尽到注意义务并对瑕疵的发生无过错，原则上亦须对瑕疵负责（具体参见边码 1770）。若承揽人交付的工作成果与约定的工作成果不同〔他种给付，aliud〕，则是完全未履行承揽人义务。

在工作进行中，若明显可预见工作结果将有瑕疵或有其他违反合同的情事，定作人得为承揽人设定或诉请法院设定一个宽限期（Nachfrist，《民事诉讼法》第 250 条 b 项数字 3），并警告承揽人，若宽限期经过没有改正，将由第三人代为履行，而费用和风险由承揽人负担（债法第 366 条第 2 款）。依联邦法院的司法实践，满足一定要件时，定作人根据债法第 107 条第 2 款也享有选择权。[2]

3. 承揽人亦须适时地完成工作和交付工作成果。就承揽人迟延问题，原则上适用债法第 102 条以下的规定。不过债法第 366 条第 1 款对承揽人迟延问题有特别规定，该规定使定作人于承揽人尚未陷入交付迟延时得使用迟延法救济："承揽人未按时开始工作，或违反合同规定迟延工作，或非因定作人过错的情况下承揽人〔工作进度〕过分落后，以至于无法期待他能按时完成工作的，定作人可解除合同。"[3]

该规定是债法第 107 条以下的（具体）适用情形。因此依联邦法院司法实务见解，须〔为承揽人〕设定宽限期（债法第 108 条保留情形〔除外〕）；

1704

1705

1706

1707

---

〔1〕　Gauch, Werkvertrag, Nr. 617.

〔2〕　BGE 126 III 230 ff.（233 ff.），E. 7a/bb；Urteil des BGer. vom 20. April 2006, Nr. 4C. 433/2005, E. 2. 1.

〔3〕　就此规定的判决有 BGE 141 III 106 ff.（108 ff.），E. 16. 2，对此判决的评判见 Stöckli/Siegenthaler in BR/DC 2015, S. 328 ff., Nr. 560。

仅当宽限期经过而无［改善］结果时，定作人才可按照债务人迟延的规则通知解除合同。[1]不满足这一条件的，则属于债法第 377 条的解除——定作人须赔偿承揽人因解除而生的全部损失（边码 1822）。[2]

1708　　　4. 承揽人还负有一系列其他义务和不真正义务：

1709　　　——承揽人负有注意义务（债法第 364 条第 1 款）。他须谨慎处理定作人提供的材料，详细报告材料使用情况并将剩余材料返还给定作人（债法第 365 条第 2 款）。[3]违反这一义务并不导致承揽合同法上特别的瑕疵担保责任（边码 1728 以下），而是导致债法总则规定的责任（债法第 97 条第 1 款和第 101 条）并适用一般时效规则（债法第 127 条以下而不是第 371 条，就此参见边码 1797 以下）。

1710　　　——承揽人——如无其他约定或习惯——须自行负担完成工作成果所需的辅助物品（工具和设备）（债法第 364 条第 3 款）。承揽人须自行负担，当然不意味着他负有免费给付的义务。毋宁是他将成本计入了价格里或者将成本——如果报酬依债法第 374 条确定的话（边码 1717）——作为费用由定作人承担。

1711　　　——承揽人负有通知义务，这是承揽人注意义务的延伸："在工作进行中，定作人提供的材料或其指定的建筑用地显示有瑕疵，或者出现危及适当或按时完成承揽工作的其他情况时"，承揽人须及时通知定作人（债法第 365 条第 3 款）；承揽人怠于通知的，应承担"不利后果"，例如在工作成果灭失情形［怠于履行前述通知义务的，承揽人不享有法条规定的请求权］（债法第 376 条第 3 款）。[4]属于"不利后果"的，首先是瑕疵担保责任，此外，违反通知义务的承揽人还可能负有对定作人的损害赔偿义务（债法第 97 条第 1 款和第 101 条）。

1712　　　——此外，承揽人应对定作人的错误指示提出警告（债法第 369 条）、这也是注意义务的内涵。也即承揽人应向定作人（或者他授权接收意思表示的

〔1〕　BGE 115 II 50 ff.（55），E. 2a=Pra 1989, Nr. 250, S. 890 ff.; 98 II 113 ff.（115），E. 2.

〔2〕　BGE 141 III 106 ff.（111），E. 16. 2. 4; 98 II 113 ff.（115），E. 2 末尾。

〔3〕　BGE 113 II 421 ff.（422），E. 2 = Pra 1988, Nr. 110, S. 404 ff.; 129 III 604 ff.（610 f.），E. 4. 1＝Pra 2004, Nr. 100, S. 566 ff.; Urteil des BGer. vom 31. März 2004, Nr. 4C. 337/2003, E. 2. 1.

〔4〕　Urteil des BGer. vom 5. September 2002, Nr. 4C. 258/2001, E. 2. 1（所引内容不在 BGE 128 III 416 ff. 中）。

代理人）表示，拒绝承担因服从错误指示而产生的责任。[1]承揽人怠于为上述警告的，原则上应对由定作人错误指示而生的工作成果瑕疵负责，并应承担可能的损失，而不必考虑定作人指示错误（边码1711）。应注意的是：即便承揽人依其所负义务予以警告，瑕疵指示后果的免除仍仅仅发生在他与定作人之间；依其所负义务予以警告并不免于被刑事追责，例如当第三人因承揽人的行为而受伤害或者死亡时。

——承揽人提供材料的，应如同出卖人一样为此承担权利瑕疵担保责任（债法第365条第1款）。　1713

第四节　定作人的义务

根据债法第363条，定作人应当为［承揽人］完成工作而支付报酬（Vergütung）（工钱，Werklohn）。支付报酬的义务与完成工作并交付工作成果的义务构成交换关系。以下讨论报酬债权的数额、届期以及不清偿的后果。　1714

1. 工钱（报酬）的数额首先应依合同确定。事先约定报酬额的（固定金额，如包价），即便承揽人比预期付出更多劳动或支出更多费用，完成劳动成果后原则上仍只得收取原先约定的报酬（债法第373条第1款）。完成劳动成果的工作量比预期更少的，亦同（债法第373条第3款）。[2]这一规则并不是来自所引用的法律规范，而是当事人对报酬的约定赋予了此种意思。换言之，固定金额原则上既不允许增加也不允许降低的法律基础不在于制定法，而在于当事人相应的约定。但就特殊情事，法律作了例外规定，在特殊情事下法院可依自由裁量调整报酬额或者判决解除合同（债法第373条第2款）。[3]特殊情形是否可预见，应以有经验的、谨慎的承揽人［之认识］为准，根据相当严格的标准判断之。[4]就特殊情事的例外规定，实务中意义非常有限，因为它除前述要件外还需满足：考虑到变化了的情势，依据诚实信用原则（《民法典》第2条第1款）仍要求承揽人按照固定金额完成工作不合理。　1715

---

[1]　BGE 116 II 305 ff.（308），E. 2c/bb.

[2]　Urteil des BGer. vom 22. Juni 2005, Nr. 4C. 90/2005, E. 3. 2.

[3]　Urteil des BGer. vom 31. Januar 2006, Nr. 4C. 385/2005, E. 5.

[4]　BGE 109 II 333（336 f.），E. 3.

1716 　　是否为固定金额的承揽合同，依《民法典》第 8 条，由主张［是固定金额］的一方举证，根据争议情况，举证责任人可能是定作人，也可能是承揽人。合同当事人约定单位价格（Einheitspreise）的，亦为固定金额的承揽合同，尽管总报酬额并非自始固定，而须根据完成的总工作量（例如 126 米、74 立方米或 472 千克）与单位价格之乘积来确定。即便承揽人付出比其预期更多的劳动或费用，单位价格本身原则上仍是固定的（除非存在债法第 373 条第 2 款的情形或其他约定）。[1]

1717 　　2. 若合同未约定或仅仅大致约定报酬额，依债法第 374 条，须根据［为完成承揽工作所付出的］劳动的价值和承揽人支出的费用确定之。换言之，承揽报酬应依承揽人举证的费用确定，此外应附加利润和风险费。[2]这有时也被称为"成本加酬金"。定作人无须支付不必要费用，这意味着报酬不是始终依据承揽人的实际费用确定，而是依据尽注意义务行事时本该支出的费用［确定］。[3]

1718 　　债法第 374 条明确规定，约定确定的价格并非承揽合同法的客观重要之点：若合同就报酬额未作约定而产生合同漏洞，争议时由法院按照债法第 374 条的规定填补合同漏洞。

1719 　　不同于委托法，承揽合同法没有一个类似债法第 402 条的规定，以使承揽人得请求赔偿垫付费用和所支出的其他费用（Auslagen- und Verwendungsersatz）。*该赔偿请求权反映在承揽人报酬请求权之中，债法第 374 条也证明了这一点，该条也明确把"费用"作为计算报酬的依据。若定作人对承揽工作之完成无支付报酬义务（类似承揽合同的无名合同，边码 1674），则可类推适用《民法典》第 402 条对合同进行补充，赋予无偿完成承揽工作之承揽人以垫付费用偿还（Auslagenersatz）请求权。

---

　　〔1〕 就《瑞士工程师建筑师协会第 118 号规定》意义上的单位价格，见该规定第 39 条。

　　〔2〕 Gauch, Werkvertrag, Nr. 946 ff.

　　〔3〕 BGE 96 II 58 ff. （60），E. 1；Urteil des BGer. vom 31. März 2009, Nr. 4A_577/2008, E. 5. 2.

　　* 原文是"einen Anspruch des Bestellers auf Auslagen- und Verwendungsersatz begründet"，字面意思是"使定作人享有追偿所支出的费用与垫付款的请求权"，这里应该是作者存在笔误，即"Besteller"（定作人）实际上应该是"Unternehmer"（承揽人），故译者直接按照正确的内容翻译。

3. 支付报酬的义务于交付工作成果时到期（债法第 372 条第 1 款）。依此 1720
规定，承揽人则负有先给付义务。[1]但在建筑规划领域，就定作人分期付款
的约定获得广泛应用（例如参见《瑞士工程师建筑师协会第 118 号规定》第
144 条以下）。

若工作成果分批交付且按照相应批次确定报酬（数额），则应在交付相应 1721
批次工作成果时支付相应批次报酬（债法第 372 条第 2 款）。

交付（Ablieferung）是指承揽人向定作人移转（übergeben）全部工作成 1722
果，即以实体交付或通知定作人已完成工作成果的方式交付［译者注：例如
汽车清洗承揽合同，洗完车后，承揽人通知定作人已完成工作成果，即为交
付。这与买卖合同中的交付形态不同］。[2]若工作成果存在瑕疵，则属于未交
付。[3]依制定法构造，"交付"（Ablieferung）和"受领"（Abnahme）是一组
关联概念，[4]但当事人可以在合同中自由赋予这组概念不同的意义（例如把
《瑞士工程师建筑师协会第 118 号规定》第 156 条以下订入合同）。

4. 定作人未（按时）支付报酬的，承揽人可以采取以下措施： 1723

——他可以适用债务人迟延的一般性规定（债法第 102 条以下），并在必 1724
要时解除合同。只要承揽工作已经开始，原则上即是合同终止（面向未来的
合同消灭）取代合同解除（债法第 107 条第 2 款、第 109 条）。通常来说，终
止合同比返还清算更有利于保护承揽人的利益，但承揽人有时也可以要求返
还清算（真正意义上的解除）。

——如果承揽人所承揽的工作系修理定作人的动产，根据《民法典》第 1725
895 条以下的规定，承揽人享有留置权（Retentionsrecht）。

——如果承揽内容为地上施工及建材供应（或仅施工而不提供建材）（建 1726
筑承揽合同），依《民法典》第 837 条第 1 款第 3 项之规定，承揽人（他也可
以是次承揽人）享有（不得事先放弃的）法定不动产担保物权的登记请求权
（建设工程承揽人担保物权，Bauhandwerkerpfandrecht），以保障其债权的实

---

[1] Gauch, Werkvertrag, Nr. 1154.

[2] BGE 129 III 738 ff.（748），E. 7. 2 = Pra 2004，Nr. 147，S. 828 ff. 就交付与受领详见 Gauch,
Werkvertrag, Nr. 86 ff. 。

[3] BGE 129 III 738 ff.（748），E. 7. 2 = Pra 2004，Nr. 147，S. 828 ff.

[4] Gauch, Werkvertrag, Nr. 604.

现。依法规文义，负担报酬债务的是不动产所有权人还是其他人，并无不同
（《民法典》第 837 条第 1 款第 3 项）。[1]

1727　　实务中尤其重要的是建设工程承揽人担保物权的临时登记（vorläufige
Eintragung，《民法典》第 961 条）。临时登记须在 4 个月的法定登记期间内完
成（《民法典》第 839 条第 2 款）。

第五节　承揽人之瑕疵担保责任

一、概览

1728　　1. 债法第 367—371 条规定了工作成果存在瑕疵时承揽人的责任。在某些
方面（例如瑕疵通知；此外债法第 371 条第 3 款），承揽人瑕疵担保责任与出
卖人瑕疵担保责任类似（边码 307 以下），但在其他方面则存在重大差异。[2]

1729　　2. 瑕疵担保责任的规定（原则上）是任意性规定：当事人可作有利于或
不利于定作人的约定。但承揽人部分或者全部免除自身责任的（免责），受到
债法第 100 条和第 101 条第 3 款的限制。如果通过一般交易条款免责，则应适
用一般交易条款内容控制的规则，尤其是"异常条款规则"和《反不正当竞
争法》第 8 条。

1730　　3. 根据债法第 365 条第 1 款的规定，在制作物供给合同中，承揽人应就
材料的品质向定作人负责，并负"与出卖人相同的瑕疵担保责任"。［对该规
定］正确的解释是，这一援引规定仅针对材料的权利瑕疵担保；因承揽人提
供的材料而致工作成果存在瑕疵的，承揽人依承揽合同法的瑕疵担保责任规
则（债法第 367 条以下）负责。[3]

---

〔1〕　就建设工程承揽人担保物权参见 Schmid/Hürlimann-Kaup, Sachenrecht, Nr. 1692 ff. 。

〔2〕　德国法上承揽人和出卖人的瑕疵担保责任更加一致，例如参见 Westermann, Münchener
Komm. , N 2 zu den Vorbem. vor § 433 BGB；Busche, Münchener Komm. , N 2 zu § 651 BGB。

〔3〕　Gauch, Werkvertrag, Nr. 1477 ff. ；BGE 117 II 425 ff. （428 f. ），E. 3；Urteil des BGer. vom 8.
Mai 2007, Nr. 4C. 130/2006, E. 3. 1.

二、承揽人瑕疵担保责任之构成要件

瑕疵担保责任的基础构成要件是工作成果存在瑕疵，但还需要满足其他　1731
构成要件，其中部分为肯定式构成要件，部分为否定式构成要件。

（一）工作成果存在瑕疵

1. 承揽合同法中的瑕疵担保权——与买卖合同法一样——建立在瑕疵概　1732
念（Mangelbegriff）之上。瑕疵是指"对合同的偏离"，即交付的工作成果与
约定的不一致（主观的瑕疵概念）。[1]制定法中虽称呼"瑕疵"或"其他对
合同的偏离"（债法第 368 条第 1 款），但毫无疑问，"其他对合同的偏离"被
瑕疵概念包含。在瑕疵担保责任的其他规范中则仅仅使用"瑕疵"的称呼。[2]
可以将瑕疵（如同在买卖合同中；边码 324 以下）区分为：[3]

——缺少［承揽人］所担保的品质，即工作成果缺乏承揽人所承诺的质　1733
量；以及

——缺少［承揽人虽未担保但］定作人依据诚实信用原则得以期待的　1734
品质。

2. 承揽人瑕疵担保责任的产生以已经交付工作成果为前提（参见债法第　1735
367 条第 1 款："交付工作成果后……"）。若在完成工作成果过程中明显可
预见工作成果将有瑕疵（债法第 366 条第 2 款），此时并非不保护定作人的利
益，但救济手段不是瑕疵担保责任，也不受作为瑕疵担保责任前提的瑕疵通
知和诉讼时效拘束。

3. 制定法规定了瑕疵的数种类型：　1736

——严重瑕疵（债法第 368 条第 1 款）与不严重瑕疵（债法第 368 条第 2　1737
款）；

——接收工作成果时依通常检验不能发现的瑕疵（债法第 370 条第 1　1738
款）；

——"承揽人故意隐瞒"的瑕疵（债法第 370 条第 1 款末尾）；　1739

——"嗣后才显露"的瑕疵（债法第 370 条第 3 款）。　1740

---

〔1〕　Gauch, Werkvertrag, Nr. 1355 ff.

〔2〕　BGE 100 II 30 ff. (32), E. 2; Gauch, Werkvertrag, Nr. 1441.

〔3〕　Gauch, Werkvertrag, Nr. 1361 ff.

1741　　4.（唯有）工作成果存在瑕疵时，才生承揽人的瑕疵担保责任。因此应区分交付瑕疵工作成果与其他不产生瑕疵担保责任的事实，后者是一般责任规定（债法第97条以下）的规范对象：[1]

1742　　——与交付（工作成果）前承揽人对定作人造成的损害相区分，例如承揽人因实施承揽工作或者因承揽人未尽警告义务而对定作人造成的损害；

1743　　——与交付的工作成果嗣后恶化相区分；

1744　　——与迟延交付工作成果相区分；

1745　　——与承揽人（违反合同约定）未完成工作成果相区分；

1746　　——与交付完全不同于约定的工作成果相区分（给付他物，aliud）。

（二）其他要件

1. 无瑕疵担保责任排除约定、无定作人之承认以及非因定作人之过错

1747　　（1）如前所述，瑕疵担保责任的规定（大部分）属于任意性规定。因此，仅当承揽人的瑕疵担保责任未被（有效）免除时，才生瑕疵担保责任。故有效的免责条款——若其内容是完全免责——可免除承揽人的责任。有时责任仅被部分免除，例如［当事人］约定承揽人就瑕疵结果损害仅在一定额度内（例如最多在合同价格限度内）赔偿。此种金额上的限制当然须在债法第100条和第101条第3款的限度内。

1748　　（2）若定作人对有瑕疵的工作成果（明示或默示地）予以承认，承揽人亦得免责（债法第370条第1款）。当定作人向承揽人（明示或默示地）表示，他把工作成果看作符合合同约定，并且愿意放弃（可能产生的）瑕疵担保权时，则存在承认（Genehmigung）。[2]通过［定作人］这一表示——如同法律明确表述的，承揽人免于承担责任（债法第370条第1款）。

1749　　但［定作人］接收工作成果时依通常检验不能发现的瑕疵或承揽人故意隐瞒的瑕疵[3]除外（债法第370条第1款末尾）。

1750　　（3）定作人怠于为法律所规定的检验和通知的，也即未及时通知瑕疵的，制定法将之拟制为"对瑕疵［工作成果］的承认"（债法第370条第2款）。

---

〔1〕　参见 Gauch, Werkvertrag, Nr. 1442 ff. 。

〔2〕　BGE 118 II 142 ff.；107 II 172 ff.；Gauch, Werkvertrag, Nr. 1561 ff. und 1581.

〔3〕　就故意隐瞒的要件参见 Urteil des BGer. vom 26. Juni 2014, Nr. 4A_ 97/2014, E. 4. 1.

该当具有重大实际意义的问题，请参见下文（边码 1752 以下）。

（4）若定作人自身有过错，特别是虽经明确警告，定作人仍坚持某些 1751
（导致瑕疵的）工作指示的，承揽人不承担瑕疵担保责任（债法第 369 条，另
参见债法第 365 条第 3 款）。但可能存在承揽人与有过失，这可能导致承揽人
仅承担部分补正费用，定作人承担其余费用。

2. 瑕疵通知专论

实务中，最重要的要件是定作人（适时并且恰当的）通知瑕疵。就此作 1752
以下几点说明：

（1）定作人（如同买受人）负下列不真正义务：于工作成果被交付后， 1753
依通常交易流程立即检验所交付工作成果的品质，如有瑕疵，应通知承揽人
（瑕疵通知，债法第 367 条第 1 款）。就此点来说，承揽合同法与买卖合同法
一致（债法第 201 条以下）。

此外，任何一方可以自担费用，聘请鉴定人员检验工作成果并要求将检 1754
验结论作成书面文件（债法第 367 条第 2 款；《民事诉讼法》第 250 条 b 项数
字 4）。

（2）（瑕疵）通知必须适时，适时通知的重要性体现在：不守时的定作 1755
人丧失瑕疵担保请求权。根据一贯的判决，判断通知是否适时应依个案的具
体情事，特别是依工作成果之性质及瑕疵类型来判断。[1]但就民事关系，联
邦法院认为 7 天的瑕疵通知期间（7 个日历日或 5 个工作日）是合理的，但如
果等待通知将导致损害扩大，则适用更短的期间。[2]

这一判决对定作人较为严厉，而未探究承揽人何种值得保护的利益导致 1755a
对定作人如此严厉的要求。更为公正的规则是，让迟延通知瑕疵的定作人负
担若他及时通知本可以避免的那部分消除瑕疵的费用（参见债法第 257g 条）。

就瑕疵通知是否适时的举证责任，有不同观点。联邦法院的观点是，"定 1756

---

〔1〕 BGE 81 II 56 ff.（59 f.），E. 3b（就买卖合同）.

〔2〕 就承揽合同参见 Urteil des BGer. vom 28. Juli 2000, Nr. 4C. 159/1999, E. 1b/aa und 2；Urteil des
BGer. vom 3. Mai 2004, Nr. 4C. 82/2004, E. 2. 3 = Pra 2004, Nr. 146, S. 827 f.；Urteil des BGer. vom
11. September 2007, Nr. 4A_ 51/2007, E. 4. 5；Urteil des BGer. vom 31. Oktober 2007, Nr. 4A_ 336/2007,
E. 4. 4；Urteil des BGer. vom 31. Juli 2012, Nr. 4A_ 55/2015, E. 6. 2.

作人就适时通知瑕疵负举证责任，承揽人就工作物的受领时间负举证责任"。[1]

1757　　定作人不仅应适时，还应在诉讼时效期间届满前通知瑕疵（债法第371条）。诉讼时效期间在下述意义上是瑕疵通知的绝对期间：在诉讼时效期间经过后才通知瑕疵的，丧失瑕疵担保权。[2]如果定作人在诉讼时效期间内有效通知瑕疵，则在该期间届满后仍有瑕疵担保抗辩权（类推适用债法第210条第5款）。

1758　　（3）瑕疵通知应有充分事实证明（substantiiert），方为有效：定作人应指明，为何（以及何种程度上）他认为交付的工作成果不符合合同约定。借用联邦法院的表述，也即瑕疵通知必须"进行充分的事实证明，至少要准确指出瑕疵是什么，表明定作人不承认工作成果符合合同约定并打算追究承揽人责任"。[3]

1759　　（4）工作成果的瑕疵也可能嗣后才显露（隐藏瑕疵）。于此情形，应在发现瑕疵后立即通知，否则即便有此瑕疵，也视为承认工作成果（债法第370条第3款）。制定法于此（以及在债法第370条第2款）运用了不利于定作人的拟制方法，也即不可推翻的推定。

1760　　定作人确信瑕疵存在之时，即为发现工作成果的隐藏瑕疵之时。换言之，对于随广度或强度增长而慢慢显露的瑕疵，并非一旦出现（瑕疵）迹象即告发现，毋宁系定作人得确认其重要性和射程时才告发现。[4]

1761　　（5）承揽人恶意隐瞒瑕疵的，类推适用债法第203条（边码364—365）：有过错之承揽人不得主张［定作人］未通知瑕疵［作为免于瑕疵担保责任的理由］；相对于故意隐瞒买卖标的物瑕疵的出卖人来说，没有理由优待故意隐

---

〔1〕　Urteil des BGer. 4A_ 51/2007 vom 11. September 2007, E. 4. 5. Vgl. auch BGE 118 II 142 ff. ; 107 II 172 ff. ; Gauch, Werkvertrag, Nr. 1561 ff. und 1581; Koller, Werkvertragsrecht, Nr. 877 ff.

〔2〕　BGE 130 III 362 ff. （365 ff. ）, E. 4. 2 und 4. 3＝Pra 2005, Nr. 7, S. 57 ff. ; Gauch, Werkvertrag, Nr. 2295.

〔3〕　基础性的判决有 BGE 107 II 172 ff. （175）, E. 1a; 此外参见 Urteil des BGer. vom 25. November 2015, Nr. 4A_ 643/2014, E. 3. 2 （计划官方公布）; 亦参见 Koller, Werkvertragsrecht, Nr. 603 f. 。

〔4〕　BGE 131 III 145 ff. （149 f. ）, E. 7. 2 （就买卖合同）＝Pra 2005, Nr. 50, S. 389 ff. ＝ZBGR 88/2007, S. 289 ff.

瞒瑕疵的承揽人。这在理论上得到认可，[1]但联邦法院在一则陈旧的判决中予以否认。[2]

（6）因债法第367—371条为任意性规定，当事人也可约定与法律规定不同的、有利于定作人的瑕疵担保责任。例如《瑞士工程师建筑师协会第118号规定》第165条以下作了有利于定作人的规定。[3]　　1762

《瑞士工程师建筑师协会第118号规定》尤其规定了有利于业主的2年瑕疵通知期间（第172条），并将所有瑕疵担保请求权的诉讼时效期间统一为5年（第118条）。常被忽略的是《瑞士工程师建筑师协会第118号规定》第163条，该条就权利失效问题大部分遵循了制定法规定；该条第2款规定，就受领时已显露但未主张的瑕疵，视为就此默示放弃承揽人的责任。　　1763

三、法律后果：定作人之瑕疵担保权

（一）概览

1. 定作人享有以下一系列瑕疵担保权：　　1764

——瑕疵解除权（Wandlung，债法第368条第1、3款）；　　1765

——减价权（Minderung，债法第368条第2款）；　　1766

——补正请求权［译者注：补正请求权是形成权而非请求权］（Nachbesserung，债法第368条第2款）；　　1767

——损害赔偿请求权（瑕疵结果损害赔偿请求权［Ersatz des Mangelfolgeschadens］，债法第368条第1、2款）。　　1768

前三项瑕疵担保权是定作人享有的形成权，它们之间存在竞合，定作人只能择其一行使之。但若有瑕疵结果损害，在满足损害赔偿要件时，［定作人］可在其他瑕疵担保权之外请求赔偿。对此须作以下说明：所提及的竞合仅针对某一个特定的瑕疵而言，定作人完全可以就第一个瑕疵请求补正，就第二个瑕疵请求减价。仅在享有瑕疵解除权的情形定作人须决定是否维持承　　1769

---

〔1〕　Gauch, Werkvertrag, Nr. 2162；Pedrazzini, SPR VII/1, S. 528.

〔2〕　BGE 100 II 30 ff.（33 f.），E. 2.

〔3〕　例如参见 Urteil des BGer. vom 5. September 2002, Nr. 4C 258/2001, E. 2. 2 und 3（所引之点不在 BGE 128 III 416 ff. 中）。

揽合同。须注意的是，这些瑕疵担保权各自有其特别的构成要件，仅当这些构成要件都满足时，才有多个瑕疵担保权累积。毫无疑问，可能的是，当补正费用过高时，定作人得主张减价和损害赔偿。

1770　　2. 纵承揽人无过错，定作人亦得主张瑕疵解除权、减价权、补正请求权，因此有时这也被称作承揽人的无过错责任。然而，承揽人仅在有过错或须为履行辅助人（如分包人）负责时（常见情形），才负担瑕疵结果损害赔偿责任（债法第 101 条）。

1771　　3. 瑕疵担保权适用特殊诉讼时效，而非一般诉讼时效（债法第 371 条；边码 1797 以下）——这与买卖合同中买受人的物之瑕疵担保权相同（债法第 210 条）。

（二）瑕疵解除权

1772　　1. 债法第 368 条第 1 款原则上赋予定作人拒绝受领工作成果即解除合同的权利。制定法于此使用的是"受领"一词，但瑕疵解除权不仅可能发生于交付后定作人立即发现瑕疵之情形，瑕疵后来（例如受领后一年）才显露的，定作人也可主张解除合同。但瑕疵解除尤其以瑕疵通知为前提。此外应注意以下几点：

1773　　——瑕疵达到一定严重程度时，方产生瑕疵解除权；〔也即〕须工作成果不符合合同约定，以致定作人不能使用工作成果或期待其受领该工作成果不合理（债法第 368 条第 1 款）。

1774　　——工作成果系建造于定作人的地块（auf Grund und Boden）上，依其本质，移除会造成不合理损失的，瑕疵解除权自始不存在（债法第 368 条第 3 款）。但定作人仍有请求补正和减价的形成权。此外，即便定作人享有解除权，他也可决定不行使解除权，而是请求承揽人承担其他瑕疵担保责任，例如补正。

1775　　2. 瑕疵解除权系单纯形成权（privates Gestaltungsrecht）〔译者注：中文表达里有学者将形成诉权和单纯形成权作为一对相对概念，此处翻译从之〕，而非形成诉权（Gestaltungsklagerecht）：仅通过定作人（单方）的意思表示即可行使，无须诉诸法院。[1]当然，若承揽人对瑕疵解除权有异议或者拒绝履行返还清算义务，则可能走向诉讼。如同其他瑕疵担保权，定作人无须在为瑕

---

〔1〕　亦参见 BGE 136 III 273 ff.（274 f.），E. 2. 2＝Pra 2010, Nr. 129, S. 852 ff.。

疵通知时就行使瑕疵解除权，也即不存在这样的法律条款：瑕疵担保权在发现瑕疵后不立即行使的，则权利丧失。这一立即行使的期限只针对瑕疵通知，而瑕疵担保权在时间上受诉讼时效限制。

3. 有效行使瑕疵解除权后，合同应进行返还清算（rückabwickeln）。[1]尤其是承揽人须返还定作人支付的金额。返还清算是合同关系，存在合同上（而非不当得利法或物权法上）的应同时履行（债法第 82 条）的清算义务（边码 394）。[2]

（三）减价权

1. 定作人也可根据工作成果缺损的价值，要求相应地扣减报酬（债法第 368 条第 2 款）。尤其在以下情形，定作人享有减价权（降低报酬）：

——瑕疵"不严重"时，即瑕疵解除权因此被排除时（债法第 368 条第 2 款），或者

——工作成果系建造于定作人的不动产上，非支付不合理费用无法移除的，这又导致解除权被排除（债法第 368 条第 3 款）。

2. 减价权亦属单纯形成权，而非形成诉权，通过纯粹的（单方）意思表示即可行使。有效行使该权利的，按照所谓的比例计算法（relative Berechnungsmethode）计算报酬减少的额度（如同买卖合同中的物之瑕疵担保情形）。[3]若定作人已支付的数额多于其现在所负担的减价后的报酬额，则其行使减价权后对承揽人享有一个债权。此时，债权的内容是返还多支付的金额，满足一定要件时定作人可以主张抵销（例如，与因定作内容变更而生的承揽人债权抵销）。

（四）补正请求权

1. 根据债法第 368 条第 2 款，只要不会使承揽人负担不合理的费用，定作人就有权请求承揽人无偿完善工作成果（补正，Nachbesserung）。须说明以下几点：

——补正履行系指无偿完善工作成果。交付无瑕疵的工作成果的原给付

1776

1777

1778

1779

1780

1781

1782

---

〔1〕　Urteil des BGer. vom 27. Oktober 2014, Nr. 4A_387/2014, E. 4. 1.

〔2〕　Gauch, Werkvertrag, Nr. 1538 ff. ；不同观点参见 Koller, Werkvertragsrecht, Nr. 645（认为是不当得利请求权）。

〔3〕　就此参见 Gauch, Werkvertrag, Nr. 1646 ff. ；Urteil des BGer. vom 8. Oktober 2004, Nr. 4C. 231/2004, E. 3. 1。就适用情形参见 BGE 116 II 305 ff.（313），E. 4a。

义务因此而复活，故补正请求权也被看作实际履行请求权。

1783　　例外情况下可不要求补正，而主张重新完成工作成果。[1]

1784　　——承揽人是否［因补正］负担不合理费用，应按照补正给定作人带来的利益和承揽人因补正而产生的费用之间的比例来确定。[2]不过，在自由裁量时（《民法典》第4条）考虑承揽报酬数额的高低也是正当的。

1785　　——就下列情形，当补正费用并非不合理时，定作人也享有补正请求权：瑕疵不严重的，或者瑕疵工作成果系建造于定作人的不动产上，非支付不合理费用无法移除的（债法第368条第2款、第3款）。

1786　　——补正请求权［之规定］亦属任意性规定。因此当事人作出的不同约定优先于法律的规定，尤其是当事人在具体承揽合同中所采用的《瑞士工程师建筑师协会第118号规定》中的规定。[3]

1787　　根据《瑞士工程师建筑师协会第118号规定》第169条，业主——除损害赔偿请求权外——一开始仅享有补正请求权（不得解约或减价）。

1788　　2. 补正请求权亦属单纯形成权，而非形成诉权。（定作人）有效行使该权利的，承揽人负补正履行的义务。承揽人未补正履行或补正履行仍有瑕疵的，定作人重新享有选择的权利。[4]

1789　　特别是，定作人可在合理期限后委托第三人实施补正履行（代为履行，Ersatzvornahme），并由承揽人承担相应费用。[5]根据联邦法院的判例，于此可类推适用债法第366条第2款，也即无须法院授权即可安排（第三人）代

---

〔1〕　Urteil des BGer. vom 5. September 2002, Nr. 4C. 258/2001, E. 4. 1. 4（所引内容不在 BGE 128 III 416 ff. 中）.

〔2〕　参见 Gauch, Werkvertrag, Nr. 1749 ff. ; Urteil des BGer. vom 5. September 2002, Nr. 4C. 258/2001, E. 4. 1. 3（所引内容不在 BGE 128 III 416 ff. 中）。

〔3〕　Urteil des BGer. vom 5. September 2002, Nr. 4C. 258/2001, E. 4. 1（所引内容不在 BGE 128 III 416 ff. 中）.

〔4〕　BGE 136 III 273 ff.（275），E. 2. 4＝Pra 2010, Nr. 129, S. 852 ff. ; Urteil des BGer. vom 13. Februar 2006, Nr. 4C. 347/2005, E. 4; Gauch, Werkvertrag, Nr. 1796 f. , 1801 und 1843.

〔5〕　深入分析的例如 Koller, Werkvertragsrecht, Nr. 406 ff. 。

为履行。[1]就代为履行可能产生的费用，可令承揽人预付。[2]

（五）瑕疵结果损害赔偿请求权

1. 根据债法第 368 条第 1 款、第 2 款（每款的末尾），承揽人有过错或者 　1790
承担履行辅助人责任时，定作人可请求损害赔偿。须注意以下几点：

——不同于其他瑕疵担保权，瑕疵结果损害赔偿请求权并非形成权，而 　1791
是债权。

——此债权的内容是损害赔偿，确切来说，是对所谓瑕疵结果损害的赔 　1792
偿。[3]因此它包括的是瑕疵本身之外的所有损害。[4]例如，因工作物有瑕疵
不能及时投入经营中，使定作人遭受的利润损失应予以考虑。

工作成果因自身瑕疵而减少的价值，（有时称之）为"瑕疵损害"（Man- 　1793
gelschaden），可通过解约、减价或补正履行转嫁于承揽人。因此，它并非损
害赔偿义务的对象。

——定作人的瑕疵结果损害赔偿请求权以承揽人有过错为要件。要求承 　1794
揽人［就瑕疵结果损害］承担无过错责任（Kausalhaftung，如债法第 208 条第
2 款中的出卖人）并无法律依据。因此应适用合同责任法（vertragliches Haftpfli-
chtrecht）的一般规定：根据债法第 97 条第 1 款，推定承揽人有过错；辅助人
责任则适用债法第 101 条。

——瑕疵结果损害赔偿请求权可以与其他瑕疵担保权累积适用。瑕疵结 　1795
果损害赔偿请求权是为了赔偿通过解约、减价、补正履行都无法填补的损害。
瑕疵结果损害赔偿请求权不以定作人同时行使一项形成权为前提；即便形成
权的要件不满足（例如没有价值缺损或者补正费用过高），定作人不享有形成
权，其也可请求瑕疵结果损害赔偿。[5]

2. 瑕疵结果损害赔偿请求权亦应满足承揽人瑕疵担保责任的一般要件。 　1796

---

〔1〕　BGE 107 II 50 ff.（55 f.），E. 3；Urteil des BGer. vom 25. Juli 2006, Nr. 4C. 77/2006, E. 3.

〔2〕　BGE 128 III 416 ff.（417 f.），E. 4. 2. 2.

〔3〕　不同观点有 Koller, Werkvertragsrecht, Nr. 506。

〔4〕　参见 Gauch, Werkvertrag, Nr. 1853 ff.；采纳该观点的判决有 Urteil des BGer. vom 7. Oktober
2005, Nr. 4C. 106/2005, E. 3. 1；结果相同但未论证的判决有 BGE 116 II 454 ff.（455 f.），E. 2a。

〔5〕　Urteil des BGer. vom 10. Juni 2013, Nr. 4A_90/2013, E. 4. 2.

尤其须有瑕疵通知（债法第 367 条第 1 款、第 370 条第 2 款）。此外，此项请求权的诉讼时效依债法第 371 条。与之不同的是，非因工作成果瑕疵而生的对承揽人的赔偿请求权，［其诉讼时效］适用债法第 127 条的一般规定。

（六）瑕疵担保权之诉讼时效

1. 原则

1797　　债法第 371 条是对定作人因工作成果瑕疵所生的请求权诉讼时效的特别规定。此前［指法律修订前］该条第 1 款简单援引买卖合同法上的时效规定（债法第 210 条），彼处的时效规定准用于承揽合同法上的瑕疵担保请求权。2013 年 1 月 1 日生效的新条文虽然仍援引买卖合同法规定（债法第 371 条第 3 款），但也有了自身的规则。[1]［在展开下文内容前，］事先应明确的是：诉讼时效规则适用的对象有两方面，一方面是因行使瑕疵担保权（形成权）而生的债权，另一方面则是瑕疵结果损害赔偿请求权。[2]

1798　　形成权本身不适用诉讼时效。但定作人通过承认之表示或因怠于履行法律规定的检验和通知瑕疵义务而被视为承认的，［瑕疵担保］形成权丧失。在后一种情形［译者注：指怠于检验和通知瑕疵］，对工作成果的承认是法律拟制的产物（债法第 370 条第 2 款）。

1799　　（1）原则上定作人请求权的诉讼时效为"自受领时起 2 年"（债法第 371 条第 1 款），这一期间远短于债法第 127 条的一般时效期间。此外，因诉讼时效自受领［工作成果］时起算，所以可能出现在定作人能发现瑕疵前诉讼时效已经起算的情形。

1800　　相比于债法第 127 条，买卖合同法中的瑕疵担保权诉讼时效也大大缩短，其合理性部分在于，"买受人于瑕疵担保情形享有额外的权利，且出卖人对无过错亦须负责。出于对出卖人利益和法秩序安定性的考虑，［立法者］也希望

---

[1]　承揽合同法的修订首先考虑了债法第 210 条，就修订的观点是"如今承揽合同上的短期时效的目的和买卖合同上的相同。因此须协调两类合同的相应规定"。就此参见 BBl 2011, S. 2897（联邦议会国民院法律问题委员会）以及 3905 f.（联邦委员会观点）。就修订的深入内容参见 Gauch, recht 2011 sowie recht 2012。

[2]　Gauch, Werkvertrag, Nr. 2203 und 2208. Illustrativ Koller, Werkvertragsrecht, Nr. 522.

尽快澄清法律状态"。[1]同样的理由也被照搬到承揽合同法中，但有两点须提示：首先，定作人的补正请求权也被归属到额外的权利之下，但依其功能，它与请求制作无瑕疵工作物的请求权没有区别。如果定作人请求补正的目的仅在于使其自始从合同中享有的权利得到实现，那么并不能轻易将这一请求权看作额外的权利。其次，很明显的是，短期诉讼时效有利于承揽人，但这并没有解释为何承揽人的利益比定作人请求履行合同的利益更重要。

（2）工作成果为不动产时，定作人因工作成果瑕疵，对于承揽人以及对于——为建造该建筑物提供劳务的——建筑师或工程师而享有的请求权，自其接收工作成果时起，经过 5 年而罹于时效（债法第 371 条第 2 款）。[2]　　1801

新的条文称为"不动产工作物"（unbewegliches Werk），而之前版本称为"不动产建造物"（unbewegliches Bauwerk），后者涵摄范围更窄。[3]　　1801a

规定［比动产工作物瑕疵担保请求权的 2 年诉讼时效］更长的 5 年诉讼时效，其理由在于，就不动产建造物，"常常在较长时间后才能发现它是否遵守了牢固性、地质性和空气性标准"。[4]　　1801b

这一规则涵盖了（相比于旧版法条未变的）对建筑师和工程师的请求权诉讼时效。如果满足了规范适用的要件，则即便与建筑师或工程师订立的合同在个案中不属于承揽合同，而是一般委托或混合合同，也可适用这一［时效］规则（边码 1688a）。[5]　　1801c

（3）工作成果为动产，且"依其性质或用途而附合于不动产者"，如因该工作成果有瑕疵而致不动产存在瑕疵，对该动产工作成果的瑕疵担保权诉讼时效也为 5 年（债法第 371 条第 1 款）。这允许不动产工作成果的承揽人　　1802

---

〔1〕　BBl 2011, S. 3905（Stellungnahme des Bundesrats zur Parlamentarischen Initiative «Mehr Schutz der Konsumentinnen und Konsumenten. Änderung von Artikel 210 OR»）；亦参见 BGE 133 III 335 ff.（340），E. 2. 4. 4。

〔2〕　BGE 130 III 362 ff.（365 ff.），E. 4 = Pra 2005, Nr. 7, S. 57 ff.；Urteil des BGer. vom 23. Juli 2008, Nr. 4A_235/2008, E. 5. 5；ausführlich Gauch, Werkvertrag, Nr. 2214 ff.

〔3〕　Gauch, recht 2012, S. 132 f.；Krauskopf, Verjährung bei Kauf- und Werkverträgen, S. 96；不同观点有 Frey/Siegenthaler, Was heisst«unbewegliches Werk»in Art. 371 Abs. 2 OR?, BR/DC 2014, S. 176 ff. 。

〔4〕　BGE 93 II 242 ff.（245），E. 2a；此外参见 BGE 117 II 425 ff.（428），E. 3。

〔5〕　BGE 102 II 413 ff.（418），E. 3。

"向被附合的动产工作成果的制作人追偿"[1]，但这些诉讼时效各有其起算点，就此并未得到协调。

2. 例外

1803　（1）第一个例外是，承揽人故意欺骗了定作人：于此情形适用债法第127 条的 10 年诉讼时效。虽然故意欺骗这种情形在债法第 371 条中没有明确规定，但债法第 210 条第 6 款对此情形有规定，债法第 371 条第 3 款借助援引技术使［债法第 210 条第 6 款之诉讼时效］也适用于承揽合同法。

1804　（2）第二个例外是，因债法第 371 条规定的期间不是强制性的，所以它可以通过约定被延长或缩短。但这至少产生一个问题，即合同自由（就缩减诉讼时效期间的自由）是否基于债法第 371 条第 3 款对买卖合同法时效规则的援引而受到限制。从体系和目的上来看，都有理由将债法第 210 条第 4 款类推适用于具备该款列举特征的"消费者承揽合同"。[2]同时须指出的是，这一问题在修订时（明显）没有被指出。[3]

1805　（3）最后须作以下提醒：

1805a　——如果定作人在诉讼时效期间内有效通知瑕疵，则其［在诉讼时效经过后仍］享有抗辩权（债法第 371 条第 3 款结合债法第 210 条第 5 款，边码 1757）。

1805b　——如果承揽人自始就没有［瑕疵担保］责任，或者瑕疵担保责任被有效排除，那么债法第 371 条的规定不起作用。

四、瑕疵担保责任之个别问题

1806　1. 此处也（边码 433 以下已经有）讨论承揽人瑕疵担保责任与定作人其他救济手段之间的关系。

1807　——就（工作成果）瑕疵，债法第 97 条以下规定的一般履行请求权与损害赔偿请求权无适用余地；第 97 条以下的一般规则完全让位于债法第 367 条以下的瑕疵担保规则。[4]

---

〔1〕　BBl 2011, S. 3906 (Stellungnahme des Bundesrats zur Parlamentarischen Initiative «Mehr Schutz der Konsumentinnen und Konsumenten. Änderung von Artikel 210 OR»).

〔2〕　亦参见 Koller, Werkvertragsrecht, Nr. 779。

〔3〕　见 BBl 2011, S. 2889 ff. （联邦议院国民院法律问题委员会）以及 3903 ff. （联邦委员会的观点）。

〔4〕　BGE 100 II 30 ff. （32 f.）, E. 2; 117 II 550 ff. （553）, E. 4b/cc; 133 III 335 ff. （341）, E. 2. 4. 4; Gauch, Werkvertrag, Nr. 2326 ff.

相反，如果承揽人的违约方式并非在于工作成果有瑕疵，而是侵害定作人其他法益，或者未交付（或交付与合同约定不同的）工作成果，则仍适用债法第97条以下。 1808

——在满足特定要件——特别是［承揽人的行为］具有违法性[1]——时，定作人除享有瑕疵担保权外，还享有侵权损害赔偿请求权（债法第41条以下与其他特别法）。[2]尤其是在未通知瑕疵时，定作人仍得主张［适用］侵权法的规定。 1809

——可能产生的疑问是，如果交付的工作成果违反合同约定，定作人可否在瑕疵担保责任之外主张意思表示瑕疵，特别是主张交易基础错误（Grundlagenirrtum）。通说认为不可。[3] 1810

——还可能产生的疑问是，工作成果有瑕疵时，定作人得否主张不履行抗辩权（Einrede），（暂时）拒绝支付报酬。对于该问题，仅当定作人选择补正履行（Nachbesserung）并明确主张债法第82条之抗辩权时，才能（并总能）支持上述抗辩权。[4] 1811

2. 关于定作人可否让与瑕疵担保权，学说上存在争议。但无论如何，只要涉及的是（根据债法第164条以下可得让与的）债权，均得让与。因此，至少因行使形成权而生的债权（如行使减价权而生的请求返还多支付报酬的权利）可以让与，瑕疵结果损害赔偿请求权当然也可让与。补正请求权［译者注：作为形成权］亦得让与，[5]但依本书见解，减价权与解约形成权不可让与。[6] 1812

上述观点［译者注：减价权与解约形成权不可让与］是基于下面的洞见：减价和解约"影响合同架构甚巨，以致与承揽合同密不可分"；[7]当补正请 1813

［1］　Urteil des BGer. vom 30. Oktober 2015, Nr. 4A_261/2015, E. 4. 3.

［2］　Gauch, Werkvertrag, Nr. 2341 ff.

［3］　Gauch, Werkvertrag, Nr. 2317 f. 有更多展开和引用。

［4］　详见 Gauch, Werkvertrag, Nr. 2366 ff. 。

［5］　具体参见 Gauch, Werkvertrag, Nr. 2450 ff. 。

［6］　BGE 114 II 239 ff.（247），E. 5c/aa；Gauch, Werkvertrag, Nr. 2439. 不同观点有 Koller, Werkvertragsrecht, Nr. 527 ff. ，其（仿照 Honsell）认为，瑕疵担保权很有可能一揽子转让。

［7］　Gauch, Werkvertrag, Nr. 2439.

求权［作为形成权］被人们（例如本书）认为可以让与时，就不能仅以形成权的法律性质作为［减价权和解约形成权不可让与的］论证理由。可让与性的问题在"建筑物区分所有权预售"中尤其重要，在广泛流行的［此类］合同实务中，出卖人/承揽人免除自己责任，同时把对次承揽人的瑕疵担保权转让给买受人/定作人。[1]

第六节　承揽合同的消灭

1814　　承揽合同消灭的主要事由是（双方）完全履行其全部义务。因为承揽合同是一次性债务关系（而非继续性合同），当事人的债权因清偿而消灭（债法第 114 条第 1 款）。除此项主要事由以及其他因承揽人瑕疵担保责任（债法第368 条第 1 款瑕疵解除，边码 1772；亦参见边码 1705 对债法第 366 条第 2 款的解读）和依债法第 366 条第 1 款承揽人迟延（边码 1706—1707）而可能产生的合同消灭事由以外，法律还规定了以下特殊消灭事由。

1815　　1. 因超出大概的估价而解除合同（债法第 375 条）：因不可归责于定作人的事由，与承揽人约定的估价被显著超过者，定作人得在工作进行中或完成后解除合同（债法第 375 条第 1 款）。

1816　　这一解除权的构成要件是："承揽人已将估价作为指导价告知定作人，且该估价是订立合同的基础"；如果当事人仅约定，（最终）价格根据承揽人支出的费用确定，则非债法第 375 条第 1 款意义上的成本估值。[2]与法条中所用表达（"约定的估价"）不同，估价并没有被约定，而仅仅是承揽人交给定作人的。这一估价是定作人订立合同所参照的依据，也即是说，这一规定来源于交易基础错误的思想。[3]

1817　　对于建造在定作人土地上的建筑物，考虑到物权法上的附带取得原则（Akzessionsprinzip，或译从属性原则），适用债法第 375 条第 2 款的特别规则。

---

〔1〕 参见 Stöckli, Stockwerkeigentum ab Plan, S. 15 ff. ; Plattner, Vertragsgestaltung beim Kauf von Stockwerkeigentum ab Plan, BR/DC 2016, S. 14 ff. 。

〔2〕 BGE 132 III 24 ff.（29），E. 5. 1. 2.

〔3〕 BGE 115 II 460 ff.（461），E. 3.

若建筑物尚未完成，则定作人（选择性的）享有请求合理减少报酬或终止合同的权利。定作人应在一年期间内行使形成权，就此债法第 375 条虽然没有规定，但类推适用债法第 31 条可以得出这一结论。[1]

债法第 375 条第 2 款对已经开始实施的承揽工作亦规定了解除（Rücktritt），这一表述并不精确：实际上此处并非解除（Rücktritt，溯及既往地消灭合同），而是终止（Kündigung，向将来消灭合同）。　　1818

2. 承揽合同因工作成果在交付前灭失而消灭（债法第 376 条）。工作成果在交付前因意外事件（即当事人无过错）灭失的，承揽人不得就其已付出的劳动请求报酬，也不得就其所支出的费用请求补偿，但定作人迟延受领工作成果者，不在此限（债法第 376 条第 1 款）。换言之，直至“交付”之时，承揽人承担“不能获得报酬的风险”（Vergütungsgefahr）。[2] 在工作成果灭失情形，材料灭失产生的损失由提供材料的一方承担（债法第 376 条第 2 款）。　　1819

但《瑞士工程师建筑师协会第 118 号规定》第 187 条第 3 款规定：工作成果因不可抗力（战争、暴乱、自然灾害）灭失的，承揽人可就［工作成果］灭失前所为之给付，依公平原则，请求支付全部或部分报酬。[3]　　1820

根据债法第 376 条第 3 款，例外的是［译者注：指的是前文不得请求报酬和费用的例外］，工作成果的灭失系因定作人提供的材料或指定的建筑用地存在瑕疵或因定作人所指示的工作方法所致者。承揽人如已将存在的危险及时通知定作人（警告），得请求定作人为已付出的劳动支付报酬并补偿报酬未包括的费用；若定作人有过错或为辅助人承担责任（债法第 101 条），承揽人尚得请求损害赔偿。[4]　　1821

3. 承揽合同因定作人以承担完全损害赔偿为前提的解除而消灭（债法第 377 条）。根据这一属于任意性（不同于债法第 404 条；边码 1966）因而可被　　1822

〔1〕　Urteil des BGer. vom 31. März 2009, Nr. 4A_577/2008, E. 3. 1.

〔2〕　Gauch, Werkvertrag, Nr. 1184.

〔3〕　参见 BGE 123 III 183 ff. ; Gauch, Werkvertrag, Nr. 1218 f. 。

〔4〕　详见 Gauch, Werkvertrag, Nr. 1194 ff. 。

变更的规范可以得出以下结论：若工作成果尚未完成，且定作人不享有基于特殊事由（如承揽人违约）的解除权，则定作人可以随时解除合同，但须"就承揽人已提供的劳务支付报酬，并且完全赔偿承揽人的损失"。完全赔偿意味着承揽人可以要求赔偿积极利益（履行利益）。[1]通过以上内容，制定法规定的是有利于定作人的"合同忠实原则的突破"，但这一突破又因定作人对承揽人的损失负有完全赔偿义务而被弱化。[2]

1823　　法条文本［指债法第 377 条］再次用词不精确，它使用的是"解除"一词（Rücktritt，它表示溯及既往地消灭合同）：定作人实际上享有的毋宁是终止权，向将来发生效力。[3]根据债法第 377 条，承揽人就已经完成的工作而享有的债权随合同消灭立即届期。[4]但是，更加准确的观点可能是：判断是否届期的标准在于是否交付了已经完成的工作。[5]

1823a　　依债法第 377 条解除承揽合同的，没有前提条件，因此如果存在重大事由，更加可以解除。但因存在重大事由而解除时，定作人可能不负损害赔偿义务。[6]

1824　　4. 承揽合同因定作人方面的情事而履行不能时消灭（债法第 378 条）。因定作人发生意外事件，致使不能完成工作成果的，承揽人得请求定作人为其已支付的劳动支付报酬并偿还报酬所未包括的费用（债法第 378 条第 1 款）。[7]定作人对不能完成工作有过错者，承揽人尚得请求损害赔偿（债法第 378 条第 2 款）。

1825　　5. 承揽合同因承揽人死亡或无能力（Unfähigkeit）而消灭（债法第 379

---

〔1〕　Gauch, Werkvertrag, Nr. 546 ff.

〔2〕　BGE 117 II 273 ff.（276 f.），E. 4b.

〔3〕　BGE 117 II 273 ff.（276），E. 4a；129 III 738 ff.（748），E. 7. 3＝Pra 2004，Nr. 147，S. 828 ff.；130 III 362 ff.（366），E. 4. 2＝Pra 2005，Nr. 7，S. 57 ff.；Gauch, Werkvertrag, Nr. 523 und 528.

〔4〕　BGE 129 III 738 ff.（748 f.），E. 7. 3（＝改变了以下判决原有的司法观点：BGE 117 II 273 ff.［278］，E. 4c），接受了 Gauch, Werkvertrag, Nr. 557 ff. 的论证。批评见解有 Koller, Werkvertragsrecht, Nr. 207，其主张以交付为准。

〔5〕　Koller, Werkvertragsrecht, Nr. 207.

〔6〕　Urteil des BGer. vom 10. September 2002，Nr. 4C. 387/2001，E. 6. 2. 反对该案适用债法第 377 条的有 Koller, Werkvertragsrecht, Nr. 1062。

〔7〕　Urteil des BGer. vom 21. Juli 2015，Nr. 4A_191/2015，E. 4. 3；应由承揽人证明其就给付不能没有过错。

条)。承揽合同,以承揽人个人之技能为要素者,在承揽人死亡或非因其过错而致不能完成工作时终止(债法第 379 条第 1 款)。工作已完成之部分,对于定作人有用者,定作人有受领及支付报酬之义务(债法第 379 条第 2 款)。

第十七章　出版合同

1826　　本章特别文献（节选）

Hilty Reto M., Verwertung von Urheberrechten, Der Verlagsvertrag, in: von Büren Roland/David Lucas（Hrsg.）, Schweizerisches Immaterialgüter- und Wettbewerbsrecht, Band II/1: Urheberrecht und verwandte Schutzrechte, 3. Aufl., Basel 2014, S. 597 ff.

Derselbe, Lizenzvertragsrecht, Systematisierung und Typisierung aus schuldrechtlicher Sicht, Bern 2002.

Hochreutener Inge, Zürcher Kommentar zum Schweizerischen Zivilgesetzbuch, Obligationenrecht, Teilband V 2e: Der Verlagsvertrag（Art. 380-393 OR）, 4. Aufl., Zürich 2011.

Dieselbe, Urhebervertragsrecht im Verlagsbereich, in: Streuli-Youssef Magda （Hrsg.）, Urhebervertragsrecht, Zürich 2006, S. 35 ff.

Krauskopf Frédéric, Die Rechtsprechung des Bundesgerichts zu Art. 380 ff. OR, in: Gauch Peter/Aepli Viktor/Stöckli Hubert （Hrsg.）, Präjudizienbuch zum OR, 9. Aufl., Zürich 2016.

第一节　概　述

一、法律渊源

1827　　1. 债法第380—393条规定了出版合同（Verlagsvertrag; le contrat d'édition）。此类合同主要涉及作者的权利转让于出版者。

1828　　2. 因此著作权在出版合同中起到重要作用。著作权主要由下列法律规定：

——《著作权法》（URG）；[1]　　　　　　　　　　　　　1829

——从属的《著作权行政法规》（URV）；[2]　　　　　　　1830

——《世界版权公约》；[3]　　　　　　　　　　　　　　　1831

——《保护文学和艺术作品伯尔尼公约》；[4]　　　　　　　1832

——《世界知识产权组织版权条约》（WCT）。[5]　　　　　1833

二、构成要件

1. 基于出版合同，文学、艺术作品的作者或其权利继受人（出版权授予 1834
人，Verlaggeber）有将作品交与出版者出版的义务，出版者有复制并发行作品
的义务（债法第 380 条）。也即对该合同类型而言重要的是以下义务：

——出版权授予人给予作品[6]并移转著作权权能[7]的义务，以及 1835

——出版者自担费用复制、发行作品的义务。 1836

2. 当事人可以约定出版者支付报酬的义务（出版权授予人的报酬请求 1837
权），但该义务并不决定合同类型（债法第 388 条第 1 款）。

3. 某些情形存在的并非出版合同，而是行纪合同（Kommisionsvertrag） 1838
（债法第 425 条以下），例如当出版社负有以自己的名义复制并发行作品的义
务，但由作者负担费用时。这与出版合同不同的是，经济风险由作者承担。

---

〔1〕　1992 年 10 月 9 日《关于著作权及相关保护权的联邦法律》（简称《著作权法》）；BG
über das Urheberrecht und verwandte Schutzrechte（Urheberrechtsgesetz, URG）vom 9. Oktober 1992（SR
231.1）。

〔2〕　1993 年 4 月 26 日《关于著作权及相关保护权的行政法规》（简称《著作权行政法规》）；V
über das Urheberrecht und verwandte Schutzrechte（Urheberrechtsverordnung, URV）vom 26. April 1993（SR
231.11）.

〔3〕　1971 年 7 月 24 日《世界版权公约》以及 1952 年在瑞士和几个国家间生效的版本；Wel-
turheberrechtsabkommen vom 24. Juli 1971（SR 0.231.01）sowie in der für die Schweiz im Verhältnis zu ver-
schiedenen Ländern geltenden früheren Fassung vom 6. September 1952（SR 0.231.0）。

〔4〕　1971 年 7 月 24 日《保护文学和艺术作品伯尔尼公约》以及此前瑞士和几个国家间生效的版
本，法律系统编码是 0.231.12-0.231.14；Berner Übereinkunft zum Schutze von Werken der Literatur und
Kunst vom 24. Juli 1971（SR 0.231.15）sowie in den für die Schweiz im Verhältnis zu verschiedenen Ländern
geltenden früheren Fassungen, die in der SR unter den Nummern 0.231.12-0.231.14 verzeichnet sind。

〔5〕　1996 年 12 月 20 日《世界知识产权组织版权条约》；WIPO-Urheberrechtsvertrag（WCT）vom
20. Dezember 1996（SR 0.231.151）。

〔6〕　若无其他约定，作品所有权归出版权授予人。

〔7〕　BGE 101 II 102 ff.（104），E. 1b.

与之相应，作者的权利未让与给出版社；［对此］债法第 381 条第 1 款无适用之余地。

三、合同之成立

1839　1. 出版合同之成立适用一般规定，即须有对立一致的意思表示之交换（债法第 1 条）。法律［就出版合同］并未规定要式，但实务中通常采书面形式。

1840　2. 依情形，非受报酬即不为作品之交付者，则视为约定了出版权授予人的报酬请求权（债法第 388 条第 1 款）。但无偿出版合同亦非单务合同，因为出版者仍有义务复制并发行出版权授予人交付的作品。

四、作为合同对象的作品

1841　1. 出版合同的对象是文学或艺术作品（债法第 380 条）。[1]根据《著作权法》第 2 条第 1 款，作品是不依赖于其价值或目的，具有独创性的文学和艺术方面的精神创作。特别适合作为出版合同对象的是文学、科学和其他语言作品（《著作权法》第 2 条第 2 款 a 项）。[2]

1842　根据《著作权法》第 2 条第 1 款中的法律定义，著作权法保护取决于精神创作的独创性（individuelle Charakter），而非其价值和目的。至于独创性是否具有作者个人特征，则在所不问。[3]联邦法院曾特别对照片是否具有著作权属性这一问题细加研究。在一个案例中，联邦法院认为，已故歌手鲍勃·马利（Bob Marley）在演唱会上被抓拍的照片亦受著作权法保护。[4]在另一个案例中，联邦法院否认照片具有法律所要求的独创性：案涉照片展示了瑞士银行原保安人员克里斯托弗·麦利（Christoph Meili）如何在照相机前拿着

---

〔1〕　就其解释参见 Hochreutener, Zürcher Komm. , N 50 zu Art. 380 OR，该文献提到对出版合同关键的"作品"这一概念不应受形容词"文学"和"艺术"的限制，而应以著作权法意义上的广泛的作品概念为准。例如，虽然本专业书籍的文学性并不明显，但仍可归属于文学作品下。

〔2〕　参见 Hochreutener, Urhebervertragsrecht, S. 69。

〔3〕　BGE 134 III 166 ff. （170），E. 2. 1；136 III 225 ff. （228 f. ），E. 4. 2＝Pra 2010, Nr. 130, S. 857 ff. ；Urteil des BGer. vom 19. März 2014, Nr. 4A_482/2013, E. 3. 2. 2.

〔4〕　BGE 130 III 168 ff.

他从碎纸机中抢救下的文件摆造型。[1]

2. 作品若不具备精神创作和独创性这两个要件（《著作权法》第 2 条第 1 款），则它只是"公有领域"的作品，即不受著作权法保护的作品。[2]如果出版合同的对象是不受保护的作品，瑞士联邦法院称之为"不真正的"（unecht）或"非本来含义的"（uneigentlich）出版合同，但对此类合同可以准用关于出版合同的法律规定。[3]

1843

3. 出版合同的对象也可以是待创作作品，即将来作品。并不能仅仅因为出版合同中使用"作品"（Werk）这样的字眼，而使出版合同准用承揽合同规则［译者注：出版合同中的"作品"与承揽合同中的"工作成果"德文是同一个单词，容易致人误解，故作者特别予以说明］。虽然"文学或艺术作品"的完成（债法第 380 条）可以是承揽合同的标的，但在出版合同中涉及的不是作品的完成，而是为了复制和发行而交付作品。

1844

五、出版合同的"法律性质"

1. 出版合同虽因双方当事人均对相对方负担给付义务而可被看作双务合同，但其并非一种典型给付义务与价金义务的对应关系，况且有问题的还在于，把作品交与使用与复制作品是否具有对价性（交换性）。[4]但一方当事人（履行）迟延时，可适用债法第 107 条以下的规定。[5]

1845

2. 出版合同具有继续性的特点。这一特点表现在债法第 381 条第 1 款，根据该款之规定，出版权授予人在实施出版合同之必要期间内，有向出版者转让著作权的义务，至少这一给付义务包含了继续性元素。

1846

3. 根据债法第 381 条第 1 款，订立出版合同后，著作权移转于出版者——即便（可能）只是在合同目的所要求的范围内移转（限于目的的转让理论，

1847

---

[1]　BGE 130 III 714 ff.

[2]　亦参见《著作权法》第 5 条。过了保护期（《著作权法》第 29—30 条）的作品也属于公有领域。

[3]　BGE 101 II 102 ff.（104），E. 1b. 主流学说拒绝作区分，例如 Hilty, Verlagsvertrag, Nr. 1763；Hochreutener, Zürcher Komm. , N 57 zu Art. 380 OR。

[4]　否定的有 Bucher, OR BT, S. 216。

[5]　Bucher, OR BT, S. 216.

Zweckübertragungstheorie）。[1]因此，出版合同既包含负担行为，也包含处分行为。[2]

1848　著作权——绝对权——受到《著作权法》（第 61 条以下与第 67 条以下）广泛的民事及刑事保护。所以，在著作权被出版者侵犯时，出版权授予人不但享有合同上的请求权，还可寻求《著作权法》上的法律救济。

第二节　当事人之义务

1849　1. 根据债法第 380 条，出版权授予人之典型义务系为发行之目的将作品交与出版者。此外，还有以下几项补充性义务：

1850　——担保义务：出版权授予人保证其在缔约之时享有其所授予的权利，并且若作品受法律保护，其对此享有著作权（债法第 381 条第 2 款）。

1851　——告知义务：缔约前已将作品全部或部分交与第三人出版的，或者明知作品已由第三人发表者，应告知出版者（债法第 381 条第 3 款）。

1852　——根据债法第 382 条不对作品另做其他处分的义务。

1853　——必要时修订、完善作品的义务（债法第 385 条第 1 款）。

1854　2. 出版者的主要义务是复制、发行作品（债法第 380 条）。作品不得被增减或修改，并需以适当的格式面世。出版者应为必要的广告及以通常的方法推销出版物（债法第 384 条第 1 款）。此外，出版者还有以下次要义务：

1855　——依债法第 383 条第 2 款之标准印刷合理数量出版物的义务。

1856　——定价义务：制定不致影响销售的价格（债法第 384 条第 2 款）。

1857　——发行新版前，应给予出版权授予人（著作权人）完善作品的机会（债法第 385 条第 2 款）。

1858　——除另有约定外，给付依习惯通常数量的赠本之义务（债法第 389 条第 3 款）。

1859　——若就报酬有约定，或者依情事非受报酬不为作品之交付者，出版者

---

〔1〕　Hochreutener, Zürcher Komm. , N 41 ff. zu Art. 381 OR；BGE 101 II 102 ff. （106）, E. 3；Urteil des BGer. vom 8. Mai 2008, Nr. 4A_104/2008, E. 4. 2.

〔2〕　Bucher, OR BT, S. 218 f.

负有向出版权授予人给付报酬的义务（债法第388条第1款）。

若因发行作品盈利的，通常推定出版者负有支付报酬的义务。[1]　　1860

第三节　合同的消灭

1. 合同全面履行完毕后，出版合同常规消灭。[2]如无其他约定，则仅发　　1861
行一版即告履行完毕（债法第383条第1款）。

2. 此外有特殊消灭事由（债法第390条以下）：　　1862

——作品交付于出版者前（但在缔约后），非因可归责于出版权授予人之　　1863
事由灭失的（债法第119条）；

——根据债法第390条，作品交付后因意外事件而灭失的；　　1864

——依债法第392条第1款，非因作者过错致不能完成作品的（作者死　　1865
亡、丧失行为能力或无过错但受妨碍的情形）；

——出版者破产的（债法第392条第3款）。　　1866

3. 当存在可以终止合同的重大事由时，出版合同可基于重大事由而终止。　　1867

第四节　个别问题

1. 除非与出版者另有约定，否则仅出版权授予人享有作品翻译许可权　　1868
（债法第387条）。

2. 一个或数个作者，依出版者提出的计划而创作作品者，仅得请求约定　　1869
的报酬，且作品的著作权归出版者所有（债法第393条第1、2款）。

---

[1]　Bucher, OR BT, S. 220.

[2]　参见 Bucher, OR BT, S. 220。

第十八章　一般委托

1870　　本章专门文献（节选）

Bollinger Hammerle Susanne, Die vertragliche Haftung des Arztes für Schäden bei der Geburt, Diss. Luzern, Bern 2004.

Boog Christopher/Eschment Jörn, Der Auftrag nach Schweizer Recht, RIW 2015, 245 ff.

Christen Thomas, Vermögensverwaltungsauftrag an die Bank, BJM 1994, S. 113 ff.

Derendinger Peter, Die Nicht- und die nichtrichtige Erfüllung des einfachen Auftrages, Diss. Freiburg 1988 (AISUF Band 87).

Fellmann Walter, Berner Kommentar zum schweizerischen Privatrecht, Band VI: Das Obligationenrecht, 2. Abteilung: Die einzelnen Vertragsverhältnisse, 4. Teilband: Der einfache Auftrag, Art. 394–406 OR, Bern 1992.

Derselbe, Objektivierung der Sorgfaltspflichten im Auftragsrecht, HAVE 2016, S. 95 ff.

Derselbe, Aufklärung von Patienten und Haftung des Arztes, in: Rütsche Bernhard (Hrsg.), Medizinprodukte, Regulierung und Haftung, Bern 2013, S. 171 ff.

Derselbe, Meldepflicht des Beauftragten nach Art. 397a OR, Anwaltsrevue 2013, S. 354 ff.

Derselbe, Der Verwalter und seine zivilrechtliche Verantwortung, in: Wermelinger Amédéo/Fellmann Walter (Hrsg.), Luzerner Tag des Stockwerkeigentums, Bern 2012, S. 135 ff.

Derselbe, Kommentar zu Art. 12 BGFA, in: Fellmann Walter/Zindel Gaudenz G. (Hrsg.), Kommentar zum Anwaltsgesetz, Bundesgesetz über die Freizügigkeit der Anwältinnen und Anwälte (Anwaltsgesetz, BGFA), 2. Aufl., Zürich 2011.

Derselbe, Haftung für falsche Kostenschätzung, in: Koller Alfred (Hrsg.),

Recht der Architekten und Ingenieure, St. Galler Baurechtstagung, St. Gallen 2002, S. 211 ff.

Derselbe, Die Haftung des Anwalts, in: Fellmann Walter et al. (Hrsg.), Schweizerisches Anwaltsrecht, Bern 1998, S. 185 ff.

Derselbe, Abgrenzung der Dienstleistungsverträge zum Arbeitsvertrag und zur Erbringung von Leistungen als Organ einer Gesellschaft, AJP 1997, S. 172 ff.

Fischer Willy, Die Umschreibung der Dienstleistung und der verschiedenen Rechte und Pflichten im Rahmen eines Dienstleistungsvertrages, AJP 1997, S. 256 ff.

Gauch Peter, Der Werkvertrag, 5. Aufl., Zürich 2011.

Derselbe, Der Auftrag, der Dauervertrag und Art. 404 OR, Ein Kurzbeitrag zur Rechtsprechung des Bundesgerichts, SJZ 101/2005, S. 520 ff.

Derselbe, Nochmals: Zur Haftung des Architekten für die Überschreitung seines Kostenvoranschlages, BR/DC 1996, S. 57 ff.

Derselbe, Art. 404 OR, Sein Inhalt, seine Rechtfertigung und die Frage seines zwingenden Charakters, Urteilsanmerkung Zivilrecht, BGE 115 II 464 ff., recht 1992, S. 9 ff.

Gmür Philipp, Die Vergütung des Beauftragten, Ein Beitrag zum Recht des einfachen Auftrages, Diss. Freiburg 1994 (AISUF Band 136).

Höchli Lorenz, Das Anwaltshonorar, Diss. Zürich 1991 (SKSR Band 37).

Hofstetter Josef, Der Auftrag und die Geschäftsführung ohne Auftrag, Schweizerisches Privatrecht, Band VII/6, Basel 2000, S. 1 ff.

Honsell Heinrich (Hrsg.), Handbuch des Arztrechts, Zürich 1994.

Jetzer Laura, Die ärztliche Dokumentationspflicht und der Beweis des Behandlungsfehlers, ZBJV 148/2012, S. 309 ff.

Koller Alfred, Dienstleistungsverträge, Begriff, Arten, rechtliche Grundlagen, AJP 2014, S. 1627 ff.

König Roger, Der Umfang der ärztlichen Dokumentationspflicht, Schweizerische Ärztezeitung, 2015, S. 1701 ff.

Krauskopf Frédéric, Die Rechtsprechung des Bundesgerichts zu Art. 394 ff. OR, in: Gauch Peter/Aepli Viktor/Stöckli Hubert (Hrsg.), Präjudizienbuch zum OR, 9. Aufl., Zürich 2016.

Kuhn Moritz W./Poledna Tomas, Arztrecht in der Praxis, 2. Aufl., Zürich 2007.

Kull Michael, Die Abgrenzung des einfachen Auftrags zum Personalverleih am Beispiel der hauswirtschaftlichen Tätigkeit, AJP 2013, S. 1485 ff.

Derselbe, Die zivilrechtliche Haftung des Anwalts gegenüber dem Mandanten, der Gegenpartei und Dritten, Diss. Basel, Zürich 2000 (SKSR Band 66).

Landolt Hardy/Herzog-Zwitter Iris, Arzthaftungsrecht, Zürich 2015.

Leuenberger Christoph, Dienstleistungsverträge, ZSR NF 106/1987 II, S. 1 ff.

Lévy Alain B., Le devoir d'information de l'avocat, Anwaltsrevue 2010, S. 265 ff.

Maissen Eva/Purtschert Tina/Rusch Arnold F., Unentgeltliche Hilfeleistung: GoA, Gefälligkeit oder unentgeltlicher Auftrag?, Jusletter 9. September 2013.

Rusch Arnold F., Hilfsperson, Substitut und Direktanspruch, Jusletter 18. Oktober 2010.

Schenker Franz, Gedanken zum Anwaltshonorar, in: Fellmann Walter et al. (Hrsg.), Schweizerisches Anwaltsrecht, Bern 1998, S. 143 ff.

Schneeberger Thomas, Der Einfluss des Entgelts auf die rechtliche Stellung des Beauftragten − im Bereich der Verschuldenshaftung, der Substitutenhaftung und der jederzeitigen Beendigung des Auftrages im schweizerischen Obligationenrecht verglichen mit dem Römischen Recht und dem BGB, Diss. Bern 1992.

Senti Christoph, Auftrag oder Personalverleih?, Rechtliche Gratwanderung mit drastischen Folgen, AJP 2013, 356 ff.

Stöckli Hubert, Sorgfaltsmangel und Vergütung, in: Tercier Pierre/Amstutz Marc/Koller Alfred/Schmid Jörg/Stöckli Hubert (Hrsg.), Gauchs Welt − Recht, Vertragsrecht und Baurecht, Festschrift für Peter Gauch zum 65. Geburtstag, Zürich 2004, S. 931 ff.

Testa Giovanni Andrea, Die zivil- und standesrechtlichen Pflichten des Rechtsanwaltes gegenüber dem Klienten, Unter besonderer Berücksichtigung der Rechtsprechung der Aufsichtskommission über die Rechtsanwälte des Kantons Zürich, Diss. Zürich 2001 (ZStV Band 122).

Werro Franz, Les conflits d'intérêts de l'avocat, in: Fellmann Walter et al. (Hrsg.), Schweizerisches Anwaltsrecht, Bern 1998, S. 231 ff.

Derselbe, Le mandat et ses effets, Une étude sur le contrat d'activité indépendante selon le Code suisse des obligations, Analyse critique et comparative, Habil. Freiburg 1993（AISUF Band 128）。

Werro Franz/Tolou Alborz, Le contrat de mandat: quoi de neuf?, in: Pichonnaz Pascal/Werro Franz（Hrsg.）, La pratique contractuelle 4, Symposium en droit des contrats, Zürich 2015, S. 1 ff.

第一节　概　述

一、法律渊源

1. 债法在第394—406条规定了一般委托（le mandt proprement dit）。这些规定中大部分为契约法上的规定，但也有部分是代理法上的规定（债法第396条第2、3款及第403条第2款）。 　1871

2. 委托法在实务中意义重大，例如它对医生[1]、律师[2]等专业型职业（"自由职业"）的从业者与他们客户之间的法律关系具有决定意义。此外，银行及信托受托人[3]与客户间的法律关系也受债法第394条以下调整。就不同领域还需——在债法之外——考虑下列规范： 　1872

——相应职业或营业的公法规范［如《关于律师自由执业的联邦法律》（BGFA）[4]与各州律师法、《银行法》（BankG）[5]及《证券交易法》（BEHG）[6]］； 　1873

---

〔1〕　例如：BGE 132 III 359 ff.（362），E. 3. 1；133 III 121 ff.（123），E. 3. 1＝Pra 2007, Nr. 105, S. 713 ff. 。

〔2〕　例如：BGE 127 III 357 ff.（359），E. 1a。

〔3〕　例如：BGE 128 III 22 ff.（24），E. 2a＝Pra 2002, Nr. 74, S. 431 ff. 。

〔4〕　2000年6月23日《关于律师自由执业的联邦法律》（简称《律师法》）；BG über die Freizügigkeit der Anwältinnen und Anwälte（Anwaltsgesetz, BGFA）vom 23. Juni 2000（SR 935. 61）。阐述参见 Urteil des BGer. vom 25. Januar 2013, Nr. 2C_714/2012, E. 6. 2（被允许和不被允许的律师广告之间的界限）。

〔5〕　1934年11月8日《关于银行和储蓄机构的联邦法律》（简称《银行法》）；BG über die Banken und Sparkassen（Bankengesetz, BankG）vom 8. November 1934（SR 952. 0）。

〔6〕　1995年3月24日《关于证券及股票交易的联邦法律》（简称《证券交易法》；BG über die Börsen und den Effektenhandel（Börsengesetz, BEHG）vom 24. März 1995（SR 954. 1）。

1874 　　——相应职业的行业组织规范（行业规范与行业组织的社团法上的规定）［译者注：社团法上的规定规范的是成员加入、退出相应社团及成员的权利义务等内容］。行业规范对合同的效力，仍有待讨论（边码1910）。

1875 　　影响自由职业的竞争法规范——特别是《反不正当竞争法》[1]和《关于卡特尔与其他限制竞争（手段）的联邦法律》（KG）[2]——也可适用，并特别重要。

1876 　　3. 如果委托法上的劳务给付以公开招标方式采购，则也适用公共采购法［例如参见《公共采购法》（BöB）[3]第5条第1款b项："劳务给付委托（Dienstleistungsauftrag）"］。上述规则也准用于其他劳务给付合同（尤其是承揽合同），也即公共采购法上的语言表述并非专业性表述［译者注：指的是虽使用"委托"一词，但涵义包含其他劳务给付］。

二、构成要件

1877 　　1. 一般委托的典型特征是受托人以独立地位（即不是作为服从性的雇员）提供劳务给付（服务）。根据债法第394条第1款，受托人有"依合同约定处理受托事务或提供服务"的义务。[4]委托涉及的始终是他人事务，也即维护委托人之利益。[5]不同于承揽合同法以及劳动合同法，有偿性对一般委托来说并不是必要的；一般委托既可有偿，也可无偿（债法第394条第3款；边码1894）。

1878 　　2. 就合同类型的定义——依合同约定处理受托事务或提供服务，债法第394条第1款未作具体阐述。作为一般委托内容的劳务给付可以多种多样，这

---

〔1〕 1986年12月19日《反不正当竞争法》；BG gegen den unlauteren Wettbewerb（UWG）vom 19. Dezember 1986（SR 241）。

〔2〕 1995年10月6日《关于卡特尔与其他限制竞争（手段）的联邦法律》（简称《卡特尔法》；BG über Kartelle und andere Wettbewerbsbeschränkungen（Kartellgesetz, KG）vom 6. Oktober 1995（SR 251）。

〔3〕 1994年12月16日《公共采购法》；BG über das öffentliche Beschaffungswesen（BöB）vom 16. Dezember 1994（SR 172. 056. 1）。

〔4〕 法文版为… le mandataire s'oblige… à gérer l'affaire dont il s'est chargé ou à rendre les services qu'il a promis。

〔5〕 BGE 122 III 361 ff.（364），E. 3b；Urteil des BGer. vom 16. April 2007, Nr. 4C. 30/2007, E. 5.

也解释了（前文已述的）为何委托有如此广泛的应用。一般而言，委托涉及的是最广义上的劳务给付，受托人所负担的并非交付特定劳动成果的义务，而是谨慎提供劳务给付本身。在委托法实务中首先应区分：

——事实行为之委托（Tathandlungsaufträge）：受托人应实施特定的事实 1879
行为（如看守房屋、治疗患者）。

——法律行为之委托（Rechtshandlungsaufträge）：受托人负有（以委托人 1880
或自己的名义）实施法律行为的义务（例如委托从事买卖、委托向银行出售有价证券、委托律师进行诉讼）。受托人在法律行为中作为委托人的直接或间接代理人。

3. 根据债法第 394 条第 2 款，给付劳务之合同，若其非属债法上的其他 1881
有名合同类型，则适用关于委托的规定。换言之，委托法的规范发挥"蓄水池"（Sammelbecken）功能，某一具体合同不具备其他合同类型的特别特征时，即可纳入其中。

债法第 394 条第 2 款仅是债法所规定的劳务给付型合同的归属规范。根 1882
据合同内容自由（类型自由）原则，当事人可有效订立债法分则未特别规定的劳务给付型合同（无名合同）。[1]

4. 一般委托应与其他合同类型和法律关系区分： 1883

——与承揽合同（债法第 363 条以下）区分：在一般委托中，尽管委托 1884
人亦追求特定结果（如胜诉或治愈），但受托人仅负审慎处理委托事务之义务，而不负交付工作成果（即不是劳务结果）之义务。该法律状态，从受托方角度来看，有时被表述为"手段之债"；[2]这尤其与承揽合同不同，后者被表述为"结果之债"。

如果合同的标的是无体（精神性的）劳务给付（例如广告设计、电影剧 1884a
本的撰写或者书籍翻译[3]），劳务结果可被客观标准检验并可被判断正误的话，联邦法院认为其属于承揽合同。相反，若结果的正误不能被客观检验，

---

〔1〕　Gauch/Schluep/Schmid, OR AT, Nr. 252 und 626 ff. ; Tercier/Favre/Conus, Contrats spéciaux, Nr. 4999.

〔2〕　BGE 133 III 121 ff. (S. 127), E. 3. 4.

〔3〕　Gauch, Werkvertrag, Nr. 33 f.

则被认为是委托。[1]

1885　　——与个人劳动合同（债法第 319 条以下）区分：在一般委托中，受托人系独立处理事务，而非在委托人处上班。劳动关系的显著特征是雇员处于服从地位，即人身上、运营上和经济上的隶属地位。[2]受托人自负其责，独立行事，而雇员被自身以外的劳动组织纳入并接受自己上级的监督和指示。[3]劳动关系的一个重要判断指征是经济上的依附性：当因合同的拘束，对劳动力的支配可能性移交给雇主的时候，则存在经济上的依附性。[4]区分委托和个人劳动合同的其他指征有合同期限、指示、假期和工作时间以及对社保费用的约定。[5]

1885a　　委托和劳动关系区分难点在于，两种关系中合同一方当事人都有指示的权利。例如受托人原则上受委托人指示的拘束（债法第 397 条第 1 款）。因此个案中两者的区分（也）取决于指示拘束范围的大小。[6]

1886　　委托和劳动关系的区分之所以意义重大，是因为雇主负有一系列强制性的合同义务，而委托人没有。例如雇主对雇员的人格权有特别保护义务（债法第 328 条）、有保障雇员休息时间和假期的义务（债法第 329 条以下）、有出具劳动证明的义务（债法第 330a 条）或者在终止劳动关系时遵守特定期间的义务（债法第 335 条以下）。因此下列做法是正当的：对某些原则上适用委托法但其中一方在经济上依赖另一方的继续性关系，出于保护弱势方的需要准用劳动法的强制性规定。[7]

1887　　——与特殊委托类型区分（尤其是婚姻或生活伴侣介绍委托［Ehe-oder Partnerschaftvermittlung，债法第 406a 条以下］、信用委托［Kreditauftrag，债法第 408 条以下］、居间合同［Mäklervertrag，债法第 412 条以下］、经纪合同

---

　　〔1〕　Urteil des BGer. vom 11. September 2007, Nr. 4A_51/2007, E. 4. 3 有更多展开。

　　〔2〕　Urteil des BGer. vom 28. Januar 2016, Nr. 4A_504/2015, E. 2. 1. 1.

　　〔3〕　Urteil des BGer. vom 3. September 2015, Nr. 4A_200/2015, E. 4. 2 有更多展开。

　　〔4〕　BGE 129 III 664 ff.（668），E. 3. 2 = Pra 2004, Nr. 67, S. 381 ff.；Urteil des BGer. vom 9. Februar 2009, Nr. 4A_553/2008, E. 4. 1 und 4. 2.

　　〔5〕　丰富的判决见 Abegg, Präjudizienbuch OR, N 3 zu den Vorbem. zu Art. 319-362 OR.

　　〔6〕　Urteil des BGer. vom 28. Januar 2016, Nr. 4A_504/2015, E. 2. 1. 1.

　　〔7〕　Urteil des BGer. vom 9. Februar 2009, Nr. 4A_553/2008, E. 5.

［Agenturvertrag，债法第 418a 条以下］、行纪［Kommission，债法第 425 条以下］、货物运输合同［Frachtvertrag，债法第 440 条以下］与货运代理合同［Speditionsvertrag，债法第 439 条］）：一般委托并无前述委托类型所要求的特别构成要件（如作为婚姻或生活伴侣介绍委托内容的"婚姻或生活伴侣介绍"，或作为居间合同必要因素的"有偿性"）。[1]

　　——与一般合伙（einfache Gesellschaft）的区分：一般委托中，当事人利 1888
益相互对立（劳务给付与费用赔偿及可能的报酬对立）；一般合伙中，两人或数人为实现共同目的，以共同劳力或资金而结合在一起（债法第 530 条第 1 款）。[2]但可能出现委托人和受托人就委托事务的执行都获益的情形。此种情形，若他们就事务［执行］不具有同种利益，则仍认为是委托关系。[3]

　　——无偿委托与单纯的情谊行为（Gefälligkeit）难以区分。联邦法院以是 1889
否有受法律拘束之意思（Rechtsbindungswille）作为区分标准：与合同不同，情谊行为是无偿、非利己和偶然为之的，不存在基于法律行为的给付义务。[4]是否存在受法律拘束之意思，须依个案情况判断。提供给付之人有自身的法律上或经济上的利益，或者受益之人就专业咨询或帮助有明显的利益，可以作为有受法律拘束之意思的判断指征。[5]若依双方合意或者依信赖原则存在此种［受法律拘束之］意思，则是劳务给付型合同（委托或类似承揽合同的无偿无名合同），否则为单纯的情谊行为。因情谊行为产生的责任［译者注：施惠者对受惠者的责任］，联邦法院适用侵权法规范（债法第 41、42 条）。[6]反过来，受惠人对施惠人依债法第 422 条第 1 款负责（就该规范类推适用于无偿委托参见边码 1955）。[7]

　　——与无因管理的区分：一般委托以存在合同为要件（契约上基础）。适 1890
法无因管理产生类似委托的法律后果（参见债法第 422 条）。

---

[1]　Urteil des BGer. vom 28. Januar 2004, Nr. 4C. 17/2003, E. 3. 2.

[2]　BGE 104 II 108 ff.（111 ff.），E. 2；Urteil des BGer. vom 16. April 2007, Nr. 4C. 30/2007, E. 4. 1.

[3]　Urteil des BGer. vom 16. April 2007, Nr. 4C. 30/2007, E. 4. 1.

[4]　BGE 116 II 695 ff.（696 f.），E. 2b；137 III 539 ff.（541 ff.），E. 4；Gauch/Schluep/Schmid, OR AT, Nr. 353a f.

[5]　BGE 137 III 539 ff.（541 f.），E. 4. 1 有更多展开。

[6]　BGE 116 II 695 ff.（699），E. 4.

[7]　BGE 129 III 181 ff.

1891 　　——与代理权授予区分：委托以委托人与受托人的关系（内部关系）为内容（基础关系、诱因行为），而代理权授予则关注外部关系，即某人之行为能否对他人产生拘束力（使之享有权利或负担义务）（债法第 32 条以下）。[1]委托是依相应的合意而成立的双方法律行为（债法第 394 条第 2 款），代理权授予则是授权人的单方意思表示，授权人在其中表示被授权人有代理他的权利（债法第 33 条第 2 款）。

1892 　　存在无授权的委托（例如委托课后补习），也存在无委托的授权（例如代理朋友缔结合同的情谊行为）。授权以委托人之名义从事相应［法律］行为，当然（通常）属于法律行为之委托（参见债法第 396 条第 2 款，边码 1901—1902）。

三、合同成立

1893 　　1. 委托——作为诺成合同（Konsensualvertrag）——依契约法总则成立，即依债法第 1 条第 1 款对立一致的意思表示之交换而成立。必不可少的须由当事人确定的内容是所负担之劳务给付，当事人至少应设法使劳务具有可确定性。这涉及委托的客观必要之点（objektiv wesentlicher Vertragspunkt）。

1894 　　［支付］报酬并非委托的要件，因为既有有偿委托，也有无偿委托。如果当事人未约定报酬，则适用债法第 394 条第 3 款的规则："依约定或习惯应给付报酬者，受托人得请求给付报酬。"当今常常是由专业人士提供劳务，他们不是无偿工作的，因此仅在下列情形才可认定委托是无偿的：劳务给付者就报酬欠缺可识别的经济上或其他受保护的利益。[2]习惯不仅决定是否负担报酬，也决定负担何种报酬。如果个案中就报酬的范围和计算既没有法定规则，也没有习惯（交易习惯），法官应根据一般原则确定［报酬额］，报酬额尤其应与所给付劳务相符合，并且客观上是合理的。[3]

---

〔1〕　亦参见 Gauch/Schluep/Schmid, OR AT, Nr. 1351 f. 。

〔2〕　Weber, Basler Komm. , N 16 zu Art. 394 OR.

〔3〕　BGE 135 III 259 ff. （261 f. ），E. 2. 2＝Pra 2009, Nr. 87, S. 592 ff. （律师服务之给付）；Krauskopf, Präjudizienbuch OR, N 15 zu Art. 394 OR.

报酬 ［Vergütung］（酬金 ［Honorar］，"工资" ［Lohn］，"酬劳" ［rémunération］； 1895
债法第 394 条第 3 款）涉及委托是否有偿（委托人的对待给付）。应与报酬区
分的是受托人的费用偿还请求权（债法第 402 条第 1 款），后者于无偿委托时
亦存在。

酬金（Honorar）原则上可以与受托人对事务的处理结果关联。但对律师 1896
来说，根据《律师自由执业法》第 12 条 e 项之规定，不得约定结果酬金（例
如参与分配诉讼所得）。[1]

2. 例外情况下，委托亦得因对要约沉默而成立（债法第 6 条）。[2]债 1897
法第 395 条对此有特殊规定：（潜在委托人之）要约旨在处理之事务，系
受要约人依官方指定而从事的业务或属于其所从事的职业，或属于受要约
人本人公开表示提供的服务时，若受托人未立即拒绝该要约，则视为接
受。[3]

3. 一般交易条款在委托法中也起重要作用。例如，对于性质上属于委托 1898
的建筑合同而言，瑞士工程师建筑师协会的规定 ［作为一般交易条款］ 极为
重要（建筑师的某些给付便是委托性质的劳务给付；《瑞士工程师建筑师协会
第 102 号规定》）。一般交易条款也常在银行或律师业务（委托和授权书）中
被使用。

还需强调的是，这些非官方的规定（private Regeln）并非客观意义上的 1899
法律渊源，这些规定仅被当事人订入具体合同时才能适用。一般交易条款适
用合同解释的一般规则及效力控制与内容控制规则。[4]

4. 一般委托无法定的要式要求，很多行业（如银行业）习惯使用书面形 1900
式。依联邦法院判决，以订立要式合同为内容的委托（例如获取不动产所有权

---

〔1〕　就此参见 Urteil des BGer. vom 24. Juli 2006, Nr. 2A. 98/2006, E. 2。此外参见 BGE 135 III 259
ff. = Pra 2009, Nr. 87, S. 592 ff.，据此，若案件中欠缺对报酬的约定，在确定报酬金额时可以考虑律师
实现的结果。

〔2〕　Gauch/Schluep/Schmid, OR AT, Nr. 453 ff.

〔3〕　亦参见 Gauch/Schluep/Schmid, OR AT, Nr. 457。

〔4〕　完整内容亦参见 Gauch, Werkvertrag, Nr. 190 ff.。

之委托），原则上也无要式要求。[1]

1901　　5. 委托之范围依合同内容确定。若合同未做约定，根据债法第 396 条第 1 款，依委托事务的性质确定。债法第 396 条第 2 款规定了以下法律推定：委托人在订立委托时已授予受托人为处理委任事务所必要的代理权。[2]这一（利于受托人的）推定仅适用于委托人和受托人（内部）关系，不适用于委托人和第三人（外部）关系。就外部关系，适用代理法及彼处关于保护善意第三人的一般规定（债法第 32 条以下）。[3]

1902　　[委托他人从事] 重要的法律行为须特别授权：提起诉讼、达成和解、约定仲裁管辖、承担票据债务、让与不动产或赠与财产（债法第 396 条第 3 款）。特别授权可以以明示或者默示的方式为之。[4]

第二节　受托人的义务

一、概述

1903　　受托人的主给付义务是依合同约定处理受托事务或提供服务（债法第 394 条第 1 款），也即所负担的是审慎提供劳务给付本身。尽管该活动通常以取得一定结果为目标，即与结果相关（例如为病人康复之诊疗、为当事人获得有利判决之诉讼活动），但委托是否适当履行与所追求结果是否实现无关（审慎责任而非结果责任）。

1904　　一般委托可能拥有的结果相关性及与之无关的结果责任（两者）的区别可借助以下判决中的例子予以说明："医疗技术的特殊性在于，医生以其知识

---

〔1〕　BGE 81 II 227 ff.（231 f.），E. 3；112 II 330 ff.（332），E. 1a 末尾；Gauch/Schluep/ Schmid, OR AT, Nr. 1349 f.；就委托他人订立保证合同，可能不同的观点有 Urteil des BGer. vom 25. Juni 2001, Nr. 4C. 25/2001, E. 1b（援引债法第 493 条第 6 款：为订立保证合同而授予他人代理权须以要式为之）。

〔2〕　Boog/Eschment, Der Auftrag, S. 251 f.；Fellmann, Berner Komm.，N 46 ff. zu Art. 396 OR；Gauch/Schluep/Schmid, OR AT, Nr. 1348 und 1352；Weber, Basler Komm.，N 9 zu Art. 396 OR.

〔3〕　正确的观点见 Fellmann, Berner Komm.，N 57 f. zu Art. 396 OR；不同观点见 Werro, ComRom, N 9 zu Art. 396 OR.

〔4〕　Urteil des BGer. vom 18. September 2002, Nr. 4C. 271/2001, E. 3. 1.

和能力追求所想要的结果，但并不意味着他必须实现该结果或担保有此结果。"〔1〕

只有就人身性、质量、空间和时间各方面以符合合同约定之方式履行，才是适当履行。具体而言： 1905

1. 因所涉为劳务给付，受托人原则上应亲自处理委托事务（债法第398条第3款）。使用通常的辅助人员（例如律师助理或医生助理）原则上毫无疑问是允许的（边码1944），除非合同约定不得使用辅助人员（例如出于保密原因）。 1906

债法第398条第3款与第399条所称之"转委托于第三人"，不是指对辅助人的使用，而是将所负担之劳务给付转由第三人独立处理（边码1936）。 1907

2. 因为受托人所负担的仅是审慎处理（委托事务），而非实现特定结果的义务，故"质量"方面是否适当履行并不容易说明。一般而言，债法规定的是受托人忠实、审慎地处理被委托事务的义务（债法第398条第2款）。也即受托人依具体合同之情形，〔对委托人〕负担范围上或多或少的利益保障义务。受托人的注意义务（对该义务的违反参见边码1923以下）可被具体化为以下几点： 1908

——受托人原则上应尽到与雇员在劳动关系中相同的注意义务（债法第398条第1款）。就此并不是说受托人应有和雇员同样的注意义务。相反，相较于具有从属性的雇员，独立（自主）完成工作的受托人负担更高的注意义务。〔2〕就债法第398条第1款援引雇员的注意义务应作如下理解，即委托中受托人所负的注意义务根据劳动合同中雇员的注意义务相同的标准计算：根据债法第321e条第2款，注意义务的程度依雇佣者（或者委托人）知道或者应当知道的受托人能力、专业知识和素质确定。于此重要的是个案中的全部情形。〔3〕 1909

注意之程度依客观标准确定。〔对于个案而言〕必要的注意义务是：〔如 1909a

---

〔1〕 BGE 116 II 519 ff.（521），E. 3a.
〔2〕 BGE 127 III 357 ff.（359），E. 1c.
〔3〕 Urteil des BGer. vom 3. Juni 2005, Nr. 4C. 72/2004, E. 1. 3.

同〕一个有责任心的受托人处于相同状态下，依处理委托事务时应有的注意程度（"应尽"的注意）。在确定注意义务标准时有必要区分不同类型的委托，并考虑到个案的特别情况。对专职从事所委托事务的有偿受托人，法院提出了更高的注意义务。如果某一职业或营业有普遍遵守的行为准则和惯例，则确定注意义务程度时可以考虑它们。[1]这也意味着"不考虑个人是否易犯错误"[2]：具有决定性的不是某一特定受托人能达到的注意程度，而是个案中得期待受托人的"客观上应尽的注意"[3]。从委托人的角度来看，这意味着，他对于受托人履行注意义务的客观上合理的期待受到保护。[4]

1910   个案中所负的注意义务通过制定法、具体合同以及《民法典》第2条发展出的忠实义务得以具体化，例如具体化为受托人的保护义务、告知义务、信息提供义务〔译者注：告知义务和信息提供义务的区分在于，前者应要求而提供，后者须主动提供〕、警告义务和咨询义务。注意义务也可能通过公法上之规范，或通过适用于全瑞士或一州的某职业的行业规范加以具体化。例如，股票经纪人应遵守《证券交易法》第11条的证券法上的告知义务，[5]银行则须遵守银行家协会指令[6]。瑞士《律师法》第12条a—j项对律师规定了多个执业规范，依据这些规定，律师应审慎尽责执业（a项）、避免利益冲突（c项）、将委托之财产与自有财产分别保管（h项），以及在接受委托时告知客户收费标准并定期或依客户要求通知其应付报酬（律师费）的数额（i项）。[7]

1911   若受托人（如律师、信托受托人、税务顾问）所负义务为提供法律意见，则其应尽到具体情事所要求之注意义务，依法律状况、司法判例，必要时根据行政实务以及学说检视所提出的法律问题。[8]医生在处理委托事务时，则

---

〔1〕 奠基性判决见 BGE 115 II 62 ff.（64），E. 3a；亦参见 BGE 133 III 121 ff.（124），E. 3. 1.

〔2〕 Fellmann, Sorgfaltspflichten, S. 95.

〔3〕 Urteil des BGer. vom 23. Februar 2015, Nr. 4A_453/2014, E. 5.

〔4〕 Urteil des BGer. vom 18. Juli 2000, Nr. 4C. 186/1999, E. 2.

〔5〕 BGE 133 III 97 ff.（99 ff.），E. 5.

〔6〕 ZR 102/2003, Nr. 65, S. 293 ff.（297），E. 2. 3c（Zürcher Handelsgericht）.

〔7〕 就此亦参见《瑞士律师协会职业和行为规范指南》（die Richtlinien des SAV für die Berufs- und Standesregeln），印刷于 Fellmann/Zindel（Hrsg.），Kommentar zum Anwaltsgesetz, Anhang II, 2. Aufl., Zürich 2011, S. 511 ff. 。

〔8〕 BGE 128 III 22 ff.（24 f.），E. 2c = Pra 2002, Nr. 74, S. 431 ff.

应遵守医疗技术规范，也即通过医学研究获得的、被普遍认可的以及为医生所遵循的基本原则。[1]此外，私法性的或半私法性的标准制定组织（Normungsinstitution）制定的自治规范有特殊意义，例如瑞士工程师建筑师协会的规范性作品或者瑞士银行家协会指令所包含的自治规范。[2]此等规范——即便未被当事人订入合同之中——可以发挥交易习惯（行业惯例）的功能，法官可以借此对受托人应尽的注意义务予以具体化（边码1909a）。[3]

——受托人负信息提供义务（Informationspflicht）。受托人不待委托人要求而主动提供信息的义务，原则上针对所有对委托人来说重要的信息，尤其是委托是否合目的、委托费用、风险以及成功的概率。[4]　　　1912

——受托人原则上应遵守委托人的指示，不遵守指示构成违约（债法第397条）。仅于下列情形例外：为了委托人的利益，受托人有必要实施违背指示的行为，但［因客观障碍］无法取得委托人同意（例如因情况紧急），并且可推定委托人若知道有此情事亦允许变更其指示（债法第397条第1款末尾）。此外，受托人无须遵守违法、悖俗或者违反理性的指示。[5]若指示与委托目的（以及委托人利益）相悖，受托人有义务向委托人说明指示可能产生的后果（边码1912）。[6]　　　1913

——受托人对委托人负有"忠实"义务（债法第398条第2款）。审慎与保密义务（Diskretions- und Geheimhaltungspflicht）依委托类型的不同而有［不同的］重要性。有时，保密义务会通过监管法或刑法得以强化（医生保密义务、律师保密义务、银行保密义务）。　　　1914

关于律师之职业秘密，也参见《律师法》第13条与刑法第321条。　　　1915

---

〔1〕　BGE 133 III 121 ff.（124），E. 3. 1 = Pra 2007, Nr. 105, S. 713 ff.

〔2〕　Fellmann, Sorgfaltspflichten, S. 97 ff.

〔3〕　Walter, Prozessuale Aspekte beim Streit zwischen Kunden und Vermögensverwalter, ZSR NF 127/2008 I, S. 99 ff.（insb. S. 101 f.），涉及《瑞士银行家协会关于财产管理委托的指南》（die Richtlinien der Schweizerischen Bankiervereinigung für Vermögensverwaltungsaufträge）。

〔4〕　BGE 124 III 155 ff.（162 f.），E. 3a；就医生的说明义务参见 BGE 133 III 121 ff.（129），E. 4. 1. 2 = Pra 2007, Nr. 105, S. 713 f.；Urteil des BGer. vom 18. Juli 2000, Nr. 4C. 186/1999, E. 2a 末尾。

〔5〕　Urteil des BGer. vom 15. Januar 2008, Nr. 4A_351/2007, E. 2. 3. 1 有更多展开。

〔6〕　Urteil des BGer. vom 9. Juli 2015, Nr. 4A_474/2014, E. 8. 1.

1916 　　——受托人有义务依（委托人的）要求，随时报告（Rechenschaft）合同履行的情况（债法第 400 条第 1 款）。受托人应向委托人全面、真实地报告并向委托人出示为了委托人利益处理事务所产生的文件。[1][规定] 报告义务的目的在于，使委托人对受托人活动有控制的可能。报告义务也是受托人交付义务的基础：[2] 受托人应向委托人转交所有因处理事务从委托人或第三人处获得的财产（债法第 400 条第 1 款末尾），包括折扣、回扣及所收贿赂。[3]受托人迟延交付该当款项的，应对迟延金额计算利息（债法第 400 条第 2款）。应当注意，交付和报告义务的范围并非总是相同。例如受托人的内部文件可能构成报告义务的对象，但原则上受托人不负有交付内部文件的义务。[4]

1917 　　3. 受托人亦应按时（符合合同约定）给付劳务。债法分则对此未作规定。受托人负有先履行义务，也即约定的或依习惯的受托人报酬（边码1894）请求权随委托事务的完成而届期，但合同当事人另有约定的除外。[5]受托人陷于债务人迟延的，适用债法第 102 条以下之规定。

1918 　　4. 数人共同接受委托的，该数人对委托人负连带责任，委托人仅对数个受托人的共同行为负担义务，但受托人依授权，得将委托事务交由第三人代为处理者，不在此限（债法第 403 条第 2 款）。

二、受托人责任专论

（一）依债法第 97 条以下与第 398 条的损害赔偿义务

1919 　　受托人不适当处理委托事务的，根据债法第 402 条第 1 款（反面推论），将丧失［必要］费用偿还请求权（边码 1952）。首先谈论受托人的损害赔偿责任：受托人对委托人负有忠实、审慎处理委托事务的义务（债法第 398 条第 2 款）。受托人未正确处理委托事务的，可能就以下事项负责：

---

　　[1]　BGE 139 III 49 ff.（54），E. 4.1.3.

　　[2]　BGE 139 III 49 ff.（54），E. 4.1.2.

　　[3]　参见 BGE 132 III 460 ff.（464），E. 4.1 und BGE 138 III 755 ff.（759 ff.），E. 4.2 und 5（银行业中"再保险"、"营业补偿"和"居间费用"的交付）；此外参见 ZR 107/2008，Nr. 35，S. 129 ff.（130 ff.），E. 2e（Zürcher Handelsgericht）。

　　[4]　BGE 139 III 49 ff.（55 f.），E. 4.1.3（内部文件亦区分为：其内容应以适当方式让委托人知悉的内部文件和无须报告的诸如从未发送的合同草稿等纯粹内部文件）.

　　[5]　Weber, Basler Komm., N 40 zu Art. 394 OR mit Nachweisen.

1. 对损害赔偿责任来说，（无特殊规定时）重要的是债法第 97 条以下之规定。这意味着：　1920

——受托人对因其过错导致的履行不能和因不适当履行（因积极违约，positive Vertragsverletzung）所生的损害，依债法第 97 条以下负责；[1]依债法第 101 条为履行辅助人负责。　1921

——受托人违反义务履行迟延的，就因此所生损害依照债法第 103 条负责。　1922

2. 实务中尤其重要的是受托人（如医生、建筑师、律师或财产管理人）因不适当处理委托事务所生之责任，即因积极违约（positive Vertragsverletzung = Schlechterfüllung）所生之责任 [译者注：瑞士债法总则性的给付障碍形态分为履行不能、履行迟延和积极违约三种，凡不属于履行不能和履行迟延的，都归入积极违约类型下；买卖和承揽合同中的瑕疵担保规则独立于上述给付障碍形态]。就债法第 97 条第 1 款的过错推定，[不适当处理委托事务情形特别] 产生下列问题：（受害人所主张的）注意义务违反应归为违反合同，还是归为过错。对此有不同观点。[2]　1923

根据联邦法院（当然并不统一）的司法实务见解，违反注意义务系违反合同，应由受损害的委托人证明 [受托人] 违反注意义务。[3]此外，委托人就损害以及违反合同与损害之间的事实因果关系负举证责任。[4]若存在违反合同的事实（注意义务违反），则依法推定受托人有过错（债法第 97 条第 1 款）；接下来，受托人须证明其无过错才能免责。主流观点对过失采取的是客观判断标准，[5]因此若被确认违反 "客观上应尽的注意义务"（边码 1908 以下），仅在例外情况下可能免责。换言之，注意义务的违反既意味着构成责任成立的合同违反，也意味着（原则上）构成责任成立的过错。仅在涉及识别能力　1924

---

[1]　BGE 128 III 22 ff. （24），E. 2b = Pra 2002, Nr. 74, S. 431 ff.

[2]　例如参见 Fellmann, Berner Komm., N 353 ff. und 444 ff. zu Art. 398 OR。

[3]　BGE 117 II 563 ff. （567），E. 2a = Pra 1992, Nr. 185, S. 683 ff.，关于主张律师违反注意义务；BGE 133 III 121 ff. （124 f. und 127），E. 3. 1 und 3. 4 = Pra 2007, Nr. 105, S. 713 ff.，关于主张医生违反医疗技术规则（通过司法推定而缓和证明责任）。

[4]　BGE 127 III 357 ff. （364 f.），E. 5a.

[5]　"未尽到特定情势下应尽之注意义务者，存在过失"（Fellmann/Kottmann, Haftpflichtrecht, Band I, Bern 2012, Nr. 563 ff. 有更多展开）。

时（《民法典》第 18 条和第 19 条第 3 款），过错有一定程度的主观化。[1]

1925　　受托人或其辅助人不具备审慎处理委托事务所需之专业知识的，其——为避免"事务承担之过错"（Übernahmeverschulden）——必须使用合格的人员或拒绝接受委托。[2]

1926　　3. 责任范围应根据一般规定（债法第 99 条第 3 款结合第 43、44 条及第 398 条第 1 款）确定。在自由职业中，［违约者］针对任何过错（包括轻过失）原则上也都须负全部责任（债法第 99 条第 1 款）。[3]受托人若是无偿受托，可能获得债法第 99 条第 2 款之责任减轻（Haftungsprivileg）。

1927　　有争议的是，受托人是否能以及在多大范围内能通过与委托人的约定来事先限制或排除违约责任。制定法给免责条款——对责任限制和责任排除的合同约定——赋予了很大空间（债法第 100 条和第 101 条）。根据主流（并且正确的）学术观点，就人身损害责任的一般性免责无论如何是悖俗因而无效的（债法第 19—20 条）。[4]这既适用于对自己行为所生责任的限制和免除（债法第 100 条），也适用于履行辅助人责任（债法第 101 条）。此外，就包含一般委托（边码 1877 以下）的劳务给付型合同而言，持以下观点的学说日渐增多：合同一方当事人一边承诺尽到注意义务地行事，同时又通过免责事实上限制或排除注意义务，这与此类合同的性质相悖。[5]联邦法院就此观点尚未表态。[6]

1928　　4. 委托人的损害赔偿债权，其诉讼时效依一般规则，即自损害赔偿之债届期之日起经过 10 年罹于诉讼时效（债法第 127 条与第 130 条第 1 款）。向建筑师或工程师请求的某些损害赔偿之债，依据债法第 371 条第 2 款，自接

---

〔1〕　Gauch/Schluep/Emmenegger, OR AT, Nr. 2997 ff.

〔2〕　BGE 128 III 22 ff. （25），E. 2c 末尾＝Pra 2002, Nr. 74, S. 431 ff.；Urteil des BGer. vom 15. September 2004, Nr. 4C. 126/2004, E. 2. 2.

〔3〕　BGE 117 II 563 ff.（567），E. 2a＝Pra 1992, Nr. 185, S. 683 ff.，针对律师。

〔4〕　Gauch/Schluep/Emmenegger, OR AT, Nr. 3094；Wiegand, Basler Komm., N 4 zu Art. 100 OR 有更多展开。

〔5〕　就此详细内容参见 Wiegand, Basler Komm., N 6 zu Art. 100 OR。

〔6〕　Urteil des BGer. vom 10. November 2006, Nr. 4C. 158/2006, E. 2. 3.

收建筑工作成果之日起经过 5 年罹于诉讼时效。[1]债法第 128 条第 3 项的 5 年短期时效不适用于向建筑师或工程师请求的损害赔偿之债,而是适用于彼处所列举的受托人［对委托人］的债权(医疗活动、律师或法律事务代理人等人员的职业活动)。[2]

　　根据联邦法院一贯的判决,因违反合同侵害身体而生损害赔偿之债和慰抚金之债,随着合同义务的违反而届期,因此诉讼时效在这个时间点已经开始起算(债法第 130 条第 1 款),而不是损害发生时才起算,即便损害后来才出现和被确定。[3]这一判决[4]在 2014 年被欧洲人权法院以违反《欧洲人权公约》[5]第 6 条第 1 项(“享有公正程序的权利”)为由进行指责:若在嗣后损害(“石棉损害”案)的情形,基于合同的损害赔偿请求权自损害事件(暴露于石棉环境)发生时起经过 10 年就罹于诉讼时效的话,那么损害在超过 10 年潜伏期后才显露时,受害者就被系统性地剥夺了请求法院审查其请求权的可能性。[6]诉讼时效［之规定］几年来处于修订中,这将解决嗣后损害的诉讼时效问题。[7] `1929`

　　5. 制定法中的责任规范,除例如债法第 100、101 条的强制性规范外(边码 1927),为任意性规范。换言之,当事人得就损害赔偿,自由约定不同的要件及承担方式。 `1930`

　　例如,《瑞士工程师建筑师协会第 102 号规定》(2014 年版)第 1.7 条对建筑师责任作了进一步规定,但只有当该规定被订入具体合同时,方得适用。 `1931`

---

〔1〕 就此参见 Gauch, Werkvertrag, Nr. 2214 ff. 。

〔2〕 亦参见 BGE 132 III 61 ff.(信托企业债权经 10 年罹于诉讼时效,不适用债法第 128 条第 3 项)。

〔3〕 BGE 140 II 7 ff.(9),E. 3.3;亦参见 BGE 87 II 155 ff.(163 f.),E. 3c(医疗行为未尽注意义务所生请求权的时效)和 BGE 137 III 16 ff.(19 ff.),E. 2.3 und 2.4(石棉损害雇员健康所生请求权的时效)。

〔4〕 BGE 137 III 16 ff. 有详细涉及。

〔5〕 1950 年 11 月 4 日《欧洲人权公约》(1974 年 11 月 28 日对瑞士生效);Konvention zum Schutze der Menschenrechte und Grundfreiheiten(EMRK)vom 4. November 1950(in Kraft getreten für die Schweiz am 28. November 1974; SR 0. 101)。

〔6〕 EGMR Urteil Howald Moor et autres c. Suisse vom 11. März 2014;亦参见 Urteil des BGer. vom 11. November 2015, Nr. 4F_15/2014(修正了 BGE 137 III 16 ff.,因为该判决违反《欧洲人权公约》)。

〔7〕 参见 BBl 2014, S. 287 ff. 的立法草案。

（二）减少报酬

1932　　1. 如前所述（边码 1919），依债法第 402 条第 1 款（反面推论），受托人不当处理委托事务时将丧失［必要］费用赔偿请求权。（过去的）判例有时得出结论：受托人不当处理委托事务的，亦无报酬请求权。[1]

1933　　2. 新的判例仅在受托人之给付对于委托人无意义（如同完全未履行）或报酬本身对瑕疵给付所生之损害具有决定性时，才否认报酬请求权；相反，如果——尽管不当处理委托事务——给付的一部分对委托人是有用的，则可根据对所为给付之估价相应地减少报酬。[2]

1934　　除了与受托人是否有过错无关的减少报酬权利，委托人还可能（因受托人过错地不当履行）享有损害赔偿债权（边码 1919），此债权可与受托人被减少的报酬债权抵销。[3]

三、特殊问题

（一）移转委托于第三人（转委托）与辅助人责任

1935　　债法第 398 条第 3 款与第 399 条规定了"转由第三人处理委托事务"（转委托，债法第 399 条之边标题）。对此须作以下说明：

1936　　1. 转委托是指，受托人将委托事务交由第三人独立处理。受托人单纯使用履行辅助人——不同于债法第 398 条第 3 款不甚明确之文义——则不属于转委托（边码 1944 以下）。

1937　　2. 就转委托会产生以下问题：究竟是否允许［受托人］将委托事务交由第三人独立处理。就此问题，原则上应作否定回答，因为受托人之劳务给付义务具有人身专属性。但例外情况下允许转委托，即在合同中授权转委托或者依情事必要者，或者依习惯允许转委托的（债法第 398 条第 3 款）。

1938　　是否有权转委托，影响受托人的责任：

1939　　——无权转委托而仍转委托的，依主流观点，［转委托本身］已构成（积极）违约，故受托人应依债法第 97 条第 1 款，就与违约具有相当因果关系之

---

〔1〕　例如 BGE 117 II 563 ff.（567），E. 2a＝Pra 1992, Nr. 185, S. 683 ff.。

〔2〕　BGE 124 III 423 ff.（427），E. 4a＝Pra 1999, Nr. 22, S. 115 ff.；就此详见 Stöckli, Sorgfaltsmangel, S. 933 ff.。

〔3〕　BGE 124 III 423 ff.（426 f.），E. 3c＝Pra 1999, Nr. 22, S. 115 ff. 有更多展开；Urteil des BGer. vom 2. November 2009, Nr. 4A_496/2009, E. 4. 3.

损害负责，而非依债法第 101 条的履行辅助人责任负责。[1]债法第 399 条第 1
款的表述会使人（错误地）认为，受托人就第三人的行为，如同自己的行为，
负其责任。

根据另一种观点，无权转委托而仍转委托的，属于债法第 399 条第 1 款 　1939a
规定的特别法性质的违约：受托人就第三人（转委托之受托人）的侵害行为，
如同自己的行为，负其责任。仅当他证明，第三人导致的损害，即便该第三
人"尽到委托人基于委托得期待受托人应尽之注意义务"仍会发生，受托人
才能免责。[2][依此观点] 债法第 399 条第 1 款包含的是——如同债法第 101
条第 1 款——行为归责，就此第三人是否有过错并不重要。毋宁是如前所述，
受托人仅得通过证明以下情形免责：若他从事了与第三人相同之行为，则他
没有过错，并且不存在违约。[3]

——受托人有权转委托的，仅负有谨慎选任或谨慎指示第三人的义务　1940
（债法第 399 条第 2 款），也即不负有审慎监督第三人的义务。

3. 根据债法第 399 条第 3 款，无论何种情形（即有权和无权转委托情　1941
形），受托人对第三人的请求权，委托人得直接向第三人主张之。也即，受托
人得依其与第三人订立之合同请求给付的，委托人依法律规定也享有该债权。

依第 3 款之文义，主委托人对第三人（次受托人）得主张的仅仅是"受　1942
托人对第三人享有的"请求权。[4][固守] 文义解释会在以下情形对委托人
不利：当次受托人（第三人）不当处理委托事务，尤其是当损害并非发生在
受托人身上，而是发生在委托人身上时，因债法第 399 条第 2 款之受托人责
任优待，委托人对受托人通常不享有损害赔偿债权。[5]因此，判例和学说认
为，主委托人对次受托人之损害赔偿债权与受托人自己是否对次受托人享有
赔偿请求权无关。[6]

---

[1]　不同于多数的观点有 Weber, Basler Komm. , N 5 zu Art. 399 OR。

[2]　Fellmann, Berner Komm. , N 21 zu Art. 399 OR.

[3]　参见 Fellmann, Berner Komm. , N 30 ff. zu Art. 399 OR。

[4]　法语版：…le mandant peut faire valoir directement contre la personne que le mandataire s' est
substituée les droits que ce dernier a contre elle.

[5]　BGE 121 III 310 ff. （315）, E. 4a; 亦参见 Fellmann, Berner Komm. , N 600 zu Art. 398 OR。

[6]　BGE 121 III 310 ff. （315）, E. 4a 有更多展开。

1943　　　这一观点［译者注：上段判例和学说的观点］在教义学上通过把受托人与次受托人之间的合同归为利益第三人（即主委托人）合同而得到论证（债法第 112 条），不排除其他论证可能。[1]主委托人对次受托人的直接请求权是合同性质的，因此其诉讼时效按照债法第 127 条。[2]

1944　　　4. 应与（有权）转委托相区别的是——如前所述（边码 1936）——就次要任务（边码 1906）有权使用履行辅助人（债法第 101 条）。于此，受托人自始对履行辅助人的行为负责。[3]区分次受托人与履行辅助人，对［受托人］责任问题具有重要意义。可借助以下标准区分两者：[4]

1945　　　——第三人在经济、技术和法律地位上的独立性作为其是次受托人的表征。

1946　　　——受托人在转委托时的责任优待，联邦法院将之限于完全或主要为了委托人利益而将委托事务移转于第三人的情形。相反，若移转［委托事务于第三人］仅为了受托人业务范围扩张，则该第三人（通常）被认定为履行辅助人，就其行为受托人依债法第 101 条负责。[5]

　　　（二）所取得权利的移转

1947　　　债法第 401 条对所取得权利的法定移转作了规定：受托人为委托人的利益，以自己名义所取得的对第三人债权，在委托人履行其基于委托关系所负担的一切义务后，法定移转于委托人（债法第 401 条第 1 款）。就此作以下几点说明：

1948　　　1. 该规范包含法定的债权移转（债法第 166 条），这是为了保护已履行合同义务的委托人的利益。从债权的角度看，这是为了使间接代理人（受托

---

[1]　Gautschi, Berner Komm., N 10a zu Art. 399 OR；Bucher, Schweizerisches Obligationenrecht, Allgemeiner Teil ohne Deliktsrecht, 2. Aufl., Zürich 1988, S. 232；Tercier/Favre/Conus, Contrats spéciaux, Nr. 5111；Krauskopf P., Der Vertrag zugunsten Dritter, Diss. Freiburg 2000, Nr. 966 ff.；亦可见 BGE 110 II 183 ff.（186），E. 2b = Pra 1984, Nr. 178, S. 490 ff.；此外更多展开和引用参见 BGE 121 III 310 ff.（315），E. 4a。BGE 121 III 310 ff.（315），E. 4a 也提及其他理论构造，例如 Fellmann, Berner Komm., N 605 ff. zu Art. 398 OR und N 100 zu Art. 399 OR（清偿第三人损害之债）；Hofstetter, SPR VII/6, S. 98。

[2]　BGE 121 III 310 ff.（317），E. 5a。

[3]　Gauch/Schluep/Emmenegger, OR AT, Nr. 3058 ff.

[4]　亦参见 Gauch/Schluep/Emmenegger, OR AT, Nr. 3061 ff.。

[5]　BGE 112 II 347 ff.（353 f.），E. 2；其他判决提示见 Krauskopf, Präjudizienbuch OR, N 2 f. zu Art. 399 OR。

人）的法律地位接近于直接代理人的地位。这一规范之所以在实务中特别重要，是因为当受托人破产时，有利于委托人的［法定］债权移转规则亦可适用于破产财产（债法第 401 条第 2 款）。

2. 同等要件下（即委托人已履行其基于委托关系所负担之义务），债法第 401 条第 3 款就受托人为委托人利益而以自己名义取得的动产，规定了［委托人］取回权（Aussonderungsrecht），但受托人得以其留置权（Retentionsrecht）对抗之。 1949

3. 债法第 401 条不适用于收取的金钱；收取的金钱总是与受托人的财产发生混合，因此不再可能被取回（Aussonderung）。[1] 1950

就收取的金钱而言，仅当其存入以委托人名义开设的专门账户，也即与受托人的财产分开时，才能适用债法第 401 条。[2] 1951

第三节　委托人的义务

1. 受托人适当处理委托事务所生的必要费用［译者注：德文原文为 Auslagen 和 Verwendung，分别指垫付的费用和物之使用，见本页脚注 3，翻译时顾及中文对应术语，译为必要费用］（附加利息）[3]，委托人有义务偿还之，并应清偿受托人缔结的债务（债法第 402 条第 1 款）。[4] 1952

无偿委托时，委托人亦负上述义务（但当事人另有约定的除外）。也即，无偿委托之"无偿性"仅针对"报酬"（酬金）而言，不针对必要费用而言。 1953

2. 此外，委托人对于受托人在处理委托事务时所受之损害负赔偿责任，但委托人能证明其对于损害的发生无过错者，不在此限（债法第 402 条第 2 款）。 1954

---

〔1〕 BGE 102 II 103 ff.（107 ff.），E. II. /1–5；102 II 297 ff.（303 f.），E. 3；不太清楚的是 BGE 87 III 14 ff.（22 f.），E. 2b。学说上例如 Fellmann, Berner Komm., N 107 zu Art. 401 OR。

〔2〕 BGE 99 II 393 ff.（398），E. 7. Hofstetter, SPR VII/6, S. 140 f.，以及 Fellmann, Berner Komm., N 108 und 110 zu Art. 401 OR，不要求账户用委托人的名义。

〔3〕 Auslagen 应理解为受托人金钱的花费，Verwendung 应理解为物之使用（Fellmann, Berner Komm., N 15 f. zu Art. 402 OR）。

〔4〕 BGE 120 II 34 ff. = Pra 1995, Nr. 147, S. 477 ff.

1955　　对于无偿委托，联邦法院偏离债法第 402 条第 2 款，而适用债法第 422 条之无过错责任（Kausalhaftung）：委托人——只要符合公平原则——无过错也须负责。[1]联邦法院通过这一途径消除了下列价值矛盾：在利他的无因管理中，被管理人承担无过错的公平责任（债法第 422 条第 1 款，边码 2016），而在无偿的因而利他的委托中，仅规定委托人的过错责任（债法第 402 条第 2 款）。[2]此外，无论是在有偿还是无偿委托中，但实务中尤其在采过错责任的有偿委托中，难以区分损害和（与过错无关的）必要费用偿还：尽管简单区分方法是"费用……是自愿的财产丧失，而损害是非自愿的财产丧失"，[3]但是从价值判断的角度来看，二者之界限其实并不清晰。例如，在下述情况下，判决和学说有时认为存在的是费用（而非损害）：受托人"有意识地使自身法益置于危险之中"[4]且该风险是适当处理委托事务所必需的；若该风险发生，则受托人系"自愿"导致了损失，对委托人享有赔偿请求权。[5]

1956　　3. 在有偿委托中——约定报酬或依习惯应支付报酬（债法第 394 条第 3 款），受托人若适当处理委托事务，则其还享有报酬请求权。报酬数额首先依合同确定，辅之以交易习惯（边码 1894）。

1957　　这一报酬请求权原则上适用债法总则的诉讼时效规定（自届期起 10 年，债法第 127 条与第 130 条第 1 款）。但债法第 128 条第 3 项所提及之受托人（医生、律师、法律事务代理人）的报酬与费用偿还债权，5 年不行使即罹于诉讼时效。债法第 128 条第 3 项依其文义也适用于公证员，尽管公证员与客户间的法律关系原则上不适用债法，而是（作为主权、公权力或准公权力之关系）适用各州公法规范。

1958　　4. 数人共同为委托人的，该数人对受托人负连带责任（债法第 403 条第 1 款）。

---

　　[1]　BGE 61 II 95 ff.（98），E. 3；批评观点有 Tercier/Favre/Conus, Contrats spéciaux, Nr. 5245 f. 完整内容亦参见 BGE 129 III 181 ff. 。

　　[2]　Urteil des BGer. vom 20. Juli 2015, Nr. 4A_429/2014, E. 6. 2. 4.

　　[3]　BGE 59 II 245 ff.（253），E. 5；类似于 Tuhr/Peter, OR AT, S. 130。

　　[4]　BGE 59 II 245 ff.（253），E. 5.

　　[5]　BGE 59 II 245 ff.（256 f.），E. 6；von Tuhr/Peter, OR AT, S. 132；Becker, Berner Komm., N 3 zu Art. 402 OR；Oser/Schönenberger, Zürcher Komm., N 5 zu Art. 402 OR；更保守的有 Fellmann, Berner Komm., N 23 f. zu Art. 402 OR。

第四节　委托的消灭

一、概述

1. 就［委托］合同消灭事由，法律在清偿（债法第 114 条第 1 款）外规定了以下事由：　1959

——因解除（Widerruf）或终止（Kündigung）而消灭（边码 1965 以下）。　1960

债法（在第 404 条侧标题）称呼为"解除"（Widerruf）与"终止"（Kündigung）。通常，委托人消灭合同称为解除，受托人消灭合同则称为终止。[1]从法律角度看，此处"解除"［实际上］也是"终止"，合同向将来（ex nunc）消灭。［译者注：德文所用词语分别是 Widerruf（解除）和 Kündigung（终止），前者又有译为撤回、撤销的，译者结合我国委托法所用"任意解除权"术语，将之译为解除。另，此处解除并不是严格的术语，所指也是向将来发生消灭效力，与终止含义相同。］　1961

——因委托人或受托人死亡、丧失行为能力或者破产而消灭，但有相反约定或者依法律行为的性质可得出相反结论的除外（债法第 405 条第 1款）。债法第 405 条第 2 款就特殊情形规定：若委托关系的消灭有损害委托人利益之虞，受托人（于委托人死亡情形）、其继承人（于受托人死亡情形）或代理人负有继续处理委托事务的义务。就这些情形，债法第 404 条当然仍得保留适用［译者注：仍得依债法第 404 条随时解除或终止委托合同］。　1962

2. 消灭事由在受托人知悉后才生效力。对于善意受托人在知悉消灭事由前处理委托事务的行为，委托人或其继承人应负如同委托关系存续时相同的义务（债法第 406 条）。　1963

3. 有偿委托之受托人原则上——保留［委托人］减少报酬的权利（边码1932 以下）——就委托关系消灭前所为之给付享有报酬请求权、必要费用偿　1964

---

〔1〕　Fellmann, Berner Komm. , N 16 zu Art. 404 OR.

还请求权以及债务承担请求权（债法第 402 条第 1 款）。这也适用于委托关系依债法第 404 条消灭者。

二、依债法第 404 条之合同消灭专论

1965 　　1. 根据债法第 404 条第 1 款，任何一方均得不设预告期间而随时解除或终止委托。依联邦法院之审判实务，该规定之合理性在于："受托人通常处于特别的信赖地位，若当事人间的信赖关系遭到破坏，则仍坚守合同没有意义。"[1] 就此作以下说明：

1966 　　2. 尽管法律文本未表明任意解除权是强制性规范[2]，并且部分学说——至少就特定案件[3]——认为任意解除权是任意性规范[4]，但联邦法院认为，任意解除权为强制性规范，也即不得通过合同排除或妨碍其行使。[5]

1967 　　根据实务见解，也不能通过约定违约金来妨碍任意解除权的行使。[6]但针对债法第 404 条第 2 款意义上的不适时终止情形得约定违约金（就此参见边码 1972）。

1968 　　3. 委托关系不适时消灭（en temps inopportun）的，同样产生委托消灭的后果。但消灭合同一方应赔偿对方因此所生之损害（债法第 404 条第 2 款）。对此须作以下说明：

1969 　　——"当（且仅当）导致另一方信赖利益损害时"，才构成债法第 404 条第 2 款意义上的不适时消灭。[7]因不适时消灭合同而产生的赔偿义务并非制

---

〔1〕　BGE 115 II 464 ff.（466），E. 2a；104 II 108 ff.（115 f.），E. 4.

〔2〕　观点不同但范围不清的有 BGE 120 V 299 ff.（305 f.），E. 4b。

〔3〕　例如纯粹委托法内容或者委托法元素的持续性关系（Gauch, Dauervertrag, S. 523 ff.）。

〔4〕　例如 Gauch, recht 1992, S. 15 ff.；Fick, Schweizerisches Obligationenrecht, N 27 ff. zu Art. 404 OR；eingehend zur Frage Boog/Eschment, Der Auftrag, S. 254 ff.；Fellmann, Berner Komm., N 104 ff. zu Art. 404 OR；Weber, Basler Komm, N 9 ff. zu Art. 404 OR。

〔5〕　例如 BGE 115 II 464 ff.（467 f.），E. 2a/dd；109 II 462 ff.（467），E. 3e；104 II 108 ff.（116），E. 4；Urteil des BGer. vom 13. Februar 2014, Nr. 4A_284/2013, E. 3. 5. 1 有更多展开。

〔6〕　BGE 109 II 462 ff.（467），E. 4；104 II 108 ff.（116），E. 4；Urteil des BGer. vom 29. Juli 2008, Nr. 4A_237/2008, E. 3. 3.

〔7〕　Gauch, recht 1992, S. 12；Fick, Schweizerisches Obligationenrecht, N 30 zu Art. 404 OR；anders z. B. BGE 104 II 317 ff.（320），E. 5b。

裁，因为不适时消灭也是合法为之。这也解释了为何损害赔偿请求权不以过错为要件。但计算赔偿额时可能考量合同消灭的特别情形（债法第43、44条）。

应考量的尤其是委托人是否因受托人之不当行为而消灭合同。[1] 因受托人违反合同义务或者因受托人原因导致委托人有解除合同的原因的，受托人原则上不得援引债法第404条第2款，因此也不享有损害赔偿请求权。[2] 受托人不当行为还可能导致减少报酬与［受托人对委托人的］损害赔偿义务等其他后果（边码1933—1934）。　　1970

——依实务见解，损害赔偿请求权受到以下限制：债法第404条第2款未赋予受托人利润赔偿请求权，即［不能请求赔偿］合同如未消灭可得之利润，而只能请求合同消极利益之赔偿。[3] 消极利益包括因信赖委托继续存在而支出之费用，不包括委托继续存在本身所生之利益。　　1971

——就不适时的委托消灭（不同于债法第404条第1款的情形），判例认为，可有效约定违约金条款，只要违约金的约定满足第404条第2款解除方损害赔偿义务的构成要件。[4] 例如在授课合同中约定，学生在学期中解除合同的——不适时，所支付的一学期学费不返还，联邦法院认为这是有效的违约金约定。[5]　　1972

4. 联邦法院判决认为债法第404条是强制性规范，遭到了持续的批评。批评促使（当时的国民院议员，现在的）联邦院议员鲁克·巴尔塔萨（Luc Barthassat）于2011年递交了一份动议，[6] 其内容如下："委托联邦委员会向联邦议会呈交对债法第404条的修订［草案］，以便该条能够重新契合当下的经济和法律状况。这一变动应使当事人有可能缔结真正的持续性的委托关系。"该动议主要目标在于消除债法第404条的强制性属性，并使当事人就任　　1973

---

〔1〕　Urteil des BGer. vom 4. Juni 2013, Nr. 4A_36/2013, E. 2. 5.

〔2〕　Krauskopf, Präjudizienbuch OR, N 8 zu Art. 404 OR.

〔3〕　BGE 110 II 380 ff.（386），E. 4b; 109 II 462 ff.（469 f.），E. 4d; Urteil des BGer. vom 4. Juni 2013，Nr. 4A_36/2013，E. 2. 5.

〔4〕　BGE 109 II 462 ff.（468 ff.），E. 4; Urteil des BGer. vom 13. Februar 2014，Nr. 4A_284/2013, E. 3. 6. 1.

〔5〕　Urteil des BGer. vom 6. Juli 2011，Nr. 4A_141/2011，E. 2. 4.

〔6〕　Motion Nr. 11. 3909 «Artikel 404 OR. Anpassung an die Erfordernisse des 21. Jahrhunderts».

意解除（在法律允许的限度内）有通过合同加以限制或增加难度的可能。联邦议会两院都已接受该动议，接下来联邦委员会将提交一份供咨询的草案。

第五节 附录：特殊委托类型（概览）

1974　　紧接着一般委托法（债法第 394 条以下），法律规定了数种不同的特殊委托类型，其中有些位于广义委托法的下设章节中，有些则以单独章节出现。这些规范中有许多条文（债法第 406a 条第 2 款、第 407 条第 1 款、第 412 条第 2 款、第 418b 条［间接地］、第 425 条第 2 款及第 440 条第 2 款）规定，一般委托法可被补充适用。以下概览将简单概括特殊委托类型的典型构成要件及部分特别规定。详细内容参见所引的专门文献。

1975　　1. 以婚姻介绍或同性伴侣介绍为目的的委托（债法第 406a 条以下），受托人有义务向以结婚或寻求固定同性伴侣为目的的委托人介绍对象，并收取报酬（债法第 406a 条第 1 款）。该特殊委托类型的法律规定因此只适用于有偿关系。这些特别规定——因出现的不良情形——旨在保护委托人，解释时应立足于此。

1976　　合同有效需要满足要式以及特别的最低限度的合同内容。属于最低限度合同内容的事项首先是委托人的撤销权（债法第 406d 条第 5 项）。就合同"生效"适用特殊规定，委托人享有特殊撤销权（债法第 406e 条）。另外，介绍身处国外的人或向身处国外的人进行介绍（债法第 406b、406c 条：差旅费、须经同意）、受托人的特别告知义务（即关于介绍出现障碍的信息）及信息保护（债法第 406g 条）也适用特殊规定。报酬或费用畸高的，法院可以应委托人之请求，将其减至合理金额（债法第 406h 条）。[1]

1977　　2. 通过信用委任（Kreditauftrag）（债法第 408 条以下），受托人以自己名义，自担费用，但由委托人承担责任，为第三人提供或更新贷款（债法第 408 条第 1 款）。

1978　　委托人必须出具书面信用委任合同（债法第 408 条第 2 款），其法律后果

---

［1］　就同性伴侣关系媒介中"双方经纪"问题参见 Guhl/Schnyder, OR, § 50 N 34。

是，委托人如同保证人一样负责（债法第 408 条第 1 款）。——信用证（债法第 407 条）是指示证券法的主要内容。被指示人（通常为应付款的银行）不仅获得授权，还依委托法负担付款义务（参见债法第 407 条第 3 款）。

3. 通过居间合同（Mäklervertrag）（债法第 412 条以下），"居间人受以下委托"：报告缔约机会（报告居间）或提供缔约媒介服务（媒介居间），并收取报酬。 1979

4. 通过经纪合同（Agenturvertrag）（债法第 418a 条以下）〔译者注：有学者译为商事代理合同，但这一译法并不能表现该合同的特征。该合同中，双方不存在雇佣关系，一方以对方名义和费用行事，在一定时间段内为对方媒介交易或订立合同，故译者将其译为经纪合同〕，经纪人有义务持续地为一个或数个委托人媒介交易，或以委托人名义和费用订立合同（直接代理），而不与委托人建立劳动关系（债法第 418a 条第 1 款）。经纪人有权请求支付约定的或依习惯的媒介佣金或缔约佣金（债法第 418g 条第 1 款）。 1980

5. 通过行纪合同（Kommissionsvertrag）（买入或卖出行纪，债法第 425 条以下），行纪人有义务以自己名义为委托人的利益（间接代理）从事动产或有价证券的买入或卖出，并收取行纪报酬（佣金）（债法第 425 条第 1 款）。 1981

债法在第十五章"行纪合同"中，还对货运代理人合同进行了规范（债法第 439 条）。但就货物的运输，适用货运合同的规定（债法第 439 条）。 1982

6. 通过货运合同（Frachtvertrag）（债法第 440 条以下），运送人负有运送货物的义务，并有权收取报酬（运费）（债法第 440 条第 1 款）。 1983

旅客运输合同，只要适用的是联邦法律，就是《旅客运输法》（PBG）[1] 的调整对象（参见《旅客运输法》第 19 条以下与第 42 条以下）。 1984

---

〔1〕 2009 年 3 月 20 日《旅客运输法》；BG über die Personenbeförderung（PBG）vom 20. März 2009（SR 745.1）.

第四部分
一般委托周围的特别法律制度

第十九章 概 览

本章简要介绍的分则法律制度不是合同，但它们具有与委托类似的特征 1985
（auftragsähnliche Merkmale）或通常处于一般委托影响范围之内。

1. 无因管理（债法第 419 条以下；边码 1989 以下）是可追溯到罗马法的 1986
一项法律制度。无因管理中，虽然恰好欠缺对行为人的一般委托（或其他合
同上之动因），但满足一定要件时——在适当管理他人事务情形（债法第 422
条）——产生与委托相似之效果。

2. 债法第 458 条以下规定了商事代理权（边码 2061 以下），它通常与个 1987
人劳动合同、合伙合同或一般委托关联（参见债法第 465 条第 1 款）。

3. 指示证券（债法第 466 条以下；边码 2096 以下）也在委托影响范围 1988
内：指示证券是双重授权，它在非现金支付中具有重要意义。

第二十章 无因管理

1989   本章专门文献（节选）

Bürgi-Wyss Alexander Christoph, Der unrechtmässig erworbene Vorteil im schweizerischen Privatrecht, Zugleich ein Beitrag zur Dogmatik der ungerechtfertigten Bereicherung und der Geschäftsführung ohne Auftrag, Diss. Zürich 2005 (ZStP Band 191).

Chappuis Christine, La restitution des profits illégitimes – Le rôle privilégié de la gestion d'affaires sans mandat en droit privé suisse, Diss. Genf, Basel/Frankfurt a. M. 1991.

Dieselbe, Violation contractuelle et remise du gain, in: Gauch Peter/Pichonnaz Pascal/Werro Franz (Hrsg.), Mélanges en l'honneur de Pierre Tercier, Zürich 2008, S. 153 ff.

Deppenkemper Gunter, Negotiorum gestio – Geschäftsführung ohne Auftrag. Zu Entstehung, Kontinuität und Wandel eines Gemeineuropäischen Rechtsinstituts, 2 Bände, Habil. Osnabrück, Göttingen 2014.

Gauch Peter, Grenzüberschreitungen im privaten Schadensrecht – Bemerkungen zum Begriff des Schadens, zur vertraglichen Haftung ohne Vertragsverletzung und zur Bereicherung aus Vertragsbruch, in: Forstmoser Peter et al. (Hrsg.), Richterliche Rechtsfortbildung in Theorie und Praxis, Methodenlehre und Privatrecht, Zivilprozess- und Wettbewerbsrecht, Festschrift für Hans Peter Walter, Bern 2005, S. 293 ff.

Derselbe, Bauernhilfe: Drei Fälle und wie das Bundesgericht dazu kam, die Schadenersatzregel des Art. 422 Abs. 1 OR auf den Auftrag und die Gefälligkeit anzuwenden, in: Schmid Jörg/Seiler Hansjörg (Hrsg.), Festschrift für Paul Richli zum 65. Geburtstag, Zürich 2006, S. 191 ff.

Gautschi Georg, Berner Kommentar zum schweizerischen Privatrecht, Band VI:

Das Obligationenrecht, 2. Abteilung: Die einzelnen Vertragsverhältnisse, 5. Teilband: Kreditbrief und Kreditauftrag, Mäklervertrag, Agenturvertrag, Geschäftsführung ohne Auftrag, Art. 407–424 OR, 2. Aufl., Bern 1964.

Hahn Anne-Catherine, Vergütungsansprüche für Dienstleistungen bei fehlender vertraglicher Grundlage – Ein Streifzug durch vier europäische Rechtsordnungen, Diss. Freiburg, Bern 2004.

Heinz Janina, Die echte Geschäftsführung ohne Auftrag. Eine Untersuchung des Anwendungsbereichs unter Heranziehung der Principles of European Law, Diss. Bucerius Law School Hamburg, Baden-Baden 2013.

Hey Felix Christopher, Die Geschäftsführung ohne Auftrag, JuS 49/2009, S. 400 ff.

Hilti Christian, Die «ungeschriebene Tatbestandsvoraussetzung» der Bösgläubigkeit – der Anfang vom Ende des Gewinnherausgabeanspruchs?, AJP 2006, S. 695 ff.

Hofstetter Josef, Der Auftrag und die Geschäftsführung ohne Auftrag, Schweizerisches Privatrecht, Band VII/6, Basel 2000 (insbesondere S. 233 ff.).

Inderkum Matthias, Schadenersatz, Genugtuung und Gewinnherausgabe aus Persönlichkeitsverletzung (Art. 28a Abs. 3 ZGB), Diss. Freiburg, Zürich 2008 (AISUF Band 274).

Jenny Reto M., Die Eingriffskondiktion bei Immaterialgüterrechtsverletzungen, Unter Berücksichtigung der Ansprüche aus unerlaubter Handlung und unechter Geschäftsführung ohne Auftrag, Diss. Zürich 2005 (ZStP Band 189).

Kötz Hein, Geschäftsführung ohne Auftrag aus rechtsökonomischer Sicht (1999), in: Basedow Jürgen/Hopt Klaus/Zimmermann Reinhard (Hrsg.), Hein Kötz, Undogmatisches – Rechtsvergleichende und rechtsökonomische Studien aus dreissig Jahren, Tübingen 2005, S. 260 ff.

Krauskopf Frédéric, Die Rechtsprechung des Bundesgerichts zu Art. 419 ff. OR, in: Gauch Peter/Aepli Viktor/Stöckli Hubert (Hrsg.), Präjudizienbuch zum OR, 9. Aufl., Zürich 2016.

Lischer Urs, Die Geschäftsführung ohne Auftrag im schweizerischen Recht, Diss. Basel 1990 (BStRA, Reihe A Band 20).

Maissen Eva/Purtschert Tina/Rusch Arnold F., Unentgeltliche Hilfeleistung:

GoA, Gefälligkeit oder unentgeltlicher Auftrag?, Jusletter 9. September 2013.

Nietlispach Markus, Zur Gewinnherausgabe im schweizerischen Privatrecht – Zugleich ein Beitrag zur Lehre von der ungerechtfertigten Bereicherung, Diss. Zürich, Bern 1994 (ASR Heft 559).

Pohlmann Jörg, Geschäftsführung ohne Auftrag im historischen und modernen Kontext, in: Isenring Bernhard/Kessler Martin A. (Hrsg.), Schutz & Verantwortung, Liber amicorum für Heinrich Honsell, Zürich 2007, S. 31 ff.

Roberto Vito, Schadenersatz, Gewinnabschöpfung und Bereicherungsanspruch bei Immaterialgüterrechtsverletzungen, sic! 2008, Sonderheft Nr. 1, S. 23 ff.

Schmid Jörg, Die Geschäftsführung ohne Auftrag, Habil. Freiburg 1992 (AISUF 116).

Derselbe, Fragen zur eigennützigen Geschäftsführung ohne Auftrag, ZBJV 131/1995, S. 261 ff.

Derselbe, Gewinnherausgabe bei unerlaubter Untermiete, BGE 126 III 69 ff., recht 2000, S. 205 ff.

Derselbe, Zürcher Kommentar zum Schweizerischen Zivilgesetzbuch, Obligationenrecht, Teilband V 3a: Die Geschäftsführung ohne Auftrag (Art. 419 – 424 OR), 3. Aufl., Zürich 1993.

Spitz Philippe, Überlegungen zum entgangenen Gewinn und zur Gewinnherausgabe im Bereich des gewerblichen Rechtsschutzes, sic! 2007, S. 795 ff.

Von Bar Christian, Principles of European Law, Benevolent Intervention in Another's Affairs (PEL Ben. Int.), Bern 2006.

Werro Franz, Une remise du gain sans gain?, Une illustration de l'arbitrage délicat entre liberté et dignité, in: Gauch Peter/Pichonnaz Pascal/Werro Franz (Hrsg.), Mélanges en l'honneur de Pierre Tercier, Zürich 2008, S. 495 ff.

第一节 概 述

1990　　1. 债法第 419—424 条所规定的无因管理（Geschäftsführung ohne Auftrag），从历史的角度看沿袭了罗马法的 "negotiorum gestio" 制度［译者注：negotiorum gestio 也译为无因管理，是罗马法上准契约之债的一种]。[1][无因管理法律关系的]参与人有事务管理人（德文 Geschäftsführer，法文 le gérant，拉丁文 gestor）和本人（德文 Geschäftsherr，法文 le maître，拉丁文 dominus）。"事务管理"是指管理人管理本人的事务，也即干预本人权利领域（更多内容见边码 2000 与 2032）。

[无因管理]构成上的特征是管理人未受（在本人权利领域内）管理事务的委托，更一般化的表述是：管理人[管理事务]无合同上或法律上的依据。但满足一定要件时（债法第 422 条），未受委托的管理人与受托人[的法律地位]作类似处理。此外，根据法条的文义，本人事后追认事务管理的，可适用委托法的规定（债法第 424 条，边码 2020 与 2047）。若非为本人利益管理事务，那么产生以下问题：是否仍可要求管理人交付[因事务管理]所获利益（债法第 423 条）。

2. 对债法第 419 条以下作现时解释（geltungszeitliche Auslegung）[译者注：现时解释指的是，如果立法时的社会生活状况、价值取向在法律适用时已经发生重大变化，那么以法律适用时的实际情况对法律做出解释，而不拘泥于立法时的客观意思]，[可发现]这些法条规范了两种差异很大的法律制度，这可从债法第 422 条与第 423 条的对比中得知：[2]

——一方面，管理人可能以利他的意思（in altruistischer Absicht）（债法第 422 条侧标题："为本人利益"）管理他人事务。基于该管理他人事务的意思（Fremdgeschäftsführungswillen）产生所谓的真正无因管理。债法第 14 章的大多数规定针对此种类型的事务管理（边码 1999 以下）。

这种情况下的主要问题是，管理人的利他行为能否以及在满足何种要件时产生一项准契约（类似委托）之法律关系（"事实上的契约关系"）。就此点，制定法上重要的价值取向是促进人们互帮互助：在一定要件下，利他行为是正当的（合法化功能，Legitimierungsfunktion）；[若利他行为是正当的，

1991

1992

1993

1994

---

[1]　就此例如 Schmid, Die Geschäftsführung ohne Auftrag, Nr. 40 ff. ; Zimmermann, The Law of Obligations, S. 433 ff. 。

[2]　就规范体系参见 Urteil des BGer. vom 12. Januar 2000, Nr. 4C. 234/1999, in：Semjud 122/2000 I, S. 421 ff. （429 f. ）, E. 6aa = Pra 2002, Nr. 73, S. 420 ff. ; Urteil des BGer. vom 21. Mai 2003, Nr. 4C. 389/2002, E. 3. 2; ausführlich Schmid, Zürcher Komm. , N 13 ff. zu den Vorbem. zu Art. 419-424 OR; Tercier/Favre/Conus, Contrats spéciaux, Nr. 5924 ff. 。

则] 利他的干预者享有费用与损害赔偿请求权（损害填补功能，Schadloshaltungsfunktion）。[1]

1995　　——但另一方面，管理人也可能以利己的意思（in egoistischer Absicht），即仅为了追求自己的利益，而为一定行为并侵入本人权利领域内（债法第423条侧标题："为管理人利益而管理"）。若存在此等管理自己事务的意思（Eigengeschäftsführungswille），则是不真正无因管理（unechte Geschäftsführung ohne Auftrag; "la gestion d'affaire imparfaite"）（边码 2032 以下）。

1996　　[就不真正无因管理，] 法律的价值考量在于，排除非所希望的干预并在满足一定要件时对行为人施以惩罚。[2]因此管理人责任加重（通过获利返还义务）问题就成为关注重点。

1997　　从教义学角度看，债法第 419 条以下值得关注，因为其突破并且扩展了债法总则规定的三项请求权基础——契约、侵权行为、不当得利。[3]

1998　　3. 接下来的论述遵循这种二分法 [译者注：即区分真正无因管理与不真正无因管理]。如此理解的无因管理法产生许多与其他法律制度区分的问题，尤其是与不当得利的区分，后文也将对此进行讨论。

第二节　真正无因管理

一、构成要件

1999　　根据前文所述，真正无因管理是指，管理人具有为他人利益（利他）的意思而管理他人事务。债法第 419 条表述为，未受委托而为他人管理事务。[4]对此，须作以下几点阐释：

2000　　1. 按照广义解释，事务处理（事务管理）是指解决或完成任意类型、任意难度和任意范围的事情或任务。[事务管理] 行为可以是事实行为或法律行

---

[1] Schmid, Die Geschäftsführung ohne Auftrag, Nr. 18 ff.

[2] Schmid, Die Geschäftsführung ohne Auftrag, Nr. 26 f.

[3] 就此参见 Gauch/Schluep/Schmid, OR AT, Nr. 271 ff. 。

[4] 法文版：Celui qui, sans mandat, gère l'affaire d'autrui…

为。[1]

例如：瑞士阿尔卑斯俱乐部搜救（可能）出事故的度假游客；[2]未经请 2001
求而救火；清偿他人债务。[3]

2. 所管理的事务必须——以客观角度（从外部）看——是"他人事务"。 2002
也即，管理人管理的必须是本人事务，干预本人权利领域或利益领域。[4]附
带包含（管理人）自己利益的，不会影响对他人事务的认定。[5]

3. 从主观方面看，管理事务者必须具有所谓的为他人管理事务的意思， 2003
也即，有管理他人事务（而非自己事务）的意识和意愿。[6]

从管理人的主观角度看尤其有以下案型：给予帮助、清偿他人债务、为 2004
他人债务提供担保以及其他程序性或非程序性的对他人利益的维护。[7]

4. （管理人）必须未受委托而管理他人事务。换言之，管理人的管理行 2005
为不是基于合同上（法律行为上）的义务，也不是基于法定义务或行政机关
施加的义务。[8]

二、法律后果

1. 管理人的主要义务是以符合他人利益与可推知的意思之方式管理事务 2006
（债法第 419 条）。属于此义务的尤其是债法第 422 条第 2 款明确规定的注意
义务。[9]因为管理人系为本人管理事务，所以他也应交付管理的结果（交付

---

[1]　Schmid, Zürcher Komm. , N 8 f. zu Art. 419 OR.

[2]　SJZ 46/1950, Nr. 76, S. 208 ff. （Gerichtspräsident I von Biel）.

[3]　案例见 Schmid, Zürcher Komm. , N 31 ff. zu Art. 419 OR。

[4]　BGE 68 II 29 ff. （36）, E. 4.

[5]　Schmid, Zürcher Komm. , N 14 ff. zu Art. 419 OR.

[6]　Schmid, Zürcher Komm. , N 21 ff. zu Art. 419 OR.

[7]　Schmid, Zürcher Komm. , N 31 ff. zu Art. 419 OR.

[8]　Schmid, Zürcher Komm. , N 63 ff. zu Art. 419 OR；亦参见 Urteil des BGer. vom 16. Februar 2009,
Nr. 4D_137/2008, E. 2. 2。

[9]　Schmid, Zürcher Komm. , N 112 zu Art. 419 OR；Tercier/Favre/Conus, Contrats spéciaux,
Nr. 5981；比较法文献例如 PEL/von Bar, Ben. Int. , S. 211 ff. （zu Art. 2：101 PEL Ben. Int. ）.

义务）。[1]

2007 　除主要义务外，管理人还负有以下次要义务：[2]

2008 　——报告义务和应［本人］要求提供事务管理相关信息的义务；

2009 　——应就事务承担尽快通知本人，如无紧急情事，应当等待本人决定；

2010 　——像受托人一样负有忠实义务与保密义务。

2011 　违反上述义务，尤其是违反注意义务的，会导致管理人的损害赔偿责任（债法第 420 条）。但管理人不具备完全行为能力（债法第 421 条）或为使本人避免遭受紧急损害（债法第 420 条第 2 款）而管理的，可以免除或减轻其责任。

2012 　2. 在管理人完成事务管理后，本人的义务尤其取决于：事务管理是否是债法第 422 条意义上的为本人利益。

2013 　债法第 422 条第 1 款意义上的为本人利益虽不以管理人有必要介入为前提，但纯粹的有益性（blosse Nützlichkeit）也不足以构成为本人利益。在判断［是否为本人利益］时，法院具有一定的裁量空间，裁量时可使用公平观念（《民法典》第 4 条）。[3]考虑全部情势的情况下，事务管理必须是合适、恰当、正确的［，这样才能认定是为本人利益］。[4]

2014 　例如根据具体情势，以下情形是为本人利益：①瑞士阿尔卑斯俱乐部搜救（可能）发生事故的度假游客；[5]②警察为卷入暴力冲突并声称手臂痛的人呼叫医院的急救服务；[6]③为需要帮助的人支付维持生计通常所必需的生活费用[7]——但支付有争议[8]或罹于诉讼时效的债务则非为本人利益。[9]

---

〔1〕 Schmid, Zürcher Komm. , N 117 ff. zu Art. 419 OR.

〔2〕 Schmid, Zürcher Komm. , N 123 ff. zu Art. 419 OR；Tercier/Favre/Conus, Contrats spéciaux, Nr. 5981 ff.

〔3〕 Krauskopf, Präjudizienbuch OR, N 2 zu Art. 422 OR.

〔4〕 Schmid, Zürcher Komm. , N 11 ff. zu Art. 422 OR；derselbe, Die Geschäftsführung ohne Auftrag, Nr. 375 ff. ；采纳该作者观点的判决有 LGVE 2008 II Nr. 12, S. 196 ff. （198），E. 2c（Luzerner Verwaltungsgericht）。

〔5〕 SJZ 46/1950, Nr. 76, S. 208 ff. （209），E. 3（Gerichtspräsident I von Biel）；Schmid, Zürcher Komm. , N 23 zu Art. 422 OR.

〔6〕 LGVE 2008 II Nr. 12, S. 196 ff. （198），E. 2c（Luzerner Verwaltungsgericht，从公法视角）。

〔7〕 Schmid, Zürcher Komm. , N 25 zu Art. 422 OR.

〔8〕 BGE 86 II 18 ff. （25），E. 4.

〔9〕 Schmid, Zürcher Komm. , N 29 f. zu Art. 422 OR.

就［为本人利益］这一问题应当注意的是，本人原则上可以禁止他人的 2015
干预（债法第 420 条第 3 款）。如果存在无因管理人可推知的且有效的（不违
反道德和法律的）干预禁令，那么干预属于非为本人利益。[1]于此情形，事
务管理人负担更严格的责任（事变责任，债法第 420 条第 3 款）。[2]

3. 如果事务管理是为本人利益的，则存在的是适法无因管理（berechtigte 2016
Fremdgeschäftsführung）。根据债法第 422 条，适法无因管理（依法律规定）形
成特殊的类似合同的债务关系（事实合同关系）。[3]于此情形，无因管理人
的干预行为具有特别的法定正当化基础。换言之，［干预行为］既无不当得利
法意义上的"不当性"，亦无侵权法上的"违法性"。[4]本人有义务向管理人
偿还必要费用、合比例的有益费用及利息，为管理人清偿因管理事务而负担的
债务，向管理人赔偿经法院裁量认定的损害（债法第 422 条第 1 款）。[5]

根据当下的观点，如果［对管理人］所为给付依习惯须支付报酬（特别 2017
是职业行为），则管理人在费用偿还请求权、债务清偿请求权、损害赔偿请求
权以及慰抚金请求权外还享有报酬请求权。[6]

事务管理人的请求权，类似委托法上不依赖结果的法律构造：只要管理 2018
人尽到注意义务管理事务，即便未实现所追求的结果，请求权依然成立（债法
第 422 条第 2 款）。这些债权原则上适用债法第 127 条的 10 年诉讼时效。[7]此
外，债法第 401 条也类推适用于无因管理。[8]

4. 尽管具有管理他人事务的意思，但非为本人之利益而管理事务的（换 2019

---

〔1〕 Schmid, Zürcher Komm. , N 10 zu Art. 422 OR und N 64 zu Art. 420 OR.

〔2〕 就干预禁令、其效果和界限参见 Schmid, Zürcher Komm. , N 35 ff. zu Art. 420 OR。

〔3〕 BGE 126 III 382 ff. （386）, E. 4b/ee；Schmid, Zürcher Komm. , N 33 ff. zu Art. 422 OR；derselbe, Die Geschäftsführung ohne Auftrag, Nr. 400 ff.

〔4〕 Schmid, Zürcher Komm. , N 36 zu Art. 422 OR.

〔5〕 具体参见 Einzelnen Schmid, Zürcher Komm. , N 41 ff. zu Art. 422 OR；比较法参见 PEL/von Bar, Ben. Int. , S. 257 ff. （zu Art. 3：101 PEL Ben. Int. ）。

〔6〕 Schmid, Zürcher Komm. , N 65 ff. zu Art. 422 OR；此外可能 Tercier/Favre/Conus, Contrats spéciaux, Nr. 6004 ff. ；比较法参见 Hahn, Vergütungsansprüche, Nr. 522 ff. ；PEL/von Bar, Ben. Int. , S. 268 ff. （zu Art. 3：102 Abs. 1 PEL Ben. Int. ）。

〔7〕 BGE 55 II 262 ff. （265）；Schmid, Zürcher Komm. , N 83 ff. zu Art. 422 OR；Tercier/Favre/Conus, Contrats spéciaux, Nr. 6008.

〔8〕 Schmid, Zürcher Komm. , N 94 f. zu Art. 422 OR.

言之，未满足债法第 422 条第 1 款的要件），则构成所谓的不适法无因管理（unberechtigte Fremdgeschäftsführung）。不适法无因管理既不能适用债法第 422 条，也不能适用债法第 423 条。[因不适法无因管理而导致的] 清算按照关于侵权与不当得利的规定处理。[1]

2020　　5. 若本人事后追认真正（适法或不适法）无因管理，则根据债法第 424 条，适用关于委托的规定。[2]追认可以以明示或者默示的方式为之。本人单纯沉默的，仅在以下情形可认为是追认：根据情势，依诚实信用原则，本人本应作出拒绝表示。[3]

三、与其他制度区分

2021　　1. 依债法第 422 条，基于法律规定，适法无因管理会产生一种特殊的类似合同的债务关系（事实合同关系），这种债务关系使管理人尤其享有费用偿还请求权、债务清偿请求权与损害赔偿请求权（边码 2016）。适法无因管理应与以下法律制度相区分：[4]

2022　　——如果存在合同基础——特别是一般委托，则应适用合同规则，而不适用关于无因管理的规定（尤其是债法第 420 条与第 422 条）。[5]此外，如果本人事后追认无因管理，则也适用关于委托的规定（债法第 424 条；边码 2020）。

2023　　如果某人是基于与另一个法人的合同而行事的，则该合同对于判断嗣后产生的法律问题具有决定意义，[利害关系人] 不能辩称行为人的行事并未受到法人背后控制人的委托。[6]

2024　　在特殊情形，例如所缔结的合同无效时，可依照债法第 419 条以下的规

---

〔1〕 Schmid, Zürcher Komm. , N 149 ff. zu Art. 423 OR；Tercier/Favre/Conus, Contrats spéciaux, Nr. 6015 ff.

〔2〕 Urteil des BGer. vom 31. März 2008, Nr. 4A_496/2007, E. 2. 2. 就法律后果缓和的观点见 Schmid, Zürcher Komm. , N 14 ff. zu Art. 424 OR。

〔3〕 Urteil des BGer. vom 12. April 2012, Nr. 5A_436/2011, E. 10. 1.

〔4〕 详见 Schmid, Die Geschäftsführung ohne Auftrag, Nr. 1140 ff. 。

〔5〕 Schmid, Die Geschäftsführung ohne Auftrag, Nr. 1151 ff. 有更多展开。

〔6〕 Urteil des BGer. vom 16. Februar 2009, Nr. 4D_137/2008, E. 2. 2.

定清算。[1]

——因为适法（为本人利益）无因管理赋予无因管理人的管理行为以正 2025
当性基础（合法化功能，边码1994），所以无因管理人的干预行为既无不当
得利法意义上的"不当性"，也无侵权法意义上的"不法性"（边码2016）。
因此，债法第62条以下与第41条以下无适用余地。

在物之使用（Verwendung）被赔偿前，依债法第422条第3款，管理人 2026
可依不当得利规定［对其附加于本人之物上的物］享有取走权（Rechtauf-
Wegnahme）。债法第422条第3款的规定涵盖奢侈的以及虽有益但不合比例的
物之使用（债法第422条第1款的反向推理），并且援引债法第65条第2款
的规定。[2]此外，就无法律行为能力的事务管理人，债法第421条援引不当
得利与侵权法的某些规则。

——债法第419条以下与代理法的区别在于：债法第419条以下［即无 2027
因管理］仅规范（管理人与本人之间的）内部关系。[3]无代理权的无因管理
人以本人的名义为法律行为的，并不能使本人依债法第422条对第三人负担
义务。[4]外部关系应根据债法第32条以下判断。[5]

从本人依债法第424条对无因管理人的管理行为的追认中，同时可以解 2028
释出（在有疑义时至少可以推定出），有一个对无权代理行为的嗣后追认（债
法第38条第1款）。[6]

——无因管理还应与物权法上的法定补偿义务相区分。[7]例如，按照传 2029
统观点，拾得遗失物是管理他人事务的一种特殊情形。若须对《民法典》第
720条以下所规范的拾得人的权利与义务进行具体化，可以适用关于无因管理

---

〔1〕　Schmid, Die Geschäftsführung ohne Auftrag, Nr. 1168 ff.

〔2〕　Schmid, Zürcher Komm. , N 77 ff. zu Art. 422 OR.

〔3〕　这在一般合伙的立法条文中有很好的显示：债法第540条规定合伙人之间的关系（第2款
援引无因管理），第543条规定合伙人与第三人之间的关系（第2款援引代理制度）。

〔4〕　BGE 29 I 624 ff. （625 f. ）, E. 1; Schmid, Zürcher Komm. , N 37 zu Art. 422 OR.

〔5〕　Schmid, Die Geschäftsführung ohne Auftrag, Nr. 1359 ff.

〔6〕　Urteil des BGer. vom 5. August 2015, Nr. 4A_351/2015, E. 6. 2, 引用 Schmid, Zürcher Komm. ,
N 27 zu Art. 424 OR.

〔7〕　Schmid, Die Geschäftsführung ohne Auftrag, Nr. 1407 ff.

的规定。[1]

2030　　——无因管理应与情谊行为相区分。情谊行为仅限于施惠人无偿、非利己并偶然所为的给付，而不使施惠人负担法律行为上履行给付的义务。[2]文献中对这两者的区分主要在专断性这个标准上：[3]无因管理中行为是专断的。相反，如果给付是接受给付者引起或者经其同意的，则不成立无因管理，而是情谊行为。[4]

2031　　2. 不适法无因管理自始不适用债法第422条，而适用侵权法与有关不当得利的规定（边码2019）。

2032　　与一般侵权责任不同，债法第420条第3款对本人（有效）禁止干预其事务而管理人违反的情形，规定了更严的责任（事变责任）。

第三节　不真正无因管理

一、构成要件

2033　　1. 如前文所说，管理人非为他人利益，而是为自己利益（利己）管理事务的（自己事务管理），为不真正无因管理。只要管理人主要是为自己利益而管理的，即为已足。[5]此时"事务管理"这个表述并不确切，它应被理解为不法地"对他人权利领域的干预"。[6]换言之，管理人系为自己的利益，没有法定的或约定的基础而侵犯本人权利领域。[7]

---

[1]　Schmid, Zürcher Komm. , N 148 zu Art. 419 OR；derselbe, Die Geschäftsführung ohne Auftrag, Nr. 1438 ff.

[2]　BGE 137 III 539ff.（542），E. 4. 1 有更多展开；案例亦参见 Maissen/Purtschert/Rusch, Unentgeltliche Hilfeleistung, Rz. 2 ff. 。

[3]　特别案例中有专断的情谊行为，参见 Schmid, Die Geschäftsführung ohne Auftrag, Nr. 587 ff. und 1441 ff. 。

[4]　Maissen/Purtschert/Rusch, Unentgeltliche Hilfeleistung, Rz. 6 ff. 有更多展开。就债法第422条类推适用于情谊行为，参见 Krauskopf, Präjudizienbuch OR, N 5 zu Art. 422 OR。

[5]　Urteil des BGer. vom 27. März 2014, Nr. 6B_819/2013, E. 6. 1.

[6]　BGE 129 III 422 ff.（425），E. 4；126 III 382 ff.（386），E. 4b/ee；Urteil des BGer. vom 17. Juli 2003, Nr. 4C. 101/2003, E. 6. 2＝sic! 2004, S. 90 ff. ；Schmid, Die Geschäftsführung ohne Auftrag, Nr. 745 ff. ；a. M. Huguenin, OR, Nr. 2167 ff.

[7]　侵入他人权利领域而排除违法性的原因参见《数据保护法》第13条（侵害他人人格权的正当化事由）。

　　侵犯他人权利领域可能的情形是：侵犯他人的物权、人格权（参见《民法典》第 28a 条第 3 款[1]）、他人受竞争法保护的地位（《反不正当竞争法》第 9 条第 3 款[2]）、他人知识产权［关于著作权参见《著作权法》第 62 条第 2 款、[3]关于商标权参见《商标法》（MSchG）第 55 条第 2 款、关于设计权参见《关于保护外观设计的联邦法律》[4]第 35 条第 2 款][5]以及侵犯他人债权或类似法律地位。[6]

　　以下情形也是自己事务管理（Eigengeschäftsführung）：某人未经所有权人同意出租其物，[7]特别是承租人在租赁关系消灭后未将租赁物返还出租人，而是擅自转租他人的。[8]制定法本身对不真正无因管理规定了个别专门规范，以剥夺［管理人］所获利益（Gewinnabschöpfung，如债法第 464 条第 2 款与第 540 条第 2 款；边码 2055）。[9]

　　2. 根据干预者（自己事务管理人）的主观状态，应进一步区分两种情形：
　　——一种是不法管理（bösgläubigeEigengeschäftsführung）。于此情形，管理人（干预者）对管理行为具有违法性意识。满足以下条件则认为管理人具有违法性意识：管理人知道或者依应尽之注意应当知道，他为自己利益在管理他人

2034

2035

2036

---

　　[1]　例如：BGE 133 III 153 ff.（一个著名网球运动员的父亲）。

　　[2]　Urteil des BGer. vom 8. Februar 2013, Nr. 4A_474/2012, E. 4. 1.

　　[3]　例如：Urteil des BGer. vom 17. Juli 2003, Nr. 4C. 101/2003, E. 6 = sic! 2004, S. 90 ff. 。《著作权法》第 61—66 条的民事法律保护也被 1992 年 10 月 9 日的《半导体产品保护法》［BG über den Schutz von Topographien von Halbleitererzeugnissen（Topographiengesetz, ToG）vom 9. Oktober 1992（SR 231. 2）］第 10 条第 1 款援引。

　　[4]　2001 年 10 月 5 日《关于保护外观设计的联邦法律》；BG über den Schutz von Design（Designgesetz, DesG）vom 5. Oktober 2001（SR 232. 12）。

　　[5]　就专利侵权获利之返还参见 BGE 134 III 306 ff. ；Urteil des BGer. vom 12. April 2006, Nr. 4C. 290/2005, E. 3 = sic! 2006, S. 774 ff. （该案被下文点评：Kohler, sic! 2006, S. 815 ff. ）。

　　[6]　Schmid, Zürcher Komm. , N 69 ff. zu Art. 423 OR；Tercier/Favre/Conus, Contrats spéciaux, Nr. 6035 ff. ；Gauch, Grenzüberschreitungen, S. 311 ff. ；Chappuis, Violation contractuelle, S. 160 ff. ；判决参见 Urteil des BGer. vom 4. Dezember 2007, Nr. 4A_310/2007, E. 7. 1（该案中否定了自己事务管理）。

　　[7]　BGE 129 III 422 ff. （425），E. 4.

　　[8]　BGE 126 III 69 ff. = Pra 2001, Nr. 11, S. 59 ff. ；就此参见 Schmid, Gewinnherausgabe bei unerlaubter Untermiete, S. 205 ff. 。

　　[9]　Schmid, Zürcher Komm. , N 74 ff. zu Art. 423 OR；Tercier/Favre/Conus, Contrats spéciaux, Nr. 6037.

事务并且他的干涉毫无正当事由（《民法典》第 3 条第 2 款）。[1]违法性意识可以根据所管理事务的他人属性或干预的违法性（或同时基于两者）认定。[2]此种情形也被称为"恶意的不法管理"（bösgläubiger Geschäftsanmassung）。[3]

2037 ——另一种是误信管理（gutgläubige Eigengeschäftsführung）。于此情形，管理人（干预者）缺乏违法性意识，因此是善意侵入他人权利领域。[4]

二、法律后果

2038 前文对不法管理与误信管理的两分法，对确定法律后果有重要作用。虽然债法第 423 条第 1 款的侧标题与条文文义是"为管理人利益而管理"，未区分有无违法性意识，但从获益剥夺与获益返还（边码 2039）——体系上归属于侵权法——的立法目的清楚可见，获益剥夺这一法律后果——比债法第 41 条第 1 款的损害赔偿义务更进一步——以过错为前提（亦参见《德国民法典》第 687 条第 2 款）。因此，从方法论角度必须对债法第 423 条第 1 款进行限缩解释（目的性限缩）。从结果来看，限缩解释得到判例[5]与学说[6]的广泛认可。

---

〔1〕 BGE 126 III 69 ff.（72），E. 2a = Pra 2001，Nr. 11，S. 59 ff.；Urteil des BGer. vom 27. März 2014，Nr. 6B_819/2013，E. 6. 1.

〔2〕 Schmid, Zürcher Komm.，N 23 zu Art. 423 OR.

〔3〕 BGE 126 III 69 ff.（72），E. 2a = Pra 2001，Nr. 11，S. 59 ff.；此外见 BGE 126 III 382 ff.（384），E. 4b/aa；Tercier/Favre/Conus, Contrats spéciaux, Nr. 6027。

〔4〕 Schmid, Zürcher Komm.，N 163 zu Art. 423 OR.

〔5〕 BGE 129 III 422 ff.（425），E. 4；119 II 40 ff.（43 unten und 45），E. 2b und 2d = Pra 1995，Nr. 12，S. 45 ff.；BGer. vom 12. Januar 2000，Nr. 4C. 234/1999，in：Semjud 122/2000 I，S. 421 ff.（429 f.），E. 6aa（dolosivement）= Pra 2002，Nr. 73，S. 420 ff.；Urteil des BGer. vom 4. Dezember 2007，Nr. 4A_310/2007，E. 7. 1；Urteil des BGer. vom 12. April 2006，Nr. 4C. 290/2005，E. 3. 1 = sic! 2006，S. 774 ff.；Urteil des BGer. vom 17. Juli 2003，Nr. 4C. 101/2003，E. 6. 2 = sic! 2004，S. 90 ff.；Urteil des BGer. vom 21. Mai 2003，Nr. 4C. 389/2002，E. 3. 2. 在 BGE 133 III 153 ff.（161 ff.），E. 3. 3（一个著名网球运动员的父亲）案件中，联邦法院（第二部门民事部门）没有把恶意问题作为主题；媒体毫无疑问应被认为系恶意。

〔6〕 Hofstetter, SPR VII/6，S. 271 ff.；Lischer, Geschäftsführung ohne Auftrag, S. 67，73 und 97 f.；Schmid, Zürcher Komm.，N 164 ff. und 186 zu Art. 423 OR；Tercier/Favre/Conus, Contrats spéciaux，Nr. 6072 f.；Weber, Basler Komm.，N 8 und 11 zu Art. 423 OR；Huguenin, OR，Nr. 896 und 906 f.；Chappuis, Restitution, S. 28；Héritier Lachat, ComRom，N 2 und 8 f. zu Art. 423 OR；Jenny, Eingriffskondiktion，S. 135 ff.；更进一步的是 Bürgi-Wyss, Unrechtmässig erworbener Vorteil, S. 208 ff.，该观点恰恰认为需要故意的行为。不同观点可能有 Honsell, OR BT，S. 334；Hilti, Gewinnherausgabeanspruch，S. 695 ff.。

（一）不法管理

1. 债法第 423 条对恶意管理人〔译者注：即不法管理人〕进行了规定。根据该条第 1 款，恶意管理人应向本人返还所有"因管理而生的利益"（本人的利益剥夺请求权）。[1]恶意管理人的返还义务针对的是净利润，这从债法第 423 条第 2 款可得出。[2]

2039

本人的利益返还请求权基于债法第 423 条第 1 款而生，为独立请求权；它并非损害赔偿，也不仅仅是损害计算方式。[3]〔利益返还请求权〕无须本人（权利人）与管理人（干预者）之间存在直接的财产变动。[4]在民事程序中，作为原告的本人须举证：其权利领域受到不法侵害、管理人获得利益以及不法侵害与所获利益间具有因果关系。本人还须举证管理人系恶意。[5]就举证程度而言，原则上须完全证明。但就因果关系的举证，如果依事物之性质无法直接证明，则达到高度盖然性即可。就获益及其数额而言，如果不能确切证明其数额，则得减轻举证责任，法官得类推适用债法第 42 条第 2 款估算其数额。[6]

2040

存在不法管理时，通常也满足不当得利（权益侵害型不当得利）的构成要件，所以本人也可选择依据债法第 62 条以下主张权利。[7]但此时本人得请求返还的不是净利润，而仅仅是使用利益损害意义上的价值赔偿（"合理的许可费"）。[8]

2041

---

〔1〕　BGE 126 III 69 ff.（72 f.），E. 2a-c = Pra 2001, Nr. 11, S. 59 ff.; Schmid, Zürcher Komm., N 94 ff. zu Art. 423 OR.

〔2〕　BGE 134 III 306 ff.（308），E. 4. 1. 1；具体参见 Schmid, Zürcher Komm., N 102 ff. zu Art. 423 OR。就媒体侵害他人人格的获益参见 BGE 133 III 153 ff.（161 ff.），E. 3. 3-3. 7（一个著名网球运动员的父亲）。

〔3〕　奠基性的判决为 BGE 97 II 169 ff.（176 ff.），E. 3a；此外例如 BGE 98 II 325 ff.（332 f.），E. 5a；132 III 379 ff.（383），E. 3. 2. 3。

〔4〕　BGE 129 III 422 ff.（425），E. 4，该判决就不法管理（Geschäftsanmassung）和权益侵害型不当得利（Eingriffskondiktion）也认为无须存在直接的财产变动；就权益侵害型不当得利参见 Gauch/Schluep/Schmid, OR AT, Nr. 1566。

〔5〕　Urteil des BGer. vom 8. Februar 2013, Nr. 4A 474/2012, E. 8. 1.

〔6〕　BGE 133 III 153 ff.（162），E. 3. 3；134 III 306 ff.（309），E. 4. 1. 2。

〔7〕　BGE 129 III 422 ff.（425），E. 4；Schmid, Zürcher Komm., N 182 zu Art. 423 OR；Tercier/Favre/Conus, Contrats spéciaux, Nr. 5931. 亦参见 BGE 133 III 153 ff.（159），E. 2. 4。

〔8〕　Schmid, Zürcher Komm., N 184 ff. zu Art. 423 OR；Gauch/Schluep/Schmid, OR AT, Nr. 1517c.

2042 　　2. 若本人非因自己的过错而无法知晓管理人获利多少，则根据《民法典》第 2 条第 1 款，管理人［应本人要求］有义务告知事务管理和所获利益的情况。[1]

2043 　　3. 恶意管理人的侵害行为也构成债法第 41 条意义上的侵权行为的（如侵害他人之物权、人格权与知识产权），本人还享有损害赔偿请求权。[2]如果同时构成违约，［管理人的］责任还可依债法第 97 条以下确定。[3]在这些情形中，始终要求［管理人］具有过错：恶意即被视为过错。

2044 　　就事务承担有过错（Übernahmeverschulden）的恶意管理人也承担事变责任（《德国民法典》第 687 条第 2 款结合第 678 条明确表达了此点）。[4]

2045 　　4. 本人基于债法第 423 条与第 41 条所享有的请求权，适用侵权法上的诉讼时效。[5]因此，适用的是债法第 60 条的时效期间，但适用债法第 60 条第 2 款刑法上特别时效期间的除外［译者注：根据债法第 60 条第 2 款，损害赔偿之诉基于犯罪行为而提出者，如刑法对该犯罪行为有更长时效之规定，则其规定亦适用于民法上的请求权］。[6]

2046 　　仅当自己事务管理同时构成违约时，债法第 127 条的 10 年诉讼时效才可适用。[7]

2047 　　5. 尽管债法第 424 条从文义来看是一般性规定［译者注：债法第 424 条规定，"管理事务，事后得到本人追认的，适用关于委托的规定"。从文义看，

---

　　[1]　Schmid, Zürcher Komm., N 123 ff. zu Art. 423 OR, 提示了分段起诉的可能性；就此亦参见 ZBJV 143/2007, S. 63 ff.（Aargauer Obergericht）; ZR 108/2009, Nr. 26, S. 86 ff.（Zürcher Kassationsgericht）。

　　[2]　Schmid, Zürcher Komm., N 143 f. zu Art. 423 OR.

　　[3]　Schmid, Zürcher Komm., N 143 in fine zu Art. 423 OR.

　　[4]　Schmid, Zürcher Komm., N 144 zu Art. 423 OR 有更多展开。

　　[5]　BGE 126 III 382 ff.（386 f.）, E. 4b/ee; Urteil des BGer. vom 6. Februar 2013, Nr. 4A_305/2012, E. 3. 5. 2.

　　[6]　Schmid, Zürcher Komm., N 134 zu Art. 423 OR; Tercier/Favre/Conus, Contrats spéciaux, Nr. 6049 f.

　　[7]　Schmid, Zürcher Komm., N 135 zu Art. 423 OR; Tercier/Favre/Conus, Contrats spéciaux, Nr. 6050 末尾。

这包含了无因管理的所有形态，涵盖了不法管理情形]，但就不法管理而言并无追认的可能。[1]

（二）误信管理

1. 债法第 423 条之严厉的获益剥夺，若将其适用于无过错的自己事务管理 [即误信管理]，则不合理。[2]获益剥夺加强了侵权法损害赔偿体系的严苛性，所以基于体系考虑，它以过错（恶意）为前提（边码 2038）。 2048

相反，[误信管理] 可根据不当得利法进行清算。[3]当满足权益侵害型不当得利的构成要件时，本人享有不当得利返还请求权。[4] 2049

但在此种情形，本人无权请求管理人返还所获利益，而仅得请求返还使用利益损害意义上的价值赔偿（"合理的许可费"）。[5]诉讼时效适用债法第 67 条的规定。 2050

2. 就误信管理，本人也不得对事务管理进行债法第 424 条意义上的追认，因为管理人非以管理他人事务的意思进行管理。[6] 2051

三、区分

1. 不法管理，是指某人（恶意）侵犯他人权利领域（边码 2036）。此种自己事务管理显著的法律后果是获益返还这样严苛的惩罚（债法第 423 条）（边码 2039）；就此点而言，不法管理相比于侵权法责任而言，可以被看作法定责任加重情形。不法管理作为法定责任加重情形，与其他法律制度区分时有以下几点须注意： 2052

——如果存在合同关系，一方当事人（因侵犯另一方当事人的权利领域）过错违反合同约定的，并不排除依债法第 423 条的获益剥夺。首先可能发生 2053

〔1〕Schmid, Zürcher Komm. , N 146 zu Art. 423 OR und N 7 zu Art. 424 OR.

〔2〕Urteil des BGer. vom 8. Februar 2013, Nr. 4A 474/2012, E. 8.1 有更多展开。

〔3〕BGE 129 III 422 ff.（425），E. 4；119 II 40 ff.（43 unten und 45），E. 2b und 2d＝Pra 1995, Nr. 12, S. 45 ff. ; Schmid, Zürcher Komm. , N 164 ff. und 186 zu Art. 423 OR；Tercier/Favre/Conus, Contrats spéciaux, Nr. 6072 f.

〔4〕Gauch/Schluep/Schmid, OR AT, Nr. 1566.

〔5〕Schmid, Zürcher Komm. , N 179 ff. zu Art. 423 OR.

〔6〕Schmid, Zürcher Komm. , N 170 zu Art. 423 OR.

获益剥夺的，是当违约方侵害另一方当事人受绝对保护的法律地位时（例如：承租人出租租赁物获益）。[1] 即便是纯粹的违约，即未同时侵害合同当事人的绝对权，如果违约方实际获得的利益按照合同本来应属于受损害一方，则剥夺违约方所获利益也是合理的。[2]

2054 　　例如：承租人违反合同约定将承租房屋转租他人；非劳动法上的竞业禁止义务被违反；一物二卖（有争议）。[3]

2055 　　制定法本身就个别情形规定了获益剥夺，例如债法第 464 条（经理人或商事代理人违反竞业禁止，边码 2095）与债法第 540 条第 2 款（一般合伙中，无执行权而执行合伙事务，或超越执行权限执行合伙事务）。[4]

2056 　　——不法管理中，干涉行为只要具有违法性，也构成债法第 41 条上的侵权行为。[属于这种情形的]例如侵害他人物权、人格权与知识产权（边码 2033）。

2057 　　不法管理同时构成违约的，本人（也）可依债法第 97 条第 1 款请求损害赔偿。

2058 　　——自己事务管理（也包括恶意的），同时构成权益侵害型不当得利。[5]因此，本人可依据债法第 62 条以下条款，向干预者请求返还不当得利。返还范围不是管理人的获益，而仅仅是使用利益损害意义上的价值赔偿（"合理的许可费"，边码 2041）。

2059 　　对本人来说，债法第 423 条的请求权通常更为有利，但它以证明干预者是恶意为前提（边码 2038）。

2060 　　2. 误信管理不适用债法第 423 条，而适用不当得利法的规定（边码 2049）。

---

[1] Schmid, Zürcher Komm., N 69 ff. zu Art. 423 OR.

[2] Schmid, Zürcher Komm., N 77 ff. zu Art. 423 OR.

[3] Schmid, Die Geschäftsführung ohne Auftrag, Nr. 1235 ff.; derselbe, Zürcher Komm., N 77 ff. zu Art. 423 OR.

[4] 就此参见 Schmid, Zürcher Komm., N 74 ff. zu Art. 423 OR。

[5] 就概念参见 Gauch/Schluep/Schmid, OR AT, Nr. 1491 und 1498。

第二十一章　商事代理权

本章专门文献（节选）　　　　　　　　　　　　　　　　　　　　　2061

Bucher Eugen, Organschaft, Prokura, Stellvertretung, in: Boemle Max et al. (Hrsg.), Lebendiges Aktienrecht, Festgabe zum 70. Geburtstag von Wolfhart Friedrich Bürgi, Zürich 1971, S. 39 ff.

Chappuis Christine, l'abus de pouvoir du fondé de procuration, SZW 66/1994, S. 232 ff.

Gautschi Georg, Berner Kommentar zum schweizerischen Privatrecht, Band VI: Das Obligationenrecht, 2. Abteilung: Die einzelnen Vertragsverhältnisse, 6. Teilband: Besondere Auftrags- und Geschäftsführungsverhältnisse sowie Hinterlegung, Art. 425–491, 2. Aufl., Bern 1962.

Krauskopf Frédéric, Die Rechtsprechung des Bundesgerichts zu Art. 458 ff. OR, in: Gauch Peter/Aepli Viktor/Stöckli Hubert (Hrsg.), Präjudizienbuch zum OR, 9. Aufl., Zürich 2016.

Meier-Hayoz Arthur/Forstmoser Peter, Schweizerisches Gesellschaftsrecht mit Einbezug des künftigen Rechnungslegungsrechts und der Aktienrechtsreform, 11. Aufl., Bern 2012.

Müller Roland, Haftung für Unterschriften im Namen einer Gesellschaft, in: Kunz Peter V./Jörg Florian S./Arter Oliver (Hrsg.), Entwicklungen im Gesellschaftsrecht V, Bern 2010, S. 175 ff.

Watter Rolf, Die Verpflichtung der AG aus rechtsgeschäftlichem Handeln ihrer Stellvertreter, Prokuristen und Organe, speziell bei sogenanntem «Missbrauch der Vertretungsmacht», Diss. Zürich 1985 (SSHW Band 81).

第一节　概　述

2062　　1. 债法第 458—465 条规定了经理权与其他商事代理权（Prokura und andere Handlungsvollmachten）。这部分并不涉及合同关系，而是单方法律行为（授权）。

2063　　相对于［债法总则］一般代理（债法第 32 条以下）而言，债法第 458—465 条是特别规定。债法第 40 条对其［适用］做了明确保留。

2064　　2. 本章所讨论的商事代理权涉及的是商人领域：一个商人（如营业主、企业主）授权代理人在其营业范围内从事活动，这个代理人通常与授权人处于劳动关系中。商事代理权［之所以有］这样特殊的法律构造，其原因在于商业交易对法律安定性与透明性的要求：当商业伙伴能够信赖清晰规定的代理权内容时，商事交易将更为简便。因此，本章涉及的代理权，它的一个基本原则是代理权的范围原则上由制定法确定（边码 2080 以下）。

2065　　相反，非商事（即一般的、民事的）代理权的范围根据授权行为的内容确定［译者注：不像商事授权范围由法律确定，民事授权范围由授权人意定］（债法第 33 条第 2 款）。[1]

2066　　3. 经理人与商事代理人只能是自然人，商事合伙、两合公司与法人都不能被任命为有签字权的代理人［《商事登记条例》（HRegV）第 120 条］。

2067　　4. 没有代理权而代理的，代理行为的效果依债法第 38 条与第 39 条确定。[2]

第二节　类　型

2068　　1. 应当区分的是法律规定的下列类型的商事代理权：

---

〔1〕　具体参见 Gauch/Schluep/Schmid, OR AT, Nr. 1355 ff.。
〔2〕　Bucher, OR BT, S. 322.

——经理权（债法第 458—461 条）。若商人的授权是［使被授权人］为 2069
其"经营商业并'全权代表'商号签名"，则存在的是经理权（债法第 458
条第 1 款）。

在小企业中，经理人通常占据（有代理权的）企业负责人职务。而在大 2070
企业中，经理人属于企业职位层级中的初级，在单纯负责执行任务的雇员之
上，[1]例如在银行中［便是如此］。[2]经理权也可以作为对既存的代理权的
补充而被授予某人。[3]

——其他商事代理权（债法第 462 条）。若商人委任代理人经营整个企业 2071
（概括代理权）或其营业中之特定事务（特别代理权），但没有授予经理权，
则存在其他商事代理权（债法第 462 条第 1 款）。

联邦法院判决中一个概括代理人的例子是不动产银行［专门从事不动产 2072
金融业务的银行］的概括代理人。[4]商人委任处理特定事务的商事代理人，
主要适用情形是商店售货员。[5]

——外出推销员（债法第 348 条）与经纪人（债法第 418e 条）的特殊代 2073
理权。

2. 法人的机关的代理权，其一般规定并不在债法中（而是在《民法典》 2074
人法部分，《民法典》第 55 条）。此外，商法中对法人机关还有特别规定，尤
其是在股份有限公司法中。

第三节　产生与消灭

1. 商事代理权——如同民事代理权（债法第 32 条以下）——原则上通 2075

---

〔1〕　Gautschi, Berner Komm. , N 3a f. zu Art. 458 OR；Meier-Hayoz/Forstmoser, Gesellschaftsrecht, §
9 N 60 f.

〔2〕　参见 BGE 111 II 471 ff.（475 f.），E. 6。

〔3〕　BGE 86 I 105 ff.（110 ff.），E. 3（有联合签字权的管理委员会成员的单独经理权）。

〔4〕　BGE 81 II 60 ff.（62 f.），E. 1a.

〔5〕　Gautschi, Berner Komm. , N 10a zu Art. 462 OR.

过法律行为（授权行为）而产生。[1]就商事代理权而言，这一法律行为系由商人为之，即由商业、制造业或其他商事营业的拥有人为之（债法第 458 条第 1 款）；制定法有时称呼拥有人为营业主（Geschäftsherr，债法第 459 条第 1 款、第 464 条与第 465 条第 2 款）。营业主决定是否授予经理权或其他商事代理权。但代理权的范围由法律规定，对此下文将进一步展开（边码 2080）。

2076 制定法就授权未规定要式，因此代理权亦可通过默示的方式授予（债法第 458 条第 1 款关于经理权的授予）。

2077 根据债法第 458 条第 2、3 款，经理权应在商事登记簿上登记。但对于经理人在经理权登记前所为的行为，商业、制造业或其他商事营业的营业主应负责（债法第 458 条第 2 款）。因此，登记仅具有宣示效力（deklaratorischer Charakter），[2]未经登记并不妨碍代理权发生。但如果涉及的是商事营业以外的营业之经理人，则商事登记决定经理权是否产生（konstitutive Wirkung）（债法第 458 条第 3 款，另参见《商事登记条例》第 149 条）。

2078 2. 经理权与其他商事代理权可被随时撤回或限制（债法第 465 条第 1 款）。该撤回权与债法第 34 条第 1 款关于一般代理的规定大部分相符。[3]撤回通过向被授权人作出单方须受领的意思表示而完成，撤回不影响基于当事人之间存在的个人劳动合同、合伙合同、委托或类似关系所生的权利。经理权的撤回，应登记于商事登记簿（债法第 461 条第 1 款）。

2079 经理权的撤回，未登记和公告者，对于善意第三人，经理权仍为有效（债法第 461 条第 2 款）。经理权或其他商事代理权，不因营业主死亡或丧失行为能力而消灭（债法第 465 条第 2 款）。

---

〔1〕 就民事代理，详见 Gauch/Schluep/Schmid, OR AT, Nr. 1342 ff. 。

〔2〕 Tercier/Favre/Conus, Contrats spéciaux, Nr. 6109.

〔3〕 参见 Gauch/Schluep/Schmid, OR AT, Nr. 1364 ff. 。

第四节 效 力

一、代理效力

商事代理权的效力（原则上）来自法律规定：代理权的范围由法律规定， 2080
以保障商业活动中的法安定性。与民事代理不同，在商事代理中，具有决定
性的不是营业主以代理为目的进行授权的意思，毋宁是"营业主创设的权利
外观本身引发了代理效力"。[1]就此点，下文针对具体的商事代理类型进行详
细阐述。

1. 对于善意第三人，经理人被视为获得以下授权：可签发票据而由营业 2081
主承担义务，以营业主名义实施属于营业主商事活动范围内一切必要法律行
为的权利（债法第 459 条第 1 款）。但对于不动产让与或设定负担，经理人仅
在获得明示授权时才得为之（债法第 459 条第 2 款）。[2]应作以下补充说明：

——原则上，营业主可对经理权作任意限制，尤其在空间上（限于一定 2082
营业区域内）或事务类型上（限于特定法律行为）加以限制。代理人应在对
外活动中遵守这些限制。[3]对经理权的限制原则上对于任何恶意第三人均有
效（债法第 459 条第 1 款与第 460 条第 3 款的反面推理）。

恶意第三人，是指知悉代理权受限制者。此外，第三人若尽到应尽的注 2083
意义务便能够知道代理权受限制，则他不得主张自己系善意信赖（《民法典》
第 3 条第 2 款）。[4]

但对于善意第三人，仅有两种代理权限制对其有效，并且这两种限制必 2084
须登记于商事登记簿：[5]一种是分店经理权（经理权限于分店的营业区域内，

---

[1] Bucher, Festgabe Bürgi, S. 46.

[2] 详见 Pfäffli, Die Verfügungsmacht des Prokuristen im Immobiliarsachenrecht, Jusletter vom 3. Juli 2006。

[3] BGE 111 V 172 ff. (178), E. 5a.

[4] Tuor/Schnyder/Schmid, ZGB, § 7 N 16.

[5] 经理权限制登记在商事登记簿中的，排除对第三人的善意保护，因为商事登记簿登记被法
律作为任何人都可获得并拟制其知悉的事实（债法第 933 条第 1 款）。

债法第 460 条第 1 款），另一种是共同经理权（经理权授予数人，由他们共同签名行使；债法第 460 条第 2 款）。

2085　　——就经理人超越代理权，联邦法院判决区分单纯越权与代理权滥用两种情形：经理人单纯越权的，则第三人的善意信赖应受保护，除非其知道经理权受到内部限制或就有效的代理权应当产生怀疑。若经理人滥用代理权，换言之其行为是为自己利益，并以侵权的方式给被代理人造成损害，那么只要第三人有相对较弱的怀疑，就足以否定其善意信赖（《民法典》第 3 条第 2 款）。[1]

2086　　——经理权的撤回未在商事登记簿上登记和公告的，对于善意第三人，经理权仍然有效（债法第 461 条第 2 款）。于此情形，在经理权的撤回被公告前，例外的（不同于《民法典》第 3 条第 2 款）［译者注：原书笔误为债法第 3 条第 2 款，］也保护以下善意第三人：其虽不知道经理权已被撤回，但依应尽之注意本该知道的（参见债法第 933 条第 2 款）。[2]

2087　　2. 其他商事代理权及于"经营此类营业或执行此类事务通常必要之一切法律行为"（债法第 462 条第 1 款）。但［此类］商事代理人（非经理人），无在票据上签名的权利，不得为消费借贷或诉讼行为，但有明示授权的，不在此限（债法第 462 条第 2 款）。[3]

2088　　按照商事代理权的法定限制，（依个案具体情事）某体育用品店的雇员无权以雇主的名义购买价值 20 万瑞郎的商店设施。[4]

2089　　3. 外出推销员的代理权原则上限于商业居间（债法第 348 条第 1 款；居间代理权）。但如果获得书面的缔约代理权授权，则外出推销员有权实施"为执行此事务通常必要之"一切法律行为。即便在获得缔约代理权的情形，如

---

〔1〕　BGE 119 II 23 ff.（27），E. 3 c/aa = Pra 1995, Nr. 10, S. 38 ff.；131 III 511 ff.（519 f.），E. 3. 2. 2 = Pra 2006, Nr. 66, S. 468 ff.；就单纯越权和代理权滥用的区分的批评参见 Chappuis, SZW 66/1994, S. 232 ff.；dieselbe, Abus du pouvoir de représentation: le fondé de procuration devenu organe, AJP 1997, S. 689 ff.（696）。

〔2〕　Watter, Basler Komm. , N 3 f. zu Art. 462 OR.

〔3〕　就依据债法第 462 条第 2 款的明示授权参见 BGE 141 III 159 ff.（167 ff.），E. 3；Urteil des BGer. vom 1. Mai 2013, Nr. 4D_2/2013, E. 2. 2. 1。

〔4〕　BGE 120 II 197 ff.（205），E. 3b.

无特别授权，外出推销员也不得受领顾客的付款和决定顾客的付款期限（债法第 348b 条第 2 款）。

4. 对于经纪人（Agent），应推定其仅被授予下列权利：商业居间、受领顾客的瑕疵通知、受领顾客行使或保留因瑕疵履行所生权利的声明、行使委托人享有的保全证据的权利（债法第 418e 条第 1 款）。未经特别授权的，商事代理人不得受领付款、决定付款期限或与顾客变更合同（债法第 418e 条第 2 款）。换言之，商事代理人原则上未被委托人授予直接代理权。[1]上述法定推定仅仅对居间代理人有利，但这并不排除，当商事代理人以委托人的直接代理人身份与第三人缔结合同时，第三人得主张债法第 33 条第 3 款或第 34 条第 3 款的善意信赖的保护。[2]但在有疑义时，该第三人须［举证］推翻［上述］法定的推定。[3]

2090

债法第 418e 条第 3 款保留了《保险合同法》第 34 条与第 44 条第 3 款的适用。根据《保险合同法》第 34 条，保险人就其保险推销员的行为对投保人负责。根据《保险合同法》第 40 条，（保险）推销员——不论其称呼是什么——是指，为保险公司或其他人的利益订立保险合同的任何人。因此，保险经纪人（Versicherungsagent）成为保险公司的直接代理人。

2091

5. 就商事代理人，知情的归责（Wissensvertretung）也遵循一般规则：[4]代理人知道或应当知道的事实原则上归责于［作为被代理人的］商人。[5]

2092

二、竞业禁止

1. 根据债法第 464 条，经理人、获得概括授权或特别授权的雇员负有竞业禁止义务：未经营业主同意，不得为自己或第三人利益，从事属于营业主营业范围内的交易行为（债法第 464 条第 1 款）。债法第 464 条的竞业禁止仅针对代理人——不为营业主——为自己或者为第三人作出法律行为，不针对

2093

---

〔1〕　Wettenschwiler, Basler Komm. , N 1 zu Art. 418e OR.

〔2〕　Urteil des BGer. vom 26. Januar 2001, Nr. 4C. 270/2000, E. 2.

〔3〕　Wettenschwiler, Basler Komm. , N 1 zu Art. 418e OR.

〔4〕　概述参见 Gauch/Schluep/Schmid, OR AT, Nr. 1444 ff. 。

〔5〕　Tercier/Favre/Conus, Contrats spéciaux, Nr. 6087.

事实行为。[1]

2094　　　　外出推销员作为雇员，负有债法第 321a 条第 3 款的竞业禁止义务。此外，债法第 348 条第 1 款末尾规定 [外出推销员] 禁止附带代理 (Nebenver-tretungsverbot)：外出推销员未经雇主书面同意，在外出推销过程中从事附带活动，被一般性禁止。[2]而对于经纪人 (der Agent)，根据债法第 418c 条第 2 款，在无其他书面约定的情况下，[某委托人的] 经纪人也得为其他委托人从事活动。但经纪人基于债法第 418c 条第 1 款之规定负有保护委托人利益的义务，因此他同样不得从事 [给委托人] 带来直接损害的竞业活动。[3]

2095　　　　2. 对违反竞业禁止义务的人员，营业主可要求其赔偿所造成的损害，并且违反义务者自负责任承受相关交易 [译者注：指经理人或其他商事代理人违背竞业禁止义务所为的交易] (债法第 464 条第 2 款)。若经理人或其他商事代理人以自己名义从事系争交易，则承受该交易的营业主得请求其交付从该交易中实际获得的全部财产。债法第 464 条第 2 款也包含获利剥夺请求权，是不法无因管理获益返还的特别情形 (债法第 423 条第 1 款；边码 2039)。[4]

2095a　　　　有争议的是，若没有经理权或商事代理权的雇员以不被允许的方式从事对雇主构成竞争的行为 (债法第 321a 条第 3 款)，是否也得向其请求获益返还 (依据债法第 423 条第 1 款、类推适用债法第 321b 条或类推适用债法第 464 条第 2 款)，抑或劳动法的规定 (基于立法者有意义的沉默) 是否排除了获益剥夺。[5]

---

[1] BGE 137 III 607 ff. (610), E. 2. 1. 1.

[2] Rehbinder, Berner Komm. , N 11 zu Art. 348 OR.

[3] Bühler, Zürcher Komm. , N 5 zu Art. 418c OR.

[4] BGE 137 III 607 ff. (612), E. 2. 3.

[5] BGE 137 III 607 ff. (613), E. 2. 4 引用了两种学术观点，但未下结论。

第二十二章　指示证券

本章专门文献（节选）　2096

Bettschart Sébastien, Virement en chaîne et assignation bancaire, Droit suisse des obligations et contexte international, Diss. Lausanne, Zürich 2000 (SSBR 61).

Guggenheim Daniel A./Guggenheim Anath, Les contrats de la pratique bancaire suisse, 5. Aufl., Bern 2014.

Koller Thomas, Internationaler Waffenhandel und das schweizerische Anweisungsrecht, Zu den Auswirkungen eines evident sittenwidrigen Valutaverhältnisses auf das Leistungsverhältnisses, AJP 2002, S. 464 ff.

Koller Thomas/Kissling Christa, Anweisung und Dokumentenakkreditiv im Zahlungsverkehr, in: Wiegand Wolfgang (Hrsg.), Rechtliche Probleme des Zahlungsverkehrs, Berner Bankrechtstag, Band 7, Bern 2000, S. 23 ff.

Krauskopf Frédéric, Die Rechtsprechung des Bundesgerichts zu Art. 466 ff. OR, in: Gauch Peter/Aepli Viktor/Stöckli Hubert (Hrsg.), Präjudizienbuch zum OR, 9. Aufl., Zürich 2016.

Larenz Karl/Canaris Claus-Wilhelm, Lehrbuch des Schuldrechts, 2. Band: Besonderer Teil, 2. Halbband, 13. Aufl., München 1994 (insbesondere S. 36 ff. zur Anweisung und S. 197 ff. zum Bereicherungsausgleich im Mehrparteienverhältnis).

Schnauder Franz, Die Rechtsnatur der Anweisung, DJZ 64/2009, S. 1092 ff.

Voser Nathalie, Bereicherungsansprüche in Dreiecksverhältnissen, erläutert am Beispiel der Anweisung, Habil. Basel, Basel/Genf/München 2006.

第一节　特征与当事人

1. 指示证券（die Anweisung）是一种基于三方关系（三角关系）的特殊　2097

给付形态，[1]它的实务意义首先存在于非现金支付的银行转账和信用卡［支付］系统。依债法第 466 条，指示证券的标的物可以是"金钱、有价证券或其他可替代物"。指示证券［的标的物］是否还可以是不可替代物或者劳务给付，理论上有争议。[2]

2098　　例如：买方 K 因买卖合同向出卖方 V 负债 1000 瑞郎。现在，K（指示人）不是自己（直接）向 V 支付该笔欠款，而是指示第三人 D（被指示人）向 V（领取人）支付 1000 瑞郎。换言之，K 的价金债务在三角关系中（从 D 到 V）得到清偿，而 D 则从 K 处收回对价（或已经从 K 处预先获得）。因此，总共三次给付构成了"三角形的一圈"。[3]

2099　　2. 根据债法第 466 条，指示证券的教义学基础是指示人的双重授权：[4]

2100　　——授权被指示人向领取人为给付，而由指示人负担［费用］；以及

2101　　——授权领取人以自己的名义，为指示人利益向被指示人主张（请求）给付。

2102　　因为没有特别的法定要式规定，所以指示可以不以要式的方式作出，口头或默示的方式都可以。[5]但实务中常常选择书面形式，并且为了证据目的而制作指示文书。[6]对于有价证券的指示证券适用债法第 471 条的特殊规定。

2103　　不同于债法第 466 条法语文本中的表述（"指示证券是一个合同……"），依据本书观点和联邦法院见解[7]，指示证券是指示人的双重授权，而不是一个合同。[8]因此，它以指示人的单方意思表示（而非合同）为基础，不会——仅通过指示证券——产生（合同）义务。

---

〔1〕　Bucher, OR BT, S. 265；Koller Th., Basler Komm., N 1 zu Art. 466 OR.

〔2〕　Koller Th., Basler Komm, N 7 zu Art. 466 OR 的观点。

〔3〕　阐述见 Bucher, OR BT, S. 265。

〔4〕　Urteil des BGer. vom 3. Mai 2013, Nr. 4A_588/2012, E. 2. 1.

〔5〕　BGE 92 II 335 ff.（339），E. 4＝Pra 1967，Nr. 79，S. 250 ff.

〔6〕　Koller Th., Basler Komm., N 5 zu Art. 466 OR.

〔7〕　BGE 122 III 237 ff.（239），E. 1b；132 III 609 ff.（616 f.），E. 5. 2＝Pra 2007，Nr. 46，S. 295 ff.；Urteil des BGer. vom 28. Mai 2013，Nr. 4A_10/2013，E. 3.

〔8〕　就学说上的冲突，更多展开参见 Tercier/Favre/Conus, Contrats spéciaux, Nr. 6176。

3. 作为双重授权，指示证券具有如下特征： 2104

——参与人有三方：指示人、被指示人与领取人。 2105

通常，指示证券以两个既存的合同关系为基础：指示人一方面与领取人 2106
存在合同关系，另一方面与被指示人存在合同关系。然而指示证券并不依赖
这些基础关系（"无因性"）。[1]

——借助指示证券，指示人仅通过一个行为，便［同时］影响指示人与 2107
领取人以及指示人与被指示人的法律关系：被指示人向领取人所为之给付清
偿了指示人对领取人的债务（指示人的债务），[2]并使指示人对被指示人负
担相应的债务或导致被指示人对指示人原先所负的债务被清偿（所谓的"基
于债务的指示证券"）。[3]

被指示人所为给付应由指示人负担费用（债法第 466 条）。因此，指示证 2108
券的经济背景是——除特殊的给付形态外——指示人应偿还被指示人基于指
示证券对领取人为给付所生的费用。[4]换言之，被指示人通过向领取人为给
付，要么消灭被指示人对指示人的债务，要么取得对指示人的新债权。[5]

——如前所述，给付并非直接发生于两个当事人之间，而是在三角关系 2109
中完成（从被指示人到领取人，边码 2097）。通过给付，被指示人与领取人
之间产生一项新的、不是合同性质的法律关系。[6]

4. 三方当事人间的法律关系——由指示证券与其他既存的基础关系而生—— 2110
分别称为：

——指示人与被指示人之间的关系：补偿关系（Deckungsverhältnis；rapport 2111
de couverture；边码 2115 以下）。

——指示人与领取人之间的关系：对价关系（Valutaverhältnis；rapport de 2112

---

〔1〕　Urteil des BGer. vom 3. Mai 2013, Nr. 4A_588/2012, E. 2. 1；亦参见 Koller Th., Basler Komm., N
6 zu Art. 468 OR 有丰富的提示。

〔2〕　例如履行金钱之债（支付指示）或者发放允诺的贷款（信贷指示）。

〔3〕　Tercier/Favre/Conus, Contrats spéciaux, Nr. 6166 und 6190 f.；Koller Th., Basler Komm., N 1
zu Art. 466 OR.

〔4〕　Bucher, OR BT, S. 267；Tercier/Favre/Conus, Contrats spéciaux, Nr. 6204.

〔5〕　Tercier/Favre/Conus, Contrats spéciaux, Nr. 6204.

〔6〕　Tercier/Favre/Conus, Contrats spéciaux, Nr. 6174.

valeur；边码 2127 以下）。

2113 ——被指示人与领取人之间的关系：给付关系（Leistungsverhältnis，也称执行关系、指示关系或清偿关系；[1] rapport d'assignation；边码 2134 以下）。

2114 5. 以上关系可以下图表示：

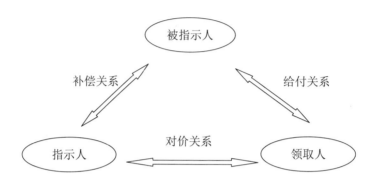

第二节　具体法律关系

一、指示人与被指示人间的法律关系

2115 指示人与被指示人间的法律关系一方面由（已存的）补偿关系规范，另一方面受债法第 468 条第 2、3 款以及第 470 条第 2 款规范。首先产生的问题是，被指示人是否负有支付义务以及指示人可否撤销指示。应注意以下几点：

2116 1. 指示证券本身——单纯的授权——仅导致权利产生，而不会导致被指示人（对领取人）的给付义务。[2] 也即，被指示人原则上不对指示人负有向领取人给付的义务。但在下列情形，被指示人对指示人负有（向领取人给付的）义务：

2117 ——此种义务从补偿关系产生。[3]

2118 ——被指示人向指示人表示接受指示证券，此时双方之间成立指示证券

---

〔1〕　BGE 122 III 237 ff.（239），E. 1b.

〔2〕　BGE 132 III 609 ff.（617），E. 5. 2＝Pra 2007，Nr. 46，S. 295 ff.

〔3〕　BGE 124 III 253 ff.（257），E. 3c.

合同（Anweisungsvertrag）。[1]

——被指示人是指示人的债务人，也即在"基于债务的指示证券"情形：[2]　　2119
根据债法第 468 条第 2 款，如果被指示人向第三人支付不会损害其利益，被
指示人即负有给付义务（法语：lorsque ce paiement n'est pas plus onéreux our
lui）。只要客户在银行尚有余额，银行指示证券［译者注：银行作为被指示
人，银行客户作为指示人］即为"基于债务的指示证券"。但即便在此情形
中，被指示人也无义务"在支付前［向领取人］表示承担指示证券"——除
非双方在补偿关系中已就此达成约定（债法第 468 条第 3 款）。

在所有这些情形中，只有指示人有权要求被指示人向领取人给付；领取　　2120
人自己不能从上述情形取得债权。[3]

被指示人因无保留地［向领取人］表示承担指示证券而对领取人负有的　　2121
给付义务（债法第 468 条第 1 款）应与被指示人对指示人所负的（向领取人
给付）义务相区分；前者涉及的不是补偿关系，而是给付关系（边码 2134 以
下）。被指示人原则上并无义务向领取人表示接受指示证券，除非在补偿关系
中就此作了约定（债法第 468 条第 3 款）。

2. 债法第 470 条是指示证券的撤回问题。对此，应当区分基本情形与特　　2122
殊情形：

——原则上，只要被指示人尚未向领取人表示承担指示证券，指示人得　　2123
对被指示人撤回其指示证券（债法第 470 条第 2 款）。撤回权［之规定］为强
制性规定，放弃撤回权的声明无效。[4]即便是债法第 470 条第 1 款规定的不
得从领取人处撤回指示证券的情形，指示人仍得对被指示人撤回指示证券

---

〔1〕　BGE 135 III 562 ff.（565），E. 3. 4＝Pra 2010，Nr. 39，S. 289 ff.；127 III 553 ff.（557），E. 2e/
bb＝Pra 2002，Nr. 43，S. 220 ff.

〔2〕　Oser/Schönenberger, Zürcher Komm. ，N 4 zu Art. 466 OR und N 9 zu Art. 468 OR；Koller Th. ，
Basler Komm. ，N 10 zu Art. 468 OR.

〔3〕　Oser/Schönenberger, Zürcher Komm. ，N 9 zu Art. 468 OR；Koller Th. ，Basler Komm. ，N 11 zu
Art. 468 OR；Tercier/Favre/Conus, Contrats spéciaux, Nr. 6202；亦参见 BGE 124 III 253 ff.（258），E. 3d。

〔4〕　BGE 122 III 237 ff.（244），E. 3c 末尾；127 III 553 ff.（557），E. 2e/aa＝Pra 2002，Nr. 43，
S. 220 ff. ；Botschaft zum BEG von 2006，BBl 2006，S. 9389.

（边码2133）。[1]

2124　　　　指示人在被指示人表示承担指示证券前被宣布破产的，指示证券视为被撤回（债法第470条第3款）。

2125　　　　——指示证券以非现金结算关系为内容者适用特殊规则：除支付系统的规则另有规定外，只要转账金额贷记入指示人的账户，指示人便不得撤回其指示（债法第470条第2^{bis}款）。[2]

2126　　　　根据瑞士联邦委员会公报，"若按照记账系统的规则或者补偿关系中的约定，记账具有终局性，或通过被指示人的意思表示确定了终局性，则任何计入指示人账户的借方款项"均为贷记金额。[3]

二、指示人与领取人间的法律关系

2127　　　　指示人与领取人间的法律关系，使因指示证券产生的财产变动最终具有正当性（对价关系）。[4]通常，指示人是领取人的债务人（例如价款债务人），通过指示证券可使该债务得到清偿。债法第467条主要规定了指示证券的债务清偿效力以及领取人的受领义务和通知义务，但对价关系中另有约定的从其约定；债法第470条第1款还规定了〔指示人对领取人〕撤回指示证券的问题。

2128　　　　1. 债法第467条第1款规定了债务清偿效果：指示人为清偿其对领取人的债务而交付指示证券者，仅在被指示人履行给付后，始发生清偿的效果。指示证券仅仅是履行尝试，[5]因此是"为清偿之给付"（Leistung erfüllungshalber），

---

〔1〕　BGE 121 III 109 ff.（112），E. 3a＝Pra 1995，Nr. 274，S. 931 ff.；135 III 562 ff.（564），E. 3. 3＝Pra 2010，Nr. 39，S. 289 ff.

〔2〕　该条文因2008年10月3日《记账证券法》〔BG über Bucheffekten（Bucheffektengesetz，BEG）vom 3. Oktober 2008（SR 957. 1）〕而被纳入债法，该规范自2009年10月1日生效（AS 2009，S. 3590 und 3592）。亦参见Botschaft zum BEG von 2006，BBl 2006，S. 9388 ff.，其称债法第470条第2款在当下无现金支付交易中为"过时的"（S. 9389）。

〔3〕　Botschaft zum BEG，BBl 2006，S. 9389.

〔4〕　Bucher，OR BT，S. 269.

〔5〕　BGE 105 II 104 ff.（106），E. 2；132 III 609 ff.（617），E. 5. 2＝Pra 2007，Nr. 46，S. 295 ff.

而不是"替代清偿之给付"（Leistung an Erfüllungs statt）。[1]

领取人（指示人的债权人）可拒绝指示证券（或相应的授权），但应立 2129
即通知指示人（他的债务人）（债法第467条第3款）。如果领取人怠于通知，
虽不拟制其受领了指示证券，但就因怠于通知所生损害对指示人负责。[2]

但如果根据基础关系，指示人（债务人）无须亲自给付——金钱债务的 2130
履行经常如此（债法第68条），则法律状况有所不同。在此种实务上极为重
要的情形中，如果领取人不受领被指示人提出的适当的给付，则领取人陷入
债权人迟延。[3]

2. 领取人（指示人的债权人）对指示人表示受领指示证券后，仍保有对 2131
指示人的债权，因为指示证券仅仅是"为清偿之给付"（边码2128）。但制定
法规定了有利于指示人的延期付款效力："领取人只有在向被指示人请求给
付，而在指示证券所定期限内不能取得给付时"，才可再向指示人主张［原
有］债权（债法第467条第2款）。[4]

3. 被指示人拒绝向领取人为给付（或其预先表示拒绝给付）的，领取人 2132
应当立即通知指示人（债法第469条）。否则，其对指示人负损害赔偿责任。

4. 如果指示人非为清偿其债务或非为领取人的利益而作出指示（授权）， 2133
则得对领取人撤回其指示（债法第470条第1款）。

三、被指示人与领取人间的法律关系

被指示人与领取人间的法律关系称为给付关系（或"执行关系""指示 2134
关系""清偿关系"）。原则上他们之间并不存在合同关系，并且在［被指示
人］依债法第468条第1款承担指示证券前，双方之间不存在法律关系。[5]但
指示证券（作为双重授权）至少产生如下法律状态：

---

〔1〕 Oser/Schönberger, Zürcher Komm. , N 2 zu Art. 467 OR；Bucher, OR BT, S. 269；Koller Th. ,
Basler Komm. , N 3 zu Art. 467 OR；Tercier/Favre/Conus, Contrats spéciaux, Nr. 6217. 就为清偿之给付和
替代清偿之给付，概述参见 Gauch/Schluep/Emmenegger, OR AT, Nr. 2277 ff. 。

〔2〕 Koller Th. , Basler Komm. , N 6 zu Art. 367 OR 有更多展开。

〔3〕 Koller Th. , Basler Komm. , N 7 zu Art. 467 OR.

〔4〕 BGE 118 II 142 ff. （146），E. 1c.

〔5〕 BGE 135 III 562 ff. （565），E. 3. 4＝Pra 2010, Nr. 39, S. 289 ff.

2135   1. 指示证券使给付关系中的给付具有法律上原因，因此不会依据不当得利法被要求返还。[1]

2136   2. 领取人——因缺少合同关系——对被指示人原则上不享有债权。[2]例外是，被指示人未作保留地对领取人表示承担指示证券（债法第 468 条第 1 款）。

2137   被指示人承担指示证券的，须向领取人作出相应的意思表示，也可以默示的方式表示承担。[3]但前提是，领取人基于被指示人的表示得善意地认为，后者愿意对其负担付款义务。[4]被指示人原则上无义务作出承担指示证券的表示，但在补偿关系中就此有约定的除外（债法第 468 条第 3 款）。

2138   3. 因表示承担指示证券而生的债务独立于对价关系及补偿关系，在此意义上该债务具有无因性。[5]被指示人不得对领取人主张基于对价关系和补偿关系而生的抗辩权和抗辩，而只能主张基于其与领取人间之法律关系或指示证券的内容本身而生的抗辩权和抗辩（债法第 468 条第 1 款）。[6]后者中的抗辩是指在承担指示证券时明确表示的抗辩，如所作保留、附条件、附期限等。[7]例如，可以明确地把给付义务与补偿关系的存在及其范围相关联（边码 2115 以下），或者与领取人源于对价关系的请求权相关联（边码 2127 以下）（所谓的"有因指示证券"，titulierte Anweisung）。[8]

---

[1]   BGE 92 II 335 ff.（340），E. 6 = Pra 1967, Nr. 79, S. 250 ff.；Bucher, OR BT, S. 269.

[2]   BGE 122 III 237 ff.（243），E. 3b.

[3]   Koller Th.，Basler Komm.，N 4 zu Art. 368 OR 有更多展开。

[4]   BGE 122 III 237 ff.（242），E. 3b；127 III 553 ff.（557 f.），E. 2 e/bb = Pra 2002, Nr. 43, S. 220 ff.；135 III 562 ff.（565），E. 3. 4 = Pra 2010, Nr. 39, S. 289 ff.；Urteil des BGer. vom 3. Mai 2013, Nr. 4A_588/2012, E. 2. 1.

[5]   奠基性的判决为 BGE 121 III 109 ff.（112），E. 3a = Pra 1995, Nr. 274, S. 931 ff.；亦参见 BGE 127 III 553 ff.（557），E. 2 e/bb = Pra 2002, Nr. 43, S. 220 ff.；130 III 462 ff.（469 f.），E. 6. 1；135 III 562 ff.（565），E. 3. 4 = Pra 2010, Nr. 39, S. 289 ff.；Urteil des BGer. vom 3. Mai 2013, Nr. 4A_588/2012, E. 2. 1；指示证券无因性详见 Koller Th. /Kissling, Anweisung und Dokumentenakkreditiv, S. 34 ff.；就指示证券无因性因权利滥用而被打破，参见 Urteil des BGer. vom 28. März 2001, Nr. 4C. 172/2000, E. 4 und 5。

[6]   Krauskopf, Präjudizienbuch OR, N 3 zu Art. 468 OR.

[7]   Gautschi, Berner Komm.，N 4a zu Art. 468 OR.

[8]   BGE 122 III 237 ff.（244），E. 3c；Koller Th.，Basler Komm.，N 7 zu Art. 368 OR.

被指示人拒绝向领取人为给付或预先表示不愿向领取人为给付者，领取　2139
人应立即通知指示人（债法第 469 条；边码 2132）。

第三节　瑕疵时之法律状态

指示证券、补偿关系或对价关系有瑕疵时，产生以下问题：是否可以根　2140
据不当得利法请求返还已作出的给付以及向谁主张返还。返还清算的途径主
要取决于瑕疵是源于原因关系（补偿关系与对价关系）还是源于指示证券本
身。[1]

1. 指示证券有效而补偿关系或对价关系有瑕疵时，不当得利法上的返还请　2141
求权发生在瑕疵关系的当事人间，也即补偿关系或对价关系的当事人间，[2]而
被指示人对领取人不直接享有不当得利返还请求权。[3]

就此问题，联邦法院判决 BGE 116 II 689 ff.（691），E. 3b/aa 作了奠基性　2142
阐释："应在补偿关系或对价关系其中一组关系的当事人间进行返还清算，指
示人应当接受所谓的中间交易（Durchgangsverkehr），如同一开始给付利益流
入其财产中一般……否则，被指示人会受到领取人基于其与指示人间之法律
关系或基于债法第 64 条而享有的抗辩的阻碍，并因此承担源于法律关系——被
指示人对此类法律关系的形成毫无影响力——的风险。"[4]

若补偿关系和对价关系均存在瑕疵，法律效果［与上述］类似。此时被　2143
指示人对领取人亦无不当得利返还请求权，[5]而是应在各自的基础关系中对
双重不当得利——指示人对领取人的不当得利债权以及被指示人对指示人的

---

〔1〕　就后面内容阐述参见 Koller Th. , Basler Komm. , N 8 ff. zu Art. 467 OR。

〔2〕　BGE 116 II 689 ff.（691），E. 3b/aa.

〔3〕　BGE 116 II 689 ff.（691），E. 3b/aa；117 II 404 ff.（407），E. 3a；Koller Th. , Basler Komm. ,
N 9 zu Art. 467 OR；Voser, Bereicherungsansprüche in Dreiecksverhältnissen, S. 301 f. ；Larenz/Canaris,
Schuldrecht II/2, S. 224 f.

〔4〕　亦参见 BGE 117 II 404 ff.（407 f. ），E. 3a-b；121 III 109 ff.（113 f. ），E. 4a＝Pra 1995,
Nr. 274, S. 931 ff. 。

〔5〕　BGE 116 II 689 ff.（691），E. 3b/aa；117 II 404 ff.（407），E. 3a；Urteil des BGer. vom
28. August 2007, Nr. 4A_135/2007, E. 3. 3.

不当得利债权——进行返还清算。[1]

2144 　　当然前述情形也存在例外。例如，依据合同自由原则，当事人可以创设所谓的"有因指示证券"，让被指示人的给付义务与对价关系或补偿关系的有效性相关联。[2]当对价关系或补偿关系有瑕疵时，被指示人可以拒绝付款或依据债法第 62 条第 1 款直接向领取人请求返还已作出之给付。[3]

2145 　　2. 指示证券本身有错误的，信其无误的被指示人可依债法第 62 条第 1 款要求领取人返还其所为之给付。[4]若被指示人为银行，领取人在该行的账户中有余额的，判决认为银行可通过转账（取消汇款）的方式纠正［错误的］账户变动。[5]

2146 　　例外情况下，领取人善意信赖指示证券外观而信其有效的，基于对其信赖的保护，有必要仅在指示人与被指示人间进行返还清算。[6]

---

〔1〕 Voser, Bereicherungsansprüche in Dreiecksverhältnissen, S. 329; Larenz/Canaris, Schuldrecht II/2, S. 225.

〔2〕 BGE 117 II 404 ff. （408）, E. 3b（案件中否定了有因性）; 121 III 109 ff. （114 oben）, E. 4a = Pra 1995, Nr. 274, S. 931 ff.

〔3〕 Voser, Bereicherungsansprüche in Dreiecksverhältnissen, S. 303 ff. und 317 ff.

〔4〕 BGE 132 III 609 ff. （619 f.）, E. 5. 3. 5 = Pra 2007, Nr. 46, S. 295 ff.

〔5〕 BGE 132 III 609 ff. （620）, E. 5. 3. 6 = Pra 2007, Nr. 46, S. 295 ff.

〔6〕 具体参见 BGE 121 III 109 ff. （113 ff.）, E. 4 = Pra 1995, Nr. 274, S. 931 ff. ; Koller Th. , Basler Komm. , N 10 ff. zu Art. 467 OR; derselbe, Der Widerruf einer Anweisung und seine Folgen – Bemerkungen zu einem für den Zahlungsverkehr wichtigen Bundesgerichtsurteil （BGE 121 III 109 ff. ）, ZBJV 131/1995, S. 797 ff. ; Voser, Bereicherungsansprüche in Dreiecksverhältnissen, S. 369 ff. ; 德国法视角参见 Larenz/Canaris, Schuldrecht II/2, S. 225 ff. 。

第五部分

保管合同与担保型合同

第二十三章　概　览

1. 在"保管合同与担保型合同"这一总标题下，处理的是两类具有保管/　2147
担保因素（Sicherungselement）的合同［译者注：Sicherung 一词，一方面具有
保护的意思，对应保管合同，另一方面具有担保的意思，对应担保型合同。
本段所称保管合同和担保型合同都有 Sicherung 的因素，但翻译成中文则无法
以一个词语表示，故将 Sicherungselement 译为保管/担保因素］：

——保管合同（债法第 472 条以下）涉及的是对物的安全保管（债法第　2148
472 条第 1 款，参见边码 2152 以下）。

保管合同也具有劳务给付的因素，所以可归属于广义的劳务给付合同。　2149
但因保管合同中重要的是"物的安全保管"这一因素（而非"劳务给付"因
素），所以本书——和［学界］习惯一样——将保管合同单独列为一类，而非
作为"劳务给付型合同"来处理。

——保证合同（债法第 492 条以下）涉及的是保证人担保债权人对主债　2150
务人的债权（债法第 492 条第 1 款；边码 2267 及其以下）。

2. 从广义上来说，保险合同（边码 2450 与 2498）也属于担保型合同。　2151
保险合同由特别法（《保险合同法》）调整，将在本书第 30 章（边码 2585 以
下）对其作详细论述。

第二十四章　保管合同

2152　　本章专门文献（节选）

Baerlocher René Jacques, Der Hinterlegungsvertrag, in: Schweizerisches Privatrecht, Band VII/1: Obligationenrecht – Besondere Vertragsverhältnisse, Basel/Stuttgart 1977, S. 647 ff.

Bärtschi Harald, Die rechtliche Umsetzung des Bucheffektengesetzes, AJP 2009, S. 1071 ff.

Bettoja Luca, Der Gastaufnahmevertrag, Diss. Zürich 2000 (SKSR Band 61).

Eigenbrodt Hermann, Der unregelmässige Hinterlegungsvertrag, insbesondere die Rechtsnatur des Sparkassavertrages, Diss. Zürich 1970 (ZBR Heft 346).

Gautschi Georg, Berner Kommentar zum schweizerischen Privatrecht, Band VI: Das Obligationenrecht, 2. Abteilung: Die einzelnen Vertragsverhältnisse, 6. Teilband: Besondere Auftrags- und Geschäftsführungsverhältnisse sowie Hinterlegung, Art. 425–491 OR, 2. Aufl. , Bern 1962.

Girsberger Daniel/Hess Martin, Das Haager Wertpapierübereinkommen, AJP 2006, S. 992 ff.

Graham-Siegenthaler Barbara, Übertragung und Verwahrung von Wertpapieren im nationalen und internationalen Recht, recht 2005, S. 185 ff.

Häublein Martin, Der Pferdeeinstallungsvertrag zwischen Miet- und Verwahrungsrecht – Rechtliche Grundlagen und formularvertragliche Ausgestaltung eines typischen Typenkombinationsvertrags, NJW 62/2009, S. 2982 ff.

Hohloch Gerhard, Grundfälle zur Gastwirtshaftung, JuS 1984, S. 357 ff.

Koller Alfred, Die Haftung des Gastwirts, recht 2013, S. 235 ff.

Krauskopf Frédéric, Die Rechtsprechung des Bundesgerichts zu Art. 472 ff. OR, in: Gauch Peter/Aepli Viktor/Stöckli Hubert (Hrsg.), Präjudizienbuch zum OR, 9. Aufl., Zürich 2016.

Zobl Dieter/Thurnherr Christoph, BernerKommentar zum schweizerischen Privatrecht, Band IV: Das Sachenrecht, 1. Abteilung: Die beschränkten dinglichen Rechte, 5. Teilband: Das Fahrnispfand, 1. Unterteilband: Systematischer Teil und Art. 884-887 ZGB, 3. Aufl., Bern 2010.

第一节　一般规定

一、法律渊源

1. 保管合同（Hinterlegungsvertrag，也有学者译为寄存合同）规定于债法第472条以下。在保管合同一章下综合了数种不同类型的保管，下文将予以展示（边码2161以下）。　2153

2. 除上述条文外，对保管合同还有其他规定：　2154

——债法总则第125条第1项抵销之禁止〔译者注：以保管物的返还为内容的债务，非经债权人同意，不得抵销〕。　2155

——就仓储营业人（商业管理人）对交付的仓储物之保管，债法第483条第1款准用行纪的规定。　2156

——就有价证券的保管，自2010年1月1日起，依债法第973a条第1款，原则上允许混藏保管（有学者译为集中保管，Sammelverwahrung）（边码2202以下）。　2157

——就特别行业或职业中（例如银行业、律师、信托管理人、旅店业）的保管义务，针对该行业或职业的相关规范起到重要作用（银行和证券方面立法、律师相关立法、瑞士各州对旅店业的立法）。　2158

就下列情形适用特殊规定：①根据《集体投资机构法》（KAG）[1]，对集体投资进行管理或保管的人员适用特殊规定；②根据《记账证券　2159

---

[1] 2006年6月23日《关于集体投资机构的联邦法律》（简称《集体投资机构法》）；BG über die kollektiven Kapitalanlagen（Kollektivanlagengesetz, KAG）vom 23. Juni 2006（SR 951.31）。

法》[1]，对记账证券的保管适用特殊规定。就中介机构保管的有价证券，须注意《国际私法》第 108a 条以下以及 2006 年 7 月 5 日的海牙协定（Haager Übereinkommen）[2]的冲突法规定。

2160　　3. 国家因行使公权力而保管私人物品的，其法律关系根据公法确定。[3]

二、构成要件

2161　　判断是否为保管合同时要注意，除一般保管外，法律还规定了特殊类型的保管。但［无论是一般保管还是特殊保管，］为寄存人利益安全地保管寄存物始终处于核心地位。具体而言：

2162　　1. 基于一般保管合同，保管人（Aufbewahrer；Depositar；le dépositaire）对寄存人（Hinterleger；Deponent；le déposant）所交付的动产，有受领并将其保管于安全地点的义务（债法第 472 条第 1 款）。据此，保管的典型特征有：

2163　　——动产的交付（交与保存）；

2164　　——保管人受领动产并将其保管于安全地点的义务；

2165　　——保管人返还寄存物的义务（债法第 475—477 条）。[4]

2166　　原则上，寄存人仍是所交付物品的所有权人。但就可替代物，当事人可以约定，保管人不必返还原物，只需返还相同数量的同种类物品（债法第 481 条）；于此情形，所交付的可替代物（金钱、有价证券、其他可替代物）的所有权移转于保管人（不规则保管，Depositum irregulare；边码 2227 以下）。

---

〔1〕　2008 年 10 月 3 日《记账证券法》；BG über Bucheffekten（Bucheffektengesetz, BEG）vom 3. Oktober 2008（SR 957. 1）。

〔2〕《批准和转化〈关于中介机构持有的有价证券上的特定权利的法律适用规范的海牙协定〉的决议》[Bundesbeschluss über die Genehmigung und die Umsetzung des Übereinkommens über die auf bestimmte Rechte an intermediärverwahrten Wertpapieren anzuwendende Rechtsordnung vom 3. Oktober 2008（AS 2009, S. 6579 ff. ）]；2006 年 7 月 5 日《关于中间保管人持有的有价证券上的特定权利法律适用规范的海牙协定》[Haager Übereinkommen über die auf bestimmte Rechte an intermediärverwahrten Wertpapieren anzuwendende Rechtsordnung vom 5. Juli 2006（Anhang 2 zum IPRG）]。

〔3〕　BGE 55 II 107 ff.（112 f. ），E. 3；Urteil des BGer. vom 2. Juni 2014, Nr. 4A_132/2014, E. 2；Baerlocher, SPR VII/1, S. 659 f. ；Tercier/Favre/Couchepin, Contrats spéciaux, Nr. 6585.

〔4〕　BGE 126 III 192 ff.（196），E. 2c＝Pra 2001, Nr. 49, S. 285 ff. ；139 III 160 ff.（162），E. 2. 4＝Pra 2013, Nr. 106, S. 822 ff.

判决有时也会将以下"马匹饲养合同"（Pferde-Pensionsvertrag）归为保管 2167
合同：［马场主人］有偿地允诺将一室内马厩交与使用并妥当喂养马匹。[1]但
有些学者认为该合同是混合［合同］关系（同时具有保管、委托和租赁的元
素）。[2]

2. 保管既可以有偿，也可以无偿（债法第 472 条第 2 款）。因此，有偿性 2168
不是（一般）保管的要件。[3]

相反，作为商事（营业性）保管的仓储合同（Lagergeschäft）始终是有偿 2169
的：根据债法第 485 条第 1 款，仓库经营者（Lagerhalter）有权"请求支付约
定的或通常的仓储费"。

3. 制定法在"保管合同"一章中规定的特殊类型的保管，除可替代物保 2170
管（债法第 481 条）外，还有以下类型：[4]
——仓储合同（债法第 482—486 条）中，保管人是"仓库经营者"，即 2171
公开提供物品保管服务之人，换言之是营业性地保管他人物品之人。这一保
管形态无疑是商业性（营业性）的对他人之物的保管（商事保管/营业性保
管；边码 2238 以下）。
——混藏保管（Sammelverwahrung，债法第 484 条与第 973a 条）中，多 2172
个寄存人的可替代物在保管人处混合。寄存人对混藏的物享有共同所有权
（边码 2200 以下）。
——就为他人提供住宿的旅店主（债法第 487—489 条），法律——基于 2173
传统原因（罗马法榜样）和现实保护考虑——规定了特殊责任规则（边码
2251 以下）。

仿照罗马法榜样，马厩主人（Stallwirte）对经其许可而安置或停放在马 2174
厩内或由其自己或其使用人以其他方式接受的牲畜、车辆及其附属物的毁损、
丧失或被盗，适用类似的特殊责任规则（债法第 490 条；边码 2251 以下）。

---

[1]　ZR 96/1997, Nr. 61, S. 156 ff.（157），E. 3（Zürcher Obergericht）.
[2]　Guhl/Schnyder, OR, § 55 N 2.
[3]　BGE 98 II 211 ff.（218），E. 7b.
[4]　亦参见 BGE 135 III 31 ff.（34），E. 2. 2. 2。

债法第 491 条还为旅店主和马厩主规定了特别留置权。

2175　　——在一般保管中，债法第 480 条还规定了共托保管（Sequestration）情形：数人为保全其请求权，而将法律地位存在争议或不确定的物品寄存于第三人（争议财产共托保管人，Sequester，le séquestre）处。该第三人承担特殊的"信托"任务（边码 2265、2266）。

2176　　　4. 根据保管的目的不同，可以区分一般保管（边码 2162 以下）和下列类型的保管：

2176a　　——提存［译者注：瑞士法上提存和保管所用单词都是 Hinterlegung，提存可以被看作提存机构的保管］。作为履行或者履行之替代的提存使下列债务人从债务中解脱：债务人将应给付之物依权利或义务提存，而不交付给债权人。[1]对此种使债务人解脱的提存，制定法在数个地方作了规定，例如于债权人迟延时（债法第 92 条和第 444 条）、不能确定债权人时（债法第 96 条、第 168 条和第 444 条）或者债务人破产时（《债务执行和破产法》第 174 条第 2 款第 2 项[2]）。即便提存机构为公法上的机构，债务人和提存机构订立的保管合同［译者注：即提存合同］原则上仍适用债法第 472 条以下的规定。[3]

2176b　　——作为担保的保管（担保型保管，为了担保而交予保管）。在担保型保管中，［寄存人］为担保债务实现而将某物寄存于第三人处。三方当事人约定：所担保的债权未获实现时，保管人将寄存物交与债权人（受益人）或供强制变价。[4]不同于一般保管的是，担保型保管的重点不在于对寄存物的保管，而在于担保债权人的债权。与作为履行或者履行替代的提存不同，担保型保管不产生使债务人从债务中解脱的效果。[5]保管合同的规则（债法第

---

　　[1]　就作为清偿之给付和作为替代清偿之给付的区别，判决和理论上观点不统一。联邦法院认为两者区别在于，债务人是否仍能取回提存物以及交存是否须债权人作出受领表示（BGE 135 III 31 ff. [34]，E. 2. 2. 2）。相反，有学说认为两者区别在于，债务人是仅仅有权提存还是也有义务提存（Weber, Berner Komm. , N 51 f. und 61 zu Art. 92 OR）。

　　[2]　BGE 135 III 31 ff.（34 f. ），E. 2. 2. 3.

　　[3]　就此细节问题，更多展开参见 Koller Th. , Basler Komm. , N 6 vor Art. 472-491 OR。

　　[4]　Schmid/Hürlimann-Kaup, Sachenrecht, Nr. 2031 ff. ; Zobl/Thurnherr, Berner Komm. , N 1199 ff. zum Syst. Teil vor Art. 884 ff. OR.

　　[5]　BGE 135 III 31 ff.（34），E. 2. 2. 2.

472 条以下）仅在合适时（例如债法第 475 条第 1 款不适合担保型保管），才对担保型保管中寄存人与保管人间的法律关系适用。[1]

5. 保管合同——无论是一般类型还是特殊类型——应与其他合同类型相区分：　　　　　　　　　　　　　　　　　　　　　　　　　　　　　　　2177

——租赁（债法第 258 条以下）中，出租人承诺将租赁物——可能是一个空间——供［他人］使用（使用让渡），而在保管中，重要的是保管人安全地保管交付的物品（保管与返还）。　　　　　　　　　　　　　　　2178

银行或宾馆向客户提供特定空间，由客户单独使用，并且客户可以自行将物品放置其中的（保险箱、保险柜、封闭的车库），应认定为租赁关系。[2] 相反，如果客户对储存物品的空间无进入权限，则为保管（保管人负相应的保管与返还义务）。　　　　　　　　　　　　　　　　　　　　　　　2179

——借用（债法第 305 条以下）中动产或不动产被无偿交与借用人使用，因此，交付是为了借用人利益。但在保管（债法第 472 条第 1 款）中，涉及的是保管人安全地保管被交付的动产；此处交付是为了寄存人利益；保管人原则上也不得使用寄存物（债法第 474 条第 1 款）。　　　　　　　2180

——消费借贷（债法第 312 条以下）中同样包含交与使用的目的：借用人可以使用所交付的金钱。但保管涉及的是安全地保管［寄存物］，保管人原则上不得使用寄存物（债法第 474 条第 1 款）。不同目的产生的结果是：在合同有偿情形下，消费借贷中由借用人（受信人）支付报酬，而在保管中由寄存人支付报酬。[3]　　　　　　　　　　　　　　　　　　　　　　2181

上述不同利益状态同样用以区分消费借贷与可替代物的保管（不规则保管，边码 2227 以下）。但这两种法律制度在下面这点上是一致的：交付的（可替代）物的所有权移转于"接受者"（消费借贷中的借用人、保管中的保　2182

---

〔1〕　Zobl/Thurnherr, Berner Komm. , N 1203, 1216 und 1249 zum Syst. Teil vor Art. 884 ff. OR.

〔2〕　BGE 76 II 154 ff. （156 f. ）, E. 1；95 II 541 ff. （543 f. ）, E. 2＝Pra 1970, Nr. 94, S. 313 ff. ；102 Ib 314 ff. （318）, E. 3b；Oser/Schönenberger, Zürcher Komm. , N 16 zu Art. 472 OR；Higi, Zürcher Komm. , N 206 ff. zu den Vorbem. zu Art. 253–274g OR；Tercier/Favre/Couchepin, Contrats spéciaux, Nr. 6 603 ff. ；Koller Th. , Basler Komm. , N 7 ff. zu Art. 472 OR.

〔3〕　就储蓄业务的归类参见边码 1304、2234。

管人)。德国法 (《德国民法典》第 700 条第 1 款) 明确规定, 不规则保管适用有关消费借贷的规定。

三、合同成立

2183   1. 依债法总则规定, 订立保管合同须有债法第 1 条意义上的对立一致的意思表示之交换。[1]保管合同可以通过明示的意思表示订立或以默示的方式订立。[2]属于保管合同客观重要之点的是标明交付的物品和保管的义务。如前所述, 是否有偿不影响保管合同的性质 (债法第 472 条第 2 款)。

2184   保管合同 [的成立] 适用债法第 1 条以下的规定, 这也说明债法中的保管合同并非像罗马法上一样是实践合同 (保管物交于保管人时, 保管合同才成立),[3]而是诺成合同。[4]

2185   2. 制定法对保管合同未作要式规定。实务中, 常意定选择书面形式, 也常使用保管人提供的一般交易条款。

第二节　保管人的义务

一、概述

2186   1. 保管人应受领保管物并将其保管于安全的地点 (债法第 472 条第 1 款)。换言之, 他负有妥善保管的义务。[5]就此法律有诸多具体规定:

2187   ——非经寄存人同意, 保管人原则上不得使用寄存物 (债法第 474 条第 1

---

    [1] BGE 117 II 404 ff. (406), E. 2.

    [2] BGE 126 III 192 ff. (196), E. 2c=Pra 2001, Nr. 49, S. 285 ff.; 139 III 160 ff. (162), E. 2. 4 = Pra 2013, Nr. 106, S. 822 ff.

    [3] Zimmermann, The Law of Obligations, S. 205.

    [4] Oser/Schönenberger, Zürcher Komm., N 26 zu Art. 472 OR; 不同观点见 Gautschi, Berner Komm., N 1a zu Art. 472 OR. 相反, 就法国法参见《法国民法典》第 1915 条: "保管, 一般是指当事人一方收受他方之物、负责保管并返还原物的行为。" (Le dépot, en général, est un acte par lequel on reçoit la chose d'autrui, à la charge de la garder et de la restituer en nature.)

    [5] BGE 126 III 192 ff. (196), E. 2c=Pra 2001, Nr. 49, S. 285 ff.

款）。

——保管人原则上不得将寄存物与同种类的其他物品混合（债法第 484　2188
条第 1 款关于仓储合同的规定，一般规则）。

——保管人应当允许寄存人检点寄存物、提取样本以及随时实施必要的　2189
维护行为（债法第 483 条第 3 款关于仓储合同的规定，一般规则）。

——保管人必须采取防御损害的措施，并在危险发生时立即通知寄存人　2190
（参见债法第 479 条第 1 款和第 2 款规定的特殊情形）。

有争议的是，保管人（在合同无特别约定时）是否有义务为寄存物投　2191
保。[1]

2. 妥善保管义务是继续性债务：保管人应一直履行该义务，直到合同关　2192
系消灭。

满足一定要件时，保管人至少有权提前返还保管物（债法第 476 条、第　2193
486 条）。

3. 保管合同期限届满时，保管人负返还义务（债法第 475 条以下）。关于　2194
合同消灭应当注意，寄存人可通过单方意思表示随时消灭合同——终止——并
请求返还寄存物（债法第 475 条第 1 款；边码 2220）。此外须注意以下几点：

——因为寄存人原则上仍为寄存物的所有权人，所以他随时可以（终止　2195
合同并）依物权返还请求权（所有物返还请求权），请求返还寄存物（《民法
典》第 641 条第 2 款、债法第 475 条第 1 款）。[2]该物权返还请求权不会罹于
诉讼时效，并且在保管人破产时也能借助取回之诉实现物权返还请求权。若
寄存人寄存的不是其所有之物，则他没有物权返还请求权，只有债权性返还
请求权（此请求权的诉讼时效见边码 2199；所有权人的返还请求权见债法第
479 条）。[3]

寄存人原则上可随时请求返还寄存物，而保管人除债法第 476 条第 1 款情　2196

---

[1]　参见 Bucher, OR BT, S. 277；Tercier/Favre/Couchepin, Contrats spéciaux, Nr. 6642。

[2]　就物权返还请求权参见 Schmid/Hürlimann-Kaup, Sachenrecht, Nr. 660 f.。

[3]　Koller Th., Basler Komm., N 5 zu Art. 474 OR.

形外不得提前返还寄存物，因此可以说，返还义务在可履行前可能已届期。[1] 无论如何，保管人负有（无条件的）返还义务，仅在其享有留置权时例外（边码2217）。

2197　　——如无其他约定，寄存物在应为保管之地进行返还（债法第477条）。因此，返还之债是往取之债。[2]

2198　　——保管物为可替代物时，若当事人约定，保管人只需返还同种类物品（不规则保管），则寄存物被交付并与其他物品混合后，保管人成为其所有权人（债法第481条；边码2228）。于此情形，在合同终止时，保管人仅仅负债法上义务——返还相同数量、相同品质的寄存物。因此，若保管人破产，则寄存人不享有取回权。[3]

2199　　债权性返还请求权适用10年诉讼时效（债法第127条）。按照联邦法院实务见解（至少于被寄存之财产价值尚未偿还时）[4]，诉讼时效期间的起算点为当事人通过合意消灭保管合同时、合同约定的期限届满时、合同被撤销或被终止时。[5]

2200　　——寄存物为可替代物的，保管时可能出现寄存物混合——混藏保管。除依有价证券法规定外，保管人只能在寄存人明确表示同意的情况下，才可将寄存物混合（债法第484条第1款）。保管人将寄存物与其他寄存人之物混合的，依法律规定，寄存人对混合后的物享有共同所有权（《民法典》第727条第1款）：任一寄存人依其寄存物数量成为混合后的物的共同所有人。[6]寄

---

〔1〕　Gauch/Schluep/Emmenegger, OR AT, Nr. 2202，第四个横杠处。

〔2〕　BGE 100 II 153 ff.（158），E. c 针对不规则保管。

〔3〕　BGE 127 III 273 ff.（275），E. 3b.

〔4〕　BGE 91 II 442 ff.（453 f.），E. 5d.

〔5〕　BGE 91 II 442 ff.（449 ff.），E. 5（改变了之前判决），被下列判决确认 BGE 133 III 37 ff.（41 f.），E. 3. 2＝Pra 2007, Nr. 91, S. 619 ff.；同意观点有 Baerlocher, SPR VII/1, S. 704；Tercier/Favre/Couchepin, Contrats spéciaux, Nr. 6655。批评的有 Art. 130 Abs. 2 OR Koller Th., Basler Komm., N 9 ff. zu Art. 475 OR；Koller A., Schweizerisches Obligationenrecht, Allgemeiner Teil, Handbuch des allgemeinen Schuldrechts ohne Deliktrecht, 3. Aufl., Bern 2009, § 28 N 20。

〔6〕　详见 Baerlocher, SPR VII/1, S. 689 ff. 。

存物混合导致无法取回特定物品。[1]但各寄存人（仓储存货人）均可请求分离与其份额相应的寄存物（债法第484条第2款）；保管人（仓库营业人）得在其他寄存人未参与的情况下，根据要求自行分离寄存物（债法第484条第3款）。

上述规定优先于《民法典》第646条以下关于共同所有权的一般规定。混藏保管形成的共同所有权也被称为"不稳定的"（labilem）或"修正的"（modifiziertem）共同所有权。[2]　　2201

实务中尤为重要的是有价证券的混藏保管。自2010年1月1日起，根据债法第973a条第1款[3]，寄存人未明确要求单独保管其有价证券的，保管人有权将数个寄存人的可替代性有价证券混藏保管。法律顾及当前银行业的实务操作，认为有价证券的寄存人通常并不在乎返还的［是不是寄存时的］特定证券单据。[4]　　2202

在此种混藏保管中，寄存人在其交付有价证券于保管人时，对于混藏保管下的同种类有价证券，按份额取得共同所有权（债法第973a条第2款）。寄存人得随时，且无须其他寄存人的协助或同意，请求依其份额返还混藏保管下的有价证券（债法第973a条第3款）。《记账证券法》也在多个规范中涉及以此种方式混藏保管的有价证券（例如《记账证券法》第5条e项与第6条第1款a项）。　　2203

——保管人对寄存人的返还义务在特殊情事下消灭（依债法第486条第2款签发仓单，通过真正利益第三人合同为第三人创设不可撤销的返还请求权）。[5]　　2204

---

　　[1]　BGE 112 II 406 ff.（415 f.），E. 4b.

　　[2]　Baerlocher, SPR VII/1, S. 690 ff. ; Bucher, OR BT, S. 278；Schmid/Hürlimann-Kaup, Sachenrecht, Nr. 1130b末尾；BGE 112 II 406 ff.（414 ff.），E. 4；亦参见Botschaft zum BEG von 2006, BBl 2006, S. 9392。

　　[3]　AS 2009, S. 3592 f. ; 亦参见Botschaft zum BEG von 2006, BBl 2006, S. 9391 f. 。

　　[4]　Botschaft zum BEG von 2006, BBl 2006, S. 9392.

　　[5]　Bucher, OR BT, S. 278 f.

2205　非经债权人同意，保管人不得抵销以寄存物返还为内容的债务（债法第125条第1项）。保管合同的目的——合同消灭后寄存物确实重新回到寄存人处——与抵销不相容，在金钱的不规则保管中也是一样。[1]

二、保管人责任特论

2206　1. 保管物发生损害或灭失（返还不能）的，保管人依债法第97条以下的一般规定承担责任。依债法第97条第1款，保管人尤其就其对保管物的灭失不存在过错承担举证责任［译者注：因采过错推定原则，寄存人无须举证保管人有过错，保管人若想免责，须举证自己无过错]。[2]根据债法第101条第1款，保管人还须对其履行辅助人的行为负责。[3]

2207　但在无偿保管时，得依债法第99条第2款减轻［保管人］责任（就德国法，参见《德国民法典》第690条就无偿保管责任减轻的明确规定）。

2208　2. 未经寄存人同意使用寄存物的，也构成违约（债法第474条第1款）。于此情形，法律除规定保管人应支付特殊报酬的义务外，还规定了保管人的事变责任，但其能证明纵不使用寄托物，仍不免发生意外者，不在此限（债法第474条第2款）。

2209　依债法第474条第2款，保管人的履行辅助人违反合同使用寄存物的，保管人也承担事变责任。[4]未经允许使用寄存物导致［寄存物］损害的，保管人还可能依债法第41条承担侵权责任。[5]

2210　3. 数人共同保管寄存物的，该数人负连带责任，但合同另有约定的除外（债法第478条）。

---

〔1〕　Aepli, Zürcher Komm., N 34 ff. zu Art. 125 OR；就不规则保管参见BGE 45 III 236 ff.（249），E. 3；100 II 153 ff.（155），E. a。

〔2〕　BGE 126 III 192 ff.（196），E. 2c＝Pra 2001, Nr. 49, S. 285 ff.（本案交付保管的珠宝被盗，判决肯定了保管人的责任）。

〔3〕　BGE 76 II 154 ff.（161），E. 3末尾。

〔4〕　Koller Th., Basler Komm., N 7 zu Art. 474 OR.

〔5〕　Tercier/Favre/Couchepin, Contrats spéciaux, Nr. 6650末尾。

第三节　寄存人的义务

1. 无论有偿保管还是无偿保管，寄存人首先应偿还保管人因履行合同而支出的必要费用（债法第 473 条第 1 款）。 2211

从保管合同并不能得出，应当偿还仅仅有益（但非必要）的费用。就有益但非必要的费用，仅当满足债法第 422 条第 1 款真正适法无因管理的要件时，才可例外请求返还。[1] 2212

2. 仅当合同明确约定，或依情形，非受报酬不为保管者，寄存人才对保管人负有支付报酬的义务——报酬可理解为保管的酬劳（对价）（债法第 472 条第 2 款）。 2213

仓储营业人是商事（营业性）保管人，其可依据债法第 485 条第 1 款请求支付约定的或通常的仓储费（边码 2238）。 2214

3. 寄存人应赔偿保管人因保管寄存物所受之损害，但寄存人能证明损害非因其过错所致者，不在此限（债法第 473 条第 2 款）。 2215

在以下情形，寄存人存在过错：寄存人对保管人隐瞒了保管物的特殊危险属性的。[2] 2216

4. 依一般规定，保管人［对寄存物］享有留置权，以担保其［对寄存人的］债权（《民法典》第 895 条以下）。[3] 就仓储合同，债法第 485 条第 3 款明确规定了仓储营业人的留置权。 2217

就旅店主与马厩主的特别留置权，参见债法第 491 条（边码 2264）。 2218

---

〔1〕 保守的观点见 Schmid, Zürcher Komm. , N 82 ff. zu Art. 419 OR；慷慨的观点见 Bucher, OR BT, S. 277 和 Tercier/Favre/Couchepin, Contrats spéciaux, Nr. 6664。

〔2〕 Baerlocher, SPR VII/1, S. 709；Tercier/Favre/Couchepin, Contrats spéciaux, Nr. 6665.

〔3〕 参见 Schmid/Hürlimann-Kaup, Sachenrecht, Nr. 1921 ff. 。

第四节　合同的消灭

2219　　因为保管人的债务为继续性债务，所以产生以下问题：该继续性债务关系何时以及如何（通过终止）单方消灭。

2220　　1. 即便约定了保管期间，寄存人仍得依据债法第 475 条第 1 款随时请求返还寄存物。从这个意义上讲，债法第 475 条第 1 款是强制性规范（亦参见《德国民法典》第 695 条）：寄存人请求返还寄存物的（通知终止），保管合同消灭。[1]

2221　　寄存人提前请求返还保管物的，应负损害赔偿责任：于此情形，保管人可要求偿还其为原约定保管期间支出的费用（债法第 475 条第 2 款）。

2222　　2. 就保管人终止合同的权利，应注意以下几点：

2223　　——当事人未约定保管期间的，保管人可随时返还保管物（债法第 476 条第 2 款，《德国民法典》第 696 条第 1 句亦同）。

2224　　——若当事人约定了保管期间，一般保管人［译者注：指非商事的保管人，即非仓储营业人］只能（但总能）在以下情形返还寄存物：因发生不可预见之情事，保管人不能继续安全保管寄存物或继续保管寄存物将危害其自身利益（债法第 476 条第 1 款；《德国民法典》第 696 条第 2 句规定存在重大事由才可提前返还）。

2225　　对不可预见之情事，法律采取的是"情事变更原则"（Clausula rebus sic stantibus）。[2]

2226　　——仓储营业人作为营业性保管人，纵有——一般保管人得在约定的保管期限届满前返还寄存物的——不能预见之情事，仍在合同约定期间内受保管关系拘束（债法第 486 条第 1 款）。也即不经寄存人同意，仓储营业人无权

---

〔1〕　BGE 91 II 442 ff.（451），E. 5b；ZR 96/1997，Nr. 61，S. 156 ff.（157），E. 4（Zürcher Obergericht）；Koller Th.，Basler Komm.，N 1 zu Art. 475 OR.

〔2〕　Tercier/Favre/Couchepin, Contrats spéciaux, Nr. 6676；就情事变更原则的一般论述参见 Gauch/Schluep/Schmid, OR AT, Nr. 1279a ff。

提前终止合同。[1]

第五节　个别问题

一、可替代物保管（不规则保管）

1. 保管可替代物的，双方可以约定，保管人无须返还原物，而是返还相 2227
同数量、相同种类的物品（债法第 481 条，不规则保管，"非常规保管合同"
[《德国民法典》第 700 条]）。[2]从债法第 481 条第 3 款可知，此种约定不
仅适用于金钱保管，亦适用于其他可替代物保管。

[上述] 这些情形的保管之所以被称为不规则保管，是因为它们是规则保 2228
管的例外，在规则保管中，寄存物的所有权归属于寄存人。

保管人返还寄存之原物以外的物品的权利，原则上并非通过推定而是通 2229
过当事人特别约定产生的（债法第 481 条第 1、3 款）。但将未封印或未封存
的金钱交与保管的，推定为默示约定了不规则保管（债法第 481 条第 2 款）。

2. 不规则保管的特殊性在于，寄存物所有权移转于保管人——寄存物的 2230
用益及风险也移转于保管人（债法第 481 条第 1 款末尾）。从中可以得出以下
结论：

——保管人——作为所有权人——承担寄存物的风险。因此寄存人无权 2231
请求保管人妥善保管寄存物和采取特殊保护措施。[3]

——保管人有权使用并处分寄存物（债法第 481 条第 3 款）。但他必须能 2232
够依随时可能的返还请求予以返还 [同种类物]。保管人不享有留置权，而且
依债法第 125 条第 1 项，保管人也不得单方抵销返还之债。但寄存人未履行
保管合同所生义务而要求返还的，保管人可以主张合同未履行的抗辩权（债
法第 82 条）。[4]

---

〔1〕　Gautschi, Berner Komm. , N 3d zu Art. 486 OR.
〔2〕　例如参见 BGE 131 III 377 ff. （380 ff.）, E. 4, 委托和不规则保管结合在一起。
〔3〕　Tercier/Favre/Couchepin, Contrats spéciaux, Nr. 6699.
〔4〕　Tercier/Favre/Couchepin, Contrats spéciaux, Nr. 6700.

2233   ［不规则保管中］寄存人不享有破产法上的取回权。[1]

2234   3. 部分判例和学说认为银行储蓄合同属于不规则保管合同。[2]判断银行储蓄合同是属于消费借贷合同还是属于不规则保管合同，首要标准是双方当事人认可的或作为合同基础的交易目的。[3]

2235   但应强调的是，对于当事人（尤其是银行客户）来说，储蓄涉及的不仅是所交付金钱的妥善保管，还涉及资产投资，因此也涉及利息之取得。[4]所以也有人认为，银行储蓄合同是消费借贷合同或者是消费借贷与保管的混合合同。

2236   如果法律行为依债法第 481 条发生［译者注：该条内容是可替代物保管］，根据债法第 125 条第 1 项的规定，非经寄存人同意，保管人不得通过抵销来清偿以金钱返还为内容的债务（边码 2205）。[5]

2237   4. 不规则保管应与混藏保管（债法第 484 条）相区别：混藏保管属于可替代物的规则保管，寄存人是寄存物的共同所有人（边码 2200）。

二、仓储合同

2238   1. 仓储保管人是商事保管人。仓储保管人以仓储为业，因此对仓储合同来说，有偿性是必要要件：[6]根据债法第 485 条第 1 款，仓储保管人可请求支付约定的或通常的仓储费（以及请求偿还垫付的费用等）。

2239   仓储保管人为担保其债权，对由其占有的仓储物或得依仓单实行处分的仓储物享有留置权（债法第 485 条第 3 款）。

---

    〔1〕 BGE 127 III 273 ff.（275），E. 3b.

    〔2〕 BGE 100 II 153 ff.（155 ff.）："通常"；FZR 1994，S. 340 ff.（341），E. 3（Freiburger Kantons-gericht）；其他提示见 Koller Th.，Basler Komm.，N 11 ff. zu Art. 481 OR；此外 Guhl/Schnyder，OR，§ 55 N 14。

    〔3〕 BGE 100 II 153 ff.（155），E. b.

    〔4〕 亦参见 Koller Th.，Basler Komm.，N 12 zu Art. 481 OR。

    〔5〕 BGE 100 II 153 ff.（155），E. a.

    〔6〕 同样观点有 BGE 126 III 192 ff.（195），E. 2a = Pra 2001，Nr. 49，S. 285 ff.；Tercier/Favre/Couchepin，Contrats spéciaux，Nr. 6708 und 6720。

2. 相较于一般保管人，法律对仓储保管人有数个特殊规定： 2240

——仓储保管人得——当然只有经寄存人明确同意始得——将相同种类 2241
的可替代物混合（债法第 484 条第 1 款，混藏保管）。[1]

——仓储保管人的责任，依债法第 483 条第 1 款的援引，适用有关行纪 2242
合同的规定。

行纪人原则上受委托法的规范（债法第 425 条第 2 款）。仅在委托人委托 2243
行纪人为委托物投保时，行纪人才须为之投保（债法第 426 条第 2 款）。对行
纪委托物的处置义务来源于债法第 427 条，其中包括紧急出售的义务（债法
第 427 条第 3 款）。

——仓储保管人不得早于约定期限返还仓储物（债法第 486 条第 1 款）。 2244
——经主管机关批准，仓储保管人可以对货物出具仓单，仓单以返还仓 2245
储物为内容（债法第 482 条、第 486 条第 2 款）。

三、旅店主与马厩主的法律地位

1. 旅店主与马厩主是职业保管人，他们之所以受到制定法特别规定—— 2246
尤其是就责任，主要是因为历史原因。

——旅店主是基于营业而有偿接待陌生人食宿之人，也即与陌生人订立 2247
住宿（膳宿）合同的人。[2]

法律并未对住宿合同作特别规定（无名合同），它具有租赁合同、买卖合 2248
同、委托合同与保管合同的元素。[3]

——从历史的角度来理解，马厩主是保管牲畜、车辆及其附属物的人。 2249

在古罗马时期，旅店主与马厩主（还有水手）的名声不好：旅店经常充 2250

---

〔1〕　这一规则虽然规定在仓储行为中，但也适用于一般保管（持此观点的例如 Koller Th., Basler
Komm., N 1 zu Art. 484 OR）。

〔2〕　Koller Th., Basler Komm., N 3 zu Art. 487 OR 有更多展开。

〔3〕　BGE 120 II 252 ff.（253），E. 2a = Pra 1995, Nr. 275, S. 938 ff.；Urteil des BGer. vom
11. Februar 2009, Nr. 4A_461/2008, E. 4；详见 Bettoja, Gastaufnahmevertrag, S. 90 ff.。

当妓院，而旅店主通常被怀疑与盗贼勾结。[1]

2251　　2. 就旅店主与马厩主的法律特别规定，其核心是使旅店主和马厩主对客人携带的物品承担更严格的责任（债法第 487 条与第 490 条）。

2252　　在瑞士[2]和德国[3]，旅店主与马厩主责任因为其发展史被归为法定责任，这一责任以膳宿合同为基础（合同有效时成为合同责任），即便合同最终未有效成立，亦适用该法定责任。[4]据此，法律给旅店主与马厩主施加了特别的担保义务（Garantenpflicht）（当然限于一定范围内）。这一法定责任遵循合同的基本原则（适用债法第 127 条的诉讼时效）。[5]

2253　　从今天的视角看，旅店主和马厩主的特别责任，其价值基础是旅行者需要特殊保护。旅客依赖旅店主（作为特殊的保管人）的服务，[6]一旦所带物品丢失，旅客通常会陷于举证困难的境地。[7][对旅店主和马厩主责任] 作如下简要说明：

2254　　——1000 瑞郎以下的赔偿适用无过错责任（债法第 487 条、第 490 条）。

2255　　对超过 1000 瑞郎的损害，旅店主与马厩主仅在有过错时始负责。判例认

---

　[1]　Zimmermann, The Law of Obligations, S. 514 ff. 就 Receptum nautarum cauponum stabulariorum 有进一步提示；Medicus/Lorenz, Schuldrecht II, Nr. 953；Oser/Schönenberger, Zürcher Komm., N 1 zu Art. 487 OR。

　[2]　Oser/Schönenberger, Zürcher Komm., N 3 f. zu Art. 487 OR；Tercier/Favre/Couchepin, Contrats spéciaux, Nr. 6730 f.；Koller Th., Basler Komm., N 2 in fine zu Art. 487 OR；其他观点如 Bettoja, Gastaufnahmevertrag, S. 118 ff.（以默示方式订入合同中的保护义务）。

　[3]　BGHZ 63, S. 333 ff.（336），E. IV./1（德国联邦法院判决）；Medicus/Lorenz, Schuldrecht II, Nr. 953；Fikentscher/Heinemann, Schuldrecht, Nr. 1302；Esser/Weyers, Schuldrecht II/1, S. 340；Hohloch, Gastwirtshaftung, S. 359；Staudinger/Werner, Staudingers Kommentar (2006), N 5 zu den Vorbem. zu §§ 701 ff. BGB.

　[4]　相反，就招待合同或者旅店住宿合同的必要性见 Koller Th., Basler Komm., N 2 zu Art. 487 OR（引用判决 BGE 46 II 116 ff.[118]，E. 2，但未下结论）。

　[5]　BGE 120 II 252 ff.（258），E. 3b/aa = Pra 1995, Nr. 275, S. 938 ff.；Oser/Schönenberger, Zürcher Komm., N 4 und 18 zu Art. 487 OR.

　[6]　Tercier/Favre/Couchepin, Contrats spéciaux, Nr. 6729；Hohloch, Gastwirtshaftung, S. 358 f.；Fikentscher/Heinemann, Schuldrecht, Nr. 1302.

　[7]　Oser/Schönenberger, Zürcher Komm., N 1 in fine zu Art. 487 OR；Staudinger/Werner, Staudingers Kommentar (2006), N 4 zu den Vorbem. zu §§ 701 ff. BGB.

为此时应由旅客举证旅店主或马厩主有过错。[1]但该见解未获赞同：应适用债法第 97 条第 1 款的过错推定，因为关于旅店主与马厩主的特殊规定并非意在降低旅客的法律地位，而是意在增强其法律地位。[2]

——对贵重物品的特别责任（债法第 488 条）。[3]　　　　　　　　2256

——旅客发现物品损害后未立即通知旅店主的，其请求权消灭（权利丧　2257
失）（债法第 489 条第 1 款）。

——根据债法第 489 条第 2 款，旅店主和马厩主责任具有强制性。依据　2258
该款规定，旅店主不得通过张贴告示限制或排除其责任，也不得［给责任之构成］添加法律规定条件以外的要件。依本书见解，基于该款规定，旅店主无免责之可能，也即这种有利于旅客的责任规定是强制性规定（关于德国法，参见《德国民法典》第 702a 条的特殊规定）。[4]

3. 因社会变迁，对旅店主和马厩主责任适用范围的规定引发了特别问题。　2259
应坚持以下几点：

——债法第 487 条以下的规定，尤其是对责任的规定，原则上（边码　2260
2251 以下）以缔结了住宿（膳宿）合同为前提。仅经营餐厅而不是膳食和住宿一起提供的营业人（餐馆主人），被一致认为不能适用上述规定。[5]

也即，餐馆主人对客人大衣、夹克及其他衣物失窃是否负责，并非根据　2261
债法第 487 条以下来确定，而是根据餐馆主人是否对衣物承担保管责任来判断。保管责任可能来源于独立缔结的保管合同或者来源于顾客接待合同中的衣物保管条款。[6]但如果缔结的是住宿合同（膳宿合同），如前所述，则不

---

[1]　BGE 120 II 252 ff. (253), E. 2a = Pra 1995, Nr. 275, S. 938 ff.; 76 II 154 ff. (160 oben), E. 2.

[2]　恰当的观点 Bucher, OR BT, S. 282; Koller Th., Basler Komm., N 12 zu Art. 487 OR; Bettoja, Gastaufnahmevertrag, S. 252。

[3]　就此细节问题见 Koller Th., Basler Komm., N 4 ff. zu Art. 488 OR。

[4]　持此观点的还有 Koller Th., Basler Komm., N 2 in fine zu Art. 487 OR und N 5 zu Art. 489 OR; Weber, Berner Komm., N 47 zu Art. 100 OR; Tercier/Favre/Couchepin, Contrats spéciaux, Nr. 6746; 不同观点有 Koller A., Gastwirt, S. 238; Oser/Schönenberger, Zürcher Komm., N 19 zu Art. 487 OR und N 2 zu Art. 489 OR; Bettoja, Gastaufnahmevertrag, S. 257。

[5]　BGE 108 II 449 ff. (451 f.), E. 2 = Pra 1983, Nr. 56, S. 144 ff.

[6]　BGE 108 II 449 ff. (452 f.), E. 3a = Pra 1983, Nr. 56, S. 144 ff.; 109 II 234 ff.

得通过张贴告示（"衣物被盗，概不责任"）来排除责任（债法第 489 条；边码 2258）。

2262　　——住宿客人停放在宾馆车库的机动车，适用旅店主责任（债法第 487 条），而不适用马厩主责任。[1]所以在 1969 年的一个判决中，[2]联邦法院认为在机动车时代，债法第 490 条是过时的。[3]

2263　　——停放在有看守的停车场［译者注：由宾馆提供］的机动车，也适用旅店主责任；但停放在宾馆门前街道上或停放在开放式停车场［译者注：无人看管，也无围墙或栏杆等阻隔设施控制进出的停车场］的机动车，其被盗不适用旅店主责任。[4]

2264　　4. 此外，就因膳宿而生的债权，法律赋予旅店主和马厩主对［顾客］所携带物品的留置权（债法第 491 条第 1 款）。就此留置权，准用关于出租人留置权的规定（债法第 491 条第 2 款）。

四、（争议财产之）共托保管

2265　　1. 根据债法第 480 条，数人（数位寄存人）因物品权属不明或存在争议而将其寄存于第三人（保管人）处时，该第三人即为共托保管人（Sequester）［译者注：有学者译为暂行保管人，指官方指派的对有争议的财产实行暂时保管的人］。

2266　　2. 共托保管人非经全体共托寄存人同意或法院的命令，不得返还寄存物（债法第 480 条末尾）。

---

　　〔1〕　BGE 76 II 154 ff.（162），E. 4：机动车与马车不能等同（修改了之前的判例）；此外，判决 BGE 120 II 252 ff.（254 f.），E. 2b＝Pra 1995, Nr. 275, S. 938 ff. 表明，停放在宾馆车库的机动车，不能作为债法第 488 条第 1、2 款意义上的贵重物品；就此批评意见有 Bettoja, Gastaufnahmevertrag, S. 252 ff.。

　　〔2〕　BGE 95 II 541 ff.（543 f.），E. 2＝Pra 1970, Nr. 94, S. 313 ff.

　　〔3〕　被以下判决确认：BGE 120 II 252 ff.（254），E. 2b＝Pra 1995, Nr. 275, S. 938 ff.。

　　〔4〕　BGE 120 II 252 ff.（255），E. 2c＝Pra 1995, Nr. 275, S. 938 ff.，提及若收取私人停车费，则存在租赁关系。

第二十五章 保 证

本章特别文献（节选）

Aepli Viktor, Garantien und Bürgschaften, Das Allgemeine und das Bauspezifische, in: Institut für Schweizerisches und Internationales Baurecht (Hrsg.), Schweizerische Baurechtstagung, Freiburg 2005, S. 89 ff.

Beck Emil, Das neue Bürgschaftsrecht, Kommentar, Zürich 1942.

Bucher Eugen, Grundprobleme des Kontokorrentrechts – Überlegungen aus Anlass zweier neuer Entscheidungen des Bundesgerichts, recht 1994, S. 168 ff.

Büsser Andres, Einreden und Einwendungen der Bank als Garantin gegenüber dem Zahlungsanspruch des Begünstigten – Eine systematische Darstellung unter besonderer Berücksichtigung des Zwecks der Bankgarantie, Diss. Freiburg 1997 (AISUF Band 165).

Emmenegger Susan, Garantie, Schuldbeitritt und Bürgschaft – vom bundesgerichtlichen Umgang mit gesetzgeberischen Inkohärenzen, ZBJV 143/2007, S. 561 ff.

Fountoulakis Christiana, Bürgschaftsrecht – von den Hoffnungen des Gesetzgebers und was davon übrig bleibt, AJP 2010, S. 423 ff.

Giovanoli Silvio/Schaetzle Marc, Berner Kommentar zum schweizerischen Privatrecht, Band VI: Das Obligationenrecht, 2. Abteilung: Die einzelnen Vertragsverhältnisse, 7. Teilband: Die Bürgschaft, Spiel und Wette, Art. 492–515 OR, Der Leibrentenvertrag und die Verpfründung, Art. 516–529 OR, 2. Aufl., Bern 1978.

Handschin Lukas, Zur Abgrenzung von Garantievertrag und Bürgschaft. Akzessorietät der Verpflichtung als massgebendes Kriterium?, SZW 1994, S. 226 ff.

Kleiner Beat, Bankgarantie – Die Garantie unter besonderer Berücksichtigung des Bankgarantiegeschäftes, 4. Aufl., Zürich 1990.

2267

Krauskopf Frédéric, Die Rechtsprechung des Bundesgerichts zu Art. 492 ff. OR, in: Gauch Peter/Aepli Viktor/Stöckli Hubert (Hrsg.), Präjudizienbuch zum OR, 9. Aufl. , Zürich 2016.

Oser Hugo/Schönenberger Wilhelm, Zürcher Kommentar zum Schweizerischen Zivilgesetzbuch, Das Obligationenrecht, 3. Teil: Art. 419 – 529 OR, 2. Aufl. , Zürich 1945.

Schmid Jörg, Die öffentliche Beurkundung von Schuldverträgen, Ausgewählte bundesrechtliche Probleme, Diss. Freiburg 1988 (AISUF Band 83; insbesondere Nr. 488 ff. , S. 139 ff.).

Derselbe, Quelques questions de forme, in: Journée juridique à l'intention des notaires, Fribourg, le 27 octobre 1995, Unterlage 3.

Scyboz Georges, Garantievertrag und Bürgschaft, in: Schweizerisches Privatrecht, Band VII/2: Obligationenrecht – Besondere Vertragsverhältnisse, Basel/Stuttgart 1979, S. 315 ff.

Spaini Mauro, Die Bankgarantie und ihre Erscheinungsformen bei Bauarbeiten, Diss. Freiburg, Dietikon 2000.

Tercier Pierre, Le cautionnement, La présentation générale, in: Journée juridique à l'intention des notaires, Fribourg, le 27 octobre 1995, Unterlage 2.

Derselbe, Le cautionnement, Quelques questions de fond, in: Journée juridique à l'intention des notaires, Fribourg, le 27 octobre 1995, Unterlage 4.

Wiegand Wolfgang, Die Bürgschaft im Bankgeschäft, in: Wiegand Wolfgang (Hrsg.), Personalsicherheiten – Bürgschaft, Bankgarantie, Patronatserklärung und verwandte Sicherungsgeschäfte im nationalen und internationalen Umfeld, Berner Bankrechtstag, Band 4, Bern 1997, S. 175 ff.

Zobl Dieter, Die Bankgarantie im schweizerischen Recht, in: Wiegand Wolfgang (Hrsg.), Personalsicherheiten – Bürgschaft, Bankgarantie, Patronatserklärung und verwandte Sicherungsgeschäfte im nationalen und internationalen Umfeld, Berner Bankrechtstag, Band 4, Bern 1997, S. 23 ff.

第一节　一般规定

一、法律渊源

1. 保证合同（Bürgschaftsvertrag; le cautionnement）的法条位置（sedes materiae）位于债法第 492—512 条。这些规定是立法者鉴于 20 世纪 30 年代［社会上出现］"严峻的保证危机"而颁布的。在 1939 年 12 月 20 日《关于保证法修订的联邦公报》中，联邦委员会对此次危机作了如下描述： 2268

"……以下情况经常发生：个人负担的保证债务远远超出其支付能力，这在正常时期［译者注：当时是战争时期］持续下去也是让人不能忍受的，因为担保义务［所对应的债务额］通常是保证人总财产的数倍……通常使用所谓的连锁保证，以使乡村或城区内的大部分居民通过保证义务、互保义务（Gegen-verpflichtungen）、求偿义务及再保证义务（Rück- und Weiterverpflichtungen）连结成一个命运共同体。一旦某个债务额较大的债务人陷入支付不能，就会对整个地区产生灾难性影响，因为他使其直接保证人、求偿保证人、再保证人（Rück- und Nachbürgen），以及这些保证人的保证人和债权人等人员，都被拖累。"[1]从明显保护保证人的制定法规范中可以看出联邦委员会当时的忧虑（参见债法第 492 条第 4 款）。 2269

2. 保证合同法也有个别问题规定在其他制定法规范中，例如：[2] 2270
——债法总则第 85 条第 2 款、第 114 条第 1 款、第 116 条第 2 款、第 117 条第 3 款、第 121 条、第 135 条第 1 项、第 136 条第 2 款与第 3 款、第 141 条第 3 款及第 178 条第 2 款。 2271

"汇票的保证"（债法第 1020 条以下）是一项独立的汇票义务，而非单纯的从属性义务，因此一般保证法不能对其适用。[3] 2272

---

［1］　BBl 1939 II, S. 845 f.
［2］　例如参见 Tercier/Favre/Eigenmann, Contrats spéciaux, Nr. 6771。
［3］　BGE 79 II 79 ff.（80），E. 1.

2273   ——《民法典》第 395 条第 1 款第 9 项、第 408 条、第 582 条第 1 款、第 591 条及第 637 条第 2 款。

2274   ——《债务执行和破产法》、《民事诉讼法》、《关于农村土地权的联邦法律》（第 76 条第 1 款 b 项）及 2006 年 10 月 6 日《关于向营业性担保机构提供经济援助的联邦法律》（SR 951.25）。

2275   3. 债法第二十章关于保证的规范，大部分是有利于保证人的强制性规定：根据债法第 492 条第 4 款，只要法律未作相反规定，保证人就不能预先放弃"本章"赋予他的权利（强制性规定）。

二、构成要件

2276   1. 基于保证合同，保证人对于债权人，有担保第三人（主债务人）履行债务的义务（债法第 492 条第 1 款）。保证是具有以下特征的担保行为：

2277   ——"保证"合同关系存在于保证人与债权人之间；债务人（债权人的主债务人）不是合同当事人。

2278   ——保证人有担保主债务人履行债务的义务。即，保证人对债权人承诺，主债务人不给付的，由保证人给付。

2279   因此债权人——在对主债务人的债权之外——取得对保证人的债权（人保）。保证导致保证人负担一个存续时间可能较久的义务，但保证不是继续性债务关系，因为［保证人］所负担的仅仅是一次性给付。[1]

2280   ——保证关系仅使保证人负有义务。但不排除债权人或者主债务人就保证义务允诺一个对价。

2281   2. 保证应与具有增信目的（Sicherungszweck）（人保性质）的类似法律制度相区分。[2][译者注：德文里使用 Sicherungsvertrag 和 Sicherungsgeschäft 作为上位概念，包括人保和物保，其人保不仅指保证，还包括特别担保和债务加入，中文语境下担保一词难以涵盖债务加入，因此译者在本章将 Sicherung 译为增信，在不区分各下位概念而是笼统指称时，模糊处理译为担保。] 首先

---

[1] Urteil des BGer. vom 22. Juni 2000, Nr. 4C. 73/2000, E. 4a/bb.

[2] 判决的系统展示见 Krauskopf, Präjudizienbuch OR, N 4 ff. zu den Vorbem. zu Art. 492–512 OR。

应考虑的是类似保证的特别担保合同（bürgschaftsähnlicher Garantievertrag）[译者注：特别担保合同中债务人担保第三人会履行，这与保证合同中第三人保证债务人履行不同] 和并存的债务承担（kumulative Schuldübernahme）。[1] 对他们进行区分很难，但区分在实务上又很重要：保证合同有严格的要式规定，而特别担保合同和并存的债务承担无须以要式为之。此外，保证合同法中还包含了其他有利于保证人的强制性规定（参见债法第 492 条第 4 款），而在特别担保合同——通常涵摄于债法第 111 条——与并存的债务承担中，法律未对增信人提供这些保护。就他们之间的区分，具体而言有以下几点：

——学说和判例认为，保证合同与类似保证的特别担保合同，关键的区分标准是保证具有从属性（边码 2306 以下）。[2] 从属性是指（从属的）保证义务依附于主债务：保证义务以所担保的主债务存在为前提；保证义务是附加到主债务上的，并且其存在以及内容都依赖主债务，是从义务（债法第 492 条第 2 款和债法第 509 条第 1 款）。[3] 保证人作为从债务人，可以主张债务人对债权人的所有抗辩权与抗辩（参见债法第 502 条第 1 款；关于从属性的更多内容见边码 2306 以下）。而在特别担保合同中，担保人向担保受领人承诺的是独立于第三人债务的给付。[4] 　　　2282

个案中涉及的究竟是保证合同还是特别担保合同，应当通过对系争增信型合同（Sicherungsvertrag）进行解释来查明，解释时应当考虑到上述从属性标 　　　2283

---

〔1〕　Gauch/Schluep/Emmenegger, OR AT, Nr. 3646 f. und 3938 ff.；详见 Emmenegger, Garantie, Schuldbeitritt und Bürgschaft, S. 561 ff. 。

〔2〕　BGE 113 II 434 ff.（437），E. 2b；125 III 305 ff.（308），E. 2b＝Pra 1999, Nr. 172, S. 895 ff.；Urteil des BGer. vom 29. Januar 2009, Nr. 4A_530/2008, E. 5. 1. 1（判断是否属于保证的支撑要点和反对要点）；亦参见 Urteil des BGer. vom 9. April 2002, Nr. 4C. 274/2001, E. 3（支持归属为其他担保合同的要点）；Urteil des BGer. vom 20. März 2003, Nr. 4C. 376/2002, E. 3. 3. 1；BGE 131 III 511 ff.（525 f.），E. 4. 3＝Pra 2006, Nr. 66, S. 468 ff.（针对涉外关系）；学说上的完整内容参见 Zobl, Bankgarantie, S. 31 ff.；Emmenegger, Garantie, Schuldbeitritt und Bürgschaft, S. 561 ff.。但也不能认为一个独立的担保完全脱离基础合同（例如参见 BGE 122 III 321 ff.〔322 f.〕，E. 4a＝Pra 1997, Nr. 22, S. 132 ff.，本案确认，基础合同以外的内容未受清偿的，债权人不得要求以担保金支付；Büsser, Einreden und Einwendungen bei der Bankgarantie, Nr. 1193 ff.）。

〔3〕　BGE 138 III 453 ff.（454 f.），E. 2. 2. 1.

〔4〕　BGE 125 III 305 ff.（307 f.），E. 2b＝Pra 1999, Nr. 172, S. 895 ff.；Büsser, Einreden und Einwendungen bei der Bankgarantie, Nr. 574 ff.

准。[1]根据学说和判例观点，如果根据文义解释和目的解释，以及根据意思表示的前后连贯性和内容整体构造的解释，无法获得明确的结果，则应[根据不同情形]作以下不同推定：为了实现保证法致力于保护保证义务人的宗旨，在有疑义时，应推定订立的是保证合同。[2]因此，私人所作的担保声明（Garantieerklärungen），至少在其无业务经验的情形应归属于保证。[3]相反，经验丰富的银行作出的担保声明以及对涉外合同的增信行为（Sicherungsgeschäft）则被推定为特别担保（Garantie）（而非保证）。[4]尽管如此，直至对具体案件作出终审判决前，都总是存在极大的法律不确定性；不确定性的根源在于，立法者对这两个非常相似的增信行为作了极为不同的规定。

2284　　　2003 年联邦法院的一个判决[5]对此进行了阐述："通过两个（或数个）法律制度［译者注：指保证和特别担保］可以实现同样的经济目的——强化债权人地位，但仅保证合同出于保护保证义务人目的规定特别的要式，这［种现象］可以被评价为法秩序的不统一。这种不统一导致了以下紧张关系：一方面，当事人因合同自由可以在两种法律制度间进行自由选择；另一方面，有必要打击对其中一种法律制度要式规定的规避行为。"

2285　　　——并存的债务承担（"债务加入"，"债务共担"），法律虽然没有作规定，但它是债法第 143 条暗含的前提［译者注：债法第 143 条第 1 款规定的是表意成为连带债务人，表意成为连带债务人的前提是法律上允许表意成为连带债务人的构造可能性，也就是并存的债务承担是法律上允许的。因为如果不允许并存的债务承担，就不能表意成为连带债务人，而只能依债法第 143 条第 2 款成立法定连带债务]。[6]在并存的债务承担中，债务承担人给自己设

---

〔1〕　BGE 113 II 434 ff. （437），E. 2c；125 III 305 ff. （308 f.），E. 2b＝Pra 1999，Nr. 172，S. 895 ff.；128 III 295 ff. （303），E. 2d/bb＝Pra 2003，Nr. 13，S. 58 ff.

〔2〕　BGE 113 II 434 ff. （437 f.），E. 2c；129 III 702 ff. （709 f.），E. 2. 5.

〔3〕　BGE 125 III 305 ff. （308 f.），E. 2b＝Pra 1999，Nr. 172，S. 895 ff.；129 III 702 ff. （709 f.），E. 2. 5.

〔4〕　BGE 113 II 434 ff. （437 f.），E. 2c；131 III 511 ff. （525），E. 4. 3＝Pra 2006，Nr. 66，S. 468 ff.；Emmenegger, Garantie, Schuldbeitritt und Bürgschaft, S. 569 f.

〔5〕　BGE 129 III 702 ff. （705 f.），E. 2. 3.

〔6〕　Urteil des BGer. vom 10. /17. Dezember 2002，Nr. 4C. 154/2002，E. 3. 1.

立一项加入（其他）债务人债务的独立义务，也即他通过独立地共同承担第三人债务，而以债务人的身份"加入"债务。[1]在并存的债务承担中，债务承担人（不同于保证合同中的保证人）通常对主债务人与债权人之间的事务享有明显的自身利益。相反，保证合同通常涉及的是为家庭成员或好友的债务提供担保的非利己行为。[2]但应注意，保证合同也在商务来往中被订立（例如根据《瑞士工程师建筑师协会第 118 号规定》第 181 条），此时非利己的标准就不起作用了。

3. 保证作为人保（Personalsicherheit），还须与物保（Realsicherheit）（设　2286
立担保物权、让与担保）相区分，后者使债权人取得一个物权。[3]

4. 法律规定了多种保证类型。实务中重要的类型主要是一般保证与连带　2287
保证。

——一般保证成立后，仅在主债务人被宣告破产或被签发终局的清偿不　2288
足证书时，债权人才可请求一般保证人为给付（债法第 495 条第 1 款）。在这个意义上，保证人的给付义务相对于主债务处于辅助地位。[4]

——连带保证中，主债务人陷于迟延，经催告仍无结果或其显然无支付　2289
能力时，债权人得在诉请主债务人履行和实行不动产担保权前，诉请保证人（连带保证人）履行（债法第 496 条第 1 款）。因此连带债务人的给付义务——不同于一般保证（边码 2288）——相对于主债务人的给付义务仅具有部分辅助性。[5]

也即，连带保证更有利于债权人。对保证人而言，其负担比在一般保证　2290
中更重。

就其他保证类型作以下简要说明：　2291

---

[1]　BGE 129 III 702 ff.（704），E. 2. 1；113 II 434 ff.（435 f.），E. 2.

[2]　BGE 129 III 702 ff.（710），E. 2. 6；Urteil des BGer. vom 21. November 2007, Nr. 4A_316/2007, E. 5. 4；Urteil des BGer. vom 19. Dezember 2007, Nr. 4A_420/2007, E. 2. 2. 3.

[3]　就担保物权（动产担保和不动产担保）作为担保和变价权利参见 Schmid/Hürli-mann-Kaup, Sachenrecht, Nr. 1462 ff. 。

[4]　BGE 125 III 322 ff.（324），E. 2；Urteil des BGer. vom 15. Oktober 2003, Nr. 4C. 114/2003, E. 2. 1 und 3. 3.

[5]　Urteil des BGer. vom 15. Oktober 2003, Nr. 4C. 114/2003, E. 2. 1 und 3. 3.

2292　　——共同保证是指，数人对于同一（可分的）主债务共同承担保证责任（债法第 497 条第 1 款）。

2293　　——副保证（Nachbürgschaft，有学者译为再保证）是指，副保证人对于债权人，就先保证人所承担的义务之履行负有义务（债法第 498 条第 1 款）。

2294　　——再保证（Rückbürgschaft，有学者译为求偿保证）是指，再保证人对于支付之保证人，就其对于主债务人之求偿权，负担保责任（债法第 498 条第 2 款）。

三、合同的成立

2295　　保证合同作为诺成合同，原则上依债法第 1 条的一般规定成立，即通过对立一致的意思表示之交换。因为保证合同使债权人纯获利益（单务合同），根据债法第 6 条的规定，债权人可以默示方式对意图订立保证合同的要约进行承诺。[1]应注意的是合同要式及［保证人］行为能力方面的特别之处。

（一）要式

2296　　1. 为保护保证人，保证合同有法定特别要式规定。一般性的要式是保证人的书面声明，并在保证文书中以数字载明保证人承担保证责任的最高额（债法第 493 条第 1 款）。

2297　　2. 保证人为自然人者，如果保证金额超过 2000 瑞郎，其承担保证的声明（即提供担保的声明，而非整个合同）"还须以公证方式为之，其公证文书须符合保证声明作成地的相关规定"（债法第 493 条第 2 款第 1 句）。[2]债法第 493 条第 3、4 款进一步的要式规定及例外，亦适用于下列情形：

2298　　——保证合同的嗣后（合意）变更（债法第 493 条第 5 款，存在例外情形）；

2299　　——为订立保证合同而［向代理人］授予特别代理权（债法第 493 条第 6 款）；

2300　　——向合同相对人或第三人允诺提供保证（债法第 493 条第 6 款）。

2301　　3. 公证形式有利于保护保证人：该要式提醒保证人注意其义务范围，防止

---

〔1〕　BGE 123 III 35 ff.（41），E. 2c/aa; Meier, ComRom, N 7 zu Art. 492 OR.

〔2〕　完整内容参见 Schmid, Die öffentliche Beurkundung, Nr. 488 ff. 。

其草率作出保证允诺。[1]须以公证形式作出的是保证声明的所有客观和主观重要之点，以下合同内容则无须以公证形式为之：仅仅补充保证合同次要之点或单单为保证人利益而改善其地位的合同之点。[2]此外，根据债法第493条第1、2款，公证文书应以数字载明保证责任的最高额，并由保证人亲笔签名。[3]

当保证合同是为了银行（或其他职业授信人）利益而订立，并且保证合同中援引银行格式条款（格式条款未被公证）时，会产生许多关于要式的问题［译者注：保证合同仅仅援引格式条款，而未将格式条款内容记载在公证文书中，因此产生是否符合要式规定的问题］。[4]

（二）行为能力

1. 根据一般规定（《民法典》第12条以下），保证人缔结保证合同原则上须有法律行为能力［译者注：Handlungsfähigkeit 在瑞士法上可指法律行为能力、责任能力、诉讼能力，此处根据上下文指的是法律行为能力］。根据《民法典》第395条第1款第9项之规定，被保佐人（verbeiständete Perseonen）提供保证的，须有保佐人之参与。［监护人］不得为被监护人订立保证合同（《民法典》第408条）［译者注：原书本段未更新，采用的是2013年之前的《民法典》版本，按照现行法，原来的监护和保佐制度，被成年人辅助制度替代，原第395条被删除，原第408条现应为第412条，且现行法上所用词语不是被监护人（derbevormundete），而改为被辅助人］。

2. 保证人已婚的，为使保证合同有效，依据债法第494条第1款，须在订立保证合同之前或同时取得其配偶的书面同意。根据联邦法院见解，此规则是对意欲担任保证人的夫妻一方的法律行为能力的限制。[5]未取得配偶同

2302

2303

2304

---

〔1〕 BGE 119 Ia 441 ff.（442），E. 2c；129 III 702 ff.（705），E. 2. 2；Schmid, Die öffentliche Beurkundung, Nr. 490 有更多展开。

〔2〕 BGE 119 Ia 441 ff.（442 f.），E. 2c；Schmid, Die öffentliche Beurkundung, Nr. 493 ff.；vgl. auch das Urteil des BGer. vom 17. Januar 2006, Nr. 4C. 314/2005, E. 2，该判决认为保证文书中日期和地点记载错误的不是要式瑕疵。

〔3〕 Schmid, Die öffentliche Beurkundung, Nr. 499 ff.

〔4〕 例如参见 BGE 125 III 131 ff.。

〔5〕 BGE 110 II 484 ff.（486 f.），E. 2a.

意或者同意无效的，配偶另一方的保证无效，合同相对人不能主张善意信赖［译者注：就合同效力而言，第三人不得主张信赖对方有行为能力而使合同有效］。[1]

2305　　经法院判决分居的，［夫妻一方的］保证无须配偶同意（债法第494条第1款）。[2]保证合同的嗣后变更，仅有些情形须配偶同意，其他情形则无须配偶同意（债法第494条第3款）。对已婚者保证的特别规定，准用于登记的同性伴侣（债法第494条第4款）。

四、保证合同的从属性

2306　　1. 从属性原则主要是说，保证须以主债务有效存在为前提（债法第492条第2款第1句）。就保证合同对有效的主债务的依赖可作如下说明：

2307　　——保证人担保的是他人债务，也即是主债务人对债权人所负债务（主债务）。若无有效的主债务，保证原则上无效（债法第492条第2款第1句）。[3]

2308　　换言之，保证人的责任针对主债务人确定的或可确定的债务，责任范围以此为限。[4]保证人仅就主债务负责，而非一般性的对主债务人的支付能力负责。[5]仅当"［保证合同］所担保的债权人与主债务人间的关系清晰可确定"时[6]——通常以债权人可被确定以及债权的发生基础可知为前提，从属性的要件才得到满足。[7]

---

　　[1]　BGE 130 V 103 ff.（109），E.3.2.

　　[2]　原先债法第494条第2款规定，若保证人在商事登记中登记了特定职能，则其配偶的同意对于其缔结保证合同不是必要的。该规定因2005年6月17日的修订被废止（修订之法律为BG vom 17. Juni 2005［Bürgschaften, Zustimmung des Ehegatten］, in Kraft seit 1. Dezember 2005［AS 2005, S. 5097 f.］）。

　　[3]　BGE 120 II 35 ff.（37），E. 3a=Pra 1995, Nr. 146, S. 472 ff.；BGE 138 III 453 ff.（454 f.），E.2.2.1.

　　[4]　BGE 128 III 434 ff.（437 f.），E.3.3.

　　[5]　Bucher, OR BT, S. 288.

　　[6]　BGE 128 III 434 ff.（439），E.3.4.

　　[7]　BGE 120 II 35 ff.（38），E. 3a=Pra 1995, Nr. 146, S. 472 ff. 依据本书见解，这一论断没有被判决 BGE 128 III 434 ff.（439），E.3.4 超越，但后一判决就将来债务的担保做了细化。

——主债务届期后，（债权人）才可向保证人主张权利（债法第 501 条第 1 款）。

——主债务人得对抗债权人的一切抗辩权或抗辩，保证人有权且有义务主张之（债法第 502 条第 1 款）。[1]甚至主债务人放弃这些抗辩权和抗辩的，保证人仍得主张之（债法第 502 条第 2 款）。例外仅仅是（并且总是）主债务人在保证成立前已经放弃特定抗辩权或抗辩，并且保证人对此虽知悉但仍作保证。于此情形，主债务人对抗辩权或抗辩的放弃也对保证人发生效力。[2]同样的，主债务人在保证合同订立后经保证人同意而放弃抗辩权或抗辩的，该放弃也对保证人产生效力。[3]

——保证债权不可被单独让与，仅得作为（从属于）主债权的从权利被让与（债法第 170 条第 1 款）。

——保证人的保证责任因主债务消灭而免除（债法第 509 条第 1 款，亦参见债法第 114 条第 1 款）。

2. 制定法就从属性原则作了数个具体规定：

——对于将来的或附条件的主债务，亦得成立保证（债法第 492 条第 2 款第 2 句）。于此情形，判断是否存在有效的主债务，不以保证合同订立时为准，而以主张保证责任时为准。[4]

根据新近的判决，如果"[保证合同所担保的] 债权人与主债务人间的法律关系清晰可确定"，保证人可为（这一关系下）任意数量的将来债权提供保证。[5]

——从属性原则在以下情形被突破：保证人明知主债务因主债务人的意思表示错误或无缔约能力而无效或已罹于诉讼时效，仍提供保证（债法第 492 条第 3 款）。就此情形，债法第 502 条第 1 款第 2 句明确排除了保证人的相关抗辩权。

2309

2310

2311

2312

2313

2314

2315

2316

---

〔1〕 BGE 113 II 434 ff.（437），E. 2b.

〔2〕 BGE 138 III 453 ff.（455 ff.），E. 2.2.2.

〔3〕 BGE 126 III 25 ff.（28），E. 3b＝Pra 2000, Nr. 101, S. 595 ff.

〔4〕 Bucher, OR BT, S. 288.

〔5〕 BGE 128 III 434 ff.（439），E. 3.4，此判决根据 Wiegand, Bürgschaft im Bankgeschäft, S. 203，部分内容抛弃了 BGE 120 II 35 ff.。

2317　于上述情形，本质上来说存在的不是保证，而是非从属性的特别担保允诺（Garantieversprechen，债法第 111 条）。[1]

第二节　保证人的义务

一、概述

2318　保证人的主要义务是，基于保证合同，对主债务人的债权人，担保［主］债务履行。也即保证义务是附条件的给付义务（支付义务）：主债务人未向债权人为给付或未适当给付的，保证人须对此负责（保证债务的辅助性见边码 2288、2289）。

2319　下文将从保证责任的范围（边码 2320 以下）和向保证人主张权利的要件（边码 2331 以下）两方面对保证人的义务做进一步研究。保证人支付后，保证人与主债务人间的关系，将单独讨论（边码 2354 以下）。

二、保证责任的范围

2320　1. 保证人仅在保证文书中载明的最高额限度内负保证责任（债法第 499 条第 1 款结合第 493 条第 1 款）。

2321　［将保证责任］限制在最高额限度内是为了保护保证人，即便主债务数额高于保证最高额，保证人也仅须就最高额负担保证责任。由于从债权也须被计算在保证额度内（边码 2322 以下马上就此论述），［当事人］常常在保证合同中约定一个超过主债务数额的保证最高额。[2]

2322　2. 除另有约定外，保证人在最高额限度内就以下事项负责：

2323　——就主债务，以及因主债务人过错或迟延所产生的法律后果（债法第 499 条第 2 款第 1 项）。

---

[1]　BGE 113 II 434 ff.（437），E. 2b; Bucher, OR BT, S. 288.

[2]　Urteil des BGer. vom 29. Januar 2009, Nr. 4A_530/2008, E. 5. 2. 4.

但对于合同失效［译者注：此处 Dahinfallen des Vertrags 指的是合同不再 2324
有效的结果，而不论其因何种原因以何种路径不再有效。例如因意思表示错
误而撤销合同（债法第 26 条）、无权代理情形代理人拒绝追认（债法第 39
条）、解除合同（债法第 109 条），这些情形法条都用 Dahinfallen des Vertrags
表示不再有效的后果，译者将之译为合同失效。合同失效，依瑞士法传统观
点，发生信赖利益损害赔偿问题，不发生履行利益损害赔偿问题。但就解除
的后果，有学者主张赔偿履行利益］所产生的损害及违约金（债法第 499 条
第 2 款第 1 项），（除当事人另有明确约定外）保证人不负保证责任。[1]制定
法规则将合同失效所生损害排除在保证责任之外，这一规定令人难以理解，
因为按照这一规则，保证人须对积极利益赔偿（债法第 97 条第 1 款或第 107
条第 2 款的因不履行而生之损害赔偿）承担保证责任，却不须对消极利益赔
偿（依债法第 109 条第 2 款解除合同）承担保证责任。[2]主债务人因缔约前
或缔约时的过错而生的损害赔偿义务（缔约过失责任）也不在保证范围
内。[3]

——保证人及时向债权人清偿即可避免的诉讼费用和强制执行费用，以 2325
及因交出担保物或移转担保权而发生的费用（债法第 499 条第 2 款第 2 项）。

——某些利息（债法第 499 条第 2 款第 3 项）。 2326

3. 除非另有约定，否则保证人仅对保证合同订立后发生的主债务人的债 2327
务负保证责任（债法第 499 条第 3 款）。

根据联邦法院实务见解，上述规定确立了一项推定，该推定也可因保证 2328
文书中未记录的情形被推翻。[4]保证的目的（被推定）为帮助主债务人取得
新的授信，而非担保已经存在的债务。

4. 此外，债法第 500 条第 1 款规定了［保证人］责任额消减：在自然人 2329
保证情形，（除另有约定外）每年消减责任额的 3%，债权同时有不动产担保
物权者，每年消减原始责任额的 1%。

---

〔1〕 就违约金参见 Urteil des BGer. vom 25. Oktober 2005, Nr. 4C. 241/2005, E. 3. 2。
〔2〕 批判性意见有 Bucher, OR BT, S. 298。
〔3〕 Oser/Schönenberger, Zürcher Komm., N 26 zu Art. 499 OR.
〔4〕 BGE 128 III 434 ff.（439），E. 3. 4；亦参见 Pestalozzi, Basler Komm., N 11 zu Art. 499 OR.

2330 另外，法律（债法第 500 条第 1 款第 2 句）规定，在自然人保证情形，保证人的责任额随主债务数额的减少同比例消减。[1]

三、向保证人主张权利的要件

2331 1. 向保证人主张权利的前提首先是保证合同有效（特别是符合要式规定）。如果不满足［合同的］一般有效要件（合意、行为能力、无内容瑕疵、无要式瑕疵与意思表示瑕疵），则欠缺这一前提。

2332 如前所述（边码 2306 以下），还须存在有效的主债务（保证的从属性；债法第 492 条第 2 款，该条第 3 款为例外规定）。

2333 2. 主债务，即债权人对主债务人的债权，必须已届清偿期；根据债法第 501 条第 1 款，即便主债务因主债务人破产而提前届期（《债务执行和破产法》第 208 条），原来约定的主债务届期日［对保证责任的开始］仍具有决定意义。主债务的清偿期，须依债权人或债务人终止通知而确定者，保证期间自通知到达保证人之日起算（债法第 501 条第 3 款）。

2334 在下列情形，法律赋予保证人请求法院批准延期承担保证责任的权利：其一，保证人提供担保物的（Sicherheitsleistung，债法第 501 条第 2 款）；其二，根据主债务人居住国的外汇立法，主债务人的给付义务被消灭或限制的（债法第 501 条第 4 款）；其三，债权人迟延的（债法第 504 条）。

2335 3. 此外，保证人何时可被请求承担保证责任，取决于保证的类型（边码 2287 以下）。相较于一般保证（债法第 495 条），连带保证（债法第 496 条）中的债权人可以更快请求保证人承担保证责任。

2336 若在保证外还有担保物权担保主债权，就各种担保的实现顺序，制定法作了规定（债法第 495 条第 2 款与第 496 条第 2 款）。

2337 4. 最后，主债务人或其继承人得对抗债权人的一切抗辩权和抗辩，保证人有权主张之，但保证人不得以主债务人无清偿能力而为抗辩（债法第 502

---

[1] 批判性意见有 Bucher, OR BT, S. 299。

条第 1 款第 1 句）。[1]主债务人放弃这些抗辩权的，保证人仍得主张之（债法第 502 条第 2 款，边码 2310 已有论述）。

保证人未主张相关抗辩权和抗辩的，符合一定要件时，丧失对主债务人 2338
的追偿权（债法第 502 条第 3 款）。就这个意义而言，保证人所负的不是真正义务（echte Pflicht），而是不真正义务（Obliegenheit），这与债法第 502 条第 1 款所用词语（"有义务"）不匹配。

第三节　债权人的真正义务与不真正义务

1. 债权人原则上负有以下不真正义务：不得减少其他担保或优先权，而 2339
损害保证人的利益（债法第 503 条第 1 款第 1 句）。制定法称之为注意义务（侧标题），[2]并且在公职保证和［私法关系的］职务保证（Amts- und Dienstbürgschaft）中，该义务更为严格（债法第 503 条第 2 款）。

以下情形属于担保减少：处于债权人管领下的担保发生变化，使得担保 2340
覆盖额度低于原本为债权人创设的额度。担保减少导致债权人对保证人的请求权数额减少：在担保减少的范围内减少［债权人对保证人的］请求权数额，但债权人能证明［给保证人导致的］损害微不足道的除外（债法第 503 条第 1 款第 1 句）。此外债权人有［通过举证自身无过错而］免责之可能。[3]

2. 保证人清偿债务后，债权人应按照债法第 503 条第 3 款的规定，向保 2341
证人交付行使权利所必要的文书，并提供必要的信息，有担保物的，应将担保物交付给保证人。

债权人拒绝履行上述义务或者因恶意或重大过失违反上述义务的，保证 2342
人免除保证责任；保证人得请求返还已作之给付并请求赔偿因此所生的其他损害（债法第 503 条第 4 款）。

---

〔1〕　就可能的抗辩权和抗辩，参见 Pestalozzi, Basler Komm. , N 2 ff. zu Art. 502 OR。

〔2〕　完整内容参见 Oser/Schönenberger, Zürcher Komm. , N 3 ff. zu Art. 503 OR。

〔3〕　BGE 64 II 25 ff. （28 f. ）, E. 3.

2343　　3. 根据债法第 504 条第 1 款，主债务届清偿期后，保证人得请求债权人受领给付（债法第 504 条第 1 款第 1 句）。与债法第 69 条规定不同，债法第 504 条第 1 款第 2 句规定，[同一债权] 有数个保证人承担保证责任的，保证人之部分给付，如不少于其应承担的责任额或者主债务人本身有权部分给付的，债权人应受领。[1]

2344　　债权人无正当理由拒绝受领给付的，保证人免除保证责任（债法第 504 条第 2 款）。

2345　　4. 主债务人陷于迟延或破产的，债权人应将之告知保证人（债法第 505 条）。

2346　　债权人违反上述义务，致保证人受有损害的，[在保证人所受损害的范围内，] 债权人对保证人丧失请求权（债法第 505 条第 3 款）。

第四节　保证的消灭

2347　　"保证"作为继续性合同 [译者注：边码 2279 处认为保证为一次性债务关系，不是继续性债务关系，与此处矛盾]，法律就其规定了多种消灭事由。

2348　　1. 首先，保证随主债务消灭而消灭（从属性原则，债法第 509 条第 1 款）。

2348a　　例外情形下，主债务消灭的，保证继续存在，例如主债务人 [与债权人] 达成法庭和解协议（债法第 114 条第 3 款结合《债务执行和破产法》第 303 条）或者交互计算关系中债务余额被单独列项。消灭的主债务复活的，原则上保证义务也复活。[2]

2349　　2. 保证还可因经过一定时间而消灭。特别是，自然人的一切保证，自保证合同订立后经过 20 年而消灭（债法第 509 条第 3 款，该款包含例外情形）。

---

〔1〕　BGE 133 III 598 ff.（603），E. 4. 1. 2 = Pra 2008, Nr. 55, S. 369 ff.

〔2〕　BGE 64 III 147 ff.（154 f.），E. 4，根据《债务执行和破产法》第 291 条第 2 款的"保罗安娜撤销"（paulianische Anfechtung）导致债务清偿被废止。

保证定有期间的，如果债权人未在期间届满后 4 周内依法行使其债权 2350
（即所保证的主债权[1]）（不真正义务）且无重大阻碍而未提起诉讼，则保
证人的义务消灭（债法第 510 条第 3 款）。[2]根据联邦法院实务见解，时间上
作如此严格的规定，其正当性基于以下三点：其一，澄清保证责任的原则与
范围对保证人有利；其二，使保证人更易从单方义务中解脱的趋势；其三，
不行使或迟延行使主债权时损害难以确定。[3]

3. 保证未定期间的，保证人有权依债法第 511 条消灭保证。 2351

4. 例外情形下，保证因保证人的撤回声明而消灭：这适用于为将来债务 2352
提供保证且债务尚未发生的情形。根据债法第 510 条第 1 款，若主债务人的
财产状况在保证合同订立后显著恶化，或者保证人在保证合同订立后始知主
债务人的财产状况显较其善意所信者为劣，则保证人得随时以书面声明撤
回——通知解除——其保证（债法第 510 条第 1 款第 1 句）。但债权人因善意
信赖保证所受之损害，保证人应赔偿之（债法第 510 条第 2 款）。

就公职保证或（私法上）职务保证（Amts- und Dienstbürgschaft），只要公 2353
职关系或职务关系成立，保证人即不得撤回保证（债法第 510 条第 1 款第 2
句）。

第五节　保证人与主债务人间的关系

依法律，保证合同不以保证人与主债务人间事先订有合同为前提，例如 2354
保证人可能出于纯粹情谊而为债务人作保证。但法律规定的某些法律后果塑
造了保证人与主债务人间的关系。

1. 保证人向债权人清偿的，保证人与主债务人之间产生特殊的法定债 2355
关系：根据债法第 507 条，债权人的权利在保证人向其为清偿的范围内移转
于保证人。通过法定债权移转（代位），保证人取得对主债务人的追偿权，该

[1] BGE 125 III 322 ff.（325），E. 3a.
[2] 法律上的主张债权指的是债务执行、起诉或者破产登记。单纯催告或者通知终止主债务并
不足够（Urteil des BGer. vom 15. Oktober 2003, Nr. 4C. 114/2003, E. 2. 3）。
[3] BGE 125 III 322 ff.（325 f.），E. 3b.

权利得在［其所清偿的债务］届清偿期后立即被行使（债法第 507 条第 1 款）。

2356　　　除债权外，［债权所附］的某些担保也移转于保证人（债法第 507 条第 2 款）。[1]

2357　　　2. 保证人可基于债法第 506 条所列举事由，请求主债务人提供担保；主债务已届清偿期的，得请求除去保证。债法第 506 条所列举事由为：

2358　　　——主债务人违反其与保证人的约定，特别是，主债务人未按约定在特定时间内使保证人免于保证责任（第 1 项）；

2359　　　——主债务人陷于迟延或者因主债务人移居国外致保证人向主债务人行使追偿权发生重大困难（第 2 项）；

2360　　　——因主债务人的经济状况恶化、担保物的价值减少或主债务人的过错，致保证人所受之危险远大于其承担保证时之危险（第 3 项）。

---

[1]　详见 Bucher, OR BT, S. 306 f. 。

第六部分

其他有名合同（概览）

下文将提及债法中的其他有名合同，但不予详细展开。

第二十六章　扶养、赌博与打赌合同

本章概述的合同类型，偶然因素在其中扮演重要角色（射幸合同，aleato-　　2361
rische Verträge）。[1]

1. 特别是在赌博和打赌（债法第 513 条以下）中，偶然因素处于支配地　　2362
位。[2]原则上，赌博和打赌仅产生不完全债务[3]、无诉请力债权（债法第
513 条第 1 款），故以之主动抵销也被排除。尽管［赌博和打赌之债］有时被称
为"信誉之债"（Ehrenschulden），但很明显，［输家］主张游戏之抗辩权
（Spieleinrede）并不违反诚实信用原则。[4]但如果输家自愿支付，法律亦认其
为正当行为，不得再请求返还已支付的赌债，但债法第 514 条第 2 款情形除
外。[5]若债权系因合法的"乐透或博彩行为"（债法第 515 条第 1 款），或因在
合法赌场赌博（债法第 515a 条）而发生，债法第 513 条第 1 款则无适用余地。
此等债权可得诉请履行和抵销，债务人不得主张游戏之抗辩权（Spieleinrede）。

2. 终身养老金合同[6]（债法第 516 条以下）及负生养死葬义务之财产转　　2363
让合同[7]（Verpfründung，债法第 521 条以下）也受偶然因素影响，因为于此
情形所负担的养老金、生活费与照料给付的期间，根据受益人（不确定）的
寿命确定。也即，给付与对待给付间的均衡关系深受偶然因素影响。

保险合同（边码 2450），鉴于其偶然性特征，也可归入本章类型。　　2364

---

〔1〕　就此主题亦参见 Rusch, Aleatorische Verträge, AJP 2013, 1625 ff.。

〔2〕　概念参见 BGE 133 II 68 ff.（77 f.），E. 8.1＝Pra 2007, Nr. 136, S. 928 ff.。

〔3〕　Gauch/Schluep/Schmid, OR AT, Nr. 81 f.

〔4〕　BGE 61 II 114 ff.（120）＝Pra 1935, Nr. 110, S. 293 ff.。

〔5〕　BGE 126 IV 165 ff.（174），E. 3c.

〔6〕　概念参见 BGE 138 II 311 ff.（312），E. 2.1.。

〔7〕　概念参见 BGE 133 V 265 ff.（274），E. 6.3.1＝Pra 2008, Nr. 48, S. 324 ff.。

第二十七章 一般合伙

本章专门文献（节选）

2365

Cottier Michelle/Crevoisier Cécile, Die nichteheliche Lebensgemeinschaft als einfache Gesellschaft, AJP 2012, S. 33 ff.

Dessemontet Raphaël, Le consortium de construction et sa fin prématurée en droit suisse, Diss. Freiburg, Lausanne 2006.

Fellmann Walter, Grundfragen im Recht der einfachen Gesellschaft, ZBJV 133/1997, S. 285 ff.

Fellmann Walter/Müller Karin, Berner Kommentar zum schweizerischen Privatrecht, Band VI: Das Obligationenrecht, 2. Abteilung: Die einzelnen Vertragsverhältnisse, 8. Teilband: Die einfache Gesellschaft, Art. 530−544 OR, Bern 2006.

Furrer Martin, Der gemeinsame Zweck als Grundbegriff und Abgrenzungskriterium im Recht der einfachen Gesellschaft, Diss. Zürich 1996 (SSHW Band 164).

Gummert Hans/Riegger Bodo/Weipert Lutz (Hrsg.), Münchener Handbuch des Gesellschaftsrechts, Band 1: BGB-Gesellschaft, Offene Handelsgesellschaft, Partnerschaftsgesellschaft, Partenreederei, EWIV, 4. Aufl., München 2014.

Handschin Lukas, Keine Angst vor der einfachen Gesellschaft, SJZ 109/2013, S. 485 ff.

derselbe, Die Auflösung der einfachen Gesellschaft, in: Vogt Hans-Ueli/Fleischer Holger/Kalss Susanne (Hrsg.), Gesellschafts- und Kapitalmarktrecht in Deutschland, Österreich und der Schweiz 2014, Tübingen 2014, S. 215 ff.

Handschin Lukas/Vonzun Reto, ZürcherKommentar zum schweizerischen Zivilrecht, Obligationenrecht, Teilband V 4a: Die einfache Gesellschaft (Art. 530−551 OR), 4. Aufl., Zürich 2009.

Hartmann Stephan, Zur *actio pro socio* im Recht der Personengesellschaften, ZSR NF 124/2005 I, S. 397 ff.

Keller Marcel, Die ungewollte einfache Gesellschaft, Diss. Basel 2002, Berlin 2003.

Lenz Martin, Die Form von Eigentumsübertragungen an Immobilienvermögen bei Personengesellschaften, Diss. Basel, Bern 2001.

Meier-Hayoz Arthur/Forstmoser Peter, Schweizerisches Gesellschaftsrecht mit Einbezug des künftigen Rechnungslegungsrechts und der Aktienrechtsreform, 11. Aufl., Bern 2012.

Müller Karin, Die Übertragung der Mitgliedschaft bei der einfachen Gesellschaft, Ein Diskussionsbeitrag zum Recht der Gesamthandschaft, Diss. Luzern, Zürich 2003 (LBR Band 2).

Dieselbe, Das Risiko der Solidarhaftung unter Bauunternehmern, Bemerkungen zu BGE 4A_73/2014 vom 19. Juni 2014, in: Schmid Jörg (Hrsg.), Hommage für Peter Gauch, Zürich 2016, S. 157 ff.

Nobel Peter, Zur Frage des Konzerns als einfache Gesellschaft, in: Amstutz Marc et al. (Hrsg.), Festschrift für Walter A. Stoffel, Bern 2014, S. 105 ff.

Handschin Lukas/Pestalozzi Christoph M./Hettich Peter/Staehelin Daniel, Kommentierung der Art. 530 – 551 OR, in: Honsell Heinrich/Vogt Nedim Peter/Watter Rolf (Hrsg.), Basler Kommentar, Obligationenrecht II (Art. 530–964 OR, Art. 1–6 SchlT AG, Art. 1–11 ÜBest GmbH), 4. Aufl., Basel 2012.

Pfäffli Roland, Einfache Gesellschaft – Bekanntes und Neues, ZBGR 88/2007, S. 410 ff.

Reichmuth Pfammatter Alice, Vertretung und Haftung in der einfachen Gesellschaft, Diss. St. Gallen 2002.

Scherrer Erwin, Freuden und Leiden von Konsortien, in: Institut für Schweizerisches und Internationales Baurecht (Hrsg.), Schweizerische Baurechtstagung, Freiburg 2007, S. 87 ff.

Schütz Jürg Gian (Hrsg.), Stämpflis Handkommentar: Personengesellschaftsrecht (Art. 530–619 OR), Bern 2014 (zitiert: SHK- [BearbeiterIn]).

Siegwart Alfred, Zürcher Kommentar zum Schweizerischen Zivilgesetzbuch,

V. Band：Das Obligationenrecht，4. Teil：Die Personengesellschaften（Art. 530 –
619），Zürich 1938.

Sommer Ueli，Die stille Gesellschaft，Diss. Zürich 2000（SSHW Band 193）.

Taormina Andrea，Innenansprüche in der einfachen Gesellschaft und deren
Durchsetzung，Diss. Freiburg 2003（AISUF Band 220）.

Truniger Christof，Die Rechtsprechung des Bundesgerichts zu Art. 530 ff. OR，
in：Gauch Peter/Aepli Viktor/Stöckli Hubert（Hrsg.），Präjudizienbuch zum OR，
9. Aufl.，Zürich 2016.

Von Steiger Werner，Gesellschaftsrecht，in：Schweizerisches Privatrecht，Band
VIII/1：Handelsrecht，Basel/Stuttgart 1976，S. 319 ff.

Vonzun Reto，Rechtsnatur und Haftung der Personengesellschaften，
Diss. Basel，Basel/Genf/München 2000（BStRA，Reihe A Band 53）.

Wolf Stephan，Subjektswechsel bei einfachen Gesellschaften，ZBGR 81/2000，
S. 1 ff.

第一节　一般规定

一、法律渊源

1. 一般合伙（la société simple）规定在债法第 530—551 条，作为债法 2366
［第二分编］"各种合同"的最后一章（也即仍位于商法之前）。

2. 一般合伙的规定，可准用于其他具有相似构造的多人共同关系（Per- 2367
sonengemeinschaften）。例如，夫妻财产共同体（Gütergemeinschaft）和继承人共
同体（Erbengemeinschaft）准用关于一般合伙的规定，当然是有限制的准用。[1]

二、构成要件

1.（一般）合伙是两人或两人以上，为了以共同的人力或资金实现共同 2368
目的而形成的合同关系。根据债法第 530 条第 1 款中的这一一般性法律定义，

---

［1］ Tercier/Favre/Carron B.，Contrats spéciaux，Nr. 7429.

私法上的合伙具有以下特征：

2369 ——以合同为基础（边码2385）。

2370 ——在两人或多人间订立；[1]一般合伙的成员［合伙人］可以是自然人和法人。

2371 ——具有以下目的：以共同的人力和资金实现共同目的。一般合伙得追求法律允许的一切经济上或非经济上（科学、文化、慈善、宗教等）的目的。[2]

2372 一般合伙的适用范围似乎没有限制："一般合伙可以出现在商事领域，也可以出现在民事领域，它的存在可以不预设期限、预设期限或者仅仅为某个事务的解决而设，它可以是大额财产的联合，也可以是日常交易。此外，由于一般合伙无须以法定要式为之，人们［有时］一开始也许没有意识到其存在，此后它才褪去隐秘的面纱：［例如］两个人在聚会后一起预定一辆出租车，他们几乎不会意识到，他们是以一般合伙关系坐在汽车的后座上。没有意识到［合伙之存在］并不妨碍合伙合同的效力。"[3]

2372a 一般合伙能否从事商事营业（债法第934条），尚有争议。[4]根据联邦法院见解，例如从事商事营业的律师事务所（Anwaltsgemeinschaft），即便自称为一般合伙，也应进行商事登记。该律师事务所应登记为商事合伙（Kollektivge-sellschaft）。[5]实务中，一般合伙从事商事营业通常也被容忍，特别是无其他合伙形式可供选择时（例如商事合伙只得由自然人设立；债法第552条第1款）。但不可错以为，就一般合伙内部关系的规定（债法第531条以下）对具有一定复杂性的［合伙］关系来说不合于目的。因此有学者建议，可将商事合伙的规定（债法第552条以下）类推适用于从事商事营业的一般合伙。[6]

2373 2. 凡不具备债法所规定的其他类型"合伙"（Gesellschaft）的要件者

---

［1］ 但参见债法第625条（关于股份有限公司）和第772条（关于有限责任公司）。

［2］ Fellmann, Einfache Gesellschaft, S. 285 und 294 ff.

［3］ Druey/Druey Just/Glanzmann, Gesellschafts- und Handelsrecht, § 3 N 13.

［4］ 否定观点有 Meier-Hayoz/Forstmoser, Gesellschaftsrecht, § 4 N 50 und § 12 N 27；否定的观点还有判决 BGE 124 III 363 ff. 。

［5］ BGE 124 III 363 ff. （365），E. II. 2b；亦参见 Urteil des BGer. vom 20. Januar 2014, Nr. 4A_234/2013, E. 3. 4。

［6］ 例如 Handschin/Vonzun, Zürcher Komm. , N 86 ff. zu Art. 530 OR。

［译者注：此处 Gesellschaft 作为上位概念时没有对应的汉语表达，包含一般合伙、商事合伙、两合公司、股份有限公司和有限责任公司等各种形态。译者将其翻译为"合伙"］，"合伙"（Gesellschaft）一词均指该法第二十三章所称的一般合伙（债法第 530 条第 2 款）。因此，一般合伙法是合伙法律（Gesellschaftsrecht）的基本形式与辅助形式，当其他合伙类型的要件不满足时，即适用一般合伙法。[1]因此，一般合伙被构造得尽量中性且有广泛的适用范围。一般合伙法也对其他法律上共同关系（Rechtsgemeinschaft）有重要意义：这些法律上共同关系常常明确援引一般合伙的规定（如债法第 557 条第 2 款），或者一般合伙法作为解释其他"合伙"规定的辅助工具。

3. 一般合伙是人合合伙（Personengesellschaft）。也即它不是资本参与型的，而是首先取决于各个成员及其利益和能力。[2]   2374

此种人属性架构对合伙人的权利和义务产生多重影响，尤其是每个成员享有同等权利，成员权不可让与和继承（边码 2422、2423），一般合伙——若无其他约定——因其中一个合伙人退伙而解散（边码 2437）。   2375

4. 本书唯一感兴趣的一般合伙是一种单纯的合同关系，也即不是法人，也不会被视为法人。   2376

因此，一般合伙不具有独立的法律人格：它既无权利能力和行为能力，也无诉讼资格（Parteifähigkeit）、诉讼能力与被执行能力（betreibungsfähig），[3]而且它没有自己的字号与住所。一般合伙的财产实际为（通过合同结合的）合伙人的财产。但根据德国联邦法院的判决，[4]德国民事合伙（《德国民法典》第 705 条以下）只要参与法律交易、创设权利与义务，即具有权利能力。[5]   2377

---

〔1〕 Meier-Hayoz/Forstmoser, Gesellschaftsrecht, § 12 N 4 und 34 f. ; Handschin/Von-zun, Zürcher Komm. , N 4 ff. zu Art. 530 OR.

〔2〕 Meier-Hayoz/Forstmoser, Gesellschaftsrecht, § 12 N 10 ff.

〔3〕 Fellmann, Einfache Gesellschaft, S. 288; SHK-Schütz, N 2 zu Art. 530 OR.

〔4〕 BGHZ 146, S. 341 ff. = NJW 2001, S. 1056 ff. ; Schücking, Münchener Handbuch des Gesellschaftsrechts, § 1 N 48; Gummert, Münchener Handbuch des Gesellschaftsrechts, § 17 N 2 ff. ; Müller, Übertragung der Mitgliedschaft, Nr. 93 ff.

〔5〕 BGHZ 254, S. 88 ff. (94).

2378　　5. 隐名合伙（stille Gesellschaft）也满足一般合伙的特征。隐名合伙是一种合伙关系（gesellschaftliche Verbindung），于此某人（隐名合伙人）以金钱或劳务加入他人（出名合伙人，Hauptgesellschafter）的商务活动，但对外不显示合伙人身份。[1]因此，隐名合伙仅仅在内部关系上是合伙，对外仅由出名合伙人执行合伙事务。相应的，合伙债务只由出名合伙人负责，而隐名合伙人不负责。

2379　　但［隐名］合伙的债权人也可就隐名合伙人的出资实现债权，因为该出资已移转于出名合伙人财产中。[2]

2380　　6. 应与一般合伙区分的是：

2381　　——其他合伙形式：它们具有一般合伙不具备的特别特征。例如商事合伙（Kollektivgesellschaft）仅得由自然人设立（债法第 552 条第 1 款），因此，有法人参与或全是法人参与的合伙，自始不能是商事合伙。

2382　　——其他法律上共同关系，如共同所有人共同体（《民法典》第 646 条以下）或区分所有权人共同体（《民法典》第 712a 条以下）。它们与一般合伙的区别在于［制度］目的：根据主流学说和实务观点，一般合伙情形不只是对共有物进行维护和管理。[3]

2383　　——其他双务合同。一般合伙与之区别在于，一般合伙中以共同人力或资金努力实现共同目的，也即，当事人间的利益不是对立的；给付不是对立互换的，而是基于共同目的结合。

2384　　——特别是应与作为双务合同的消费借贷合同（债法第 312 条以下）区分。但若约定的是参与型借贷（partiarisches Darlehen）（贷款人参与分红）（边码 1308、1309 及 2460），则消费借贷与［一般］合伙不易区分。判断标准是，处于重心的是当事人利益对立还是追求共同目的之意愿。[4]这一区分标准也适用于［一般］合伙与其他参与型法律行为（partiarische Rechtsgeschäft）

---

〔1〕 Tercier/Favre/Carron B., Contrats spéciaux, Nr. 7500; Meier-Hayoz/Forstmoser, Gesellschaftsrecht, § 15 N 2.

〔2〕 Meier-Hayoz/Forstmoser, Gesellschaftsrecht, § 15 N 24.

〔3〕 Meier-Hayoz/Forstmoser, Gesellschaftsrecht, § 12 N 21.

〔4〕 例如：LGVE 2005 I, Nr. 18, S. 47 ff. = ZBJV 143/2007, S. 56 ff. （Luzerner Obergericht），本案认定是一般合伙。

的区分。

三、合伙的成立

1. 依一般规定，一般合伙因对立一致的意思表示之交换而成立（债法第 2385
1 条）。意思表示至少应包含以共同手段促进特定目标实现之意愿。

一般合伙并无法定要式规定（债法第 11 条），[1]合伙合同也可以默示方 2386
式订立。[2]

若数人之行为方式，使第三人善意信赖其具有合伙之意思，则依信赖保 2387
护原则，对于该第三人而言，应肯定该数人间成立一般合伙（或商事合伙；
关于商事登记的效果，参见债法第 552 条第 2 款、第 553 条），即便该数人主
观上无合伙意思且不知有此法律后果。[3]

2. 实务中，通常选择以书面形式订立合伙合同。尤其是建筑业"工作共 2388
同体"（ARGE）——它以一般合伙形式处理委托事务或承揽事务——常以书
面形式成立（边码第 1687—1688）。[4]

3. 因一般合伙是辅助形式（Subsidiärform），虽然当事人本意系设立其他 2389
合伙形式，但该目标因某种原因（尚）未达成的，也成立一般合伙。特别是，
社团法人（Körperschaft）[译者注：与之相对的是财团法人]成立前的设立
阶段可适用一般合伙法，但法律另有规定的除外。

就非营利性社团（Verein），《民法典》第 62 条明确规定，其未取得或尚 2390
未取得法人资格时适用一般合伙法。但该原则亦适用于其他社团法人，例如
股份有限公司（关于股份有限公司注册登记前［发起人］承担的义务，参见
债法第 645 条）。[5]

---

〔1〕　Tercier/Favre/Carron B. , Contrats spéciaux, Nr. 7529.

〔2〕　BGE 124 III 363 ff.（365），E. II. 2a；108 II 204 ff.（208），E. 4＝Pra 1982, Nr. 267, S. 676 ff.

〔3〕　BGE 124 III 363 ff.（365），E. II/2b，本案涉及一家律师事务所，其合伙人主张他们共同追
求的目标因对基础设施费用的争议而消灭。亦参见 SHK-Schütz, N 9 zu Art. 530 OR，有更多展开。

〔4〕　就工作共同体的概述参见 Gauch, Werkvertrag, Nr. 243 ff. ；Tercier/Favre/Carron B. , Contrats
spéciaux, Nr. 7489 f. ；亦参见 SIA-Norm 118（2013），Art. 28.

〔5〕　BGE 102 II 420 ff.（423），E. 2a.

2391   4. 一般合伙不能在商事登记簿中登记。[1]如果一般合伙完全由自然人组成但不从事商事营业，虽然也可进行商事登记，但登记后一般合伙变成商事合伙（债法第 553 条）。[2]

第二节 合伙人相互间的关系

一、合伙人的权利与义务

2392   1. 合伙人负担多项义务，尤其是下列义务：

2393   ——出资义务。其出资，得为金钱、物、债权或劳务（债法第 531 条第 1款）。除另有约定外，合伙人应负等额出资的义务，其出资种类及数额应合于约定之目的（债法第 531 条第 2 款）。

2394   出资可以不同种类和方式作出。例如，对于物可以移转所有权（成为共同所有权）或让渡使用权。[3]

2395   ——依性质属于合伙的利益，各合伙人应与其他合伙人分享（债法第 532条）。

2396   若合伙人未另作约定，则各合伙人不论其出资情况，按照人数平均分配收益（债法第 533 条第 1 款）。通常情况下，合伙人会以合同约定收益分配比例，尤其是当出资额差异很大时。若仅就损失分配比例作了约定，该约定也适用于收益分配（债法第 533 条第 2 款）。

2397   ——遵守竞业禁止义务，即不得为谋取个人利益而从事有害于合伙目的的行为（债法第 536 条）。

2398   ——对其他合伙人的忠实义务。[4]尽管法律未明确规定合伙人忠实义务

---

〔1〕 Tercier/Favre/Carron B. , Contrats spéciaux, Nr. 7469.

〔2〕 Tercier/Favre/Carron B. , Contrats spéciaux, Nr. 7469; Meier-Hayoz/Forstmoser, Gesellschaftsrecht, § 12 N 80; 参见 BGE 124 III 363 ff. (365), E. II. 2b。

〔3〕 Handschin/Vonzun, Zürcher Komm. , N 48 ff. zu Art. 531 OR.

〔4〕 Meier-Hayoz/Forstmoser, Gesellschaftsrecht, § 12 N 61.

(Treuepflicht)，但该义务可从多个规范中得出，例如从竞业禁止义务（债法第 536 条）和合伙人知情权（债法第 541 条）中得出。

——分担损失的义务（债法第 533 条）：若无其他约定，各合伙人不论其出资种类及数量，应平均分担损失。　2399

收益分配的规范也适用于损失的分担（边码 2396）。　2400

——对其他合伙人的损害赔偿责任（债法第 538 条第 2 款；关于事务管理，参见边码 2410 以下）。　2401

2. 一般合伙对其成员之请求权（合伙请求权，Sozialansprüche），可通过合伙之诉或共同诉讼（Gesellschafts-oder Gesamthandsklage）主张。[1] 若一般合伙未行使该请求权，则产生以下问题：某一合伙人得否（以自己之名义）提起诉讼，请求其他合伙人履行对合伙之义务。原则上应当允许。为执行该当义务而提起的诉讼，称为合伙人之诉（actio pro socio）。[2]　2402

3. 每个合伙人均享有一系列权利，特别是以下权利：　2403

——参与分配收益的权利（债法第 533 条第 1 款；关于收益的分配，参见边码 2396）。　2404

——参与事务管理的权利，只要合伙事务未依合同或决议完全委任于合伙人中一人、数人或第三人（债法第 535 条第 1 款；边码 2413）。　2405

——垫付费用偿还请求权（债法第 537 条第 1 款）。[3]　2406

但合伙人对其个人付出的劳务不享有报酬请求权（债法第 537 条第 3 款）。　2407

——（无执行权的合伙人）有权亲自了解合伙事务之进展，特别是有权查阅合伙账簿及其他文件（债法第 541 条）。该知情权是强制性的，不得约定排除（债法第 541 条第 2 款）。　2408

---

〔1〕　Von Steiger, SPR VIII/1, S. 377 f. ; Taormina, Innenansprüche in der einfachen Gesellschaft, Nr. 50 und 295 ff.

〔2〕　Von Steiger, SPR VIII/1, S. 378 ff. ; Hartmann, actio pro socio, S. 397 ff. ; 更多限制见 Taormina, Innenansprüche in der einfachen Gesellschaft, Nr. 342 ff. 。

〔3〕　BGE 116 II 316 ff. = Pra 1991, Nr. 43, S. 210 ff. ; 就联邦法院尚未回答的费用偿还请求权的诉讼时效参见 SHK-Jörg, N 24 ff. zu Art. 537 OR。

2409　　——其他权利，例如被排除出合伙时的补偿请求权、参与合伙决议的权利、受领和使用合伙出资的权利。[1]

二、事务管理

2410　　1. 决定变更合伙合同的（例如对于内部管理、损益分配规则的变更），须作出合伙决议（Gesellschaftsbeschlüsse）。

2411　　上述决议——若无其他约定——须经全体合伙人同意（债法第534条第1款），即一致同意（Einstimmigkeit）。合伙合同规定采用多数决的，应理解为合伙人之多数，而非依出资额（债法第534条第2款）。也即，原则上采用"人数决原则"（Kopfstimmprinzip）：各合伙人享有同等投票权。上述规则可依约定变更。

2412　　2. 但一般合伙中的决定并非全都须以（专业术语意义上的）合伙决议为之：执行合伙合同而非变更其内容的决议，其成立依据狭义的事务管理规则。[2]于此，各合伙人可独自作出决定，或者可通过合同将事务管理权交给合伙人中之一人或第三人。具体而言：

2413　　——若无特别约定，各合伙人有权独自执行合伙事务，而无须其他合伙人参与（独立执行权；债法第535条第1款、第2款）。某一合伙人的执行行为完结前，其他具有执行权的合伙人得提出异议（否决权，Vetorecht；债法第535条第2款）。[3]此外须注意，重大决议——如委任概括代理人（Generalbevollmächgite），须经全体合伙人同意（债法第535条第3款）。

2414　　——一般合伙中，成员有权将事务委任一位或数位合伙人，或者一位或数位第三人执行（债法第535条第1款）。[4]

2415　　3. 执行事务的合伙人——无论是基于独立执行权还是基于委任执行权[译者注：若无其他约定，各合伙人都享有独立执行权，但也可将事务委任一人或数人执行，此时被委任者行使的是委任执行权]——所负注意义务的程度，依债法第538条确定：执行合伙人应尽到与处理自己事务相同程度的注意义务（第1款）。不同于合同法中注意义务依客观标准确定，一般合伙中还

---

[1]　Taormina, Innenansprüche in der einfachen Gesellschaft, Nr. 133 ff.

[2]　Handschin/Vonzun, Zürcher Komm., N 140 f. zu Art. 534-535 OR.

[3]　Tercier/Favre/Carron B., Contrats spéciaux, Nr. 7613.

[4]　Tercier/Favre/Carron B., Contrats spéciaux, Nr. 7615 ff.

兼顾（责任减轻的）主观因素（例如缺乏经验或时间急迫）。[1]但如果执行合伙人就其执行事务受有报酬，则适用更严格的客观标准：依一般委托的规定负其责任（债法第 538 条第 3 款结合第 398 条）。

4. 合伙人的事务执行权，其他合伙人非有重大事由不得剥夺或限制之（债法第 539 条）。此规则对独立执行权和基于合伙合同的委任执行权都适用［译者注：对这两个概念，参见边码 2415］。　2416

授予第三人的事务执行权，纵无重大事由，也可通过合伙决议进行限制或剥夺（依委托规则，通过相应的指令或依债法第 404 条解除合同）。　2417

5. 应澄清的是，此处的事务执行是指为实现合伙目的的对内工作［分工］，而非对外代理。[2]但合伙人被委任执行合伙事务者，推定其被授予与第三人进行交易的代理权（债法第 543 条第 3 款；边码 2428、2429）。　2418

三、入伙与退伙

1. 接收新合伙人或者将合伙人资格转让给他人，须经现有合伙人全体同意，但约定了比法律规定更为宽松条件的除外。[3]单个合伙人未经其他合伙人同意，原则上不能接收第三人加入合伙（债法第 542 条第 1 款）。该原则符合一般合伙的人合性构造。　2419

2. 合伙人虽可单独使第三人分享其合伙份额或将其份额让与第三人，但该第三人不因此成为其他合伙人的合伙人，特别是，该第三人不取得对合伙事务的检查权（债法第 542 条第 2 款）。　2420

3. 不得将合伙人从一般合伙中除名，纵有重大事由也不得除名，但另有约定的除外。[4]可以采取的措施是解散合伙。[5]　2421

4. 一般合伙中某合伙人退伙的（例如因合伙人死亡），合伙原则上解散　2422

---

〔1〕 Fellmann, Einfache Gesellschaft, S. 313 f. ; Druey/Druey Just/Glanzmann, Gesellschafts- und Handelsrecht, § 4 N 31.

〔2〕 Handschin/Vonzun, Zürcher Komm. , N 142 ff. zu Art. 534–535 OR.

〔3〕 Müller, Übertragung der Mitgliedschaft, Nr. 172 ff.

〔4〕 BGE 94 II 119 ff.

〔5〕 Tercier/Favre/Carron B. , Contrats spéciaux, Nr. 7563.

（参见债法第 545 条第 1 款第 2 项）。[1]但可通过合同约定，［于此情形］继续维持合伙。例如可以约定，剩余合伙人可继续维持合伙或约定可以接收退伙者的权利继受人（如继承人）为新合伙人（参见债法第 545 条第 1 款第 2 项）。

2423 　　就合伙人死亡，联邦法院作了详细说明：[2]继承人成为清算合伙（Abwicklungsgesellschaft）成员，以这种方式他继承了合伙成员权。清算合伙在——依债法第 545 条第 1 款第 2 项（合伙人死亡）——合伙解散后产生。因清算合伙仅涉及清算（Liquidation），所以无须考虑人身专属因素。

第三节　合伙人与第三人的关系

2424 　　就（一般合伙的）对外关系，一般代理法的原则可以适用。债法［就一般合伙］规定了代理的要件及其效果。

2425 　　1. 一般合伙不是法人，故不能拥有专业术语意义上的机关（《民法典》第 55 条）。[3]因此，仅当［执行合伙人的交易行为］符合代理的要件时，该交易行为对外（对于第三人）才拘束其他合伙人（债法第 543 条第 2 款结合第 32 条以下）。具体而言：

2426 　　——根据债法第 32 条第 1 款，代理人一方面须被授予代理权，另一方面须以被代理人名义（以合伙的名义）订立合同。[4]代理人可以是合伙人之一或第三人（参见债法第 535 条第 3 款："概括代理人"）。［对于成立代理］必要的授权（代理权），可以通过合伙合同、合伙决议或者全体合伙人默示行为授予。[5]

2427 　　——为合伙之利益（但以自己名义）实施的行为，仅使行为人取得权利和负担义务（债法第 543 条第 1 款，另参见第 32 条第 3 款）。若要将权利和

　　〔1〕　BGE 119 II 119 ff. （122），E. 3a＝Pra 1994, Nr. 194, S. 639 ff.；完整内容亦参见 Wolf, Subjektswechsel bei einfachen Gesellschaften, S. 1 ff.（尤其是 S. 14 ff.）。

　　〔2〕　BGE 119 II 119 ff. （124 f.），E. 3c＝Pra 1994, Nr. 194, S. 639 ff.

　　〔3〕　Tercier/Favre/Carron B. , Contrats spéciaux, Nr. 7649.

　　〔4〕　BGE 118 II 313 ff. （318），E. 3a＝Pra 1993, Nr. 93, S. 369 ff.

　　〔5〕　Pestalozzi/Hettich, Basler Komm. , N 8 zu Art. 543 OR.

义务移转于一般合伙，须依债权让与（债法第 164 条以下）及债务承担（债法第 175 条以下）的规定为之。

——合伙人被委任执行合伙事务者，依债法第 543 条第 3 款，推定该合伙人已被授权代理其他合伙人与第三人进行交易。[1] 2428

债法第 543 条第 3 款的推定，既适用于某合伙人（依合同或决议）被委任执行合伙事务的情形，也适用于合伙人依债法第 535 条第 1 款的法定独立执行权执行合伙事务的情形。[2]如果第三人是善意的，此推定依联邦法院判决见解不可被推翻；此推定仅针对在通常事务执行中所为的法律行为。[3] 2429

2. ［执行合伙事务］符合代理要件的，发生以下效果： 2430

——物、物权或债权，已移转于合伙或已由合伙取得者，依合伙协议，属于全体合伙人共同共有（债法第 544 条第 1 款）。因此合伙人对所取得之物（通常）享有共同所有权（债法第 652 条以下），[4]并成为所取得债权的共同债权人，但另有约定的除外。[5]因此，一般合伙是法定共同共有关系。[6] 2431

例如：夫妻以一般合伙方式共同取得的不动产，其上存在共同所有权。[7] 2432

——合伙人，共同或通过代理人，向第三人负担义务者，对第三人负连带责任（债法第 544 条第 3 款）。[8]据此合伙人个人对合伙债务承担无限 2433

---

[1] BGE 118 II 313 ff. (318), E. 3b = Pra 1993, Nr. 93, S. 369 ff.

[2] BGE 124 III 355 ff. (358 f.), E. 4a; LGVE 1996 I Nr. 6, S. 13 ff. = SJZ 94/1998, S. 91 f. (Luzerner Obergericht); Siegwart, Zürcher Komm., N 4 f. zu Art. 535 OR und N 9 zu Art. 543 OR; von Steiger, SPR VIII/1, S. 432 f.; Tercier/Favre/Carron B., Contrats spéciaux, Nr. 7660 und 7663; Guhl/Druey, OR, S. 684 f. (§ 62 N 40 und 43); Fellmann/Müller, Berner Komm., N 49 und 196 ff. zu Art. 543 OR.

[3] Urteil des BGer. vom 17. November 2006, Nr. 4C. 16/2006, E. 7. 2.

[4] Urteil des BGer. vom 18. Januar 2011, Nr. 4A_542/2010, E. 2. 4. 2.

[5] Urteil des BGer. vom 11. August 2010, Nr. 4A_275/2010, E. 4. 2. 就另有约定的例子参见判决 Urteil des BGer. vom 20. April 2004, Nr. 4C. 4/2004, E. 3. 3（连带债权人）。

[6] BGE 137 III 455 ff. (458), E. 3. 4 = Pra 2012, Nr. 19, S. 125 ff.; Urteil des BGer. vom 30. Juli 2012, Nr. 4A_197/2012, E. 4. 1; Taormina, Innenansprüche in der einfachen Gesellschaft, Nr. 60 ff.; Müller, Übertragung der Mitgliedschaft, Nr. 37 ff.

[7] BGE 127 III 46 ff. (52), E. 3b = Pra 2001, Nr. 87, S. 505 ff.

[8] Urteil des BGer. vom 19. Juni 2014, Nr. 4A_73/2014, E. 5. 1; 就此问题之细节参见 Müller, Solidarhaftung, S. 162 ff.; SHK-Krauskopf/Girón, N 13 ff. zu Art. 544 OR。

（以其全部财产）、连带责任。但［合伙人］可与债权人做不同约定（特别是［可约定为］按份债务）。从法规文义已能得出，合伙人与债权人可通过约定改变连带责任。[1]

2434　如果一个律师事务所可被看作一般合伙（而非商事合伙），则仅在以下情形，［全体］合伙人才就其中一位成员违反义务负集体（连带）责任：产生请求权的委托关系是委任给作为共同受托人的全体合伙人，而不是委任给作为单独受托人的某个特定合伙人。[2]

2435　合伙人（只要他未参与侵权行为，债法第50条）无须对代理人的侵权行为负责，因为不存在"对侵权行为的代理"。[3]

第四节　合伙的终止

2436　如同任何继续性债之关系，一般合伙也有终止［Beendigung］的问题。就此法律作了以下规定：

2437　1. 债法第545条对解散事由（Auflösungsgründe）作了一般性规定。除合伙目的实现（第1款第1项）、合伙人退伙（第1款第2项，另参见边码2422）及一致同意解散（第1款第4项）外，该条还规定了其他解散事由，例如合伙期限届满（第1款第5项）或法院基于重大原因判决解散（第1款第7项）[4]。

2438　2. 合伙未定存续期间或以［合伙人中一人之］终身为其存续期间者，各合伙人得以6个月为预告期间，通知终止合伙（债法第546条第1款）。但不得在不合时宜的时间通知终止（第2款）。

2439　3. 出现债法第545条的解散事由时，不会直接导致一般合伙的终止，而仅仅导致既存的合伙目的事业终止。从此时起，一般合伙以清算合伙（Abwicklungsgesellschaft）形式继续存续，清算合伙以完全消灭合伙为新的且唯一

---

〔1〕　Urteil des BGer. vom 16. Januar 2012, Nr. 4A_562/2011, E. 4. 2.

〔2〕　BGE 124 III 363 ff. （367）, E. II/2d.

〔3〕　BGE 90 II 501 ff. （508）, E. 3; 84 II 381 ff. （382）, E. 1b; Meier-Hayoz/Forstmoser, Gesellschaftsrecht, § 12 N 71; SHK-Krauskopf/Girón, N 27 zu Art. 544 OR.

〔4〕　建筑联盟因重大事由解散，参见 Dessemontet, Consortium de construction, Nr. 477 ff. 。

的目的。[1]这通常意味着，共同财产被清算。仅当清算完毕且全体合伙人已知合伙解散（债法第547条第1款）时，一般合伙才彻底消灭。

也即，法律于此规定了合同性的返还清算关系，这也会发生于其他情形（如债法第109条合同解除情形，或买卖合同、承揽合同中的瑕疵解除情形；边码392以下与边码1776），但于其他情形中，法律并未［对返还清算］作规定。 2440

4. 债法第547—551条规定了合伙解散的效果及清算的过程。兹举两例： 2441

——［合伙财产］若有剩余，应作为盈余分配于各合伙人（债法第549条第1款）。若有不足，作为亏损，由各合伙人分担（债法第549条第2款）。 2442

——合伙消灭后，合伙人对第三人所负债务不变（债法第551条）。如此，［合伙人］对于债务的连带责任继续存在，只是在某些情况下可能因第三人债权罹于时效而有所减轻。 2443

---

[1]　BGE 119 II 119 ff. （122），E. 3a＝Pra 1994，Nr. 194，S. 639 ff.；Tercier/Favre/Carron B.，Contrats spéciaux，Nr. 7692 ff.

第八部分

无名合同

第二十八章　无名合同概论

本章专门文献（节选）　　　　　　　　　　　　　　　　　　　　　2444

Amstutz Marc, Die Verfassung von Vertragsverbindungen, in: Amstutz Marc (Hrsg.), Die vernetzte Wirtschaft – Netzwerke als Rechtsproblem, Zürich 2004, S. 45 ff.

Derselbe, Die Verfassung von Vertragsverbindungen, KritV 89/2006 Doppelheft 2-3, S. 105 ff.

Forstmoser Peter/Tercier Pierre/Zäch Roger (Hrsg.), Innominatverträge – Festgabe zum 60. Geburtstag von Walter R. Schluep, Zürich 1988.

Kramer Ernst A., Berner Kommentar zum schweizerischen Privatrecht, Band VI: Das Obligationenrecht, 1. Abteilung: Allgemeine Bestimmungen, 2. Teilband, Unterteilband 1a: Inhalt des Vertrages, Art. 19-22 OR, Bern 1991.

Derselbe (Hrsg.), Neue Vertragsformen der Wirtschaft: Leasing, Factoring, Franchising, 2. Aufl., Bern/Stuttgart/Wien 1992.

Kratz Brigitta, Die Rechtsprechung des Bundesgerichts zu den Innominatverträgen (Vorb. Art. 184-551 OR), in: Gauch Peter/Aepli Viktor/Stöckli Hubert (Hrsg.), Präjudizienbuch zum OR, 9. Aufl., Zürich 2016.

Larenz Karl/Canaris Claus-Wilhelm, Lehrbuch des Schuldrechts, 2. Band: Besonderer Teil, 2. Halbband, 13. Aufl., München 1994.

Martinek Michael, Moderne Vertragstypen,

–Band I: Leasing und Factoring, München 1991;

–Band II: Franchising, Know-How-Verträge, Management- und Consultingverträge, München 1992;

– Band III: Computerverträge, Kreditkartenverträge sowie sonstige moderne Vertragstypen, München 1993.

Netzle Stephan, Kommentierung Sponsoringvertrag, in: Amstutz Marc et al.

（Hrsg. ），Handkommentar zum Schweizer Privatrecht，3. Aufl. ，Zürich 2016.

Piaget Emmanuel，Les règles du mandat face aux contrats innommés，Analyse conceptuelle et typologique du contrat de mandat，AJP 2005，S. 986 ff.

Pichonnaz Pascal，Le contrat de franchise，Etat de son évolution，in：Pichonnaz Pascal/Werro Franz（Hrsg. ），La pratique contractuelle 3，Symposium en droit des contrats，Zürich 2012，S. 41 ff.

Derselbe，Les contrats innommés，quelques questions récurrentes，in：Pichonnaz Pascal/Werro Franz（Hrsg. ），La pratique contractuelle，actualité et perspectives，Symposium en droit des contrats，Zürich 2009，S. 21 ff.

Probst Thomas，Le contrat de *joint venture*，in：Pichonnaz Pascal/Werro Franz （Hrsg. ），La pratique contractuelle，actualité et perspectives，Symposium en droit des contrats，Zürich 2009，S. 45 ff.

Riemer Hans Michael，Die Verträge des ZGB，insbesondere jene des Sachenrechts，aus der Sicht des OR，in：Honsell Heinrich et al. （Hrsg. ），Aktuelle Aspekte des Schuld- und Sachenrechts，Festschrift für Heinz Rey zum 60. Geburtstag，Zürich 2003，S. 83 ff.

Schluep Walter R. ，Innominatverträge，in：Schweizerisches Privatrecht，Band VII/2：Obligationenrecht – Besondere Vertragsverhältnisse，Basel/Stuttgart 1979，S. 761 ff.

Zenhäusern Urs，Kommentierung Lizenzvertrag und Know-how-Vertrag，in：Amstutz Marc et al. （Hrsg. ），Handkommentar zum Schweizer Privatrecht，3. Aufl. ，Zürich 2016.

第一节 基 础

2445　　1. 以下内容以合同自由原则作为基础。合同自由原则贯穿瑞士合同法，合同内容自由是合同自由原则的组成部分。根据合同自由原则，合同当事人尤其可以[1]"在法律允许的限度内自由决定合同的内容"（债法第 19 条第 1

---

[1] 内容自由是合同自由的一个核心元素，但不是唯一的元素。

款）。也即，合同当事人不受合同类型强制。[1]只要在法律允许的限度内，当事人的约定优先于其他一切。

这一思想在《法国民法典》第 1134 条中得到明确表达："依法订立的合同，对于订立合同的人来说，有相当于法律的效力"（Les conventions légalement formées tiennent lieu de loi à ceux qui les ont faites）。对瑞士法来说，至少还应补充：对合同自由的保障最终体现在，依意思自治作出的约定可通过国家强制措施来执行。如果没有这一后盾，合同自由原则只是一纸空文。 2446

2. 合同自由原则形成了极具弹性的灵活的体系，该体系赋予当事人近乎任意构造［法律关系］的可能性（Gestaltungsmöglichkeit）。但是，应该立即强调的是，不仅在无名合同领域有任意构造的可能性，即便是在有名合同中也有任意构造的可能性（边码 2453）。无论是有名合同还是无名合同，当事人均可利用合同自由［构造法律关系］；无论是有名合同还是无名合同，法秩序都［为其］设定了合同自由的边界。 2447

第二节　定义与分类

一、无名合同的定义

1. 无名合同可以被定义为制定法未特别规定的合同，也即债法与其他法律均未特别规定的合同（多为债务性合同）（边码 71）。[2]应作以下几点说明： 2448

——如前所述，某个合同被归入无名合同，关键在于，就该合同没有特别的制定法规范，也即没有满足一定详细度的规定。例如，地役权合同（尽管有个别法律规定，如《民法典》第 732 条）与融资租赁合同（尽管《消费信贷法》对其有个别规定）属于无名合同。如此，虽然法律提及合同名称，但除此之外并无（详细）规定的，仍属于无名合同。属于此种情形的无名合 2449

---

〔1〕　Gauch/Schluep/Schmid, OR AT, Nr. 626 f. ; Kramer, Berner Komm. , N 49 ff. zu Art. 19-20 OR；Amstutz/Morin, Basler Komm. , N 1 f. zur Einl. vor Art. 184 ff. OR.

〔2〕　Gauch/Schluep/Schmid, OR AT, Nr. 252.

同有：遗产分割合同（《民法典》第 634 条）、知识产权许可合同（如《著作权法》第 62 条第 3 款、《商标法》第 18 条、《外观设计保护法》第 15 条、《专利法》第 34 条第 1 款与《植物栽培品种保护法》第 21 条；边码 2482）、离婚协议（《民法典》第 357 条以下；边码 2514）及法庭和解协议（《民事诉讼法》第 109 条、第 201 条与第 241 条；边码 2515）。

2450 　　——私法性保险合同（边码 2585 以下）值得特别关注。它通常被归为有名合同，因为特别法——《保险合同法》——对私法性保险合同作了特别规定（边码 2586 以下）。也即，将之归入无名合同——像本书这样——至少是罕见的。但阅读《保险合同法》便会发现，该法对具体险种完全未作规定或仅作初步规定（如《保险合同法》第 59 条的企业运营责任保险）。《保险合同法》很大程度将自身定位为保险合同法总则。也即，该法很多内容仅仅是原则性规定，而让当事人——实际上主要是保险公司——自行决定具体的险种该适用何种规范。也即，就具体险种的合同，法律几乎未作规定，因此［具体险种的合同］显示出无名合同的特征。还须补充说明的是，就某些险种，公法性的［保险］监管法中，有个别规定对当事人通过法律行为构造合同内容的自由作了限制；例如《保险监管条例》（AVO）第 167 条，该条适用于法律保护保险合同，它就"投保人选择诉讼代理人"这点，对当事人构造合同内容的自由作了限制。但此类规范［在监管法中］属于例外，大多数规定仅具有监管法属性，其目的不在于干涉保险合同内容。

2451 　　2. 有名合同与无名合同并非界限分明。对此有两点思考应作说明：

2452 　　——第一点思考关系到有名合同的定义。有名合同——与无名合同相对（边码 2448）——是指制定法特别规定且规定具有一定详细度的合同。但应立即申明的是，有名合同的规范详细度各不相同（例如参见个人劳动合同与承揽合同）。此外，对于所有有名合同而言，（专门）为其制定的规范并不形成一个封闭性的秩序，因此若［就某问题］无特别规定，法律适用就应始终借助其他手段。因此，认为总能通过现有的法律制度解决有名合同所生争议，这样的想法是错误的，这［译者注：指现有法律制度不能解决全部有名合同问题］使得有名合同与无名合同接近。

2453 　　——第二点思考涉及前文提及的法律关系构造可能性［译者注：Gestaltungsmöglichkeit，有学者译为形成可能性，是法律关系形成的根本性前提。例如在物权法定原则下，当事人没有形成法定类型以外的物权的可能性。

与之相对的是对某种具体情形的禁止（Verbot），也就是某类法律行为原则上允许，但特殊情形被禁止，例如原则上允许订立买卖合同，但是毒品买卖被禁止］，它源于合同自由，在有名合同中也存在法律关系构造可能性。有名合同中存在法律关系构造可能性的前提是，其所属的法律规范是任意性规范——通常也确实如此。以下例子可以证明［有名合同］存在广泛的法律关系构造可能性：双方当事人订立一个有名合同，其中一方负有交付工作成果的义务，另一方负有给付报酬的义务。如此，他们的约定符合承揽合同的法律定义（债法第 363 条；边码 1658 以下）。当事人也可在约定中增加一些与通常被认为属于承揽合同法的规范不同的约定。例如，当事人可依意思自治，对制定法规定为无过错责任的承揽人瑕疵担保责任进行变更（例如约定，承揽人仅就过错负责或仅就瑕疵结果损害负责）。只要具体合同依某类合同的"内核"（Kern）——依该类合同主给付义务确定（边码 2472）——属于该合同类型，即便约定偏离法律规定很多，也不会导致该具体合同不被归入相应的合同类型。这种归类不是仅具分类意义，它对于依据何种规范填补合同漏洞这样的问题也具有实际意义。于此应当注意，［就有名合同而言］当事人意思自治的内容对［有名合同］法律规定偏离越多，［该有名合同的］法律规范越有可能不适用［于具体合同］，合同漏洞填补必须依据其他线索——假设的当事人意思。

以上情形导致有名合同与无名合同区别的弱化。尽管如此，本书还是采用这样的分类，因为这种分类已经根深蒂固并具有法教义学上的重要意义。但应强调的是，就法律适用问题——尤其是合同成立、合同解释与合同补充，无论有名合同和无名合同，都采用相同的方法论方法来处理。　2454

二、无名合同的分类

1. 无名合同传统上分为两类，[1]这种区分仅仅具有分类意义，分类本身不影响法律适用。　2455

——混合合同（也称"类型混合合同"或"交叉型合同"），是指将数个有名合同类型的构成因素结合成一个整体，并且法律就此等结合未作特别规定。此外，这种结合形成一个新的合同，这一点使混合合同与合同联立　2456

---

〔1〕　下文内容参见 Kramer, Berner Komm. , N 56 ff. zu Art. 19-20 OR。

（边码 2463、2464）相区别。

2457　　　·根据现行判例，混合合同的一个例子是规划者总包合同（Gesamtvertrag des Planers）。依据该合同，建筑师或工程师有义务设计建筑物（承揽合同的因素）并负责建设工程管理（委托的因素）（边码 1688a 和边码 2503）。另一个例子是以下情形的房屋管理员合同（Hauswartsvertrag）：依其内容，为换取对管理员房屋的使用而负担劳务给付。制定法对这种混合未作特别规定。

2458　　　·制作物供给合同（Werklieferungsvertrag）融合了买卖合同与承揽合同的元素。但该合同类型规定在承揽合同法（债法第 365 条第 1 款）中，[1]因此它不是无名合同（边码 1666）。同样不是无名合同的有：互易合同（债法第 237 条）、合伙合同（一般合伙）中混合买卖或租赁因素（债法第 531 条第 3 款）。

2459　　　·混合合同在实务中一个重要的子类型是混合有偿合同（Verträge mit "vermischter Entgeltlichkeit"）：双务合同的元素中混入了单务合同——尤其是赠与——的元素（带有赠与性质的交易，negotium mixtum cum donatione）。混合有偿合同的主要情形是混合赠与（买卖合同与赠与的混合），于此一方有意以远低于"真实"价值的价格出售某物（边码第 855 条以下）。

2460　　　·参与型合同（参与型借贷、参与型租赁）也可看作混合合同，因为它在价值让渡或使用让渡元素中加入了合伙的元素：贷款人或出租人参与合同相对方的损益分配。[2]判断是否存在合伙元素的关键是，当事人是否希望通过合同实现一个共同目的（边码 2384）。

2461　　　——纯无名合同（Verträge eigner Art；Verträge sui iuris, sui generis）——作为混合合同的相反概念——是指法律未作特别规定的其他合同。纯无名合同至少包含一种无法归入任何有名合同类型的元素。

2462　　　例如：地役权合同（参见《民法典》第 732 条）[3]、庭外和解合同（边码 2515）。

---

[1] Gauch, Werkvertrag, Nr. 82 und 121 ff.

[2] Larenz/Canaris, Schuldrecht II/2, S. 56 ff.

[3] Schmid/Hürlimann-Kaup, Sachenrecht, Nr. 1244.

2. 应与前述两种［无名合同］类型相区分的是合同联立（合同联合、联合的合同、合同结合）。[1]合同联立是指各个合同虽独立存在，但依当事人意思，结合（联合）成如同单个双务合同中的给付与对待给付般的依赖关系。此种合同群作为所谓的"无名结构"，有时也会被无名合同理论涵盖。

2463

例如：房屋管理员的个人劳动合同与以个人劳动合同成立为前提的（独立的）公务住房租赁合同；[2]啤酒商向旅店主提供贷款，但同时要求旅店主长期只购买其啤酒（长期供货合同）。［两个例子中］重要的都是，"一个合同的有效性与可履行性，构成另一个合同继续（不变的）存在的基础"，[3]也即按照当事人的意思，两个合同共其命运：假如第一个例子中的房屋管理员合同被终止，则租赁关系也不应被继续维持。[4]

2464

3. 如前所述，无名合同不能归入任何有名合同类型（如买卖、赠与、租赁等），但它们可能是法律交易（经济生活）中习惯的合同类型。如此，它们被称为"交易上典型的无名合同"（边码 2479 以下）。

2465

例如：融资租赁合同、保理、独家销售合同、特许经营合同、信用卡业务、庭外和解、许可合同、加油站合同、自动售货机安装合同、租船合同、远程教学合同、授课合同、旅客住宿合同、住院合同。[5]

2466

但即便是交易上典型的［无名］合同，也应注意以下几点：

2467

——就法律适用，应始终以具体合同［的内容］为出发点。优先关注的是当事人（有效）约定的内容，而不是"习惯的"或"交易上典型的"内容。

2468

——合同通常需要解释。交易习惯——例如商业惯例——可作为合同解释的工具。[6]

2469

---

〔1〕　就此参见 BGE 97 II 390 ff.（395），E. 3；Kramer, Berner Komm., N 64 zu Art. 19-20 OR。

〔2〕　BGE 131 III 566 ff.（569），E. 3. 1＝Pra 2006, Nr. 54, S. 401 ff.

〔3〕　Kramer, Berner Komm., N 64 zu Art. 19-20 OR.

〔4〕　Higi, Zürcher Komm., N 209 ff. zu den Vorbem. zu Art. 266-266o OR.

〔5〕　其他例子见 Amstutz/Morin, Basler Komm., N 59 ff. zur Einl. vor Art. 184 ff. OR；Tercier/Favre, Contrats spéciaux, Nr. 7761 ff. 。

〔6〕　Jäggi/Gauch/Hartmann, Zürcher Komm., N 435 ff. zu Art. 18 OR.

2470　　4. 与交易上的典型无名合同形成对比的，是非典型无名合同。后者因特殊（"一次性"）情况而产生，具有非常独特的特征。

第三节　法律适用问题

2471　　对无名合同的法律评价首先以约定的内容为依据，而约定的内容须通过解释查明；当事人意思［即约定的内容］须在法律允许的限度内（债法第19条第1款）。这对有名合同与无名合同都适用。若某具体合同对某一法律问题未作约定，则产生合同漏洞，须由法院进行合同补充［即漏洞填补］。无论是无名合同还是有名合同，漏洞填补的方法并无不同。[1]无名合同的法律适用问题，虽然学说与判例发展出来的各种理论[2]对其作了说明，但并未被完全解决。具体而言，［就无名合同的法律适用］有三个主要问题：

2472　　1. ［通过］合同涵摄（Vertragsqualifikation）应明确，待处理的是有名合同还是无名合同。这种区分，对于寻找合同补充的规则，即寻找可适用的法律，具有重要意义。合同涵摄总是以同样的步骤进行：涵摄基于解释的结果，通过解释可以查明当事人（事实上或规范上）约定了什么内容，以及［约定的］主给付义务与某个有名合同的构成要件是否吻合。通过这种非常简短的过程可能得出，待处理合同至少不能直接归入某有名合同之下。如此，摆在［法律适用者］面前的则是无名合同。

2473　　尽管如此，克莱默[3]正确地警告到，法律适用者"不应仓促地确认存在无名合同，而应首先努力尝试将待涵摄的合同归入某一（通常是非常宽泛且灵活的）有名合同类型之下"。通过此种方式可实现法律安定性以及（通过传统的合同补充方法、目的性限缩与类推适用）避免个案中产生不当结果。这一源自制定法优先原则的理论［译者注：指前面克莱默的观点］当然值得赞同。同时也必须注意到，即使在有名合同，法律适用也不是简单地将已有的

---

　　〔1〕　BGE 107 II 144（149），E. 3；Jäggi/Gauch/Hartmann, Zürcher Komm., N 627 ff. zu Art. 18 OR；Gauch/Schluep/Schmid, OR AT, Nr. 1248；Amstutz/Morin, Basler Komm., N 6 und N 39 ff. zur Einl. vor Art. 184 ff. OR.

　　〔2〕　就此之概览参见 Amstutz/Morin, Basler Komm., N 13 ff. zur Einl. vor Art. 184 ff. OR.

　　〔3〕　Kramer, Berner Komm., N 83 zu Art. 19-20 OR.

法律规则不假思索地套用到具体的合同之上。［法律适用的］过程是复杂的，因为即便（存在漏洞的）合同符合有名合同的要件，有名合同的任意性规范也仅在其与该合同相契合时才可适用。[1]

2. 至于强制性规定，应考虑的是其［效力］是否也扩展到无名合同。如果强制性规定位于债法第一分编，从而具有总则性规定的属性（如债法第127条结合第129条），则不会产生难题——此等强制性规定可无差别地适用于有名合同和无名合同。[2]但棘手的是分则部分的强制性规定（包括法定要式规定），依其体系位置，［这些强制性规定］仅适用于各有名合同或有名合同群[3]。　　　　　　　　　　　　　　　　　　　　　　　2474

依本书见解，对于任何具体合同都应考察：立法者为有名合同创设强制性规定时所考虑的应予保护的状况以及其他价值取向，是否也存在于待评价的合同中。与此不可分开的始终是以下问题：有名合同的强制性规定，能否超出其所属之有名合同而发挥（强制性）效力。从方法论的角度看，摆在眼前的有两个问题：有名合同中的强制性规定是否也可类推适用到该有名合同之外？该强制性规定在类推适用的时候保持还是丧失其强制性属性？[4]如果这两个问题都得到肯定回答，则该规定也强制性地适用于无名合同。合同内容自由受强制性规定限制，这是强制性规定的一般性效果，即便对于无名合同也产生此效果。那么，应适用于有名合同的规则对无名合同也适用：与可适用于具体合同的强制性法律相冲突的约定或交易习惯，不能［有效］存在。于此，［相对于约定或习惯］毋宁是立法者的价值判断具有优先性。就此而言，通过相应的合同设计来规避强行法，其可能性受到限制，必须如此考虑［译者注：指的是立法者价值判断优先］的另外一个原因在于，无名合同恰恰显得特别适合被用来绕过法律的禁止性规定。[5]　　　　　　　　　　　2475

关于强行法的适用，尤其应关注的是下列［强行法］规范：不动产让与　　2476

---

[1]　Jäggi/Gauch/Hartmann, Zürcher Komm. , N 582 und 586 zu Art. 18 OR.

[2]　例如 BGE 115 II 255 ff. （258）, E. 2b; Kramer, Berner Komm. , N 68 zu Art. 19-20 OR 有更多展开。

[3]　有名合同群首先规定在劳动法和委托法部分。

[4]　Jäggi/Gauch/Hartmann, Zürcher Komm. , N 585 zu Art. 18 OR.

[5]　Schluep, SPR VII/2, S. 780.

须进行公证（《民法典》第 657 条第 1 款与债法 216 条）；使用租赁、用益租赁、个人劳动合同与经纪合同（Agenturvertrag）法律中的社会政策性规定；诸如债法第 404 条的个别规定。受宪法性规范影响的是对消费者的保护（《联邦宪法》第 97 条），此等保护在婚姻和同性伴侣介绍（债法第 406a 条以下）、《消费信贷法》（此前也在分期付款买卖中；旧债法第 226a 条以下）以及《包价旅游法》中得到具体化。

2477　　3. 无名合同存在漏洞的，应进行合同补充。债法总则部分的任意性规定可以直接适用。相反，债法分则部分的规定尽管不能直接适用，但可参照适用。通过类推——其法律依据是《民法典》第 1 条第 1 款[1]，[债法分则的] 任意性规定成为无名合同内容补充的重要工具。

2478　　若由于缺少适合的（可类推适用的）制定法规范与习惯法，而无法以任意法进行合同填补，法院应根据假设的当事人意思填补漏洞。也即，法院应当探究，理性、正直的合同当事人，就遗漏问题自行作约定以避免合同漏洞时，他们本来意欲如何。[2]

第四节　交易类型选列

2479　　1. 显然，只要想想合同自由的内涵与无名合同的定义便知，无名合同不可能被穷尽列举。在法律交易中，形成了一些制定法虽未特别规定，但被广泛使用的合同，以至于人们无疑可将之视为典型交易类型 [典型无名合同]。假如立法者要对当今存在的合同进行立法，也可能不得不考虑这些合同，并且对现存有名合同中的个别合同不再特别规定。

2480　　2. 对典型交易类型 [典型无名合同] 可以做一般化说明，而非典型 [无名] 合同依其属性便应避免一般化说明。下文将对选取的典型交易类型就其基本特征作进一步描述。但应立即注意的是，[下文] 不追求作全面描述，这也完全不可能做到。本书将专门并且详细阐述融资租赁合同，它具有多种形

---

　　[1]　依《民法典》第 1 条第 1 款，类推作为法律适用方法，参见 Emmenegger/Tschentscher, Berner Komm. , N 378 zu Art. 1 ZGB。

　　[2]　细节参见 BGE 107 II 144 (149), E. 3; Jäggi/Gauch/Hartmann, Zürcher Komm. , N 559 zu Art. 18 OR; Gauch/Schluep/Schmid, OR AT, Nr. 1257 ff. ; Kramer, Berner Komm. , N 70 zu Art. 19-20 OR。

式，是应用非常广泛的交易类型（边码 2517 以下）。除此之外，下文中对所选取交易类型的讨论，主要基于联邦法院判决。[1]

——关于销售与广告的合同 2481

· 许可合同中，许可人有义务允许被许可人使用受法律保护（如专利、商标、设计、著作权）或实际受到保护（如专业技艺、生产秘密、商业秘密）的无形财产，而许可人自己不支配许可标的。被许可人通常应支付报酬（许可费）。[2] 2482

· 独家销售合同由两个双务关系组成：其中一对给付是，供货人向买受人出售特定货物的义务与买受人支付货款的义务；[3]另一对给付是，供货人在特定区域内不得自行或通过第三人出售其货物（排他条款或独家销售权）以及买受人促进该货物销售的义务（促进销售义务）。[4] 2483

· 特许经营合同旨在通过企业（特许经营者）销售商品或服务，特许经营者虽然是独立的，但须遵循特许经营许可方设定的行销方案。[5]特许经营者的独立性体现在，它自负费用销售商品或提供服务，并因此承担商业风险。[6]经营过程中，特许经营者遵照"特许经营许可方所提供的统一的销售与宣传方案，获得它的支持、建议与指导，并可以使用其名称、商标、装潢或其他受保护的权利"。[7]特许经营许可方有权向特许经营者发出指示并检查其经营活动，[8]后者应向前者支付报酬（特许经营许可费）。 2484

· 自动售货机安装合同类型下，应区分下列情形：若场地拥有人的义务仅限于为自动售货机拥有人有偿提供场地，则属于一般租赁合同。但 2485

---

[1]　联邦法院就无名合同的司法判决，收录于 Kratz, Präjudizienbuch OR, Vorbem. zu Art. 184–551 OR。

[2]　Kratz, Präjudizienbuch OR, N 49 zu den Vorbem. zu Art. 184–551 OR；Zenhäusern, Handkomm., N 1 f. zu den Vorbem. zu 184 ff. OR/Lizenz- und Know-how-Vertrag.

[3]　参见 BGE 78 II 74 ff.（81），E. 4 = Pra 1952, Nr. 61, S. 163 ff.。

[4]　BGE 107 II 222 ff.（223），E. I. /2. b；Bucher, OR BT, S. 240；Kratz, Präjudizienbuch OR, N 14 ff. zu den Vorbem. zu Art. 184–551 OR.

[5]　Kratz, Präjudizienbuch OR, N 35 zu den Vorbem. zu Art. 184–551 OR.

[6]　与个体劳动合同的区别见 ZR 112/2013, S. 65 ff.（Zürcher Obergericht）.

[7]　BGE 118 II 157 ff.（159 f.），E. 2a.

[8]　BGE 118 II 157 ff.（159 f.），E. 2a.

如果场地拥有人还负有保障自动售货机正常运行的义务，则为无名合同。[1]自动售货机安装合同还可给场地拥有人设定其他义务，例如从自动售货机拥有人处获取自动贩售的物品的义务。另外一种自动售货机安装合同，是将场地供自动售货机所有人使用，而自动售货机所有人对场地所有人首先负有下列义务：清洁自动售货机、补充货物以及消除出现的障碍。此外约定，场地所有人的报酬依自动售货机所获营业额计算。于此情形也认为存在无名合同，因为虽然（如同在租赁中）存在以使用让渡交换（取决于营业额的）对价，但自动售货机所有人还负有给付特定劳务的义务。

2486　　　　安装自动博彩机用以经营的，尤其应遵守《赌场法》（SBG）[2]的规定。

2487　　·赞助合同中，赞助商负有以下义务：以金钱、实物或劳务资助从事体育或文化等活动的受赞助人。作为回报，赞助商有权在其广告中，将自己与受赞助人及其活动联系在一起。[3]

2488　　**——金融与社会保障领域的合同**

2489　　·一般信用卡业务是发卡人与持卡人之间的双方关系。依合同（信用卡合同），发卡人有偿将信用卡交与持卡人使用，持卡人可凭此卡从发卡人处（如通过订立买卖合同）获得给付，该给付随后计入持卡人账单。[4]

2490　　·在多方关系的信用卡业务（Kreditkartengeschäft）中，至少要区分三组合同关系：首先是信用卡合同（Kreditkartenvertrag），依此合同，发卡人有偿将信用卡交与持卡人使用，持卡人凭此卡不支付现款而从［接受信用卡支付的］签约企业（Vertragsunternehmer，如商场、酒店或旅行社）获得给付。其次是接受信用卡支付合同（Kreditkartenannahme-

---

[1]　BGE 110 II 474 ff.（475），E. 3a；Kratz, Präjudizienbuch OR, N 25 ff. zu den Vorbem. zu Art. 184-551 OR.

[2]　1998 年 12 月 18 日《关于赌博和赌场的联邦法律》（简称《赌场法》）；BG über Glücksspiele und Spielbanken (Spielbankengesetz, SBG) vom 18. Dezember 1998（SR 935. 52）。

[3]　Netzle, Handkomm. , N 1 zu den Vorbem. zu 184 ff. OR/Sponsoringvertrag.

[4]　Kratz, Präjudizienbuch OR, N 42 ff. zu den Vorbem. zu Art. 184-551 OR.

vertrag)，依此合同，接受信用卡支付的企业对发卡方负有下列义务，即向持卡人提供可能的给付，而不要求持卡人支付，此后将相应债权让与发卡人而从发卡人处获得支付。最后是有关获取给付的合同（Vertrag über den Leitstungsbezug，如买卖合同），此合同在持卡人和签约企业间订立，包括持卡人对签约企业不负支付义务的条款。通常，在签约企业和发卡人之间还存在第四方（有时称为"收单者"[acquirer]），他负责签约企业与发卡人间的债务结算。[1]

· 如果信用卡合同使持卡人可以分期清偿信用卡欠款，则在满足一定条件时，该合同受《消费信贷法》调整（参见第 1 条第 2 款 b 项）。　2491

· 信用卡开户合同是一个框架合同，被广泛应用于银行实务中。[2]该框　2492
架合同一方面为转化它的各个单一合同（Einzelverträge）设定规则，另一方面包含与各个单一合同无关的规定（例如关于提供担保或合同消灭的规定）。根据框架合同的内容，授信人有义务在合同期限内持续向受信人提供不超过一定额度的信用贷款（又称"信贷限额"或"信贷额度"）。[上述义务]可能是消费借贷（债法第 312 条以下），但也可能是下列义务：对于受信人履行债务，[授信人]向第三人提供保证（债法第 492 条第 1 款）或提供更广泛意义上的担保（Garantie）（例如履行担保或瑕疵担保）。作为回报，受信人使用信贷时，负有向授信人支付利息的义务。[3]

· 在保理业务中，客户将其从商业活动中所取得的债权让与保理人，保　2493
理人预付所让与的债权（大多有一定折扣）。保理人可将其他给付与上述金融功能结合（如承担债权得不到支付的风险或通过开具账单和催款来管理债权）。[4]

· 支票合同，是银行客户与付款银行之间的合同。于此，付款银行有义　2494

---

〔1〕 Amstutz/Morin, Basler Komm. , N 216 zur Einl. vor Art. 184 ff. OR.

〔2〕 Kratz, Präjudizienbuch OR, N 89 zur den Vorbem. zu Art. 184–551 OR.

〔3〕 Schärer/Maurenbrecher, Basler Komm. , N 27 f. zu Art. 312 OR；深入研究见 Stöckli, Der Kredit-vertrag, in: Emmenegger（Hrsg. ）, Kreditrecht, Schweizerische Bankrechtstagung（SBT）2010, Basel 2010, S. 1 ff. 。

〔4〕 Bucher, OR BT, S. 43 f. ；Tercier/Favre, Contrats spéciaux, Nr. 8060 f. ；Urteil des BGer. vom 11. Januar 2001, Nr. 4C. 60/2000, E. 6b.

务按照支票法的相关规定承兑银行客户签发的支票。[1]

2495　　　　尤其须注意债法第 1102 条，依该条，付款地在瑞士的支票，"只能指定银行作为付款人"。

2496　　·在职业社会保障领域（berufliche Vorsorge），保险机构和与其关联的被保险人之间的法律关系主要受《关于养老、遗属和伤残的职业社会保障的联邦法律》以及保险机构颁布的规章制度调整。[2]但是"在自愿的、非强制的职业社会保障领域（第 2b 型社会保障支柱）……保险机构与被保险人通过私法性保险合同形成法律关系……这一保险合同在功能上与《保险合同法》意义上的人寿保险合同类似"。[3]

2497　　**——保险合同**

2498　　在私法性保险合同（边码 2585 以下）中，保险人有义务保障［被保险人免受］合同约定的特定风险，并且在投保情形出现时向被保险人履行约定的给付，作为回报，保险人获得保费（债法第 2605 以下）。[4]本书将私法性保险合同归为无名合同（边码 2450）。就此类合同举三个例子：

2499　　·责任保险（Haftpflichtversicherung）可确保被保险人的财产不因第三人的赔偿请求权而受到不利影响（边码 2631 以下）。[5]

2500　　·家庭财产保险（Hausratversicherung），保障家庭财产，也即"所有供私人使用且所有权归被保险人的动产"，免受火灾或盗窃等损害事件影响（边码 2613）。[6]

2501　　·旅行保险，保障［被保险人的］人身、物品和财产免受因旅行导致的损害事件影响（例如取消之费用、急救措施或运输途中行李丢失）。

2502　　**——建筑领域的合同**

2503　　·建筑师或工程师的总包合同（Gesamtvertrag）既包含建筑物设计，又包

---

〔1〕　Urteil des BGer. vom 21. Dezember 2000, Nr. 4C. 292/2000, E. 3a.

〔2〕　BGE 129 III 305 ff.（308），E. 2. 3.

〔3〕　BGE 129 III 305 ff.（307），E. 2. 2；Kratz, Präjudizienbuch OR, N 30 zu den Vorbem. zu Art. 184-551 OR.

〔4〕　BGE 124 III 382 ff.（397），E. 6f.

〔5〕　BGE 100 II 403 ff.（409），E. 4b.

〔6〕　就家庭财产的定义，参见 Brunner, Basler Komm., N 4 zu Art. 66 VVG。

含建设工程管理（边码 1688a）。依联邦法院的判决，它属于混合了一般委托与承揽合同元素的混合合同（边码 2456），但可以统一按照债法第 404 条的规定被解除。[1]

将总包合同归为混合合同，对此存有争议；有学说主张总包合同可纯粹归为委托。[2]没有争议的是，与承揽人订立的使承揽人负有建筑物的设计和建筑施工义务的合同（完全承包合同［Totalunternehmervertrag］，边码 1686），可归为承揽合同。　　2504

· 根据堆放合同（Deponievertrag），堆放者有权在土地上堆放一定物品（如砾石）。堆放者通常负有向土地所有权人支付对价的义务。[3]如果还约定，堆放者负有以一定方式规整土地表面的义务，则该堆放合同就此点而言具有承揽合同的元素。　　2505

——其他服务合同　　2506

· 移动电话服务合同，使通信运营商有义务向客户提供付费访问其移动电话网络的权限，并向客户提供"漫游合作伙伴"网络的访问权限。　　2507

· 授课合同，使授课方有义务在现场向听课方传授某些知识和技能，并提供合适的授课材料。[4]听课方通常负有为此支付报酬的义务。授课合同的一种特殊形式是寄宿学习合同，于此情形，授课方不仅负有授课义务，还负有提供食宿的义务。[5]　　2508

· 远程教学合同与授课合同的区别仅在于，授课方与听课方在空间上是分开的。[6]　　2509

· 旅客住宿合同（Gastaufnahmevertrag）［译者注：包含住宿和餐食的混　　2510

---

〔1〕　BGE 109 II 462 ff.（465 f.），E. 3c und d；Gauch, Werkvertrag, Nr. 57 ff.

〔2〕　Gauch/Middendorf, Von den Planerverträgen, von ihrer Qualifikation und dem SIA – Normenwerk für Planerleistungen, in: Stöckli/Siegenthaler（Hrsg.），Die Planerverträge, Nr. 1. 48.

〔3〕　参见 BGE 107 II 411 ff.。

〔4〕　Amstutz/Morin, Basler Komm. , N 369 zu Einl. vor Art. 184 ff. OR；与学徒培训合同（边码 1586 以下）的区别见 BGE 132 III 753 ff.（755），E. 2. 1；债法第 404 条适用于授课合同的问题参见判决 Urteil des BGer. vom 6. Juli 2011, Nr. 4A_141/2011, E. 2。

〔5〕　阐述见 Urteil des BGer. vom 29. Juli 2008, Nr. 4A_237/2008（因违反寄宿学校内部规则而终止合同）。

〔6〕　Amstutz/Morin, Basler Komm. , N 355 zur Einl. vor Art. 184 ff. OR.

合合同，其形式可以多样，例如住宿加早餐〕中，旅店主负有向客人有偿提供餐饮并使客人可以堂食的义务。[1]它是包含了买卖、租赁、委托与保管元素的混合合同。[2]

2511 ·住院合同有两种类型：一种是全包住院合同（totaler Spitalaufnahmevertrag），于此，医院有偿为病人提供住宿、膳食、护理及医疗服务；另一种是拆分的住院合同（gespaltener Spitalaufnahmvertrag），于此，医院的给付义务限于提供住宿、膳食与护理，就医疗服务，则须与负责治疗的医生单独订立合同。[3]

2512 如果根据州法可以得出，医院的实际出资人为公权力机关，并且医院与病人之间的关系具有公法属性，则不可能存在私法性合同。于此情形，〔医院的损害赔偿责任〕应适用相应的公法规范，特别是国家赔偿法的规定。[4]

2513 **——争议解决领域的合同**

2514 ·仲裁协议是诉讼法上的合同。[5]在排除法院管辖的情况下，仲裁协议就某一法律关系引起的争议，创设私人机构〔即仲裁机构〕的管辖权。关于仲裁管辖以及对仲裁协议的评价，涉外关系适用《国际私法》第176 条以下之规定，国内关系适用《民事诉讼法》第 357 条以下之规定。

2515 ·庭外和解合同，是指双方为消除既存法律关系中的争议或不确定性，通过相互妥协而成立的合同。[6]和解可能针对所争议的事实、其法律涵摄、法律关系的成立、内容或射程等。[7]庭外和解合同与法庭和解

---

〔1〕 BGE 108 II 449 ff. (450), E. 3a = Pra 1983, Nr. 56, S. 144 ff. ; Kratz, Präjudizienbuch OR, N 36 ff. zu den Vorbem. zu Art. 184-551 OR.

〔2〕 BGE 120 II 252 ff. (253), E. 2a = Pra 1995, Nr. 275, S. 938 ff.

〔3〕 Amstutz/Morin, Basler Komm. , N 314 zur Einl. vor Art. 184 ff. OR.

〔4〕 BGE 102 II 45 ff. (50), E. 2d; Amstutz/Morin, Basler Komm. , N 331 zur Einl. vor Art. 184 ff. OR.

〔5〕 BGE 85 II 149 ff. (150 f.); Kratz, Präjudizienbuch OR, N 55 ff. zu den Vorbem. zu Art. 184-551 OR.

〔6〕 BGE 105 II 273 ff. (277), E. 3a; Kratz, Präjudizienbuch OR, N 77 ff. zu den Vorbem. zu Art. 184-551 OR.

〔7〕 Urteil des BGer. vom 24. Juni 2005, Nr. 4C. 23/2005, E. 3. 1.

协议不同，法庭和解协议具有生效判决的效力（《民事诉讼法》第241条第2款），而庭外和解合同仅具有实体效力，不具有程序效力。依据合同基础错误撤销庭外和解受到下列限制：如果错误涉及的是应通过和解消除的争议点，则不得撤销（所谓的"争议要点"，caput controversum）。[1]

3. 此处须再强调一遍：上述列举不是完全列举。人们能想到的只是其自身在日常生活中订立的各种合同！ 2516

---

〔1〕　BGE 130 III 49 ff.（51 f.），E. 1. 2.

第二十九章 融资租赁合同

2517　　本章专门文献（节选）

Girsberger Daniel, Grenzüberschreitendes Finanzierungsleasing, Internationales Vertrags-, Sachen- und Insolvenzrecht−Eine rechtsvergleichende Untersuchung, Habil. Zürich 1997.

Hess Markus, Immobilien-Leasing und Formzwang, ZBGR 72/1991, S. 1 ff.

Derselbe, Immobilien-Leasing in der Schweiz, Diss. Zürich 1989.

Hess Markus/Krummenacher Peter, Sachgewährleistung und Gefahrtragung beim Leasing, in: Koller Alfred (Hrsg.), Leasingrecht − Ausgewählte Fragen, Bern 2007, S. 79 ff.

Honsell Heinrich, Das Aussonderungsrecht des Leasinggebers im Konkurs des Leasingnehmers beim Investitionsgüterleasing, SJZ 95/1999, S. 21 ff.

Kikinis Michael, Benutzungsrechte an Sachen − Unter besonderer Berücksichtigung der Gesetzesumgehung, Diss. Zürich 1996 (ZStP Band 126).

Kramer Ernst A. (Hrsg.), Neue Vertragsformen der Wirtschaft: Leasing, Factoring, Franchising, 2. Aufl. , Bern/Stuttgart/Wien 1992.

Krummenacher Peter, Konsumentenleasing, Zur Anwendbarkeit des Konsumkreditgesetzes und zwingender Bestimmungen des Mietrechts auf Konsumentenleasingverträge, Diss. Luzern, Zürich 2007 (LBR Band 21).

Larenz Karl/Canaris Claus-Wilhelm, Lehrbuch des Schuldrechts, 2. Band: Besonderer Teil, 2. Halbband, 13. Aufl. , München 1994.

Lupi Thomann Melania, Die Anwendung des Konsumkreditgesetzes auf Miet-, Miet-Kauf- und Leasingverträge, Diss. Zürich 2003 (EDC Band 10).

Marchand Sylvain, Le leasing immobilier: Un contrat pluriel, in: Foëx Bénédict (Hrsg.), Droit de superficie et leasing immobilier: Deux alternatives au transfert de propriété, Zürich 2011, S. 113 ff.

Martinek Michael, Moderne Vertragstypen, Band I: Leasing und Factoring, München 1991, S. 33 ff.

Schatz Peter, Das Leasing von Automobilen, AJP 2006, S. 1042 ff.

Schluep Walter R., Innominatverträge, in: Schweizerisches Privatrecht, Band VII/2: Obligationenrecht – Besondere Vertragsverhältnisse, Basel/Stuttgart 1979, S. 761 ff. (insbesondere S. 816 ff.).

Schöbi Felix, Strafe muss (auch im Privatrecht) sein!, Zur Sanktionierung eines gesetzeswidrigen Leasingvertrags, in: Barfuss Walter et al. (Hrsg.), Gedanken zur Gerechtigkeit, Festschrift für Hans Giger zum 80. Geburtstag, Bern 2009, S. 449 ff.

Stauder Bernd, Das Finanzierungs-Investitionsgüterleasing von Mobilien durch eine Leasinggesellschaft: Offene Fragen, in: Kramer Ernst A. (Hrsg.), Neue Vertragsformen der Wirtschaft: Leasing, Factoring, Franchising, 2. Aufl., Bern/Stuttgart/Wien 1992, S. 71 ff.

Derselbe, Leasingverträge nach revidiertem KKG, in: Brunner Alexander/Rehbinder Manfred/Stauder Bernd (Hrsg.), Jahrbuch des Schweizerischen Konsumentenschutzrechts (JKR) 2002, Bern 2003, S. 79 ff.

Stengel Cornelia, Anwendungsbereich des Konsumkreditgesetzes, Kredit und Leasing, Kredit- und Kundenkarten sowie Überziehungskredite für Konsumenten, Diss. Zürich 2014 (ZStP Band 261).

Stöckli Hubert, Verträge und AGB beim Autokauf, in: Stöckli Hubert/Werro Franz (Hrsg.), Strassenverkehrsrechts-Tagung, Bern 2006, S. 1 ff.

Werro Franz, Le contrat de leasing dans la pratique, in: Pichonnaz Pascal/Werro Franz (Hrsg.), La pratique contractuelle 3, Symposium en droit des contrats, Zürich 2012, S. 3 ff.

Wulkan Christoph R., Der Immobilien-Leasingvertrag nach schweizerischem Privatrecht-Rechtstatsächliche, Schuld- und Sachenrechtliche Analyse, Diss. Zürich 1988 (SSHW Band 102).

第一节 基 础

一、典型特征

2518 　　1. 融资租赁合同是典型无名合同，它具有以下典型特征：[1]

2519 　　——一方当事人（出租人，融资租赁公司）在固定期间内将有经济价值的物品（融资租赁物）有偿给予另一方（承租人）使用、收益。

2520 　　融资租赁合同包含持续期间的使用让渡（及支付租金）义务，因此它是继续性合同。固定（也即不得被常规终止）的合同期限，根据租赁物预计的经济上使用寿命计算。[2]

2521 　　——融资租赁物所有权归融资租赁公司。

2522 　　也即，合同期限届满时，（承租人）应返还融资租赁物；但可能通过合同为融资租赁承租人设定合同期限届满时的购买权或合同期限延长权。[3]融资租赁承租人破产的，出租人依其所有权人地位（原则上）享有取回权。[4]

2523 　　——对价（融资租赁租金）由承租人分期支付（融资租赁分期款）。

2524 　　——［租赁物］维持之风险（Erhaltungsrisiko）通常全部转移给融资租赁承租人。[5]因此，维护及为租赁物投保，属于融资租赁承租人（除支付义务外）的典型义务。

2525 　　2. 个案中，融资租赁与使用租赁（债法第253条以下）及用益租赁（债法第275条以下）难以区分。[6]通常会说，融资租赁承租人——相对于使用

---

〔1〕 亦参见 BGE 118 II 150 ff.（153 f.），E. 4b；119 II 236 ff.（238），E. 4 = Pra 1995, Nr. 102, S. 327 ff.；Urteil des BGer. vom 18. Dezember 2008, Nr. 4A_404/2008, E. 4. 1. 1；Werro, Leasing, S. 6 ff.。

〔2〕 BGE 118 II 150 ff.（153），E. 4b.

〔3〕 BGE 118 II 150 ff.（153），E. 4b.

〔4〕 BGE 118 II 150 ff.（156 f.），E. 6；概述见 Tercier/Favre, Contrats spéciaux, Nr. 7779；Honsell, OR BT, S. 445。

〔5〕 Larenz/Canaris, Schuldrecht II/2, S. 101.

〔6〕 亦参见 Higi, Zürcher Komm., N 180 ff. zu den Vorbem. zu Art. 275-304 OR。

租赁和用益租赁承租人而言——对融资租赁物具有完全的使用权和收益权，这与所有权人地位类似。[1]与此相伴的通常是，租赁物维持之风险（Erhaltungsrisiko）完全由融资租赁承租人承担。融资租赁承租人的对待给付是，以分期付款方式支付租金。租金依下列方式确定：租赁物的交换价值在合同期限届满时得依据合同约定被全部或者部分摊销。[2]基于该因素，联邦法院以及多数说均认为，融资租赁合同是一种独立类型的使用让渡合同或者是具有使用租赁因素的混合合同。[3]

上述观点并非没有争议。[4]需注意，不存在（有名合同类型意义上的）融资租赁合同。此外须考虑到，[融资租赁合同的]核心始终是，以融资租赁物的使用让渡来换取对价（租金）。这导致融资租赁合同有时会被涵摄为租赁合同。然而，[就融资租赁合同是无名合同还是使用租赁合同的]争议意义有限。因为即便融资租赁合同并非使用租赁合同，而是无名合同，就以下情形，通过类推方法将使用租赁法中的强制性规范适用于融资租赁合同也是合理的：当融资租赁承租人与使用租赁承租人应受同样保护时。[5]　　2526

3. 从经济视角来看，融资租赁具有融资功能[6]，因为融资租赁承租人无须立即付全款便可使用需要的物品。显然，这有利于商品销售。　　2527

二、表现形式

融资租赁合同有多种形式。应区分不同的分类标准：　　2528

1. 根据当事人的数量不同，融资租赁合同可以作以下区分：　　2529

——双方行为（生产者融资租赁，直接融资租赁）：于此情形，出租人同时也是租赁物的生产者或销售者，并直接面对承租人。　　2530

——间接融资租赁（mittelbares Leasing, Finanzierungsleasing, indirektes Leasing）中则存在三方关系：承租人与独立的出租人（通常是融资租赁公司）　　2531

---

〔1〕　Stengel, Anwendungsbereich KKG, Nr. 198 ff.

〔2〕　Urteil des BGer. vom 18. Dezember 2008, Nr. 4A_404/2008, E. 4.1.1.

〔3〕　Urteil des BGer. vom 18. Dezember 2008, Nr. 4A_404/2008, E. 4.1.2

〔4〕　不同于多数的观点见 Huguenin, OR, Nr. 3725 ff. 。

〔5〕　Urteil des BGer. vom 18. Dezember 2008, Nr. 4A_404/2008, E. 4.1（涉及债法第266k条）。

〔6〕　Tercier/Favre, Contrats spéciaux, Nr. 7772.

订立融资租赁合同，而出租人已从第三人（经销商、生产商、供货商）处取得租赁物。经常出现的情形是，承租人自行从经销商处挑选融资租赁物。[1]实务中最常见的是间接融资租赁（Finanzierungsleasing，又译为金融型融资租赁）。[2]

2532　　在间接融资租赁的三方关系中，融资租赁公司通常作为租赁物的买受人和所有权取得人出现；之后它将租赁物交与承租人使用。因融资租赁公司常常为银行，所以通常作以下约定：供货商直接将融资租赁物交给承租人（［承租人］作为取得所有权的融资租赁公司的代理人）。但也可能出现，融资租赁承租人从经销商处购买物品（并以自己的名义取得占有），之后将该物品转卖给融资租赁出租人的同时，通过融资租赁合同获得使用权（售后回租程序［Sale-and-lease-back-Verfahren］）。

2533　　2. 根据融资租赁物不同，融资租赁合同可以作以下区分：

2534　　——动产融资租赁合同：租赁物为动产（如汽车）。

2535　　——不动产融资租赁合同：租赁物为不动产（如仓库）。

2536　　3. 根据租赁物使用目的不同，可对融资租赁合同作以下重要分类：

2537　　——消费物融资租赁（Konsumgüterleasing）：租赁物系用于消费，也即供个人（非职业性或营业性）使用（例如主要供个人使用的汽车的融资租赁）。

2538　　消费物融资租赁，满足一定要件时，受《消费信贷法》调整（边码2552）。

2539　　——投资物融资租赁（Investitionsgüterleasing）：租赁物为投资物，也即供职业性或营业性（而非个人）使用的物品。[3]

---

〔1〕　亦参见 BGE 118 II 150 ff.（153 f.），E. 4b；119 II 236 ff.（238），E. 4 = Pra 1995, Nr. 102, S. 327 ff.。

〔2〕　Urteil des BGer. vom 18. Dezember 2008, Nr. 4A_404/2008, E. 4.1.1；Amstutz/Morin, Basler Komm., N 62 zur Einl. vor Art. 184 ff. OR；Werro, Leasing, S. 6.

〔3〕　阐述见判决 BGE 118 II 150 ff.（152 f.），E. 4a："投资物通常是指处于并且为了企业的商业使用而投入的物品，并且仅服务于营业之目的……"亦参见 Urteil des BGer. vom 18. Dezember 2008, Nr. 4A_404/2008, E. 4.1.1；Werro, Leasing, S. 20 ff. und 29 ff.。

三、法律适用问题

1. 根据前文所述［融资租赁合同的］典型特征，它与以下有名合同具有 2540
密切联系：

——与分期付款合同（特别是分期付款买卖）； 2541

——与使用租赁合同或用益租赁合同； 2542

——与消费借贷合同，特别是消费信贷合同。 2543

物权法上的思考也很重要，特别是"法律上"所有权（作为空壳所有 2544
权）属于出租人，而"经济上"所有权（用益权与维护之费用）属于承租
人。这原则上意味着，融资租赁公司获得物权性担保，特别是它可以在承租
人破产时，请求返还作为其所有物的融资租赁物。但因为融资租赁关系通常
不对第三人公开，从物权法角度看，产生下面的问题：借助融资租赁是否规
避了定限物权法定的原则?[1]

2. 通说和判例认为间接融资租赁合同并非所有权让与型合同，而是使用 2545
让渡型合同的一个独立类型。[2]

在《消费信贷法》中，就融资租赁合同的法律适用，立法者将买卖合同 2546
法的一些考量也纳入其中。例如，《消费信贷法》第 21 条的抗辩穿透（该法
第 8 条第 1 款明确规定适用于融资租赁合同；边码 2584），涉及"为取得物之
所有权"（或服务）而订立的消费信贷合同。——关于物权法方面的问题，参
见边码 2581、2582。

3. 然而，上述"涵摄"（Qualifikation）（仅限于间接融资租赁合同）并 2547
未解决那些尚未解决的问题。前文所述［间接融资租赁合同］与某些有名合
同类型——特别是那些规定了有利于弱势方的强制性保护规范的合同类
型——实质相似，这更突出了法律适用问题。撇开规避法律的情形不谈，尤

---

〔1〕 Schmid/Hürlimann-Kaup, Sachenrecht, Nr. 1998 ff. 就此有提示。

〔2〕 Tercier/Favre, Contrats spéciaux, Nr. 7792；BGE 118 II 151 ff.（156 f.），E. 6；119 II 236 ff.
（238 f.），E. 4＝Pra 1995, Nr. 102, S. 327 ff；Urteil des BGer. vom 18. Dezember 2008, Nr. 4A_404/2008,
E. 4. 1. 2.

其产生以下问题：有名合同的强制性规定能否适用于融资租赁合同。该问题须针对个案回答。就此问题，尤其应注意不动产买卖、使用租赁和用益租赁以及《消费信贷法》的规定。

2548　　——《民法典》第 657 条第 1 款就不动产所有权转让合同规定了公证形式（债法第 216 条第 1 款就不动产买卖重申了这一规则）。依本书见解，只要具体的［无名］合同中出现了典型的有必要保护的状态（"用不动产交换金钱"），上述要式规定即同样适用于该无名合同。[1]这一结论同样适用于不动产融资租赁合同，只要该合同的构造满足上述有必要保护的状态。[2]

2549　　但联邦法院在 2006 年的一则判决[3]中并未检查是否存在有必要保护的状况。联邦法院认为，不动产融资租赁合同，并非旨在移转所有权，因此不能适用债法第 216 条第 1 款和《民法典》第 657 条第 1 款公证之规定；［联邦法院认为］下述情形也同样不能适用公证之规定：承租人在融资租赁期间经过后，可以在"续约"、"基于购买权受让不动产"或"补偿净收益与存余价值之间的差价后返还不动产"三者之间选择。

2550　　——个案中应通过解释探究的是，当事人是否借融资租赁合同规避关于使用租赁和用益租赁的强制性规定。[4]若确属规避，则（至少通过类推）［对融资租赁合同］适用这些规定。

2551　　对此，希吉（Higi）这样阐述："再炫丽的极乐鸟也仍然是鸟；对于以使用让渡为目的的合同而言，债法第 253 条与第 275 条的法律定义说明了'鸟'是什么。"[5]

2552　　——《消费信贷法》适用于具有以下特征的融资租赁合同（《消费信贷

---

〔1〕　Schmid, Die öffentliche Beurkundung, Nr. 98a und 303 ff. 。

〔2〕　否定该观点的有 Hess, Immobilien-Leasing und Formzwang, S. 8 ff. 。

〔3〕　BGE 132 III 549 ff. （552 ff.）, E. 2, 该判决提示了下面的文献：Hess, Immobilien-Leasing und Formzwang, S. 18. 。

〔4〕　亦参见 Higi, Zürcher Komm. , N 187 ff. zu den Vorbem. zu Art. 275-304 OR; Kikinis, Benutzungsrechte an Sachen, S. 116 f. 。

〔5〕　Higi, Zürcher Komm. , N 191 zu den Vorbem. zu Art. 275-304 OR.

法》第 1 条第 2 款 a 项与第 8 条第 1 款）：[1]

- ·融资租赁物是供个人使用（消费物融资租赁）的动产（动产融资租赁）。 　2553
- ·融资租赁出租人满足授信人的属性（《消费信贷法》第 2 条），并且融 　2554
  资租赁承租人满足受信人的属性（仅自然人；《消费信贷法》第 3 条）。
- ·融资租赁合同约定，合同提前消灭的，约定的分期租金予以提高。 　2555
- ·没有《消费信贷法》第 7 条之排除事项。 　2556

《消费信贷法》第 8 条第 1 款具体（即便不完全）规定了，该法对于融 　2557
资租赁合同（受限制）的适用范围。关于《消费信贷法》对消费者的
特殊保护规范，参见边码 1373 以下。

4. 瑞士未批准 1988 年 5 月 28 日的《国际统一私法协会国际融资租赁公 　2558
约》（Unidroit-Übereinkommen über das internationale Finanzierungsleasing）[2]，
因此它不是形式意义上的法律渊源，但它可以为国际贸易中的法律适用提供
灵感。

上述公约规定了融资租赁出租人的物权优先性，但它允许，准据法就融 　2559
资租赁规定其须遵守公示规定（《国际统一私法协会国际融资租赁公约》第 7
条第 1 款、第 2 款）。[3]

第二节　合同成立

融资租赁合同的成立，原则上适用合意原则（Konsensprizip）。实务中， 　2560

---

[1]　Urteil des BGer. vom 13. Juni 2006, Nr. 4C. 58/2006, E. 2. 1；Lupi Thomann, Anwendbarkeit des KKG, S. 119 ff.；亦参见 Stauder, Leasingverträge nach revidiertem KKG, S. 79 ff.；Werro, Leasing, S. 20 ff. 就旧的分期付款合同法下分期付款保护性条款的适用（旧债法第 226a 条以下）参见 Tercier/Favre, Contrats spéciaux, Nr. 7794。

[2]　英文原文和德语翻译见 Kramer（Hrsg.），Neue Vertragsformen der Wirtschaft：Leasing, Factoring, Franchising, 2. Aufl., Bern/Stuttgart/Wien 1992, S. 218 ff. und 228 ff.。

[3]　Stauder, Das Finanzierungs-Investitionsgüterleasing, S. 99 f.；Girsberger, Grenzüberschreitendes Finanzierungsleasing, Nr. 484 ff.；Carsten, Leasing im grenzüberschreitenden Verkehr, in：Kramer（Hrsg.），Neue Vertragsformen der Wirtschaft：Leasing, Factoring, Franchising, 2. Aufl., Bern/Stuttgart/Wien 1992, S. 117 ff.（205 f.）.

融资租赁公司的一般交易条款具有重要意义。就融资租赁合同的要式问题，应区分融资租赁物是投资物还是消费物：

2561　　1. 就投资物融资租赁，没有法定要式规定；《消费信贷法》含有一些要式规定，但该法不适用于投资物（边码 2553）。实务中自愿使用书面形式的较为常见。

2562　　如果涉及不动产融资租赁，当然会产生以下问题：债法第 216 条第 1 款（与《民法典》第 657 条第 1 款）的要式规定能否适用以及适用范围。若要在融资租赁的不动产上设立购买权，则应遵守债法第 216 条第 2 款的要式规定。但就不动产融资租赁合同整体，联邦法院否定须强制使用公证形式（边码 554 与 2549）。[1]

2563　　间接融资租赁（Finanzierungsleasing）情形下，通常在一般交易条款中规定，融资租赁合同的有效性以供货合同（买卖或承揽合同）有效为前提。

2564　　2. 就消费物融资租赁，应检查《消费信贷法》能否适用以及适用范围。受《消费信贷法》调整的融资租赁合同（边码 2552 以下），适用该法第 11 条的要式规定。[2]

2565　　受《消费信贷法》调整的融资租赁合同须以书面形式订立（《消费信贷法》第 11 条第 1 款），并应包含最低限度的特定内容（《消费信贷法》第 11 条第 2 款）；此外应交给承租人一份合同原件（《消费信贷法》第 11 条第 1 款）。关于撤销权，参见《消费信贷法》第 16 条[3]（边码 1360）；关于 [对受信人的] 信贷能力检查，参见《消费信贷法》第 22 条以下。[4]

---

〔1〕　BGE 132 III 549 ff.（552 ff.），E. 2.

〔2〕　Urteil des BGer. vom 13. Juni 2006, Nr. 4C. 58/2006, E. 2.

〔3〕　《消费信贷法》第 16 条新版（2016 年 1 月 1 日生效）参见 BBl 2014 921, S. 927。

〔4〕　Schmid, Überschuldungsprävention nach revidiertem KKG – Gesichtspunkt ex ante von Finanzierungen, in: Brunner/Rehbinder/Stauder（Hrsg.），Jahrbuch des Schweizerischen Konsumentenschutzrechts（JKR）2002, Bern 2003, S. 51 ff. ; Stauder, Leasingverträge nach revidiertem KKG, S. 103 ff. ; Urteil des BGer. vom 11. März 2009, Nr. 4A_6/2009, E. 2.

第三节 当事人的义务

当事人的义务首先源于融资租赁合同本身。在三方行为（间接融资租赁；确切地说，是有第三方参与的行为）中，涉及以下典型义务：[1]   2566

1. 融资租赁出租人的主要义务为，将租赁物在一定期间内交予承租人使用和收益（边码2519）。[2]   2567

间接融资租赁实务中，通常会约定排除出租人就租赁物品质对承租人所负的物之瑕疵担保责任（如果免责条款出现在一般交易条款中，根据债法第256条，应严格检查免责条款的效力）。[3] 融资租赁出租人作以下声明，以替代瑕疵担保责任：将其所享有的因买卖或承揽合同而产生的对供货人的瑕疵担保权，根据具体情况移转于承租人，供其独立主张（此等瑕疵担保权是否可让与尚有争议）。[4]   2568

2. 融资租赁承租人的主要义务为，在确定的合同期限内支付每期租金（边码2519）。[5] 还可能包括在提前终止合同时支付结算费（"增加的分期租金"）的义务。[6] 此外，承租人在使用租赁物过程中应尽注意义务；他须合理维护融资租赁物（但不需就此提供担保 [Erhaltungsgewähr]），在租赁物有瑕疵时（以出租人的名义）将瑕疵通知供货人，对租赁物进行必要的修理以及为租赁物投保。   2569

为租赁物投保的义务，须结合以下合同条款语境来看：这些条款将租赁物因事变灭失的风险转嫁于承租人。在汽车融资租赁中，通常约定承租人负有为汽车订立全额保险的义务。同时，融资租赁在示范合同（Formlarvertrag）   2570

---

〔1〕 详见 Tercier/Favre, Contrats spéciaux, Nr. 7821 ff. ; Amstutz/Morin, Basler Komm. , N 75 ff. zu Einl. vor Art. 184 ff. OR。

〔2〕 Tercier/Favre, Contrats spéciaux, Nr. 7824; Larenz/Canaris, Schuldrecht II/2, S. 111.

〔3〕 反对适用债法第256条的有 Amstutz/Morin, Basler Komm. , N 83 zur Einl. vor Art. 184 ff. OR。

〔4〕 就此点在承揽合同法中的内容见边码1812—1813。

〔5〕 Tercier/Favre, Contrats spéciaux, Nr. 7838.

〔6〕 参见《消费信贷法》第1条第2款a项的表述，此外尤其参见 Larenz/Canaris, Schuldrecht II/2, S. 109。

中还约定，保险请求权转让于出租人。对其他人（例如责任人）的请求权，也转让给出租人。

2571　3. 实务中所使用的融资租赁示范合同，常就承租人违约规定特殊的法律后果，特别是规定，承租人支付迟延利息与赔偿损害的义务，以及出租人特殊终止合同并立即请求返还租赁物（如汽车）的权利。

2572　就可适用《消费信贷法》的融资租赁合同，当然须遵守该法的强制性规定，就当事人义务而言，特别应遵守该法第 17 条以下，例如信贷迟延利息不得超过融资租赁合同约定的利率（《消费信贷法》第 18 条第 3 款）。该法第 19 条关于抗辩权的强制性规定，以及第 21 条所谓的"抗辩穿透"（Einwendungsdurchgriff），也适用于融资租赁合同（《消费信贷法》第 8 条第 1 款；就后者，参见边码 2584）。

第四节　合同的消灭

2573　1. 融资租赁合同为继续性合同，约定的合同期限届满的，合同常规消灭。在此之前，该合同不能被（常规）终止。

2574　合同常规消灭的，承租人享有合同约定的权利并承担约定的义务（关于继续性合同的消灭，参见边码 95 以下）。通常情况下，租赁物应返还给出租人。但根据合同约定，承租人可能享有购买权或续约选择权。[1]

2575　2. 一方当事人不履行合同的，可能导致债法第 107 条以下的合同特殊消灭情形。此外，如同在其他继续性合同中，任何时候都可基于重大事由终止合同。

2576　根据本书见解，在供个人使用的动产融资租赁中 [译者注：属于消费物融资租赁]，承租人对于职业出租人，原则上也可主张债法第 266k 条关于终

---

[1]　例如 BGE 132 III 549 (552), E. 1 末尾。

止权的强制性规定。[1]但合同如果同时受《消费信贷法》调整，则优先适用《消费信贷法》第 17 条第 3 款（下文马上对此予以论述）。

3. 针对受《消费信贷法》（第 1 条第 2 款 a 项与第 8 条）调整的融资租赁合同，应注意以下终止可能性：　　　　　　　　　　　　　　　　　　　2577

——依《消费信贷法》第 17 条第 3 款，融资租赁承租人可以——在约定的合同期限届满前，且无须说明理由——在至少提前 30 天（终止预告期间）预告的情形下，于 3 个月融资租赁期限的最后一天（终止日期）终止合同。于此情形，[融资租赁承租人] 应当支付融资租赁合同中约定的赔偿。　　2578

[上述] "赔偿规定"，联邦委员会成员在使用租赁法中并未讨论，并且从价值取向上来看，它与债法第 266k 条第 2 句难以协调。但《消费信贷法》第 1 条第 2 款 a 项规定，该法恰恰适用于租金额可被嗣后提高的融资租赁合同，因此《消费信贷法》第 17 条第 3 款应被看作融资租赁法的特别规范，它优先于债法第 266k 条适用。[2]　　　　　　　　　　　　　　　　　2579

——依《消费信贷法》第 18 条第 2 款，当至少 3 个月应付租金未支付时，出租人也得于约定的合同期限届满前解除合同。[3]　　　　　　　　2580

第五节　个别问题

1. 个案中应当检查，当事人所选择的合同构造，在多大程度上与其他强制性规范，特别是物权法规范，相协调。这尤其会产生以下问题：[4]　　2581

——在间接融资租赁（Fianzierungsleasing）中，出租人通常就取得租赁物所有权和占有无"实质"利益。唯一的"所有权人利益"体现为承租人破产时的经济上担保 [译者注：即所有权人享有取回权]。因此会产生下面的问　2582

---

[1]　亦参见 Higi, Zürcher Komm. , N 187 ff. zu den Vorbem. zu Art. 253-274g OR（该文献强调对具体融资租赁合同进行解释的必要性）；Urteil des BGer. vom 18. Dezember 2008, Nr. 4A_404/2008, E. 4（针对旧《消费信贷法》）。不同观点有 Schatz, Leasing von Automobilen, S. 1047 ff. 。

[2]　Werro, Leasing, S. 21 und 27 f.

[3]　批判意见有 Stauder, Leasingverträge nach revidiertem KKG, S. 119。

[4]　Schmid/Hürlimann-Kaup, Sachenrecht, Nr. 1998 ff.

题：关于所有权保留的规定（《民法典》第715、716条）能否以及在多大程度上能适用于融资租赁合同。[1]

2583　　——在售后回租型融资租赁中，产生下面的问题：［该类型融资租赁］是否与《民法典》第717条及第884条相冲突。[2]

2584　　2. 如前所述，在实务中，出租人通常亲自在经销商处挑选融资租赁物；融资租赁出租人在这之后才会介入（边码2531、2532）。如果租赁物后来未被交付或交付的租赁物不符合供货合同的约定，那么对于在《消费信贷法》调整范围内的融资租赁合同，承租人可对出租人主张其对供货人所享有的权利（抗辩穿透，Einwendungsdurchgriff；参见《消费信贷法》第21条第1款c项，结合该法第8条第1款）。[3]先不论《消费信贷法》第21条在三方融资租赁关系中如何适用是否完全清晰，实际上该条规定常常完全不能适用，因为它以授信人与供货人之间存在下列约定为前提：该供货商所有顾客的信贷都只能由该授信人提供（《消费信贷法》第21条第1款a项，边码1372）。[4]

---

〔1〕　亦参见 Tercier/Favre, Contrats spéciaux, Nr. 7840。

〔2〕　就此亦参见 BGE 119 II 236 ff.（241），E. 5 in fine＝Pra 1995, Nr. 102, S. 327 ff.；Schmid/Hürlimann-Kaup, Sachenrecht, Nr. 2001 有更多展开。

〔3〕　细节参见 Larenz/Canaris, Schuldrecht II/2, S. 116 ff.。

〔4〕　就此详见 Hess/Krummenacher, Sachgewährleistung und Gefahrtragung beim Leasing, S. 101 ff.。

第三十章　保险合同

本章专门文献（节选）　　　　　　　　　　　　　　　　　　　　　2585

Brulhart Vincent, Droit des assurances privées, Bern 2008.

Fellmann Walter, Substanzbeeinträchtigungs- und Funktionsbeeinträchti-gungs-theorie beim Sachschaden, Fata Morganen am juristischen Horizont, in: Fuhrer Stephan/Chappuis Christine (Hrsg.), Haftpflicht- und Versicherungsrecht, Droit de la responsabilité civile et des assurances, Liber amicorum Roland Brehm, Bern 2012, S. 133 ff.

Fuhrer Stephan, Schweizerisches Privatversicherungsrecht, Zürich 2011.

Honsell Heinrich/Vogt Nedim Peter/Schnyder Anton K. (Hrsg.), Basler Kommentar, Bundesgesetz über den Versicherungsvertrag (VVG), Basel 2001.

Honsell Heinrich/Vogt Nedim Peter/Schnyder Anton K./Grolimund Pascal (Hrsg.), Basler Kommentar, Versicherungsvertragsgesetz, Nachführungsband, Basel 2012.

Hsu Peter Ch./Stupp Eric (Hrsg.), Basler Kommentar, Versicherungsaufsich-tsgesetz, Basel 2013.

Kuhn Moritz W./Müller-Studer R. Luka/Eckert Martin K. (Hrsg.), Privat-versicherungsrecht, Unter Mitberücksichtigung des Haftpflicht- und des Aufsich-tsrechts, 3. Aufl., Zürich 2010.

Landolt Hardy/Weber Stephan, Privatversicherungsrecht in a nutshell, Zürich 2011.

Langheid Theo/Wandt Manfred (Hrsg.), Münchener Kommentar zum Versi-cherungsvertragsgesetz, Band I: §§ 1–99 VVG, VVG-InfoV, 2. Aufl., München 2016.

Maurer Alfred, Schweizerisches Privatversicherungsrecht, 3. Aufl., Bern 1995.

Schaer Roland, Modernes Versicherungsrecht, Das Privatversicherungsrecht und seine Schnittstellen zum Sozialversicherungs- und Haftpflichtrecht, Bern 2007.

Von Fürstenwerth Frank/Weiss Alfons, Versicherungs-Alphabet (VA), Begriffserläuterungen der Versicherung aus Theorie und Praxis, 10. Aufl., Karlsruhe 2001.

Waldmeier Jürg (Hrsg.), Versicherungsaufsicht, Solvenz, Risikomanagement, Verantwortlicher Aktuar, Kontrollsysteme, Gruppen & Konglomerate, Versicherungsvermittler, Zürich 2007.

Weber Rolf H./Umbach Patrick, Versicherungsaufsichtsrecht, Bern 2006.

第一节 法律渊源

一、《保险合同法》

2586 　　1. 私法性保险合同在实务中意义重大，它几乎渗透到每一种生活关系中。私法性保险合同主要规定在《保险合同法》[1]中。合同自由，原则上也适用于保险合同，但受到《保险合同法》第97、98条的特别限制，该处列举了哪些规定是强制性规定。第97条列举的是绝对强制性规定，第98条列举的是相对强制性规定。对相对强制性规定可作有利于投保人或受益人的其他约定。这些限制旨在保护投保人，就此点，《保险合同法》不区分熟悉业务的精明投保人和其他投保人。[2]

2587 　　《保险合同法》放弃了这一区分，这一点令人感到惊奇。如同联邦委员会在其草案中指出的那样，"限制合同自由，在任何经济实力不对等或者商业意识程度不对等的当事人间都有必要，这不同于海上保险和再保险中的情形。所有公正的专业人士都要求限制合同自由。尤其在立法者必须反对保险惯例

---

　　〔1〕 1908年4月2日《保险合同法》：BG über den Versicherungsvertrag (Versicherungsvertragsgesetz, VVG) vom 2. April 1908 (SR 221. 229. 1)。

　　〔2〕 就运输保险合同而言，对合同自由的限制要少些（《保险合同法》第97条第2款及第98条第2款）。《保险合同法》对再保险完全不适用（《保险合同法》第101条第1款第1项），因此该法的强制性规范也对再保险不起作用。

时，应打破合同自由原则。否则，立法者的意志体现将是一纸空文。"〔1〕

　　近些年已有人努力推动《保险合同法》的全面修订，并借助修订消除现行法体系上和内容上的不足。〔2〕但是这一修订未被联邦议会通过。　　2588

　　2. 就《保险合同法》的适用而言，有三点需要注意。　　2589

　　——首先，《保险合同法》没有定义什么是保险合同，也即保险合同到底应作如何理解是开放的。该法也没有规定合同当事人典型的主给付义务。这与德国《保险合同法》〔3〕不同，后者第 1 条对保险合同的典型给付进行法律规定。根据该规定，保险人负有以下义务："在发生所约定的投保事件时，对投保人或者第三人进行给付，以此保障特定的风险"。作为回报，投保人"有义务向保险人支付约定的费用（保费）"。〔4〕　　2590

　　——其次，《保险合同法》对受其调整的保险合同有时施加强制性规范（《保险合同法》第 97—98 条；边码 2586），但绝不是详尽无遗的；在《保险合同法》没有特别规定时，根据明示的援引（《保险合同法》第 100 条第 1款），适用债法的规定。还须注意的是，《保险合同法》除含有适用于其所调整的保险合同的一般规定外，仅有少量专门针对单个保险类别的特殊规定（例如《保险合同法》第 59 条）。就这些保险类别，债法也无特别规定。这一领域，在大众业务中主要由一般保险条款（AVB）规制。　　2591

　　——最后，《保险合同法》并不调整所有的保险合同，它仅调整那些由受到保险监管的保险人订立的合同。也即，《保险合同法》的适用范围不是取决于保险合同的自主定义，而是依据监管法。〔5〕这一结论来自对《保险合同法》第 101 条第 1 款第 2 项的反面推论，根据这一推论，那些不受监管的保　　2592

---

　　〔1〕　Botschaft zum VVG von 1904, BBl 1904 I, S. 262.

　　〔2〕　修订草案参见 Botschaft zur Totalrevision des VVG von 2011, BBl 2011, S. 7705 ff. 。

　　〔3〕　2007 年 11 月 23 日《德国保险合同法》：Deutsches Gesetz über den Versicherungsvertrag（Versicherungsvertragsgesetz, VVG/D）vom 23. November 2007（BGBl. I S. 2631）。

　　〔4〕　亦参见《欧洲保险合同法原则》（PEICL；它是非官方的规范文件，其目的是统一欧盟的保险法规则）第 1：201 条第 1 项对保险合同的定义："保险合同是指，一方，即保险人，向另一方，即保单持有人，承诺承担特定风险以获得保费的合同。"

　　〔5〕　但从应然的角度看，应促进《保险合同法》脱离监管法，自主确定其适用范围，因为监管法和合同法的视角不同。但是实务上，从实然角度看，［与保险监管］相关的案件大部分都适用《保险合同法》。

险人订立的保险合同被排除在《保险合同法》适用范围之外。[1]于此须注意，再保险合同也不在《保险合同法》适用范围内（《保险合同法》第101条第1款第1项），虽然再保险人受到监管。对此的解释是，再保险合同是两个保险公司之间的合同，因此没有特别保护的必要。[2]

2593   再保险人接受"第一保险人（也称直接保险人）所承担的来自被保险人的全部（例外情形）或部分风险"，直接保险人向再保险人支付保费作为报酬。[3]也即直接保险人通过再保险覆盖了他自己的风险，而不是覆盖了他的投保人的风险。[4]

二、《保险监管法》

2594   1. 对保险进行监管的［法律］基础首先是《保险监管法》[5]和《保险监管条例》[6]。依《保险监管法》第1条，该法规定的是"联邦对保险企业和保险经纪人［或译保险居间人］的监管"（第1款）[7]，旨在"保护被保险人免受保险企业破产风险和防止权利滥用"（第2款）。该法的适用范围在第2条被清楚表述出来。就此应说明以下三点：

2595   ——《保险监管法》第2条虽然描述了受监管［保险］企业的特征，并

---

    [1] 反面的例外是，就某些法律关系，保险人虽然原则上不受监管，但［就该法律关系的实现］受监管（《保险合同法》第101条第1款第2项）。应提及的是由所谓的受保险监管机构监管的被承认的医疗保险公司运营的医疗附加险。被承认的医疗保险公司本身受联邦社会保险局管理（参见 Botschaft zum VAG und VVG von 2003, BBl 2003, S. 3861）。

    [2] Botschaft zum VVG von 1904, BBl 1904 I, S. 262.

    [3] BGE 140 III 115 ff. (124), E. 6. 3.

    [4] Botschaft zum VVG von 1904, BBl 1904 I, S. 304.

    [5] 2004年12月17日《关于对保险企业监管的联邦法律》（简称《保险监管法》）: BG betreffend die Aufsicht über Versicherungsunternehmen (Versicherungsaufsichtsgesetz, VAG) vom 17. Dezember 2004 (SR 961.01)。

    [6] 2005年11月9日《关于对私人保险企业监管的行政法规》（简称《保险监管条例》）: Verordnung über die Beaufsichtigung von privaten Versicherungsunternehmen (Aufsichtsverordnung, AVO) vom 9. November 2005 (SR 961.011)。

    [7] 根据2007年6月22日《关于联邦金融市场监管的联邦法律》（简称《金融监管法》）［BG über die Eidgenössische Finanzmarktaufsicht (Finanzmarktaufsichtsgesetz, FINMAG) vom 22. Juni 2007 (SR 956.1)］第1条第1款b项，监管由联邦金融市场监管局执行。

称"从事保险活动"为核心因素，但该规定未定义什么是保险活动。根据《保险监管法》第2条第4款之授权而制定的《保险监管条例》也无济于事，因为该条例（《保险监管条例》第1条）仅说明何种保险活动是"在瑞士"的，而未说明保险活动的特殊特征。[1]

——若制定法本身未作阐明，这一任务则落到判决身上。就［何为保险 2596 活动］这一问题可以找到联邦法院判决[2]和联邦行政法院判决[3]，其中明确了保险监管法意义上的保险应具有的特征。根据判决，保险活动必须具备五项特征：①有风险存在；②被保险人有支付约定的保费的义务；③保险人有义务在投保事项发生时作出约定的给付；④交易的独立性，这将保险合同与以下法律行为区分开，即当风险实现时，合同相对方的给付义务仅作为次要之点或者常规操作的那些法律行为；⑤有计划的行为，即保险人依据统计数据来平衡风险。[4]

——从事上述意义保险活动的保险企业，若同时满足下列要件，则受 2597 《保险监管法》规范并因此接受国家的保险监管：其须满足《保险监管法》第2条第1款的其他要件，并且未被《保险监管法》第2条第2、3款排除在该法适用范围外。如前所述（边码2592），受《保险监管法》规范的保险人签订的保险合同，原则上适用《保险合同法》。如此，前面提及的保险活动的特征具有两方面意义：一方面是对《保险监管法》的适用范围有意义，另一方面是对《保险合同法》的适用范围有意义。《保险合同法》的适用范围与《保险监管法》的适用范围挂钩，这导致监管法上的考虑决定了《保险合同法》中的合同法规范的适用问题。[5]

2.《保险监管条例》对《保险监管法》作详细阐释，但它也包含对具体 2598 险种的规定（《保险监管条例》第120—181条），这些规定在设计相应的保险合同时应予注意。涉及的险种有人寿险（《保险监管条例》第120条以下）、疾病和意外险（《保险监管条例》第155条以下）、法律保护险［译者注：所

---

〔1〕　但是参见《保险监管条例》第161条对法律保护保险的法律定义。

〔2〕　BGE 58 I 256 ff.（259），E. 2; 107 Ib 54 ff.（56），E. 1b; 114 Ib 244 ff.（247），E. 4a; Urteil des BGer. vom 29. Juni 2000, Nr. 4P. 52/2000, E. 3a/bb.

〔3〕　BVGE 2011/5 60 ff.（62 f.），E. 6.

〔4〕　参见 BVGE 2011/5 60 ff. 的索引。

〔5〕　德国法追求其他方式，参见 Looschelders, Münchener Komm., N 56 zu § 1 VVG/D.

保的风险是因进入法律程序支出费用]（《保险监管条例》第161条以下）和自然灾害险（《保险监管条例》第171条以下）。此外还有对保险居间人活动的规范（《保险监管条例》第182条以下）。

2599　　就法律保护险，《保险监管条例》第161条甚至有一个法律定义："经由法律保护险合同，保险公司负有赔偿因法律事务产生的费用或者在此等法律事务中提供劳务的义务，相对方应支付保费。"

三、一般保险条款

2600　　1. 一般保险条款也是一项法律渊源。它虽不属于国家立法，但它经由法律行为被约定为保险合同组成部分时，则发挥拘束力。一般保险条款具有重要意义，因为在制定法和行政法规中，就如何在各个险种[1]中设计合同仅有很少的线索。一般保险条款也是详细介绍保险产品的地方。实务经验表明，一般保险条款对外行的大众来说很大程度无法理解，这使得针对滥用一般条款的监管介入具有正当性（参见边码2604）。

2601　　联邦委员会早在1904年就对受一般保险条款影响的保险实务作了清晰和批评性的评价，联邦委员会在关于《保险合同法》的联邦公报中写道："与保险挂钩的经济需求和保险交易观念，在为国内保险运营制定的一般合同条款中未能得到完全体现；一般条款中仅表达了保险人一方的意见。当事人不同的社会实力以及保险需求方完全欠缺专业知识，揭示了为何在国内保险中——而非合同双方都是同样精明的商人的海上保险中，被保险人不加批判地接受他不知道、不理解或者难以阅读的条款。"[2]

2602　　2.《保险合同法》第3条第2款规定，订立保险合同之前必须向每个投保人出示一般保险条款。这背后的思想是，必须在合同订立前给投保人阅读这些条款的机会。经验表明，投保人并不总是（或几乎不会）利用这一机会。

---

〔1〕　就监管法角度对险种的划分参见《保险监管条例》附件1，于此区分人寿险、损害保险和再保险。就此参见 Fuhrer, Privatversicherungsrecht, Nr. 2. 38 ff. 。

〔2〕　Botschaft zum VVG von 1904, BBl 56 I, S. 254（未加改动地引用于此）.

即便投保人阅读这些条款，通常也不能理解所有内容的含义。基于这一事实背景，很明显在许多情况下一般保险条款是以整体接受（Globalübernahme）的方式［译者注：指不（细致）阅读或不理解条款内容的情况下同意接受条款］被订入合同中的。[1]若后来发现一般保险条款中包含未被阅读或未被理解的条款，投保人对这些条款没有预料到，并且理性来看无须预料到，那么根据"异常条款规则"，此等条款无拘束力，因为［合同当事人］对这些条款并无合意。[2]保险人醒目（例如使用不会被忽略的借助图形化手段的加强显示方式）提示的异常条款则不适用"异常条款规则"，因为此种情形下应认为投保人已经知悉了该条款，也即该条款不是以整体接受的方式被订入合同的。[3]除"异常条款规则"外，还须注意"有歧义时的解释规则"。根据此规则，如果一个条款依据诚实信用原则有多种涵义，则应采对投保人有利的解释。[4]针对投保范围的排除约定，《保险合同法》第33条规定了"有歧义时的解释规则"，该规则不仅适用于投保范围的排除约定，还一般性地适用［于所有一般保险条款］。[5]

《保险合同法》第35条也涉及一般保险条款：如果保险人在某保险的保 2603
险期间内，将该险种的新版一般保险条款推向市场，则投保人可以要求以新

---

〔1〕 一般保险条款因整体接受而得到有效同意，这是一般原则，就此参见 Gauch/Schluep/Schmid, OR AT, Nr. 1128c。

〔2〕 就效力控制的异常条款规则，参见 BGE 109 II 213 ff.（217 f.），E. 2a；109 II 452 ff.（256 ff.），E. 4 und 5；119 II 443 ff.（446），E. 1a=Pra 1994, Nr. 229, S. 752 ff.；122 V 142 ff.（146），E. 4c；135 III 1 ff.（7），E. 2. 1；135 III 225 ff.（227），E. 1. 3；138 III 411 ff.（412 f.），E. 3. 1；Urteil des BGer. vom 5. August 1997, E. 1b = Pra 1998, Nr. 9, S. 53 ff.；Fuhrer, Basler Komm. , N 22 und 39 ff. zu Art. 33 VVG；Gauch/Schluep/Schmid, OR AT, Nr. 1136 ff. 。

〔3〕 Urteil des BGer. vom 15. Juli 2014, Nr. 4A_475/2013, E. 5. 3. 1（此点说理未公布在 BGE 140 III 404 中）。以图形方式突出显示的条款虽然异常但不适用"异常条款规则"，这一规则是值得批评的。很明显，异常并且难以理解的条款并不因以图形方式突出显示而增加其可理解性，因此不能总是认为它们并非以整体接受的方式被纳入合同。就这一批评，参见 Stöckli/Bieri, Prolongationsklauseln in AGB－ein erstes Urteil zu Art. 8 UWG, BGE 140 III 404, Urteil des Bundesgerichts 4A_475/2013 vom 15. Juli 2014, HAVE 2014, S. 398 ff. , S. 404。

〔4〕 BGE 115 II 264 ff.（268），E. 5a；122 III 118 ff.（121），E. 2a；124 III 155 ff.（158 f.），E. 1b；133 III 675 ff.（681 f.），E. 3. 3 = Pra 2008, Nr. 65, S. 432 ff；Fuhrer, Basler Komm. , N 152 f. zu Art. 33 VVG。

〔5〕 BGE 115 II 264 ff.（268），E. 5a；122 III 118 ff.（121），E. 2a；133 III 675 ff.（681 f.），E. 3. 3 = Pra 2008, Nr. 65, S. 432 ff. ；Fuhrer, Basler Komm. , N 17 ff. zu Art. 33 VVG 有进一步证明。

版一般条款来继续合同。如果新的一般保险条款关联了更高的保费，则意欲采纳这些条款的投保人应支付更高的保费。[1]

2604 　　3. 保险人对一般保险条款有很宽泛的内容构造自由，但并非没有限制。对内容构造自由的限制，首先是通过"异常规则条款"（边码2602），其次是通过《保险合同法》中的强制性规定（《保险合同法》第97—98条）以及间接地通过以下监管法措施：权利义务分配严重悖于合同性质的合同条款被认定为不合理（《保险监管条例》第117条第1款c项）。监管机构（金融市场监管局，FINMA）必须打击此种不合理［条款］，因为这是它防止被保险人遭受保险公司权利滥用的任务之一（《保险监管法第46条第1款f项》）。《反不正当竞争法》第8条规定了其他限制，但其适用范围没有前面提及的监管法广泛，其自始仅适用于投保人是消费者的保险合同，也即为了非归属于职业或营业活动目的而缔结的保险合同。[2]

第二节　概念和区分

一、保险合同的概念

2605 　　1. 如前所述（边码2590和2595），《保险合同法》和《保险监管法》都没有规定保险合同的构成要件。司法实务中对保险活动的特征描述，目的是确定保险监管法的适用范围。就《保险合同法》而言，这一特征描述的意义在于，它将《保险合同法》的适用范围限定在受监管的保险人订立的合同。但就保险合同的定义而言，与定义相关的不是监管法的视角，而是合同产生何种给付义务使其能被评价为保险合同。以这一视角看，下列情形存在保险合同[3]：

2606 　　——一方当事人（保险人）依约定有义务保障合同划定的特定风险，并

---

〔1〕　参见 Fuhrer, Privatversicherungsrecht, Nr. 13. 149 ff. 。

〔2〕　《反不正当竞争法》第8条之适用限于消费者，这从文义已经显示出。众所周知，瑞士法上没有统一的消费者概念。这里使用的消费者概念借用自《消费信贷法》第3条，此处的消费者概念比《民事诉讼法》第32条第2款范围广。

〔3〕　亦参见 BGE 124 III 382 ff. （397），E. 6f. 。

在风险（投保事件）发生时[1]向被保险人（投保人或者第三人）履行约定的给付（保险给付）；

——另一方当事人（投保人）依约定对此负有给付报酬（保费）的义 2607
务，对保险合同概念无足轻重的是保费一次给付还是分期给付。

2. 德国《保险合同法》第1条的保险合同概念，不称风险承担或风险移 2608
转，其理由在于，保险人压根没有承担风险，而是负有保障义务。[2]这指明
了保险合同的一个核心功能：通过让保险人负担义务，使被保险人得以从事
伴随所投保风险的活动，而无须担心风险实际发生时须承受其全部后果。如
果伴随风险发生而产生的不利后果，无法至少被部分转移的，那么出于风险
考虑，许多活动必须被停止。

二、重要的区分

1. 此部分介绍几个对处理保险合同有重要意义的概念区分。[3] 2609

——就参与人来说，应区分保险人、投保人和被保险人。投保人是合同 2610
当事人和保费债务人。在许多情形，他也是被保险人。但也有可能，不仅投
保人，其他人也享受保险保护并因此有请求权。

例如：企业运营责任险所保对象不仅是投保人，也有其员工。车主责任 2611
险，依据《道路交通法》（SVG）第2款，覆盖"车主责任以及依据本法应由
车主负责的第三人责任"。指定配偶为受益人的人寿险。

——就所投保风险危及的对象来看，可区分为人身险、物品险或者财产 2612
险。[4]

例如：汽车保险中的附加医疗险、乘客安全险是人身险。家庭财产险和 2613
运输工具非全额保险（Teilkaskoversicherung）是物品险（边码2500）。责任险

---

〔1〕 《保险合同法》数次提到"所担心事件的发生"（例如该法第17条、第38条）。

〔2〕 参见 Looschelders, Münchener Komm., N 23 zu § 1 VVG/D。

〔3〕 就这些以及其他区别参见 Fuhrer, Privatversicherungsrecht, Nr. 2.70 ff.。

〔4〕 参见 Fuhrer, Privatversicherungsrecht, Nr. 20.70, 该文献认为这样的表述比说"所保利益的
标的"更精确。

和法律保护险是财产险。[译者注：物品险和财产险的区分在于，前者存在物品损毁，从而导致总体财产损失；后者并无物品损毁但总体财产损失。这类似物之损害和纯粹经济损失的区分。]

2614　　——从保险给付角度看，可区分为定额保险和损害保险。[1]两者区分的关键是：依当事人的约定，保险给付须赔偿投保事件发生时所生的损害，[2]还是在投保风险发生时仅须支付约定的金额，而不以保险人遭受损失为前提。根据《保险合同法》，第48条"某人在所担心的事件未发生时所拥有的任何经济利益"都可以作为损害保险的对象。

2615　　例如：责任险和家庭财产险是损害保险。人寿险（死亡时定额支付给配偶）和乘客安全险是定额保险。

2616　　2. 就这些例子应该指出的是，个案中属于哪种类型保险取决于保险合同的构造，即合同总的约定。常见的是在一个保险产品中将数个不同的元素组合在一起，例如在同一个合同中对家庭财物（物品险/损害保险）和责任（财产险/损害保险）进行保险。在汽车保险领域，组合也很常见，可以在一个保险合同中将责任（财产险/损害保险）、车体（物品险/损害保险）、碰撞（物品险/损害保险）、停车损害（物品险/损害保险）和事故（人身险/损害保险/定额保险）等元素组合在一起。

2617　　3. 此外应指出的是损害保险和人身险的区别，这是《保险合同法》体系化的基础，它一方面包含"损害保险的特别规定"（《保险合同法》第48条以下），另一方面包含"人身险的特别规定"（《保险合同法》第73条以下）。但损害保险和人身险并非相对概念：定额保险主要在人身险中，而物品险和财产险主要被构造为损害保险，这不能推出错误的结论，即人身险不能是损害保险。例如私法性的意外事故保险，赔偿治疗费和误工费；就此点而言，它涉及的是作为损害保险的人身险。这种区分对以下情形有重要意义：《保险合同法》第72条规定的追偿权无疑也适用于依合同被设计为损害保险的人身

---

[1]　BGE 104 II 44 ff.（49 ff.），E. 4c；128 III 34 ff.（36），E. 3a；Fuhrer, Privatversicherungsrecht, Nr. 2. 73 ff.

[2]　参见 BGE 141 III 241 ff.（242），E. 3. 1（按照损害保险构造的每日医疗补助保险）。

险，而不适用于被设计为定额保险的人身险。《保险合同法》第 96 条规定的
"保险人追偿权之排除"，仅在定额保险情形才具有正当性。[1]

第三节 《保险合同法》规范节选

前文已经论述过《保险合同法》的适用范围（边码 2589 以下）。下面节　2618
选该法中重要的规范。

1. 2003 年《保险合同法》修订[2]的一个目标是，提升保险产品的透明　2619
度。[3]自此，依据《保险合同法》第 3 条，保险人负有广泛的提供信息的先
合同义务，此义务也包含将一般保险条款交给潜在投保人。这是投保人说明
义务的必要先决条件。但是使信息可获得的事实并不意味着信息接收者可以
理解此信息。如果保险人违反信息提供义务，则投保人可以终止合同（《保险
合同法》第 3a 条第 1 款）。该"终止权在投保人知道保险人违反义务并依
《保险合同法》第 3 条获悉信息后，经过 4 周消灭，但无论如何于义务违反经
过 1 年后消灭"（《保险合同法》第 3a 条第 2 款）。终止权消灭时，信息提供
义务的违反得到治愈。

2. 申请人（潜在的投保人）必须遵守《保险合同法》第 4 条的通知义　2620
务。为使保险人不对自己未知的风险进行保险，申请人必须"在订立合同时，
借助问卷表格或者其他书面询问，向保险人书面告知所有他在合同缔结时知
道或者应当知道的对风险评估有影响的重大事实"（《保险合同法》第 4 条第
1 款）。如果违反该义务，则保险人在知悉投保人违反通知义务后的 4 个星期
内有权终止合同，例外的是《保险合同法》第 8 条提及的情形（《保险合同
法》第 6 条第 1、2 款）。此期间经过后，终止权消灭。这种终止可能影响巨
大，因为伴随终止，保险人就已经发生的投保事件而生的给付义务，在以下
情形也消灭：未告知或未正确告知的重大风险，影响了投保事件的发生或者

---

〔1〕 不同的观点有 BGE 100 II 453 ff.（457 f.），E.3，但联邦法院在判决 BGE 104 II 44（50 ff.），
E.4c/d 中偏离了前揭判决。

〔2〕《保险监管法》引言章对《保险合同法》的部分修正（Botschaft zum VAG und VVG von
2003, BBl 2003, S.3789 ff.）大部分在 2006 年 1 月 1 日生效。仅《保险合同法》第 3 条和第 3a 条于
2007 年 1 月 1 日才生效（AS 2005, S.5251）。

〔3〕 Botschaft zum VAG und VVG von 2003, BBl 2003, S.3790.

发生规模"（《保险合同法》第 6 条第 3 款）。[1]若具有前述因果关系，则无论影响程度如何，保险人的给付义务均全部消灭。[2]

2621　　例如：若私法上的意外事故保险的保险人，在处理事故报告时注意到，投保人隐瞒了既有的伤病，并且事故后果受到该伤病影响，那么保险人不仅可以终止合同，还可以拒绝给付［保险金]。

2622　　3.《保险合同法》第 18—44 条涵盖给付保费的各种问题，尤其是规定了保费债务人的先履行义务（《保险合同法》第 19 条第 1、3 款）。

2623　　值得关注的是关于迟延的特别法规定。保险人向拖延保费的债务人发出书面催告，要求其自催告发出之日起 14 天内支付保费的，催告中应对拖延之后果作出警告，催告所需费用由保费债务人承担（《保险合同法》第 20 条第1 款）。依《保险合同法》第 20 条第 3 款，应予警告的后果之一是"自催告期经过时起保险人的给付义务"暂停。[3]保险合同的命运取决于保险人的行为：如果在保费支付期限届满后 2 个月内，保险人未索要拖延之保费，则推定保险人放弃拖延之保费并终止合同（《保险合同法》第 21 条第 1 款）。[4]如果保险人索要保费或者嗣后仍接受保费，则在投保人支付了包括利息和费用在内的拖延之保费后，保险人的给付义务复活（《保险合同法》第 21 条第 2款）。

2624　　通过前文提及的法律修订，《保险合同法》第 24 条确立了"保费可分割"原则。[5]根据此原则，"如果保险合同被提前消灭，……则负担的仅是截至合同消灭时的保费"（《保险合同法》第 24 条第 1 款）。在法律修订前，适用的是"保费不可分"这一相反原则。"保费不可分"原则导致，"即便保险人只承担保险期内一段时间的风险，就整个保险期约定的保费，投保人也应全额

---

〔1〕　就须具备因果关系参见判决 Urteil des BGer. vom 29. Oktober 2015, Nr. 4A_150/2015, E. 7. 5。

〔2〕　批评性观点有 Fuhrer, Privatversicherungsrecht, Nr. 6. 156。

〔3〕　投保的风险在催告期间发生的，保险人仍负有给付义务（Hasenböhler, Basler Komm., Nr. 52 zu Art. 20 VVG）。

〔4〕　一旦投保人陷入迟延，[保险人]也可在两个月期间经过之前作出解除之表示（Hasenböhler, Basler Komm., Nr. 8 zu Art. 21 VVG）。

〔5〕　这是强制性规范。该规范的两个例外见《保险合同法》第 24 条第 2 款和第 42 条第 3 款。

支付"(旧《保险合同法》第 24 条),[1]这使保险人单方受益。

4. 《保险合同法》数处提到"所担心的事件发生",这指的是发生投保 2625
事件,触发给付义务。对此作以下说明:

——如果投保事件发生,索赔权利人一旦获悉触发保险给付义务的事件 2626
以及获悉自己有保险请求权,应立即将事件发生报告给保险人(《保险合同
法》第 38 条第 1 款)。这一报告义务不以事实上获悉为前提,索赔权利人可
得而知即足够。这一解释 [译者注:指不以事实上获悉为必要,可得而知即
足够] 一方面可由《民法典》第 2 条第 1 款得出,另一方面可由《保险合同
法》第 38 条第 2 款对过错违反报告义务的制裁得出,依据该规范,过错主要
在于索赔权利人未尽适当注意义务。就索赔权利人过错违反报告义务,保险
人可以减少赔偿额作为制裁,减少的数额为"若及时通知本可减少的损害赔
偿"(《保险合同法》第 38 条第 2 款)。如果迟延通知的目的是阻止保险人对
投保事件的发生进行相关调查,则保险人对相关索赔权利人的给付义务被免
除,并有权解除合同(《保险合同法》第 38 条第 3 款)。《保险合同法》第 38
条第 3 款意义甚微,因为此等案情常被《保险合同法》第 40 条(保险索赔请
求权发生之欺诈)涵盖。[2]此外应注意,《保险合同法》第 38 条是任意性规
范,因此实务中会出现,借助一般保险条款排除第 38 条第 2 款对因果关系的
要求。但此种一般保险条款可能被评价为异常条款。[3]

——依据《民法典》第 8 条,索赔权利人必须对保险请求权成立的事实 2627
进行举证。尤其是,他必须证明存在保险合同、投保事件发生以及请求的范
围,其中就投保事件发生,联邦法院将举证标准降低到高度盖然性标准。[4]
从举证责任的角度来看,《保险合同法》第 39 条第 1 款不足为奇,该款规定,
[可以在合同中约定] 保险人为了查明事实可以要求索赔权利人提供必要的信
息。但《保险合同法》第 39 条第 2 款第 2 项则超越了立法目的,依据此项,

---

〔1〕 AS 24 719.

〔2〕 Nef, Basler Komm. , N 24 zu Art. 38 VVG.

〔3〕 亦参见 Fuhrer, Privatversicherungsrecht, Nr. 10. 55 und 11. 54;抛却因果关系之要件,此外可
能构成监管法上的不合理(Art. 46 Abs. 1 lit. f VAG)。

〔4〕 BGE 130 III 321 ff. (323 ff.),E. 3. 1 und 3. 3 提示,联邦法院有时也用"高度盖然性"之外
的概念,但建议将来采纳统一的术语。例如 BGE 128 III 271 ff. (276),E. 2b/aa 以及 BGE 141 III 241
ff. (242),E. 3. 1 等其他判决。

提供信息义务竟然与除斥期间结合，也即索赔权利人拖延将导致"保险请求权丧失"［译者注：法条本意是，合同中可以作上述约定］。[1]以一般保险条款的方式约定上述内容的，约定内容不会有效力问题，因为制定法明确允许这样约定［译者注：《保险合同法》第 39 条第 2 款第 2 项明确表示，合同中可以作此等约定］。但是应注意的是，索赔权利人的法律地位因以下情形而得到改善：迟延提供信息无过错的，可以依据《保险合同法》第 45 条第 3 款补救，从而不会出现法律上的不利后果。

2628 就减少或者拒绝保险给付的理由，保险人负有举证责任。[2]例如，保险人依《保险合同法》第 38 条第 2 款减少给付的，应当举证［索赔人］有过错。

2629 ——《保险合同法》第 14 条是关于"因过错导致所担心的事件"的后果。根据该条第 1 款，如果"投保人或者索赔权利人故意（absichtlich）［译者注：知道并且希望产生一定后果而为一定行为，其主观状态是故意；知道会产生一定的后果而为一定行为，不考虑其是否希望产生该后果，主观状态为直接故意（direktvorsätzlich）；认为可能且容忍结果发生是间接故意（evetualvorsätzlich）。一般而言，absichtlich 和 direktvorsätzlich 导致相同的法律后果，仅在少数情况才有区分必要］导致所担心的事件发生"，则保险人不承担责任；［投保人或者索赔权利人的］直接故意行为（Handeln mit direktem Vorsatz），也被上述规定包含。[3]如果投保人或索赔权利人存在间接故意（eventualvorätzlich）[4]或者重大过失行为，则保险人可以减少与过错程度相当的给付（《保险合同法》第 14 条第 2 款）。这一表述使保险人有很大的自由裁量空间，以至于个案中减少多少保险给付并不总是可预见的。[5]如果投保事件是由第三人故意或重大过失导致，而该第三人"与投保人或者索赔权利人共同生活，或第三人行为应由投保人或者索赔权利人承担责任"，并且投保人或者索赔权利人对第三人的监督、雇佣或接纳有严重过错，也可能导致减

---

〔1〕 就此规则亦参见《保险合同法》第 46 条第 2 款。

〔2〕 BGE 130 III 321 ff.（323），E. 3. 1.

〔3〕 Fuhrer, Privatversicherungsrecht, Nr. 11. 18 f.；Hönger/Süsskind, Basler Komm.，N 17 zu Art. 14 VVG.

〔4〕 Fuhrer, Privatversicherungsrecht, Nr. 11. 18 f.；Hönger/Süsskind, Basler Komm.，N 17 zu Art. 14 VVG.

〔5〕 Fuhrer, Privatversicherungsrecht, Nr. 11. 27 ff.

少保险给付（《保险合同法》第 14 条第 3 款）。《保险合同法》第 14 条第 4 款
作为相对强制性规定，禁止在发生轻过失或者无过失行为情形减少保险给付。
该法第 14 条第 1—3 款是任意性条款，因此可以就重大过失情形约定不得扣
减保险给付。[1]但须注意，例如《道路交通法》第 65 条第 3 款，该款强令车
主责任险的保险人，就车主醉酒状态下导致的损害，必须追偿［译者注：车
主责任险的内容是，机动车造成他人损害的，由保险人赔偿他人损害。但就
醉酒驾驶，保险人赔付后，必须向车主追偿，实际上等于由车主自行承担责
任。这构成了前文所言"可以就重大过失情形，约定不得扣减保险给付"的
例外］。

5. 保险给付请求权的特别法诉讼时效仅两年，自"保险给付得以产生的
事实发生时"起算（《保险合同法》第 46 条）。[2]这是相对强制性规范，[3]
因此允许约定更长的诉讼时效期间。导致诉讼时效起算的"一定事实的出
现"，并不总是"所担心事件的出现"，依据判决它可因险种不同而异，[4]但
是始终是"证成保险人给付义务的事实因素被确定"之时。[5]

6. 《保险合同法》"关于损害保险的特别规定"一节下的第 72 条规定的
是代位和追偿的权利。如果索赔权利人因第三人侵权行为而对该第三人有赔
偿请求权，只要保险人就事故已为赔偿，此请求权就移转给保险人（《保险
合同法》第 72 条第 1 款）。[6]索赔权利人必须确保未因自己行为而导致对第
三人的赔偿请求权受损，否则他负有损害赔偿责任（《保险合同法》第 72 条第

2630

2630a

---

〔1〕　此处的轻过失也包含中等程度过失（mittlere Fahrlässigkeit）。参见 Hönger/Süsskind, Basler
Komm. , N 22 zu Art. 14 VVG。

〔2〕　就退休金，仅定期之给付而非主干权利适用两年诉讼时效。主干权利是指在损害出现时对
保险给付的基本请求权。就此见 BGE 139 III 418 ff. （422 f.），E. 4. 1（针对每日医疗补助）。

〔3〕　参见 Art. 98 Abs. 1 und Art. 46 Abs. 2 VVG。

〔4〕　参见 BGE 139 III 263 ff. （265 f.），E. 1. 2。意外事故退休金之给付请求权在事故发生后两年
罹于时效（BGE 111 II 501 ff. ［502 f.］，E. 2），因意外事故致死或者伤残而负担之给付在死亡或者伤
残发生后，诉讼时效才起算（BGE 100 II 42 ff. ［47 f.］，E. 2d）。在法律保护保险中，诉讼时效自被保
险人与第三人的法律争议显现并且产生法律保护的必要时才起算（BGE 119 II 468 ff. ［470］，E. 2c =
Pra 1994，Nr. 228，S. 749 ff. ）。在防偷盗险中，诉讼时效自损害事件发生时而非自知道损害事件时才起
算（BGE 126 III 278 ff. ［281］，E. 7b = Pra 2001，Nr. 104，S. 612 ff. ）。就责任保险参见边码 2640。

〔5〕　BGE 127 III 268 ff. （271），E. 2b。

〔6〕　"若损害是因与索赔权人共同生活的第三人或索赔权人须为其行为负责的第三人的轻过失导
致的"，则代位和与之关联的代为求偿权不适用（《保险合同法》第 72 条第 3 款）。

2 款）。[1]《保险合同法》第 72 条的规则也类推适用于责任保险，于此则不涉及因被侵权而对第三人享有赔偿请求权，而是涉及对共同责任人的追偿请求权。[2]但在定额保险中，保险人的追偿权被排除（《保险合同法》第 96条；亦见边码 2617）。

第四节　责任保险特论

2631　　本节从现实存在的许多保险合同类型中挑选出责任保险。该险种对于整个（合同的或非合同的）损害赔偿法至关重要，因为在许多情况下，如果没有保险中积累的赔偿能力（Substrat）［译者注：对于该词的解释参见边码2643］，损害赔偿请求权将得不到完全实现。

2632　　1. 责任保险是一种财产保险，通过此保险，被保险人免于因第三方请求损害赔偿而导致财产损失。如果第三方提出有权利基础的请求，则保险人为此付款；就不当提出的请求，保险人予以防御。前一项请求权也被称为赔偿请求权，后一项请求权被称为被动的法律防御请求权。[3]

2633　　在防御［他人提出的］责任索赔时，责任保险的保险人采取如同法律保护险中一样的措施：他在法庭程序和行政程序中进行辩护和代理被保险人。《保险监管法》第 32 条第 1 款和《保险监管条例》第 163—170 条就法律保护险的特别规定，于以下情形不适用于责任保险的保险人：责任保险的保险人所为行为"也为了责任保险公司的利益"（《保险监管条例》第 162 条 a 项）。

2634　　2. 保险实务中出现了各种形式的责任保险：有些保险与特定责任原因挂

---

〔1〕　就能否请求索赔权人采取积极行为以保障其赔偿请求权这一问题参见 Graber, Basler Komm. , N 50 zu Art. 72 VVG。

〔2〕　BGE 95 II 333 ff.（338）, E. 4；116 II 645 ff.（647）, E. 2 = Pra 1991, Nr. 45, S. 219 ff. 应注意的是责任保险的保险人不是整体的，而仅是在以下范围内享有代位求偿权：代位求偿权针对的责任人首先负有侵权责任，其次具有过错（尤其是债法第 41 条第 1 款）。深入内容参见 BGE 137 III 352 ff.（353）, E. 4. 1；Urteil des BGer. vom 12. März 2012, Nr. 4A_656/2011, E. 2. 1. 联邦法院通过否认私法性保险人整体的代位求偿权这一司法实务，试图协调作为旧法的《保险合同法》第 72 条第 1 款和作为新法的债法第 51 条第 2 款（BGE 137 III 352 ff.［354］, E. 4. 1）。就社会保险的保险人的整体代位求偿权，见《社会保险法总则》（ATSG）第 72 条第 1 款。

〔3〕　给付义务通常受到合同中约定的保险额限制，可能的自付额应予扣除。

钩，有些保险与特定的人身状况挂钩。[1]与特定责任原因挂钩的保险，例如涉及建筑物所有权人责任（债法第58条）的建筑物责任保险和依《道路交通法》第58条在出现车主责任时起作用的车主责任保险（边码2643）。个人责任保险属于第二类，因为它涵盖针对个人的一般责任索赔。职业活动所生责任索赔不在个人责任保险覆盖范围或者覆盖范围非常有限，因此医生、律师、工程师以及设计师需要职业责任保险，手工业工场需要企业运营责任保险。

3. 除一般规定外，《保险合同法》就责任保险仅额外规定了两个特别规范（《保险合同法》第59、60条）。[责任]保险的范围和构造主要依合同内容确定，一般保险条款也属于合同内容。一般保险条款可以因保险人和责任保险的表现形式不同而在构造上有很大差异。但是这里提几个责任保险的典型特征：[2]　2635

——基本保险范围涵盖基于法定责任规范而产生的对人身损害和物之损害的赔偿责任。物之损害在一般保险条款中通常被定义为物理的损害，因此采纳此等一般保险条款的合同不将某物纯粹功能损害作为物之损害。[3]　2636

——保险范围所涵盖的法定的责任赔偿请求权也包括违约请求权。但就违约请求权，应注意数个保险范围的排除。例如，如果被保险人通过约定承担超过法律规定范围的责任，则［超过部分］通常不被责任保险覆盖。"因合同不履行或不适当履行而产生的履行请求权或者代替它的替代履行请求权"，原则上也不被责任保险覆盖。[4]因投保人损害所生请求权（所谓的自身损害）或者因他租赁之物损害所生请求权，不在保险范围内；很大概率会发生的损害所生请求权以及纯粹经济损失所生请求权，不在保险范围内。此外，一些危险活动（例如对转基因生物的研究或狩猎）所生损害不被保险覆盖。就保险范围的排除，值得记住的是《保险合同法》第33条，根据该条，对保险范围的排除事项也必须"以特定的、明确的"措辞表达，否则忽略之。　2637

---

〔1〕 Landolt/Weber, Privatversicherungsrecht, S. 135.

〔2〕 下文引用的是瑞士保险协会就企业运营责任保险的2012年版范本条款［译者注：下面脚注译为《瑞士保险协会范本条款》］，可在网站 www.svv.ch 查到（2016年2月23日访问）。

〔3〕《瑞士保险协会范本条款》第1条a项。就此批评观点见 Fellmann, Substanzbeeinträchtigung, S. 140 ff. 。

〔4〕《瑞士保险协会范本条款》第7条第1项。当被保险人因违反合同而需承担人身损害［赔偿责任］时，又在保险覆盖范围内。

2638　　　——通过一般保险条款还确定保险范围在空间上和时间上的效力边界。例如合同中约定全球范围的承保，则意味着即便法定责任不是依据瑞士法而是依据个案中适用的外国法，原则上也受保险保护。在保险实务中，就时间上效力范围的规定有三种不同类型。依据不同类型承保的责任分别是：①在合同存续期间损害原因发生（原因原则）[1]；②在合同存续期间内损害发生，损害发生有时和损害确认等同（损害发生原则）[2]；③在合同存续期间主张请求权（请求权主张原则）[3]。

2639　　　——被保险人群体依责任保险的形式不同而变化。就企业运营责任保险而言，《保险合同法》第59条半强制性地规定，保险保护也应当扩展到"投保人代理人的责任和投保人委任管理和监督企业运营的人的责任"。实务中，企业运营责任保险的被保险人范围扩大到其他雇员，但就第三人对雇员的追偿和赔偿请求权又通过一般交易条款被排除在承保范围外。[4]

2640　　　——责任保险中对保险人的请求权诉讼时效也依据《保险合同法》第46条确定。但给付义务的二分性（损害赔偿和法律防御请求权）导致适用不同的起算日：就被动的法律防御请求权，其诉讼时效自第三人向被保险人主张责任时起算；对损害的赔偿请求权，自针对被保险人的给付判决生效时起经过2年罹于诉讼时效。[5]从诉讼时效的角度看，使被保险人产生给付义务的有效的和解协议，与给付判决等同。[6]

2641　　　4. 最后处理两个特别问题：强制保险和第三人直接请求权。

2642　　　——责任保险并不总是自愿缔结的：缔结责任保险的义务，可以源于合同，但有时也由法律规定。例如，律师（《律师法》第12条f项）[7]、医生

---

〔1〕　参见 BGE 100 II 403 ff.（408 ff.），E. 4b。

〔2〕　例如《瑞士保险协会范本条款》第9A条第2项。

〔3〕　参见 Urteil des BGer. vom 11. Januar 2002, Nr. 5C. 237/2001, E. 2a。

〔4〕　参见《瑞士保险协会范本条款》第2条c项；对此批评观点有 Stöckli, Die «Suva-Klausel» und ihre Auslegung, HAVE 2013, S. 373 ff.。此状况仅在以下情形有所缓和：《社会保险法总则》第75条第2款限制社会保险的保险人向劳动者追偿。

〔5〕　BGE 61 II 197 ff.（198 f.）.

〔6〕　就此点应指出的是，作为一般保险条款实践中所指的"合同忠实"的体现，被保险人无权在未经保险人同意的情况下达成和解。

〔7〕　2000年6月23日《律师法》：BG über die Freizügigkeit der Anwältinnen und Anwälte（Anwaltsgesetz, BGFA）vom 23. Juni 2000（SR 935. 61）。

（《医疗职业法》第 40 条 h 项）〔1〕和保险居间人有义务缔结职业责任保险（《保险监管法》第 44 条第 1 款 b 项结合《保险监管条例》第 186 条第 1 款）。

——影响范围最广的是《道路交通法》〔2〕中的强制保险。机动车的运行　2643
伴随极大风险，这使得立法者在《道路交通法》第 58 条第 1 款将机动车运行导致的人身和物品损害责任规定为危险责任。这一责任规则仅当责任人有足够赔偿能力（Haftungssubstrat）［译者注：Haftungssubstrat 常出现于责任保险领域，责任保险投保人通过购买责任保险，在须承担责任时将自身损失转移给保险公司，保险公司的理赔金额是责任承担的最终落脚点，也即是责任人承担责任的最终基础，即 Haftungssubstrat］时才有意义。因此，在购买责任保险之前，不得将机动车驶入公共交通领域（《道路交通法》第 63 条第 1 款）。〔3〕通过交通强制保险保护交通事故受害人〔4〕，为了使这一努力事实上起作用，法律对约定排除保险范围作了限制（《道路交通法》第 63 条第 3 款）、授权联邦委员会设定最低保额（《道路交通法》第 64 条，《道路交通保险条例》第 3条）〔5〕，并在《道路交通法》第 65 条第 1 款确立了第三人直接请求权，这在下文论述。此外，另一个［保护交通事故受害人的］重要元素是《道路交通法》第 79c 条对损害清算（Schadenregulierung）的法律规定，该规定使责任保险人，就向其提起的责任赔偿请求，须在 3 个月内作出回应。其他针对危险责任的强制保险，可见于诸如人体医学研究〔6〕、核能〔7〕、公共交

---

〔1〕 2006 年 6 月 23 日《关于经历大学教育的医疗职业的联邦法律》（简称《医疗职业法》）：BG über die universitären Medizinalberufe（Medizinalberufegesetz，MedBG）vom 23. Juni 2006（SR 811. 11）。

〔2〕 1958 年 12 月 19 日《道路交通法》：Strassenverkehrsgesetz（SVG）vom 19. Dezember 1958（SR 741. 01）。

〔3〕 根据《道路交通法》第 63 条第 2 款，这一责任不仅包含车主的危险责任，还包括源于该法第 58 条第 2 款的车主责任，此外还包含依据该法应由车主承担的第三人责任。

〔4〕 但应注意，通过责任保险，不仅交通事故受害人，被保险人也免受可能发生的交通事故毁灭性后果。

〔5〕 1959 年 11 月 20 日《道路交通保险条例》：Verkehrsversicherungsverordnung（VVV）vom 20. November 1959（SR 741. 31）。

〔6〕 2011 年 9 月 30 日《关于人体医学研究的联邦法律》（简称《人体医学研究法》）：［BG über die Forschung am Menschen（Humanforschungsgesetz，HFG）vom 30. September 2011（SR 810. 30）］第 20 条。

〔7〕 1983 年 3 月 18 日《核能责任法》［Kernenergiehaftpflichtgesetz（KHG）vom 18. März 1983（SR 732. 44）］第 11 条。

通〔1〕或狩猎领域〔2〕。

2644   ——在损害清算过程中，责任保险的保险人通常与受害人直接联系，尤其是保险人依《保险合同法》第 60 条第 1 款有权"直接向受害的第三人给付赔偿"。〔3〕但是受害人原则上没有针对保险人的请求权。但特别法有时规定第三人直接请求权。这使得受害人不仅可以向责任人，也可以向责任人的责任保险人请求赔偿。一个重要的例子是《道路交通法》第 65 条第 1 款规定的第三人直接请求权，它导致交通事故受害人可以"直接针对保险人"采取措施。〔4〕这不仅使受害人可以直接得到实质的赔偿内容（Haftungssubstrat）［译者注：对 Haftungssubstrat 一词的理解见边码 2643 译者注部分］，还使受害人免遭责任人无支付能力的风险，此外还有利于快速消除损害。除这种第三人直接请求权外，法定的抗辩排除和抗辩权排除（《道路交通法》第 65 条第 2 款）也有效保护交通事故受害人。抗辩排除和抗辩权排除阻止保险人向受害人提起来源于《保险合同法》和责任保险合同的抗辩和抗辩权。但是显然，被保险人可能就其责任［成立］提出抗辩，责任保险人也享有此种抗辩，也即此种抗辩不在抗辩排除和抗辩权排除范围内。在某种程度上，保险人可以根据《道路交通法》第 65 条第 3 款对被保险人追偿，以抵消损失。第三人直接请求权制度不仅在《道路交通法》中有规定，还在诸如《核能责任法》（KHG）第 19 条、《狩猎法》（JSG）第 16 条、《关于国内船舶航行的联邦法律》（BSG）第 33 条或《关于人体医学研究中临床试验的行政法规》（KlinV）〔5〕第 14 条中被规定，但第三人直接请求权在当下并不常见。

---

〔1〕 例如 1957 年 12 月 20 日《轨道交通法》［Eisenbahngesetz（EBG）vom 20. Dezember 1957（SR 742. 101）］第 8d 条 b 项；2006 年 6 月 23 日《关于索道客运的联邦法律》［BG über Seilbahnen zur Personenbeförderung（Seilbahngesetz, SebG）vom 23. Juni 2006（SR 743. 01）］第 21 条；1975 年 10 月 3 日《关于国内船舶航行的联邦法律》［BG über die Binnenschifffahrt（BSG）vom 3. Oktober 1975（SR 747. 201）］第 31 条。

〔2〕《关于狩猎和野生哺乳动物及野生鸟类保护的联邦法律》（简称《狩猎法》）［BG über die Jagd und den Schutz wildlebender Säugetiere und Vögel（Jagdgesetz, JSG）vom 20. Juni 1986（SR 922. 0）］第 16 条。

〔3〕 就此点应注意《保险合同法》第 60 条第 1 款第 1 句规定的在被保险人赔偿请求权上的法定担保物权，这有利于受侵害之第三人。

〔4〕 就此亦参见《道路交通法》第 83 条第 2 款关于时效中断效果的规则。

〔5〕 2013 年 9 月 20 日《关于人体医学研究中临床试验的行政法规》：Verordnung über klinische Versuche in der Humanforschung（KlinV）vom 20. September 2013（SR 810. 305）。

法条索引

本索引首先援引的是瑞士债法和《民法典》；此后，按照所引法律在联邦法律系统汇编中的编号（SR）排序。出处数字对应的是书中的边码。加黑的数字表示相应边码是法条主要索引位置。

续表

《瑞士债法》（OR）	
条文	边码
23 ff.	300, 977
24 Abs. 1 Ziff. 4	64, 423, 435
28 ff.	977
31	436, 1817
32 ff.	1891, 1901, 2027, 2063, 2075, 2425
33 Abs. 2	1891, 2065
33 Abs. 3	2090
34 Abs. 1	2078
34 Abs. 3	2090
38	2067
38 Abs. 1	2028
39	2067
40	2063
40a ff.	23
40a	168
40b	171
40d Abs. 1	1357
40e Abs. 3	175
40f	1360
40f Abs. 1	97
40f Abs. 2	1360
40f Abs. 4	1360
41 ff.	4, 440, 1809, 2025
41 f.	1889
41	440, 2043, 2056, 2209

续表

《瑞士债法》（OR）	
条文	边码
41 Abs. 1	441，619，2038
42 Abs. 2	248，2040
43 f.	1926，1969
44	1450
50	2435
58	2634
60	439，2045
60 Abs. 2	2045
61 Abs. 1	622
62 ff.	4，608，1185，2025，2041，2058
62 Abs. 1	2144，2145
63 Abs. 1	608
64	2142
65 Abs. 2	2026
67	1441，2050
68	1703，2130
69	2343
71 Abs. 1	222
71 Abs. 2	222
72	460
73 Abs. 1	1299，1319
73 Abs. 2	1350
74	229，253
74 Abs. 2 Ziff. 1	253，982
74 Abs. 2 Ziff. 2	229

《瑞士债法》（OR）	
条文	边码
75 ff.	223
75	254
82	58, 234, 396, 977, 1470, 1776, 1811, 2232
83	1315, 1471
84	1295
85 Abs. 2	2271
91 ff.	139
92	2176a
96	2176a
97 ff.	20, 282, 308, 333, 346 f. , 434, 1278, 1514, 1631, 1709, 1711, 1741, 1807 f. , 1920, 2043, 2206
97	139, 416, 986
97 Abs. 1	58, 215, 339, 345, 408, 417, 434, 529, 536, 969, 1446, 1794, 1921, 1923 f. , 1939, 2057, 2206, 2255, 2324
99 Abs. 1	1446, 1926
99 Abs. 2	21, 152, 154, 839, 1278, 1674, 1926, 2207
99 Abs. 3	248, 1926
100 f.	1927, 1930
100	23, 285, 376 f. , 929, 1729, 1747, 1927
100 Abs. 1	376
101	339, 969, 986, 1187, 1679, 1709, 1711, 1770, 1794, 1821, 1921, 1927, 1939 f. , 1944 ff.
101 Abs. 1	1051, 1055, 2206
101 Abs. 3	1729, 1747
102 ff.	139, 235, 346, 996, 1469, 1706, 1724, 1917

《瑞士债法》（OR）	
条文	边码
102	235，259，1320
102 Abs. 2	257，938
103-106	259
103	236，1057，1064，1922
103 Abs. 2	239
104	257
107 ff.	262，1320，1707，1845，2575
107-109	236，240，415，853，942
107 f.	241
107	998
107 Abs. 1	260，942
107 Abs. 2	239，242，261，942，1006，1320，1705，1724，2324
108	262，942，1707
109	1724，2440
109 Abs. 1	394
109 Abs. 2	414，942，2324
111	43，2281，2317
112	1943
114	473
114 Abs. 1	1814，1959，2271，2312
114 Abs. 3	2348a
116 Abs. 2	2271
117 Abs. 3	2271，2348a
119	139，453 ff.，1863
119 Abs. 1	453 f.，802

续表

《瑞士债法》（OR）	
条文	边码
119 Abs. 2	60，453，802
119 Abs. 3	60，453，455 ff.
121	2271
125 Ziff. 1	2155，2205，2232，2236
127 ff.	62，303，976
127	333，426，427，642，1324，1441，1796，1803，1928，1943，1957，2018，2046，2199，2252，2474
128 Ziff. 1	1327
128 Ziff. 3	62，1537，1928，1957
129	2474
130 Abs. 1	1324 f.，1537，1928 f.，1957
130 Abs. 2	1326
135 Ziff. 1	442a，1326，2271
136 Abs. 1	1283
136 Abs. 2	2271
136 Abs. 3	2271
137	442a
140	1328
141 Abs. 3	2271
142	388
143 ff.	1283
143	2285
160 ff.	590，1631
164 ff.	227，1812，2427
165 Abs. 1	188，227，820，831，832

| 《瑞士债法》（OR） ||
条文	边码
165 Abs. 2	210, 831
168	2176a
170 Abs. 1	2311
171 ff.	302, 315, 443
171 Abs. 3	842
172	479
175 ff.	2427
178 Abs. 2	2271
184 ff.	2, 34, 1669
184-551	2
184-186	193, 490
184	30
184 Abs. 1	37, 182, 184, 205 ff., **219 ff.**, **249 ff.**, 269, 495, **623 ff.**, **634**, 800
184 Abs. 2	58, 212, 233, 258, 497
184 Abs. 3	49, 214, 586
185	60, 338, **452 ff.**
185 Abs. 1	**452 ff.**, 486, 802
185 Abs. 2	34, **463**
185 Abs. 3	464
186	7, 198, **487**
187 Abs. 1	37
187 ff.	34
187-215	194, 490
187 Abs. 1	209 ff.

《瑞士债法》（OR）	
条文	边码
187 Abs. 2	209，682
188 f.	230
190 f.	34，51，282，684
190	**237 ff.**，247
190 Abs. 1	238 f.
190 Abs. 2	240
191	242 ff.
191 Abs. 1	**242**，244，246
191 Abs. 2	**242 ff.**，248，265
191 Abs. 3	242，**245 f.**，248，265
192 ff.	20，226，**270 ff.**，302，337，639，804
192 Abs. 1	**278 ff.**，804
192 Abs. 2	283
192 Abs. 3	285，374
193	287 ff.
193 Abs. 1	287 ff.
193 Abs. 2	289
194 Abs. 1	290
194 Abs. 2	286，291
195 f.	270
195 Abs. 1	295
195 Abs. 1 Ziff. 4	295 f.
195 Abs. 2	295 f.
196	297 ff.
196 Abs. 1	281，298

续表

《瑞士债法》（OR）	
条文	边码
196 Abs. 2	299
196 Abs. 3	299
196a	201，303
197 ff.	20，51，64，231，308，310，317，338，339，345，346，433，434，438，440，443，483，484，643，644，804
197－210	307
197	326 ff.
197 Abs. 1	**326 ff.**，593，804
197 Abs. 2	309，340，387
198	34，85，314，323，368，686
199	**374 f.**，377，432，647 f.，651，929
200	375
200 Abs. 1	349
200 Abs. 2	350
201 ff.	1753
201	292，309，333，354，**355 ff.**，434，445，449，646，804，959
201 Abs. 1	355 ff.
201 Abs. 2	355 ff.
201 Abs. 3	359 ff.
202	34，314，323，368，686
203	**364 f.**，439，651，1761
204	368
204 Abs. 2	344
205 ff.	649
205	382，383，483，805

续表

《瑞士债法》（OR）	
条文	边码
205 Abs. 1	389，**399 ff.**
205 Abs. 2	390，400，419
205 Abs. 3	391，400
206	34，442
206 Abs. 1	386
206 Abs. 2	386
207 ff.	382
207	397 f.
207 Abs. 1	398
207 Abs. 2	398
207 Abs. 3	398
208	296，**392 ff.**，**408 ff.**，416
208 Abs. 1	393 f.
208 Abs. 2	340，384，387，**395**，**409 ff.**，417 ff.，422，1794
208 Abs. 3	340，384，387，**410 ff.**，422
209	397
210	52，203，304，309，333，369，388，**421 ff.**，1771
210 Abs. 1	369，**421 ff.**，450，777，1800
210 Abs. 2	369，**426a**，1801
210 Abs. 3	201，369，**426c**，1805
210 Abs. 4	168，172，431f.，446a，449 f.，1804
210 Abs. 5	369，428，778，1757，1805a
210 Abs. 6	427，439，651，658，1803
211	254，634
211 Abs. 1	249

《瑞士债法》（OR）	
条文	边码
211 Abs. 2	254
212 Abs. 1	250 f.
213 Abs. 1	256, 258
213 Abs. 2	257, 259
214 f.	259 ff.
214	635
214 Abs. 1	260, 262, 264a
214 Abs. 2	260 f.
214 Abs. 3	85, **262 ff.**, 466, 636, 801
215	261, **265 ff.**, 685
215 Abs. 1	265 f.
215 Abs. 2	267
216 ff.	34, 490, 494
216–221	490
216	501, 504, **555 ff.**, 2476
216 Abs. 1	491, 495, 551, **553 ff.**, 569, 584, 600, 605, 623, 666, 669, 799, 2548 f., 2562
216 Abs. 2	503, 504, 510, 553, 573, 2562
216 Abs. 3	510, 516, 553
216a	530, 534, 539, 547 f.
216b Abs. 1	509
216b Abs. 2	510
216c Abs. 1	517 ff.
216c Abs. 2	518
216d Abs. 1	524, 532

续表

《瑞士债法》（OR）	
条文	边码
216d Abs. 2	526
216d Abs. 3	527
216e	525，531
217 Abs. 1	630
217 Abs. 2	468，662
218	492
219	316 f. ，643，**652 ff.**
219 Abs. 1	335，**653 ff.**
219 Abs. 2	335，594，**653 ff.**
219 Abs. 3	304，317，333，430，642，**657**
220	338，465，**659 ff.**
221	317，490，634，639，643
222 ff.	34
222	687
223－225	688
227a－228	689
229－236	690，**692 ff.**
229 Abs. 1	692
229 Abs. 2	554，695，698
229 Abs. 3	699
230	703
231 f.	698
234	702
234 Abs. 1	692
235	700

续表

| 《瑞士债法》（OR） ||
条文	边码
235 Abs. 1	187，701
235 Abs. 3	692
236	7，692
237 f.	484，691，794
237	794，**797 ff.**，2458
238	805
239 ff.	21，147，150
239–252	807
239 Abs. 1	814
239 Abs. 2	815
239 Abs. 3	816
240 f.	824
240 Abs. 2	826
241 Abs. 2	825
242 Abs. 1	832，837
242 Abs. 2	835
243	822，**829 ff.**，857
243 Abs. 1	829，831
243 Abs. 2	829
243 Abs. 3	829，831
245 f.	149
245 Abs. 1	843
245 Abs. 2	811，836
246	845
247	856

《瑞士债法》（OR）	
条文	边码
247 Abs. 1	846
247 Abs. 2	846
247 Abs. 2 lit. a	175
248 Abs. 1	154, **839 ff.**, 1278
248 Abs. 2	154, 820, **842**
249 ff.	848 ff.
249	155, 849
249 Ziff. 2	813
250	155, 850
250 Abs. 1 Ziff. 1	813
251 Abs. 1	852
251 Abs. 2	852 f.
251 Abs. 3	852
252	91, **854**
253 ff.	864, 1270, 2525
253–273c	866
253–268b	867
253	30, 859, 881, 979, 1003, 1270, 2551
253a Abs. 3	874
253a f.	34, 894, 1083
253b Abs. 1	1207
253b Abs. 2	894
254	892, 894, 1085
255 Abs. 1	881, 1007
255 Abs. 2	1013

《瑞士债法》（OR）	
条文	边码
255 Abs. 3	1015
256	1222, 2568
256 Abs. 1	925
256 Abs. 2	28, 954
256 Abs. 2 lit. a	85, 928, 1070, 1088
256 Abs. 2 lit. b	34, 927, 1087
256a	932, 1069
256b	933
257	979 ff.
257a	981, 1234
257a Abs. 2	980
257b	981
257b Abs. 2	1069
257c	982
257d	120, 914, 982, **996 ff.**, 1045, 1056, 1071, 1129
257d Abs. 1	**997 ff.**, 1089
257d Abs. 2	**1001**, 1045, 1089
257e	934, 985, 991, 1090
257e Abs. 3	1066
257e Abs. 4	7, 879
257f	120, 986
257f Abs. 1	986, 1051
257f Abs. 2	986
257f Abs. 3	986 f., 1046
257f Abs. 4	986, 1046

续表

《瑞士债法》（OR）	
条文	边码
257g Abs. 1	992
257g Abs. 2	958，992
257h	993
257h Abs. 1	1179
257h Abs. 3	950
258 ff.	930，1072
258	**936 ff.**，1235
258 Abs. 1	94，120，941，944
258 Abs. 2	941 ff.
258 Abs. 3	941，944
258 Abs. 3 lit. a	944
258 Abs. 3 lit. b	945
259 ff.	936，**946 ff.**
259	945，953
259a ff.	20
259a-259i	943，944，1235
259a	953，960
259a Abs. 1	947 ff.
259a Abs. 1 lit. a	961
259a Abs. 1 lit. b	966 ff.
259a Abs. 1 lit. c	969
259a Abs. 1 lit. d	971
259a Abs. 2	972
259b	957，961
259b lit. a	94，962 f.，1047

续表

《瑞士债法》（OR）	
条文	边码
259b lit. b	964 f.
259c	961，965
259d	957，**966 ff.**
259e	956，969
259f	950，971
259g ff.	972 ff.
259g	909
259g Abs. 2	972
259h Abs. 1	973
259h Abs. 2	973
259i	870，1153
260 Abs. 1	1180 f.
260 Abs. 2	1179
260a	1174，1185
260a Abs. 1	910，1182
260a Abs. 2	910，1183
260a Abs. 3	911，1073，1184
261–261b	1194，1237
261	276，281，1048，1074
261 Abs. 1	1199
261 Abs. 2	1199
261 Abs. 2 lit. a	1049，1199
261 Abs. 3	1200
261a	1048，1092，1197
261b	1048，1092，1201

续表

《瑞士债法》（OR）	
条文	边码
262	896
262 Abs. 1	1075，1186
262 Abs. 2	935，988，1075，1186
262 Abs. 3	1187
263	1238
263 Abs. 1	912，1190
263 Abs. 2	1190，1193
263 Abs. 3	1191
263 Abs. 4	1192
264	1076，1193
264 Abs. 1	1008，1010 f.
264 Abs. 2	1008
264 Abs. 3	1009
265	1077，1239
266 ff.	19，53
266 Abs. 1	103，1013
266 Abs. 2	1014
266a ff.	107，1288
266a	105
266a Abs. 1	109，1015
266a Abs. 2	1016，1022，1034
266b	1024
266b-266e	1020
266b-266d	1019
266c	1025

《瑞士债法》（OR）	
条文	边码
266d	1026
266e	1027
266f	1020, 1028
266g	121, 124, 963
266g Abs. 1	1036 ff.
266g Abs. 2	126, 1040
266h	119, 1041
266i	117, 1042, 1078
266k	1043, 1079, 2576, 2579
266l ff.	34, 1029
266l–266n	1016, 1033
266l Abs. 2	872
266l f.	1032
266l	1091, 1130
266l Abs. 1	138, 913, 1001, 1030
266l Abs. 2	138, 913, 1001, 1031
266m	138, 1032
266m Abs. 3	1032
266n f.	913
266n	138, 914, 999, 1001, 1032, 1089, 1091
266o	138, 1033, 1130
267 Abs. 1	994, 1003, **1050ff.**
267 Abs. 2	1053, 1080
267a	1052, 1081
268 ff.	34, 129, 1240

续表

《瑞士债法》（OR）	
条文	边码
268—268b	983
269 ff.	34，894，922，1084，1207
269—270e	868
269	1094 ff.，1106
269a	1095 f.，1106
269a lit. a	1095
269a lit. b	1095
269b f.	922
269d	872，915，917 f.
269d Abs. 1	1104
269d Abs. 2	1117 ff.
270 ff.	1121
270	1102
270 Abs. 1	1111 ff.
270 Abs. 2	7，872，879，917，919
270a	1099，1102，1108
270a Abs. 2	1109
270a Abs. 3	1110
270b	1103
270b Abs. 1	1106
270b Abs. 2	1107
270c	1104 f.，1115
270d	1104 f.，1115
270e	1122
271 ff.	112，894，1017

《瑞士债法》（OR）	
条文	边码
271-273c	869, 1241
271 f.	1084, 1123
271	1123 f. , 1126
271 Abs. 1	1127, 1129, 1181
271 Abs. 2	99, 1017, 1125
271a	1126
271a Abs. 1	1126 ff.
271a Abs. 3	1128 f.
271a Abs. 3 lit. b	1002
271a Abs. 3 lit. c	989
272 ff.	1084, 1131
272 Abs. 1	1131, 1139
272 Abs. 2	1133, 1139
272 Abs. 3	1139
272a Abs. 1	1135
272a Abs. 1 lit. a	1002
272a Abs. 1 lit. b	989
272a Abs. 2	1136
272b Abs. 1	1137, 1139
272b Abs. 2	1138, 1139, 1144
273 Abs. 1	1123, 1130, 1142
273 Abs. 2	1141 f.
273 Abs. 3	1141
273 Abs. 4	870, 1153
273 Abs. 5	870, 1154, 1177

续表

《瑞士债法》（OR）	
条文	边码
273a Abs. 1	1125b
273a Abs. 2	1138
273a Abs. 3	1125b, 1138
273b Abs. 1	1188a, 1189
273b Abs. 2	1189
273c	1123, 1143
275 ff.	2525
275-304	1206
275	190, 860, 885, 1212 ff., 2551
276a	1211
278 Abs. 1	1222, 1224
278 Abs. 2	1225
278 Abs. 3	1225
279	1224
280	1226
281	1227, 1244
281 Abs. 2	1234
282	1244
282 Abs. 1	1245
283-287	1246
283 Abs. 1	995, 1227
283 Abs. 2	1228
284	1229
286 Abs. 1	1230
287	1231

续表

《瑞士债法》（OR）	
条文	边码
288 Abs. 1	1235
288 Abs. 2	1222
289 Abs. 2	1236
289a	1247
290	1237
291	1248
292	1238
293	1249
294	1239
295 ff.	19
295–298	1250
298 Abs. 2	872
299c	1240
300	1241
301	1242
302–304	1251
305 ff.	22, 150, 1278, 1301
305	861, 886, **1264ff.**, 1270, 1276, 1279
306 Abs. 1	1280
306 Abs. 2	1280, 1290, 1292
306 Abs. 3	1281
307 Abs. 1	1282
307 Abs. 2	1277
308	1283
309 Abs. 1	1285 f.

续表

《瑞士债法》（OR）	
条文	边码
309 Abs. 2	120, 155, 1281, 1292
310	156, 1287 f.
311	1290
312 ff.	1271, 2384, 2492
312	190, 862, 887, 1271, **1293 ff.**, 1317
313	862, 1298, 1318
313 Abs. 1	22, 150
314	1299, 1319
314 Abs. 3	1319
315	52, 1316
316	119, **1314 ff.**
317	1322
318	1326, 1329 f.
319 ff.	1672, 1885
319–342	1383, 1394
319	30, 1415
319 Abs. 1	**1408 ff.**, 1432, 1451
319 Abs. 2	1413
320 Abs. 1	1421
320 Abs. 2	1419
320 Abs. 3	94, 97, **1427**, 1589
321–321e	1432
321	1433
321a	1435
321a Abs. 1	1435

《瑞士债法》（OR）	
条文	边码
321a Abs. 2	1437
321a Abs. 3	1438, 1544, 2094, 2095a
321a Abs. 4	136, 1439
321b	1440 f., 2095a
321c Abs. 1	1442
321c Abs. 2	1443
321c Abs. 3	1425, 1443
321d	1411
321d Abs. 1	1445
321d Abs. 2	1444
321e Abs. 1	1446
321e Abs. 2	1448, 1909
322 ff.	1451, 1457a
322 Abs. 1	1452
322 Abs. 2	1453 f.
322a	1455
322b	1456
322c	1456
322d	1457
323 Abs. 1	1458, 1470
323 Abs. 2	1459
323 Abs. 3	1459
323 Abs. 4	1460
323a	1461
323b	1462

《瑞士债法》（OR）	
条文	边码
324	1465
324 Abs. 1	1418
324a	1467 f.
324a Abs. 2	1467
324a Abs. 4	85
324b	1467 f.
325	1463
326	1466
326a	1466
327	1472
327a-327c	1472
328 ff.	1442
328-328b	1474
328	1405, 1427, 1491a, 1886
328 Abs. 1	1483 f.
328 Abs. 2	1485 f.
328a	1487
328b	1488, 1490
329-329c	1475
329d Abs. 1	1476
329e	1475
329f	1477
330	1478
330a	1479 f. , 1886
331-331f	1494

续表

《瑞士债法》（OR）	
条文	边码
331 Abs. 1	1495
331 Abs. 3	1496
331 Abs. 4	1497
331 Abs. 5	1406
331a–331e	1406
331a	1498
331b	1498, 1463
331c	1498
331d–331f	1498
332 Abs. 1	1560
332 Abs. 2–4	1562 ff.
332 Abs. 2	1563
332 Abs. 3	1563
332 Abs. 4	1564
333–333b	1565
333	1565, 1575, 1622
333 Abs. 1	1428, 1566, 1568 f.
333 Abs. 1bis	1569, 1622
333 Abs. 2	1568
333 Abs. 3	1570
333 Abs. 4	1571
333a	1572
333a Abs. 2	1573
334 ff.	19, 53
334	103, 1410

《瑞士债法》（OR）	
条文	边码
334 Abs. 1	1501
334 Abs. 2	1504
334 Abs. 3	111，1505
335	105，1410
335 Abs. 1	1506
335 Abs. 2	99，1508
335a ff.	107
335a Abs. 1	1510
335a Abs. 2	1511
335b	1511
335b Abs. 2	1511
335c	1511
335c Abs. 2	1425，1511
335d	1514
335d-335g	1482，1513
335f Abs. 1	1514
335f Abs. 2	1514
335f Abs. 3	1514
335h	1514a
335i Abs. 3 lit. a	1609
336 ff.	112，1509
336-336d	1515，1525
336-336b	1527 ff.
336 Abs. 1	1528
336 Abs. 2 lit. c	1529

续表

《瑞士债法》（OR）	
条文	边码
336b	1532
336c	1533
336c Abs. 1	1534
336c Abs. 2	1535
336d	1533
336d Abs. 1	1534
336d Abs. 2	1535
337/337a	121
337	122
337 Abs. 1	1516
337 Abs. 2	1516
337 Abs. 3	1519
337a	1471, 1518 f.
337b–337d	126, 1520
337b	1520
337c Abs. 1	1520
337c Abs. 3	1520
338 Abs. 1	1521
338 Abs. 2	1522
338a Abs. 1	1523
338a Abs. 2	1524
339 Abs. 1	1537
339a	1538
339a Abs. 2	1538
339a Abs. 3	1539

《瑞士债法》（OR）	
条文	边码
339b	1540
339c	1540
339d	1540
340 ff.	136
340-340c	1541
340	1542 ff.
340 Abs. 1	1425, 1545
340 Abs. 2	1546 f.
340a Abs. 1	1548
340a Abs. 2	1549
340b Abs. 1	1550
340b Abs. 2	1551
340b Abs. 3	1553
340c	1554
341 Abs. 1	1620
342	1405
342 Abs. 1 lit. a	1406
342 Abs. 2	1384, 1405
344 ff.	1406, 1414
344-355	1384, 1395, 1585
344	1586
344a-346a	1587
344a Abs. 1	1423, 1588
344a Abs. 2	1588
344a Abs. 6	1590

续表

《瑞士债法》（OR）	
条文	边码
345 Abs. 1	1591
345a	1591
346	1519, 1592
346a	1592
347 Abs. 1	1593, 1595
347a–350a	1594
347a Abs. 1	1595
347a Abs. 2	1595
348 Abs. 1	1596, 2094
348 Abs. 2	1596
348b	2073
348b Abs. 1	50, 2089
348b Abs. 2	2089
349	1596
349a ff.	1597
349e	1597
350	1597
350a	1597
351	1598
351a–354	1599 ff.
352 Abs. 1	1600
352 Abs. 2	1601
352a	1600
353	1601
353a f.	1602

《瑞士债法》（OR）	
条文	边码
354	1602
355	1414, 1585
356 ff.	1384, 1604
356-360	1396
356-358	1605
356 Abs. 1	1606, 1608, 1610, 1618
356 Abs. 2	1609 f.
356 Abs. 3	1610, 1627
356 Abs. 4	1630
356a Abs. 1	1614
356a Abs. 2	1616
356a Abs. 3	1617
356b	1623
356b Abs. 1	1623
356b Abs. 2	1624
356b Abs. 3	1624
356c Abs. 1	1611 f. , 1623
357	1618, 1635
357 Abs. 1	1621
357 Abs. 2	1619
357a Abs. 1	1628, 1633
357a Abs. 2	1629
357b	1635
358	1620, 1652
359 ff.	1384, 1604

续表

《瑞士债法》（OR）	
条文	边码
359 Abs. 1	1644
359 Abs. 2	1646，1649
359 Abs. 3	1652
359a	1646
360 Abs. 1	1644
360 Abs. 2	1645
360a ff.	1651
360a	1644，1645
360a Abs. 1	1650
360d Abs. 2	1644，1645，1649
361 f.	1384
361	1397，1428，1569
361 Abs. 1	1429，1442
361 Abs. 2	1431
362	28，1397，1428，1569
362 Abs. 1	1430
362 Abs. 2	1431
363 ff.	1416，1664，1884
363-379	1385，1655
363	30，**1658 ff.**，1674，1702，1714，2453
364 Abs. 1	1709
364 Abs. 2	1703
364 Abs. 3	1710
365 Abs. 1	1655，1666 f.，1713，**1730**，2458
365 Abs. 2	1709

续表

《瑞士债法》（OR）	
条文	边码
365 Abs. 3	1711, 1751
366 Abs. 1	1706
366 Abs. 2	1705, 1735, 1789
367 ff.	20, 1704, 1730, 1807
367-371	51, 311, 1728, 1762, 1807 f.
367	959
367 Abs. 1	1735, 1753, 1796
367 Abs. 2	1754
368	51, 58
368 Abs. 1	**1732 ff.**, 1737, 1765, 1768, **1772 ff.**, **1790 ff.**
368 Abs. 2	60, 385, 1737, 1766, 1767, 1768, **1777 ff.**, **1781 ff.**, **1790 ff.**
368 Abs. 3	1765, 1774, 1779, 1785
369	1712, 1751
370	352, 959
370 Abs. 1	1738, 1739, 1748 f.
370 Abs. 2	1750, 1796, 1798
370 Abs. 3	1740, 1759
371	52, 1667, 1757, 1771, 1796, **1797 ff.**
371 Abs. 1	1655, 1728, **1799 f.**, **1802**
371 Abs. 2	426a, **1801 ff.**, 1928
371 Abs. 3	1728, 1797, 1803 ff.
372 Abs. 1	1720
372 Abs. 2	1721
373	1715 f.

续表

《瑞士债法》（OR）	
条文	边码
374	1689, 1701, **1717 ff.**
375	1815 ff.
375 Abs. 1	1815 f.
375 Abs. 2	1817 f.
376	1819 ff.
376 Abs. 1	1819
376 Abs. 2	1819
376 Abs. 3	1711, 1821
377	53, 127a, 1697, 1707, **1822 ff.**
378	1824
379	1825
380-393	1386, 1827
380	1386, 1834, 1841, 1849, 1854
381 Abs. 1	183' 818' 461' 847
381 Abs. 2	1850
381 Abs. 3	1851
382	1852
383 Abs. 1	1861
383 Abs. 2	1855
384 Abs. 1	1854
384 Abs. 2	1856
385 Abs. 1	1853
385 Abs. 2	1857
387	1868
388 Abs. 1	1837, 1840, 1859

《瑞士债法》（OR）	
条文	边码
389 Abs. 3	1858
390 ff.	1862
390	1864
392 Abs. 1	1865
392 Abs. 3	1866
393	1869
394 ff.	1387, 1415, 1670, 1872
394-406	72, 1387, 1871, 1974
394 Abs. 1	1877 f., 1903
394 Abs. 2	1881 f.
394 Abs. 3	22, 150, 151, 1877, 1894 f., **1956**
395	1897
396 Abs. 1	1901
396 Abs. 2	50, 1871, 1892, 1901
396 Abs. 3	50, 1871, 1902
397	1913
397 Abs. 1	1885a, 1913
398	2415
398 Abs. 1	1909, 1926 f.
398 Abs. 2	1908, 1914, 1919
398 Abs. 3	1906 f., **1935 ff.**
399	1907, 1935
399 Abs. 1	1939 f.
399 Abs. 2	1940, 1942
399 Abs. 3	1941

续表

《瑞士债法》（OR）	
条文	边码
400	1916
401	1950 f. , 2018
401 Abs. 1	1947
401 Abs. 2	1948
401 Abs. 3	1949
402	1719
402 Abs. 1	143, 147, 151, 1895, 1919, 1932, 1952, 1964
402 Abs. 2	158, **1954 f.**
403 Abs. 1	1958
403 Abs. 2	1871, 1918
404	53, 1822, 1960 f. , 1962, 1964, **1965 ff.** , 2417, 2476, 2503
404 Abs. 1	28, 157, **1965 ff.** , 1976
404 Abs. 2	157, **1967 ff.**
405	1962
406	1963
406a ff.	14, 23, 1887, 2476
406a–406h	1387, 1975
406a Abs. 1	1975
406a Abs. 2	1974
406b–406c	1976
406d	1976
406e	1976
406g	1976
406h	1976

《瑞士债法》（OR）	
条文	边码
407–411	1387
407	1978
407 Abs. 1	1974
407 Abs. 3	1978
408 ff.	1887
408–411	1977
408 Abs. 1	1977，1978
408 Abs. 2	1978
412 ff.	1887
412–418	1387，1979
412 Abs. 2	1974
418a ff.	1887
418a–418v	1387，1980
418a Abs. 1	1980
418b	1974
418c Abs. 1	2094
418c Abs. 2	2094
418e	2073
418e Abs. 1	2090
418e Abs. 2	2090
418e Abs. 3	2091
418g Abs. 1	1980
418r Abs. 1	121
418s Abs. 1	118，119
419 ff.	1890，1986，1992，1997，2024，2027

《瑞士债法》（OR）	
条文	边码
419-424	1390, 1990
419	1999 ff.
420	2011, 2022
420 Abs. 2	2011
420 Abs. 3	2015, 2031
421	2011, 2026
422	1890, 1955, 1986, 1991, 1992 f., **2012 ff.**, 2019, 2021, 2022, 2027, 2030
422 Abs. 1	158, 1889, **2013 ff.**, 2026, 2212
422 Abs. 2	2006, 2018
422 Abs. 3	2026
423	1441, 1991, 1992, 1995, 2019, 2039, 2045, 2048, 2052 f., 2059, 2060
423 Abs. 1	1188, **2038 ff.**, 2095 f.
423 Abs. 2	2039
424	1387, 1991, 2020, 2022, 2028, 2047, 2051
425 ff.	1838, 1887
425-439	1387, 1981
425 Abs. 1	1981
425 Abs. 2	1974, 2243
426 Abs. 2	2243
427	2243
427 Abs. 3	2243
439	1887, 1982
440 ff.	1887
440-457	1387, 1983

《瑞士债法》（OR）	
条文	边码
440 Abs. 1	1983
440 Abs. 2	1974
444	2176a
454	52
458 ff.	1987
458-465	1391，2062 f.
458-461	2069
458 Abs. 1	2069，2075，2076
458 Abs. 2	2077
458 Abs. 3	2077
459 Abs. 1	2075，2081，2082
459 Abs. 2	2081
460 Abs. 1	2084
460 Abs. 2	2084
460 Abs. 3	2082
461 Abs. 1	2078
461 Abs. 2	2079，2086
462	2071
462 Abs. 1	2071，2087
462 Abs. 2	2087
464	2055，2075
464 Abs. 1	2093
464 Abs. 2	2034，**2095 f.**
465 Abs. 1	1987，2078
465 Abs. 2	2075，2079

《瑞士债法》（OR）	
条文	边码
466 ff.	1988
466–471	1392
466	**2097 ff.** , 2108
467	2127
467 Abs. 1	2128
467 Abs. 2	2131
467 Abs. 3	2129
468 Abs. 1	2121, 2134, 2136, 2138
468 Abs. 2	2115, 2119
468 Abs. 3	2115, 2119, 2121, 2137
469	2132, 2139
470	2122 ff.
470 Abs. 1	2123, 2127, 2133
470 Abs. 2	2115, 2123
470 Abs. 2bis	2125
470 Abs. 3	2124
471	2102
472 ff.	1272, 1303, 2176a, 2176b
472–491	2148, 2153
472 Abs. 1	1272, 2148, **2162 ff.** , 2180, 2186
472 Abs. 2	22, 150, 151, 2168, 2183, 2213
473 Abs. 1	151, 2211
473 Abs. 2	2215
474	1303
474 Abs. 1	1272, 2180, 2181, 2187, 2208

续表

《瑞士债法》（OR）	
条文	边码
474 Abs. 2	2208 f.
475 ff.	2165, 2194
475 Abs. 1	111, 2176b, 2194 f. , 2220
475 Abs. 2	2221
476	2193
476 Abs. 1	51, 155, 2196, 2224
476 Abs. 2	157, 157, 2223
477	2197
478	2210
479	2190, 2195
480	2175, **2265 f.**
481	190, 2166, 2170, 2198, 2227, 2236
481 Abs. 1	2229, 2230
481 Abs. 2	2229
481 Abs. 3	2227, 2229, 2232
482–486	2171
482	2245
483 Abs. 1	2156, 2242
483 Abs. 3	2189
484	2172, 2237
484 Abs. 1	2188, 2200, 2241
484 Abs. 2	2200
484 Abs. 3	2200
485 Abs. 1	2169, 2214, 2238
485 Abs. 3	2217, 2239

续表

《瑞士债法》（OR）	
条文	边码
486	2193
486 Abs. 1	2226，2244
486 Abs. 2	2204，2245
487 ff.	2260 f.
487-489	2173
487	2251，2254，2262
488	2256
489 Abs. 1	2257
489 Abs. 2	2258，2261
490	2174，2251，2254，2262
491	2174，2218，**2264**
492-512	2150，2268
492 Abs. 1	2150，2276，2492
492 Abs. 2	2282，2306 f.，2314，2332
492 Abs. 3	2316，2332
492 Abs. 4	28，2269，2275，2281
493 Abs. 1	2296，2301，2320
493 Abs. 2	2297，2301
493 Abs. 3	2297
493 Abs. 4	2297
493 Abs. 5	2298
493 Abs. 6	2299，2300
494 Abs. 1	2304 f.
494 Abs. 3	2305
494 Abs. 4	2305

《瑞士债法》（OR）	
条文	边码
495	2335
495 Abs. 1	2288
495 Abs. 2	2336
496	2335
496 Abs. 1	2289
496 Abs. 2	2336
497 Abs. 1	2292
498 Abs. 1	2293
498 Abs. 2	2294
499 Abs. 1	2320
499 Abs. 2 Ziff. 1	2323 f.
499 Abs. 2 Ziff. 2	2325
499 Abs. 2 Ziff. 3	2326
499 Abs. 3	2327
500 Abs. 1	2329 f.
501 Abs. 1	2309, 2333
501 Abs. 2	2334
501 Abs. 3	2333
501 Abs. 4	2334
502 Abs. 1	2282, 2310, 2316, 2337 f.
502 Abs. 2	2310, 2337
502 Abs. 3	2338
503 Abs. 1	2339 f.
503 Abs. 2	2339
503 Abs. 3	2341

续表

《瑞士债法》（OR）	
条文	边码
503 Abs. 4	2342
504	2334
504 Abs. 1	2343
504 Abs. 2	2344
505	2345
505 Abs. 3	2346
506	2357 ff.
507	2355
507 Abs. 1	2355
507 Abs. 2	2356
509 Abs. 1	2282, 2312, 2348
509 Abs. 3	2349
510 Abs. 1	2352 f.
510 Abs. 2	2352
510 Abs. 3	2350
511	2351
513－515	2362
513 Abs. 1	2362
514 Abs. 2	2362
515 Abs. 1	2362
515a	2362
516 ff.	150
516－520	2363
521－529	2363
530 ff.	903, 1309, 1676, 1687, 1888

续表

《瑞士债法》（OR）	
条文	边码
530-551	2366
530 Abs. 1	47, 889, 1676, 1888, **2368 ff**.
530 Abs. 2	47, 2373
531 ff.	2372a
531 Abs. 1	2393
531 Abs. 2	2393
531 Abs. 3	2458
532	2395, 2398
533	1309, 2399
533 Abs. 1	2396, 2404
533 Abs. 2	2396
534	2411
535 Abs. 1	2405, 2413 f., 2429
535 Abs. 2	2413
535 Abs. 3	2413, 2426
536	2397
537 Abs. 1	2406
537 Abs. 3	2407
538 Abs. 1	2415
538 Abs. 2	2401
538 Abs. 3	2415
539	2416
540 Abs. 2	2034, 2055
541	2398, 2408
541 Abs. 2	2408

《瑞士债法》（OR）	
条文	边码
542 Abs. 1	2419
542 Abs. 2	2420
543 Abs. 1	2427
543 Abs. 2	2425
543 Abs. 3	2418，2428 f.
544 Abs. 1	2431
544 Abs. 3	1688，2433
545 ff.	19，53
545	2437，2439
545 Abs. 1 Ziff. 1	2437
545 Abs. 1 Ziff. 2	2422 f.，2437
545 Abs. 1 Ziff. 4	2437
545 Abs. 1 Ziff. 5	103，2437
545 Abs. 1 Ziff. 7	2437
547－551	2441
547 Abs. 1	2439
549	2442
551	2443
552 ff.	2372a
552 Abs. 1	2372a，2381
552 Abs. 2	2387
553	2387，2391
557 Abs. 2	47，2373
598 Abs. 2	47
645	2390

《瑞士债法》（OR）	
条文	边码
660 Abs. 2	521
745 Abs. 1	521
934	2372a
973a	2172
973a Abs. 1	2157, 2202
1020 ff.	2272
1102	2495
《瑞士民法典》（ZGB）	
条文	边码
1 Abs. 1	13, 76, 83, 457, 2477
1 Abs. 2	79, 1556
1 Abs. 3	1556
2	447, 1284, 1910
2 Abs. 1	1715, 2042, 2626
2 Abs. 2	611, 616, 1121, 1124
3 Abs. 2	273, 275, 2036, 2083, 2085
4	122, 390, 987, 1011, 1040, 1133, 1516, 1784, 2013
5 Abs. 2	1019
6	8
7	5a
8	341, 1716, 2627
9	560
12 ff.	824, 2303
17	824
18	1924

《瑞士民法典》（ZGB）	
条文	边码
19 Abs. 1	824
19 Abs. 2	824 f.
19 Abs. 3	1924
19a Abs. 1	1359
27	123，1505
28	1483
28a Abs. 3	2033
28b Abs. 3 Ziff. 2	924
55	2074，2425
62	2390
121 Abs. 1	923
121 Abs. 2	923
159 ff.	903
169	1032
176 Abs. 1 Ziff. 2	924
182 ff.	5a
287 f.	5a
291	1463
323 Abs. 1	1359
382	5a
395 Abs. 1 Ziff. 9	2273，2303
408	2273，2303
412	812
412 Abs. 1	827
481	5a

《瑞士民法典》（ZGB）	
条文	边码
494	5a
512 ff.	5a
560	1291
582 Abs. 1	2273
591	2273
602 ff.	903
634	5a, 2449
634 Abs. 2	554
637 Abs. 2	2273
641	37
641 Abs. 1	226, 1182
641 Abs. 2	608, 1003, 1050, 2195
646 ff.	500, 2201, 2382
652 ff.	2431
655	209, 490
655 Abs. 2	499
655 Abs. 3	500
655 Abs. 2 Ziff. 4	666
656 Abs. 1	185, 628, 631, 660, 835
657 Abs. 1	**553 ff.**, 2476, 2548 f., 2562
661	616
665	228
665 Abs. 1	506, 535, 542, 549, 629
667	675
667 Abs. 2	632

续表

《瑞士民法典》（ZGB）	
条文	边码
671 ff.	1185, 1657
671 Abs. 1	675
680 Abs. 1	507
681 Abs. 3	507
682a	507, 658a
712a ff.	500, 2382
712a Abs. 1	666
712c Abs. 1	534
712d Abs. 1	668
714 ff.	185
714	701
714 Abs. 1	226, 263, 466
714 Abs. 2	272
715 f.	467, 689, 2582
715-716	195
715 Abs. 1	264, 472, 662
715 Abs. 2	468, 686
720 ff.	2029
727 Abs. 1	2200
732	5a, 2449, 2462
745 ff.	1197, 1220, 1273
755 Abs. 1	1273
779 Abs. 3	500
780 Abs. 3	500
799 Abs. 2	5a

续表

《瑞士民法典》（ZGB）	
条文	边码
807	1328
812	1198
832	490
832 Abs. 2	496
832 ff.	637
837 Abs. 1 Ziff. 1	490，663
837 Abs. 1 Ziff. 3	1657，1726
837 Abs. 2	663
838	663
839 Abs. 2	1727
839 Abs. 3	664
885	686
895 ff.	1277，1539，1657，1725，2217
900	5a
922 ff.	225，627
922 Abs. 1	627
933	272
933 Abs. 2	2086
934	273
934 Abs. 1	279
934 Abs. 1bis	280
943 Abs. 1 Ziff. 4	666
955	655
959	846 f.，856，1092，1201
959 Abs. 1	523，530，539，547

续表

《瑞士民法典》（ZGB）	
条文	边码
959 Abs. 2	531，533，539，547
960 Abs. 1 Ziff. 1	535，542，549，629
961	1727
963 ff.	185，628
963	552
969 Abs. 1	532
971 Abs. 1	835
973 Abs. 1	274 f.，638
974 Abs. 2	608，616
975 Abs. 1	608
48 Abs. 3 SchlT	275，638
55 SchlT	491，564
《联邦宪法》（BV）	
条文	边码
8 Abs. 3	1399
28	1399
28 Abs. 2-4	1558
28 Abs. 2	1558
97	160，444，1343，1373，2476
109	871
109 Abs. 1	871，1082
109 Abs. 2	877
110	1399
112	1399
113	1399

续表

《瑞士联邦宪法》（BV）	
条文	边码
114	1399
122 Abs. 1	871，1082
191	716

《欧洲人权公约》（EMRK）	
条文	边码
6 Ziff. 1	1537a，1929

《男女平等法》（GlG）	
条文	边码
3 ff.	1420
3	1492
3 Abs. 2	1492
4	1484
10	112

《公共采购法》（BöB）	
条文	边码
5 Abs. 1 lit. b	1876
5 Abs. 1 lit. c	1690
5 Abs. 2	1690

《联邦公务员法》（BPG）	
条文	边码
1	1406
6 Abs. 2	1406

《联邦法院组织法》（BGG）	
条文	边码
65 Abs. 4 lit. c	1583
74 Abs. 1 lit. a	1155, 1261a, 1583
74 Abs. 1 lit. b	1261a
74 Abs. 2 lit. a	1155, 1261a, 1583
113 ff.	1155

《同性伴侣法》（PartG）	
条文	边码
14	1032
32 Abs. 1	923
32 Abs. 2	923

《关于农村土地权的联邦法律》（BGBB）	
条文	边码
2-5	492
10a	678
24	507
25 ff.	507
40 ff.	492
40 Abs. 1	678
41	678a
42 ff.	507, 678a
47 f.	507
49	507
58 ff.	492

续表

《关于农村土地权的联邦法律》（BGBB）	
条文	边码
61 Abs. 1	679
61 Abs. 2	679
63 lit. a	679
63 lit. b	679
70	679
72	679
76 Abs. 1 lit. b	2274
《所有权保留登记行政法规》（EigVV）	
条文	边码
12	473
《土地登记簿条例》（GBV）	
条文	边码
22	500
47 Abs. 1	630
69 Abs. 1	688
69 Abs. 3	676
69 Abs. 4	676
78	530
78 Abs. 1 lit. b	512
78 Abs. 3	516
123	530

《土地登记簿条例》（GBV）	
条文	边码
1 Abs. 2	321

《关于住宅和商业用房的使用租赁和用益租赁的条例》（VMWG）	
条文	边码
1 f.	1083
3	892，1086
4 ff.	981
18	1099
19	918
19 Abs. 3	918

《关于框架性租赁合同及其一般拘束力声明的联邦法律》（Bundesgesetz über Rahmenmietverträge und deren Allgemeinverbindlicherklärung vom 23. Juni 1995）	
条文	边码
3	921

《农业用益租赁法》（LPG）	
条文	边码
7-9	1253
10-13	1256
14	1257
15	1257
21	1245
21a ff.	1232
21a-25	1258

《农业用益租赁法》（LPG）	
条文	边码
29	1223
30−35	1254
35a−46	1255
47−53	1259
54−57	1260

《消费信贷法》（KKG）	
条文	边码
1 ff.	197，212，217，907，1340
1−8	1348
1	888
1 Abs. 1	1334
1 Abs. 2	1339
1 Abs. 2 lit. a	1367，2552，2579
1 Abs. 2 lit. b	2491，2577
2	1337，2554
3	168，169，1338，2554
4	1380
7 f.	2577
7	888，1345，2556
7 Abs. 1 lit. a	1346
7 Abs. 1 lit. e	1347
8	1345，1348
8 Abs. 1	2546，2552，2557，2572，2584
9 ff.	907

续表

《消费信贷法》（KKG）	
条文	边码
9-13	1356
9	171，471
9 Abs. 1	1354 f.
9 Abs. 2 lit. d	1356
9 Abs. 2 lit. h	1356
10	468，689
10 lit. d	471
11	2564
11 Abs. 1	1354，2565
11 Abs. 2	2565
11 Abs. 2 lit. f	1356
11 Abs. 2 lit. g	1367，2578
12 Abs. 1	1354
12 Abs. 4	1361
13	1358
14	1350，1365
15	172，**1362 f.**
15 Abs. 2	1360
15 Abs. 3	1360
16	**1360 f.**，2565
16 Abs. 1	1357
16 Abs. 2	1354，1360
16 Abs. 3	97，1360
17 ff.	2572
17-21	1364 ff.

续表

《消费信贷法》（KKG）	
17	1366
17 Abs. 2	1366
17 Abs. 3	174, 1367, 2576, 2578 f.
18	1368
18 Abs. 2	2580
18 Abs. 3	2572
19	1369, 2572
20	1370
21	**1371 f.** , 2546, 2572, 2584
21 Abs. 1 lit. a	2584
21 Abs. 1 lit. c	2584
21 Abs. 1 lit. d	1372
22 ff.	2565
22	1374
23 f.	1379
25 ff.	1377, 1378
28 ff.	1374, 1377
28	1339, 1376
28 Abs. 2	1375
28 Abs. 4	1339, 1375
29	1375, 1376
30	1376
31	1376
32 Abs. 1	1376
32 Abs. 2	1377
35	1380

续表

《消费信贷法》（KKG）	
36	1344，1353
36a	1353
36b	1353
37	1343
38	1349
39 f.	1380

《关于消费信贷法的行政法规》（VKKG）	
条文	边码
1	1350，1365
2 f.	1379
4	1380

《关于集体劳动合同普遍约束力声明的联邦法律》（AVEG）	
条文	边码
1 ff.	1637 ff.
1 Abs. 1	1634，1638
1 Abs. 2	1635
1 Abs. 3	1635
2 Ziff. 1	1639
2 Ziff. 2	1640
2 Ziff. 3	1642
2 Ziff. 3bis	1642
2 Ziff. 4	1641
4	1643
5	1643

《关于集体劳动合同普遍约束力声明的联邦法律》（AVEG）	
条文	边码
7 ff.	1643

《保险合同法》（VVG）	
条文	边码
3	171，2619
3 Abs. 2	2602
3a	2619
4	2620
6	2620
8	2620
14	2629
18-24	2622
19 Abs. 1	2622
19 Abs. 3	2622
20 Abs. 1	2623
20 Abs. 3	2623
21	2623
24	2624
33	2602，2637
34	2091
35	2603
38	2626，2628
39 Abs. 1	2627
39 Abs. 2 Ziff. 2	2627
40	2626

《保险合同法》（VVG）	
条文	边码
44 Abs. 3	2091
45 Abs. 3	2627
46	2640
46 Abs. 1	2630
48	2614
48 ff.	2617
59	2450，2591，2635，2639
60	2635
60 Abs. 1	2644
72	2617，2630a
73 ff.	2617
96	2617，2630a
97 f.	2586，2591，2604
97	2586
98	2586
100 Abs. 1	15，2591
101 Abs. 1 Ziff. 1	2592
101 Abs. 1 Ziff. 2	2592

《合并法》（FusG）	
条文	边码
14 Abs. 3 lit. i	1575
27 Abs. 1	1575
27 Abs. 2	1575
27 Abs. 3	1575

续表

《合并法》（FusG）	
条文	边码
49 Abs. 1	1575
49 Abs. 2	1575
49 Abs. 3	1575
68 Abs. 2	1575
70 Abs. 2	567
76 Abs. 1	1575
《商事登记条例》（HRegV）	
条文	边码
120	2066
149	2077
《丈量条例》（VAV）	
条文	边码
25	625
《著作权法》（URG）	
条文	边码
2 Abs. 1	1841ff.
2 Abs. 2 lit. a	1841
61 ff.	1848
62 Abs. 2	2033
62 Abs. 3	2449
67 ff.	1848

续表

《商标法》（MSchG）	
条文	边码
18	2449
55 Abs. 2	2033

《关于保护外观设计的联邦法律》（DesG）	
条文	边码
1	1561
15	2449
35 Abs. 2	2033

《专利法》（PatG）	
条文	边码
34 Abs. 1	2449

《植物栽培品种保护法》（Bundesgesetz über den Schutz von Pflanzenzüchtungen vom 20. März 1975）	
条文	边码
21	2449

《反不正当竞争法》（UWG）	
条文	边码
3 lit. l	1353
3k–3n	1344, 1353
8	26, 169, 176, 203, 378, 432, 648, 1729, 2604
9 Abs. 3	2033

《反不正当竞争法》（UWG）	
条文	边码
3	1146 f.
31	1150
32	164 ff. , 175, 1150, 1351
33	878, 1149
34	1578
35	175
35 Abs. 1 lit. b	878, 1149
35 Abs. 1 lit. d	1578
71	1580
78-80	288
93 Abs. 2	1580
109	2449
113 Abs. 1	1158
113 Abs. 2 lit. c	1158
113 Abs. 2 lit. d	1582
114	1158, 1176
114 lit. c	1582
115	1158
179	560
197	1147, 1171
198	1148
198 lit. a	1175
198 lit. e Ziff. 1	1148
199	1159
200 Abs. 1	1147, 1157

续表

《反不正当竞争法》（UWG）	
201	2449
201 Abs. 1	1156, 1161, 1579
201 Abs. 2	1156, 1579a
202 ff.	1157
207	1158
207 Abs. 2	1176
208	1160 f.
209 Abs. 1	1167, 1169
209 Abs. 4	1167, 1169
210	1579
210 Abs. 1 lit. b	1156, 1165, 1168
210 Abs. 1 lit. c	1165
210 Abs. 2	1166
211	1166
211 Abs. 1	1165
211 Abs. 2	1167, 1169
211 Abs. 3	1168
211 Abs. 4	1166
212	1156, 1163, 1579
212 Abs. 1	1164
219 ff.	1061, 1173
221 Abs. 2 lit. b	1159
236 Abs. 3	1058, 1063
238	1166
241	2449
241 Abs. 2	2515

《反不正当竞争法》（UWG）	
243 ff.	1061
243－247	1171
243 Abs. 1	175，1171，1580
243 Abs. 2	175
243 Abs. 2 lit. c	1171 f.，1173
244 Abs. 2	1172
246 Abs. 1	1172
247	1172
247 Abs. 1	175，1172
247 Abs. 2	175，1581
247 Abs. 2 lit. a	1172
247 Abs. 2 lit. b	1172
248 ff.	1175
248 lit. b	1061
250 lit. b Ziff. 3	1705
250 lit. b Ziff. 4	1754
257	1061，1175
308 ff.	1178
337 Abs. 1	1058，1063
343	228，1062
343 Abs. 1 lit. d	1058，1062
343 Abs. 3	1062
357 ff.	2449，2514
361 Abs. 4	1151，1156，1163 f.

续表

《债务执行和破产法》（SchKG）	
条文	边码
83 Abs. 2	1148
174 Abs. 2 Ziff. 2	2176a，208，2333
212	264，466
303	2348a

《国际私法》（IPRG）	
条文	边码
1 Abs. 2	709
108a ff.	2159
112 ff.	707
115	1584
118 Abs. 1	708
118 Abs. 2	708
119	561
120	708
121 Abs. 3	1584
148 Abs. 1	777
176 ff.	2514

《瑞士刑法典》（StGB）	
条文	边码
181	1059
186	1059
253	585
321	1915

《瑞士刑法典》（StGB）	
条文	边码
325bis	1093
326bis	1093
335	1059
《文物转让法》（KGTG）	
条文	边码
2 Abs. 1	202，280，303，305，426c
9	426d
16 Abs. 1	305
16 Abs. 2	305 f.
16 Abs. 3	305
《核能责任法》（KHG）	
条文	边码
19	1644
《道路交通法》（SVG）	
条文	边码
58	2634
58 Abs. 1	2643
63 Abs. 1	2643
63 Abs. 2	2611
63 Abs. 3	2643
64	2643
65 Abs. 1	2643 f.

《道路交通法》（SVG）	
条文	边码
65 Abs. 2	2644
65 Abs. 3	2629, 2644
79c	2643

《道路交通保险条例》（VVV）	
条文	边码
3	2643

《旅客运输法》（PBG）	
条文	边码
19 ff.	1984
42 ff.	1984

《关于国内船舶航行的联邦法律》（BSG）	
条文	边码
33	2644

《船舶航行法》（SSG）	
条文	边码
68 ff.	5
69 Abs. 2	1423
77 Abs. 3	1519
87 ff.	880
90 ff.	880
94 ff.	880

《关于人体基因检测的联邦法律》（GUMG）	
条文	边码
21 ff.	1404, 1491

《关于人体医学研究中临床试验的行政法规》（KlinV）	
条文	边码
14	2644

《医疗职业法》（MedBG）	
条文	边码
40 lit. h	2642

《劳动法》（ArG）	
条文	边码
6 Abs. 2	1485
9	1443
12	1443
37 ff.	1445

《在家劳动法》（HArG）	
条文	边码
3 ff.	1602a
12	1602a

《禁止非法劳动的联邦法律》（BGSA）	
条文	边码
14 f.	1407

续表

《劳工派遣法》（EntsG）	
条文	边码
1 Abs. 1	1407a

《狩猎法》（JSG）	
条文	边码
16	2644

《律师法》（BGFA）	
条文	边码
12 lit. a	1910
12 lit. c	1910
12 lit. e	1896
12 lit. f	2642
12 lit. h	1910
12 lit. i	1910

《关于证券及股票交易的联邦法律》（BEHG）	
条文	边码
11	1910

《记账证券法》（BEG）	
条文	边码
5 lit. e	2203
6 Abs. 1 lit. a	2203

续表

《保险监管法》（VAG）	
条文	边码
1	2594
2	2594 ff.
2 Abs. 1	2597
2 Abs. 2	2597
2 Abs. 3	2597
2 Abs. 4	2595
32 Abs. 1	2633
40	2091
44 Abs. 1 lit. b	2642
46 Abs. 1	177
46 Abs. 1 lit. f	2604
85 Abs. 1	177
《保险监管条例》（AVO）	
条文	边码
1	2595
117 Abs. 1 lit. c	2604
120−181	2598
120 ff.	2598
155 ff.	2598
161	2599
161 ff.	2598
162 lit. a	2633
163−170	2633
167	2450

《保险监管条例》（AVO）	
条文	边码
171 ff.	2598
182 ff.	2598
186 Abs. 1	2642

《维也纳买卖法》/《联合国国际货物销售合同公约》（WKR）	
条文	边码
1-6	199
1	710
2	199, 713
2 lit. a	713
3 Abs. 1	714, 1656
3 Abs. 2	714, 1656
4	713
4 lit. a	713
4 lit. b	713
5	713
6	715, 754a, 761, 785
7-13	717
7 Abs. 1	718
7 Abs. 2	719, **776**
8 Abs. 1	721
8 Abs. 2	721
8 Abs. 3	722
9	785
11	737

《维也纳买卖法》/《联合国国际货物销售合同公约》（WKR）	
条文	边码
13	738
14 ff.	724
14—24	723
14 Abs. 1	725 f.
14 Abs. 2	726
15 Abs. 1	727
15 Abs. 2	735
16 Abs. 1	734
16 Abs. 2	734
17	728
18—20	729
18 Abs. 1	730
19 Abs. 1	731
19 Abs. 2	732
19 Abs. 3	732
21 Abs. 1	736
24	727
25	746, 750
27	366
28	766 f.
30 ff.	318
30	740
31 ff.	740
35 Abs. 1	741
35 Abs. 3	754

续表

《维也纳买卖法》/《联合国国际货物销售合同公约》（WKR）	
36 Abs. 1	741，751a
36 Abs. 2	741，751a
37	773
38 Abs. 1	756
39	757，768，769，778
39 Abs. 1	756
39 Abs. 2	421a，763
40	758，764
41 f.	745
41	293，758
42	758
43	293
43 Abs. 1	758
44	758，760
45 ff.	755 f.
45	744
45 Abs. 1 lit. b	774
46 Abs. 1	766
46 Abs. 2	768
46 Abs. 3	769
48	773
49	770
49 Abs. 1	771
49 Abs. 1 lit. a	746
49 Abs. 2 lit. b/i	771
50	772，773

瑞士债法分论

《维也纳买卖法》/《联合国国际货物销售合同公约》（WKR）	
51 Abs. 1	775a
53	255，742
54 ff.	742
54	743
60	255
60 lit. a	743
61	744
61 Abs. 1 lit. b	782
62	780
64	781
64 Abs. 1 lit. a	746
65	783
66 ff.	456
66—70	741，785，**787 ff.**
66	784
67	788 f.
67 Abs. 2	792
68	788 ff.
69	456，788
69 Abs. 3	792
70	791
71 f.	745
74—77	774，782
74	775
77	775
79	752

《维也纳买卖法》/《联合国国际货物销售合同公约》（WKR）	
80	753
81–84	770
82	770

《卢加诺公约》（LugÜ）	
条文	边码
18 ff.	1584

《关于禁止和防止非法进出口文化财产和转让其所有权的方法的公约》（UNESCO-Konvention）	
条文	边码
1	202

《瑞士工程师建筑师协会第 102 号规定》（SIA-Ordnung 102, Ordnung für Leistungen und Honorare der Architektinnen und Architekten）	
条文	边码
1 ff.	1898
1. 7	1931

《瑞士工程师建筑师协会第 118 号规定》（SIA-Norm 118, Allgemeine Bedingungen für Bauarbeiten）	
条文	边码
84 Abs. 1	1699
85 Abs. 3	1699
86–89	1699
90	1699
144 ff.	1720
165 ff.	1762

续表

《瑞士工程师建筑师协会第118号规定》(SIA-Norm 118, Allgemeine Bedingungen für Bauarbeiten)	
条文	边码
169	1787
172	1763
180	1763
181	2285
187 Abs. 3	1820

术语索引

A		
Abtretung	［债权］让与	*siehe auch Legalzession*
−beim Kreditkartengeschäft	−在信用卡业务中	2490
−beim Leasingvertrag	−在融资租赁合同中	2570
−Forderungskauf	−债权买卖	*siehe dort*
−schenkungshalber	−出于赠与目的	820，831
−von Lohnforderungen im Einzelarbeitsvertrag	−个人劳动合同中工资债权	1463
−von Mängelrechten	−瑕疵权利	650，1812 f.
Abzahlungskauf	分期付款买卖	*siehe Konsumkreditvertrag*
actio pro socio	合伙之诉	2402
Agenturvertrag	商事代理合同	1980
Akzessorietät	从属性	*siehe Bürgschaft*
Aliud	他物	
−beim Kaufvertrag	−买卖合同中	231，346，423，757
−beim Werkvertrag	−承揽合同中	1704，1746
Alleinvertriebsvertrag	独家销售合同	71，92，2483
Allgemeine Geschäftsbedingungen	一般交易条款	
−Auslegung	−解释	1693，1899
−bei der Bürgschaft	−保证中	2302
−bei der Pacht	−用益租赁中	1222
−beim Auftrag	−委托中	1898 f.
−beim Autokauf mit Eintauschwagen	−以旧换新购车中	480
−beim Hinterlegungsvertrag	−保管合同中	2185
−beim Leasingvertrag	−融资租赁合同中	2560，2568
−beim Mietvertrag	−租赁合同中	928，1070
−beim Versicherungsvertrag	−保险合同中	2600 ff.

续表

A		
−beim Werkvertrag	−承揽合同中	1693
−richterliche Kontrolle	−［对其内容］司法控制	26，176，372，448，648，1693，1899
−SIA-Norm 118 für Werkverträge	−《瑞士工程师建筑师协会第 118 号规定》作为承揽合同的一般交易条款	1693
−und Art. 8 UWG	−和《反不正当竞争法》第 8 条	26，176，203，378，432，648，1729，2604
−und Freizeichnung	−和免责	*siehe dort*
−und Nebenkosten bei der Miete	−和租赁中的附加费用	980
−und Zusicherung von Eigenschaften	−和对品质的担保	380
−Ungewöhnlichkeitsregel	−异常条款规则	26，2602
−Unklarheitsregel	−意义不确定规则	2602
Allgemeine Versicherungsbedingungen	一般保险条款	2600 ff.，*siehe auch Allgemeine Geschäftsbedingungenund Versicherungsvertrag*
Allgemeinverbindlicherklärung eines GAV	集体劳动合同普遍约束力声明	1634 ff.
Amts- und Dienstbürgschaft	公职保证和［私法关系的］职务保证	
−erhöhte Sorgfaltspflicht des Gläubigers	−债权人更高的注意义务	2339 f.
Anfechtung	撤销	*siehe auch Nichtigkeit*
−der Kündigung bei der Miete	−租赁中的终止	1123 ff.
−bei gemeinsamer Miete	−共同租赁中	1125b
− einer missbräuchlichen Kündigung des Arbeitsvertrags	−劳动合同不合理终止	1532
−missbräuchlicher Mietzinse	−不合理租金	1094 ff.
−Ausnahmen von der Anfechtbarkeit	−可撤销性之例外	894

A		
−bei gemeinsamer Miete	−共同租赁中	1115a, 1125b
animus donandi（Schenkungswille）	赠与意思	814, 823, 855
Annahmeverzug	受领迟延	*siehe Gläubigerverzug*
Ansprüche der Parteien	当事人的请求权	*siehe bei den einzelnen Verträgen*
Anwaltsgemeinschaft	律师事务所	
−Eintragung im Handelsregister	−在商事登记簿中登记	2372a
−solidarische Haftung bei Gesamtmandat	−共同受托人的连带责任	2434
Anweisung	指示证券	2096 ff.
−bargeldloser Zahlungsverkehr	−非现金支付往来	2097, 2125
−Deckungsverhältnis	−补偿关系	2115 ff.
−Doppelermächtigung	−双重授权	2099
−Kreditbrief	−信用证	1978
−Leistungsverhältnis	−给付关系	2134 ff.
−Rechtslage bei Mängeln	−瑕疵时之法律状态	2140 ff.
−Stundungswirkung	−延期付款效力	2131
−Tilgungswirkung	−清偿效力	2107, 2127 f., 2133
−Valutaverhältnis	−对价关系	2127 ff.
−Widerruf der Anweisung	−指示证券的撤回	2122 ff.
−Widerruf der Ermächtigung	−授权的撤回	2133
Arbeitsgemeinschaft（ARGE）	工作共同体	1687 f., 2388
arbeitsrechtliche Streitigkeiten	劳动争议	1576 ff.
−Streitwertgrenze	−争议额限制	1580, 1583
Arbeitsvertrag	劳动合同	1381 ff.
−arbeitsrechtliche Streitigkeiten	−劳动争议	*siehe dort*
−Einzelarbeitsvertrag	−个人劳动合同	*siehe dort*

A		
−Gesamtarbeitsvertrag	−集体劳动合同	*siehe dort*
−Handelsreisendenvertrag	−外出推销员合同	*siehe dort*
−Heimarbeitsvertrag	−在家劳动合同	*siehe dort*
−Heuervertrag	−海员雇佣合同	*siehe dort*
−Lehrvertrag	−学徒工合同	*siehe dort*
−Normalarbeitsvertrag	−标准劳动合同	*siehe dort*
−Verträge auf Arbeitsleistung	−劳务给付型合同	1381 ff.
Arbeitszeugnis	劳动证明	
−beim Einzelarbeitsvertrag	−在个人劳动合同中	1440, 1479 f.
−beim Heimarbeitsvertrag	−于在家劳动合同中	1600 f.
−beim Lehrvertrag	−于学徒工合同中	1592
arglistiges Verschweigen eines Mangels	恶意隐瞒瑕疵	
−durch den Unternehmer	−由承揽人	1761
−durch den Verkäufer	−由出卖人	364 f., 374 f., 438 f., 648
−und Verjährungsfrist	−和诉讼时效	432
Aufhebungsvertrag	废止之合同	1039a, 1535a
Aufklärungspflicht	告知义务	*siehe auchInformationspflicht*
−beim ärztlichen Behandlungsvertrag	−在医疗合同中	72
−im Kunsthandel	−在艺术品交易中	305
−Mass	−范围	375
−und absichtliche Täuschung	−故意欺诈	365, 374 f.
−und vorvertragliche Haftung	−先合同责任	438
Auflagen und Bedingungen	负担和条件	*siehe Schenkung*
Auflösung aus wichtigem Grund	因重大事由而消灭	

续表

A		
−der einfachen Gesellschaft	−一般合伙	2437
−der Miete	−租赁	der Miete 963, 1036 f.
−des Darlehens	−消费借贷	1331
−des Einzelarbeitsvertrags	−个人劳动合同	1501, 1516 ff.
−des Verlagsvertrags	−出版合同	1867
−des Werkvertrags	−承揽合同	1823a
−von Dauerverträgen	−继续性合同	121 ff.
−von einfachen Schuldverträgen	−一次性债务合同	127a
−zwingendes Auflösungsrecht	−强制性消灭权	123
Auflösung des Vertrags	合同消灭	
−Aufhebungsvertrag	−废止之合同	1039a, 1535a
−aus wichtigem Grund	−因重大事由	121 ff., siehe auch Auflösung aus wichtigem Grund
−der Bürgschaft	−保证	2347 ff.
−Erlöschen der Hauptschuld	−主债务消灭	2348 f.
−Rücktrittserklärung	−解除之表示	2352
−Wiederaufleben	−复活	2348a
−der einfachen Gesellschaft	−一般合伙	2436 ff.
−Liquidation	−清算	2441 ff.
−der Gebrauchsleihe	−使用借贷	1284 ff.
−der Miete	−租赁	1012 ff.
−Begründung der Kündigung	−终止理由	1125
−bei gemeinsamer Miete	−共同租赁	905, 1018
−bei Mängeln	−瑕疵	962 f.
−bei Übergabe der Sache	−物之交付	941 f.
−Erstreckung	−延展	1002, 1131 ff., 1165

A		
−Formvorschriften	−要式规定	1001, 1029 ff.
−Fristen und Termine	−预告期间和终止日期	1023 ff.
−Grundsatz der Kündigungsfreiheit	−终止自由原则	1016
−infolgeKonkursdesMieters	−因承租人破产	1041
−infolge Unsorgfalt oder Rücksichtslosigkeit des Mieters	−因承租人违反谨慎和顾及义务	986 ff.
−infolge Zahlungsrückstand des Mieters	−因承租人拖欠租金	*siehe dort*
−Kündigungsschutz	−通知终止时的保护	1123 ff.
−missbräuchliche Kündigung	−不合理终止	1123 ff.
−nach einem Wechsel des Eigentümers	−所有权人变更	1199 f.
−nichtige Kündigung	−无效终止通知	1130
−Rückgabe der Mietsache	−租赁物返还	*siehe dort*
−der Pacht	−用益租赁	1241, 1250
−des Darlehens	−消费借贷	1329 ff.
−Nominalwertprinzip	−名义价值原则	1322
−Rückgabepflicht des Borgers	−借用人的返还义务	1317, 1322
−des einfachen Auftrags	−一般委托	1959 ff.
−Konventionalstrafe	−违约金	1967, 1972 f.
−negatives Vertragsinteresse	−合同消极利益	1971
−zur Unzeit	−适时	1968 ff.
−zwingendes Widerrufs- und Kündigungsrecht	−强制性的撤回权和终止权	1965 ff.
−des Einzelarbeitsvertrags	−个人劳动合同	1499 ff.
−Abgangsentschädigung	−离职抚慰金	1540
−Begründung der Kündigung	−终止理由	1508 f.
−Entschädigungspflicht	−赔偿义务	1530

A		
−fristlose	−无期限	1516 ff.
−Kündigungsfreiheit	−终止自由	1526
−Kündigungsfrist	−终止预告期间	1510 ff.
−Kündigungsschutz	−通知终止时的保护	1525 ff.
−missbräuchliche Kündigung	−不合理终止	1527 ff.
−nichtige Kündigung zur Unzeit	−不适时终止的无效	1535
−Parität der Kündigungsfristen	−终止预告期间对等	1510
−Schutz älterer Arbeitnehmer	−年长员工保护	1491a, 1528
−stillschweigende Fortsetzung	−默示延长	1504
−und Konkurrenzverbot	−和竞业禁止	1541, 1542 ff.
−zur Unzeit	−不适时	1533 ff.
−des Hinterlegungsvertrags	−保管合同	2219 ff.
−des Leasingvertrags	−融资租赁合同	2573 ff.
−Rückgabe des Leasingobjekts	−融资租赁物返还	2574
−vorzeitige	−提前	2578 ff.
−des Verlagsvertrags	−出版合同	1861 ff.
−des Werkvertrags	−承揽合同	1814 ff.
−Kündigung, nicht Rücktritt	−终止，不是解除	1823
−Unmöglichkeit der Erfüllung	−履行不能	1824
−Untergang des Werks	−工作成果灭失	1819 ff.
−Verzug des Unternehmers	−承揽人迟延	1706 f.
−volle Schadloshaltung	−完全赔偿	1822 f.
−wegen Überschreitung eines ungefähren Kostenansatzes	−因超出大概的费用估值	1815 ff.
−Kündigungsfreiheit	−终止自由	1016, 1526
−Tod als Auflösungsgrund	−死亡作为消灭原因	*siehe dort*

A		
–und Rückabwicklung	–和清算	1724，1776
–von Dauerverträgen	–继续性合同	*siehe dort*
–von Konsumentenverträgen	–消费者合同	97，173 f.
–von Versicherungsverträgen	–保险合同	2623
–Wandelung	–瑕疵解除	*siehe dort*
Auflösung von Dauerverträgen	继续性合同的消灭	95 ff.
–Arten	–类型	
–aus wichtigem Grund	–因重大事由	121 ff.
–ausserordentliche	–特殊［消灭］	113 ff.，139
–ordentliche	–常规［消灭］	101 ff.
–Formvorschriften	–要式规定	137 f.
–nachwirkende（fortdauernde）Pflichten	–继续存在的合同义务	130 ff.
–Schadenersatz	–损害赔偿	125
–Wirkung ex nunc	–向将来的效力	93 f.，96 f.，123，128
Aufsichtsrecht	监管法	177，2450
Auftrag	委托	1870 ff.
–Agenturvertrag	–商事代理合同	1980
–Auftrag zur Ehe-oder zur Partnerschaftsvermittlung	–婚姻和同性伴侣介绍的委托	14，1975 f.
–besondere Auftragsarten	–特殊委托类型	1387，1887，1974 ff.
–einfacher Auftrag	––般委托	*siehe dort*
–Frachtvertrag	–货运合同	1983
–Geschäftsführung ohne Auftrag	–无因管理	*siehe dort*
–Kommission	–行纪	*siehe dort*
–Kreditauftrag	–信用委任	1977 f
–Kreditbrief	–信用证	1978

A		
−Mäklervertrag	−居间合同	1979
Auftrag zur Ehe-oder zur Partner-schaftsvermittlung	婚姻或同性伴侣介绍之委托	14，1975 f.
Auskunftspflicht	提供信息义务	
− des Arbeitgebers bei Massenentlassungen	−大规模解雇时雇主	1514
−des Vermieters	−出租人	932，1069
Auslagenersatz	垫付费用偿还	
−bei der einfachen Gesellschaft	−一般委托中	2406
−bei unentgeltlichen Verträgen	−无偿合同中	142 f.
−beim Auftrag	−委托中	1895，1952 f.
−bei Beendigung	−消灭时	1964
−Verlust des Anspruchs	−请求权丧失	1919，1932
−beim Einzelarbeitsvertrag	−个人劳动合同中	1472，1538
−beim Hinterlegungsvertrag	−保管合同中	2211 f.
−beim Werkvertrag	−承揽合同中	1719，1819 ff.，1824
Auslegung	解释	
−der SIA-Normen	−《瑞士工程师建筑师协会规定》	1693，1899
−des normativen Inhalts eines GAV	−集体劳动合同的标准内容条款	1626
−Funktion der Verkehrsübung	−交易习惯的功能	2469
−im Wiener Kaufrecht	−《维也纳买卖法》中	717 ff.
−und Vertragsqualifikation	−合同涵摄	30
−von Allgemeinen Geschäftsbedingungen	−一般交易条款	*siehe dort*
−von Freizeichnungsklauseln	−免责条款	*siehe Freizeichnung*
−von Leasingverträgen	−融资租赁合同	2550

A		
−von Sicherungsverträgen	−担保合同	2283
Aussonderungsrecht	取回权	
−beim Auftrag	−委托中	1949 ff.
−beim Hinterlegungsvertrag	−保管合同中	2195, 2198, 2200
−beim Leasing	−融资租赁中	2522
Ausweisung des Mieters	驱逐承租人	1056 ff.
−Ausweisungsaufschub	−驱逐之延期	1014
−Exmissionsverfahren	−驱逐程序	1060 ff.
−keine Selbsthilfe	−非自助	1004, 1058 f.
−nach Zahlungsrückstand des Mieters	−在承租人支付迟延后	1002
−Räumungsobligation	−清理义务	1057
−Zwangsvollstreckung	−强制执行	1062
Autokauf mit Eintauschwagen	"以旧换新"式汽车买卖	474 ff.
Automatenaufstellungsvertrag	自动售货机安装合同	2485 f.
B		
bargeldloser Zahlungsverkehr	非现金支付	
−und Anweisung	−和指示证券	2097, 2125
−und Mietzins	−和租金	982
Barkauf	即时结付买卖	260
bäuerliches Bodenrecht	农村土地权	492, 677 ff., 810
Bauhandwerkerpfandrecht	建设工程承揽人担保物权	1726 f.
Bauwerkvertrag	建设工程合同	*siehe SIA-Norm* 118 和 *Werkvertrag*
Bedingungen und Auflagen	条件和负担	*siehe Schenkung*
Beendigung	消灭	*siehe Auflösung des Vertrags*

B		
−Akzessorietät	−从属性	2282 ff., 2306 ff., 2332, 2348
−Amts- und Dienstbürgschaft	−公职保证和（私法关系的）职务保证	*siehe dort*
−Arten	−类型	
−einfache Bürgschaft	−一般保险	2288, 2290, 2335
−Mitbürgschaft	−共同保证	2292
−Nachbürgschaft	−副保证	2293
−Rückbürgschaft	−再保证	2294
−Solidarbürgschaft	−连带保证	2289 f., 2335
−unbefristete Bürgschaft	−无期限保证	2351
−Beendigung	−消灭	*siehe Auflösung des Vertrags*
−Belangbarkeit des Bürgen	−向保证人主张权利	2331 ff.
−einfache Bürgschaft	−一般保证	2288, 2290, 2335
−Einreden und Einwendungen des Bürgen	−保证人的抗辩和抗辩权	2310, 2337 f.
−Fälligkeit der Hauptschuld	−主债务届期	2309, 2333, 2343
−Formvorschriften	−要式规定	2281, 2296 ff.
−Handlungsfähigkeit des Bürgen	−保证人的行为能力	2303 ff.
−Obliegenheiten des Gläubigers	−债权人的不真正义务	2339 ff.
−Solidarbürgschaft	−连带保证	2289 f., 2335
−Subsidiarität	−辅助性	2288 f.
−und Sicherheitsleistung	−和担保给付	*siehe dort*
−Verhältnis Bürge/Hauptschuldner	−保证人和主债务人关系	
−Entgelt	−有偿	2280
−Legalzession（Subrogation）	−法定债权让与	2355

B		
−Rückgriffsrecht	−追索权	2355
−Sicherstellung und Befreiung	−提供担保和消灭［保证义务］	2357 ff.
bürgschaftsähnlicher Garantievertrag	类似保证的担保合同	*siehe Bürgschaft*
C		
Checkvertrag	支票合同	2494 f.
CISG	《联合国国际货物销售合同公约》	*siehe Wiener Kaufrecht*
culpa in contrahendo	缔约过失	*siehe Vertrauenshaftung*
D		
Darlehen	消费借贷	1293 ff.
−Abgrenzungen	−区别	1300 ff.
−zum Depositum irregulare	−与不规则寄存	2182
−als Gebrauchsüberlassungsvertrag	−作为使用让渡合同	858 ff.
−als synallagmatischer Vertrag	−作为给付均衡合同	1298a
−Annahmepflicht des Borgers	−借款人的受领义务	1323
−Beendigung	−消灭	1329 ff., *siehe auch Auflösung des Vertrags*
−Rückerstattung	−返还	1322
−Verjährung des Rückerstattungsanspruchs vor Fälligkeit	−返还请求权届期前罹于时效	1326
− vorzeitige Fälligstellung der Darlehensschuld	−消费借贷的返还之债提前到期	1320
−Buchgeld als Gegenstand	−账户金钱作为标的物	1295
−Konsumkreditvertrag	−消费信贷合同	*siehe dort*
−Kreditkartengeschäft	−信用卡业务	*siehe dort*
−partiarisches Darlehen	−参与性消费借贷	1308 f.

D		
−Abgrenzung von der einfachen Gesellschaft	−与一般合伙的区别	2384
−Verbraucherkreditrichtlinie	−《消费者信贷指令》	1342
−Verjährung	−诉讼时效	*siehe dort*
−Verzinslichkeit	−可计息性	1318 f.
−Höchstzinsvorschrift	−最高利息规定	172, 1350, 1365
−Verzug des Borgers	−借用人迟延	1316, 1320
−Zahlungsunfähigkeit des Borgers	−借用人无支付能力	1314 f.
Dauerschuldverhältnis	继续性债务关系	*siehe Dauervertrag*
Dauerschuldvertrag	继续性债务合同	*siehe Dauervertrag*
Dauervertrag	继续性合同	88 ff.
−anwendbare Bestimmungen	−可适用的规定	19
−Auflösung von Dauerverträgen	−继续性合同的消灭	*siehe dort*
−Beispiele	−举例	91, 2479 ff.
−dauervertragsähnliche Verträge	−类似继续性合同的合同	91
−Verlagsvertrag	−出版合同	1846
Deponievertrag	堆放合同	2505
Depositum irregulare	不规则保管	2227 ff.
−Abgrenzungen	−区别	
−vom Darlehen	−与消费借贷	2182
−von der Sammelverwahrung	−与混藏保管	2237
Distanzkauf	远程购买	229, 344
Doppelverkauf	一物二卖	460, 628a, 2054
−Verfügungsbeschränkung beim Grundstückkauf	−不动产买卖中的处分限制	629
Doppelvermietung	双重出租	938a

续表

E		
echte Geschäftsführung ohne Auftrag	真正无因管理	*siehe Geschäftsführung ohne Auftrag*
Eigengeschäftsführung	自己事务管理	*siehe Geschäftsführung ohne Auftrag*
Eigentumsvorbehalt	所有权保留	
−beim Fahrniskauf	−动产买卖中	264, 466 ff.
−beim Finanzierungsleasing	−间接融资租赁中	2582
−nicht beim Grundstückkauf	−不得就不动产买卖	662
−nicht beim Viehkauf	−不得就大型家畜买卖	686
einfache Gesellschaft	一般合伙	2365 ff.
−Abgrenzungen	−区别	2380 ff.
−Änderungen in der Zusammensetzung der Gesellschaft	−合伙组成的变更	
−Aufnahme neuer Gesellschafter	−接纳新合伙人	2419
−Ausschluss und Ausscheiden	−合伙人除名和退伙	2421 ff.
−Anwendungsbereich	−适用领域	2372
−Beendigung	−消灭	2436 ff.
−Auflösungsgründe	−解散事由	2437 ff.
−Liquidation	−清算	2441 ff.
−Geschäftsführung	−事务管理	2410 ff.
−Gesellschafter unter sich	−合伙人之间的关系	2392 ff.
−actio pro socio	−合伙之诉	2402
−Geschäftsführung	−事务管理	2405, 2410 ff.
−Pflichten der Gesellschafter	−合伙人的义务	2392 ff.
−Rechte der Gesellschafter	−合伙人的权利	2403 ff.
−Gesellschaftsvertrag	−合伙合同	*siehe dort*
−stille Gesellschaft	−隐名合伙	2378 f.

E		
−und Eintragung im Handelsregister	−在商事登记簿中登记	2372a, 2387, 2391
−einer Anwaltsgemeinschaft	−律师事务所	2372a
−Verhältnis zu Dritten	−与第三人关系	2424 ff.
−Haftung über die Liquidation hinaus	−清算后继续存在的责任	2443
−solidarische Haftung	−连带责任	2433 ff.
−Stellvertretungsrecht	−代理权	2425 ff.
einfacher Auftrag	一般委托	1870 ff.
−Abgrenzungen	−区别	1883 ff.
−bei Genehmigung einer Geschäftsführung ohne Auftrag	−对无因管理的追认中	1991, 2020, 2051
−von besonderen Auftragsarten	−与特殊的委托类型	1887, 1974 ff.
−von besonderenRechtsfiguren	−与特殊的法律制度	1985 ff.
−von der Geschäftsführung ohne Auftrag	−与无因管理	1890, 2022
−Auslagenersatz	−垫付费用偿还	*siehe dort*
−Behandlungsvertrag	−医疗合同	72
−Gutachtervertrag	−鉴定合同	1671
−jederzeitiger Widerruf	−任意撤销	*siehe dort*
− Pflichten des Beauftragten （Auswahl）	−受托人的义务（节选）	
− Diskretions- und Geheimhaltungspflichten	−审慎与保密义务	1914
− Rechenschafts- und Herausgabepflicht	−报告与交付义务	1916
−Schadloshaltung des Beauftragten	−受托人获得完全赔偿	
−Auslagen- und Verwendungsersatz	−垫付费用和物之使用赔偿	1952 ff.
−Kausalhaftung für Schäden	−对损害的无过错责任	1954 f.

E		
−Sorgfaltshaftung des Beauftragten	−受托人未尽注意义务的责任	1903, 1908 ff., 1919 ff.
−Exkulpation	−免责	1924
−Freizeichnung	−免责［条款］	*siehe dort*
−Honorarminderung	−酬金减少	1932 ff.
−Mass der Haftung	−责任范围	1909, 1926 f.
−Sorgfaltsmassstab	−注意义务标准	1909 f.
−Übernahmeverschulden	−事务承担的过错	1925
−Substitution	−转委托	*siehe dort*
−Hilfspersonenhaftung	−履行辅助人责任	*siehe dort*
−Tat- und Rechtshandlungsaufträge	−事实行为之委托和法律行为之委托	1879 f.
−Übergang erworbener Rechte	−所取得权利的移转	1947 ff.
−Aussonderungsrecht	−取回权	1949
−Legalzession	−法定债权让与	1948
−Vergütung	−报酬	1894 ff.
−Auslagenersatz	−垫付费用偿还	*siehe dort*
−erfolgsabhängige	−与结果相关的	1896
−Honorarminderung	−酬金减少	1932 ff.
−nach der Verkehrsübung	−依据交易习惯	1894, 1956
−Provision	−佣金	1916
−Verjährung	−诉讼时效	*siehe dort*
−Widerruf und Kündigung	−撤回和终止	*siehe Auflösung des Vertrags*
Einwendungsdurchgriff	抗辩穿透	1371 f., 2572, 2584
Einzelarbeitsvertrag	个人劳动合同	1393 ff.
−Abgrenzungen	−区别	1414 ff.

续表

E		
−vom einfachen Auftrag	−与一般委托	1885 ff.
−arbeitsrechtliche Streitigkeiten	−劳动法律的争议	1576 ff.
−Arbeitszeugnis	−劳动证明	1479 f.
−Auslagenersatz	−垫付费用偿还	1472
−Beendigung	−消灭	*siehe Auflösung des Vertrags*
−Abgangsentschädigung	−离职抚慰金	1540
−Massenentlassungen	−大规模解雇	*siehe dort*
−Beschränkung der Inhaltsfreiheit	−内容自由的限制	1428 ff.
−besondere Arten des Einzelarbeitsvertrags	−个人劳动合同特殊类型	1585 ff.
−Entsendegesetz	−《劳工派遣法》	1407a
−Fabrikations- und Geschäftsgeheimnis	−生产秘密和商业秘密	1439, 1546
−Formvorschriften	−要式规定	1421 ff.
−Gläubigerverzug des Arbeitgebers	−雇主作为债权人迟延	1464 f.
−Haftung des Arbeitnehmers	−雇员责任	1446 ff.
−bei schadensgeneigter Arbeit	−易生损害的工作中	1450
−Mass der Haftung	−责任范围	1448 ff.
−Übernahmeverschulden	−事务承担的过错	1447
−Konkurrenzverbot	−竞业禁止	*siehe dort*
−Kündigung	−终止	*siehe Auflösung des Vertrags*
−Kündigungsschutz	−通知终止时的保护	*siehe dort*
−Lohn	−工资	*siehe dort*
−Abtretung von Lohnforderungen	−工资债权的让与	*siehe Abtretung*
−Bonus	−津贴	*siehe Lohn*
−Lohnrückbehalt	−扣留工资	*siehe Lohn*

E		
−Lohnsicherung	−工资保障	*siehe Lohn*
−Mutterschaftsurlaub	−产假	1477
− öffentliches Personalrecht (Dienstrecht)	−公法上人事关系（公职法）	1406
−Personalvorsorge	−员工福利	1481, 1494 ff.
− Pflichten des Arbeitgebers (Auswahl)	雇主义务（节选）	
−Ausstellung eines Arbeitszeugnisses	−出具劳动证明	1479 f.
−Gewährung von Ferien	−保障节假日	1475 f.
−Mutterschaftsurlaub	−产假	1477
−Schutz älterer Arbeitnehmer	−年长员工保护	1491a, 1528
−Schutz der Persönlichkeit des Arbeitnehmers	−雇员人格保护	1474, 1483 ff.
−Pflichten des Arbeitnehmers (Auswahl)	−雇员义务（节选）	
−Befolgungspflicht	−服从义务	1411, 1444
−persönliche Arbeitspflicht	−亲自提供劳务义务	1433 f.
−Rechenschafts- und Herausgabepflicht	−报告和交付义务	1440 ff.
−Sorgfalts- und Treuepflicht	−注意义务和忠诚义务	1435 ff.
−Probezeit	−试用期	1511
−Rechte an Erfindungen und Designs	−对发明和外观设计的权利	1560 ff.
−bei Gelegenheit	−偶然	1562 ff.
−in Erfüllung	−履行［职务］	1560 f.
−Rezeptionsklausel	−转介条款	1384, 1405, 1406a f.
−Sozialplan	−劳资双方协调计划	1514a
−Streikrecht	−罢工权	1556 ff.
−Teilzeitarbeit	−兼职	1413

E		
−Übergang des Arbeitsverhältnisses	−劳动关系的移转	1565 ff.
−Überstundenarbeit	−加班	1425, 1442 f.
−Überzeitarbeit	−超时工作（超过最高工作时间）	1443
−Ungültigkeit des Vertrags	−合同无效	1426 f., 1431
−Unterordnungsverhältnis (Subordination)	−服从关系	1411, 1672, 1885
−Verhinderung an der Arbeitsleistung	−对劳动给付的妨碍	1464 ff.
−Verjährung	−诉讼时效	*siehe dort*
−Whistleblowing	−吹哨人制度，爆料	1439a
Entwehrung	追夺	*siehe Rechtsgewährleistung*
Erbteilungsvertrag	遗产分割合同	554, 2449
Erfüllungsinteresse	履行利益	*siehe positives Vertragsinteresse*
Ergänzung des Vertrags	合同补充	17 ff., 79 ff.
−bei Innominatverträgen	−无名合同中	2471, 2477 f.
Ersatzleistung	替代给付	*siehe Ersatzlieferung*
Ersatzlieferung	替代给付	
−beim Fahrniskauf	−动产买卖中	386, 442 f.
−im Wiener Kaufrecht	−《维也纳买卖法》中	768
− keine Nachbesserung beim Fahrniskauf	−动产买卖没有修理	446
Ersatzvornahme	代位履行	957, 964
−der Nachbesserung	−修理	1789
−vor Ablieferung des Werks	−工作物交付前	1705
Erstreckung des Mietverhältnisses	租赁关系的延展	1131 ff., 1165

E		
essentialia negotii	要素	*siehe bei den einzelnen Verträgen*
Eviktion	返还请求权	*siehe Rechtsgewährleistung*
Exmission	驱逐	*siehe Ausweisung des Mieters*
F		
Fabrikations- und Geschäftsgeheimnis	生产秘密和商业秘密	
−als Gegenstand des Lizenzvertrags	−作为许可合同的标的物	*siehe dort*
−beim Einzelarbeitsvertrag	−个人劳动合同中	*siehe dort*
Factoring	保理	92，2493
Fahrniskauf	动产买卖	191 ff.
−Ablieferung	−交付	*siehe dort*
−als Veräusserungsvertrag	−作为所有权让与型合同	36 f.，178 ff.
−Autokauf mit Eintauschwagen	−以旧换新方式购买汽车	474 ff.
−Distanzkauf	−远程购买	229，344
−Doppelverkauf	−双重出卖	*siehe dort*
−Entwehrung	−追夺	*siehe Rechtsgewährleistung*
−Ersatzlieferung	−替代给付	386，442
−Formvorschriften	−要式规定	
−Formfreiheit	−形式自由	216
−Kreditkauf	−信贷买卖	217
−Freizeichnung	−免责	*siehe dort*
−Gefahrtragung	−风险承担	60，338 f.，452 ff.
−Handelskauf	−商事买卖	*siehe dort*
−Kauf unter Eigentumsvorbehalt	−所有权保留买卖	466 ff.

F		
−Realerfüllung	−实际履行	228
−Prüfungs- und Rügeobliegenheit	−检查和瑕疵通知的不真正义务	*siehe Mängelrüge*
−Rechtsgewährleistung	−权利瑕疵担保	*siehe dort*
−Sachgewährleistung	−物之瑕疵担保	*siehe dort*
−Freizeichnung	−免责	*siehe dort*
−kritische Würdigung	−批判性评价	444 ff.
−Mängelrechte	−瑕疵担保权利	*siehe bei den einzelnen Behelfen*
−Mängelrüge	−瑕疵通知	*siehe dort*
−Nachbesserung	−修理	*siehe dort*
−und Aliud-Lieferung	−和给付他物	231，346，423，757
−Verbrauchsgüterkaufrichtlinie	−消费物买卖指令	*siehe dort*
−Verfügungsgeschäft	−处分行为	*siehe dort*
−Verjährung	−诉讼时效	*siehe dort*
−Verzug	−迟延	
−des Käufers	−买受人的	254 f.，259 ff.
−des Verkäufers	−出卖人的	235 ff.
−im kaufmännischen Verkehr	−在商事交易中	237 ff.，265 ff.
−Vorauszahlungsvertrag	−先付款合同	689
−Vorbehalt kantonalen Rechts	−州法之保留	487
−Wandelung	−瑕疵解除	*siehe dort*
Fälligkeit	届期	
−der Darlehensschuld	−消费借贷债务	1320
−der Forderungen mit Beendigung des Arbeitsvertrags	−劳动合同消灭时的债权	1537
−der Hauptschuld bei der Bürgschaft	−保证中的主债务	2309，2333，2343

F		
–der Kaufpreisforderung	–买卖价金债权	256 ff.
–der Werklohnforderung	–承揽报酬债权	1720
–und Hinterlegung des Mietzinses	–和租金提存	973
–Verjährung des Rückerstattung-sans-pruchs vor Fälligkeit	–返还请求权届期前罹于诉讼时效	1326
–vor Erfüllbarkeit	–可履行前	2196
Falschlieferung	错误给付	*siehe Aliud*
Fernkursvertrag	远程教学合同	2509
Finanzierungsleasing	间接融资租赁	*siehe Leasingvertrag*
Forderungskauf	债权买卖	188，210，302，315，443，*siehe auch Fahrniskauf*
Formmangel	要式瑕疵	*siehe Formvorschriften*
Formnichtigkeit	要式无效	*siehe Formvorschriften*
Formularpflicht	使用范本表格义务	*siehe Miete*
Formularvertrag	范本合同	*siehe Allgemeine Geschäftsbedingungen*
Formvorschriften	要式规定	*siehe auch bei den einzelnenVerträgen*
–bei der Auflösung des Vertrags	–合同消灭时	137 f.
–bei der Miete	–租赁合同中	1001，1029 ff.
–bei Handgeschäften	–即时交易中	
–Gebrauchsleihe	–使用借贷	1275
–Schenkung einer Forderung	–债权赠与	820，831
–beim Konsumkreditvertrag	–消费信贷合同中	1354 f.
–der Nachfristansetzung vor der Hint-erlegung des Mietzinses	–租金提存前设定宽限期	909

G		
−bürgschaftsähnlicher	−类似保证	*siehe Bürgschaft*
−selbständiger	−独立的	332 f.
−Verjährung	−诉讼时效	333
Gastaufnahmevertrag	住宿接待合同	2246 ff. , 2260 f. , 2510
−Retentionsrecht	−留置权	*siehe dort*
−verschärfte Haftung	−加重的责任	2173, 2251 ff.
Gattungskauf	种类物买卖	34, 222 f. , 624
−Ersatzlieferung	−替代给付	*siehe dort*
−Sachgewährleistung	−物之瑕疵担保	386
Gebrauchsanweisung	使用说明书	347
Gebrauchsleihe	使用借贷	
−Abgrenzungen	−区别	1269 ff.
−als Gebrauchsüberlassungsvertrag	−作为使用让渡型合同	858 ff.
−Beendigung	−消灭	*siehe Auflösung des Vertrags*
−Retentionsrecht des Entlehners	−借用人的留置权	1277
−Sachgewährleistung	−物之瑕疵担保	1278
−Zufallshaftung	−意外事件责任	*siehe Zufall*
Gefahrtragung	风险承担	
−bei der Ersatzvornahme im Werkvertrag	−承揽合同中代位履行时	1705
−beim Autokauf mit Eintauschwagen	−以旧换新方式购买汽车中	486
−beim Fahrniskauf	−动产买卖中	60, 338 f. , 452 ff.
−beim Grundstückkauf	−不动产买卖中	659 ff.
−beim Hinterlegungsvertrag	−保管合同中	2230 f.
−beim Leasingvertrag	−融资租赁合同中	2570
−beim Tauschvertrag	−互易合同中	802 f.

续表

G		
-Gesellschaftsvertrag mit Kauf/Miete	-混合了买卖或租赁因素的合伙合同	2458
-Hauswartsvertrag	-房屋照料合同	1417
-Leasingvertrag	-融资租赁合同	2525
-partiarischer Vertrag	-参与型合同	*siehe dort*
-Sparkassengeschäft	-储蓄业务	2235
-Werklieferungsvertrag	-定作物供给合同	*siehe dort*
Genehmigung	同意，追认	
-der mangelhaften Kaufsache	-有瑕疵的买卖标的物	352 f. , 355, 359
-des mangelhaften Werks	-有瑕疵的承揽工作物	1748 ff. , 1759, 1798
-einer Geschäftsbesorgung ohne Auftrag	-未受委托管理事务	1991, 2020, 2028, 2051
-eines Vertrags bei Willensmangel	-意思表示瑕疵的合同	436
-nicht bei absichtlicher Täuschung	-不对故意欺诈	364 f. , 1761
-nicht bei bösgläubiger Eigengeschäftsführung	-不对恶意自己事务管理	2047
Generalunternehmer	总承揽人	1678, 1680
Gerichtsstand	法院管辖	
-Arbeitsvertrag	-劳动合同	1578, 1584
-Gerichtsstandsvereinbarung	-管辖法院之约定	175
-Immobiliarmiete	-不动产租赁	1149
-Konsumentenvertrag	-消费者合同	164, 175
-Konsumkreditvertrag	-消费借贷合同	1351
-Mobiliarmiete	-动产租赁	1150
-Schiedsvereinbarung	-仲裁约定	2514
Gesamtarbeitsvertrag	集体劳动合同	1603 ff.

续表

G		
− Abgrenzung vom Normalarbeitsvertrag	−与标准劳动合同的区别	1604
−Allgemeinverbindlicherklärung	−一般拘束力声明	1634 ff.
−Anschlusserklärung	−加入声明	1612，1623 f.
−Einwirkungspflicht	−施加影响的义务	1628
−Form	−要式	1611 f.
−Friedenspflicht	−安定义务	1629
−Streikrecht	−罢工权	1556 ff.
−Günstigkeitsprinzip	−有利原则	1619
−Inhaltsschranken	−内容限度	1613 ff.
−normativer Inhalt	−标准内容	1608，1618 ff.
−Auslegung	−解释	1626
−schuldrechtlicher Inhalt	−债法性内容	1610，1627 ff.
−Vertragsparteien	−合同当事人	1606 f.
−Vertragsverletzung	−违约	1631
−Vorrang gegenüber einem Normalarbeitsvertrag	−优先于标准劳动合同	1653
Gesamtvertrag	总合同	2457，2503 f.
Geschäftsbesorgung	事务处理	*siehe Geschäftsführung ohne Auftrag*
Geschäftsführung	事务管理	*siehe einfache Gesellschaft*
Geschäftsführung ohne Auftrag	无因管理	1989 ff.，*siehe auch unechte Geschäftsführung ohne Auftrag*
−Abgrenzungen	−区别	2021 ff.
−Ansprüche des Geschäftsführers	−事务管理人的请求权	2016 ff.

续表

G		
−Form	−要式	2386, 2388
−gemischt mit Kauf/Miete	−与买卖或租赁混合	2458
−wirtschaftliches Ziel	−经济目标	47
−Zustandekommen	−成立	2385, 2387
gesetzlicher Forderungsübergang	−法定债权移转	*siehe Legalzession*
Gewährleistung	−瑕疵担保	
−Rechtsgewährleistung	−权利瑕疵担保	*siehe dort*
−Sachgewährleistung	−物之瑕疵担保	*siehe dort*
−und Freizeichnung	−和免责	*siehe dort*
Gewinnherausgabe	获利返还	*siehe unechte Geschäftsführung ohne Auftrag*
Gläubigerverzug	债权人迟延	
−als Auflösungsgrund bei Dauerverträgen	−继续性合同消灭原因	139
−des Anweisungsempfängers	−指示证券领取人	2130
−des Arbeitgebers	−雇主	1464 f.
−des Bestellers	−定作人	1819
−des Borgers	−借用人	1323
Gleichstellungsgesetz	《男女平等法》	1492
Grundbuch	土地登记簿	
−falsches Flächenmass	−面积错误	655
−Gefahrtragung	−风险承担	660
−Grundbuchberichtigung	−土地登记簿更正	608, 616, 679
−öffentliche Urkunde	−公证	563
−Rechtsgewährleistung beim Grundstückkauf	−不动产买卖权利瑕疵担保	638

G		
−Verjährung	−诉讼时效	*siehe dort*
−Versteigerungskauf	−拍卖方式之买卖	554
−Form	−要式	694
−Verzug des Käufers	−买受人迟延	635 f.
− Vorkaufs-, Rückkaufs- und Kaufs-recht	−优先购买权、买回权和购买权	*siehe jeweils dort*
−Vormerkung	−预告登记	*siehe dort*
−Vorvertrag	−预约	*siehe dort*
−Wandelung	−瑕疵解除	*siehe dort*
Gutachtervertrag	鉴定合同	1671，1884a
H		
Haftpflichtversicherung	责任保险	2450，2499，2611，2613, 2615, 2631 ff.
−Ansprüche	−请求权	
−auf Entschädigung	−赔偿	2632
−auf passiven Rechtsschutz	−被动的法律保护	2632 f.
−direktes Forderungsrecht	−［第三人］直接债权	2644
−Erscheinungsformen	−表现形式	2634
−Obligatorium	−强制	2642 f.
−Subrogation und Regress	−代位和追索	2630a
−typische Merkmale	−典型特征	2635 ff.
Haftungsausschluss	−责任排除	*siehe Freizeichnung*
Haltbarkeitsgarantie	−使用保质期担保	425，751a
Handelskauf	−商事买卖	683 ff.
−und Mängelrüge nach deutschem Re-cht	−和根据德国法的瑕疵通知	366
−Verzug des Käufers	−买受人迟延	265 ff.

续表

H		
−Mitmieter als Hilfsperson	−共同承租人作为履行辅助人	986
−des Unternehmers für Subunternehmer	−承揽人为次承揽人	1679 f. , 1770
−des Verkäufers	−出卖人	339
−des Vermieters	−出租人	969
−Freizeichnung	−免责	1729
−nicht bei unzulässiger Substitution	−不适用于未经允许的转委托	1939 f.
−und Substitution	−和转委托	*siehe dort*
Hinterlegung des Mietzinses	租金提存	972 ff.
−Bedeutung der Fälligkeit	−届期的意义	973
−Erfüllungswirkung	−清偿的效果	972, 974
− Form der Nachfristansetzung durch den Mieter	−承租人设定宽限期的要式	909
−und Zuständigkeit der Schlichtungsbehörde	−调解机关的管辖	1156, 1165
−vereinfachtes Verfahren	−简易化程序	1171
Hinterlegungsvertrag	保管合同	2152 ff.
−Abgrenzungen	−区别	2177 ff.
−Arten	−类型	
−als Erfüllung oder Erfüllungssurrogat	−作为履行或者履行之替代	2176a
−gewöhnlicher	−通常的	2162 ff.
− Hinterlegung vertretbarer Sachen (Depositum irregulare)	−可替代物提存（不规则寄存）	2227 ff.
−Lagergeschäft	−仓储行为	*siehe dort*
−Sammelverwahrung	−混藏保管	*siehe dort*
−Sequestration	−共托保管	2175, 2265 f.

续表

H		
−Sicherungshinterlegung	−担保提存	2176b
−Auslagenersatz	−垫付费用之赔偿	2211 f.
−Aussonderungsrecht	−取回权	*siehe dort*
−Beendigung	−消灭	*siehe Auflösung des Vertrags*
−Gast- und Stallwirte	−旅店主和马厩主	2246 ff.
−Gefahrtragung	−风险承担	2230 f.
− Hinterlegung vertretbarer Sachen (Depositum irregulare)	−可替代物提存（不规则寄存）	2166, 2198, 2205, 2227 ff.
−Abgrenzung zum Darlehen	−与消费借贷区别	2182
−Pflichten des Aufbewahrers	−保管人义务	
−Gast- und Stallwirte	−旅店主和车马坊主	2246 ff.
−Rückgabepflicht	−返还义务	2194 ff.
−Solidarhaftung	−连带责任	2210
−sorgfältige Verwahrung	−谨慎保管	2186 ff.
−Vindikation	−所有物返还请求权	*siehe dort*
−Pflichten des Hinterlegers	−寄存人义务	
−Auslagenersatz	−垫付费用之赔偿	2211 f.
−Retentionsrecht des Aufbewahrers	−保管人留置权	*siehe Retentionsrecht*
−Vergütung	−报酬	2168 f. , 2213 f.
−Verjährung	−诉讼时效	*siehe dort*
Honorar	酬金	*siehe Vergütung*
I		
Immobilienleasing	不动产融资租赁	2535
−öffentliche Beurkundung	−公证	554, 2548 f. , 2562
Informationspflicht	提供信息义务	*siehe auchAufklärungspflicht*

续表

I		
−bei Anbahnung und Abschluss von Konsumentenverträgen	−消费者合同磋商和缔结中	171
−des Beauftragten	−受托人	1912
−bei der Ehe- und Partnerschaftsvermittlung	−婚姻和同性伴侣关系居间	1976
−des Verlaggebers	−出版权利人	1851
− gegenüber der Arbeitnehmervertretung	−对雇员代表	1572 ff.
−im Vorkaufsfall	−先买权情形	
−des Grundbuchverwalters	−不动产登记簿管理人	532
−des Verkäufers	−出卖人	524
Innominatkontrakt	无名合同	*siehe Innominatvertrag*
Innominatvertrag	无名合同	
−atypischer Innominatvertrag	−非典型的无名合同	2470
−Begriff	−概念	71, 2448 ff.
−Garantievertrag	−担保合同	*siehe dort*
−gemischter Vertrag	−混合合同	*siehe dort*
−Leasingvertrag	−融资租赁合同	*siehe dort*
−Rechtsanwendung	−法律适用	86, 2471 ff.
−Anwendung zwingenden Rechts	−强行法的适用	2474 ff.
−Vertragsergänzung	−合同内容补充	2477 f.
−Vertragsqualifikation	−合同涵摄	2472 f.
−und zwingendes Recht	−和强行法	2474 ff.
−Vergleich	−和解	*siehe dort*
−Verhältnis zu den Nominatverträgen	−与有名合同关系	2451 ff.
−verkehrstypische Innominatverträge	−交易上典型的无名合同	2465 ff.
−Beispiele	−例子	2479 ff.

I		
−zusammengesetzte Verträge	−合同联立	*siehe dort*
J		
jederzeitiger Widerruf beim Auftrag	委托的任意解除	1960 f. , 1965 ff.
−Konventionalstrafe	−违约金	1967, 1972
K		
Kauf auf Probe oder auf Besicht	试用买卖	688
Kauf nach Muster	凭样品买卖	687
Kauf unter Eigentumsvorbehalt	所有权保留买卖	466 ff.
kaufmännischer Verkehr	商事交易	*siehe Handelskauf*
−kommerzieller Aufbewahrer	−商事保管人	*siehe Lagergeschäft*
Kaufpreis	买卖价款	*siehe Fahrniskauf bzw. Grundstückkauf*
Kaufsache	买卖标的物	*siehe Fahrniskauf bzw. Grundstückkauf*
Kaufsrecht	购买权	
−beim Grundstückkauf	−不动产买卖中	506 ff. , 537 ff.
−Höchstdauer	−最长期间	539 f.
−keine Ausübungsfrist	−没有行使期间	540
−Formvorschriften	−要式规定	573 ff.
−Vormerkung	−预告登记	*siehe dort*
Kaufvertrag	买卖合同	
−CISG	−《联合国国际货物销售合同公约》	siehe Wiener Kaufrecht
−Fahrniskauf	−动产买卖	*siehe dort*
−Forderungskauf	−债权买卖	*siehe dort*
−Grundstückkauf	−不动产买卖	*siehe dort*
−Handelskauf	−商事买卖	*siehe dort*

续表

K		
−Kauf auf Probe oder auf Besicht	−试用买卖	*siehe dort*
−Kauf nach Muster	−凭样品买卖	*siehe dort*
−Kreditkauf	−信贷买卖	*siehe dort*
−Veräusserungsverträge	−所有权让与型合同	178 ff.
−Verfügungsgeschäft	−处分行为	*siehe dort*
−Verpflichtungsgeschäft	负担行为	*siehe dort*
−Versteigerungskauf	−拍卖型买卖	*siehe dort*
−Wiener Kaufrecht	−《维也纳买卖法》	*siehe dort*
Wiener Kaufrecht	《维也纳买卖法》	
−des Auftraggebers	−委托人	1955
−des Gastwirtes	−旅店主	2254
−des Unternehmers	−承揽人	1449, 1770
−des Verkäufers	−出卖人	295, 340, 409, 413, 418
−nach Wiener Kaufrecht	−按照《维也纳买卖法》	751 ff.
−des Vermieters	−出租人	949
Kommission	行纪	1981, 2243
−Abgrenzung zum Verlagsvertrag	−与出版合同区别	1838
−Haftung des Lagerhalters	−仓储保管人责任	2242 f.
−und Speditionsvertrag	−和货运代理合同	1982
Konkurrenzverbot	竞业禁止	
− bei den handelsrechtlichen Vollmachten	−商事代理权中	2093 ff.
−des Handelsreisenden	−外出推销员	2094
−des Prokuristen	−经理人	2093
−bei der einfachen Gesellschaft	−一般合伙中	2397

K		
−beim Einzelarbeitsvertrag	−个人劳动合同中	135 f., 1541, 1542 ff.
−Karenzentschädigung	−等待期补偿	1549
−Konventionalstrafe	−违约金	*siehe dort*
Konsortium	联盟、团体	*siehe Arbeitsgemeinschaft*
Konsumentenrechte	消费者权利	*siehe Konsumentenvertrag*
Konsumentenvertrag	消费者合同	159 ff.
−Beendigung	−消灭	*siehe Auflösung des Vertrags*
−Begriff des Konsumenten	−消费者的定义	162 ff., 431, 1338 f.
−Grundstückkauf	−不动产买卖	648
−im Zivilprozess	−民事诉讼中	175, 1351
− Informationspflicht bei Anbahnung und Abschluss	−磋商和缔约中的信息提供义务	171
−Konsumkreditvertrag	−消费信贷合同	*siehe dort*
−Pauschalreisevertrag	−包价旅游合同	*siehe dort*
−und Wiener Kaufrecht	−和《维也纳买卖法》	713
−Wegbedingung der Gewährleistung	−瑕疵担保的排除	432, 446a, 449
−Widerrufsrecht	−撤销权	97, 171, 1360
Konsumgüterleasing	消费物融资租赁	*siehe Leasingvertrag*
Konsumkreditgesetz	消费信贷法	1341 ff., 2552 ff.
−Formvorschriften	−要式规定	171, 1354 f.
−Formmangel	−要式瑕疵	1362 f.
−Geltungsbereich	−效力范围	1345 ff.
−Höchstzinsvorschrift	−最高利息规定	172, 1350, 1365
−Konsumgüterleasing	−消费物融资租赁	2564 f.
−unzureichende Kreditfähigkeitsprüfung	−不充分的信贷能力检查	1376

K		
−Verbraucherkreditrichtlinie	−《消费者信贷指令》	1342
−Widerrufsrecht	−撤销权	1357，1360 f.
−Entschädigung	−补偿、赔偿	1360
−Zielrichtung	−追求目的	1341 ff.
Konsumkreditvertrag	消费信贷合同	1332 ff.
−aggressive Werbung	−攻击性广告	1353
−Einwendungsdurchgriff	−抗辩穿透	*siehe dort*
−Form- und Inhaltsvorschriften	−要式和内容规定	1354 ff.
−Nichtigkeit	−无效	1362 f.
−Gerichtsstand	−法院管辖	1351
−Kreditfähigkeitsprüfung	−信贷能力的检查	1374 f.
−unzureichende Prüfung	−不充分检查	1376 f.
−und Konsumkreditgesetz	−和消费信贷法	*siehe dort*
−Verzug des Kreditnehmers	−受信人迟延	1368
−vorzeitige Erfüllung	−提前履行	1366
−Widerruf des Antrags und der Annahme	−要约和承诺的撤销	1360 f.
Konventionalstrafe	违约金	
−bei Beendigung eines Auftrags	−委托的消灭	1967，1972
−bei Verletzung eines Konkurrenzverbots	−违反竞业禁止	1550 ff.
−Entschädigungspflicht bei missbräuchlicher Kündigung	−不合理终止的赔偿义务	1530 f.
−keine Haftung des Bürgen	−保证人无义务	2324
Koppelungsgeschäft	联立行为	*siehe Miete*
Kredit	信贷	*siehe Darlehen*
Kreditkartengeschäft	信用卡交易	

K		
−als Mehrparteienverhältnis	−作为多方关系	2490 f.
−einfaches	−一般的	2489
−und KKG	−和《消费信贷法》	1348
Kreditkartenvertrag	信用卡合同	*siehe Kreditkartengeschäft*
Kreditkauf	信贷买卖	262 ff. , 636
−faktischer	−事实上的	264a
Kulturgüter	文物	201 f. , 280, 303 ff.
−Aufklärungspflicht	−说明义务	305
−Rechtsgewährleistung	−权利瑕疵担保	305 f.
−Verjährung der Rückforderung	−返还之债的诉讼时效	*siehe Verjährung*
kumulative Schuldübernahme	并存的债务承担	*siehe Bürgschaft*
Kündigung	终止	*siehe Auflösung des Vertrags*
Kündigungsfreiheit	终止自由	1016, 1526 ff.
Kündigungsschutz	通知终止时的保护	
−bei der Miete	−租赁中	1123 ff.
−bei der Pacht	−用益租赁中	1241
−beim Einzelarbeitsvertrag	−个人劳动合同中	1525 ff.
L		
Lagergeschäft	仓储	2169, 2171, 2188 f. , 2217, 2238 ff.
−Entgeltlichkeit	−有偿	2214, 2238
− Lagerhalter（kommerzieller Aufbewahrer）	−仓储保管人（商事保管人）	2156, 2171, 2200
−Retentionsrecht	−留置权	2217, 2239
Leasingvertrag	融资租赁合同	2517 ff.

续表

L		
−Aussonderungsrecht	−取回权	2522
−Beendigung	−消灭	*siehe Auflösung des Vertrags*
−ein gemischter Vertrag	−混合合同	2525
−Einwendungsdurchgriff	−抗辩穿透	2572, 2584
−Erhaltungsrisiko	−维持的风险	2524 f.
−Erscheinungsformen	−表现形式	
− Finanzierungsleasing（indirektes Leasing）	−间接融资租赁	2531 f.
−Herstellerleasing（direktes Leasing）	−直接融资租赁	2530
−Immobilienleasing	−不动产融资租赁	554, 2535, 2562
−Investitionsgüterleasing	−投资物融资租赁	2539, 2561 f.
−Konsumgüterleasing	−消费物融资租赁	2537
−Mobilienleasing	−动产融资租赁	2534
−Finanzierungsleasing	−间接融资租赁	2531 f. , 2545 ff. , 2558, 2563, 2566 ff. , 2582
−Gefahrtragung	−风险承担	2570
−Konsumgüterleasing	−消费物融资租赁	2537 f. , 2564 f.
−und KKG	−和《消费信贷法》	1339 f. , 1348, 1360, 1363, 1367, 1375, 2552 ff. , 2572, 2577 ff.
−Vertragsqualifikation	−合同涵摄	2525, 2540 ff.
−Abgrenzung zur Miete und Pacht	−与租赁和用益租赁的区别	884, 2525 f.
−alsGebrauchsüberlassungsvertrag	−作为使用让渡型合同	2545
−Verzug des Leasingnehmers	−融资租赁承租人迟延	2571 f.
Legalzession	法定债权移转	
−bei der Bürgschaft	−保证中	2355

续表

L		
−bei der Schadensversicherung	−损害保险中	2617, 2630a
−beim Auftrag	−委托中	1947 f.
Lehrvertrag	学徒工合同	1586 ff.
−Fernkursvertrag	−远程教学合同	*siehe dort*
−Formvorschriften	−要式规定	1588 f.
−Unterrichtsvertrag	−授课合同	*siehe dort*
Leibrentenvertrag	终身定期金合同	150, 2363
Leihe	借用	1263 ff.
−Abgrenzung zum Darlehen	−与消费借贷区别	1271
−Gebrauchsleihe	−使用借贷	*siehe dort*
−Gebrauchsüberlassungsverträge	−使用让渡型合同	858 ff.
liberale Berufe	自由职业	1872, 1875, 1926, *siehe auch einfacher Auftrag*
Lizenzvertrag	许可合同	2449, 2482
−Fabrikations- und Geschäftsgeheimnis als Gegenstand	−生产秘密和商业秘密作为标的	2482
−Rechtsgewährleistung	−权利瑕疵担保	301
Lohn	工资	*siehe auch Vergütung*
−bei besonderen Einzelarbeitsverträgen	−特别的个人劳动合同中	
−Handelsreisendenvertrag	−外出销售员合同	1597
−Heimarbeitsvertrag	−在家工作合同	1602
−Lehrvertrag	−学徒合同	1586 ff.
−Bemessung des Lohns	−工资的计算	
−Akkordlohn	−计件工资	1408, 1412, 1466
−Mindestlohn	−最低工资	1644 f., 1649
−Üblichkeit	−习惯的	1452

M		
－Abtretbarkeit der Ersatzforderung	－赔偿之债的可让与性	1812
－bei der Gebrauchsleihe	－使用借贷中	1278
－bei der Miete	－租赁中	969
－bei der Schenkung	－赠与中	842
－bei Produktehaftung	－产品责任中	321
－beim Fahrniskauf	－动产买卖中	403，404 ff.
－Verhältnis zu den Art. 97 ff. OR	－与债法第 97 条以下的关系	417，434
－beim Grundstückkauf	－不动产买卖中	649 f.
－beim Tauschvertrag	－互易合同中	805
－beim Werkvertrag	－承揽合同中	1790 ff.
－Schädigung vor Ablieferung	－交付前的损害	1742
－Verhältnis zu den Art. 97 ff. OR	－与债法第 97 条以下的关系	1807 f.
－im Wiener Kaufrecht	－《维也纳买卖法》中	760，774 f.
－Begrenzung	－界限	775
－negatives oder positives Interesse	－消极利益或积极利益	414
－und Verschulden	－和过错	387，409 f.，1794
－Verhältnis zu den anderen Mängelrechten	－与其他瑕疵担保权利关系	1770，1795
－Verhältnis zu den Art. 97 ff. OR	－与债法第 97 条以下的关系	434，1807
－Verjährung	－诉讼时效	*siehe dort*
Mangelhaftigkeit	瑕疵	
－arglistiges Verschweigen	－恶意隐瞒	*siehe dort*
－Arten von Mängeln	－瑕疵类型	359，1736 ff.
－Ausmass der	－程度、范围	390，1773

M		
–beim Werkvertrag	–承揽合同中	1752 ff.
–Beweislast für die Rechtzeitigkeit	–"及时"的证明责任	362, 1756
–im deutschen Recht	–德国法	366
–im Wiener Kaufrecht	《维也纳买卖法》	756 ff.
–Inhalt	–内容	355, 363, 1758
–Substantiierung	–充分证明	360, 363, 758a, 1758
–keine Rügeobliegenheit des Mieters	–承租人没有瑕疵通知义务	958 f.
–Kritik de lege ferenda	–应然法角度的批评	311, 444 ff., 1755a
–nicht bei Rechtsgewährleistung	–不在权利瑕疵担保中	292
–nicht beim selbständigen Garantievertrag	–不在独立的担保合同中	333
–Prüfungs- und Rügefrist	–检验和瑕疵通知期限	
–absolute Rügefrist	–绝对瑕疵通知期限	369, 1757
–Beginn	–起算	355, 1753
–Dauer	–持续期间	361, 1755 ff.
–und Aliud-Lieferung	–和给付他物	758, 764
–Verwirkung	–权利失效	369, 1757
Mangelschaden	瑕疵损害	
–Abgrenzung vom Mangelfolgeschaden	–与瑕疵结果损害的区别	1793
Marktmiete	市场租金	1095, *siehe auch Mietzinskontrolle*
Marktpreis	市场价格	250 f., 1322
Massenentlassungen	大规模解雇	1482, 1513 f., 1529, 1580
Miete	租赁	865 ff.
–Abgrenzungen	–区别	882 ff.
–als Gebrauchsüberlassungsvertrag	–作为使用让渡型合同	858 ff.

续表

M		
−Beendigung	−消灭	*siehe Auflösung des Vertrags*
−Begründung der Kündigung	−终止理由	1125
−Erstreckung des Mietverhältnisses	−租赁关系延展	*siehe dort*
−Doppelvermietung	−双重出租	*siehe dort*
−Familienwohnung	−家庭住房	1001, 1032, 1125b, 1138
−Form	−要式	906 ff.
−Formularpflicht	−使用范本表格义务	872, 915, 1091
−Formvorschriften	−要式规定	908 ff.
−Freizeichnung nicht in Allgemeinen Geschäftsbedingungen	−不在一般交易条款中的免责	928, 1070
−gemeinsame Miete	−共同租赁	900 ff., 1018, 1115a, 1125a f.
−Mitmieter als Hilfsperson	−共同租赁人作为履行辅助人	986
−Haftung des Vermieters	−出租人责任	936 ff.
−Freizeichnung	−免责	*siehe dort*
−Mangelbegriff	−瑕疵定义	940, 948 f.
−mangelhafte Mietsache	−有瑕疵的租赁物	939 f., 947 ff.
−Störung im Gebrauch	−使用受妨碍	947 ff.
−Verzug mit der Übergabe	−交付迟延	938 ff.
−Zusicherungen	−担保	948
−Hilfspersonenhaftung	−履行辅助人责任	*siehe dort*
−Hinterlegung des Mietzinses	−租金提存	*siehe dort*
−Koppelungsgeschäft	−联立行为	892, 894, 1085 f.
−Kündigung	−终止	*siehe Auflösung des Vertrags*

M		
−Kündigungsschutz	−通知终止时的保护	*siehe dort*
−Mängel an der Mietsache	−租赁物瑕疵	*siehe Mangelhaftigkeit*
−Mängelrechte des Mieters	−承租人瑕疵担保权利	
−Beseitigung des Mangels	−消除瑕疵	961 ff.
−Herabsetzung des Mietzinses	−减少租金	*siehe dort*
−Hinterlegung des Mietzinses	−租金提存	*siehe dort*
−kein Rügeerfordernis	−无通知瑕疵义务	958 f.
−Schadenersatz	−损害赔偿	969 f.
−Übernahme des Rechtsstreits mit einem Dritten	−对第三人提起诉讼	971
−Mietsache	−租赁物	893 ff.
−Mietzins	−租金	*siehe dort*
−Herabsetzung des Mietzinses	−减少租金	*siehe dort*
−Hinterlegung des Mietzinses	−租金提存	*siehe dort*
−Höhe nicht objektiv wesentlich	−数额不是客观重要之点	898
−Mietzinserhöhung	−提高租金	*siehe dort*
−missbräuchlicher Mietzins	−不合理租金	*siehe Anfechtung*
−Nebenkosten	−附加费用	*siehe dort*
−Zahlungsrückstand des Mieters	−承租人支付迟延	*siehe dort*
−Pflichten des Mieters	−承租人义务	979 ff.
−bezüglich der Nebenkosten	−就附加费用	*siehe dort*
−fristgerechte Bezahlung	−按期支付	982
−Retentionsrecht des Vermieters	−出租人留置权	983 f.
−Rückgabe der Mietsache	−租赁物返还	*siehe dort*
−Sorgfalt und Rücksichtnahme	−审慎和顾及	986 ff.
−Zahlungsrückstand des Mieters	−承租人支付迟延	*siehe dort*

续表

M		
Mietzins	租金	872, 979 ff.
−Arten	−类型	
−gestaffelter	−阶梯型	922, 1104 f., 1115
−indexierter	−指数型	872, 922, 1104 f., 1115
−Kostenmiete	−成本租金	872, 1095, 1097
−Marktmiete	−市场租金	1095, 1097
−Bezahlung im bargeldlosen Zahlungsverkehr	−以无现金支付方式支付	982
−Herabsetzung des Mietzinses	−减少租金	*siehe dort*
−Hinterlegung des Mietzinses	−提存租金	*siehe dort*
−Mietzinserhöhung	−提高租金	*siehe dort*
−missbräuchlicher Mietzins	−不合理租金	*siehe Anfechtung*
−Mitteilungspflichten des Vermieters	−出租人的告知义务	872
−Nebenkosten	−附加费用	980 f.
−nicht in Allgemeinen Geschäftsbedingungen	−不在一般交易条款中	980
−Ort der Erfüllung	−履行地	982
−Retentionsrecht des Vermieters	−出租人留置权	983 f.
−Sicherheitsleistung des Mieters (Mietzinskaution)	−承租人担保给付（租金的押金）	985
−Freigabe	−退还	1066
−Vertragsergänzung bezüglich der Höhe	−对数额的合同补充	898
−Verzug des Mieters	−承租人迟延	996 ff., *siehe auch Zahlungsrückstand des Mieters*
Mietzinserhöhung	提高租金	
−Anfechtbarkeit	−可撤销性	1103 f., 1106 f.

M		
−Nichtigkeit	−无效	1116 ff.
−Rückwirkung der Erhöhung	−提高［租金］的溯及效力	1122
Mietzinskontrolle	租金控制	1094 ff.
Minderung	减价	
−Abtretbarkeit	−可转让性	650, 1812 f.
−beim Fahrniskauf	−动产买卖中	399 ff.
−Rückforderung	−返还请求权	401
−statt Wandelung	−替代瑕疵解除	400
−und Schadenersatz	−和损害赔偿	403, 417 ff.
−beim Grundstückkauf	−不动产买卖中	649
−beim Werkvertrag	−承揽合同中	1777 ff.
−Nachrangigkeit gemäss SIA-Norm 118	−依据《瑞士工程师建筑师协会第 118 号规定》的劣后性	1787
−Herabsetzung des Mietzinses	−减少租金	*siehe dort*
−Honorarminderung beim Auftrag	−委托报酬的减少	1932 ff., 1970
−im Wiener Kaufrecht	−在《维也纳买卖法》中	750, 760, 772 f.
−nicht beim Tauschvertrag	−不在互易合同中	805
−relative Berechnungsmethode	−比例计算法	402, 967, 1780
−Bedeutung der Verbesserungskosten	−修理费用的意义	402
−Schadenersatz im Umfang des positiven Interesses	−积极利益范围的损害赔偿	420
−Verjährung/Sachgewährleistung	−诉讼时效/物之瑕疵担保	*siehe Verjährung*
Mindestlohn	最低工资	1644 f., 1649
missbräuchliche Kündigung	不合理终止	*siehe Auflösung des Vertrags*
Mobilfunkvertrag	移动电话服务合同	2507

N		
−zwingendes Recht	−强行法	981
−bei der Pacht	−用益租赁中	1227，1234
Nebenunternehmer	副承揽人	1679
negatives Vertragsinteresse	合同消极利益	*siehe auch positives Vertragsinteresse*
−bei mangelhafter Erfüllung bei Übergabe der Mietsache	−租赁物交付时瑕疵履行	942
−bei unzeitiger Auflösung eines Auftrags	−不适时解除委托	1971
−bei Vertrauenshaftung für Formmangel	−要式瑕疵的信赖责任	621
−bei Wandelung	−瑕疵解除	414 ff.
−keine Bürgenhaftung	−不属于保证责任	2324
Nichtigkeit	无效	
−bei der Miete	−租赁中	
−Freizeichnung in Allgemeinen Geschäftsbedingungen	−一般交易条款中免责	954，1070，1087
−Kündigung	−终止	1130
−Mietzinserhöhung	−租金提高	1116 ff.
−Vereinbarung hinsichtlich Rückgabe der Mietsache	−就租赁物返还的约定	1080
−Verrechnungsverbot	−抵销之禁止	1077
−Formnichtigkeit	−违反要式无效	*siehe Formvorschriften*
−Kündigung eines Arbeitsvertrags	−通知终止劳动合同	1535
−Vertragsnichtigkeit	−合同无效	
−Einzelarbeitsvertrag	−个人劳动合同	1426 f.，1431
−Konsumentenvertrag	−消费者合同	172
−Konsumkreditvertrag	−消费信贷合同	1362 f.

续表

N		
Nominatvertrag	有名合同	*siehe auch Innominat-vertrag*
−Begriff	−定义	65 ff.
−Rechtsanwendung	−法律适用	73 ff.
−Anwendung zwingenden Rechts	−强制性法律的适用	76
−im internationalen Verhältnis	−在国际关系中	87
−Vertragsergänzung	−合同补充	79 ff.
−Vertragsqualifikation	−合同涵摄	73 f.
−Typenordnung des OR BT	−债法分论的类型编排	30 ff.
−Verhältnis zu den Innominatverträgen	−与无名合同关系	2451 ff.
Normalarbeitsvertrag	标准劳动合同	1644 ff.
− Abgrenzung vom Gesamtarbeitsver-trag	−与集体劳动合同的区别	1604
−Beispiele	−例子	1649
−Inhalt	−内容	1645, 1648 f.
−Mindestlohn	−最低工资	1644 f., 1650
−Rechtsnatur	−法律性质	1604, 1644
−Zuständigkeit	−管辖	1646
Nutzen und Gefahr	用益和风险	*siehe Gefahrtragung*
Nutzniessung	用益	281, 1197, 1220
−Abgrenzung zur Gebrauchsleihe	−与使用借贷区别	1273 f.
Nutzungsüberlassung	使用让渡	*siehe Gebrauchsleihe*
O		
Obliegenheiten	不真正意义	
− Anzeige und Abmahnung im Werk-vertrag	−承揽合同中指出和警告	1711 f., 1751, 1821
−bei der Miete	−租赁中	

O		
−Abmahnung vor Kündigung	−终止前的催告	987
−Anzeige von Mängeln	−指出瑕疵	992
−des Gläubigers bei der Bürgschaft	−保证中的债权人	2339 ff.
−und Mängelrüge	−瑕疵通知	*siehe dort*
öffentliche Beurkundung	公证	*siehe Formvorschriften*
öffentliche Urkunde	公证文书	*siehe Formvorschriften*
−Grundsatz der Freizügigkeit	−自由迁徙原则	566
−Verfahren	−程序	564 ff.
öffentliches Arbeitsrecht	公法性的劳动法	1405 f., 1485
öffentliches Vergaberecht	公共采购法	1690, 1876
P		
Pacht	用益租赁	1205 ff.
−Abgrenzungen	−区别	1216 ff.
−als Gebrauchsüberlassungsvertrag	−作为使用让渡合同	858 ff.
−Beendigung	−消灭	*siehe Auflösung des Vertrags*
−Hauptarten	−主要类型	
−landwirtschaftliche	−农业的	1208 ff., 1252 ff.
−Rechtspacht	−权利用益租赁	1214
−Sachpacht	−物之用益租赁	1214
−Unternehmenspacht	−企业用益租赁	1214
−Viehpacht	−大型家畜用益租赁	1251
−Pachtgegenstand	−用益租赁标的物	1214
−pachtrechtliche Streitigkeiten	−用益租赁法上的争议	1261a
−Pflichten des Pächters (Auswahl)	−用益租赁承租人的义务（节选）	
−Bewirtschaftungspflicht	−经营义务	1227

P		
−Bezahlung des Pachtzinses	−支付用益租金义务	1227, 1244 f.
−Rückgabe der Pachtsache	−返还用益租赁物义务	1258
−Sachgewährleistung	−物之瑕疵担保	*siehe dort*
−Verweisungen auf das Mietrecht	−准用租赁法	1233 ff.
−vorzeitige Rückgabe	−提前返还	1249, 1258
pacta sunt servanda	契约严守原则	11 f., 720, 1111
pactum de cedendo	债权让与的负担行为（原因行为）	210, 443
Parteiwechsel bei der Miete	租赁当事人变更	
−bei anderen Mietobjekten	−其他租赁标的物中	1193
−bei Geschäftsräumen	−商业用房中	1190 f.
−Wechsel des Eigentümers	−所有权人变更	1194 ff.
−Zustimmungserfordernis	−须要同意	1190 ff.
partiarischer Vertrag	参与型合同	2460
−partiarische Miete	−参与型租赁	890
−partiarisches Darlehen	−参与型消费借贷	1308 f.
−Abgrenzung von der einfachen Gesellschaft	−与一般合伙的区别	2384
Patentlizenzvertrag	专利许可合同	301, *siehe auch Lizenzvertrag*
Pauschalreisevertrag	包价旅游合同	69
periculum est emptoris	买受人承担风险	455, *siehe auch Gefahrtragung*
Personalsicherheit	人保	*siehe Sicherheitsleistung*
Personalvorsorge	员工福利保障	1481, 1494 ff.
Personenbeförderungsvertrag	客运合同	15, 69, 73, 1984
Persönlichkeitsschutz des Arbeitnehmers	劳动者人格保护	1483 ff.

P		
−Diskriminierungsverbot	−禁止歧视	1492
−sexuelle Belästigung	−性骚扰	1484，1493
Pferde-Pensionsvertrag	马匹饲喂合同	2167
Pflichten der Parteien	当事人的义务	*siehe bei den einzelnen Verträgen*
Planungsvertrag	规划合同	1688a
positives Vertragsinteresse	合同的积极利益	*siehe auch negatives Vertragsinteresse*
−Auflösung des Werkvertrags	−承揽合同的消灭	1822
−bei der Miete	−租赁中	
−mangelhafte Erfüllung bei Übergabe der Mietsache	−交付租赁物时的瑕疵履行	942
−Zahlungsrückstand des Mieters	−承租人支付迟延	1005
−bei Minderung	−减价	420
−beim Verzug im Fahrniskauf	−动产买卖中给付迟延	
−des Käufers	−买受人	261，265
−des Verkäufers im Handelskauf	−商事买卖中出卖人	238 f.
−Bestandteil der Bürgenhaftung	−保证责任的组成部分	2324
−und Wandelung	−和瑕疵解除	414 ff.
Preisgefahr	价金风险	
−beim Fahrniskauf	−动产买卖中	454
−bis zum Besitzesantritt beim Grundstückkauf	−不动产买卖中取得占有之前	660
−bis zur Übergabe des Werks	−交付工作物之前	1819
−im Wiener Kaufrecht	−在《维也纳买卖法》中	784
Privatautonomie	私法自治	*siehe Vertragsfreiheit*
Probezeit	试用期	

P		
−beim Einzelarbeitsvertrag	−个人劳动合同中	1511
−eim Lehrvertrag	−学徒工合同	1588
Produktehaftpflicht	产品责任	320 f. , 407, 441
Projektierungsvertrag	项目规划合同	1661
Prokura	经理权	*siehe auch handelsrechtliche Vollmachten*
−Bevollmächtigungsgeschäft	−授予代理权行为	2075
−Eintragung im Handelsregister	−在商事登记簿上登记	2077 ff. , 2084, 2086
−Kollektivprokura	−共同经理权	2084
−Konkurrenzverbot	−竞业禁止	2093
−Vertretungsmacht	−代理权	2081 ff.
−Widerruf und Beschränkung	−撤销和限制	2078 f.
Prokurist	经理人	*siehe Prokura*
Provision	佣金	
−beim Agenturvertrag	−商事代理合同中	1980
−beim Auftrag	−委托中	1916
−beim Einzelarbeitsvertrag	−个人劳动合同中	1456, 1459
−beim Grundstückkauf	−不动产买卖中	592
Prüfungs- und Rügeobliegenheit	检验和瑕疵通知的不真正义务	*siehe Mängelrüge*
Q		
Qualifikation des Vertrags	合同涵摄	
−bei Innominatverträgen	−无名合同	2472 f.
−bei Nominatverträgen	−有名合同	30 f. , 73 f.
−bei Überlassung einer Räumlichkeit	−房屋让渡	1218
− beim Kauf von Stockwerkeigentum «ab Plan»	−建筑物区分所有权预售买卖	671

Q		
–des «Kaufs gegen Eintauschwagen»	–以旧换新方式购买汽车	475 ff.
–des Leasingvertrags	–融资租赁合同	*siehe dort*
Qualität	品质	*siehe auch Mangelhaftigkeit*
–der Kaufsache	–买卖标的物	
–Grundstück	–不动产	632, 647
–Wiener Kaufrecht	–《维也纳买卖法》	741
–des Werks	–承揽工作物	1704, 1733
R		
Rahmenmietvertrag	框架租赁合同	1202 ff.
– BG über Rahmenmietverträge und deren Allgemeinverbindlicherklärung	–《关于框架性租赁合同及其一般拘束力声明的联邦法律》	876, 921, 1202
Realerfüllung	实际履行	
–eines Kaufvertrags	–买卖合同	228, 627 f.
–gegen einen Dritterwerber bei Vormerkung	–预告登记对抗第三人	531
–im Wiener Kaufrecht	–《维也纳买卖法》中	766 f., 780
–und Formmangel	–和要式瑕疵	617
Realsicherheit	物保	*siehe Sicherheitsleistung*
Rechenschafts- und Herausgabepflicht	报告和交付义务	
–bei der Geschäftsführung ohne Auftrag	–无因管理中	2006, 2008
–des Arbeitnehmers	–雇员	1440 f.
–des Beauftragten	–受托人	1916
–des Unternehmers	–承揽人	1709
Rechtsgewährleistung	权利瑕疵担保	
–Abgrenzung von der Sachgewährleistung	–与物之瑕疵担保区别	337

R		
−bei einzelnen Verträgen	−在个别合同中	
−bei der Miete	−租赁中	925, 936, 950, 971
−beim Fahrniskauf	−动产买卖中	269 ff.
−beim Forderungskauf	−债权买卖中	302
−beim Grundstückkauf	−不动产买卖中	274 ff., 639 ff.
−beim Patentlizenzvertrag	−专利许可合同中	301
−beim Verlagsvertrag	−出版合同中	1850
−beim Werklieferungsvertrag	−定作物估计合同中	1667, 1713, 1730
−im Wiener Kaufrecht	−《维也纳买卖法》中	713, 758
−Streitverkündung im Kaufvertrag	−买卖合同中的诉讼通知	286 ff.
−und Schadenersatz	−和损害赔偿	294 ff., 298
−Verhältnis zu den Willensmängeln	−与意思表示瑕疵的关系	300
−Verjährung	−诉讼时效	*siehe dort*
−vertragliche Rückabwicklung	−合同性返还清算	299
Rechtshandlungsaufträge	法律行为之委托	1880
Rechtsmissbrauch	权利滥用	*siehe Formvorschriften*
Rechtspacht	权利用益租赁	1214
Rechtsschutzversicherung	法律保护保险	2450, 2598 f., 2613, 2633
Reiseversicherung	旅行保险	2501
res perit domino	损失归所有权人承担	456
Restanzpflichten	尚未结清的义务	133
Retentionsrecht	留置权	
−bei der Gebrauchsleihe	−使用借贷中	1277
−beim Einzelarbeitsvertrag	−个人劳动合同中	1539
−beim Gastaufnahmevertrag	−住宿接待合同中	2218, 2264

R		
−beim Handelsreisendenvertrag	−外出销售员合同中	1597
−beim Hinterlegungsvertrag	−保管合同中	2196，2217
−des Lagerhalters	−仓储保管人	2217，2239
−nicht beim Depositum irregulare	−不在不规则寄存中	2232
−beim Werkvertrag	−承揽合同中	1657，1725
−des Beauftragten	−受托人	1949
−des Vermieters	−出租人	983 f.
−des Verpächters	−用益出租人	1240
−von Gast- und Stallwirten	−旅店主和马厩主	2174，2218，2264
Rückabwicklung	返还清算	
−Ausschluss der	−排除	
−bei Dauerverträgen	−继续性合同中	93
−bei einfachen Schuldverträgen	−一次性债务关系中	93
−nach Wandelung	−瑕疵解除后	
−des Kaufvertrags	−买卖合同	392 ff.
−des Werkvertrags	−承揽合同	1776
Rückforderung	返还请求权	
−aus ungerechtfertigter Bereicherung	−因不当得利	*siehe dort*
−bei der Schenkung	−赠与中	849
−bei unzureichender Kreditfähigkeitsprüfung	−不充分的信贷能力检查	1376
−nach Herabsetzung	−［金额］减少后	968a
−nach Minderung	−减价后	401
−nach Wandelung	−瑕疵解除后	392 ff.，1776
−Vindikation	−所有物返还请求权	*siehe dort*
−von Kulturgütern	−文物	280

R		
Rückgabe der Mietsache	租赁物返还	
−nach Auflösung des Vertrags	−合同消灭后	994，1003，1050 ff.
−Ausweisung des Mieters	−驱逐承租人	1056 ff.
−Prüfungs- und Rügeobliegenheiten	−检验和瑕疵通知的不真正义务	1052，1081
−und Vertragsübertragung	−和合同转让	1193
−Vereinbarungen	−约定	1053，1080
−Vindikation durch den Vermieter	−出租人所有物返还请求权	1003，1050
−vorzeitige	−提前	1008 ff.，1076
−Ersatzmieter	−替代承租人	1010 f.
Rückgriffsrecht	追偿权	
−des Bürgen	−保证人	2338，2355
−des Bürgen bei Rückbürgschaft	−再保证的保证人	2294
−Legalzession	−法定债权移转	2355
Rückkaufsrecht	买回权	
−beim Grundstückkauf	−不动产买卖中	506 ff.，543 ff.
−Formvorschriften	−要式规定	553
−Vormerkung	−预告登记	*siehe dort*
Rücktritt vom Vertrag	合同解除	*siehe Auflösung des Vertrags*
Rügefrist	瑕疵通知期间	*sieheMängelrüge*
S		
Sachgewährleistung	物之瑕疵担保	
−bei absichtlicher Täuschung	−故意欺诈中	*siehe dort*
−bei einzelnen Verträgen	−在个别合同中	
−bei der Gebrauchsleihe	−使用借贷中	1278
−bei der Miete	−租赁中	936 ff.

S		
−Pflichten des Schenkers	−赠与人义务	838 ff.
−Besitzverschaffungspflicht	−使取得占有的义务	838
−Eigentumsverschaffungspflicht	−使取得所有权的义务	838
−Sachgewährleistung	−物之瑕疵担保义务	842
−Schenkungswille（animus donandi）	−赠与意思	*siehe dort*
−Zustimmungsbedürftigkeit	−须同意	824
Schenkungsversprechen	赠与允诺	*siehe Schenkung*
Schenkungswille（animus donandi）	赠与意思	814, 823, 855
Schiedsgericht	仲裁法条	290, 2514
−bei Mietstreitigkeiten	−在租赁争议中	1151, 1156, 1164
Schiedsvereinbarung	仲裁条款	2449, 2514
Schlichtungsbehörde	调解机关	1147, 1156 ff.
Schlichtungsverfahren	调解程序	*siehe mietrechtliche Streitigkeiten*
Schuldbeitritt	债务加入	*siehe Bürgschaft*
Schuldmitübernahme	债务承担	*siehe Bürgschaft*
Schuldnerverzug	债务人迟延	
−als Auflösungsgrund bei Dauerverträgen	−继续性合同消灭事由	139
−beim Verlagsvertrag	−出版合同中	1845
−des Arbeitgebers	−雇主	1469 ff.
−des Beauftragten	−受托人	1917
−des Bestellers	−定作人	1723 f.
−des Borgers	−借用人	1316, 1320
−des Darleihers	−贷与人	1316
−des Käufers	−买受人	259 ff., 635 f.
−des Leasingnehmers	−融资租赁承租人	2571 f.

续表

S		
-des Mieters	-承租人	996 ff. , *siehe auch Zahlungsrückstand des Mieters*
-des Prämienschuldners	-保险费债务人	2623
-des Unternehmers	-承揽人	1706 f.
-des Verkäufers	-出卖人	235 ff.
-des Vermieters	-出租人	936 ff.
-im Konsumkreditgesetz	-《消费信贷法》中	1368
-im Wiener Kaufrecht	-《维也纳买卖法》中	744，757，771
Schuldübernahme	债务承担	
-bei der einfachen Gesellschaft	--一般合伙中	2427
-beim Grundstückkauf	-不动产买卖中	496，637
-kumulative Schuldübernahme	-并存的债务承担	*siehe Bürgschaft*
Schutz der Konsumenten	消费者保护	*siehe Konsumentenvertrag*
Schutz des Mieters（Übersicht）	承租人保护（概览）	1067 ff.
-Anfechtung der Kündigung	-终止之撤销	*siehe Anfechtung*
-Anfechtung missbräuchlicher Mietzinse	-不合理租金的撤销	*siehe Anfechtung*
-Erstreckung des Mietverhältnisses	-租赁关系的延展	*siehe dort*
Seeschiffe	海上船舶	200，880
Sequestration	共托保管	*siehe Hinterlegungsvertrag*
sexuelle Belästigung	性骚扰	*siehe Persönlichkeitsschutz des Arbeitnehmers*
SIA-Norm 118	《瑞士工程师建筑师协会第118号规定》	
-Akontozahlungen	-分期付款	1720

S		
−mehrerer Aufbewahrer	−数个保管人	2210
−mehrerer Auftraggeber	−数个委托人	1958
−mehrerer Beauftragter	−数个受托人	1918
sozialer Zivilprozess	社会民事诉讼程序	*siehe Zivilprozess*
Sparkassengeschäft	储蓄银行业务	1304，2234 f.
Speditionsvertrag	货运代理合同	1982
Spezieskauf	特定物买卖	221，624
−und Sachgewährleistung	−和物之瑕疵担保	308，310，434
Spiel und Wette	赌博和打赌	2361 ff.
−Lotterie- und Ausspielgeschäfte	−乐透和博彩行为	2362
−Unklagbarkeit der Forderung	−债权不可诉	2362
Spielvertrag	赌博合同	2362
Spitalaufnahmevertrag	住院合同	2511 f.
Sponsoringvertrag	赞助合同	816a，2487
Stallwirt	马厩主	2174，2246 ff.，*siehe auch Gastaufnahmevertrag*
−Retentionsrecht	−留置权	*siehe dort*
Standesrecht	行业规范	1874
−für die Konkretisierung von Sorgfaltspflichten	−对注意义务的具体化	1910
Steigerungskauf	拍卖方式的买卖	*sieheVersteigerungskauf*
stille Gesellschaft	隐名合伙	*siehe einfache Gesellschaft*
Stockwerkeigentum «ab Plan»	建筑物区分所有权预售	658a f.，666 ff.，*siehe auch Grundstückkauf*
−Form	−要式	669，1692
−Qualifikation	−涵摄	671

S		
Streikrecht	罢工权	*siehe Gesamtarbeitsvertrag*
Streitgenossenschaft	争议共同体，共同诉讼	1115a, 1125a
Streitverkündung	争议通知	*siehe auch Rechtsgewährleistung*
−im Kaufvertrag	−买卖合同中	286 ff.
Streitwertgrenze	争议额界限	
−arbeitsrechtliche Streitigkeiten	−劳动法争议	1580, 1583
−mietrechtliche Streitigkeiten	−租赁法争议	
−Entscheidbefugnis der Schlichtungsbehörde	−调解机构作出决定的权能	1165
−für Verfahren vor Bundesgericht	−进入联邦法院程序	1155
Stundungswirkung	延期付款效力	*siehe Anweisung*
Subrogation	代位	siehe Legalzession
Substitution	转委托	1935 ff.
− Abgrenzung von der Hilfspersonenhaftung	−与履行辅助人责任的区别	*siehe Hilfspersonenhaftung*
−Forderungsrecht des Auftraggebers	−委托人的债权	1941 ff.
−Haftung des Auftragnehmers	−受托人的责任	1938 ff.
−persönliche Leistungspflicht des Auftragnehmers	−受托人亲自履行的义务	1906, 1937
−unbefugte Substitution	−无权转委托	1939 f.
Subunternehmer	次承揽人，分包人	
− Hilfspersonenhaftung des Unternehmers	−承揽人的履行辅助人责任	1680, 1770
−Sub-Subunternehmer	−复次承揽人	1685
−Subunternehmervertrag	−次承揽合同，分包合同	1681 ff.
−Unterakkordant	−第二承揽人	1681

T		
Tathandlungsaufträge	事实行为委托	1879
Tauschvertrag	互易合同	
−als Veräusserungsvertrag	−作为所有权移转型合同	178 ff.
−Gefahrtragung	−风险承担	802 f.
−Sachgewährleistung	−物之瑕疵担保	804 f.
Teilzeitarbeit	兼职	1413
Telefonabonnementsvertrag	电话入网合同	1675, 2507
Tilgungswirkung	清偿效果	*siehe Anweisung*
Tod als Auflösungsgrund	死亡作为［合同］消灭原因	
−bei der einfachen Gesellschaft	−一般合伙中	2422 f.
−bei der Gebrauchsleihe	−使用借贷中	1290 f.
−bei der Miete	−租赁中	1042, 1078
−bei der Prokura und den Handlungs-vollmachten	−经理权和商事代理权中	2079
−bei der Schenkung	−赠与中	811, 836, 845, 853 f.
−beim Auftrag	−委托中	1962
−beim Einzelarbeitsvertrag	−个人劳动合同中	1521 ff.
−beim Verlagsvertrag	−出版合同中	1865
−beim Werkvertrag	−承揽合同中	1825
−einer Vertragspartei	−合同当事人	117
Totalunternehmer	总承揽人	1686, 2504
U		
Überstundenarbeit	加班	1425, 1442 f.
Übung	习惯	*siehe Verkehrsübung*
Umgehungsgeschäft	规避行为	

U		
-zwecks Vereitelung eines Vorkaufsrechts	-为了挫败先买权	520 f.
unechte Geschäftsführung ohne Auftrag	不真正无因管理	2032 ff. , *siehe auch Geschäftsführung ohne Auftrag*
-Abgrenzungen	-区别	2052 ff.
-bösgläubige Eigengeschäftsführung	-不法管理	2036, 2039 ff. , 2052
-Genehmigung der Geschäftsbesorgung	-对事务管理的追认	1991, 2020, 2028, 2047, 2051
-Gewinnherausgabe	-获益返还	2039 ff. , 2095 f. , 2038
-bei der Verletzung eines Konkurrenzverbots	-违反竞业禁止	2095
- durch den Mieter bei Untermiete nach Vertragsbeendigung	-合同消灭后承租人转租	1188
-nicht bei gutgläubiger Eigengeschäftsführung	-不于误信管理	2048
-und ungerechtfertigte Bereicherung	-和不当得利	2041
-gutgläubige Eigengeschäftsführung	-误信管理	2037, 2048 ff.
-keine Genehmigung bei bösgläubiger Eigengeschäftsführung	-不法管理不得追认	2047
-und ungerechtfertigte Bereicherung	-和不当得利	*siehe dort*
-Verjährung	-诉讼时效	*siehe dort*
ungerechtfertigte Bereicherung	不当得利	
-bei Formungültigkeit	-要式之无效	617
-bei unzureichender Kreditfähigkeitsprüfung	-不充分的信贷能力检查	1376
- nicht bei mangelhaftem Arbeitsvertrag	-不适用于效力瑕疵的劳动合同中	1426 f.

U		
−nicht bei Rückabwicklung infolge Wandelung	−不适用于因瑕疵解除的返还清算中	392 ff., 1776
−nicht für die Mehrwertabgeltung bei Miete	−不适用于租赁中增值补偿	1185
−und Geschäftsführung ohne Auftrag	−和无因管理	2016, 2025 f.
−bei Eigengeschäftsführung	−自己事务管理中	2041, 2049 f., 2058
−bei unberechtigter Fremdgeschäftsführung	−不适法的他人事务管理	2030
unmittelbarer Schaden	直接损害	*siehe Wandelung*
Untergang	消灭	
−der Leasingsache	−融资租赁物	2570
−des Werks	−工作物	
−beim Verlagsvertrag	−出版合同中	1864
−beim Werkvertrag	−承揽合同中	1819 ff.
−nach der SIA-Norm 118	−根据《瑞士工程师建筑师协会第 118 号规定》	1820
Unterhaltsvertrag	抚养合同、赡养合同	2363 f.
Untermiete	转租	1186 ff.
−Anfechtung der Kündigung	−终止之撤销	1189
−Ansprüche des Hauptvermieters	−主出租人的请求权	1187
−Erstreckung des Untermietverhältnisses	−转租关系的延展	1189
− Gewinnherausgabe nach Vertragsbeendigung	−合同消灭后的获益返还	1188
−Hilfspersonenhaftung des Mieters	−承租人的履行辅助人责任	1051, 1187
−Verhältnis zum Hauptvertrag	−与主合同的关系	1188a
−Zustimmungsvorbehalt	−同意之保留	935, 1075, 1186
Unterrichtsvertrag	授课合同	2508
−Abgrenzung zum Fernkursvertrag	−与远程教学合同的区别	2509

V		
Verjährung	诉讼时效	*siehe* *auch Verjährungsfrist*
–bei absichtlicher Täuschung	–故意欺诈时	*siehe dort*
–bei Ansprüchen auf Versicherungsleistungen	–保险给付请求权中	2630, 2640
–bei der Geschäftsführung ohne Auftrag	–无因管理中	
–bei der echten	–真正的无因管理	2018
–bei der unechten	–不真正的无因管理	2045 f., 2050
–bei gewissen Ansprüchen gegen Architekten und Ingenieure	–针对设计师和工程师的特定请求权	1801c, 1928
–bei Rechtsgewährleistung	–权利瑕疵担保中	
–beim Fahrniskauf	–动产买卖中	303
–beim Grundstückkauf	–不动产买卖中	642
–im Wiener Kaufrecht	–在《维也纳买卖法》中	713, 776 ff.
–bei Sachgewährleistung	–物之瑕疵担保中	
–bei der Miete	–租赁中	976
–beim Fahrniskauf	–动产买卖中	203, 369, 388, 417, 421 ff., 435, 445
–beim Grundstückkauf	–不动产买卖中	430, 657 f.
–beim Werkvertrag	–承揽合同中	1771, 1797 ff.
–im Wiener Kaufrecht	–在《维也纳买卖法》中	776 ff.
–nach der SIA-Norm 118	–根据《瑞士工程师建筑师协会第 118 号规定》	1763
–Verjährungsfrist als absolute Rügefrist	–诉讼时效作为绝对瑕疵通知期间	369, 1757
–bei vertraglicher Rückabwicklung	–合同性返还清算中	394, 1775
–beim Darlehen	–消费借贷中	1316, 1323 ff.
–beim Einzelarbeitsvertrag	–个人劳动合同中	

V		
–der Herausgabepflicht	–交付义务	1441
–Fälligkeit mit Auflösung	–随着终止而届期	1537
–beim Hinterlegungsvertrag	–保管合同中	2195，2199
–Haftung der Gast- und Stallwirte	–旅店主和马厩主的责任	2252
–beim selbständigen Garantievertrag	–独立的担保合同中	333
–der Rückforderung von Kulturgütern	–文物返还之债	280
–der Vergütungsforderung im Auftrag	–委托中的报酬债权	1957
–des Rückerstattungsanspruchs des Darleihers	–贷与人的返还请求权	1324 ff.
–des Schadenersatzanspruchs	–损害赔偿请求权	
–bei Substitution	–转委托中	1943
–beim Auftrag	–委托中	1928 f.
–beim Mangelfolgeschaden	–瑕疵结果损害中	1796
–und Kulturgüter	–和文物	
–Mängelhaftung	–瑕疵责任	426c f.
–Rückforderung	–返还之债	280
–von Ansprüchen aus Spätschäden	–就迟到的损害的请求权	1537a，1929
Verjährungsfrist	诉讼时效期间	
–als absolute Rügefrist	–作为绝对瑕疵通知期间	369，1757
–bei Integration	–结合、融合	
–einer Kaufsache	–买卖标的物	426a
–eines beweglichen Werks	–可移动工作物	1802
–Kritik de lege ferenda	–应然法角度的批评	431 f.，445，448
– Unterbrechung durch Anerkennung der Mängelhaftung	–因承认瑕疵责任而中断	442a
–Vereinbarungen	–约定	431，1804

续表

V		
verkehrstypische Innominatverträge	交易上典型的无名合同	2465 ff.
−Beispiele	−例子	2479 ff.
Verkehrsübung	交易习惯	
−als Mittel der Auslegung	−作为解释工具	2469
−und Vergütung im Auftragsrecht	−和委托法中的报酬	1956
Verlagsvertrag	出版合同	1826 ff.
−Abgrenzung zum Kommissionsvertrag	−与行纪合同区别	1838
−Beendigung	−消灭	*siehe Auflösung des Vertrags*
−Pflichten des Verlaggebers	−出版权利人的义务	
−Überlassung eines Werks	−作品让渡	1835, 1841 ff., 1849
−Übertragung der urheberrechtlichen Befugnisse	−移转著作权权能	1835, 1847 f.
−Pflichten des Verlegers（Auswahl）	−出版者义务（节选）	
−Entgeltspflicht	−支付稿酬义务	1837, 1840
−Vervielfältigung und Vertrieb	−复制和发行	1836, 1840, 1854
−Schuldnerverzug	−债务人迟延	1845
−Zweckübertragungstheorie	−限于目的的转让理论	1847
Verpflichtungsgeschäft	负担行为	183 ff.
−Handgeschäft	−即时交易	*siehe dort*
−Kaufvertrag	−买卖合同	206
−Kausalitätsprinzip	−有因性原则	608, 631
−Schenkungsversprechen	−赠与允诺	*siehe Schenkung*
−und Gefahrtragung	−和风险承担	456, 659 ff.
−und Versteigerungskauf	−拍卖方式的买卖	701
−Verfügungsgeschäft	−处分行为	*siehe dort*

V		
Verpfründung	负生养死葬义务之财产转让合同	91, 2363
Versicherungsvertrag	保险合同	2151, 2364, 2497 ff. , 2585 ff.
– Allgemeine Versicherungsbedingungen	–一般保险条款	2600 ff.
–Einschränkung der Gestaltungsfreiheit	–形成自由之限制	2604
–Arten	–类型	
–Haftpflichtversicherung	–责任保险	2450, 2499, 2611, 2613, 2615, 2631 ff. , *siehe auch dort*
–Hausratversicherung	–家庭财产保险	2500, 2613, 2615
–Rechtsschutzversicherung	–法律保护保险	2450, 2598 f. , 2613, 2633
–Reiseversicherung	–旅行险	2501
–Rückversicherungsvertrag	–再保险合同	2593
–Schadensversicherung	–损害保险	2614 f.
–Summenversicherung	–定额保险	2614 f.
–Begriff	–概念	2498, 2605 ff.
–keine Legaldefinition	–无法定义	2590
–beteiligte Personen	–参与人	2610
–ein Innominatvertrag	–无名合同	2450
–Eintritt des Versicherungsfalls	–出现投保事件	2625 ff.
–Anzeigepflicht	–通知义务	2626
–Beweislast	–举证责任	2627 f.
–Leistungspflicht des Versicherers	–保险人给付义务	2606, 2632 f.
–schuldhaft herbeigeführt	–过错导致	2629
–Gegenstand（Interesse）	–标的（利益）	2612 f.

V		
−Pflichten	−义务	
−Anzeigepflicht im Versicherungsfall	−出现投保事件时的通知义务	2626
−Prämienleistungspflicht	−保费给付义务	2622 ff.
−vorvertragliche Anzeigepflicht	−先合同的告知义务	2620 f.
−vorvertragliche Informationspflicht	−先合同的信息提供义务	2619
−privater	−私人的	2450, 2498
−Rechtsquellen	−法律渊源	
−Anwendung des VVG	−《保险合同法》的适用	2586 ff.
−Geltungsbereich des VAG	−《保险监管法》的适用范围	2594 ff.
−Subrogation und Regress	−代位和追偿	2617, 2630a
−nicht bei Summenversicherungen	−不于定额保险中	2617, 2630a
−Teilbarkeit der Prämie	−保费的可分性	2624
−Verjährung	−诉讼时效	*siehe dort*
Versteigerungskauf	拍卖方式的买卖	692 ff.
−Eigentumserwerb bei Fahrnis	−动产所有权取得	187
−Form bei Grundstücken	−不动产的要式	554, 694
−freiwillige	−自愿的	692 ff.
−Online-Auktionen	−网上拍卖	696
−Zwangsversteigerung	−强制拍卖	518, 692
Vertragsbeendigung	合同消灭	*siehe Auflösung des Vertrags*
Vertragsergänzung	合同补充	*siehe Ergänzung des Vertrags*
Vertragsfreiheit	合同自由	
−Auflösungsfreiheit	−消灭自由	114

V		
−Beschränkungen	−限制	
−bei Allgemeinen Geschäftsbedingungen	−一般交易条款中	26, 176
−durch das Konsumentenschutzrecht	−因消费者保护法律	172
−durch das Konsumkreditgesetz	−因《消费信贷法》	1356 f.
−durch Gesamtarbeitsverträge	−因集体劳动合同	1619
−durch zwingendes Recht	−因强制性法律	25, 76, 2474 ff.
−im Einzelarbeitsvertrag	−个人劳动合同中	1428 ff.
−bezüglich Lohnhöhe	−就工资额	1651
−dispositives Recht	−任意性法规	
− als Ausdruck bestimmter Wertvorstellungen	−作为一定价值观的表达	24 ff.
−Ergänzungsfunktion	−填补功能	17 ff., 79 f., 82 ff.
−im Versicherungsmarkt	−在保险市场	161, 2586
−Inhaltsfreiheit	−内容自由	10
−Innominatverträge	−无名合同	2445 ff., 2479
−Nominatverträge	−有名合同	2453
Vertragskoppelungen	合同联立	*siehe zusammengesetzte Verträge*
Vertragslücke	合同漏洞	*siehe Ergänzung des Vertrags*
Vertragsnichtigkeit	合同无效	*siehe Nichtigkeit*
Vertragsqualifikation	合同涵摄	*siehe Qualifikation des Vertrags*
Vertragsverbindungen	合同联立	*siehe zusammengesetzte Verträge*
Vertrauenshaftung	信赖责任	
−aus culpa in contrahendo	−因缔约过失	438 f., 620, 2324

V		
–aus der Verletzung von Aufklärungspflichten	–因违反告知义务	438 f.
–bei Formmangel	–因要式瑕疵	621
Vertrauensinteresse	信赖利益	*siehe negatives Vertragsinteresse*
vertretbare Sachen	可替代物	*sieheDepositum irregulare*
Verwirkung	［权利］失效	*siehe Mängelrüge*
Verzug	迟延	
–des Gläubigers	–债权人	*siehe Gläubigerverzug*
–des Schuldners	–债务人	*siehe Schuldnerverzug*
Viehkauf	大型家畜买卖	686
–Mängelrüge	–瑕疵通知	368
–Sachgewährleistung	–物之瑕疵担保	314
–keine Berufung auf Grundlagenirrtum	–不得援引交易基础错误	435
–Sicherheitsleistung	–担保给付	686
–und Eigentumsvorbehalt	–和所有权保留	468
Vindikation	所有物返还请求权	
–bei Formungültigkeit	–违反要式而无效	617
–durch den Hinterleger	–寄存人	2195
–durch den Vermieter	–出租人	1003, 1050
–Kausalitätsprinzip	–有因性原则	608, 631
–nicht bei mangelhaftem Arbeitsvertrag	–不在有瑕疵的劳动合同	1426 f.
–nicht bei Rückabwicklung infolge Wandelung	–不在因瑕疵解除的返还请清算	392 ff., 1776
Vollmacht	授权	*siehe auch handelsrechtliche Vollmachten*

V		
–eines Kaufsrechts	–购买权	539 ff.
–eines Rückfallsrechts bei der Schenkung	–赠与中的回复权	846 f. , 856
–eines Rückkaufsrechts	–买回权	547
–eines Vorkaufsrechts	–先买权	523, 530 ff.
Vorsorgevertrag	福利合同	2496
Vorvertrag zu einem Grundstückkauf	不动产买卖预约	
– beim Kauf von Stockwerkeigentum «ab Plan»	–建筑物区分所有权预售买卖	675
–beurkundungsbedürftige Punkte	–须公证之点	573 ff.
–öffentliche Beurkundung	–公证	553
W		
Wahlobligation	选择之债	460
währhafte Ware	适格的物品	386, 442
Wandelung	瑕疵解除	
–Abtretbarkeit	–可转让性	650, 1812 f.
–beim Fahrniskauf	–动产买卖中	389 ff.
–Ausschluss der Wandelung	–排除瑕疵解除	398
–Autokauf mit Eintauschwagen	–以旧换新方式购买汽车	482 ff.
–und Schadenersatz für unmittelbaren und weiteren Schaden	–对直接损害和其他损害的损害赔偿	408 ff.
–vertragliche Rückabwicklung	–合同性返还清算	392 ff.
–beim Grundstückkauf	–不动产买卖中	649
–bei falschem Flächenmass	–面积错误	656
–beim Tauschvertrag	–互易合同中	804
–beim Werkvertrag	–承揽合同中	1772 ff.

W		
−Nachrangigkeit gemäss SIA-Norm 118	−根据《瑞士工程师建筑师协会第 118 号规定》具有劣后性	1787
−vertragliche Rückabwicklung	−合同性返还清算	1776
−Erheblichkeit des Mangels	−瑕疵重大	390，1773
−im Wiener Kaufrecht	−在《维也纳买卖法》中	770
−Schadenersatz im Umfang des negativen Interesses	消极利益范围的损害赔偿	414 ff.
−Verjährung	−诉讼时效	*siehe dort*
−vertragliche Rückabwicklung	−合同性返还清算	392 ff.，1776
Wegbedingung	排除	*siehe Freizeichnung*
weiterer Schaden	其他损害	*siehe Wandelung*
Werk	工作物	*siehe Werkvertrag*
Werklieferungsvertrag	定作物供给合同	1666，2458，*siehe auch Werkvertrag*
−im Wiener Kaufrecht	−在《维也纳买卖法》中	714
−Rechtsgewährleistung für den Stoff	−对材料的权利瑕疵担保	1667，1713，1730
Werklohn（Vergütung）	承揽工资（报酬）	*sieheWerkvertrag*
Werkmangel	工作物瑕疵	*siehe Mangelhaftigkeit*
Werkvertrag	承揽合同	1654 ff.
−Abgrenzungen	−区别	1668 ff.
−Ablieferung	−交付	*siehe dort*
−Anzeige und Abmahnung	−通知和警告	1711 f.，1751，1821
−Arten（Beispiele）	−类型（例子）	
−Bauwerkvertrag	−建筑承揽合同	1660，1726
−Geist-Werkvertrag	−智力型承揽合同	1664，1884a
−Gutachtervertrag	−鉴定合同	1671

W		
−Planungsvertrag	−规划合同	1688a
−Projektierungsvertrag	−项目规划合同	1661
−Reparaturvertrag	−修理合同	1663
−Werklieferungsvertrag	−定作物供给合同	*siehe dort*
− werkvertragsähnlicher Innominatver-trag	−类似承揽合同的无名合同	1674，1719，1889
−Beendigung	−消灭	*siehe Auflösung des Vertrags*
−Form	−要式	1691 f.
−Gefahrtragung	−风险承担	1705，1819 ff.
−Mängelhaftung des Unternehmers	−承揽人瑕疵担保责任	1728 ff.，*siehe auch Sachgewährleistung*
−Abtretbarkeit der Mängelrechte	−瑕疵担保权利的可转让性	1812 f.
−Freizeichnung	−免责	*siehe dort*
−Genehmigung des Werks	−对工作物的承认	*siehe Genehmigung*
−Mängelrechte	−瑕疵担保权利	*siehe bei den einzelnen Behelfen*
−Mängelrüge	−瑕疵通知	*siehe dort*
−Verhältnis zu Art. 97 ff. OR	−与债法第 97 条以下的关系	1807
−Rechte des Bestellers	−定作人的权利	
−Bestellungsänderung	−定作变更	*siehe dort*
−Rücktritt des Bestellers	−定作人解除	*siehe Auflösung des Vertrags*
− vor und bei Verzug des Unterneh-mers	−承揽人迟延前和迟延时	1706 f.
−SIA-Norm 118	−《瑞士工程师建筑师协会第 118 号规定》	*siehe dort*
−Untergang des Werks	−工作物灭失	*siehe Untergang*

W		
−Unternehmerformen	−承揽人形式	
−Generalunternehmer	−总承揽人	1678 ff.
−Nebenunternehmer	−副承揽人	1679
−Subunternehmer	−次承揽人	*siehe dort*
−Totalunternehmer	−完全承揽人	1686，2504
−Vergütung	−报酬	
−Anpassung	−调整	1715，1817
−Bauhandwerkerpfandrecht	−建设工程承揽人担保物权	1726 f.
−cost plus fee	−成本加费用	1717
−Fälligkeit bei Ablieferung	−交付时届期	1720 ff.
−feste Übernahme	−固定报酬额	1715 f.
−Minderung	−减价	*siehe dort*
−mit Beendigung	−消灭	1822
−nach Aufwand	−根据费用	1717 ff.
−und Auslagen	−和垫付费用	1719，1819 ff.，1824
−Verjährung	−诉讼时效	*siehe dort*
−Verzug des Bestellers	−定作人迟延	1723 ff.
−Wandelung	−瑕疵解除	*siehe dort*
−Werkbegriff	−工作物的定义	1659 ff.
−auch Geist-Werkvertrag	−亦包括智力型承揽合同	1664
−Werkmangel	−工作物瑕疵	*siehe Mangelhaftigkeit*
wesentliche Vertragsverletzung	根本违约	746 ff.
Wettvertrag	打赌合同	2362
Whistleblowing	"吹哨人制度"	1439a
wichtiger Grund	重大原因	*siehe Auflösung aus wichtigem Grund*

续表

续表

W		
−Verjährung der Mängelrechte	−瑕疵担保权诉讼时效	421a, 776 ff., *siehe auch Verjährung*
−Wandelung	−瑕疵解除	*siehe dort*
−wesentliche Vertragsverletzung	−根本违约	746 ff.
Wissensvertretung	知情代理	*siehe handelsrechtliche Vollmachten*
Z		
Zahlungsrückstand des Mieters	承租人支付迟延	
−ausserordentliche Kündigung	−特殊终止	1001 f., 1045
−Zahlungsfrist ab Empfang der Zahlungsaufforderung	−收到支付催告时起算支付期限	1001
−Bezahlung des Mietzinses im bargeldlosen Zahlungsverkehr	−以无限支付方式支付租金	982
−Ersatz des positiven Interesses	−积极利益的赔偿	1005 f.
−Wahlrecht	−选择权	1006
−Kündigungsandrohung	−终止警告	996 f.
−Nachfristansetzung	−宽限期设定	998
−nicht bei Hinterlegung des Mietzinses	−不在租金提存情形	973
−und Anfechtbarkeit der Kündigung	−和终止的可撤销性	1128 f.
−und Erstreckung	−和延展	1135
Zahlungsunfähigkeit	无支付能力	
−des Arbeitgebers	−雇主	1471
−des Borgers	−借用人	1314 f.
Zahlungsverzug	支付迟延	*siehe Schuldnerverzug bzw. Zahlungsrückstand des Mieters*
Zeugnis	证明	*siehe Arbeitszeugnis*

Z		
Zins	利息	
−Höchstzinsvorschrift	−最高利息规定	1365
−Mietzins	−租金	*siehe dort*
−Verzinslichkeit des Darlehens	−消费借贷的计息	1318 f.
Zivilprozess	民事诉讼	
−arbeitsrechtlicher	−劳动合同法	1576 ff.
−Feststellung von Mängeln	−确定瑕疵	1754
−gerichtlicher Vergleich	−法庭和解	2515
−Gerichtsstand	−法院管辖	*siehe dort*
−konsumentenschutzrechtlicher	−消费者保护法	175，1351
−mietrechtlicher	−租赁法	*siehe mietrechtliche Streitigkeiten*
−sozialer	−社会的	175，1172，1576
−Streitverkündung	−争议通知	286 ff.
−Streitwertgrenze	−争议额限制	*siehe dort*
Zufall	意外	
−Spiel und Wette	−赌博和打赌	2361 ff.
−Versicherungsvertrag	−保险合同	2364
−Wandelung nach zufälligem Untergang der Kaufsache	−买卖物意外灭失后的瑕疵解除	398
−zufälliger Untergang des Leasingobjekts	−融资租赁物意外灭失	2570
−Zufallshaftung	−意外事故责任	*siehe auch Gefahrtragung*
−bei der Gebrauchsleihe	−使用借贷中	1281
−beim Fahrniskauf	−动产买卖中	455 ff.
−beim Tauschvertrag	−互易合同中	802
−beim Werkvertrag	−承揽合同中	1819 ff.

Z		
−des Aufbewahrers	−保管人	2208 f.
−des Geschäftsführers bei der Geschäftsführung ohne Auftrag	−无因管理中的事务管理人	2015，2031，2044
Zug um Zug	同时［履行］	
−beim Fahrniskauf	−动产买卖中	212，233，258，260
−beim Grundstückkauf	−不动产买卖中	497
−im Wiener Kaufrecht	−《维也纳买卖法》中	719 f.
−Rückabwicklung	−返还清算	
−des Fahrniskaufs	−动产买卖	396
−des Werkvertrags	−承揽合同	1776
zusammengesetzte Verträge	联立的合同	2463
−Abgrenzung vom gemischten Vertrag	−与混合合同的区别	2456
Zuschlag beim Versteigerungskauf	拍卖方式买卖中拍中	
−bei Fahrnis	−动产	187，701
−bei Grundstücken	−不动产	554
Zusicherung	担保	
−Abgrenzung	−区别	
−von der Anpreisung	−与赞美	329 f.
−von der selbständigen Garantie	−与独立担保	333
−bei einer Kaufsache	−就买卖标的物	327 ff.，593
−«fabrikneu»	−"新出厂的"	328
−nicht formbedürftig	−无要式规定	593
−bei einer Mietsache	−租赁物中	948
−bezüglich eines Werks	−就工作物	1734
−stillschweigende	−默示的	327
−und Freizeichnung	−和免责	379 f.

参考文献

本参考文献目录节选了国内外的著作。作为此处文献目录的补充，在各章开始还会提示该章专门文献。对作品的引用，由作者名字和关键词组成。

Aepli Viktor, Zürcher Kommentar zum Schweizerischen Zivilgesetzbuch, Obligationenrecht, Teilband V 1h: Das Erlöschen der Obligationen, Erste Lieferung: Art. 114 – 126 OR, 3. Aufl. , Zürich 1991.

Blumer Maja, Gebrauchsüberlassungsverträge (Miete, Pacht), Schweizerisches Privatrecht, Band VII/3, Basel 2012.

Bucher Eugen, Obligationenrecht, Besonderer Teil, 3. Aufl. , Zürich 1988.

Bydlinski Franz, System und Prinzipien des Privatrechts, Wien/New York 1996, unveränderte 2. Aufl. 2013.

Dasser Felix, Vertragstypenrecht im Wandel, Konsequenzen mangelnder Abgrenzbarkeit der Typen, Habil. Zürich, Zürich/Baden-Baden 2000.

Druey Jean Nicolas/Druey Just Eva/Glanzmann Lukas, Gesellschafts- und Handelsrecht, Begründet von Theo Guhl, 11. Aufl. , Zürich 2015.

Engel Pierre, Contrats de droit suisse, Traité des contrats de la partie spéciale du Code des obligations, de la vente au contrat de société simple, articles 184 à 551 CO, ainsi que quelques contrats innommés, 2. Aufl. , Bern 2000.

Esser Josef/Weyers Hans-Leo, Schuldrecht, Band II: Besonderer Teil,

–Teilband 1: Verträge, 8. Aufl. , Heidelberg 1998;

–Teilband 2: Gesetzliche Schuldverhältnisse, 8. Aufl. , Heidelberg 2000.

Fasel Urs, Handels- und obligationenrechtliche Materialien, Bern/Stuttgart/Wien 2000.

Fellmann Walter/Kottmann Andrea, Schweizerisches Haftpflichtrecht, Band I: Allgemeiner Teil sowie Haftung aus Verschulden und Persönlichkeitsverletzung, gewöhnliche Kausalhaftungen des OR, ZGB und PrHG, Bern 2012.

Fick Fritz (Hrsg.) , Das schweizerische Obligationenrecht vom 30. März 1911, 1. Band: Titel 1-22 mit leicht fasslichen Erläuterungen, Zürich 1915.

Fikentscher Wolfgang/Heinemann Andreas, Schuldrecht, 10. Aufl. , Berlin 2006.

Gauch Peter, System der Beendigung von Dauerverträgen, Diss. Freiburg 1968 (AISUF Band 34) .

Gauch Peter/Aepli Viktor/Stöckli Hubert (Hrsg.) , Präjudizienbuch zum OR, Die Rechtsprechung des Bundesgerichts, 9. Aufl. , Zürich 2016.

Gauch Peter/Schluep Walter R. /Schmid Jörg/Emmenegger Susan, Schweizerisches Obligationenrecht Allgemeiner Teil, ohne ausservertragliches Haftpflichtrecht, 2 Bände, 10. Aufl. , Zürich 2014 (Band I=Gauch/Schluep/Schmid; Band II=Gauch/Schluep/Emmenegger).

Gordley James, The Philosophical Origins of Modern Contract Doctrine, Oxford 1991, unveränderte 2. Aufl. 1992.

Guhl Theo/Koller Alfred/Schnyder Anton K. /Druey Jean Nicolas, Das Schweizerische Obligationenrecht mit Einschluss des Handels- und Wertpapierrechts, 9. Aufl. , Zürich 2000.

Haas Lothar/Medicus Dieter/Rolland Walter/Schäfer Carsten/Wendtland Holger, Das neue Schuldrecht, München 2002.

Harrer Friedrich/Portmann Wolfgang/Zäch Roger (Hrsg.) , Besonderes Vertragsrecht – aktuelle Probleme, Festschrift für Heinrich Honsell zum 60. Geburtstag, Zürich 2002.

Honsell Heinrich, Schweizerisches Obligationenrecht, Besonderer Teil, 9. Aufl. , Bern 2010.

Derselbe, Fälle mit Lösungen zum Obligationenrecht, Mit einer Einführung in die Methode der Fallbearbeitung, 3. Aufl. , Zürich 2005.

Honsell Heinrich/Vogt Nedim Peter/Geiser Thomas (Hrsg.) , Basler Kommentar, Zivilgesetzbuch II (Art. 457-977 ZGB, Art. 1-61 SchlT ZGB), 5. Aufl. , Basel 2015.

Honsell Heinrich/Vogt Nedim Peter/Wiegand Wolfgang (Hrsg.) , Basler Kommentar, Obligationenrecht I (Art. 1-529 OR), 6. Aufl. , Basel 2015.

Huguenin Claire, Obligationenrecht, Allgemeiner und Besonderer Teil, 2. Aufl. , Zürich 2014.

Kaser Max/Knütel Rolf, Römisches Privatrecht, Ein Studienbuch, 20. Aufl. , München 2014.

Koller Alfred, Schweizerisches Obligationenrecht Besonderer Teil, Band I: Die einzelnen Vertragsverhältnisse, Art. 184-318 OR, Grundlagen, Veräusserungsverträge, Gebrauchsüberlassungsverträge, Bern 2012.

Kötz Hein, Vertragsrecht, 2. Aufl. , Tübingen 2012.

Koziol Helmut/Welser Rudolf/Kletečka Andreas, Grundriss des bürgerlichen Rechts, Band I: Allgemeiner Teil, Sachenrecht, Familienrecht, 14. Aufl. , Wien 2014.

Koziol Helmut/Welser Rudolf/Zöchling-Jud Brigitta, Grundriss des bürgerlichen Rechts,

Band II: Schuldrecht Allgemeiner Teil, Schuldrecht Besonderer Teil, Erbrecht, 14. Aufl. , Wien 2015.

Kramer Ernst A. , Juristische Methodenlehre, 4. Aufl. , Bern 2013.

Derselbe, Einleitung in das Schuldrecht und Kommentierung des § 241 BGB, in: Rebmann Kurt/Säcker Franz Jürgen (Hrsg.) , Münchener Kommentar zum Bürgerlichen Gesetzbuch, Band 2: Schuldrecht, Allgemeiner Teil (§ § 241-432) , 3. Aufl. , München 1994 (in der 7. Aufl. , München 2016, kommentiert durch Bachmann Gregor).

Kummer Max, Kommentar zu Art. 8 ZGB, Berner Kommentar zum schweizerischen Privatrecht, Band I: Einleitung und Personenrecht, 1. Abteilung: Einleitung, Art. 1 - 10 ZGB, Bern 1966.

Medicus Dieter/Lorenz Stephan, Schuldrecht II, Besonderer Teil, Ein Studienbuch, 17. Aufl. , München 2014.

Merz Hans, Obligationenrecht, Allgemeiner Teil, Einleitung § § 1-3, Entstehung, allgemeine Charakterisierung, Die Obligation § § 4-20, Schweizerisches Privatrecht, Band VI/1, Basel 1984.

Müller Christoph, Contrats de droit suisse, Bern 2012.

Müller-Chen Markus/Girsberger Daniel/Furrer Andreas, Obligationenrecht, Besonderer Teil, Zürich 2011.

Oser Hugo/Schönenberger Wilhelm, Zürcher Kommentar zum Schweizerischen Zivilgesetzbuch, Das Obligationenrecht, 3. Teil: Art. 419-529 OR, 2. Aufl. , Zürich 1945.

Pichonnaz Pascal, Les fondements romains du droit privé, Zürich 2008.

Reithmann Christoph/Martiny Dieter (Hrsg.) , Internationales Vertragsrecht, Das internationale Privatrecht der Schuldverträge, 8. Aufl. , Köln 2015.

Säcker Franz Jürgen/Rixecker Roland/Oetker Hartmut/Limperg Bettina (Hrsg.) , Münchener Kommentar zum Bürgerlichen Gesetzbuch, Band 1: 7. Aufl. , München 2015; Band 3: 7. Aufl. , München 2016; Band 4: 6. Aufl. , München 2012.

Schenker Franz, Die Voraussetzungen und die Folgen des Schuldnerverzugs im schweizerischen Obligationenrecht, Übersicht, Würdigung und Kritik, Diss. Freiburg 1988 (AISUF Band 80).

Schmid Jörg, Die öffentliche Beurkundung von Schuldverträgen, Ausgewählte bundesrechtliche Probleme, Diss. Freiburg 1988, unveränderte 2. Aufl. 1989 (AISUF Band 83).

Schmid Jörg/Hürlimann-KaupBettina, Sachenrecht, 4. Aufl. , Zürich 2012.

Schraner Marius, Zürcher Kommentar zum Schweizerischen Zivilgesetzbuch, Obligationenrecht, Teilband V 1e: Die Erfüllung der Obligation (Art. 68-96 OR) , 3. Aufl. , Zürich 2000.

Stöckli Hubert, Das Synallagma im Vertragsrecht, Begründung, Abwicklung, Störungen,

Habil. Freiburg, Zürich 2008 (AISUF Band 271).

Stöckli Hubert/Siegenthaler Thomas (Hrsg.), Die Planerverträge, Verträge mit Architekten und Ingenieuren, Zürich 2013.

Sutter-Somm Thomas/Hasenböhler Franz/Leuenberger Christoph (Hrsg.), Kommentar zur Schweizerischen Zivilprozessordnung (ZPO), 3. Aufl., Zürich 2016.

Tercier Pierre/Favre Pascal G., Les contrats spéciaux, 4. Aufl., Zürich 2009.

Thévenoz Luc/Werro Franz (Hrsg.), Commentaire romand, Code des obligations I (art. 1 – 529 CO), 2. Aufl., Basel 2012.

Tuor Peter/Schnyder Bernhard/Schmid Jörg/Jungo Alexandra, Das Schweizerische Zivilgesetzbuch, 14. Aufl., Zürich 2015.

Vischer Frank (Hrsg.), Obligationenrecht–Besondere Vertragsverhältnisse, Schweizerisches Privatrecht, Band VII/1, Basel/Stuttgart 1977.

Von Bar Christian/Clive Eric/Schulte-Nölke Hans et al. (Hrsg.), Principles, Definitions and Model Rules of European Private Law, Draft Common Frame of Reference (DCFR), München 2009.

Von Büren Bruno, Schweizerisches Obligationenrecht, Besonderer Teil (Art. 184 – 551), Zürich 1972.

Von Tuhr Andreas/Escher Arnold, Allgemeiner Teil des Schweizerischen Obligationenrechts, Band II, 3. Aufl., Zürich 1974.

Von Tuhr Andreas/Peter Hans, Allgemeiner Teil des Schweizerischen Obligationenrechts, Band I, 3. Aufl., Zürich 1979.

Walter Hans Peter, Kommentar zu Art. 8 ZGB, Berner Kommentar zum schweizerischen Privatrecht, Band I: Einleitung und Personenrecht, 1. Abteilung: Einleitung, Artikel 1 – 9 ZGB, Bern 2012.

Werro Franz, Le droit des contrats, Jurisprudence fédérale choisie et annotée, Bern 2012.

Zimmermann Reinhard, The Law of Obligations, Roman Foundations of the Civilian Tradition, Kapstadt 1990, unveränderte 2. Aufl., Oxford 1996.

Zweigert Konrad/Kötz Hein, Einführung in die Rechtsvergleichung auf dem Gebiete des Privatrechts, 3. Aufl., Tübingen 1996.

翻译说明

1. 译文涉及《瑞士民法典》和《瑞士债务法》法条的，部分条文采用戴永盛所译下列中译版的译法，正文不再注明。

戴永盛译：《瑞士民法典》，中国政法大学出版社 2016 年 9 月版；

戴永盛译：《瑞士债务法》，中国政法大学出版社 2016 年 9 月版。

2. 本书第 1 至 20 章、第 30 章由梁神宝翻译，第 21 至 29 章由胡剑翻译。

3. 为了读者更好的理解译文，某些地方译者根据上下文增加了一些内容，以方括号 ［ ］ 表示译者增加内容。

4. 该中译本翻译自 2016 年出版的德文第二版。感谢胡坚明、刘洋、马强、张鸿、陈莛蓉等人对译文校对提供的帮助。感谢汤泽华、吴成锂、董杨、郑煦丹阅读中文译文并提出建议。